한국스타사

이월화부터 방탄소년단까지

저자
배국남

고려대학교 영문과와 서강대 언론대학원을 졸업하고 서강대 영상대학원 박사 과정을 수료했다. 《한국일보》 사회부 · 국제부 · 문화부 기자, 《마이데일리》 국장 겸 대중문화 전문기자, 《이투데이》 문화경제 국장, 논설위원 겸 대중문화 전문기자로 일했다. 대중문화 전문기자와 대중문화 평론가로 20년 넘게 방송 · 영화 · 음악 · 연예 등 대중문화와 미디어 전반에 걸쳐 취재하고 글을 쓰고 있다. 충북대, 한서대, 한성대 예술대학원 등에서 매스컴과 대중문화, 스타론을 강의하고 야후 '배국남의 연예 문화 탐험', 《이투데이》 '배국남의 직격탄', 《주간한국》 '배국남의 방송가', 《예향》 '배국남의 대중문화 X파일' 등 포털과 신문, 잡지, 인터넷매체에 대중문화와 미디어, 방송연예 관련 칼럼과 기사를 연재했거나 기고하고 있다. MBC 라디오 〈배국남의 스타 탐험〉, KBS 라디오 〈배국남의 문화 포커스〉, CBS 라디오 〈배국남은 알고 있다〉, YTN 라디오 〈배국남의 연예 칼럼〉에 출연해 대중문화와 언론에 대한 다양한 정보와 해석의 시선을 제공했다. 대중문화예술산업총연합회 감사, KBS 시청자 평가원, 대한민국 대중문화 예술상, 서울 드라마어워즈, 한류콘텐츠대상, 캐나다 반프 TV 페스티벌 심사위원, 아시아송 페스티벌 집행위원, 외교통상부 한류 자문위원으로 활동했다. 저서로는 『여의도에는 낮에도 별이 뜬다-방송 스타론』 『스타 성공학』 『스타란 무엇인가』 『왜 손석희인가』 『연예인의 겉과 속』과 일본에서 출간한 공저 『한국 드라마 히트 메이커 1, 2』 『K-POP 히트 메이커』 『윤석호 PD의 세계』 등이 있다.

이 도서는 한국출판문화산업진흥원의 '2023년 우수출판콘텐츠 제작 지원' 사업 선정작입니다.

한국 스타사 – 이월화부터 방탄소년단까지

초판인쇄 2023년 6월 26일   **초판발행** 2023년 7월 24일

글쓴이 배국남   **펴낸이** 오상민   **펴낸곳** 신사우동 호랑이   **출판등록** 제 2021-000034호

주소 강원도 춘천시 춘주로 92번길 29-5, 1층

전화 010-3234-4873   **팩스** 0504-328-4873

전자우편 sin_tiger@naver.com   **블로그** blog.naver.com/sin_tiger

ISBN 979-11-976786-4-6 (03680)

ⓒ배국남 2023

한국스타사

이월화부터 방탄소년단까지

배국남 지음

신사우동 호랑이

일러두기

1. 본문 중 도서는 『 』, 신문·잡지 같은 미디어는 《 》, 드라마·영화·노래·방송 프로그램, 논문 같은 작품명에는 〈 〉을 씌워서 표기했으며, 방송 프로그램 속 콘텐츠나 팀·그룹명에는 작은따옴표를 찍어 표기했다.

2. 사람 이름이나 비슷한 사물의 나열 시에는 쉼표를 생략했다.

3. 외국인 이름은 한글과 원어를 병기했다.

4. 인명·지명·작품명의 한글·원어 병기 시에는 괄호를 생략했으나 작품명 등에 괄호가 들어간 경우는 그대로 표기했다.

5. 한자 병기는 일반 표기 원칙에 따라 최초 노출 뒤 반복하지 않았으나 문맥의 이해를 위해 필요하다고 판단된 곳에는 반복 병기했다.

6. 주석은 가독성을 높이기 위해 도움말·참고문·인용문 상관없이 전부 책 후미에 차례대로 정리했다.

7. 3장 〈한국 대중문화 주도한 스타들〉에서 개인은 태어난 해, 그룹은 데뷔 해로 표기했다.

대중문화와 시대를 이끈 스타와
연예인, 연예기획사와 문화산업,
미디어 종사자 그리고 대중문화와
스타의 존재기반인 대중과
국내외 팬들에게 이 책을 바칩니다.

왜 『한국 스타사-이월화부터 방탄소년단까지』인가

우울증과 불안 장애로 목숨까지 포기하려 했던 한 10대 소녀는 방탄소년단BTS 노래를 들으며 삶의 희망을 부여잡았다. "BTS가 큰 힘이 됐다. 이제 내가 어려운 이들을 찾아가겠다"라는 국내외 팬들의 목소리가 넘쳐난다. BTS가 탈백인중심주의와 대안적 남성성을 제시했다는 학자의 주장이 개진된다. BTS 출연 프로그램 방청권을 받기 위해 7일 넘게 노숙한 미국인들이 NBC에 몰려간다. 사우디아라비아 킹 파드 인터내셔널 스타디움이 아바야와 히잡 차림을 한 아랍 여성 관객들의 BTS 노래 떼창으로 들썩인다. BTS가 온라인 음원 중심의 대중음악 시장에서 300만~400만 장이라는 경이적인 실물 음반 판매량을 보이며 국내외 음반 판매 최고 기록을 갈아치운다. 빌보드 뮤직 어워드와 아메리칸 뮤직 어워드를 잇달아 수상하고 빌보드 메인 차트 '빌보드 200'과 '핫 100' 1위를 연이어 석권하면서 BTS가 미국 시장을 점령했다는 외국 언론 보도가 쏟아진다. "BTS는 단순히 음악 차트에서 가장 큰 활약을 보인 K팝 그룹이 아니라 세계에서 가장 위대한 밴드가 됐다." 미국 시사주간지 《타임》의 '2020 올해의 엔터테이너' 선정 이유다. BTS의 한국어 음악이 언어와 장르의 한계를 극복하며 팝의 국경 없는 미래를 개척하고 세계 대중문화 형식과 내용의 변혁을 이끈다는 전문가 분석도 잇따른다. BTS를 연구·분석하는 학술 저널이 출간되고 국제학술대회도 개최된다. BTS의 경제효과가 연간 5조 6,000억 원에 달하고 2013년 데뷔 이후 10년간 경제적 효과는 56조 원에 이른다는 경제연구소 보고서가 발간되고 BTS가 2020년 10월 주식시장에 상장한 소속사 하이브의 시가 총액을 7조 원대로 끌어올렸다는 증권사 리포트도 발표된다. 방탄소년단이 이룬 놀라운 성과다. 방탄소년단이 스타이기에 가능한 성취다.

방탄소년단 같은 스타는 인기와 팬덤, 이미지, 매력, 재능, 상징 권력을 바탕으로 문화와 정치, 사회, 경제, 교육 등 광범위한 영역을 가로지르며 중요한 역할을 수행한다. 스타는 대중문화를 통해 대중에게 즐거움과 교훈, 감동을 준다. 또한, 일상의 담론과 대중의 삶, 가치관, 소비 생활에 지대한 영향을 미친다. 스타는 무엇보다 문화 콘텐츠를 구성하고 문화 상품 흥행을 좌우하는 대중문화의 핵심 역할을 한다. 한국 대중문화는 많은 스타에 의해 내용과 형식을 달리했고 스타의 운명과 궤를 함께했다. 한국 대중문화사는 한국 스타사라고 해도 과언이 아니다.

이월화 나운규 문예봉 김소영은 무성 영화와 발성 영화에 출연하며 일제 강점기의 한국 영화 초창기를 이끌었고 김승호 최은희 김지미 신성일 신영균 윤정희는 영화 흥행을 주도하며 1950~1960년대 한국 영화 중흥기와 전성기를 견인했다. 정윤희 장미희 안성기 강수연 이미숙은 관객을 극장으로 유입하며 1970~1980년대 영화 침체기에도 한국 영화의 존재감을 드러냈다. 최민수 박중훈 한석규 김혜수 정우성은 영화 산업화를 촉진하며 1990년대 한국 영화를 부활시킨 주역이다. 송강호 전도연 윤여정 김민희는 칸국제영화제 황금종려상과 아카데미영화제 작품상을 비롯한 세계적인 영화상 수상을 주도하고 이병헌 배두나 심은경 박서준은 미국 중국 일본 프랑스에 진출해 활동 무대를 확장하며 2000~2020년대 한국 영화와 배우의 위상을 격상시킨 주체다. 1960~1970년대 이순재 김혜자 태현실 최불암 김세윤 강부자는 시청자를 웃고 울린 한국 TV 드라마의 초석을 다졌다. 1980~1990년대 이정길 김자옥 고두심 이덕화 이경진 정애리 원미경 최진실 채시라 김희애 최수종 장동건 고현정은 다양한 포맷과 장르의 드라마를 경쟁력 있는 대중문화 상품으로 성장시켰다. 2000~2020년대 안재욱 차인표 배용준 최지우 이영애 송혜교 전지현 현빈 손예진 송중기 장근석 박신혜 이민호 김수현 공유 이정재는 한국 드라마를 중국, 일본, 미국 등 세계 각국에서 열광하는 한류 콘텐츠로 만들었다. 이난영 고복수 남인수 이미자 배호 남진 나훈아 하춘화 심수봉 주현미 장윤정 송가인 임영웅 덕분에 트로트는 일제 강점기부터 오랫동안 사랑받는 대중음악 장르가 되었고 현인 이금희 패티김 최희준 현미 윤복희로 인해 팝 스타일 음악이 도입돼 한국 대중음악 외연이 확장됐다. 송창식 한대수 이장희 양희은 김광석을 통해 새로운 음악 문법을 내장한 포크 음악이 대중과 만났고 이문세 이선희 유재하 변진섭 신승훈 이수영 성시경을 통해 발라드가 대중의 음악 취향을 바꿔놓았다. 신중현, 산울림, 송골매, 들국화, 시나위, 넥스트, 윤도현밴드는 록을 청년들이 열광하는 장르로 착근시켰고 가리온, 드렁큰 타이거, 주석, 윤미래, 다이나믹 듀오, 지코는 힙합을 젊은이들이 좋아하는 음악으로 만들었다. 김민기, 정태춘, 노래를 찾는 사람들은 노래가 사회 변혁의 무기가 될 수 있다는 것을 보여줬다. 조용필, 서태지와 아이들, H.O.T는 새로운 팬덤 문화를 창출하며 대중음악의 산업화를 촉진했고 보아, 비, 싸이, 동방신기, 빅뱅, 소녀시대, 원더걸스, 엑소, 방탄소년단, 블랙핑크, 트와이스, 스트레이 키즈, 에스파, 뉴진스는 K팝을 세계 각국 팬이 환호하는 팝 음악으로 자리 잡게 했다. 재담의 박춘재, 만담의 신불출, 희극의 이원규는 일제 강점기 한국 코미디 토대를 조성했고 윤부길 양훈 양석천 구봉서 배삼룡 서영춘 박옥초 백금녀 곽규석 송해 이기동 이주일은 1950~1970년대 악극과 버라이어티쇼, 라디오, 영화, TV 등 다양한 매체의 코미디를 개발해 한국 코미디를 만개시켰다. 전유성 주병진 이성미 김형곤 이경규 최양락 심형래 김미화 박미선 김국진은 1980~1990년대 정통 코미디와 차별화하며 시대의 트렌드를 담보한 개그 코미디를 도입해 대중의 관심을 증폭시켰고 유재석 신동엽 이영자 강호동 김구라 김병만 김제동 박나래는 2000년대 이후 TV와 OTT 예능 프로그램의 질적 진화를 이끌며 예능 한류를 촉발했다.

한국이 세계 7위 문화 콘텐츠 시장 규모를 갖추고 전 세계 문화적 영향력 부문 6위에 오르며 1억 7,882만 명의 한류 팬을 확보한 것은 싸이 빅뱅 소녀시대 방탄소년단 블랙핑크 송강호 전도연 이병헌 배용준 송혜교 전지현 이민호 이경규 유재석 신동엽 강호동 같은 스타가 있었기에 가능했다.

인터넷과 OTT, SNS의 발전으로 국내외 대중이 시공간 제약 없이 한국 스타와 대중문화 콘텐츠를 왕성하게 소비하는 시대다. 하지만 한국 대중문화와 한류를 주도하는 스타에 관한 연구나 저작은 미흡하기 그지없다. 다양한 대중문화 분야에서 활동하는 영화배우·탤런트, 코미디언·예능인, 가수를 체계적으로 정리하고 분석한 저술과 연구는 절대 부족하다. 더욱이 대중문화 형식과 내용을 좌우하며 100여 년의 한국 대중문화사를 이끈 스타를 총체적으로 아우르며 통사적으로 연구하고 정리한 책과 논문은 전무하다.

대중문화와 스타, 연예인에 관심을 갖는 대중은 폭증한다. 드라마, 코미디, 예능 프로그램, 영화, 대중음악, 뮤지컬, 댄스 등 대중문화계에서 활동하는 연예인과 내일의 스타를 꿈꾸는 연예인 지망생은 수십만 명에 달한다. 문화 산업 종사자와 대중문화 전공 학생, 연구자도 급증한다. 한류의 세계화로 한국 대중문화와 스타를 좋아하거나 연구하는 외국의 미디어와 전문가, 한류 팬은 기하급수적으로 증가한다. 그러나 한국 대중문화와 스타를 개괄하고 한국 스타사를 정리한 저술과 연구물은 부재한 상황이다. 『한국 스타사-이월화부터 방탄소년단까지』를 펴낸 이유다.

개화기와 일제 강점기의 대중문화 초창기부터 1990~2020년대의 대중문화 폭발기까지 대중문화를 수놓은 스타의 활동과 성과, 영향을 알면 한국 대중문화의 어제와 오늘을 파악할 수 있다. 『한국 스타사-이월화부터 방탄소년단까지』는 한국 대중문화의 변천과 스타의 역사 그리고 100여 년의 한국 대중문화사를 수놓은 스타의 삶과 활동, 성과, 영향에 대해 알고 싶어

하는 일반 대중과 팬, 연구자, 연예인과 연예계 지망생, 문화 산업 종사자, 외국 미디어와 한류 팬에게 한국 대중문화와 스타를 체계적으로 이해하고 심층적으로 파악할 수 있게 하는 지침서 역할을 하리라고 생각한다.

『한국 스타사-이월화부터 방탄소년단까지』는 3장으로 구성됐다. 1장은 대중문화 스타의 정의와 역할, 스타 시스템을 개괄했다. 높은 인기와 강력한 흥행파워를 담보한 스타는 문화 상품의 소비 창출, 투자유치, 대중문화의 내용과 형식 구성 같은 문화의 핵심 역할을 실행한다. 이데올로기 형태로 사회와 관계를 유지하며 사회 문제의 의제 설정과 해결, 사회화 대리자 같은 다양한 사회적 기능을 수행하고 소비자 의식을 통제하며 상품과 서비스 인지부터 수요 창출까지 중요한 경제적 역할도 이행한다. 스타 시스템은 연예인과 스타를 육성, 관리하는 체계로 대중문화의 근간을 이루고 있다. 2장은 대중매체와 대중문화, 문화 산업의 판도, 스타 시스템 발전 정도, 정치 · 경제 상황 등을 고려해 한국 대중문화사를 1876~1945년의 대중문화 초창기, 1945~1960년대의 대중문화 발전기, 1970~1980년대의 대중문화 도약기, 1990~2020년대의 대중문화 폭발기로 구분해 시대별로 대중의 사랑을 받으며 득세한 대중문화와 두드러진 활약을 펼친 스타를 개괄했다. 스타를 생산·관리하는 스타 시스템과 스타를 존재하게 하는 팬과 팬클럽, 팬덤의 변천도 통괄했다. 한국 대중문화와 스타, 스타 시스템의 약사略史다. 3장은 신파극과 악극, 영화, TV 드라마, 대중음악, 코미디, 예능 프로그램, 공연을 비롯한 한국 대중문화의 내용과 형식을 진화시킨 주역과 문화 산업 및 한류 발전을 이끈 주체로 활약하며 한국 대중문화사를 화려하게 수놓은 스타를 분석했다. 대중문화와 문화 산업의 기여도, 인기와 팬덤, 정치·경제·사회에 끼친 영향, 활동과 성과의 의미를 고려해 영화배우와 TV 탤런트를 포함한 연기자는 최초의 스크린 스타 이월화부터 가장 많은 외국 팬을 보유한 한류스타 이민호까지 34인 스타, 가수는 1호 직업 가수 채규엽부터 국내외 강력한 팬덤을 확보하며 K팝을 세계에 알린 방탄소년단까지 36인·그룹 스타, 그리고 코미디언·예능인은 일제 강점기 만담을 도입해 웃음을 주조한 신불출부터 기존 예능인과 차별화한 연예 활동으로 눈길을 끈 김제동까지 22인 스타의 삶과 활동, 성취, 의미, 그리고 이들이 초래한 한국 대중문화의 변화와 영향을 고찰했다. 한국 대중문화를 수놓은 스타를 통해 본 한국 대중문화사다.

『한국 스타사-이월화부터 방탄소년단까지』는 30여 년 기자 생활 중

20년 넘게 방송·연예, 영화, 대중음악, 코미디·예능 프로그램, 공연을 비롯한 대중문화의 다양한 분야와 현장을 누빈 대중문화 전문기자와 20여 년 대학과 대학원, 대중문화 기관, 방송에서 미디어와 대중문화, 스타론을 강의하고 방송한 연구자 생활을 병행하며 진행한 취재와 인터뷰, 연구의 결과물이다. 고인과 은퇴 스타는 작품과 저작물, 문헌 연구, 동료 증언, 활동 당시 인터뷰를 통해 삶과 활동, 성과를 파악했고 현역 스타는 취재와 인터뷰, 작품을 통해 활약과 성과, 영향을 분석했다. 개인적인 역량과 능력의 한계, 한국 대중문화와 스타에 관한 문헌과 자료의 부재, 그리고 전문가, 연예인, 언론매체의 상이한 주장과 증언 등으로 부족한 부분이 있다. 『한국 스타사-이월화부터 방탄소년단까지』 출간을 계기로 더욱 정치하고 의미 있는 스타사 연구와 저작 작업이 진행되길 바란다.

　　취재와 인터뷰에 응해 책을 완성하게 해준 故 구봉서, 故 배삼룡, 故 송해, 故 신성일, 故 윤정희, 故 이주일, 故 김형곤, 故 김광석, 故 최진실, 故 강수연과 이순재 김지미 김혜자 최불암 윤여정 안성기 고두심 이덕화 이미숙 최민수 최수종 김혜수 한석규 고현정 이영애 전도연 송강호 이병헌 장동건 배용준 송혜교 전지현 하정우 이민호 패티김 신중현 이미자 남진 나훈아

산울림 조용필 김민기 정태춘 이문세 들국화 김완선 이선희 신승훈 김건모 H.O.T 이효리 동방신기 빅뱅 소녀시대 싸이 아이유 방탄소년단 전유성 주병진 이경규 심형래 김미화 박미선 김국진 이영자 신동엽 유재석 강호동 김준호 김병만 김제동 등 수많은 스타에게 감사의 말을 전한다.

차
례

2   가수

3　코미디언 · 예능인

1장

스타와
스타 시스템

스타는 인기와 팬덤, 이미지, 매력, 영향력, 재능, 평판, 상징 권력을 바탕으로 다양한 역할을 이행한다. 대중문화가 스타의 문화로 명명될 정도로 문화 부문에서 스타의 역할은 지대하다. 하지만 스타는 TV 화면과 인터넷, 스크린, 음반과 음원, 무대 에만 한정할 수 없다. 스타는 문화뿐만 아니라 사회, 정치, 경 제, 교육을 비롯한 다양한 분야와 광범위한 영역을 가로지르 며 많은 역할을 실행한다. 스타 역할에 대한 단편적 고찰은 스 타의 총체적 파악을 불가능하게 할 뿐만 아니라 스타에 대한 잘못된 인식과 이해로 이어진다. 스타가 중요한 문화적 역할 을 이행하고 동시에 사회·경제적 역할을 수행한다는 점은 쉽 게 이해할 수 있다.

1926년 10월 1일 나운규 주연 영화 〈아리랑〉을 개봉한 단성사에 관객이 몰려들면서 문이 부서지고 급기야 일본 기마 순사까지 나타났다. 1938년 1월 서울 오케 레코드 인근 여관은 남인수의 〈애수의 소야곡〉 음반을 사기 위해 모여든 레코드 소매상들로 만원을 이뤘다. 신성일은 185편 영화가 제작된 1968년 〈젊은 느티나무〉를 비롯한 65편 영화의 주연으로 맹활약했다. 1973년 코미디 프로그램 시청률 경쟁을 벌이던 MBC, TBC, KBS 방송 3사 직원들은 배삼룡을 영입하기 위해 납치와 난투극까지 벌였다. 《주간한국》, 《선데이 서울》, 《일간스포츠》 같은 주간지와 스포츠지가 윤복희와 1976년 결혼하고 1979년 이혼한 남진의 사생활 기사를 쏟아냈다. 1980년 1집 앨범 〈창밖의 여자〉가 한국 대중음악 최초로 음반 100만 장 판매 기록을 수립한 직후 조용필 팬클럽이 결성돼 음반 구매, 공연 관람, 방송사 인기투표 참여를 비롯한 다양한 활동을 조직적으로 펼쳤다. 1997년 중국 CCTV가 이순재 김혜자 최민수 주연의 드라마 〈사랑이 뭐길래〉를 방송해 큰 인기를 얻으면서 한류가 촉발됐다. 배용준은 2007년 방송된 드라마 〈태왕사신기〉에 나서며 일반 주연 배우 출연료의 10배에 달하는 회당 2억 5,000만 원을 받았고 김수현은 2021년 서비스된 드라마 〈어느 날〉에 출연하며 회당

5억 원을 챙겼다. 유재석은 한국갤럽이 매년 한 차례 실시하는 '올해를 빛낸 예능방송인/코미디언'의 2007년부터 2022년까지 16회 조사에서 14회 1위를 석권했다. 송혜교가 2016년 일본 미쓰비시三菱 CF 모델 제의를 거절한 사실이 언론을 통해 보도되면서 "전범 기업 미쓰비시 제의를 거부하는 훌륭한 결심을 했다는 말에 눈물이 나고 이 할머니 가슴에 박힌 큰 대못이 다 빠져나간 듯이 기뻤습니다"라는 일제 강제노역에 동원된 양금덕 할머니 편지부터 "송혜교 때문에 전범 기업이 무엇인지 알았습니다"라는 네티즌 의견까지 대중의 여러 반응이 넘쳐났다.[1] 송강호는 〈브로커〉로 2022년 75회 칸국제영화제 남우주연상을 받고 주연으로 활약한 〈기생충〉이 2019년 72회 칸국제영화제 황금종려상과 2020년 92회 아카데미영화제의 작품상, 감독상, 각본상, 국제장편영화상을 휩쓸며 한국 영화사뿐만 아니라 세계 영화사를 새로 썼다. 2013년 데뷔한 뒤 국내외 강력한 팬덤을 보유한 방탄소년단은 언어로 대변되는 문화적 헤게모니 변화를 이끌 뿐만 아니라 기존 위계질서를 해체하고 사회 구조와 미디어, 예술 형식에 근본적인 변혁을 주도했다.[2]

나운규 남인수 신성일 배삼룡 남진 조용필 이순재 김혜자 배용준 김수현 유재석 송혜교 송강호 방탄소년단을 관통하는 한 가지가 있다. 바로 이들이 '스타'라는 점이다. 스타란 무엇이며 어떤 사람이 스타로 명명될까. 스타의 정의와 범위는 시대에 따라 변했다. 대중매체 상황, 문화 산업 규모, 수용자 수준과 범위, 대중문화 분야와 판도, 스타 시스템 체계화 정도에 따라 스타범주와 판별 기준이 달라졌기 때문이다. 스타 시스템을 전문화해 스타를 영화 흥행 기제로 활용한 미국 할리우드 영화산업 초창기 이후 반세기 동안 스타란 영화배우를 지칭했다. 하지만 오늘날에는 배우, 가수, 코미디언·예능인, 아나운서를 포함한 방송인, 모델, 댄서, 크리에이터, 인플루언서, 유튜버 등으로 대중문화 스타 범위가 확장되었다.

문화 산업과 대중문화가 발전하고 세계 각국에 팬이 산재한 미국과 그렇지 못한 국가의 스타 규정 기준은 차이가 있다. 미국은 국내 흥행 결과뿐만 아니라 해외의 인기와 흥행파워가 스타 여부를 판단하고 스타 등급과 서열을 결정하는 데 주요한 근거로 작용한다.[3] 반면 외국 시장보다 국내 시장이 큰 중국, 일본, 대만, 필리핀, 베트남, 태국 등은 국내에서의 인기도와 흥행파워가 스타와 연예인 등급을 정하는 기준이 된다. 산발적으로 소수의 가수와 연기자가 일본, 홍콩과 동남아에 진출해 인기를 얻었지만, 국내 활동이 더 중요하고 문화 시장 규모가 협소했던 한류 이전과 대중문화와 문화 산업이 크게 발전하고 국내 시장만큼 외국 시장 비중이 커진 한류 이후의 한국 스타 서열을 정하는 기준은 차이가 있다. 한류 이후 스타 등급과 서열을 가장 구체적으로 보여주는 출연료 산정에 중국, 일본, 미국 등 외국의 인기와 팬덤이 중요한 근거로 활용된다.

　　대중문화 스타의 사전적 의미는 '인기 있는 배우나 가수'[4] 또는 '대중에게 인기가 높고 팬을 많이 확보한 소수의 연예인'[5]이다. 전문가들은 스타에 대해 '대중공연이나 대중매체 출연을 통해 대중에게 널리 알려져서 상징적 지위를 획득하고 활동하는 문화 형식 내에서 독특하고 남다른 재능을 소유한 사람'[6] '대중이 창조한 것이면서 대중을 지배하는 최고의 인기인'[7] '일반 연예인 중에서 인기가 높고 많은 팬이 있는 배우, 가수 등 소수 엘리트'[8] '연예인 중에서 많은 팬층을 확보하고, 일반 대중에 대한 소구력이 높아 일정 정도의 흥행력을 가지고 있다고 증명된 소수 연예인'[9] '추종자(팬)가 있고 있고 미디어의 주목을 받으며 랭킹화 한 인물로 상업적인 잠재력(흥행성)이 있는 사람'[10] '전문성, 인기, 영향력을 갖고 대중적으로 상징적 가치를 생산함으로써 자본 축적과 계급 질서에 기여하는 특수한 지배적 집단으로 대중문화에서 주도적이고 대중적인 영향력을 누리는 사람'[11] '막대한 수입을 올리고 활동 분야에서 지배적 위치를 점하는 소수의 연예인'[12] '우상 숭배와 유사한 방법으로 숭배의 대상이 되는 특정 개인의 가공적 인물상과 그 인물상을 구현하는 것으로 간주되는 인물'[13]이라고 다양하게 정의하고 있다. '대중적인 인기가 높은 주연급 연기자로 특정 이미지나 개성에만 어울리는 경향이 있어 진정한 배우라고 할 수 없는 연예인'[14]이나 '연기력과 가창력, 예능감은 부족하지만, 스타성과 대중성, 팬덤이 강한 배우와 가수, 예능인'처럼 스타에 대해 부정적으로 규정하는 전문가도 존재한다.

대중문화 활동 분야에 따라 차이가 있지만, 스타 여부를 판별하는 가장 중요한 요소는 인기도다. 일반 연예인과 스타는 활동 전문성이나 연기 · 가창 · 예능의 숙련도, 실력이 아닌 대중적 인기를 근거로 구분한다. 인기가 높은 배우나 가수, 코미디언과 예능인이 스타다. 관념적 개념인 인기는 연예인에 대한 대중의 친밀감이나 선호도 표시, 팬클럽과 팬덤의 규모, SNS · OTT 팔로워나 구독자 수, 문화 상품 구매라는 구체적 형태로 드러난다. 스타인지 아닌지를 구분하는 또 하나의 기준은 문화 상품의 수요를 창출할 수 있는 흥행파워다. 물론 인기와 흥행파워는 밀접한 관련이 있지만, 인기와 흥행(음반 · 음원 판매, 공연 관객, 드라마와 예능 프로그램 시청률, 영화 관객, 동영상 조회와 시청 시간)이 반드시 비례하는 것은 아니다. 스타는 문화 상품의 흥행 성공 가능성을 높이는 매우 희소한 자원이다.[15] 연예인 중 대중이 선호하는 이미지를 창출해 시대나 사회에 의미 있는 기호로서 역할을 할 수 있느냐도 스타 여부를 판단하는 요소 중 하나다. 스타 이미지는 영화 · 드라마 · 예능의 캐릭터, 음악 스타일, CF 콘셉트와 대중매체에서 유통되는 사생활 정보 등에 의해 조형된다. 연예인의 이미지가 컨트롤할 수 있는 단계를 넘어 생명력을 갖게 될 때 스타가 된다. 연예인의 이미지가 문화나 사회를 가로지르며 영향력을 발휘하는 아이콘 역할을 하면 스타로 인정받는다.[16]

사생활에 대한 대중의 관심과 유포 정도로 스타 여부를 판가름하기도 한다. 배우, 가수, 예능인의 사생활이나 개성이 연기, 노래, 예능 프로그램 진행 같은 대중문화 활동과 마찬가지로 높은 관심을 유발하거나 중요하게 여겨질 때 스타로 호명된다. 일반 배우, 가수, 예능인은 배역 성격이나 연기 스타일, 노래와 가창력, 캐릭터와 예능감뿐만 아니라 연애, 결혼과 이혼, 소비 생활을 비롯한 사생활과 개성이 대중에게 관심 밖이지만, 스타는 일거수 일투족, 사생활 전부가 대중의 호기심 메뉴다. 배우의 경우, 스타 여부를 판단할 때 연기와 개성의 측면을 고려하기도 한다. 연기 관점에서 배우의 개성이 극 중 인물 성격을 압도하거나 그 성격에 혼합되어 나타날 때 그 배우를 스타라고 부른다. 결론적으로 스타는 인기가 많고 흥행파워가 강력하며 이미지와 상징 권력이 대중문화뿐만 아니라 대중의 일상, 정치, 사회, 경제를 비롯한 다양한 분야에 영향을 미치는 소수의 연예인을 지칭한다.

스타는 어떠한 사회, 문화, 경제적 상황과 조건에서 탄생하는 것일까. 상품의 형식과 이윤 창출에 기본을 둔 자본주의, 대량생산과 대량소비를 특징으로 하는 대중사회, 대중매체가 주도하는 대중문화 발달이 스타가 등장할 수 있는 사회·경제·문화적 조건이라고 할 수 있다. 즉 생존 문제가 해결되고 잉여 생산이 가능한 환경, 사회의 계급적 유동성이 담보돼 누구나 스타가 될 수 있는 상황, 대중의 기호와 취향의 보편화를 꾀하는 대중문화 발달, 연기자나 가수, 예능인을 언제 어디서나 볼 수 있는 대중매체 만개, 사회의 대규모화가 꾀해져 대중의 관심이 집중될 수 있는 분위기 조성이 스타가 배출될 수 있는 조건이다.

스타 현상에 관해서는 다양한 시선이 존재한다. 스타가 자본주의 시장 동기에 의해 만들어졌다는 입장은 스타를 생산 현상으로 파악하는 대표적인 시각이다. 이는 미국 할리우드 영화사가 1900~1940년대 제작 자금 대출과 이윤 창출을 위해 가능성 있는 신인을 발탁해 연기 교육과 작품 출연, 이미지 조형, 홍보 마케팅 작업을 통해 스타로 부상시킨 것을 근거로 한 견해다. 현재의 연예기획사나 제작사, 대중매체도 수입 극대화를 위해 스타 만들기에 총력을 기울인다. 이데올로기적 의도 즉 자본가와 대중매체가 기존 사회에 대한 대중의 부정과 비판을 봉쇄하기 위해 스타를 만든다는 의견도 개진된다. 지배계층과 자본가를 대변하는 대중매체가 대중을 기존 질서에 순응시키고 대중 의식을 지배하기 위한 이데올로기 전형으로 활용하기 위해 스타를 조작해낸다는 주장[17] 역시 스타를 생산 현상으로 바라보는 관점이다. 표정을 포착하는 클로즈업이라는 카메라 기술과 편집으로 인해 배우의 감정과 행위를 상징적으로 강조해 현실 이상의 사실성을 표현하고 그에 따라 배우의 개성이 배역을 초월하는 계기를 마련해 대중에게 강렬한 존재감을 드러내면서 스타가 등장한다는 의견[18]과 연예인의 끼와 외모, 재능, 실력, 매력이 출중해 숭배의 대상이 되어 스타가 된다는 견해도 스타를 생산 현상으로 파악하는 입장이다.

문화 상품을 소비하는 과정에서 다수 대중이 특정 배우나 가수에 열광하고 감정적 친화감을 느끼거나 연예인을 숭배하면서 스타가 탄생한다는 입장과 스타는 대중의 공통된 욕구와 욕망, 꿈, 취향, 집단 무의식의 산물이라는 주장은 스타를 소비 현상으로 바라보는 시각이다.

스타는 인기와 팬덤, 이미지, 매력, 영향력, 재능, 평판, 상징 권력을 바탕으로 다양한 역할을 이행한다. 대중문화가 스타의 문화로 명명될 정도로 문화 부문에서 스타의 역할은 지대하다. 하지만 스타는 TV 화면과 인터넷, 스크린, 음반과 음원, 무대에만 한정할 수 없다. 스타는 문화뿐만 아니라 사회, 정치, 경제, 교육을 비롯한 다양한 분야와 광범위한 영역을 가로지르며 많은 역할을 실행한다. 스타 역할에 대한 단편적 고찰은 스타의 총체적 파악을 불가능하게 할 뿐만 아니라 스타에 대한 잘못된 인식과 이해로 이어진다. 스타가 중요한 문화적 역할을 이행하고 동시에 사회·경제적 역할을 수행한다는 점은 쉽게 이해할 수 있다.

스타는 문화 산업과 대중문화 분야에서 일반 연예인이 할 수 없는 중요한 기능을 한다. 이는 영화, 드라마, 코미디·예능 프로그램, 대중음악, 공연 같은 문화 상품이 일반 상품과 성격이 다르고 스타가 일반 연예인이 갖지 못한 특성과 능력을 갖추고 있기 때문이다.

스타의 가장 중요한 문화적 역할은 문화 산업 성패를 좌우하는 문화 상품 소비를 창출하는 것이다. 스타는 일반 연기자와 예능인, 가수와 비교할 수 없을 정도로 음반과 음원 판매, 드라마와 예능 프로그램 시청률, 영화와 공연 관객 동원, 동영상 시청 시간과 조회 수에 있어 한계생산력이 높다.

문화 상품은 물질적 욕구가 아니라 미적이고 표현적 또는 오락적 욕구와 관련돼 있고 소비자의 문화 상품 효용은 다중적인 문화 가치가 배어있다.[19] 문화 상품은 대체로 일회적 생산과 소비로 특징 지워지기 때문에 상품의 생명주기가 매우 짧고 한 번 소비된 상품은 재차 소비될 가능성이 낮은 소비의 비반복성을 내재한다. 생필품이 아니라 사치재인 문화 상품의 소비는 경기 변동에 민감하고 경제적 변인에 직접적인 영향을 받는다. 문화 상품은 소비한 후에야 비로소 상품의 효용과 질을 알 수 있는 경험재 특성도 있고 다른 문화 시장에 진입할 경우 어느 정도 가치가 떨어지는 문화 할인 현상도 발생한다. 문화 상품은 원판 생산에 대부분의 생산 비용이 투입되고 재판 생산부터는 단지 복제 비용만 추가되기[20] 때문에 수요량이 많을수록 생산비를 제한 순이익 규모는 엄청나게 증가한다. 문화 상품 생산은 큰 비용 투자에도 불구하고 이러한 속성 때문에 수요의 불확실성이 높아 매출 결과를 예측하기가 힘들지만, 성공하면 막대한 이윤을 창출할 수 있다.

대중문화와 문화 산업의 주체는 문화 상품 수요의 불확실성을 줄이는 방안, 즉 위험을 최소화하기 위한 위험의 회피, 감소, 분산을 위한 대책을 마련한다. 흥행 성적이 좋은 문화 상품의 모방과 속편 제작, 베스트셀러 소설이나 웹툰을 드라마나 영화로 만드는 것처럼 다른 문화 분야에서 성공한 작품의 재가공, 시상식 및 이벤트를 통한 문화 상품 가치 창조, 평론가와 기자, 블로거, 유튜버를 통한 홍보 활성화, 다양한 수익 창출 창구 동원 등 문화 상품의 위험을 최소화해 흥행 가능성을 제고하는 다양한 수단을 동원한다.

　문화 상품 시장의 안정화를 꾀하는 가장 강력한 방법의 하나가 바로 한 사람 혹은 그 이상의 스타에 대한 감정적·정서적 연결고리를 만들어줌으로써 소비자를 직간접적으로 특정 문화 상품 범주에 묶어두는 스타 활용 전략이다.[21] 스타는 고정적인 수요자로서 기능하는 많은 팬과 팬클럽, 팬덤을 가지고 있는 데다 홍보나 광고 효과가 높아 문화 상품의 안정적 수요를 창출할 가능성이 크다. 물론 문화 상품의 수요 불확실성을 최소화하기 위해 스타를 기용하는 결과 역시 절대적인 것은 아니다. 흥행 보증 수표 역할을 하는 스타가 출연하거나 출시한 영화와 드라마, 예능 프로그램, 음반·음원, 공연이 흥행에 참패하는 경우가 적지 않다. 스타의 인기는 오르락내리락하며 인기가 제일 높을 때조차 영화와 음반을 비롯한 스타의 문화 상품을 소비하지 않는 경우도 많다. 이런 이유로 스타는 문화적 관점에서 '문제성 있는 필수품'이다. 하지만 일반 연예인보다 스타를 활용하는 것이 더 많은 이윤 창출을 위한 안전판임은 분명하다.

　스타는 수요 예측이 어려운 영화, 드라마, 예능, 음악, 공연의 흥행 성공 가능성을 높일 뿐만 아니라 방송사 편성과 OTT 서비스, 해외 판매, 광고와 간접광고PPL 유치, 굿즈 매출 등 유통 창구와 수입을 극대화하는 데도 주도적 역할을 한다. 스타는 작품의 완성도와 문양을 결정하는 기능도 한다. 드라마와 영화 주연을 하는 스타는 작품 완성도를 좌우하는 핵심 인자다. 스타의 활약 여하에 따라 작품 완성도의 높낮이가 결정된다. 스타의 개성, 이미지, 연기력과 진행 실력, 가창 스타일과 음색 등으로 영화나 드라마, 예능 프로그램, 음악 같은 대중문화 상품의 문양을 예측할 수 있게 해주는 것도 스타 역할 중 하나다.

　스타는 대중문화와 문화 산업 투자를 유치하는 데 강력한 영향력을 행사한다. 영화와 드라마, 예능 프로그램, 음반·음원, 공연, 화보 등 문화 상품의 투자자는 투자 여부를 결정하는 요소 중 가장 중요하게 고려하는 것이 스타 출연 여부다. 어떤 스타가 출연하느냐에 따라 투자 여부뿐만 아니라 투자 규모도 달라진다. 일부 투자자는 투자 조건으로 특정 스타 출연을 요구하는 경우도 적지 않다.

스타의 사회적 역할과 영향력은 상상을 초월한다. 스타는 사회, 정치 분야에서 강력한 영향을 미치는 실체이고 권력을 행사하는 주체다. 스타의 상징 권력은 대중으로부터 얻은 인기와 명성을 바탕으로 사회적·이데올로기적 파급효과를 생산한다. 굳건한 팬덤은 스타를 그 어떤 정치적·종교적 집단보다도 막강한 힘을 행사하게 한다.[22]

스타는 이데올로기 형태로 사회와 밀접한 관계를 맺는다. 스타는 사회를 유지하거나 변화시키는 역할을 하는 과정에서 이데올로기를 체현하며 사회와 연관성을 가진다. 스타의 이미지나 페르소나는 이데올로기를 생산하고 투사하는 주요한 수단이기 때문이다. 스타는 지배 이데올로기를 강화하고 지배계층의 모순을 은폐하는 기제로 기존 질서를 긍정하게 만든다. 스타가 대중에게 전달하는 가치란 반자유주의적이며 궁극적으로 자본주의 사회에 적응할 수 있도록 모순을 숨기는 것이다.[23] 또한, 스타는 지배 이데올로기를 전복하거나 자본가 지배 체제의 모순을 폭로하는 존재이며 기존 체제의 대안적 이데올로기 체현자이기도 하다.

스타는 지식 제공자일 뿐만 아니라 인격 형성자이며, 대중을 선도하는 자[24]이기도 하고 대중에게 모방할 모델을 제공하며 사람의 정체성 형성을 돕는다.[25] 스타는 전통과 관습, 가치관, 규범이 후세에 전달되고 새로운 세대가 현재의 지배적인 전통과 가치, 규범을 내재화해 사회 공동체가 잘 유지되게 하는 사회화 대리자 역할도 수행한다. 대중 특히 청소년은 스타의 언행과 이미지, 작품에 영향을 받으면서 사회 구성원으로서 필요한 규범과 가치관을 학습한다.

스타는 사회, 교육, 환경, 빈곤, 인권, 성 소수자 문제에 관한 의제를 설정해 각종 사회 문제를 해결하는 데도 큰 힘을 발휘한다. 스타는 좌절할 때 위안을, 절망할 때 용기를, 슬픔에 잠겼을 때 위로를 건넬 뿐만 아니라 사람의 욕구와 욕망을 충족시켜준다. 스타 이미지는 대중에게 매력적으로 다가갈 수 있는 선량한 사람, 청순한 여자, 섹시한 남녀, 터프가이, 반항아, 주체적 여성처럼 구체적이고 유형적인 인물로 표출돼 인간의 다양한 욕망과 욕구를 만족시킨다. 스타는 대중의 의식을 사로잡는 특정 두려움, 욕구, 근심에 대해 상징적 해결을 도와주기도 한다. 스타는 종교에 의해 채워지지 않는 욕망까지 충족시켜준다.[26]

경제 규모가 커지고 대중문화 산업과 한류 시장이 확대되면서 스타 마케팅이 활성화하고 있다. 스타 마케팅의 범위와 방식이 크게 변화하면서 스타의 경제적 활용이 다각도로 이뤄지고 있다. 머리끝에서 발끝까지, 그리고 이름에서 이미지까지 스타의 모든 것이 상품이 된다. 스타의 1㎝의 신체도, 생활의 한 조각 추억도 시장에 판매되고 있다. 스타의 숨결과 손길이 닿는 것조차 모두 상품이 된다. 스타의 모든 것이 시장에 내놓아지는 시대다.[27]

스타의 경제적 역할과 효과를 좌우하는 것은 인기도와 팬덤 규모, 이미지, 평판이다. 인기가 높고 팬덤 규모가 크고 이미지와 평판이 좋으면 스타는 소비자 구매 의도를 높여 제품과 서비스 수요를 증가시킨다. 스타는 인기와 인지도, 선호도, 이미지, 명성, 평판을 바탕으로 소비자 의식을 통제할 뿐만 아니라 소비 경제에 막대한 영향을 주는 권력을 구축한다. 대중의 소비 생활과 라이프 스타일에 많은 영향을 미치는 스타는 인기와 명성, 팬덤을 기반으로 한 상징 권력과 매력, 이미지, 평판을 이용해 소비자의 상품과 서비스에 대한 인지부터 구매 촉진까지 다양한 경제적 역할을 이행한다. 이미지와 외모, 열정, 재능 같은 스타 매력은 스타와 관련된 상품·서비스의 인지도 상승과 매출 제고에 큰 영향을 미친다.

스타는 광고, 드라마와 예능 프로그램, 영화, 뮤직비디오를 통해 화장품, 자동차부터 금융상품, 관광지까지 다양한 상품과 서비스, 라이프 스타일에 대해 알리고 관심을 촉발한다. 스타는 상품과 서비스, 라이프 스타일의 존재를 알리고 유행시키는 매개체다. 스타는 대중과 소비자에게 광고나 PPL^Product Placement을 통해 자신의 이미지나 평판, 매력이 투영된 상품이나 서비스에 긍정적 인식과 우호적 태도를 갖게 한다. 스타는 상품과 서비스의 차별화 전략 기제로도 활용돼 기업 경쟁력을 배가한다. 기업은 팬뿐만 아니라 수많은 불특정 소비자를 대상으로 스타의 이미지와 친숙함을 전면에 내세우며 브랜드 정체성을 부각해 다른 상품과 차별화를 꾀한다. 스타의 가장 큰 경제적 역할은 바로 상품과 서비스의 소비 창출이다. 스타는 소비자에게 문화 상품은 물론이고 광고 제품과 서비스, 굿즈 제품을 구매하게 한다.

스타의 경제적 역할은 상품과 서비스 매출에만 국한되지 않는다. 돈으로 환산할 수 없는 국가 이미지와 브랜드 가치에도 긍정적인 영향을 미친다. 전 세계에서 큰 인기를 얻고 있는 할리우드 스타가 미국의 국가 이미지를 상승시킨 것처럼 한류스타 차인표 장나라 배용준 이병헌 최지우 송혜교 이영애 전지현 이민호 김수현 장근석 수지 보아 동방신기 소녀시대 싸이 방탄소년단 트와이스 블랙핑크 유재석은 한국의 국가 이미지를 크게 제고했다. 스타 마케팅 창구가 크게 확대되고 스타를 경제적으로 활용하는 방식이 다양해지면서 스타의 경제적 역할과 중요성도 배가되고 있다.

콜럼비아 레코드가 1933년 주최한 '전선全鮮 9도시 콩쿠르 대회'에서 입상해 레코드사 전속 가수가 된 고복수는 1930~1940년대 〈타향살이〉〈짝사랑〉으로 인기를 얻으며 스타가 됐다. 1945년 길을 걷다가 태평양가극단 김용환 단장에게 캐스팅돼 악극 무대에 올라 코미디를 하던 구봉서는 1950~1980년대 버라이어티쇼, 라디오와 텔레비전, 영화로 활동 영역을 넓히며 맹활약해 스타로 부상했다. 영화사 신필름 신인 공모 현장에 구경하러 갔다가 신필름 전속 배우로 발탁된 신성일은 1960년 영화 〈로맨스 빠빠〉를 통해 배우로 첫선을 보인 이후 1960~1970년대 〈맨발의 청춘〉〈별들의 고향〉〈겨울 여자〉 등에 출연해 영화 흥행을 주도하며 스크린 톱스타로 자리했다. 고등학교 재학시절 기타를 연주하다 1968년 밴드 애트킨즈를 결성해 유흥업소 무대에 오르며 가수 활동을 본격화한 조용필은 1976년 〈돌아와요 부산항에〉로 인기 가수가 됐고 1980년 〈창밖의 여자〉부터 2023년 〈Feeling Of You〉까지 수많은 메가 히트곡을 양산하며 슈퍼스타가 됐다. 1992년 MBC 탤런트 공채에 합격한 장동건은 방송사의 연기 교육을 받은 뒤 1994년 출연한 트렌디 드라마 〈마지막 승부〉 신드롬으로 스타덤에 올랐다. 1991년 1회 KBS 대학 개그제 입상을 통해 개그맨이 된 유재석은 9년 동안 무명 생활을 하다 2000년 〈목표달성! 토요일-스타 서바이벌 동거동락〉 MC를 거쳐 〈무한도전〉〈패밀리가 떴다〉〈런닝맨〉의 흥행을 이끌며 톱스타의 지위를 획득했다. SM엔터테인먼트가 오디션을 거쳐 문희준을 비롯한 5명의 멤버를 선발해 가창 지도, 댄스 교육을 하고 음악 선정과 멤버 콘셉트를 결정한 뒤 1996년 데뷔시킨 H.O.T는 1990년대 중후반 아이돌 그룹 시대를 열며 대중의 열광적 지지를 받아 스타덤에 입성했다.

연예기획사 싸이더스 정훈탁 대표가 발탁해 연기 교육을 하고 1998년 드라마 〈내 마음을 뺏어봐〉를 통해 연기자로 입문시킨 전지현은 CF를 통한 이미지 조형과 영화 〈엽기적인 그녀〉, 드라마 〈별에서 온 그대〉의 흥행으로 국내외에서 사랑받는 한류스타로 비상했다. 빅히트엔터테인먼트(현 하이브) 방시혁 대표는 2010년 힙합 커뮤니티 사이트에 올라온 랩과 음악을 듣고 연락해 만난 고교 1년생 김남준(RM)을 연습생으로 발탁하고 포털 다음과 공동 개최한 오디션 '힛잇HIT IT'과 과 길거리 캐스팅을 통해 제이홉, 슈가, 진, 뷔, 지민, 정국을 발굴해 3년여의 훈련과 교육을 한 다음 결성한 방탄소년단을 2013년 대중에게 선보여 세계 최정상의 팝그룹으로 만들었다.

고복수 구봉서 신성일 조용필 장동건 유재석 H.O.T 전지현 방탄소년단이 연예인과 스타가 되는 과정은 모두 다르다. 시대와 상황에 따라 스타 시스템이 변모했기 때문이다. 재능과 끼, 실력, 외모, 노력 그리고 운이라는 변수에 의해 우연히 스타가 되는 시대는 지났다. 전문적인 체계를 갖춘 스타 시스템에 의존하지 않으면 스타는 탄생할 수 없는 시대다. 오늘의 스타 뒤에는 막대한 투자와 체계적인 교육, 치밀한 데뷔 계획과 대대적인 마케팅, 주도면밀한 이미지 조성과 홍보를 전개하는 스타 시스템이 자리한다.

연예인과 스타, 에이전시, 매니지먼트사, 제작사, 신문·방송을 비롯한 대중매체, 연예인 노조를 포함한 연예인 관련 단체, 팬과 대중 등 스타 시스템 주체의 역할 차이나 스타의 육성, 유통, 관리 메커니즘의 가중치에 따라 스타 시스템의 정의가 다양하게 제시된다. 스타 시스템을 스타가 활용, 거래, 생산, 소비되는 전체적인 순환 메커니즘으로 파악하는 견해도[28] 있고 연예인을 스타로 만들기 위해 기획, 제작, 마케팅을 펼치는 일련의 과정, 즉 매니지먼트사의 연예인 관리와 인기 연예인·스타 만들기를 의미한다는 주장도[29] 있다.

스타 시스템은 인기 있는 연기자나 가수, 예능인을 개발하거나 스타의 대중적 호소력을 집중적으로 조성, 선전 홍보함으로써 상업적 이윤을 최대한 창출하는 체제 즉 스타를 생산하고 거래, 유통, 관리, 소비하는 메커니즘이다. 스타 시스템은 연예인 지망생을 최단 시간에 최고 인기 스타로 만들어 가장 높은 경제적 가치를 인정받게 하고 양성된 스타의 생명을 장기간 지속할 수 있는 방향으로 운영하는 체계다. 문화 산업 규모, 대중매체 판도, 연예인 전속제의 주체, 팬 규모와 팬덤 정도, 스타의 이윤 창출력, 문화 상품의 생산자와 소비자 상황, 매니지먼트사와 에이전시의 발전 정도, 엔터테인먼트 산업과 대중매체 관련 법규에 따라 스타 시스템의 구조와 형태도 달라진다.

불확실한 영화 시장의 안정적 수익 확보를 위해 고안된 스타 시스템은 미국 할리우드 특유의 체제라고 규정될 정도로 할리우드 영화사가 스타 시스템의 등장과 발전을 주도했다. 1900년대부터 1940년대까지 배우 자원을 발굴해 훈련하고 작품 출연과 홍보 마케팅을 통해 스타로 만들어 관리했던 파라마운트, 로우스, 폭스, 워너 브라더스, RKO 등 미국 대형 영화사가 스타 시스템의 주역으로 활동했다. 영화사의 배우 전속제가 사라진 1950년대 이후에는 제작사와 연예인을 연결해주는 CAA^{Creative Artists Agency}, WME^{William Morris Endeavor}, ICM^{International Creative Management}, UTA^{United Talent Agency}, TAA^{Triad Artists Agency} 같은 에이전시 중심으로 미국 스타 시스템이 구축됐다. 에이전시와 함께 매니저, 방송사와 영화사, 음반사를 비롯한 제작사, 연예인 노조 등이 연예인의 고용 창출과 계약 체결부터 이미지 조형, 일정 관리까지 연예인과 관련된 제반 업무를 담당하면서 스타 시스템의 주체로 자리 잡았다. 미국 연예인과 스타는 매니지먼트를 위한 전문가를 고용해 팀을 꾸리는데 일반적으로 에이전트(talent agent), 개인 매니저(personal manager), 비즈니스 매니저(business manager), 변호사(attorney) 등으로 구성한다. CAA, WME, ICM, UTA, TAA 등 에이전시에 소속된 에이전트는 연예인에게 일자리 알선과 제작자와의 계약 업무를 진행하며 연예인의 경력 관리와 이미지 조성, 작품 분석과 선택, 제작자와 소속 연예인 간의 계약 후 발생하는 문제 해결 업무를 담당한다. 매니저는 연예인의 활동 전반을 관리하고 스타 경력에 대한 모든 분야를 감독하고 안내해주는 사람이다. 비즈니스 매니저는 스타의 재정을 관리하고 수익을 증대시키는 역할을 담당하기 때문에 사안에 따라 스타를 보좌하게 된다. 변호사 역시 스타의 법적 문제만을 담당한다. 미국 배우조합^{SAG · Screen Actors Guild}과 미국 TV · 라디오 예술가 협회^{AFTRA · American Federation of Television and Radio Artists} 등은 연예인의 기본적인 권리와 복지 증진을 위해 연예인 전반을 대변하는 역할을 한다. 미국에선 법적으로 에이전트와 매니저의 업무와 역할을 엄격히 분리, 규정하고 있어 에이전트는 매니저 업무를, 매니저는 에이전트 역할을 수행할 수 없다.

　미국에 이어 대중문화 시장 규모 2위이자 한때 한국 스타 시스템과 대중문화에 영향을 미친 일본의 스타 시스템은 연예인과 스타를 만드는 연예 프로덕션 중심으로 구축됐다. 요시모토 흥업吉本興業, 쟈니스 사무소ジャニーズ 事務所, 호리 프로ホリプロ, AVEX 같은 일본 연예 프로덕션은 연예인 지망생을 발굴해 스타로 만들고 연예인을 관리하는 매니지먼트 업무뿐만 아니라 영화, 방송 프로그램, 게임, 음반을 비롯한 콘텐츠 제작, 교육 기관과 극장 운영 등 다양한 사업을 전개해 일본 엔터테인먼트 산업과 스타 시스템의 핵심 주체로 활약한다. 일본은 미국과 달리 연예 프로덕션에서 매니저와 에이전트 기능을 모두 수행한다.

　한국 스타 시스템의 주체는 대중문화 분야에서 활동하는 스타와 연예인, 문화 상품과 연예인을 소비하는 팬과 대중, 문화 상품과 콘텐츠를 제작하고 유통하는 방송사, 영화사, 음반·음원사, 신문과 잡지, 광고, 인터넷 같은 제작사와 대중매체, 신인을 발굴하고 스타를 관리하며 연예인과 문화 상품 생산 조직과의 중개를 담당하는 연예기획사, 연예인의 기본적인 권리와 복지 증진을 위해 연예인 전반을 대변하는 연기자 노조와 가수협회를 비롯한 연예인 관련 단체 등이다. 특히 이 중에서 드라마와 영화를 비롯한 문화 상품을 제작, 유통할 뿐만 아니라 연예인 정보를 전달하는 대중매체와 연예계 지망생을 발굴, 조련시켜 연예인과 스타로 만들고 연예인의 관리와 이미지 조성을 담당하는 HYBE, SM엔터테인먼트, JYP엔터테인먼트, YG엔터테인먼트 같은 연예기획사가 한국 스타 시스템의 강력한 주체다.

　1990년대 이후 비약적인 발전을 거듭한 한국 스타 시스템은 전문성과 경쟁력이 높을 뿐만 아니라 강력한 국내외 팬덤을 구축한 인기 연예인과 스타를 양산해 중국 일본 미국 태국 대만 인도네시아 등 세계 각국에서 협업을 요청하거나 자국 연예인 육성을 의뢰하고 있다.

2장

한국 대중문화사와 스타

1876~1945년의 대중문화 초창기, 1945~1960년대의 대중문화 발전기, 1970~1980년대의 대중문화의 도약기, 1990~2020년대의 대중문화 폭발기에 득세한 주류 대중문화와 대중매체는 차이가 있다. 대중문화를 이끌며 대중의 환호를 받은 스타도 시기마다 다르고 스타 시스템과 팬덤 역시 시대에 따라 다른 양태를 보인다.

한국 대중문화는 내용과 형식을 달리하며 대중에게 재미와 즐거움, 감동, 교훈을 주고 사람들의 삶과 생활에 영향을 미치며 변화를 거듭했다. 대중문화는 대량 생산과 대량 소비를 가능하게 한 대중매체와 뉴미디어에 의존하며 발전했다. 스타 판도 역시 시대별로 주류 대중매체와 대중문화에 따라 변모했다. 영화, 대중음악, 드라마, 코미디와 예능 프로그램, 공연 등 대중문화 분야마다 스타의 생산, 유통, 관리 방식은 차이가 있지만, 시대마다 득세한 대중매체와 대중문화 그리고 새롭게 등장한 뉴미디어를 중심으로 스타 시스템이 구축됐다. 스타와 대중문화를 존재하게 하는 팬과 팬클럽, 팬덤은 문화 산업과 스타 시스템, 대중매체·뉴미디어의 변화와 대중의 생활 수준과 맞물리며 규모와 역할을 달리했다.

한국 대중문화의 시대 구분은 다양한 이견이 존재한다. 대중문화는 역동성을 갖고 있어서 가변적이고 대중매체와 정치·경제 상황에 적지 않은 영향을 받으며 변화하기 때문이다. 대중매체와 뉴미디어 현황, 대중문화 판도, 정치·경제 상황, 문화 산업 발전 정도, 수용자 규모와 수준 등 다양한 요소에 의해 대중문화의 시대적 구분을 할 수 있다.

우리나라에서 '대중문화'라는 단어가 최초로 등장한 것은 《조선일보》

의 1933년 4월 29일자 사설 '미개발의 문화적 부원'이다.[30] 현대적 의미의 대중문화 출현 시점을 도시화와 산업화가 진행되고 대중매체와 교통, 통신이 발달하면서 대중사회가 본격적으로 형성되기 시작한 1960년대로 보는 시각이 적지 않다.[31] 흔히 오늘날 말하는 대중문화는 1960년대 본격적으로 발흥했다고 해도 무방하나 이는 전적으로 대중매체에 기대는 설명이다. 대중문화는 대중매체의 문화라고 해도 과언이 아닐 만큼 대중문화 발전은 대중매체에 좌우된다. 하지만 대중음악, 드라마, 코미디와 예능 프로그램이 라디오나 텔레비전, 인터넷을 통해 널리 유통되지만, 대중매체 자체가 대중문화는 아니다.[32]

대중음악, 영화, 코미디와 예능 프로그램, 드라마, 공연이 예술 형식에 속하는 문화 산물이라는 점에서 볼 때 우리 대중문화는 일본과 미국을 비롯한 외국의 영향이 지배적이었다고 할지라도 1876~1910년 개화기와 1910~1945년 일제 강점기에 태동해 발전하기 시작했다. 물론 대중문화의 수용자 규모와 문화 산업의 이윤 창출 방식은 현재와 크게 다르지만, 개화기와 일제 강점기의 대중문화 역시 대중음악, 영화, 라디오 드라마, 신파극, 악극, 촌극의 형태로 적지 않은 대중에 의해 수용됐다. 일부 대중이 모습을 드러낸 대중문화를 소비하기 시작한 1876~1945년은 한국 대중문화 초창기다. 해방과 분단, 전쟁을 거치며 산업화와 도시화가 급속하게 진행되고 라디오, 텔레비전, 신문, 주간지를 비롯한 다양한 대중매체가 발달한 1945~1960년대는 영화와 드라마, 코미디와 예능 프로그램, 대중음악이 본격적으로 발흥하며 다수 대중이 향유하는 문화로 자리 잡은 대중문화 발전기다. 박정희, 전두환, 노태우 정권 등 권위주의 정부의 통제로 대중문화가 퇴행하기도 했지만, 경제 발전과 텔레비전을 비롯한 대중매체의 보급 확대, 수용자 급증으로 대중문화가 대중의 일상생활 속에 자리한 1970년~1980년대는 대중문화 도약기다. 대중문화에 대한 긍정적 인식 확산, 케이블 TV,

인터넷, SNS^Social Network Service, OTT^Over The Top를 비롯한 뉴미디어의 등장과 대중화, 문화 산업 발전과 문화 상품 소비 급증, 한류 촉발과 해외 시장 확대로 대중문화가 질적·양적으로 비약적인 발전을 한 1990~2020년대는 대중문화 폭발기다.

1876~1945년의 대중문화 초창기, 1945~1960년대의 대중문화 발전기, 1970~1980년대의 대중문화의 도약기, 1990~2020년대의 대중문화 폭발기에 득세한 주류 대중문화와 대중매체는 차이가 있다. 대중문화를 이끌며 대중의 환호를 받은 스타도 시기마다 다르고 스타 시스템과 팬덤 역시 시대에 따라 다른 양태를 보인다.

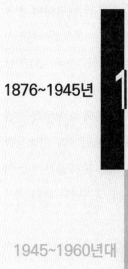

1876~1945년 **1 대중문화 초창기 스타**

1945~1960년대 **2 대중문화 발전기 스타**

1970~1980년대 **3 대중문화 도약기 스타**

1990~2020년대 대중문화 폭발기 스타

(1) 대중문화

　대중문화 초창기인 개화기와 일제 강점기에는 강화도 조약을 비롯한 개항을 둘러싼 외세와의 대립과 굴욕의 불평등 조약, 그리고 국권 상실이라는 비분의 역사가 전개됐다. 궐련, 성냥, 비누, 화장품 등 서구와 일본의 근대 문물이 들어왔고 전기, 전신, 전화, 전차, 철도가 개설돼 근대화의 움직임이 본격화했다. 이 시기 조선은 서구 열강과 일제에 의해 강요된 근대화의 과정에 들어가면서 조선의 모든 것이 재구성되는 상황이었다. 문화 역시 예외일 수 없었다. 전통적 문화와 맹아적 근대성을 내재한 문화, 그리고 서구에서 이입된 대중문화가 서로 만나 큰 혼효를 이뤘다.[33]

　개화기와 일제 강점기에는 신분제 폐지와 주권 운동, 개화사상과 서구 문물 유입으로 누구나 향유하며 창작의 주체가 될 수 있는 대중문화의 중요한 토대가 마련됐다. 연쇄극Kino Drama, 무성 영화, 발성 영화가 속속 대중에게 선을 보였고 유성기 음반을 통해 음악을 소비하는 환경이 조성됐다. 대중이 선호하는 신파극과 신극, 악극이 관객과 만났고 공연과 영화를 관람할 수 있는 근대식 극장이 모습을 드러냈다. 라디오 방송도 개시됐다.

　전통문화 쇠퇴 속에 대중문화 초창기의 영화와 대중음악, 방송, 신파극은 개화기와 일제 강점기라는 특수한 시대적 상황 때문에 일본과 서구에 의해 주로 유입됐다. 개화기와 일제 강점기에는 전통문화의 자생적인 근대화의 가능성이 차단되고 일본과 서구에 의해 인입된 외래문화가 영향력을 확대했다. 일제는 통제와 검열을 통해 대중문화에 식민 지배를 용이하게 하는 이데올로기적 성격을 강화했다.

1895년 12월 28일 프랑스 뤼미에르 형제Auguste & Louis Lumière의 〈기차의 도착〉으로 세계 영화의 역사를 연 뒤 얼마 안 있어 조선에서도 영화를 접하게 됐다. 1897년 구리개(현 충무로) 본정좌에서 영화를 처음 상영했다는 견해부터 1898년 남대문 인근 중국인 창고에서 프랑스 파테 영화사 필름을 개봉했다는 주장까지 국내에 처음 영화가 들어온 시기와 최초의 영화 상영에 대한 입장이 분분하다. 미국인 여행가 버턴 홈즈Elias Burton Holmes는 1901년 조선 풍경과 사람들을 영화에 담았고 고종 앞에서 영화 장비를 소개했다. 동대문 한성전기회사 기계 창고에서 10전을 받고 세계 각국 도시와 절경을 담은 활동사진을 보여 주었다는 《황성신문》의 1903년 6월 23일자 기사에서 드러나듯 초창기 영화는 '활동사진'이라는 이름으로 국내 관객과 만났다. 1906년 동대문 활동사진소가 등장한 이후 송도좌, 단성사, 경성고등연예관, 우미관 등 영화를 상영하는 곳이 늘어났다.

1919년 10월 27일 연극을 상연하면서 무대에서 표현 불가능한 장면을 필름으로 찍어 무대 위의 스크린에 상영하는 연쇄극 형태의 〈의리적 구토〉가 김도산의 신극좌에 의해 단성사에서 관객과 만나면서 한국 영화의 역사가 시작됐다. 연극 중간에 장충단, 남대문 정거장을 비롯한 서울의 이름난 풍경을 배경으로 펼치는 배우들의 연기 장면을 담은 영화를 보여준 〈의리적 구토〉를 만든 김도산은 〈시우정〉 〈의적〉을 내놓으면서 연쇄극을 주도했다.

우리나라 최초의 무성 극영화 〈월하의 맹서〉는 조선총독부 체신국이 제작한 저축 장려용 계몽 영화로 1923년 4월 9일 기자와 저명인사 100여 명이 참석한 가운데 경성호텔에서 열린 시사회에서 첫선을 보였다. 〈월하의 맹서〉는 윤백남이 각본과 감독을 맡고 민중극단 단원 이월화 권일청 문수일이 출연했다. 1923년 개봉한 최초의 상업 영화 〈춘향전〉이 일본인 하야가와 고슈早川孤舟에 의해 제작돼 흥행에 성공을 거둔 이후 〈장화홍련전〉 같은 무성 영화 제작이 꾸준히 이어졌다.

부산에서 활동하는 일본 사업가들이 1924년 설립한 우리나라 최초의 영화사 조선키네마주식회사는 이월화 안종화가 출연한 다카사 간조高佐貫長 감독의 〈해의 비곡〉을 제작했다. 〈운영전〉을 통해 영화배우로 데뷔한 뒤 〈심청전〉에서 심봉사 역을 연기해 주목받은 나운규가 감독과 주연으로 나서고 조선키네마프로덕션이 제작한 〈아리랑〉이 1926년 10월 1일 단성사에서 개봉돼 흥행 돌풍을 일으켰다. 〈아리랑〉은 조선 현실과 민족 감정을 잘 보여준 데다 대중이 좋아하는 활극과 비극을 직조해 관객을 사로잡으며 무성 영화 붐을 일으켰다. 일제 강점기 140~150편의 영화가 만들어졌고 그중 90여 편이 1923~1935년 제작됐다. 1920년대 극장은 경성극장을 비롯해 서울 12개, 부산 3개, 대구 4개, 평양 3개 등 27개에 달했다.[34] 극장은 창극, 신파극, 기생 병창, 유랑극단 공연, 서커스, 영화 상영이 이뤄지는 복합 문화공간이었다.

윤백남은 1925년 윤백남프로덕션을 설립해 김우연 나운규 주연의 〈심청전〉을 제작했고 나운규 역시 1927년 나운규프로덕션을 창립해 〈잘 있거라〉 〈옥녀〉 〈사랑을 찾아서〉를 만들었다. 1923년부터 1935년까지 무성 영화 시대에 영화 제작에 나선 영화사는 46개에 이른다. 무성 영화 전반기(1923~1929년) 24개와 후반기(1930~1935년) 22개 등 46개 영화사가 13년 동안 제작한 무성 영화는 96편에 달한다. 대다수 영화사가 한두 편 제작하고 문을 닫았다.[35]

무성 영화 시대 눈길을 끈 것은 바로 영화를 해설하고 대사를 전달한 변사다. 영화 흥행을 좌우한 변사에 대한 극장의 영입 경쟁이 치열했다. 주연배우 출연료가 40~50원 하고 고급 관리 월급이 30~40원 하던 시절 변사 월급은 70~80원에 달했다. 최초의 변사 우정식과 서상호 김덕경을 비롯한 20여 명의 스타 변사가 무성 영화 시대를 수놓았다.[36]

미국 워너 브라더스가 1927년 세계 최초의 발성 영화 〈재즈 싱어〉를 선보이고 8년 뒤인 1935년 이명우 감독의 〈춘향전〉을 시작으로 조선의 발성 영화 시대가 열렸다. 1936년 최초의 음악 영화 〈노래하는 조선〉을 비롯한 발성 영화가 속속 제작됐다. 1935년부터 1939년까지 26편의 발성 영화가 제작되었는데 〈무정〉〈사랑에 속고 돈에 울고〉 같은 문학 작품과 신파극을 영화화한 것이 많았다. 이때 제작사 20곳이 영화 제작을 담당했으나 규모나 자본은 영세한 상황이었다.

1937년 일본의 중국 침략이 시작되면서 창씨개명과 황국신민화를 강요하고 우리말을 못 쓰게 하는 일제의 민족 말살 정책이 본격적으로 시행됐다. 일제는 1939년 어용단체 조선영화인협회를 발족시킨 데 이어 1940년 조선영화령을 공포해 일본 선전 영화 상영을 의무화하고 검열을 한층 더 강화했다. 최남주가 이끈 조선영화주식회사와 이창용이 설립한 고려영화협회를 포함한 조선인이 운영했던 6개사와 일본인 사장의 경성영화제작소를 비롯한 4개사 등 영화 제작을 하던 11개 영화사를 어용 회사인 조선영화제작주식회사 하나로 통합했다. 1940년부터 1945년 광복 전까지 일본의 혹독한 식민 통치로 영화는 고사 직전까지 몰렸고 〈지원병〉〈승리의 뜰〉〈조선해협〉 같은 일본 군국주의를 찬양하거나 전쟁 수행을 위한 인적·물적 자원 동원을 독려하는 친일 영화만 제작됐다. 1940~1945년 관객과 만난 영화는 25편에 달하는데 그중 14편은 조선영화제작주식회사가 만든 친일 영화이고 11편은 어용 회사 발족 전 민간 영화사가 제작한 영화다.

한국 영화 초창기부터 대자본의 영화사는 존재하지 않았다. 영화사 대부분이 영세한 프로덕션 또는 중소기업 형태였다. 일본 식민 통치 아래서 영화 자본 형성이 힘들었기 때문이다. 해방 전까지 영화 자본과 극장은 일본 사업가에 의해 장악되었다. 〈월하의 맹서〉로 극영화 역사가 시작된 1923년 부터 해방된 1945년까지 영화는 계몽물, 신파극을 원용한 비극물, 고전을 활용한 문예물, 역사적 내용을 담은 사극, 민족의식을 고취하는 작품 등 다양했으나 젊은 남녀 사랑을 다룬 멜로드라마가 가장 많았다.

미국 공사 알렌Horace Newton Allen이 1897년 유성기를 들여와 각부 대신 앞에서 시연하면서 음반의 존재를 조선에 최초로 알렸다. 《황성신문》의 1899년 3월 11일자 광고와 《독립신문》의 1899년 4월 20일자 기사 등을 통해 일반인 대상의 유성기 청음회를 홍보해 적지 않은 사람이 유성기와 음반 존재를 인지했다.[37] 콜럼비아사가 1907년 출시한 악공 한인오와 관기 최홍매의 〈경기소리〉와 빅타사가 1908년 발매한 〈적벽가〉로 음반의 역사가 시작됐다.[38] 1910년 한일병합조약까지 음반은 미국 음반 대기업, 빅타사와 콜럼비아사에 의해 발매됐는데 전통음악과 서양음악, 일본음악 등 100여 종이 선보여 음반당 20~30매가 판매됐다.

조선 대중음악은 자생적인 유행 민요가 상업적으로 고도화되는 과정에서 음반으로 정착된 것이 아니라 외래 노래가 서구 문물인 음반으로 출시된 산물이라는 점은 전통 단절에서 시작됐음을 보여준다. 전문인의 공연 종목인 유행 민요, 잡가, 판소리는 기방, 극장, 음반, 라디오 방송을 통해 근대적 상업화의 길로 들어섰고 짧지 않은 기간 대중적 인기를 얻었지만, 새로운 시대에 대응하며 변화하는 데 한계가 있었다. 개화기에 새로운 노래 문화가 들어오기 시작했는데 대표적인 것이 창가와 찬송가다. 개화한 지식인을 중심으로 향유된 창가와 찬송가는 서양과 일본의 악곡에 새로운 가사를 붙인 것이다.

1908년 최남선의 〈경부철도가〉로 모습을 드러낸 창가는 권학, 근면, 효도, 혹은 자연과 계절에 관한 내용을 담은 학교 창가와 사랑이나 인생에 대한 허무를 담은 유행 창가로 구분되며 다양한 노래가 출현했다. 유행 창가의 등장은 민요나 전통적인 노래 양식이 독점하고 있었던 일상의 영역에 일본을 비롯한 외래 노래 양식이 조선에 들어오기 시작했다는 것을 의미한다.[39]

이입된 유행 창가가 대중매체와 만나 최초의 대중음악이 생겨나는 시기는 1920년대다. 한국 대중음악은 유행 창가가 음반을 통해 유통되면서 시작되었다. 1925년 일본 축음기 상회에서 발매한 기생 박채선, 이류색의 유행 창가 레코드 〈이 풍진 세월〉로 대중음악 음반의 역사가 열렸다. 1926년 루마니아 작곡가 요시프 이바노비치Iosif Ivanovich의 〈다뉴브강의 물결〉에 윤심덕이 가사를 붙여 노래한 〈사의 찬미〉는 당시 천문학적 숫자인 10만 장의 레코드 판매량을 기록했고 거리의 유성기에는 이 노래가 쉼 없이 흘러나왔다.[40] 〈사의 찬미〉는 음반 판매 성공과 더불어 한국 대중음악 음반 시장의 산업적 가능성을 보여줬다. 〈사의 찬미〉는 윤심덕이 신극 단체 토월회 회원 김우진과 동반 자살 직전 취입해 대중적인 센세이션을 일으켰으며 대량 복제가 가능한 대중매체를 통해 전달되는 파급력을 확인시켜줬다.

1920년대 후반 전기식 SPStandard Play가 도입된 이후 점차 음반 녹음도 쉬워졌다. 일제 강점기 대중음악 발표 매체는 음반과 방송, 그리고 공연이었다. 음반 생산은 주로 축음기를 팔기 위한 것이었다. 1927년부터 콜럼비아Columbia, 포리돌Polydor, 빅타Vitor, 오케Okeh, 시에론Chieron, 태평 같은 레코드사가 조선에서 본격적으로 음반 제작에 나섰다. 1920년대는 축음기가 비싼 가격 때문에 보급이 원활하지 않아 공연을 통한 대중가요 보급이 상대적으로 큰 비중을 차지했다. 당시 〈아리랑〉을 비롯한 영화나 악극, 신파극에서 인기를 얻은 노래가 음반으로 나오는 것이 일반적 관행이었다. 1927년 개봉한 영화 〈낙화유수〉 주제가로 변사 김영환이 작사·작곡한 최초의 대중가요 〈낙화유수〉는 동요 가수 이정숙이 불렀는데 1929년 음반으로 발매돼 영화와 함께 큰 인기를 얻었다.

대중음악이 본격적으로 모습을 드러낸 1930년대에는 트로트, 신민요, 재즈송, 만요漫謠가 대중의 사랑을 받았다. 우리나라 사람이 창작한 트로트 중 가장 먼저 인기를 얻은 곡은 1932년 음반으로 발표된 왕평 작사, 전수린 작곡의 〈황성의 적〉이다. 이애리수가 불렀는데 음반으로 나오기 전부터 극장 막간 무대에서 가창 되며 널리 알려졌고 이 노래를 계기로 트로트가 대중의 폭넓은 사랑을 받았다. 서양식 춤곡 리듬 폭스 트로트Fox Trot를 일본에서 받아들이면서 단순화시킨 일본 트로트 리듬과 일본 대중가요 엔카演歌 음계가 결합해 만들어진 트로트는 대중음악의 주류 장르로 떠올랐다.[41] 1930년대 트로트 곡인 이애리수의 〈황성의 적〉, 이난영의 〈목포의 눈물〉, 고복수의 〈짝사랑〉, 남인수의 〈애수의 소야곡〉, 황금심의 〈알뜰한 당신〉이 폭발적인 인기를 얻었다. 특히 이난영의 〈목포의 눈물〉은 축음기 보급 미비에도 불구하고 5만 장의 앨범이 판매되는 상업적 성공을 거뒀다. 1931년 발표된 최명숙 이경숙 서금영의 〈방아 찧는 색시의 노래〉 〈녹슨 가락지〉와 왕수복의 〈신방아 타령〉, 선우일선의 〈조선팔경가〉 같은 신민요가 트로트와 함께 대중음악의 한 축을 이뤘다. 재즈뿐만 아니라 팝송과 샹송, 라틴음악을 아우르는 서양음악을 통칭한 재즈송은 1930년 발표된 복혜숙의 〈종로 행진곡〉을 시작으로 다양한 노래가 대중과 만났다. 코믹송에 해당하는 만요는 희극, 만담과 영향을 주고받으며 등장했고 웃음을 지향하는 가사가 특징이다. 1933년 발표된 〈어린 신랑〉 〈깡깡 박사〉 〈오빠는 풍각쟁이〉 같은 만요도 음반으로 발매되면서 인기를 얻었다.[42]

민족 말살 정책이 극에 달하고 일제의 중국 침략에 이은 태평양 전쟁이 발발한 1940년대 초반 대중과 만난 노래는 이난영의 〈울어라 문풍지〉와 백년설의 〈고향설〉 같은 트로트나 신민요도 있었지만, 〈감격 시대〉 〈동트는 대지〉를 비롯한 행진곡풍 친일가요와 〈지원병의 어머니〉 같은 일제 군국주의 찬양 가요가 대부분이었다. 일제는 급기야 1943년에 이르러서는 음반 발매를 중단시켰다. 이로 인해 문 닫는 레코드사가 속출했고 대중음악계는 악극단을 결성해 공연을 하면서 활로를 모색했다. 조선악극단, 반도가극단, 성보가극단, 신태양악극단은 소속 가수와 배우를 내세운 악극을 공연하며 대중음악을 지켜나갔다.

1925년부터 1945년까지 유행한 가요 437곡 중 사랑을 주제로 한 노래가 33.9%로 가장 많았고 고향, 타향살이, 생활(삶의 애환)이 각각 16.2%, 현실 반영(풍자) 12.4%, 자연 7.6%, 친일 6.6%, 육친 3.7%, 조국애 3.4%였다.[43]

조선총독부 체신국이 1924년 11월 29일 라디오 실험 방송을 하면서 라디오 방송에 관한 관심이 고조됐고 1926년 2월 15일《조선일보》를 비롯한 11개 민간단체 대표가 방송 사업을 신청했다. 하지만 조선총독부는 조선인의 방송국 설립을 허가하지 않고 1926년 11월 30일 체신국 산하의 사단법인 '경성방송국'을 창립했다.[44] 경성방송국이 1927년 2월 16일 호출부호 JODK 주파수 690kHz로 라디오 방송을 개시하면서 조선의 방송 역사가 시작됐다. 경성방송국은 조선총독부 주도로 일본 정부의 통제를 받은 일본인의 손에 의해 개국 됐고 조선 민중의 문화 개발이나 복리 증진보다는 조선총독부의 시정 방침을 선전하고 홍보하는 데 더 많이 이용되었다. 개국 당시 등록된 라디오 수신기는 1,227대에 불과했다.

라디오 방송은 하나의 채널을 통해 조선어와 일본어 방송을 교대로 내보내는 양국어 혼합 방송이라는 기형적인 편성으로 진행됐다. 주요 프로그램은 일본어로 방송한 경제 시황 보도와 조선어와 일본어, 양국어로 내보낸 물가 시세, 일기예보, 공지사항 등이었다. 순수한 조선어 방송 프로그램은 창, 민요, 동화, 고담이 주를 이루었다. 〈새벽 종소리〉가 1926년 실험 방송되면서 모습을 드러낸 라디오 드라마는 조악했지만, 입센 희곡 〈인형의 집〉과 톨스토이 소설 〈부활〉 같은 문학 작품을 원작으로 하거나 가정 비극을 소재로 한 작품이 방송돼 고단한 식민지 민중을 위로하며 청취자 특히 여성의 사랑을 받았다.

1933년 4월 26일부터 조선어와 일본어 방송을 따로 분리해 이중방송을 했고 부산 방송국을 시작으로 1937년 평양 방송국, 청진 방송국, 1938년 이리 방송국, 함흥 방송국이 개국했다. 1940년대에는 대구, 광주, 목포, 대전, 원산, 해주, 신의주, 성진, 춘천, 청주, 강릉에 라디오 방송국이 설립됐다. 라디오 수신기는 1933년 3만 2,000여 대로 늘어났고 1936년 7만 3,000여 대, 1937년에는 10만 대를 돌파했으며 1941년에는 27만 1,994대에 달했다.

방송 시간도 점차 늘어 1930년대에는 하루 15시간 정도 방송을 내보냈다. 일본인의 철저한 검열 후 방송된 것 중 명사 강연, 농촌 부흥, 부녀 교육 같은 교양 프로그램이 많았고 아악 연주와 만담 같은 음악과 오락 프로그램도 있었다. 1937년 7월 7일 중일전쟁이 발발한 뒤에는 전시 동원 선전 방송으로 전환돼 내선일체와 황국신민화 관련 프로그램을 내보냈다. 라디오 드라마 역시 〈총후에 바친 몸〉처럼 전쟁을 찬양하거나 친일 내용을 담은 것만 방송했다.

판소리나 전통 창극과 차별화한 세상 풍속과 사람들 사이의 이야기를 소재로 하여 만든 통속적인 신파극이 일본 신파극의 영향을 받아 개화기와 일제 강점기에 도입돼 대중에게 즐거움을 주는 하나의 대중문화가 되었다. 임성구가 1911년 창단한 혁신단이 일본 신파극을 번안한 〈불효 천벌〉 〈장한몽〉 〈육혈포 강도〉를 무대에 올리면서 관객의 눈길을 끈 이후 1910년대에는 문수성, 유일단, 취성좌를 비롯한 20여 개 신파극단이 활동했다. 1920년대 조선문예단, 민중극단은 일본 작품을 각색하던 것에서 벗어나 우리 현실을 소재로 한 작품을 선보였고 연기 스타일이나 무대 장치도 변모시켰다.

1935년 11월 개관한 동양극장을 중심으로 청춘좌의 〈사랑에 속고 돈에 울고〉처럼 한층 발전된 형식의 신파극이 인기 배우를 기용해 흥행에 성공하면서 신파극이 전성기를 구가했다. 1923년 박승희 김기진 이서구를 비롯한 일본 유학생이 결성한 토월회와 1931년 서항석 유치진 등 젊은 연극인이 창립한 극예술연구회를 중심으로 과장되고 황당무계한 신파극과 차별화한 현실적 소재와 스토리, 사실적 연기를 내세운 신극 운동을 펼쳤다. 일제의 민족 말살 정책과 군국주의가 절정에 달한 1940년대에 접어들면서 신파극과 신극에 대한 통제가 심해지고 신파극은 일제를 찬양하는 멜로드라마 일색이었다.

　　신파극이 끝난 뒤 촌극 한 토막을 보여주는 것에서 코미디의 역사가 개시됐다. 촌극이 시작되면 관객은 포복절도하는 반응을 보였다. 1912년 조중환의 희극 〈병자 삼인〉이 대중과 만난 이후 김정진의 〈15분간〉, 박승희의 〈홀아비 형제〉, 권경완의 〈인쇄한 러브레터〉, 박진의 〈절도병 환자〉 같은 희극 작품이 무대에서 상연됐다. 신파극 막간에는 가수의 노래와 함께 관객에게 웃음을 주기 위한 재담과 만담이 펼쳐져 큰 인기를 끌었는데 이는 악극의 발전으로 이어졌다. 악극은 1927년 취성좌에서 시작한 막간극에서 비롯됐는데 막간 무대는 막과 막 사이에 관객의 지루함을 달래기 위한 공연 형식을 지칭한다. 처음에는 독창 무대로 시작했던 것이 점차 호응을 얻게 되자 대중 극단은 여기에 재담, 만담, 넌센스, 스케치 같은 간단한 극 양식을 접목하면서 막간극의 비중을 높였고 노래를 곁들인 극을 공연하기 시작한 것은 1929년 삼천가극단 출현 이후다.[45] 악극은 가수, 배우, 희극인, 무용수, 악단이 어우러져 펼친 종합예술 무대였다. 1930년대 중후반부터 본격화한 악극 무대에서 재담과 만담, 희극, 희가극이 공연돼 박춘재, 신불출을 비롯한 재담가와 만담가, 이원규 같은 희극 배우가 대중의 사랑을 받으며 코미디를 발전시켰다. 재담과 만담은 레코드로 취입되거나 라디오로 방송돼 보다 많은 사람에게 웃음을 줬다.

개화운동의 상징적 결실이 1883년 10월 1일 조선 최초의 근대 신문 《한성순보》 창간으로 나타났다. 1896년 모습을 드러낸 최초의 민간신문 《독립신문》은 3,000부 정도 발행됐으며 일부 지식인만 접하는 한계가 있었다. 1898년 일간지 《매일신문》이 독자와 만난 데 이어 1920년 《조선일보》, 《동아일보》, 《시사신문》이 발행되면서 일간 신문이 본격화했다. 1929년 《조선일보》는 발행 부수가 2만 4,286부, 《동아일보》는 3만 7,802부에 달했다. 일부 독자만 만날 수 있었던 신문은 발행 부수가 늘어나면서 일반인도 접할 수 있는 매체로 성장했다.[46] 이들 신문은 학예면이나 문예면을 통해 대중문화와 연예인 관련 기사를 내보내 대중문화 활성화에 기여했다. 1920년 6월 25일 《개벽》 창간을 시작으로 본격적으로 선을 보인 《별건곤》, 《삼천리》 같은 대중잡지 역시 대중문화 발전에 일조했다.

(2) 스타 시스템

　　대중문화 초창기의 스타 시스템은 열악한 대중문화 상황과 미흡한 대중매체 환경, 협소한 문화 시장, 영세한 영화사와 음반사, 미진한 매니지먼트 시스템, 부족한 연예인 마케팅 전략 등으로 기본적인 체제도 갖추지 못했다.

　　1900~1940년대 미국 영화사가 발굴한 배우 예비자원을 작품 출연과 이미지 조형, 홍보마케팅과 팬 관리를 통해 스타로 만들어 관리하던 체계적인 할리우드 스튜디오 시스템과 달리 대중문화 초창기의 우리 스타 시스템은 유아적 형태를 벗어나지 못했다.

　　개화기부터 일제 강점기까지 배우 스타는 신파극과 신극, 악극 같은 무대나 영화를 통해 양성됐고 가수 스타는 악극 무대와 레코드사를 통해 배출됐다. 신파극이나 악극 무대에서 명성을 쌓은 배우들이 영화에 진출해 대중에게 얼굴을 알리고 인기를 얻으며 스타덤에 올랐다. 가수들은 악극을 비롯한 다양한 무대에서 노래를 불러 가창력을 인정받고 반응이 좋으면 레코드를 발매해 인지도를 확대하며 스타로 부상했다.

　　일본인 사업가들이 1924년 설립한 우리나라 최초의 영화사 조선키네마주식회사와 이후 등장한 윤백남프로덕션, 나운규프로덕션 같은 영화사가 영화 제작에 열을 올렸다. 영화사는 소속 배우와 제작진을 두는 전속제를 취했다. 나운규프로덕션의 소속 배우는 윤봉춘 신일선 주삼손 이금룡 전옥 김연실 등이었다. 영화사 전속제는 강력한 배타적 독점권이 발휘되는 것이 아니었고 소속 배우는 입사와 퇴사를 비교적 자유롭게 했다. 1923년부터 1935년까지 무성 영화를 제작한 46개 영화사는 대부분 영세한 규모인데다 무엇보다 한두 편 영화를 만들고 없어져 신인 발굴과 연기 교육, 이미지 관리, 홍보 마케팅 같은 스타 육성·관리를 위한 체계적인 시스템은 엄두도 못 냈다. 일제의 중국 침략과 민족 말살 정책이 본격화한 1930년대 후반부터 1945년까지 영화사는 영화 제작마저 제대로 못 했고 11개 영화사가 어용 회사, 조선영화제작주식회사 하나로 통합돼 신인 발굴이나 스타 양성은 어려웠다.

1920~1930년대 영화사나 감독이 영화배우 특히 여배우 캐스팅하기가 매우 힘들었다. 봉건 관념이 심하던 때라 여성들은 창피스럽고 타락의 길을 걸을 수 있다는 피해 의식이 강해 무대나 영화에 나서려 하지 않았다.[47] 영화사는 작품을 제작할 때 신파극을 비롯한 연극 무대 인연이나 연극 관계자 소개로 배우를 영입하거나 신파극에서 인기가 많은 배우를 입사시켜 작품에 기용하는 상황이었다. 영화배우 발굴은 주로 연극이나 악극에서 활동하던 무대 배우나 가수를 대상으로 이뤄졌다. 또한, 기생이 활동하는 한성권번, 평양 권번 같은 기생 권번 역시 배우를 영입하는 중요 창구였다. 술집, 길거리에서 감독을 비롯한 제작진의 눈에 띄어 영화계에 입문하는 경우도 있고 배우 지망생이 영화사나 감독을 직접 찾아가 테스트를 거쳐 영화계에 진출하는 경우도 있었다. 전옥이 오빠로부터 감독을 소개받아 데뷔한 것처럼 인맥 활용을 통한 영화계 진입도 적지 않았다.

대중음악계는 영화계와 비교해 신인 발굴과 가수 관리가 더 체계적이었다. 콜럼비아, 빅타, 오케, 태평, 포리돌, 시에론 같은 레코드사는 신인을 발굴하고 가수를 관리하는 문예부를 운영하고 전속제를 실시하는 가수 관리 시스템을 갖췄다.

레코드사는 고복수 백난아 같은 콩쿠르 대회 입상자와 남인수처럼 회사에 직접 찾아온 사람들을 대상으로 실시한 오디션을 거쳐 선발한 가수 지망생, 이애리수를 비롯한 신파 극단이나 악극단에서 활동하는 신인 및 인기 가수·배우, 그리고 왕수복 같은 권번 기생 중 가창력이 있는 여성을 발탁해 레코드 발표와 무대 활동을 통해 스타로 만들었다.

레코드사는 문예부장을 필두로 작곡가, 작사가, 가수를 대상으로 전속제를 실시했는데 이는 실력 있는 가수를 회사에서 독점적으로 관리해 음반사의 이윤을 높이기 위한 방편이었다.[48] 콜럼비아는 채규엽 김선초 김선영이 소속돼 있었고 빅타는 이애리수 강석연 최남용 전옥 강홍식이 전속돼 있었다. 포리돌의 왕수복 김용환 신일선, 시에론의 김연실 나선교, 태평의 이난영, 오케의 신은봉 전춘우가 레코드사 전속 가수로 활약했다. 오케 레코드는 조선악극단, 빅타 레코드는 반도가극단을 각각 창단해 소속 가수들을 다양한 공연 무대에 올려 인기와 스타성을 높였다.

임성구가 1911년 창단한 혁신단을 비롯해 토월회, 극예술연구회, 조선악극단 같은 신파극단, 신극단, 악극단은 배우와 가수, 예능인을 양성하고 배출하는 스타 시스템의 중요한 역할을 수행했다. 극단과 악극단은 입단한 연구생이나 신인을 대상으로 연기나 가창, 만담을 교육하고 다양한 작품에 출연시켜 인지도를 얻게 했다. 극단과 악극단에서 활동하는 가수나 배우를 영화사나 레코드사가 영입해 대중적 스타로 키워냈다.

《매일신보》, 《동아일보》, 《조선일보》를 비롯한 신문과 《삼천리》, 《별건곤》 같은 대중잡지는 학예면과 문예면에 대중문화와 스타, 배우, 가수 관련 기사를 실었고 광고를 통해 영화나 음반을 홍보했다. 1919년 창간된《녹성》을 포함한 영화 잡지는 전문적인 영화 비평이나 스타와 감독 인터뷰·기고문을 게재했다. 스타 시스템의 한 축을 담당한 신문과 잡지 같은 인쇄 매체는 연예인에 대한 정보를 전달함으로써 배우와 가수, 희극인의 대중성과 인지도를 높이는 역할을 했다. 《조선일보》는 1938년 국내 최초로 영화제를 개최해 영화 발전에 일조했고 《매일신보》, 《동아일보》를 비롯한 일부 신문사는 레코드사와 공동으로 콩쿠르를 주최해 신인 가수 발굴을 꾀하기도 했다. 하지만 언론의 연예 저널리즘 폐해도 적지 않았다. 기자들이 자극적으로 배우의 사생활이나 스캔들 기사를 내보내 윤봉춘 복혜숙 등 일부 배우는 1931년 12월 《동아일보》와 《조선일보》에 난입해 항의하기도 했다.

　　개화기와 일제 강점기의 대중문화 초창기에는 신인과 스타를 전문적으로 관리하고 홍보하는 매니저나 매니지먼트 시스템은 존재하지 않았다.[49] 레코드사 사장이나 문예부장이 가수를 발굴해 관리하며 일본에서 음반 녹음하는 일을 돕는 초보적인 개념의 매니지먼트를 수행했다. 레코드사 문예부는 음반 제작에 대한 기획을 비롯하여 매월 새로운 음반을 배정하고 판매부에 넘기기까지 모든 일을 담당했다.[50] 콜럼비아의 안익조, 포리돌의 왕평, 시에론의 이서구, 태평의 민효식, 오케의 금릉인이 문예부장으로 활약했다. 문예부장은 레코드의 예술적 품질과 상업적 흥행을 책임지는 존재였다.

　　빅타 문예부장 출신 이기세는 극단 토월회 회원으로 신극 운동에 참여한 윤심덕을 연극 관계로 알게 된 뒤 번안 가요 〈매기의 추억〉 녹음을 주선했고 일본에 건너가 〈사의 찬미〉를 취입할 수 있도록 노력을 기울였다. 이기세의 활약으로 1926년 윤심덕의 〈사의 찬미〉는 대중과 만날 수 있었다.[51] 이철은 1933년 오케 레코드사 대표를 맡아 음반 기획과 발매를 담당하며 손목인 김해송 박시춘을 비롯한 작곡가와 작사가를 발굴하고 고복수 이난영 장세정 남인수 김정구 송달협 백년설 등 많은 가수를 발탁해 매니저로서 뛰어난 수완을 보였다. 이철의 활약으로 고복수의 〈타향살이〉 〈사막의 한〉, 이난영의 〈목포의 눈물〉, 남인수의 〈애수의 소야곡〉을 비롯한 수많은 노래가 인기를 얻었고 많은 가수가 스타 대열에 합류했다. 이 밖에 김영환 이유진 이진순 김향 등도 가수나 배우를 발굴하고 관리해 적지 않은 스타를 배출했다.

(3) 스타

개화기와 일제 강점기에는 누구나 대중문화 창작의 주체가 될 수 있는 환경이 조성되기 시작했다. 특히 중인, 천민, 여성이 차별받고 소외당한 조선 사회에 개화사상이 수용되면서 신분 질서의 동요가 두드러져 사회 전체는 물론 문화 부분에서도 많은 변화가 야기됐다.[52] 1894년 갑오개혁으로 신분제가 폐지되고 관기 제도가 폐기되면서 기생, 광대, 삼패 같은 천민 예능인이 신파극, 영화, 대중음악의 주역으로 진출했다.

대중문화 초창기에는 배우, 가수, 희극인 등 연예인에 대한 사회적 인식은 매우 부정적이었다. 봉건적인 유교 분위기가 지배적이었고 연예계에 진출한 기생, 광대, 삼패에 대한 편견과 비하가 팽배했기 때문이다. 특히 여자는 무대에 서는 것을 비롯해 연예 활동 자체가 금기시되었다.

대중문화 초창기에는 연예인에 대한 편견과 부정적 인식으로 배우, 가수, 희극인의 충원이 원활하지 않았다. 이 시기 연예계 스타의 가장 큰 특징은 연예인 부족으로 가수나 연기자, 희극인의 뚜렷한 구분 없이 다양한 대중문화 분야에서 활동하는 겸업 스타가 많았다는 점이다. 전옥 강홍식 이애리수 복혜숙은 배우 겸 가수로 활동했고 나운규 윤봉춘 이금룡 전택이는 감독 겸 배우로 활약했다. 또한, 일본 유학생부터 언론인, 소설가, 성악가,

교사, 광대, 기생, 전통예술인, 잡가패까지 다양한 직종의 사람들이 연예인으로 활동했다. 작가, 교육자, 신문 칼럼니스트로 활약한 안종화는 배우와 감독으로 일했고 소설가 심훈 역시 영화에 출연하며 배우로서 눈길을 끌었다.[53] 교사 이채전은 영화배우로 나섰고 성악가 채규엽은 유행가 가수로 대중을 만났다.

개화기와 일제 강점기의 영화, 신파극, 악극, 방송, 대중음악 분야에서 활동한 연예인과 스타의 특징 중 하나가 바로 기생 출신이 많다는 것이다. 유교적 분위기가 팽배해 여성들이 연예계 진출을 꺼리는 상황에서 기생은 준비된 연예인이었기 때문이다. 기생은 권번에서 가무와 연기를 익힌 데다 미모까지 갖춘 경우가 많고 유행하는 트렌드를 가장 먼저 접하고 대중의 심리도 잘 파악했다. 기생은 궁궐, 유흥가, 소리패, 색주가에서 소리와 춤을 직업적으로 행했다. 기생이 소속된 조선 권번, 한성 권번, 대동 권번, 한남 권번, 평양 권번은 기생 학교를 운영하며 가무에 소질 있는 8세부터 20세까지 동기童妓를 선발해 시조, 가곡, 민요, 검무, 우의무, 거문고, 가야금, 양금, 한문, 서도, 도화, 일본어를 가르쳤다.[54] 1925년 일본 축음기 상회에서 낸 유행 창가 〈이 풍진 세월〉 레코드는 기생 박채선, 이류색이 취입한 것이고 민요 〈노들강변〉 레코드는 기생 박부용이 녹음한 것이다. 1933년 콜럼비아 레코드에서 〈울지 말아요〉〈한탄〉 음반을 낸 왕수복을 시작으로 유행가를 부르는 기생 출신 가수가 속출했다. 스타덤에 오른 이은파 선우일선 김복희 최명주 김인숙 한정옥 김운선 왕초선 김연월 김춘홍 이화자 김은옥이 기생 출신 가수다. 영화계에서도 기생의 활약이 두드러졌다. 여성의 연예 활동이 금기로 여겨져 남자 배우가 여장하고 여자 역을 연기해야 했던 시대에 기생이 일부분이나마 여성 캐릭터를 연기해 일반 여성의 영화계 진출 촉발제가 됐다.[55] 1923년 관객과 만난 영화 〈춘향전〉의 춘향 역을 맡은 한룡은 개성에서 유명한 기생이었고 〈비련의 곡〉의 문명옥, 〈쌍옥루〉의 김소진, 〈벙어리 삼룡이〉의 류신방, 〈재활〉의 안소남, 〈아리랑 후편〉의 임송서, 〈도적놈〉의 하소양, 〈낙양의 길〉의 김난주도 조선 권번을 비롯한 권번에서 발탁된 기생 출신 영화배우다.

연예인을 천대하는 봉건적 분위기가 여전했던 대중문화 초창기에도 연예인과 스타에 대한 동경 현상과 연예인을 지망하는 사람은 존재했다. 영화가 대중적인 매체로 등장하자 조선의 어린 여성 상당수가 스크린에 출연한 배우의 미모를 동경하며 영화배우로 나서려 했다.[56] 유성기에서 흘러나온 노래를 듣거나 악극이나 신파극 무대에 선 가수를 보면서 가수가 되기 위해 악단을 찾거나 레코드사가 주최한 콩쿠르에 참가하는 젊은이도 적지 않았다.

대중문화 초창기 스타는 스타 마케팅이 발전하지 못해 인기를 다양한 방식으로 활용해 이윤을 창출하지 못했을 뿐만 아니라 영화사 월급이나 무대 출연료가 많지 않아 경제적 어려움을 겪었다. 배우 활동만으로 생활이 안 돼 이월화 복혜숙 같은 일부 스타는 기생으로 활동하거나 다방, 술집을 운영하기도 했다. 이 당시 스타 마케팅은 영화나 무대에 스타를 내세워 흥행성을 높이는 단순한 것이었다. 대중문화 시장이 협소하고 스타의 이윤 창출 창구가 부족했기 때문이다.

대중문화 초창기에는 일제 강점기라는 정치 상황이 스타에 대한 대중의 반응과 평가뿐만 아니라 스타화 과정에도 적지 않은 영향을 미쳤다. 영화와 연극, 대중음악의 소재와 주제, 일본 제국주의에 대한 재현 방식에 따라 스타에 대한 대중의 평가와 반응은 엇갈렸다. 일제에 대한 저항정신을 담은 영화 〈아리랑〉〈임자 없는 나룻배〉에 출연한 나운규, 민족 정서를 대변하는 〈목포의 눈물〉을 부른 이난영, 만담을 통해 일제 만행을 질타한 신불출 같은 연예인에 대해서는 찬사가 쏟아졌다. 반면 일제의 민족 말살 정책을 지지하고 일본 군국주의를 찬양한 스타와 일제의 전쟁 수행을 위한 인적·물적 자원 동원을 주제로 한 영화와 연극에 출연한 배우, 친일 가요를 부른 가수에 대해서는 비판이 이어졌다. 가수 채규엽이 일제의 전시체제를 지원하기 위해 조직된 대정익찬회大政翼贊會에 가입해 친일 활동에 적극 앞장서자 성토가 넘쳐났다. 〈감격의 일기〉의 김소영 복혜숙, 〈지원병〉의 문예봉, 〈신풍의 아들들〉의 김신재, 〈젊은 모습〉의 이금룡 같은 일본 군국주의 찬양 영화에 출연한 배우와 〈아들의 혈서〉의 백년설, 〈지원병의 어머니〉의 장세정, 〈혈서 지원〉의 남인수를 비롯한 친일 가요를 부른 가수에 대해서도 비판이 가해졌다.

대중문화 초창기 연예인과 스타 팬은 일반 서민도 있었지만, 유성기와 라디오, 신문을 비롯한 대중매체 미보급과 문화 상품 소비에 따른 경제적 부담 때문에 경제력 있고 대중문화 접촉 기회가 많은 지식인과 기생이 다수였다. 일제 강점기 유행한 트로트는 도시의 신문화였다. 트로트는 개화한 지식인이 먼저 받아들이고 도시에서 신문화를 맛볼 수 있는 사람 즉 돈 있는 소시민과 이들 주변에 있던 기생이 주로 향유했다.[57] 대중문화 초창기 극장을 찾은 관객 역시 경제력을 갖춘 사람이 많았다.

팬은 특정 스타에 대한 호기심과 친밀감을 표시하거나 신파극과 악극, 영화, 레코드를 비롯한 스타의 문화 상품을 소비했다. 물론 좋아하는 영화 배우나 가수를 찾아가 만나거나 이들에게 엄청난 후원을 하는 열혈 팬도 있었다. 한 남성 팬은 1930년대 스타 가수 김복희에게 비행기를 제공해 서울과 평양을 오가며 음반 녹음을 하게 했고 일부 여성 팬은 고복수에게 '애愛'자를 혈서로 쓴 손수건을 보내기도 했다.[58]

연쇄극, 무성 영화, 발성 영화로 이어지며 발전을 거듭하던 영화에서 적지 않은 스타가 배출됐다. 최초의 영화 스타로 인정받은 배우는 이월화로 1923년 최초의 극영화 〈월하의 맹서〉 주연으로 나서 '조선 영화의 꽃'이라는 찬사를 받으며 스타덤에 오른 뒤 영화 〈해의 비곡〉〈뿔 빠진 황소〉〈지나가의 비밀〉에 출연했다. 이월화와 함께 1920년대 〈코레라의 전염을 막자〉의 마호정, 〈운영전〉의 김우연, 〈해의 비곡〉의 이채전, 〈농중조〉의 복혜숙, 〈아리랑〉의 신일선, 〈장한몽〉의 김정숙이 여자 배우로 명성을 날렸다.

1925년 윤백남 감독의 〈운영전〉에서 가마꾼 단역으로 데뷔한 뒤 〈심청전〉에서 심봉사 역으로 존재감을 드러내고 1926년 〈아리랑〉 주연으로 나서 스타가 된 배우가 나운규다. 나운규는 〈아리랑〉 〈풍운아〉 등 18편을 감독해 최고 감독으로 인정받는 한편 〈임자 없는 나룻배〉를 비롯한 23편의 영화를 통해 빼어난 연기력과 대중이 선호하는 캐릭터, 활극 배우로서의 이미지를 보이며 스타로서 승승장구했다. 〈들쥐〉의 윤봉춘, 〈금붕어〉의 이경손, 〈해의 비곡〉의 안종화, 〈춘향전〉의 김조성, 〈잘 있거라〉의 이금룡, 〈장한몽〉의 심훈, 〈옥녀〉의 이경선, 〈심청전〉의 이규설도 1920년대 영화계에서 맹활약한 남자 배우다.

무성 영화 시대 배우를 능가하는 인기를 얻은 스타가 바로 영화를 해설하고 등장인물의 대사 및 감정을 관객에게 전달한 변사다. 무성 영화의 흥행 성적은 변사가 좌우한다고 해도 과언이 아니었다. 최초의 변사 우정식을 비롯해 유명 변사, 서상호 김덕경 최종대 김영환 박응면 성동호 최병용은 스타로 각광받았다. 영화 상영이 끝나면 객석에 있던 기생들이 인력거를 대기하며 변사 모셔가기 경쟁을 벌일 정도로 큰 인기를 얻었다.[59]

1935년 이명우 감독의 〈춘향전〉으로 발성 영화 시대가 열린 이후 1945년까지 〈복지만리〉의 강홍식, 〈오몽녀〉의 김일해, 〈수업료〉의 전택이, 〈인생 항로〉의 이원용이 인기 남자 배우로 활동했다. 1932년 이규환 감독의 〈임자 없는 나룻배〉로 데뷔하고 최초의 발성 영화 〈춘향전〉의 춘향 역을 연기해 '이천만의 연인'으로 떠오른 뒤 〈미몽〉 〈인생항로〉에서 주연으로 맹활약한 문예봉과 〈심청전〉을 통해 '만년 소녀'라는 별칭을 얻고 〈집 없는 천사〉에서 청순가련한 이미지로 사랑받은 김신재, 〈무지개〉의 요염한 여성을 비롯한 파격적 캐릭터를 소화한 김소영은 1930~1945년 여배우 트로이카 스타로 명명되며 조선 영화계를 이끌었다. 1927년 〈낙원을 찾는 무리들〉 주연으로 데뷔한 뒤 〈옥녀〉 〈복지만리〉에서 명연기를 선보이며 '눈물의 여왕'으로 불린 전옥을 비롯해 〈종로〉의 김연실, 〈오몽녀〉의 노재신, 〈사랑에 속고 돈에 울고〉의 김선영도 1930~1945년 은막을 수놓은 인기 여배우다.

일본과 서구에서 유입된 창가와 찬송가로 대중음악 역사를 연 뒤 트로트, 신민요, 재즈송, 만요 등 다양한 장르의 음악이 대중과 만났던 대중문화 초창기 〈강남달〉의 신카나리아 같은 막간 무대에 선 가수와 영화 〈장한몽〉 〈먼동이 틀 때〉에 출연하고 노래 〈삼수갑산〉 〈처녀 총각〉을 부른 강홍식을 비롯한 복혜숙 김연실 강석연 이경설 전옥 김선초 남궁선 김선영 같은 배우 겸 가수가 레코드를 출시해 인기를 얻어 스타 가수로 활약했다.

1930년대에 접어들면서 스타 가수가 본격적으로 등장했다. 일본 유학 후 성악가로 활동하다 1930년 콜럼비아 레코드에서 〈봄노래 부르자〉 〈유랑인의 노래〉 음반을 발표하고 번안곡 〈술은 눈물일까 한숨이랄까〉를 부르며 최초의 전업 유행가 가수로 나선 채규엽을 시작으로 대중이 주목하는 가수가 출현했다. 가수 겸 배우 이애리수는 1932년 〈황성의 적〉을 발표해 5만 장의 레코드를 판매하며 스타 가수 반열에 올랐다. 이난영은 1933년 〈시드는 청춘〉을 노래하며 가수 활동을 본격화한 뒤 1935년 발표한 〈목포의 눈물〉을 조선 방방곡곡에 울려 퍼지게 했고 진성과 가성을 넘나드는 트로트 창법을 정립하며 식민지 시대 최고 가왕이 됐다. 1936년 가수로 첫발을 디딘 후 가슴에 파고드는 빼어난 미성과 3옥타브 음역의 목소리로[60] 〈애수의 소야곡〉 〈꼬집힌 풋사랑〉을 가창해 폭발적인 반응을 얻은 남인수, 콜럼비아 레코드 주최의 콩쿠르에서 입상해 가수가 된 뒤 구슬픈 음색과 한스러운 창법으로 소화한 〈타향살이〉 〈짝사랑〉을 통해 대중의 가슴을 적신 고복수, 바이브레이션이 두드러진 호소력 짙은 가창 스타일로 〈번지 없는 주막〉〈나그네 설움〉을 불러 히트곡으로 만든 백년설이 일제 강점기의 대표적인 트로트 스타 가수다.

〈신방아 타령〉을 비롯한 신민요를 연이어 히트시켜 잡지 《삼천리》가 1935년 실시한 인기 가수 투표에서 1위를 차지한 왕수복과 〈울고 싶은 마음〉의 김복희, 〈능수버들〉의 선우일선처럼 신민요를 부른 기생 출신 가수도 스타덤에 올랐다.

〈화류춘몽〉의 이화자, 〈연락선은 떠난다〉의 장세정, 〈나는 열일곱 살〉의 박단마, 〈알뜰한 당신〉의 황금심, 〈찔레꽃〉의 백난아, 〈아리랑 풍년〉의 이해연, 〈오빠는 풍각쟁이〉의 박향림, 〈관서 천리〉의 이은파, 〈사랑에 속고 돈에 울고〉의 남일연, 〈대동강 타령〉의 최향화가 1930~1945년 대중의 인기를 얻은 여자 가수다. 〈홍도야 우지마라〉의 김영춘, 〈불효자는 웁니다〉의 진방남, 〈사막의 려인〉의 이규남, 〈눈물 젖은 두만강〉의 김정구, 〈박타령〉의 최남용, 〈숨 쉬는 부두〉의 김용환, 〈항구의 서정〉의 김해송, 〈순정의 달밤〉의 송달협, 〈꿈꾸는 백마강〉의 이인권, 〈선창〉의 고운봉은 1930~1945년 대중의 사랑을 받은 남자 가수다.

신파극단은 1910~1920년대 전통 연희의 한 형태인 재담을 수용하고 재담의 일인자로 일컬어지는 박춘재를 영입해 극 형식의 변화를 꾀했다. 재담은 '재미있는 말' '재치 있는 말' '우스운 말'을 내용으로 하는 연희 형식을 지칭한다.[61] 코미디 양식 형성에 중요한 계기로 작용한 재담은 극장의 인기 레퍼토리였고 그 인기를 견인한 주역이 박춘재를 비롯한 재담가였다. 경기 명창이고 잡가의 달인이며 서울 소리 명인인 박춘재는 유명 재담가로 근대적 대중연예 형식을 통해 등장한 최초의 스타 코미디언이다. 구비문학에 가까운 것으로 전래하여 오던 이야기를 재미있는 방식으로 엮는 재담에 이어 모습을 드러낸 만담은 창작자의 의도가 중요해지고 해학성과 풍자성이 강했다. 만담의 도입과 발전에 결정적 역할을 한 신불출은 1930년대 〈말씀 아닌 말씀〉〈엉터리 연설〉같은 혼자 하는 독만담과 〈소문만복래〉〈선술집 처녀〉처럼 배우 신일선 차홍녀와 함께 한 대화만담으로 선풍적인 인기를 끌며 만담 스타로서의 입지를 확고히 했다. 특히 신불출의 만담이 경성방송국 라디오에서 방송되고 레코드로 유통되면서 열광적인 반응을 얻었다. 박춘재가 재담으로 즐거움을 주고 신불출이 만담으로 재미를 선사했다면 이원규는 희극 연기로 웃음을 줬다. 이원규는 1911년 창단된 신파극단 혁신단 단원으로 〈장승〉에서 바보 연기로 관객을 포복절도하게 했고 1926년 개봉된 조선 최초의 코미디 영화 〈멍텅구리〉에 출연해 '희극왕' 소리를 들으며 스타 코미디언으로 주목받았다.[62] 1940년대 들어 악극단의 악극 공연이 인기를 끌면서 조선악극단의 이복본, 반도악극단의 손일평, 콜럼비아가극단의 윤부길이 코미디로 관객을 웃겨 스타로 떠올랐다.[63] 특히 윤부길의 연기는 원맨쇼에 가까웠는데 재치와 풍자를 자유자재로 구사하면서 폭소와 감탄을 자아내 대중으로부터 큰 사랑을 받았다.

1876~1945년 대중문화 초창기 스타

1945~1960년대 2 대중문화 발전기 스타

1970~1980년대 3 대중문화 도약기 스타

1990~2020년대 대중문화 폭발기 스타

(1) 대중문화

대중문화 발전기인 1945~1960년대는 해방과 분단, 남북한 정부 수립, 6 · 25 전쟁, 이승만 정권의 독재와 퇴진, 4 · 19 혁명을 통해 등장한 장면 내각의 10개월만의 와해, 5 · 16 쿠데타로 집권한 박정희 정권의 장기 지배가 휘몰아친 격동의 역사가 펼쳐졌다.

해방과 분단, 전쟁을 겪으면서 좌우 이념의 대립과 갈등은 일상을 지배했고 문화도 이런 상황에서 벗어날 수 없었다. 전쟁 후 남북한은 상대방의 이념과 가치를 강력하게 배척하며 체제 수호에 열을 올렸고 국가 체제와 이데올로기에 반하는 문화의 생산과 수용은 절대 허용하지 않는 폭압 정치로 일관했다. 1945~1960년대 대중문화는 분단과 전쟁, 이승만 · 박정희 정권의 통제와 반공주의에 직간접적으로 영향을 받았다. 반공은 대중문화의 검열 장치였고 표현의 억압과 소재 · 주제 선택의 준거로 활용됐다.

해방과 미군정, 6 · 25 전쟁을 거치면서 미군을 통해 유입된 미국 대중문화는 대중음악, 영화, 방송, 문학을 비롯한 한국 문화와 예술 전반에 많은 영향을 미쳤다. 개화기와 일제 강점기의 대중문화 형식과 내용의 상당 부분이 일제에 의해 이식된 것을 비롯해 일본 문화 영향이 컸다면 1945~1960년대 대중문화는 미국 영향이 강했다. 이 시기 미8군 무대와 AFKN^{American}

Forces Korea Network(주한미군방송) 같은 미국 대중문화 유입 창구의 등장과 이승만 · 박정희 정권의 친미 이데올로기 강화로 방송부터 대중음악, 영화, 공연까지 대중문화 전 분야가 미국과 미국 대중문화의 영향권에 놓였다.

도시화와 산업화가 신속하게 진행된 1945~1960년대는 라디오와 TV, 신문, 잡지 같은 대중매체가 본격적으로 발전해 대중사회가 조성되면서 대중문화가 크게 진화했다. 한국 대중문화사에서 1945~1960년대는 중요한 시기다. 대중문화의 가장 중요한 특징이 대량으로 생산된 문화 상품이 대중매체를 통해 대중에게 대량유통 되는 것이라고 할 때, 대중매체가 대거 도입된 시기가 1945~1960년대이기 때문이다.[64]

해방 이후 좌우익 대결과 분단, 6 · 25 전쟁으로 영화계는 많은 어려움을 겪었다. 영화인들이 일제 어용 회사인 조선영화제작주식회사에 남은 기자재를 인수하고 정비해 영화 제작에 나선 1945년부터 6 · 25 전쟁이 일어나기 전인 1949년까지 영화 제작 편수는 59편에 달했는데 〈안중근 사기〉 〈자유 만세〉 같은 독립투사 일대기나 항일 · 광복 주제 영화부터 〈전우〉 〈북한의 실정〉을 비롯한 반공물, 〈돌아온 어머니〉를 포함한 같은 멜로물까지 여러 장르의 영화가 선을 보였다. 1949년 한국 최초의 컬러 영화 〈여성일기〉가 관객과 만났다.

6 · 25 전쟁으로 1950년대 초반 영화계가 많은 난관에 봉착하며 매년 5편 내외의 영화만 제작됐다. 6 · 25 전쟁 기간에는 전쟁 발발과 전개 과정, 휴전회담을 담은 〈정의의 진격〉, 서울 수복 작전을 기록한 〈서부 전선〉, 중공군 만행을 그린 〈오랑캐의 발자취〉 등 전쟁 관련 다큐멘터리와 〈내가 넘은 38선〉 같은 반공물, 〈성불사〉를 비롯한 계몽물이 주를 이룬 가운데 1952년 양공주의 원색적 생활을 통해 인간의 허무를 그린 신상옥 감독의 〈악야〉도 선보였다.

전쟁 후 1954년 국산 영화 보호 정책으로 시행된 국산 영화 입장세 면세 조치로 영화 제작이 활기를 띠어 1954년 18편을 시작으로 영화 제작 편수가 늘어나기 시작했다. 1956년 30편, 1957년 37편, 1958년 74편, 1959년 111편으로 영화 제작이 급증하면서 영화의 양적 성장 토대가 구비됐다. 영화 제작사도 72개에 달했다.[65]

해방 후 영화 제작 자본을 상당 부분 담당한 지방극장주는 시나리오를 읽은 뒤 출연 배우를 보고 영화를 입도선매했다. 주먹구구식 영화 기획과 제작이 이뤄졌으며 지방극장주는 영화 자본을 투자하면서 특정 배우 출연을 조건으로 내세우며 배우 캐스팅에 적지 않은 영향을 미쳤다.

1950년대 들어 영화는 사극과 함께 신파 멜로물이 쏟아져 흥행 견인차 역할을 했다. 1950년대 중반에는 18만 명을 동원하며 한국 영화 흥행사를 새로 쓴 이규환 감독의 〈춘향전〉 같은 고전에 바탕을 둔 전통적 이야기물이나 〈고종 황제와 의사 안중근〉처럼 역사적 인물을 다룬 사극이 제작편수의 절반을 차지했다.[66] 1957년 한해 제작 영화 37편 중 26편이 멜로물일 정도로 1950년대 후반부터는 멜로영화가 강세를 보였다. 1956년 대학교수 부인의 일탈과 불륜을 다룬 정비석 원작 소설을 영화화한 〈자유부인〉이 관객 11만 명을 동원하는 흥행을 기록하며 멜로영화 붐이 일었다. 대중의 변화된 정서와 가치관, 성적 욕망을 투영한 멜로물에 대한 관객 반응이 뜨거워 멜로영화의 남녀 주연이 스타 반열에 올랐다. 1950년대 영화의 또 하나의 두드러진 현상은 〈청춘 쌍곡선〉 〈벼락감투〉 같은 코미디 영화가 다수 제작되고 흥행도 호조를 보였다는 점이다. 1957년 한국연예주식회사와 홍콩 쇼브라더스의 합작영화 〈이국정원〉을 시작으로 외국 영화사와의 합작영화도 관객과 만났다.

5·16 쿠데타를 통해 집권한 박정희 정권은 1962년 제정한 영화법을 통해 영화 행정의 기본 체제를 갖췄다. 1963년 1차 개정을 통해 요건에 맞는 영화사만을 등록하게 했다. 1961년 64개이던 영화사는 16개로 줄었고

20개 안팎의 영화사가 1960년대 영화를 제작했다. 박정희 정권은 영화법 개정을 통해 영화를 국가주의적 발전 동원 체제의 일부로 보는 시각을 드러냈다.[67]

1960년대 정부의 영화 시책으로 제작 편수와 관객의 급신장을 보인 한국 영화는 대중문화의 핵심 역할을 하며 대표적인 오락 매체로 자리 잡았다. 1961년 79편 제작되던 영화가 1968년 185편, 1969년 229편으로 급증한 1960년대는 한국 영화가 양적으로 크게 성장한 시기다. 전국 극장 수도 1965년 529개, 1968년 659개에 달했다. 물론 관객도 많이 늘었다. 연간 국민 1인당 평균 영화 관람 횟수가 1961년 2.3회에서 계속 증가해 1968년 5.7회에 달했으며 1969년 관객 수가 1억 7,034만여 명에 이르렀다. 이 시기가 한국 영화의 양적 황금기라고 할 수 있다. 이후 영화 관객은 1970년 1억 6,634만 명, 1974년 9,737만 명으로 하향곡선을 그렸다. 2002년에 이르러서야 관객 1억 명을 다시 돌파하고 2017년 국민 1인당 연평균 관람 횟수가 4.25회로 세계 1위를 기록한 것과 비교해보면 1960년대 영화의 인기 정도를 실감할 수 있다. 1960년대 들어 와이드스크린 영화와 컬러 영화가 본격적으로 제작됐다.

1960년대 영화는 외형적으로는 황금기를 구가했으나 내적으로 전혀 그렇지 못했다. 경쟁력을 상실한 채 붕괴 징후마저 보였다. 제작 자금을 지방극장주에게 의존했는데 산업자본이 아닌 흥행자본에 의해 영화를 제작했기 때문에 영화나 영화사에 재투자나 거대자본 형성은 어려운 형편이었다.[68] 영화사는 실제로 기획하는 일은 없었고 일본 시나리오를 베끼는 것과 신문 연재소설, 라디오 드라마, 인기 가요를 영화화하는 것이 기획의 전부였다. 전문가 없이 감독이나 제작자 혼자서 모든 일을 처리하는 주먹구구식 기획이 많았다.

1960년대 제작 편수가 크게 늘었으나 멜로영화가 절반을 넘었고 액션 영화, 코미디, 사극, 반공물, 문예물도 많았다. 1960년대 제작된 한국 영화는 〈미워도 다시 한번〉을 비롯한 통속적인 멜로영화가 784편에 달했고 〈아스팔트〉〈공포의 8시간〉 등 스릴러 액션물 221편, 〈오형제〉를 포함한 코미디 영화 131편, 〈나도 인간이 되련다〉 같은 반공 영화 57편, 〈연산군〉 등 사극 47편, 〈사랑방 손님과 어머니〉 같은 문예물 43편이었다.[69]

　　1960년대 초반에는 신상옥 감독의 〈성춘향〉과 〈연산군〉의 흥행 성공으로 궁중 사극을 비롯한 사극 붐이 일었고 〈로맨스 빠빠〉〈마부〉 같은 가족 드라마가 많이 제작돼 눈길을 끌었다. 이만희 감독의 〈다이알 112를 돌려라〉, 김기영 감독의 〈아스팔트〉처럼 새로운 감각을 드러낸 스릴러 액션물도 선보였다. 1950년대 중후반 일기 시작한 코미디 영화 붐이 1960년대에도 이어져 〈총각김치〉〈여자가 더 좋아〉 같은 소시민, 서민, 상인, 하층민을 건강하고 경쾌하게 묘사한 코미디 영화와 〈남자 미용사〉〈팔푼이 며느리〉처럼 비현실적 사건을 소재로 한 코미디나 슬랩스틱 코미디가 다수 제작됐다.

　　1960년대 중반부터는 김수용 감독의 〈청춘 교실〉, 김기덕 감독의 〈맨발의 청춘〉처럼 도시를 배경으로 서구 문화에 대한 동경과 욕망을 드러내고 전통적 가부장 사회에 반항하는 젊은이의 분노와 좌절을 새로운 영상 감각으로 표출한 청춘 영화가 본격적으로 제작돼 선풍적인 인기를 끌었다. 계층적 박탈감과 출구 없는 도시의 냉정함에 저항하다 파멸하는 주인공을 주로 그린 청춘 영화는[70] 기존의 통속적인 멜로물에 식상해 하던 관객을 다시 극장으로 불러들였고 관객층도 30~40대 위주에서 20대로 넘어가게 하는 계기가 됐다.

　　1960년대는 우수영화 보상제도 시행으로 많은 수입을 올릴 수 있는 외화 쿼터를 얻기 위해 영화사가 앞다퉈 이광수 소설을 영화화한 〈유정〉을 비롯해 〈만추〉〈물레방아〉〈감자〉 같은 문학 작품을 원작으로 한 문예물과 〈나도 인간이 되련다〉 같은 반공 영화를 쏟아냈다.

1960년대 박정희 정권의 반공과 민족주의 이데올로기를 동원한 국가 개입과 통제로 적지 않은 영화와 영화인이 어려움을 겪었다. 북한군을 인간적으로 그렸다는 이유로 〈7인의 여포로〉가 반공법 위반 혐의를 받아 이만희 감독이 구속됐고 가난한 연인의 어두운 이야기를 그린 〈휴일〉이 개작 통보를 받았으며 〈춘몽〉의 유현목 감독이 반공법 위반 혐의로 기소됐다.[71]

1950년대 데뷔한 신상옥 김기영 유현목, 세 감독은 한국 영화 전성기였던 1960년대 단순한 영화감독 범주에서 벗어나 높은 완성도와 독창적인 형식, 장르적 특성을 드러낸 작품으로 한국 영화의 진화를 이끌었다. 유현목 감독의 〈인생차압〉〈오발탄〉〈잉여 인간〉은 인간의 본질을 리얼리즘 기법으로 잘 드러내 한국 영화를 질적으로 한 단계 도약시켰다. 신상옥 감독은 〈성춘향〉〈연산군〉〈로맨스 빠빠〉〈사랑방 손님과 어머니〉처럼 흥행성과 작품성을 겸비한 영화를 제작했고 영화사 신필름을 통해 한국 영화 산업 발전을 견인했다. 김기영 감독은 〈하녀〉〈아스팔트〉 등을 통해 인간 내면의 악마성을 드러낸 공포 영화를 개척하며 한국 영화 지평을 확장했다.[72]

1945년 광복이 되고 미군정이 본격화하면서 방송은 국영화의 길을 걷게 된다. 미군정은 한국을 냉전 시대 반공 기지로 만드는 데 중점을 두었기 때문에 방송시설을 직간접적으로 통제했고 1945년 9월 15일 서울중앙방송국을 접수한 후 미국 고문관의 검열을 받게 했다. 서울중앙방송국은 1946년 3월 정시 방송제를 도입해 정당 강연과 미국에서 인기 높은 청취자 참여 프로그램 포맷의 〈스무고개〉〈천문만답〉〈거리의 화제〉를 방송했고 〈방송 토론회〉 같은 교양 프로그램을 내보냈다. 오락 부문은 미군정의 간섭이 상대적으로 적어 발전을 거듭했다. 특히 라디오 드라마가 비약적으로 진화했다. 〈화랑 관창〉을 시작으로 1947년 9월부터 매주 일요일 30분간 드라마가 방송돼 큰 인기를 끌었다. 방송국에 음반도 많지 않았고 대중음악계도 자리 잡지 못해 대중가요를 방송하기 힘들어 1주일에 한두 번 가요 프로그

램을 15분 정도 방송했다.[73]

1948년 대한민국 정부 수립과 동시에 방송은 국영으로 전환되었다. 이승만 정권은 정부 수립과 함께 북한을 불법 집단으로 규정하였고 라디오를 홍보 매체로 적극적으로 활용했다. 조금씩 기틀을 잡아가던 라디오 방송은 1950년 6·25 전쟁으로 또다시 시련을 맞게 됐고 중앙방송국은 대전에서 대구와 부산으로 옮겨가며 군 당국 발표를 방송하거나 군인의 사기를 앙양하는 〈라디오 꽃다발〉 같은 프로그램을 내보냈다.

1950년대 중후반부터 민간 라디오 방송사가 모습을 드러냈다. 기독교 방송CBS이 1954년 개국하고 부산 문화방송MBC이 1959년 설립되면서 방송은 국·민영 체제로 운영됐다. 1956년 서울 지역 가구 중 45.1%가 라디오를 소유했고 농어촌 지역은 정부로부터 라디오를 무상 공급받으면서 라디오가 영향력 있는 매체로 부상했다.

KBS 라디오는 1957년부터 종일 방송 체제를 갖췄다. 한 남자를 놓고 펼치는 전쟁미망인과 발랄한 처녀의 삼각관계를 다룬 〈청실홍실〉과 〈로맨스 빠빠〉 〈꽃피는 시절〉 같은 연속극이 폭발적인 인기를 얻었다. 음악 프로그램도 다양화되어 〈희망의 속삭임〉 〈고요한 밤에〉처럼 진행자가 이끄는 음악 프로그램이 사랑받았고 〈노래자랑〉처럼 일반인이 출연해 가요를 부르는 포맷의 프로그램도 반응이 뜨거웠다. 장소팔 고춘자 등 코미디언의 만담이 펼쳐진 〈민요 만담〉과 양훈 양석천 서영춘 백금녀를 비롯한 코미디언의 장기와 코미디가 전개된 〈방송 연예회〉 같은 오락 프로그램도 방송됐다.

한국 텔레비전 방송 역사는 1956년 5월 12일 미국 RCA의 한국 보급회사 KORCAD가 HLKZ-TV를 방송하면서 열렸다. TV 방송은 세계에서 15번째, 아시아에선 필리핀, 일본, 태국에 이어 4번째였다. HLKZ-TV는 1956년 7월 죽은 도둑들이 저승에서 만나는 이야기를 담은 단세니 원작을 극화한 최상현 이낙훈 주연의 〈천국의 문〉을 생방송해 한국 최초의 TV

드라마가 시청자와 만났다.[74] HLKZ-TV는 1957년 9월 독일 작가 홀워시 홀의 희곡을 원작으로 한 〈사형수〉를 생방송한 것을 비롯해 단막극 위주의 드라마를 방송했다. 예능 프로그램도 내보냈는데 가수가 나와 가요를 부른 〈노래 파티〉와 코미디언이 출연해 코미디를 선보인 〈코메디: 남녀동등권〉이 대표적이다. 하지만 대다수 국민이 먹고살기조차 힘든 상황에서 값비싼 텔레비전 수상기를 갖는다는 것은 기대하기 어려운 일이어서 HLKZ-TV는 경영에 어려움을 겪었다. 당시 전국 텔레비전 수상기는 300대 미만이었다. KORCAD는 TV 수상기 판매와 대여 사업을 전개했지만, 별 성과를 거두지 못해 HLKZ-TV는 1957년 5월 6일 《한국일보》를 운영하던 장기영에게 양도돼 대한방송DBC으로 새롭게 태어났다. HLKZ-TV는 짧은 기간 존립했지만, 한국 TV 방송의 미국화에 적지 않은 영향을 미쳤다. HLKZ-TV는 1961년 개국한 KBS TV의 미국 방송 장비 도입과 미국 프로그램 방송의 계기가 되었다.

1957년 9월 5일 개국한 AFKN TV는 한국 텔레비전 시장과 대중문화에 큰 영향을 미쳤다. 주한 미군을 통해 텔레비전 수상기 유출이 시작됐고 그 덕분에 수상기는 1958년 7,000대 수준에 이르렀다. DBC는 1959년 2월 2일 화재로 사라졌고 이후 2년 6개월 동안 AFKN 채널을 통해 하루 15~30분 방송을 내보내는 데 만족했다.[75] DBC가 대중문화에 미친 영향은 미미했지만, AFKN은 미국의 방송 프로그램과 대중문화가 유입되는 통로 역할을 하며 한국 방송과 대중문화 전반에 걸쳐 영향을 주었다.

1960년대 방송은 국·민영 체제를 유지했다. 1961년 민영 상업 방송인 서울 MBC 라디오가 전파를 발사한 데 이어 대구, 광주, 대전, 전주에 직할국이 신설됐다. 1971년까지 20개에 이르는 MBC 라디오 방송망이 갖춰졌다. MBC에 이어 1963년 동아방송DBS, 1964년 라디오 서울(1966년 TBC로 개칭)이 개국하고 라디오 수신기도 1963년 90만 대, 1971년 340만 대로 늘어나면서 광고 시장도 함께 성장했다.

광고 시장의 확대는 방송이 비교적 안정적인 수입을 얻을 수 있는 기반이 되었다. 라디오가 대중의 사랑을 받으면서 전성시대를 구가한 때가 1960년대다. 특히 라디오 드라마가 대중의 사랑을 독차지했는데 인기 라디오 드라마는 이내 영화사에 의해 영화화되거나 TV 방송사에 의해 드라마로 만들어졌다. KBS 26편, MBC 36편, DBS 22편, TBC 45편, CBS 31편 등 1966년 방송사에서 내보낸 라디오 드라마가 160편에 달한 것을 비롯해 1960년대 후반에는 연간 150편 이상의 라디오 드라마가 방송됐다. 라디오 드라마는 근대화와 도시화 과정에서 드러나는 사람들의 욕망을 투영한 멜로물이 많았다. 가요 프로그램도 늘어나 가수의 노래를 라디오를 통해 접하는 경우가 많았고 최동욱의 DBS 〈탑튠 쇼〉, 이종환의 MBC 〈탑튠 퍼레이드〉, 피세영의 TBC 〈뮤직 텔스타〉처럼 디스크자키DJ가 진행한 음악 프로그램이 큰 인기를 누렸다. 젊은이의 트렌드를 창출한 DJ 진행 음악 프로그램은 팝 음악을 비롯한 외국 대중음악과 대중문화 정보를 제공하는 역할도 톡톡히 했다.

KBS 텔레비전이 1961년 12월 31일 방송을 시작하면서 본격적인 텔레비전 시대가 열렸다. 촬영 장비를 비롯한 방송 제작 환경은 매우 열악했다. TV 수상기도 제대로 보급되지 않아 1963년 초에는 TV 수상기가 8,000대에 불과했다. 1961년 5·16쿠데타로 집권한 박정희 군사 정부는 KBS TV를 국가 이데올로기와 민족국가 담론을 국민에게 내면화시키는 데 활용하려는 의도가 많았다.[76] 1964년 12월 7일 동양텔레비전TBC이 개국했고, 1969년 8월 8일 문화방송MBC이 텔레비전 방송을 개시했다. 이로써 국·민영 TV 방송 3사 체제가 정립됐다. 방송 3사는 열악한 제작 환경 속에서도 드라마, 쇼 오락프로그램을 집중 편성해 시청률 경쟁을 벌였다.

KBS는 1962년 유치진 희곡을 원작으로 한 〈나도 인간이 되련다〉로

TV 드라마 역사를 열었고 한국 최초의 연속극 〈서울 뒷골목〉을 방영한 뒤 계속해서 단막극과 연속극을 내보냈다. 1964년 TBC 개국은 드라마 발전을 가져온 결정적인 계기가 됐다. 화제 드라마가 속출하며 이른바 TV 스타가 본격적으로 등장했다. TBC는 개국 특집 드라마로 유호 극본의 〈초설〉을 방송하고 한국 최초의 일일 연속극 〈눈이 내리는데〉를 내보내 좋은 반응을 얻었다. 특히 〈민며느리〉〈한양낭군〉 같은 사극이 인기가 높았다. KBS와 TBC, 두 방송사 드라마는 주로 한국 전통적인 주제를 다뤘고 홈드라마와 멜로드라마가 강세를 보였다.[77] 또한, 해외 명작이나 한국적 정서가 담긴 문학 작품을 원작으로 활용한 단막극과 〈실화 극장〉 같은 반공과 국가재건을 내용으로 하는 드라마도 적지 않게 제작됐다. 1969년 개국한 MBC는 〈사랑하는 갈대〉〈개구리 남편〉 같은 일일극을 집중 편성해 1970년대 방송 3사의 일일극 전쟁을 예고했다.

예능 프로그램은 음악과 코미디, 댄스가 펼쳐진 KBS 〈그랜드 쇼〉, 전속 악단, 무용단, 합창단, 가수, 코미디언이 출연한 TBC 〈쇼쇼쇼〉 같은 버라이어티쇼 프로그램이 많이 제작돼 눈길을 끌었다. 1960년대 중반 이후에는 TBC의 〈패티김 쇼〉〈이미자 쇼〉처럼 스타 가수 원맨쇼나 KBS의 〈노래의 성좌〉〈노래의 메아리〉 같은 대중음악 프로그램이 인기가 높았다.[78] KBS가 1962년 방송한 〈유머 클럽〉으로 TV 코미디 역사가 시작됐으며 1964년 시청자와 만난 TBC 〈웃으면 천국〉이 관심을 모았다. MBC가 1969년 개국과 함께 구봉서 배삼룡 서영춘 같은 유명 코미디언이 출연한 코미디 프로그램 〈웃으면 복이 와요〉를 방송해 폭발적인 반응을 얻으면서 코미디 프로그램 붐이 조성됐다.

텔레비전 수상기는 점차 늘어나 1966년 4만 3,684대, 1967년 7만 3,224대, 1969년 22만 3,695대에 달했다. 텔레비전 수상기는 계속 증가해 1973년에 128만 대로 100만 대를 넘어섰다. 1960년대는 향후 대중매체 중에서 가장 강력한 영향력을 행사할 뿐만 아니라 대중문화와 스타 시스템을 주도한 텔레비전 시대의 준비기였다.

만담, 슬랩스틱 코미디를 비롯한 다양한 장르의 코미디를 만개시키고 구봉서 양훈 양석천 등 스타 코미디언을 배출하며 코미디 발전을 견인한 악극은 1950년대 들어 전쟁 발발과 라디오, 영화의 대중화, 텔레비전의 등장으로 사양길에 접어들었다. 1960년대 들어서는 새롭게 선보인 버라이어티쇼 무대가 라디오, 영화, 텔레비전과 함께 코미디의 진화를 이끌며 남보원 백남봉 같은 신예 코미디언을 배출했다.

해방 이후부터 1950년대까지 대중음악계는 과도기이고 혼란기였다. 1945년 오케 레코드는 녹음에서 음반 생산까지 전 제작과정에 참여해 만든 음반을 발매했다. 앞면에는 장세정의 〈울어라 은방울〉, 뒷면에는 〈백팔번뇌〉가 수록된 양면 SPStandard Play 레코드다. 해방 이후 여러 음반 회사가 설립됐다. 1947년 고려, 럭키 레코드가 등장해 음반을 제작하기 시작했다. 해방 공간의 대중음악은 여전히 트로트와 신민요 계열의 가요가 주류를 형성했다. 〈귀국선〉 같은 해방의 기쁨을 드러내는 가요가 선을 보였고 〈가거라 삼팔선〉처럼 분단 극복의 염원을 담은 노래도 대중에게 사랑받았다.

1950년 6·25 전쟁으로 음반사와 악극단은 큰 타격을 입었지만, 전선이 고착되고 국지전 중심으로 전황이 바뀐 1951년 하반기부터 음반 산업이 다시 움직이기 시작해 대구의 오리엔트, 부산의 도미도 레코드가 설립됐다. 전쟁 기간 군예대를 중심으로 공연이 펼쳐졌고 〈단장의 미아리 고개〉 〈굳세어라 금순아〉 같은 전쟁과 분단의 고통스러운 삶을 드러낸 노래와 〈전선야곡〉 〈전우야 잘 자라〉처럼 군가나 반공 이데올로기를 드러낸 가요가 관심을 모았다.[79]

1953년 7월 27일 정전협정이 체결된 후 1954년부터 스타 레코드를 시작으로 유니버살 레코드, 지구 레코드의 전신인 미도파 음반공사가 등장했다. 이 밖에 킹스타, 오아시스, 신세기, 삼성, 평화 등 음반사가 설립됐다. 음반 기술에 큰 변화가 있었는데 1956년 LPLong Play 레코드가 선을 보였다.

　　1950년대 대중음악은 6·25 전쟁의 미군 참전과 AFKN 방송, 그리고 1955년 미8군 사령부가 서울 용산에 설치된 이후 본격화한 미8군 쇼무대를 통해 전달된 미국 문화와 음악의 영향을 많이 받았다. 남인수 이난영 현인 명국환 백설희 황금심이 부른 트로트의 강세가 이어지는 가운데 미국 대중음악 영향으로 〈대전 부르스〉〈닐리리 맘보〉 같은 댄스 음악의 새로운 양식이 도입되었다. 〈럭키 서울〉〈아리조나 카우보이〉〈아메리카 차이나타운〉처럼 노골적으로 미국 대중음악과 미국 분위기를 따라가려는 경향도 대중음악에 두드러졌다.

　　1950년대는 음반의 활성화가 이뤄졌지만, 가수가 음반 판매를 통해 상업적 이윤을 남기는 것보다 악극을 통해 수입을 올리던 시기였다. 하지만 전쟁을 거치면서 대형 악극이 퇴조 기미를 드러냈다. 대신 대중음악 공연은 일반 극장 무대의 버라이어티쇼 형태 중심으로 재편됐다.[80]

　　1960년대 들어서 라디오와 전축 보급이 확대되면서 악극을 통한 음반 선전과 대중가요 보급 활동이 대폭 축소됐다. 음반사에 소속된 가수는 라디오를 통해 노래를 알리면서 음반 판매 효과를 높였다. 1964년 음반 제작사와 음반 판매업자로 구성된 대한레코드제작협회(한국영상음반협회 전신) 창립으로 음반 산업은 정착단계를 맞았다. 1968년 음반에 관한 법률이 공포돼 음반 산업 발전을 위한 토대가 마련됐다. 새로운 음반 법에 따라 등록한 지구 레코드와 오아시스 레코드, 두 개의 대형 레코드사가 대중음악의 양대 산맥을 이루며 음반 산업을 이끌고 나갔다. LP 시대가 열리면서 대중음악계는 한 단계 도약했다. 지구 레코드는 자체 설비로 이미자의 〈동백 아가씨〉를 LP로 제작해 10만 장 이상 판매하는 큰 히트를 기록했다.

　　1960년대에는 다양한 장르의 음악이 선보인 가운데 이미자의 〈동백 아가씨〉로 대변되는 트로트 계열의 음악과 한명숙의 〈노오란 샤쓰의 사나이〉로 대표되는 팝 계열의 음악이 대중음악의 주류를 형성했다. 〈울어라 열풍아〉 〈기러기 아빠〉 〈섬마을 선생님〉의 이미자, 〈누가 울어〉 〈돌아가는 삼각지〉의 배호, 〈울려고 내가 왔나〉 〈가슴 아프게〉의 남진, 〈천리길〉 〈사랑은 눈물의 씨앗〉의 나훈아 등이 주도한 트로트는 인기 주류 장르로 확고하게 자리를 지켰다.

미8군 무대를 중심으로 미국 팝 음악 음반이 유통되고 AFKN을 통해 팝 음악이 소개됐다. 〈노오란 샤쓰의 사나이〉의 한명숙, 〈떠날 때는 말 없이〉의 현미, 〈초우〉의 패티김, 〈하숙생〉의 최희준, 〈키다리 미스터 김〉의 이금희, 〈빗속의 여인〉의 신중현, 〈웃는 얼굴 다정해도〉의 윤복희 등 미8군 무대에 올랐던 가수들이 극장쇼, 텔레비전, 라디오 방송에 진출해 다양한 장르의 팝 스타일 음악을 선보였다. 트로트의 강세 속에 컨트리, 록, 스탠더드 팝, 포크 등 여러 장르의 음악이 대중과 만났다. 특히 〈하숙생〉 〈초우〉 〈보고 싶은 얼굴〉처럼 단순한 화성과 선율을 가진 스탠더드 팝 계열의 노래가 일제강점기 때부터 인기를 끌었던 트로트와 함께 주류 음악 장르로 떠올랐다.

200여 개의 클럽에서 펼쳐진 미8군 무대는 미국 팝 음악을 소개하고 스타 가수를 배출했을 뿐만 아니라 TV 프로그램 형식과 내용에도 많은 영향을 미쳤다. 미8군 무대에서 펼쳐진 공연의 내용과 형식이 텔레비전 예능 프로그램의 포맷과 소재로 활용됐다.

1960년대 가수의 공연 무대는 이전보다 다양해졌다. 많은 가수가 극장에서 진행되는 버라이어티쇼와 리사이틀 무대를 통해 대중과 만났다. 서울 종로와 명동을 중심으로 '세시봉' '오비스캐빈' 같은 음악 감상실이나 생음악 살롱에선 레코드를 통해 팝 음악을 들려줬을 뿐만 아니라 대학생 가수를 비롯한 젊은 가수들이 무대에 올라 팝송과 팝 스타일의 가요를 불렀다.

1945~1960년대 두드러진 현상은 대중매체로서 대중문화를 형성하

는 하나의 축을 담당한 인쇄 매체 중 주간지가 집중적으로 창간된 것이다. 1964년 《주간한국》을 시작으로 1968년 《주간중앙》, 《주간조선》, 《선데이 서울》, 1969년 《주간경향》, 《주간여성》이 발간되었다. 스포츠 신문도 선을 보였는데 1969년 《일간스포츠》가 창간돼 독자와 만났다. 《주간한국》은 창간된 지 얼마 안 돼 43만 5,000부가 판매되는 엄청난 인기를 얻었는데 당시 일간지 최고 부수가 20만 부 미만인 점을 고려하면 《주간한국》 인기 정도를 가늠할 수 있다. 이들 잡지의 내용 대부분은 탤런트, 가수, 영화배우, 코미디언에 대한 소개와 인터뷰, 가십 기사가 주종을 이뤘다. 주간지 중심의 연예 저널리즘이 본격적으로 시작됐다.

(2) 스타 시스템

1945~1960년대 대중문화 발전기는 스타를 양성하고 관리하는 스타 시스템이 초보적이지만 기본적인 체계를 갖춘 시기다. 물론 대중문화 분야마다 스타를 만들고 관리하는 방식에는 큰 차이가 있었다. 특히 1961년 KBS를 시작으로 1964년 TBC, 1969년 MBC가 TV 방송에 나서면서 스타 시스템의 가장 중요한 토대가 완비됐다.

1945~1960년대 영화사는 스타를 주도적으로 양산하고 체계적으로 관리하는 시스템이 부재했다. 영화사는 스타를 작품에 기용해 흥행을 노리거나 신인 공모를 통해 신인을 발굴했지만, 스타 시스템의 핵심적 역할을 하지 못했다. 영화는 이 시기 대중문화 발전을 견인하고 대표적인 오락매체로 사랑받았지만, 영화사는 규모와 자본이 영세해 영화배우와 스타를 제대로 육성하지 못했다. 박정희 정권은 영화사의 대기업화 정책을 추진해 60여 개의 영화사를 통폐합해 20개 안팎의 제작사가 영화를 만들었으나 신필름 같은 일부 영화사를 제외한 대다수 영화사는 스타를 전속시켜 전문적으로 관리할 능력과 자본, 인력이 없었다. 작품을 제작할 때마다 필요한 스타를 섭외해 출연시킬 뿐 영화배우에 대한 효율적인 관리나 홍보는 엄두도 못 냈다. 배우에 대한 선전은 영화 포스터에 이름이나 사진을 넣는 것이 전

부였다. 영화에 대한 홍보도 영화사나 감독 중심으로 행해지는 경우가 많았다. 다른 영화사와 달리 신상옥 감독이 대표를 맡던 신필름은 스튜디오 시스템을 갖춘 메이저 영화사로 신성일 남석훈을 비롯한 배우, 감독, 제작진 200여 명을 전속시켜 15년 동안 150여 편의 영화를 제작하면서 신인을 양성하고 적지 않은 스타도 배출했다.

영화사는 스타를 기용해 영화를 흥행시키는 것이 가장 중요한 일이었기에 대중의 우상을 잡는 것이 지상과제였다. 그러나 배우 자원이 적은 상황에서 인기가 높은 스타의 출연 교섭은 쉽지 않았다. 인기 스타는 중복 계약을 할 수밖에 없었기에 겹치기 출연이 예사였다. 신성일 김진규 신영균 김지미 엄앵란 문희 윤정희 같은 톱스타는 한 해 평균 10~60편 영화에 출연했다. 이 때문에 인기 스타는 하루에 여러 촬영 현장을 누비면서 겹치기 출연하는 경우가 보통이었다. 영화사 제작부는 촬영 시간에 맞춰 스타를 섭외해 놓아야 하므로 스타 쟁탈전이 벌어지고 때로는 폭력 사태까지 일어났다. 영화사 제작부는 완력이 센 사람들이 맡는 것이 보통이었다.

영화사가 인맥 활용 등을 통해 새로운 배우를 발굴하기도 했으나 작품 주연 공모나 신인 공모를 통해 적지 않은 신인과 스타를 배출했다. 남정임은 1966년 김수용 감독의 〈유정〉 주연 공모를 통해 영화배우가 됐고 윤정희 역시 1966년 합동영화사 신인 공모를 통해 강대진 감독의 〈청춘 극장〉 주연으로 데뷔했다. 신성일은 신필름 신인 배우 공모 현장을 찾았다가 신상옥 감독에게 영입돼 영화배우의 길을 걷게 됐다.[81] 이처럼 1960년대 상당수 영화배우는 신인 공모 관문을 통과해 스타가 되었다.

음반사는 영화사와 상황이 달랐다. 6 · 25 전쟁이 끝나자마자 음반사가 속속 등장하면서 체계적인 스타 시스템을 도입했다. 콩쿠르 대회나 오디션을 통해 신인을 발굴해 부설 학원과 전속 작곡가를 통해 교육과 훈련을 받게 한 뒤 가수로 데뷔시켜 스타로 키웠다. 1968년 새로운 음반법에 따라 음반사로 등록한 지구 레코드와 오아시스 레코드는 가수뿐만 아니라 작곡가, 작사가에 대해서도 전속제를 실시해 안정적인 활동을 보장했고 스타를 지속해서 육성했다. 물론 소속 가수에 대해 통제력과 독점권도 발휘했다. 음반사에 소속된 박시춘 손석우 박춘석 신중현 이봉조 길옥윤 백영호 같은 유명 작곡가는 가수 예비자원을 발굴해 가창력을 지도하고 작곡한 노래를 부르게 해 스타로 만드는 스타 메이커 역할을 톡톡히 했다.

1950년대 중반부터 1960년대까지 USO^{United Services Organization}가 조직한 쇼를 기반으로 발전한 미8군 무대는 미국 대중음악과 대중문화를 전파하는 창구 역할을 했을 뿐만 아니라 스타 시스템의 한 축을 담당해 많은 스타를 배출했다. 미8군 쇼는 단순한 음악 공연이 아니라 노래, 무용, 코미디, 마술 등이 펼쳐지는 버라이어티쇼 형태여서 다양한 분야의 연예인 자원을 육성했다. 전국 200여 미군 클럽 무대에 설 가수, 연주자, 댄서, MC, 코미디언, 마술사를 공급하는 화양흥업, 유니버설, 삼진, 공영, 대영 같은 쇼 용역업체가 모습을 드러냈고[82] 베니 김의 베니쇼, 이봉조의 할리우드쇼, 김희갑의 에이원쇼 같은 쇼단이 활약했다. 연예인이 미군 무대에 서기 위해서는 오디션을 통과해야 하기에 쇼 용역업체와 쇼단은 실력을 엄격히 검증해 가수와 연주자, 댄서를 미8군 무대에 공급해 스타를 양산했다. 한명숙 패티 김 최희준 신중현 윤복희 등이 미군 무대를 통해 데뷔하고 스타가 되었다.

악극 무대 역시 해방 이후 1950년대 중반까지 신인과 스타 가수를 육성하는 창구였다. 심연옥 백설희가 악극 무대를 통해 인기 가수가 되었다. 1960년대부터는 쇠퇴한 악극 무대 대신 버라이어티쇼 무대와 음악 감상실, 생음악 살롱에서 신인 가수를 배출했다.

해방 이후 수신기가 확대 보급되면서 대표적인 대중매체가 된 라디오와 1960년대 들어 개국한 KBS, TBC, MBC 텔레비전은 중요한 가수 데뷔 채널이었고 가수의 인기를 배가하는 무대가 됐다. 1947년 서울중앙방송국은 전속 가수를 모집하여 신작 가요를 만들어 보급하기 시작했는데 〈신라의 달밤〉의 현인, 〈울고 넘는 박달재〉의 박재홍, 〈아내의 노래〉의 김백희가 라디오를 통해 인기 가수가 되었다.[83] 1960년대 DBS 〈탑튠 쇼〉, TBC 〈밤을 잊은 그대에게〉처럼 최동욱 이종환 피세영 같은 유명 DJ가 진행하는 음악 프로그램은 신인 가수를 발굴하고 대중음악 인기를 견인했다. 송창식 윤형주 조영남 등이 인기 DJ 음악 프로그램에 소개되면서 대중에게 존재감을 드러냈다.

1961년 개국한 KBS TV를 비롯한 TBC, MBC TV의 〈그랜드 쇼〉〈쇼쇼쇼〉〈가요 스테이지〉〈크라운 페스티벌〉같은 버라이어티쇼와 가요 프로그램을 통해 스타 가수와 신인이 인기와 인지도를 높였다. 1964년 개국하면서 전속 가수제를 도입한 TBC는 최희준 위키리 박형준 남일해 박재란 이한필 이미자 이금희 현미 유주용 최숙자 조애희를 전속 가수로 영입해 출연 기회를 제공하며 스타성을 높였다.

텔레비전 등장은 한국 스타 시스템에 가장 큰 변화를 가져왔다. 그중 가장 중요한 것은 방송사의 탤런트 공채 제도와 전속제 도입이다. 방송사는 탤런트 공채 제도를 시행해 연기자와 코미디언을 발굴하고 양성하는 스타 산실 역할을 했다. 매년 정기적으로 탤런트 공채를 시행해 신인을 선발한 뒤 일정 기간 연기 이론과 실기를 교육해 연기자로 양성했다.[84] 방송사 전속제는 다른 방송사 출연 금지를 비롯한 구속력을 갖지만 확실한 출연과 재정 보장을 해줘 배우가 안정적으로 연기할 수 있게 한 시스템이다. 탤런트 공채와 전속제는 1990~2000년대까지 지속되면서 TV 방송사가 수많은 연예인을 육성하며 스타 시스템의 핵심적 주체로 활약했다.

KBS가 1962년 1월 25일 실시한 1기 탤런트 공채에 지원자가 2,600명이 몰려 이 중에서 남녀 13명씩 26명이 선발됐다. 정혜선 김혜자 태현실 최정훈 최길호 박주아 김난영 김애리사 김용호 이완균 김경자 정용재 김희옥 박병호가 합격했다. 1962년 5월 진행된 KBS 2기 탤런트 공채에선 이묵 원 강부자 김성욱 최문경이 선발돼 탤런트로 활동했다. TBC는 1965년 탤런트 공채에 응모한 870명 지원자 가운데 정해창 김호정 안은숙 윤소정 김세윤 신귀식 선우용녀 등 남녀 10명씩 선발했다. TBC는 신인 공채뿐만 아니라 기존에 활동하는 연예인을 대거 영입해 자사 드라마에만 출연시켰다. TBC는 KBS 드라마에서 활약하던 이순재 김순철 이낙훈 오현경 김동훈 나옥주 조희자 최영경 등을 전속시켰다. 그뿐만 아니라 여운계 김성원 복혜숙 김인태 김무생 김용림 장민호 손숙 최삼 이향 유계선 강계식 최명수 조미령 김동원 이민자 김칠성 박암 주선태 전옥 양훈 변기종 조항 황해 장혁 허장강 남미리 윤인자 고설봉 주증녀 김신재 전계현 이예춘 최봉 등 라디오 성우, 연극배우, 영화배우, 코미디언을 전속 탤런트로 영입했다. MBC TV 는 개국을 6개월 앞둔 1969년 2월 실시한 탤런트 공채를 통해 조경환 임현식 박은수 김애경 박광남 박상조 등 남자 15명과 여자 15명을 선발했다. 신인 탤런트 공채 외에도 MBC는 유명 배우 최불암 김혜자 도금봉 백일섭 정애란 박근형 이대근 김진규 박노식을 계약금을 주고 스카우트해 전속시켰다.[85] MBC 개국으로 연기자 영입 전쟁이 본격화하면서 TBC는 이른바 A급 스타 탤런트는 50만 원, 그 아래 연기자에 대해서는 30만 원의 전속 계약금을 주며 대응에 나서기도 했다.[86]

해방 이후 1950년대 중반까지 인기를 끌었던 악극단은 가수, 배우뿐만 아니라 스타 코미디언을 양성하는 중요한 창구였다. 악극이 성행한 1930년대부터 1950년대까지 악극단은 100여 개에 달했고 해방 후 한국전쟁 직전까지 서울에만 30여 개의 악극단이 활약했다. 1945년 길거리를 걸어가다 태평양가극단 김용환 단장에게 캐스팅돼 데뷔한 구봉서를 비롯해 양훈 양석천 배삼룡 서영춘 백금녀 송해 박시명 남철 남성남이 악극 무대를 통해 스타 코미디언이 되었다.[87] 해방 이후 대중화한 라디오와 영화, 1960년대 등장한 버라이어티쇼 무대와 텔레비전도 신인 코미디언과 예능인을 배출하는 창구였다. 구봉서 서영춘 배삼룡 같은 악극에서 활동했던 스타 코미디언은 버라이어티쇼 무대와 라디오, 영화, 텔레비전 코미디 프로그램을 통해 스타성과 대중성을 높였다.

1950~1960년대에는 연예인 관련 사설학원이 생겨나 적지 않은 배우와 가수를 육성하며 스타 시스템의 한 축을 담당했다. 1959년 연극인 이해랑이 서울 충무로에 설립한 한국배우전문학원에 전국의 배우 지망생이 몰렸다. 1960~1970년대 활동한 신성일 최지희 윤양하 김세윤을 비롯한 많은 스타가 한국배우전문학원 출신이다.[88] 1960년대 서울 시내에는 다양한 음악학원이 우후죽순 생겨났다. 종로음악학원, 세기음악학원, 세광음악학원이 대표적이다. 특히 1965년 설립된 이인성음악학원은 미8군 무대를 지망하는 사람이 많이 찾았는데 펄시스터즈의 배인순 배인숙, 히식스의 최헌, 영사운드의 안치행, 석기시대의 김석규, 이정선을 배출했다.[89]

서라벌예술대학이 1953년 연극학과를 만들고 중앙대학교가 1959년 국내 4년제 대학 최초로 연극영화과를 신설한 것을 시작으로 대학이 1950~1960년대 연극, 영화, 방송, 연예 관련 학과를 본격적으로 개설해 연예인 양성에 일조했다. 문희 최불암 이정길은 서라벌예술대학 출신이고 남정임 남진 임현식은 한양대 연극영화과를 졸업했다. 박근형 최정훈 추송웅은 중앙대 연극영화과 출신이다.

1950년대에는 《영화세계》를 비롯한 영화 관련 잡지가 창간돼 배우들을 표지 모델로 내세우며 작품이나 배우에 관한 기사를 게재해 연예인에 대한 정보를 제공했다. 1960년대 들어서는 《주간한국》, 《선데이 서울》을 비롯한 대중 주간지의 잇따른 창간과 인기로 인해 주간지 중심의 연예 저널리즘이 본격화하면서 이들 매체를 이용한 연예인의 홍보가 이뤄졌다. 주간지를 통해 스타의 이미지가 조형되고 연예인에 대한 정보가 대량으로 유통됐다. 발행 규모가 커진 주간지에 오르내리는 연예인의 빈도수가 인기도와 맞물리는 현상이 나타나자 연예인은 자연스럽게 주간지 중심의 홍보 비중을 높였다. 주간지는 연예인의 결혼과 이혼 같은 사생활과 스캔들, 가십을 집중적으로 다뤘고 여배우의 선정적인 사진을 게재하기도 했다. 대중에게 부정적인 인식을 심어주는 스캔들 기사가 나간 스타는 인기에 직접적인 악영향을 받았다. 주간지의 연예인 사생활과 스캔들 기사의 선정성 폐해도 심했다.

연예인 매니지먼트 시스템은 대중매체가 급속히 보급되고 대중 스타가 속속 배출된 1960년대부터 초보적인 체계를 갖추기 시작됐다. '매니저'라는 용어를 쓰기 시작한 것도 1960년대부터다. 1960년대 연예 활동의 중심이 악극에서 영화나 방송으로 옮겨가면서 연예인의 출연을 교섭하거나 매개해야 하는 인력이 필요했다. 조직을 통한 체계적인 스타 관리가 부재한 가운데 개인이 신인을 발굴하고 스타를 관리하는 형태의 매니지먼트 시스템이 도입되었다. 대중음악계를 중심으로 등장한 개인 매니저가 바로 그것이다. 1960년대 들어 악극단이 쇼단체로 대형화하고 민간 방송국이 개국하면서 출연을 교섭할 사람이 필요하게 되어 가수 매니저가 출현했다. 방송과 무대의 활성화로 전문적으로 가수를 발굴하고 수급하는 일이 필요했을 뿐만 아니라 가수의 신변 관리 필요성도 높아졌다. 이종진 오응수 이순우 김병식 이한복 정용규가 1960년대부터 이름을 날린 가수 매니저다. 이때 연예인 매니저 하면 보디가드로 통하던 시절이었다. 극장쇼 문화가 성행하던 1960~1970년대만 해도 매니저는 가수를 데리고 이 무대 저 무대 세우는 역할을 도맡아 했다.[90] 그러다 보니 주먹이 매니저의 첫째 조건으로 인식되었다. 낯선 지방 공연에서 텃세를 부리거나 출연료를 떼먹으려고 하는 극장주를 협박하여 돈을 받아내는 일 역시 매니저 몫이었다. 유흥업소를 비롯한 가수의 활동 공간은 소위 '주먹'의 환경에 부합하는 상황이 많았다. 이러한 이유로 이때부터 연예인 매니저에 대한 부정적인 인식이 많아졌고 전문적인 지식을 보유한 사람들이 연예인 매니지먼트 업계로의 진출을 꺼렸다.

　가수와 달리 전문적인 매니저와 계약을 맺고 있었던 연기자는 거의 없었다. 1950~1960년대 전체적인 영화 제작 편수가 많이 늘어나고 있었지만, 영화 출연을 보장받고 장기간 활동하는 배우는 적었고 광고가 발전하지 못한 상태여서 활동 무대가 방송과 영화에 국한돼 따로 매니저를 둘 필요가 없었다. 영화사 제작부장이 영화 제작 일을 하면서 계약 관계가 아닌 개인적인 친분을 가지고 영화배우의 자질구레한 일을 도와준 것도 매니저의 필요성을 감소시켰다. 영화사 제작부장은 배우의 스케줄 관리나 운전, 그리고 주변 정리를 해줬다.[91] TV 탤런트는 전속제 실시로 방송사가 연기자의 작품 캐스팅부터 스케줄 관리까지 해주었기에 매니저가 필요하지 않았다.

(3) 스타

　　1945~1960년대 대중문화와 대중매체가 발전하고 미디어를 통한 연예인과의 접촉 기회가 많아지면서 스타는 대중이 열광하고 선망하는 우상으로 떠올랐다. 스타의 극중 배역과 노래가 화제가 되고 주간지를 비롯한 대중잡지, 신문, 방송은 앞다투어 스타의 사생활과 스캔들, 가십을 보도하면서 스타에 관한 대중과 팬의 호기심을 충족시키는 한편 연예인에 대한 관심을 확대 재생산했다.

　　스타 마케팅은 다양하게 발전하지 못했지만, 영화, 방송, 공연, 광고, 유흥업소 밤무대 등 연예인의 활동 영역이 넓어지면서 스타가 되면 거액을 벌 수 있는 환경이 조성됐고 연예인의 경제적 위상도 높아졌다. 코미디언으로 활동하며 스타덤에 오른 구봉서는 "1950~1960년대 악극, 라디오, 영화, 텔레비전을 오가며 활동하면서 돈은 원 없이 벌었다. 돈을 자동차에 실어 나를 정도였다"라고 말했다. 스타가 돼도 힘겨운 생활을 했던 일제 강점기의 대중문화 초창기와 확연히 비교된다.

　　"장가, 시집가기 힘든 직업이 이 직종(연예인)이에요. 집안의 80~90%가 반대하는 직종이지. 왜냐 이건 '딴따라'였으니까"라는 이순재의 전언은[92] 1945~1960년대 스타를 선망하는 분위기가 조성되고 연예인의 경제적 위상도 높아졌지만, 연예인을 경시하고 부정적으로 바라보는 시선이 엄존했다는 것을 보여준다. 특히 학계와 언론, 그리고 지식인이 설파하는 대중문화에 대한 왜곡된 시선과 편견은 연예인과 스타에 관한 부정적인 인식을 증폭시키는 원인으로 작용했다. 대중문화는 대중의 취향에 맞춰 대량 생산되는 상업적인 저질의 문화이고 전통문화를 말살하고 수용자의 정서를 파괴하는 문화라고 인식했다. 특히 고급문화의 반대편에 선 저급문화로 대중문화를 간주하는 시선이 많았다.[93] 이 연장선상에서 스타와 연예인을 바라봤다. 여기에 1950~1960년대 집중적으로 창간된 대중문화 관련 잡지나 주간지가 스타의 결혼과 이혼을 비롯한 사생활을 많이 다뤘고 내용이 대부분 선정적이고 자극적이어서 연예인에 대한 부정적 인식을 심화시켰다.

　　스타가 대중의 우상으로 떠오르고 경제적 위상이 올라가면서 연예인과 연예계 지망생이 크게 늘었다. 이로 인해 일제 강점기처럼 한 연예인이 연극배우와 영화배우 그리고 가수를 겸하는 추세는 줄어들고 가수, 배우, 코미디언으로서 한 분야에서 전문적으로 활동하는 스타가 대세를 이뤘다. 물론 남진처럼 가수로서의 인기와 히트곡에 관한 관심을 영화 흥행으로 연결하려는 영화사가 있어 일부 연예인이 일시적으로 가수와 배우 겸업에 나서는 경우는 종종 있었다.

　　이 시기부터 이른바 고학력 연예인 스타들이 대중과 본격적으로 만났다. '학사 가수' '학사 배우'라는 용어가 언론에 보도될 정도로 대학 졸업 가수와 배우가 배출됐고 대학에서 연극과 영화를 전공한 연예인도 늘었다. 가수 중에는 서울 법대를 졸업한 최희준을 비롯해 최양숙 유주용이 서울대 출신이고 김상희는 고려대를 졸업했다. 배우 중에는 이낙훈 이순재 김동훈 신영균 박암이 서울대 출신이고 여운계는 고려대, 오현경은 연세대를 졸업했다. 문희 남정임 최불암 박근형 남진은 대학에서 연극영화과를 전공했다.

　　대중문화 발전기에 발생한 분단과 전쟁은 연예계 인적 인프라를 파괴하며 대중문화의 퇴행을 초래했다. 무엇보다 연예인 자원의 막대한 손실을 유발했다. 분단과 전쟁의 와중에서 적지 않은 스타가 월북했고 일부 유명 배우와 가수는 실종됐거나 사망했다. 영화감독 최인규, 연극 연출가 안영일 이서향, 극작가 박영호 송영 함세덕 임선규, 배우 심영 강홍식 김동규 문예봉 황철 박영신 김선초 김선영 김연실 문정복 엄미화, 가수 채규엽 왕수복 이규남, 만담가 신불출은 월북했고 작곡가 겸 가수 김해송은 실종됐다.

대중문화 발전기인 1945~1960년대 스타는 영화나 드라마, 코미디, 음악을 통해 이미지를 조형하고 인기를 얻으며 시대와 사회의 아이콘으로 떠올랐다. 산업화와 도시화, 근대화가 진행되던 이 시기 영화에서 최은희 문희 김승호는 전통적 여성상과 남성상을 구현했고 김지미 남정임 신성일은 변화된 시대와 사회를 반영한 새로운 여성상과 남성상을 표출해 눈길을 끌었다. 도시화와 산업화, 서구화 과정에서 신산한 삶을 사는 서민과 고향을 떠나온 도시 이주민을 대변하거나 위로하는 노래를 부른 나훈아와 근대화와 산업화의 희망과 대중의 욕망을 노래한 남진은 대중에게 전혀 다른 의미로 읽히는 시대의 아이콘이었다.

1945~1960년대 대중문화는 영화 제작 활성화, 라디오 보급 확대, TV 시대 개막, 대중 주간지 창간 붐으로 크게 발전했다. 이전보다 생활 수준 향상으로 일부 계층만 향유하던 대중문화를 서민까지 누릴 수 있는 환경이 조성되면서 스타 팬층의 구성과 활동에 변화가 있었다. 텔레비전 수상기 보급 부족으로 영화가 대중문화의 대표주자로 나섰던 1960년대는 '고무신족'으로 불리는 30~40대 여성이 스타 팬의 주류를 이뤘다.[94] 1950~1960년대 쏟아져 나온 멜로영화의 주 관객층이 바로 30~40대 여성이었다. 30~40대 여성 팬의 적극적인 지원으로 신성일 신영균 최무룡 등 남자 배우가 스타로 각광받았다. 스타 가수 남진 나훈아를 좋아하는 팬은 10~20대 여성이었다. 한국 최초의 오빠 부대다. 물론 당시 '오빠 부대'라는 용어는 없었다.

언론에서는 이들을 가리켜 '기성ᅟᅴᄸᅵ聲 부대'라 명명했다. 무대에 남진, 나훈아가 나오면 여성 팬들이 '꺄아악'하고 함성을 질러 기성 부대라고 했다.[95]

대중매체에서 스타와 연예인의 열애나 사생활에 관한 다양한 정보를 제공해 팬은 스타에 대한 호기심을 어느 정도 해소했다. 대중매체가 본격적으로 보급된 이 시기 스타는 대중의 라이프스타일이나 유행에 영향을 주기 시작했는데 팬과 대중은 스타의 헤어스타일이나 패션을 따라 했다.

해방 이후 외국 영화가 관객의 시선을 끌고 한국 영화는 외면받았지만, 뛰어난 신인들이 데뷔해 영화계의 장래를 밝게 했다. 스타 배우 문예봉 강홍식 등이 월북한 해방 공간에 배우 활동을 본격화한 김승호 황해 주선태 최남현 이향 최은희 조미령 황정순 주증녀 남해연은 한국 영화사에 발자취를 남긴 배우들이다.

연극 무대에서 개성적인 캐릭터와 탄탄한 연기력을 과시한 김승호는 1939년 〈사랑에 속고 돈에 울고〉로 영화 데뷔한 뒤 1946년 최인규 감독의 〈자유 만세〉를 기점으로 영화 활동을 본격화했고 연극 무대에서 존재감을 드러냈던 주선태와 최남현은 1949년 〈청춘 행로〉와 〈돌아온 어머니〉를 통해 영화배우로 관객을 만났다. 악극단 배우로 활동했던 황해는 1949년 〈성벽을 뚫고〉에 출연하며 영화배우로 나섰다. 다양한 작품을 소화하며 연극배우로 맹활약한 최은희는 1947년 영화 〈새로운 맹세〉를 통해 영화배우 활동을 시작했고 조미령은 1948년 〈갈매기〉를 통해 영화배우로 첫발을 디뎠으며 주증녀는 1949년 〈조국의 어머니〉를 통해 영화배우로 선을 보였다.

6·25 전쟁으로 막대한 물적·인적 피해가 발생한 1950~1953년 한국 영화가 빈사 상태에 빠졌지만, 전쟁이 끝난 뒤 한국 영화는 연간 제작 편수가 30편이 넘어가며 성장기에 돌입했다. 1950년 이전에 데뷔한 배우로서 1950년대 주·조연으로 활동하며 인기 배우와 스타가 된 이들은 윤봉춘 김승호 김동원 이향 주선태 최남현 황해 전택이 김웅 윤일봉 복혜숙 김

신재 유계선 황정순 한은진 최은희 조미령 주증녀 이민자 등이다. 제작 편수가 늘어 이들로 감당이 안 되면서 1950년대 한국 영화사를 화려하게 수놓은 배우들이 영화계에 진입했는데 바로 이민 노경희 문정숙 박암 이빈화 이택균 김유희 허장강 윤인자 김진규 김삼화 이경희 최무룡 이예춘 김희갑 엄앵란 박노식 김석훈 도금봉 장동휘 최지희 이대엽 김혜정 남궁원 김지미 등이다. 1950년 이전에 데뷔해 1960년대까지 왕성한 활동을 한 스타는 김승호와 최은희이고 주·조연으로 주선태 최남현 황정순 한은진도 맹활약했다.[96] 1950년대 데뷔한 배우 중 1950년대 중반부터 1960년대까지 한국 영화 중흥기와 전성기에 두드러진 활약을 한 스타는 최무룡 김진규 박노식 김지미 엄앵란 도금봉이다.

김승호는 1950~1960년대의 한국 영화 중흥기와 전성기를 이끈 스타로 〈돈〉 〈박서방〉 〈로맨스 빠빠〉 〈마부〉에 출연하며 도시화와 산업화 시대의 서민 자화상을 개성적인 연기로 잘 보여줬다. 최은희는 1950~1960년대 최고 여자 스타로 활약하며 〈마음의 고향〉 〈사랑방 손님과 어머니〉 〈벙어리 삼룡이〉 〈성춘향〉을 통해 천부적 연기력과 동양적 고전미의 외모로 한국의 전통적 여인상을 표출했다. 1954년 〈탁류〉로 데뷔한 최무룡은 〈남과 북〉 〈혈맥〉 〈오발탄〉을 비롯한 200여 편의 영화를 통해 여성 관객이 환호하는 순정파 남성 캐릭터를 연기하는 한편 남성 팬이 좋아하는 액션 연기도 선보였다. 1955년 〈피아골〉로 영화에 입문한 김진규는 〈아빠 안녕〉 〈하녀〉 〈잉여 인간〉 〈카인의 후예〉에 출연하며 부드럽고 인자한 모습과 이지적 캐릭터로 인기를 얻었다. 1956년 〈격퇴〉를 통해 영화배우로 첫선을 보인 박노식은 코믹 배역에서 악역까지 다양한 캐릭터를 연기했지만, 〈돌아온 팔도 사나이〉 〈맨주먹으로 왔다〉 같은 액션물에서 맹활약을 펼쳐 액션 스타의 대명사가 됐다. 1957년 〈황혼 열차〉로 데뷔해 1992년 〈명자 아끼꼬 쏘냐〉까지 370여 편의 영화에 출연한 김지미는 연극이 아닌 영화로 배우 생활을 시작해 한국 영화사상 가장 화려한 여자 스타가 되었다. 1960년대 김지미는 〈별아 내 가슴에〉 〈비극은 없다〉 〈장희빈〉 〈너의 이름은 여자〉에서 조각 같은 외모로 강렬한 캐릭터를 연기하며 카리스마와 아우라를 발산해 스크린 여왕으로 군림했다. 1956년 〈단종애사〉로 데뷔한 엄앵란은 〈가정교사〉에서 신성일과 연기 호흡을 맞춘 이후 〈맨발의 청춘〉을 비롯한 멜로영화에서 황금 콤비로 나서 흥행 돌풍을 일으키며 1960년대 은막 스타로 대중의 시선을 끌었다. 1957년 〈황진이〉 주연으로 화려하게 데뷔한 도금봉은 〈연산군〉 〈성춘향〉 〈토지〉에서 인물 창조에 탁월한 능력을 보이며 성격파 배우로 명성을 얻었다.

〈피아골〉 〈아리랑〉 〈인목대비〉에서 강렬한 색깔이 드러나는 캐릭터를 주로 연기해 개성파 배우로 우뚝 선 허장강, 〈현해탄은 알고 있다〉 〈피아골〉에서 악역의 진수를 보이며 악역 전문 배우로 시선을 끈 이예춘, 〈청춘 쌍곡선〉 〈오부자〉에서 코믹한 캐릭터를 잘 소화해 희극 연기로 일가를 이룬 김희갑, 〈돌아오지 않는 해병〉 〈두만강아 잘 있거라〉에서 선이 굵고 남성성 강한 배역을 연기하며 액션 스타로 두각을 나타낸 장동휘, 〈장미의 화원〉 〈전쟁과 인간〉에 출연하며 서구 미남 배우 같은 출중한 외모로 여성 관객의 관심을 끈 남궁원, 〈철조망〉 〈빨간 마후라〉에서 의리 있는 남성 캐릭터를 연기해 남성 관객의 환호가 쏟아진 이대엽, 〈로맨스 빠빠〉 〈내 사랑 그대에게〉를 비롯한 멜로물과 액션물의 주연을 맡으며 강렬한 인상의 외모로 눈길을 끈 김석훈, 〈자유부인〉 〈태양의 거리〉에서 지성과 감성을 겸비한 교수나 의사 역을 연기해 지식인 관객과 상류층 여성에게 인기가 많았던 박암이 1950년대 데뷔해 한국 영화 중흥기와 전성기인 1950~1960년대 스타로 활약한 남자 배우다.

〈생명〉 〈오발탄〉 〈7인의 여포로〉에서 순종적인 여인에서 삶을 개척하는 적극적인 여성까지 스펙트럼 넓은 연기를 펼친 문정숙, 1954년 개봉한

〈운명의 손〉에서 한국 영화 최초의 키스신을 연기하고 〈빨간 마후라〉〈옥단춘〉에서 마담, 기생 역을 맡아 강렬한 연기 색을 드러낸 윤인자, 〈망나니 비사〉〈잃어버린 청춘〉에서 청순가련한 비극의 여주인공으로 활약해 남성 관객의 보호 본능을 자극한 이경희, 〈꽃피는 시절〉〈어느 여교사의 수기〉에서 앳된 얼굴과 육체파 몸매를 과시하며 관능적 여성과 순정적 여자 배역을 두루 연기한 이빈화, 1958년 〈아름다운 악녀〉로 데뷔한 뒤 〈말띠 여대생〉〈애모〉에서 야성미를 드러내며 도발적이고 퇴폐적인 캐릭터를 소화한 최지희, 〈나도 인간이 되련다〉〈오발탄〉에서 글래머 여배우 이미지를 드러내며 섹시한 캐릭터를 주로 연기한 김혜정이 1950년대 영화에 입문해 1950~1960년대 전성기를 구가한 여자 스타다.

1960년 이전 데뷔한 영화배우는 대다수 악극단이나 신파극, 연극 무대 출신인 데 비해 한국 영화 전성기인 1960년대 데뷔한 배우는 무대 연기 경험이 없는 신인이 많았다. 1960년대 신영균 신성일 문희 남정임 윤정희 태현실 고은아 윤양하 성훈 남석훈 백영민 트위스트김 전양자 이낙훈 하명중 선우용녀 홍세미 등이 영화에 데뷔했다. 1960년대에는 영화 제작 편수가 급증하면서 스타 위주 캐스팅 관행이 더욱 고착화해 인기 스타는 겹치기 출연이 예사였다. 신영균 신성일 윤정희 문희 같은 유명 스타는 한 해 10~60편 영화에 출연해 겹치기 촬영이 불가피했으며 스타의 중복 출연으로 특정 스타에 대중의 관심이 집중적으로 몰리는 현상이 심화했다.

한국적 남성미의 대표적 배우 신영균은 1960년 데뷔작 〈과부〉부터 관객의 눈길을 사로잡았고 〈상록수〉〈갯마을〉〈무영탑〉〈남과 북〉〈연산군〉〈5인의 해병〉에서 한길만 추구하는 외골수나 강한 남성을 야성과 카리스마를 발산하며 연기해 1960년대 톱스타로 활약했다. 1960년 신상옥 감독의 〈로맨스 빠빠〉에서 고교생 역을 연기하며 영화배우로 첫발을 디딘 신성일은 타의 추종을 불허하는 출중한 외모를 과시하며 1960년대 흥행 돌풍을 일으킨 청춘 영화 〈맨발의 청춘〉 〈청춘 교실〉에서 욕망을 추구하지만, 연민을 자아내는 캐릭터를 연기해 젊은 관객의 공감을 사며 폭발적 반응을 얻었다. 한국 영화 전성기를 가장 화려하게 수놓은 최고 남자 스타가 신성일이다.

한국 영화 전성기 1960년대에는 여배우 트로이카가 맹활약하며 여자 스타로 스크린 전면에 나섰다. 문희 남정임 윤정희. 1965년 이만희 감독 의 〈흑맥〉으로 데뷔한 신선한 마스크의 문희는 1966년 〈초우〉로 스타가 된 뒤 〈막차로 온 손님들〉 〈미워도 다시 한번〉 등 200여 편에 출연하며 청순 가련한 여인의 페르소나로 자리했다. 남정임은 1966년 연방영화사의 〈유 정〉 주연배우 공모를 통해 1,300명의 응모자를 물리치고 주연으로 나서 흥 행에 성공해 단번에 스타가 되었다. 1971년 결혼 때까지 매년 20~30편의 영화에 출연하면서 〈초연〉 〈막차로 온 손님〉 〈길 잃은 철새〉 〈여대생 사장〉 을 비롯한 청춘 영화와 멜로영화를 넘나들며 연기한 현대적이고 발랄한 캐 릭터를 통해 신세대 감각과 욕망을 표출했다. 1966년 합동영화사 신인 공 모 관문을 통과해 주연으로 출연한 〈청춘 극장〉을 통해 영화배우로 입문한 지적이면서 단아한 분위기의 윤정희는 〈무녀도〉 〈지하실의 7인〉 〈독 짓는 늙은이〉 〈분례기〉 〈석화촌〉 〈심청전〉에서 성격이 전혀 다른 다양한 캐릭터 를 빼어난 연기력으로 소화해 대종상과 청룡상의 여우주연상을 받았고 문 희 남정임과 함께 1960년대를 화려하게 수놓으며 스타로 맹활약했다. 흥 행에 성공한 〈막내딸〉 〈길 잃은 철새〉 〈가짜 여대생〉을 통해 차분하고 정갈 한 이미지를 발산한 태현실, 〈난의 비가〉 〈갯마을〉을 통해 고전적인 외모를 투사해 인기 얻은 고은아도 1960년대 데뷔해 스타로 주목받은 여배우다.

KORCAD의 HLKZ-TV가 1956년 7월 생방송 한 한국 최초의 TV 드 라마 〈천국의 문〉은 단세니 원작을 극화한 것으로 대학 연극부 출신 배우 와 연출가들이 결성한 극단, 제작극회 멤버 최상현 이낙훈이 출연해 시청자 와 만나면서 탤런트 역사가 시작됐다. 이후 〈사형수〉 〈푸른 협주곡〉을 비롯한 HLKZ-TV 드라마에 이순재를 비롯한 적지 않은 연기자가 탤런트로서 모습을 선보였다. 1961년 KBS를 시작으로 1964년 TBC, 1969년 MBC가 개국하면서 텔레비전 시대가 본격화했고 TV 드라마를 통해 스타 탤런트가 배출됐다.

1960년대 TV 드라마에선 대학 연극부에서 연기를 시작해 연극 무대에서 활동하던 배우들이 탄탄한 연기력을 발휘하며 스타 탤런트가 되었다. 이순재는 서울대 연극부에서 활동하며 연극 무대에 오르다 HLKZ-TV 단막극을 시작으로 KBS가 1962년 생방송 한 드라마 〈나도 인간이 되련다〉를 비롯해 〈금요 극장〉〈실화극장〉에 출연하며 탤런트로서 존재감을 시청자에게 각인시켰다. 이순재는 1964년 개국한 TBC로 옮겨 한국 TV 사상 최초의 녹화 드라마 〈초설〉과 최초의 일일극 〈눈이 내리는데〉 주연으로 나섰고 〈TV 지정석〉〈하베이촌의 손님〉을 비롯한 단막극, 일일극에서 탈개성화한 연기력을 과시하며 1960년대 최고 스타 탤런트로 명성을 날렸다. 연극배우 중 탤런트로 전업해 맹활약한 여자 스타는 나옥주다. 빼어난 외모와 섬세한 연기력을 가진 나옥주는 〈일요 부인〉〈아직 끝나지 않았다〉〈조용한 파문〉〈수청 기생〉〈민며느리〉 같은 사극과 현대극 주연으로 나서며 톱 탤런트로서 면모를 보였다. 서울대 재학 중 미국 유학을 다녀온 이낙훈은 KBS 드라마에 출연하며 연극배우에서 탤런트로 변신한 뒤 TBC로 이적해 〈나는 나대로〉〈정경부인〉〈애인을 교환합시다〉에 출연하며 세련된 이미지와 TV 드라마에 최적화한 연기력을 보였다. 실험극장 창단 멤버로 연극을 통해 연기를 시작한 김순철은 TBC 〈맞벌이 부부〉〈미스터 곰〉에서 보인 소탈한 서민 캐릭터로 인기 탤런트가 됐다. 연세대 연극반에서 활동하며 연극배우로 활동하던 오현경 역시 TV 시대가 열리면서 드라마 〈오늘은 왕〉〈만고강산〉〈2남 3녀〉에서 개성적인 캐릭터를 소화해 관심을 받았고 고려대 연극반 출신 여운계는 〈어린이 극장〉〈TBC 극장〉을 통해 강렬한 연기 색깔을 보이며 여자 탤런트로서 존재감을 드러냈다. 이 밖에 연극배우 출신으로 1960년대 TV 드라마에서 활약하며 대중의 시선을 끈 연기자는 장민호 백성희 손숙 김성원 김동훈 김성옥 최지숙 조희자 등이다.

　KBS, TBC, MBC 탤런트 공채로 선발돼 방송사 교육을 받은 뒤 드라마에 투입된 배우들도 속속 스타덤에 오르기 시작했다. KBS 탤런트 공채 1기 태현실은 동양적인 미모로 데뷔하자마자 눈길을 끌었으며 〈실화극장〉〈엄마의 일기〉에서 청순한 캐릭터와 이미지를 드러내며 스타 탤런트로서 입지를 굳혔다. KBS 2기 탤런트로 연기자의 길에 들어선 강부자는 〈나는 나대로〉〈향나무집 식구들〉에서 서민 캐릭터로 시청자에게 다가갔다. KBS 3기 탤런트 김민자는 훤칠한 키에 시원스러운 이목구비의 서구적 미모로 눈길을 끌며 〈팔판동 새아씨〉〈배덕자〉의 주연으로 활약해 스타가 되었고 TBC 1기 탤런트 선우용녀는 〈닭띠들의 인연〉〈다방골 알부자〉에 주·조연으로 나서며 인기 탤런트로 부상했다. 이 밖에 정혜선 박주아 최정훈 최길호 이묵원 김세윤 박근형을 비롯한 탤런트 공채 출신 연기자들이 드라마에서 두드러진 활약을 펼쳤다.

　스크린을 누빈 영화배우들도 TV 안방극장으로 진출해 주목받았다. 영화에서는 소탈한 외모로 주로 조연을 맡았던 주선태는 드라마 〈물망초〉〈2남 3녀〉〈내 멋에 산다〉주연으로 나서며 특유의 친근한 서민 이미지를 발산해 인기가 높았다. 영화에서 선 굵은 액션 연기로 강한 남성성을 드러냈던 황해는 드라마 〈형사 수첩〉〈검은 수첩〉〈암살〉에서도 터프한 남성성을 드러내는 캐릭터를 연기해 안방극장에서도 사랑받았다. 드라마에서 활동하며 관심을 끈 영화배우는 〈김옥균〉의 박노식, 〈목격자〉의 허장강, 〈부인은 부재중〉의 도금봉, 〈황진이〉의 윤인자, 〈빙우〉의 주증녀 등이다.

　일제 강점기 악극을 중심으로 대중에게 웃음을 선사했던 코미디언들이 해방 후에도 악극 활동을 하며 건재를 과시했다. 일제 강점기에 데뷔했던 이복본 이종철 김윤심 윤부길 장소팔 고춘자 박옥초 양훈 양석천은 해방 후에도 악극을 통해 대중에게 즐거움을 주며 코미디언 스타로 주목받았다.

해방 직후 악극단을 통해 데뷔한 구봉서 배삼룡과 1950년대 초중반 서울악극단, 낭랑악극단, 라미라가극단, 장미악극단 등을 통해 연예계에 첫발을 디딘 서영춘 박시명 송해 김희자 남철 남성남 이대성 김성남 이순주는 악극 무대에서 만담과 만요, 슬랩스틱 코미디, 성대모사 등을 하면서 스타 코미디언이 되었다. 이들 코미디언은 전쟁이 끝나고 1950년대 중반 들어 악극이 급격히 쇠퇴하자 새롭게 인기를 얻은 버라이어티쇼와 라디오, 영화로 활동 무대를 옮겨 다양한 코미디를 진화시키며 인기를 유지했다.

1950년대 〈유모어 소극장〉〈스타탄생〉〈웃음 동산〉〈방송 만담〉〈방송연예회〉 같은 라디오 프로그램에 윤부길 이종철 이복본 박옥초 오길래 양석천 양훈 곽규석 장소팔이 출연해 청취자의 사랑을 받았다. 그리고 1956년 한형모 감독의 〈청춘 쌍곡선〉을 시작으로 홍수를 이룬 코미디 영화에 구봉서 양훈 양석천 백금녀 서영춘은 주연으로 맹활약하고 장소팔 박옥초 송해 박시명은 개성 있는 조연 연기로 다양한 색깔의 코미디를 선보이며 대중의 시선을 끌었다.

1956년 모습을 드러낸 한국 최초의 텔레비전 방송 HLKZ-TV에서 코미디, 예능 프로그램을 방송했는데 양훈 구봉서 등이 출연해 시청자와 만났다. 1961년 KBS를 시작으로 TBC, MBC TV가 개국하면서 다양한 코미디 프로그램과 예능 프로그램을 내보냈다. 양훈 양석천 구봉서 서영춘 곽규석을 비롯한 라디오와 영화에서 활동하던 스타 코미디언과 1960년대 인기를 끌던 버라이어티쇼를 통해 데뷔한 이기동 백남봉 남보원 같은 신예 코미디언이 대거 텔레비전으로 활동 무대를 옮겼다. 이들은 코미디 프로그램 〈유머 클럽〉〈코미디 고스톱〉〈웃으면 천국〉〈웃으면 복이 와요〉와 예능 프로그램 〈쇼쇼쇼〉〈그랜드 쇼〉에서 코믹 연기와 개인기를 선보이며 두드러진 활약을 펼쳤다. 특히 코미디 프로그램 〈웃으면 복이 와요〉에 출연한 구봉서 배삼룡 서영춘은 국민적 사랑을 받았다.

　　1945~1960년대 악극, 라디오, 영화, 텔레비전을 가로지르며 톱스타가 된 코미디언은 양석천 양훈 구봉서 배삼룡 서영춘 백금녀 등이다. 양석천과 양훈은 신체적 특징을 강조한 '홀쭉이'와 '뚱뚱이' 캐릭터로 악극무대와 〈웃겨보세요〉를 비롯한 라디오 프로그램, 〈홀쭉이 뚱뚱이 실례했습니다〉〈오부자〉 같은 영화에서 콤비로 출연해 말장난식 만담과 만요, 다양한 코미디 연기를 펼쳐 스타 코미디언으로 두각을 나타냈다. 1945년 길거리에서 태평양가극단 김용환 단장에게 발탁돼 악극무대에서 악기를 연주하다 희극배우가 나오지 않아 대타로 연기를 하며 코미디언의 길로 들어선 구봉서는 악극뿐만 아니라 〈안녕하십니까? 구봉서입니다〉 같은 라디오 프로그램, 〈오부자〉〈구봉서의 벼락부자〉 등 영화, 그리고 〈웃으면 복이 와요〉을 비롯한 TV 코미디 프로그램에서 맹활약했다. 구봉서는 영화와 TV 코미디에서 회사원 같은 점잖은 캐릭터를 맡아 우여곡절 끝에 목표를 이루는 코미디 서사를 이끌며 의표를 찌르는 반전과 의외성을 연출해 최고 스타가 되었다. 지방 악극단을 전전하며 오랫동안 무명 생활을 한 배삼룡은 MBC 코미디 프로그램 〈웃으면 복이 와요〉와 〈부부 만세〉에서 타의 추종을 불허하는 바보 캐릭터와 슬랩스틱 코미디를 선보여 단숨에 스타 코미디언으로 도약했다. 서영춘은 때리고 넘어지는 과장의 슬랩스틱 연기, 파격의 여장 캐릭터, 흉내 내기와 성대모사, 애드리브에 강점을 보이고 "요건 몰랐을 거다" "배워서 남 주나" 등 해학과 풍자의 촌철살인 유행어를 구사해 대중의 인기를 독차지하며 스타로 우뚝 섰다. 큰 신체의 외모와 누구도 넘볼 수 없는 카리스마로 웃음을 유발한 백금녀는 서영춘과 콤비를 이루며 악극과 라디오에서 인기를 얻었고 코미디 영화 〈공처가〉〈출세하면 남 주나〉에서도 특유의 여장부 캐릭터 연기를 펼쳐 스타 여자 코미디언으로서 입지를 굳혔다.

해방은 되었지만 일제 강점기 인기를 얻었던 트로트와 신민요가 음악의 주류를 형성했던 1945년부터 1950년까지 이난영 남인수 이인권 최병호 백난아처럼 일제 강점기 스타덤에 오른 가수들이 지속해서 활동했다. 좌우익 대립이 증폭된 1945~1948년 해방공간에 채규엽 강홍식 선우일선 왕수복을 비롯한 일부 스타 가수가 북한에 잔류하거나 월북해 남한에서는 더는 이들의 노래를 들을 수 없었다. 이 시기 김백희 이석연 고화성 박재홍 금사향 현인 이해연 같은 신인 가수가 등장해 대중의 이목을 집중시켰다. 강남악극단, 무궁화악극단, 백조가극단, K.P.K악극단, 뉴코리아악단 등이 주도하는 악극이 호황을 누렸는데 장세정 신카나리아 이난영 남인수 심연옥 백설희가 악극 무대를 통해 대중을 만나며 인기를 배가시켰다. 서울중앙방송국은 1947년 전속 가수를 모집해 활동무대를 제공했는데 라디오를 통해 인지도를 높인 가수는 현인 박재홍 김백희 등이다. 해방공간에 데뷔해 스타가 된 대표적인 가수가 현인이다. 현인은 일본에서 성악을 전공하고 1946년 귀국해 박시춘의 권유로 1947년 〈신라의 달밤〉〈비 내리는 고모령〉을 취입해 크게 히트시키며 스타덤에 올라 1950년대 최고 인기 가수로 활약했다. 현인은 무엇보다 일제 강점기 스타 가수로 맹활약한 채규엽 남인수 고복수와 다른 성악 발성으로 부드럽게 노래를 부르고 음 하나하나를 끊어 부르는 독특한 창법으로 큰 인기를 얻었다.[97]

한국전쟁 기간인 1950~1953년에는 가수들이 군예대 공연 무대에 올랐고 박재홍 최숙자 이해연 현인 남인수 백년설 장세정 심연옥 신세영의 활약이 두드러졌다. 전쟁이 끝나고 1950년대 중후반 음반사가 연이어 설립되고 라디오에서 대중가요를 본격적으로 방송하면서 인기 가수들이 속속 모습을 드러냈다. 이 시기 가수들은 주로 음반사의 가요 경연대회를 통해 발탁된 뒤 데뷔하거나 방송국 전속가수로 활동을 시작했다. 1950년대 중후반 맹활약한 가수는 김용만 금사향 나애심 남인수 도미 명국환 박경원 박재란 박재홍 방운아 백설희 손인호 송민도 심연옥 안다성 윤일로 이미자 이해연 차은희 현인 황금심 황정자 등이다.[98] 1950~1960년대 대중음악계에 새바람을 일으키며 적지 않은 스타 가수가 배출된 곳은 미8군 클럽 무대다. 미8군 무대에 서며 팝 스타일의 노래를 불러 스타덤에 오른 가수는 한명숙 이금희 최희준 패티김 위키리 유주용 박형준 현미 신중현 윤복희 등이다.

1960년대 최고 가수는 트로트의 이미자와 팝 음악의 패티김이다. 이미자는 어려서부터 각종 노래대회를 휩쓸었고 1959년 〈열아홉 순정〉으로 데뷔한 뒤 1964년 단조풍의 트로트 〈동백 아가씨〉를 발표해 35주간 1위를 차지하며 10만 장 음반 판매량을 기록하는 대중음악계 사건을 일으켰다. 이미자는 〈기러기 아빠〉〈아씨〉〈울어라 열풍아〉〈흑산도 아가씨〉를 깊은 호소력을 발휘하는 깨끗한 트로트 창법과 대중을 사로잡는 미성, 탄탄한 가창력으로 소화해 '엘레지의 여왕'으로 불리며 1960년대 최고 스타로 군림했다. 이미자와 함께 트로트 가수로 1960년대 인기를 얻은 스타는 〈서울 플레이보이〉〈사랑하고 있어요〉를 비롯한 도회적 분위기의 트로트를 불러 관심을 끈 남진과 〈사랑은 눈물의 씨앗〉〈물레방아 도는데〉 같은 향토적이고 토속적 색채가 강한 트로트를 가창해 사랑받은 나훈아, 〈안개 낀 장충단 공원〉〈돌아가는 삼각지〉를 특유의 매력적인 저음으로 소화해 눈길을 끈 배호다. 이밖에 〈아빠는 마도로스〉의 하춘화, 〈동숙의 노래〉의 문주란, 〈덕수궁 돌담길〉의 진송남, 〈못 잊어서 또 왔네〉의 이상렬도 트로트 가수로 인기를 얻었다.

1958년 미8군 무대에 서며 가수의 길로 접어든 패티김은 〈사랑의 맹세〉〈4월이 가면〉〈서울의 찬가〉〈초우〉를 압도적인 성량과 고급스러운 감정처리, 카리스마 강한 퍼포먼스로 소화해 최고 스타가 되었다. 미8군 무대에 기타리스트로 활동하며 한국 최초의 록밴드 '애드휘'를 비롯해 '덩키스' '신중현과 엽전들'을 이끌며 〈빗속의 여인〉〈커피 한잔〉을 작곡하고 불러 한국 록 음악을 정착시킨 신중현과 서울대 법대 재학 중 학교 축제에서 노래를 불러 입상한 것을 계기로 미8군 무대에 서며 1960년 〈우리 애인은 올드미스〉로 데뷔한 뒤 특유의 허스키한 저음이 돋보인 〈맨발의 청춘〉〈하숙생〉을 히트시킨 최희준, 미국에서 활동하다 1969년 귀국해 〈웃는 얼굴 다정해도〉 등을 시원스러운 가창력으로 소화하고 파격적인 퍼포먼스와 패션 스타일로 트렌드를 선도한 윤복희가 1960년대 활약한 팝 음악 계열의 대표적인 스타 가수다. 1960년대 팝 계열의 음악으로 인기를 얻은 가수는 〈안개〉의 정훈희, 〈대머리 총각〉의 김상희, 〈낙엽 따라 가버린 사랑〉의 차중락 등이다.

일제 강점기 트로트와 함께 대중의 사랑을 받았던 신민요로 1960년대 인기를 얻은 가수는 〈달 타령〉의 김부자, 〈새 타령〉의 김세레나, 〈처녀 농군〉의 최정자다. 1960년대 후반 세시봉 같은 음악 감상실과 〈탑튠 쇼〉를 비롯한 DJ가 진행하는 라디오 프로그램에서 포크송을 부른 송창식 윤형주 한대수 등이 젊은 대학생의 환호를 받으며 대중음악계의 샛별로 떠올랐다.

1950~1960년대는 라디오가 대량 보급되면서 라디오 연속극이 폭발적인 인기를 끌어 성우도 스타로 각광받았다. 구민 오승룡 김소원 고은정이 청취자의 인기를 끈 스타 성우다. 이들 중 상당수가 영화나 드라마에 진출해 연기자로도 맹활약했다. 탤런트와 영화배우로 성공적인 활동을 펼친 김영옥 나문희 전원주 김용림 남일우가 라디오 성우 출신 배우다.

방송사 아나운서 인기도 치솟았는데 특히 남자 아나운서는 스타로 부상하며 적잖은 오빠 부대를 거느렸다. 인기 있는 아나운서가 숙직하는 날이면 맛있는 밤참을 준비해서 온 여성들이 줄을 잇는가 하면 면회 온 여인들끼리 서로 독차지하겠다고 싸움을 벌일 정도였다.[99] 임택근, 장기범 아나운서가 연예인을 능가하는 인기로 대중 스타 대열에 합류했다.

1876~1945년 **1** 대중문화 초창기 스타

1945~1960년대 **2** 대중문화 발전기 스타

1970~1980년대 **3** 대중문화 도약기 스타

1990~2020년대 **4** 대중문화 폭발기 스타

(1) 대중문화

    대중문화 도약기인 1970~1980년대는 유신헌법으로 장기 집권에 돌입한 박정희 정권이 정치·경제적 위기를 맞으며 1979년 10월 26일 김재규 중앙정보부장의 총격으로 막을 내렸고 1979년 12월 통일주체국민회의에서 선출된 최규하 대통령은 신군부의 압력으로 8개월 만에 사임했으며 국민의 민주화 열망을 짓밟으며 1980년 들어선 전두환 정권과 1987년 6·10 민주항쟁으로 쟁취한 직선제를 통해 대통령에 당선된 노태우 정권의 권위주의 통치가 지속됐다.

    1970년대 문화 상황은 민족 주체성 확립, 반공 체제 구축, 조국 근대화, 인간성 개조, 한국적 민주주의를 내세운 유신이념 실현을 위한 국가 통제와 검열 아래 있었다. 박정희 정권의 유신체제를 위한 폭력적인 통제와 탄압은 문화의 위축과 퇴행을 초래했다. 산업 발전과 대중문화 개화로 다양한 개성이 발현되기 시작한 상황에서 대중의 취향과 감수성을 드러내는 패션과 헤어스타일마저 사회 분위기를 정화한다는 차원에서 통제하는 야만적인 폭력을 행사했다. 1980년대 전두환, 노태우 정권도 권위주의 통치와 경직된 통제로 일관하며 문화 전반을 지배했다. 국민의 관심을 섹스와 스포츠, 엔터테인먼트로 돌려 정권에 대한 비판과 저항 그리고 정치·사회적 이슈 제기를 무력화하기 위한 3S(Sex, Sports, Screen) 우민화 정책을 대대적으로 전개해 대중문화에 적지 않은 영향을 미쳤다.

박정희, 전두환, 노태우 정권은 반공과 국가주의를 대중문화에 투영시키며 내용과 형식을 통제했지만, 민주화 열망은 다양한 문화 영역에서 분출됐다. 1970~1980년대 3~6공화국의 폭압 정치는 사회 저항 운동을 불러왔고 문화 부문에서도 변혁을 지향하는 움직임이 활발히 전개됐다. 1970년대부터 시작된 탈춤, 마당극을 비롯한 민중예술 운동이 다양한 대중문화 영역으로 확산됐다. 1980년대에는 사회구조의 지배 억압적 메커니즘을 거부하고 사회 현실과 노동문제를 다룬 민중문화가 영화, 대중음악, 공연, 방송으로 확대되며 제도권 시장으로 진입했다.[100] 진보 진영과 대학가를 중심으로 한국 사회 현실과 민주주의, 계급 문제를 다룬 민중문화가 본격적으로 모습을 드러내면서 대중음악, 영화, 드라마, 연극, 문학, 미술에 새바람을 일으켰다.

1970년대부터 한국 사회는 급속하게 대중사회의 성격을 띠었고 상품화된 대중문화 시대로 접어들었다. 매스미디어 체제 완비와 미디어 보급이 빠르게 진행돼 대중문화의 생산, 유통, 소비의 구조적 기반이 완성됐다. 대중문화가 급팽창한 1980년대는 대중문화 산업의 독점자본 영향력이 커지고 대기업 진출이 본격화했다.

1970년대에는 기성세대와 다른 젊은 세대의 가치관과 라이프 스타일이 분출됐다. 장발, 청바지, 생맥주로 대변되는 라이프 스타일, 통기타의 포크와 그룹사운드의 록, 최인호의 〈별들의 고향〉을 비롯한 대중소설, 하길종 감독의 〈바보들의 행진〉 같은 청춘 영화, 전유성의 개그 코미디처럼 소비적이고 외향적인 청년문화가 대중문화 전반에 걸쳐 표출됐다. 1980년대 들어서는 지속적인 경제성장으로 소득 수준이 높은 대도시 중산층의 10대 청소년이 새로운 대중문화 소비자 집단으로 부상하면서 10대를 겨냥한 문화 상품이 본격적으로 생산됐다.

경제가 고도성장한 1970~1980년대 번창한 향락 산업과 유흥업소는 대중문화에 적지 않은 영향을 미쳤다. 향락과 유흥이 정권 강화를 위한 도구로 활용되면서 호스티스물과 에로 영화 같은 향락적이고 퇴폐적인 대중문화 상품이 크게 늘었다.

TV 수상기 보급이 급증하고 컬러 방송이 시작된 1970~1980년대 강력한 대중매체로 자리한 텔레비전이 가수, 배우, 코미디언과 예능인 등 연예인과 대중문화 상품의 생산과 유통을 주도했다. 박정희 정권은 1973년 중앙방송국을 한국방송공사라는 이름의 정부투자 법인체로 독립시켜 공영방송으로 전환해 방송을 공·민영 체제로 운영했다. 1980년대 전두환 정권은 강제적인 언론 통폐합을 통해 TBC를 KBS에 통합시키고 MBC를 공영화해 공영방송 단일 체제를 유지했다. KBS가 정권 나팔수 방송을 일삼고 관제 언론으로 전락하자 시민단체와 종교단체를 중심으로 시청료 납부 거부 운동을 전개했다.

1970년대부터 텔레비전은 대중문화의 메카였다. 텔레비전의 영향력 확대로 광고 시장도 급성장해 1979년 TV 광고비가 630억 원, 라디오 광고비가 301억 원에 달했다. 이러한 광고비 증대는 다양한 텔레비전 프로그램 제작으로 이어졌다. 1971년 61만 6,000대이던 텔레비전 수상기는 1979년 596만대로 가구당 보급률이 79.1%에 달했다. 텔레비전 수상기 보급 확대로 1970년대부터 텔레비전은 가장 대중적인 미디어가 되었다.

MBC 조증출 사장이 1971년 연두사에서 최고 시청률을 목표로 삼겠다고 공언할 정도로 1970년대 KBS, MBC, TBC는 사활을 걸고 치열한 시청률 경쟁을 벌이며 시청자를 잡을 수 있는 드라마와 쇼, 코미디 프로그램을 집중 편성했다. 방송사는 1960년대 말부터 드라마 제작 여건이 좋아지면서 단막극 위주의 TV 드라마 형태에서 벗어나 일일극, 주간극, 주말극 등 다양한 포맷의 드라마를 방송했다. 양적으로도 방송되는 드라마가 많이 늘어나 한국 TV 드라마의 1차 전성기를 구가했다.

KBS, TBC, MBC는 1970년대에 들어서자마자 일일극 경쟁을 치열하게 전개했다. 방송 3사의 일일극 전쟁을 촉발한 것은 TBC 〈아씨〉다. 1970년 3월 2일 시작해 1971년 1월 9일까지 장장 253회에 걸쳐 방송된 〈아씨〉는 자기희생을 미덕으로 삼는 전통적인 한국 여인상을 그린 드라마로 폭발적인 인기를 얻었다. 〈아씨〉에 이어 1972년 4월 시작해 12월까지 211회 방송한 KBS 〈여로〉 역시 국민 드라마로 각광받았다. 가난한 집 여성이 지적장애인과 결혼해 모진 시집살이를 꿋꿋하게 이겨내는 내용을 담은 〈여로〉가 방송되는 동안 시내에 차가 다니지 않을 정도로 높은 인기를 얻었고 이 때문에 영화가 직격탄을 맞아 문 닫는 극장까지 생겨났다.[101] MBC 반격도 대단했다. MBC는 신인 작가 김수현을 과감히 기용해 1972년 8월 30일부터 일일극 〈새엄마〉를 방송해 승승장구하며 시청자의 관심을 끌었다. 자신의 운명을 개척하는 적극적인 여성을 주인공으로 내세운 〈새엄마〉는 411회 방송해 일일극 최장수 기록을 세웠다.

〈아씨〉〈여로〉〈새엄마〉의 엄청난 인기로 1970년대 중반부터 방송사마다 하루 일일극 3~5편을 내보냈고 주간물까지 합치면 하루 7편까지 드라마를 방송하는 기현상을 낳았다. 일일극은 하루에 5~6회를 녹화할 수 있고 제작비가 주간극에 비해 저렴하지만, 시청률은 높고 광고주가 선호해 방송사들이 앞다퉈 제작했다.[102] 급증하는 일일극의 저질과 퇴폐, 선정성 논란이 증폭돼 정부가 가정 파탄, 불륜, 삼각관계 같은 소재를 피할 것을 골자로 한 드라마 제작 가이드라인을 하달하며 규제를 시작하자 주말극이 출현했다. 1976년 선을 보인 TBC 〈결혼 행진곡〉 이후 주말극이 본격적으로 방송됐다. 1970년대는 일일극의 득세 속에 주말극과 단막극이 시청자와 만났다.

1970년대는 일상의 삶을 보여주고 서민 주인공을 내세운 홈드라마와 청춘 남녀의 사랑을 그린 멜로드라마가 많이 방송돼 시청자의 눈길을 잡는 주류 장르로 떠올랐다. 박정희 정권이 국시로 내세운 반공을 고취하기 위한 KBS의 〈전우〉〈조청련〉과 MBC 〈113 수사본부〉, 개발 이데올로기 확산을 위한 〈단골네〉, 정부 정책을 홍보하기 위한 〈꽃피는 팔도강산〉 같은 드라마도 많았다. MBC 〈수사반장〉 같은 수사물이 생겨나 드라마 장르를 확장하기도 했다.

1970년대 들어 예능 프로그램은 KBS 〈TV 그랜드 쇼〉, TBC 〈쇼쇼쇼〉, MBC 〈토요일 토요일 밤에〉 같은 가수가 나와 노래를 부르고 코미디언과 연기자가 출연해 코미디와 장기자랑을 하는 버라이어티쇼 프로그램이 큰 인기를 얻었다. 방송사들은 1970년대 초반 〈웃음 천국〉〈웃으면 복이 와요〉〈부부 만세〉를 방송해 시청자의 사랑을 받아 다양한 코미디 프로그램을 편성했지만, 1970년대 중반부터 코미디에 대한 저질 시비가 제기되고 정부가 건전 사회 조성을 명분으로 규제 입장을 밝히면서 코미디가 퇴조하기 시작했다. 〈금주의 인기가요〉를 비롯한 음악 프로그램과 〈명랑운동회〉 같은 게임 예능 프로그램은 호응이 높았다. 1970년대 전반에는 예능 프로그램 중 버라이어티쇼 강세와 코미디 프로그램 약진, 그리고 퀴즈 프로그램 몰락이 두드러졌고 1970년대 후반에는 예능 프로그램의 대형화가 진행됐다.[103] 1977년 시작한 MBC 〈대학가요제〉가 청소년과 젊은 시청자로부터 열광적인 반응을 얻었고 연이어 방송한 TBC 〈해변 가요제〉, MBC 〈강변 가요제〉도 대중 특히 젊은 층의 사랑을 받으며 대중음악계에 새로운 변화를 일으켰다.

언론 통폐합을 단행하고 컬러 TV 방송을 시작한 1980년대는 방송 기술 발달과 함께 방송문화의 질적·양적 성장이 왕성하게 진행된 시기다. 1980년 언론 통폐합으로 TBC가 문을 닫게 돼 KBS와 MBC, 두 개의 공영 방송사가 경쟁하는 상황이 전개됐다. 한국방송 발전과정에서 또 하나의 전환점이 된 컬러 방송은 텔레비전 방송의 편성과 제작에 큰 변화를 초래했을 뿐만 아니라 생활과 경제, 시청자 의식구조에도 많은 영향을 미쳤다. 흑백의 단조로운 문화에서 자유분방한 색의 문화를 창조하게 되었고 활기 있는 삶에 대한 욕구가 커지는 의식변화가 일어났다.

1980년 12월 1일 시작된 컬러 방송으로 가장 큰 변화를 보인 것은 방송 프로그램이다. 컬러 방송은 다양한 형태의 드라마 제작 붐과 예능 프로그램 대형화를 주도했다. 컬러 방송으로 드라마에 출연하는 주연 탤런트의 세대교체가 이뤄졌고 세트, 의상, 분장이 변화한 새로운 드라마가 모습을 드러냈다. 박정희 정권 시대의 대형 드라마는 주로 정부 정책을 홍보하고 정권의 의도에 부합하는 내용 위주로 제작되었는데 전두환 정권 역시 드라마를 역사의식 고취와 국민 단결 수단으로 활용하고자 했다.[104] 1970년대에는 일일극이 인기가 높았다면 1980년대는 근대화 과정에서 커진 여성의 욕망을 드러낸 〈사랑과 진실〉 〈사랑과 야망〉 같은 주제가 강하고 선명한 서사를 주조로 한 주말극이 큰 관심을 모았다. 물론 KBS 〈보통 사람들〉처럼 시청률 높은 일일극도 있었다. 〈전원일기〉 〈한 지붕 세 가족〉 같은 시추에이션 드라마가 주요 장르로 부상했고 KBS 〈토지〉, MBC 〈조선왕조 500년〉을 비롯한 대형 드라마도 본격 방송되었다. 장기간 방송되는 연속극의 매너리즘을 탈피하기 위해 1987년 MBC 〈불새〉를 시작으로 순환이 빠른 미니시리즈 형태의 4~8부작 드라마가 선을 보여 1990년대 8~16부작 미니시리즈 전성시대를 예고했다. 1987년 6월 민주항쟁을 계기로 민주화 열기가 고조되면서 〈우리 읍내〉 〈풍객〉 〈은혜의 땅〉 〈논픽션 드라마〉 같은 사회 비판적인 드라마와 〈비극은 없다〉처럼 성 표현이 두드러진 드라마가 시청자와 만났다. 1980년대 드라마는 서민 중심에서 중산층 중심의 내용으로 전환했고 이전 시기보다 멜로드라마가 줄어든 반면 가족 드라마와 사회 현실 드라마가 늘었다.

1980년대 시행된 방송사 통폐합과 컬러 방송은 예능 프로그램에도 중대한 전환점을 제공했다. 방송의 공영성을 전면에 내세워 예능 프로그램이 위축될 수밖에 없는 상황에서 시행된 컬러 방송은 화려한 화면을 보여줄 수 있어 쇼 프로그램의 발전을 가시적으로 이끌었다. 구성이나 화면이 화려해지는 동시에 상당수 예능 프로그램이 대형화했다. 〈일요일이다! 코미디 출동〉 〈토요일 토요일은 즐거워〉 〈일요일 밤의 대행진〉 같은 대형 주말 예능 프로그램이 많이 늘었다. 〈신인 가요제〉를 비롯한 대중음악 프로그램도 적지 않게 편성돼 인기가 많았고 〈가요 톱10〉 같은 가요 순위 프로그램은 대중음악 판도를 좌우했다. 1980년대 예능 프로그램의 중요한 트렌드 중 하나가 바로 대중문화의 주요한 소비층으로 진입한 10대를 대상으로 하는 프로그램의 등장이다. MBC 〈영 11〉과 KBS 〈젊음의 행진〉이 10대를 겨냥한 대표적인 예능 프로그램이다.

1970년대 중후반 정부의 통제와 시청자의 외면으로 침체에 빠진 코미디 프로그램이 1980년대 들어 국민의 탈정치화를 유도하는 정책으로 인해 부활했다. 슬랩스틱 코미디, 만담 같은 정통 코미디는 퇴조하고 재치가 돋보이는 개그 코미디가 코미디 흐름을 주도했다. KBS는 〈유머 1번지〉 〈코미디 출동〉 〈쇼! 비디오자키〉를 방송했는데 젊은 개그맨 김형곤 임하룡 심형래 최양락 이봉원 김미화 등을 전면에 내세워 인기를 끌었다. MBC는 1980년대 초중반 〈폭소 대작전〉 〈청춘 만만세〉 〈소문만복래〉를 방송했으나 인기도에선 KBS의 개그 코미디 위주 프로그램에 필적하지 못했다. 1980년대 초중반부터 코미디언이라는 용어 대신 '개그맨'이라는 용어가 쓰이기 시작했는데, 개그맨이라는 용어에는 치고받고 넘어지면서 억지웃음을 만드는 저속한 희극인이 아닌 재치 있는 입담으로 유쾌함을 주는 연기자라는 의미가 함의됐다.

1970~1980년대 라디오 방송도 크게 변모했다. TV 시대의 본격적인

도래로 라디오 방송은 인기가 급락했다. 라디오는 속보성을 살린 뉴스, 생활 정보 프로그램, 스포츠 중계, DJ 진행 음악 프로그램에 의존했다. 새로 개척한 황금시간대인 심야 시간에 라디오를 많이 접하는 사람이 10~20대 젊은이이었기 때문에 이들을 끌어들이기 위하여 방송사는 DJ가 진행하는 음악 프로그램을 집중 편성했다. 청취자가 전화 혹은 엽서를 통해 참여하고 방송사 선정 음악과 청취자 신청 음악을 내보내는 포맷의 음악 프로그램이다. 동아방송이 가수 이장희와 윤형주가 진행하는 〈0시의 다이얼〉에 이 포맷을 도입하면서 다른 방송사도 유사한 프로그램을 방송했다.[105] 라디오는 〈별이 빛나는 밤에〉〈밤을 잊은 그대에게〉〈밤의 디스크쇼〉 같은 심야 음악 프로그램 강화로 활로를 모색해 대중음악계에 적지 않은 영향을 미쳤다.

텔레비전 득세는 대중문화의 패러다임을 바꾸어 놓았다. 텔레비전 영향력이 강해질수록 영화는 그만큼 침체의 늪에 빠졌다. 한국 영화는 1960년대 전성기를 지나 1970년대 접어들면서 불황이 심화했다. 주먹구구식 기획과 엉성한 제작으로 한국 영화는 산업화하지 못했고 지방극장주의 자본으로 제작돼 영화 자본도 축적하지 못했다. 영화배우를 비롯한 영화 인력의 세대교체가 이뤄지지 않고 저질영화가 양산돼 관객의 외면을 자초했다. 여기에 대중문화를 억압하는 유신체제 정보기관의 검열과 사전심의 강도도 강해져 창작의 자유가 극도로 위축된 것도 영화 침체의 한 원인이었다.[106]

영화 관객이 1969년 1억 7,304만 명을 기록하고 1970년 1억 6,634만 명으로 감소한 뒤 급속히 줄어 1976년에는 6,570만 명으로 1969년 관객의 30% 선에 그쳤다. 이는 전체 인구의 연평균 극장 관람 횟수가 1.8회, 연 2회 이하로 떨어진 것을 의미했다. 1981~1987년 4,000만 명대를 유지하다 5,200만 명을 기록한 1988년에야 관객 5,000만 명 선을 돌파했다. 극장 수도 1969년 659관에서 1976년 541관으로 줄었다. 영화 제작 편수는 1971년 202편을 정점으로 1972년 122편, 1975년 94편, 1979년 96편으로 감소했고 1980년대 들어서는 연간 90편 내외가 제작됐다.

1970년대 영화 제작사는 20여 개 안팎으로 1970년 23개, 1976년 14개, 1977년부터 1984년까지 20개 사가 영화를 제작했다. 1973년 개정된 영화법에 따라 영화제작사에 대한 통제를 강화하기 위해 등록제를 허가제로 바꾸면서 오히려 영화 자본의 독점화가 가속됐다. 영화 제작사는 보호와 통제의 울타리 안에서 독과점 특혜를 누렸고 현실 감각을 결여한 채 체제에 순응해갔다.[107]

1970년대 한국 영화 불황이 극심한 가운데 그나마 흥행 돌파구 역할을 한 것이 고교생을 주인공으로 한 하이틴물과 술집 여자 종업원을 주인공으로 내세운 호스티스물 이었다. 유신체제의 검열과 통제, 경제 성장, 향락산업과 유흥업소 득세가 하이틴물과 호스티스물 영화 붐을 조성했다.

영화의 주 관객층인 30~40대 여성이 TV 안방극장으로 옮기고 20~30대 젊은 관객은 외국영화에 몰려 미개척 관객인 10대를 공략하기 위해 고교생을 주인공으로 내세운 하이틴물이 제작됐다. 유신 체제의 혹독한 검열에서 비교적 자유로운 점도 하이틴물 영화가 급증한 이유다. 하이틴물은 청소년 현실을 제대로 담보하지 못했지만, 어른의 신파 멜로를 청소년 버전으로 만든 순정만화류의 〈진짜 진짜 잊지마〉〈진짜 진짜 미안해〉와 얄개를 주인공으로 내세운 명랑만화류의 〈고교 얄개〉〈여고 얄개〉〈고교 우량아〉가 흥행몰이를 했다.

유신체제가 선포되면서 사회 분위기는 암울했지만, 경제 성장으로 향락산업이 급성장해 룸살롱을 비롯한 주점과 유흥업소가 늘어나 적지 않은 젊은 여성이 호스티스로 나섰다. 대중은 억압된 사회 분위기에서 벗어나고 싶었고 일상으로부터 일탈과 자극을 원했다. 체제에 저항하는 청년 문화가 대두했으나 정권의 탄압으로 얼마 가지 못했다. 이런 상황에서 1974년 술집 호스티스를 주인공으로 내세운 이장호 감독의 〈별들의 고향〉이 46만 명의 관객을 동원하고 1975년 윤락녀의 밑바닥 인생을 보여준 김호선 감독의 〈영자의 전성시대〉가 36만 명의 흥행 기록을 세우며 호스티스 영화 붐을 촉발했다. 〈꽃순이를 아시나요〉 〈내가 버린 여자〉 〈나는 77번 아가씨〉 〈O양의 아파트〉가 흥행에 성공한 대표적인 호스티스물 영화다.[108]

1970년대 들어서면서 한국 영화는 빈사 상태에 빠진 가운데 1975년 7월 18일 김호선 이장호 하길종 홍파 이원세 감독을 비롯한 30대 젊은 감독과 평론가가 '영상시대'라는 동인 그룹을 결성해 새로운 한국 영화를 지향했다. 영상시대 동인들은 새로운 감독과 배우 발굴·양성부터 영화 전문 잡지 《영상시대》 발간까지 다양한 활동을 펼쳤고 〈바보들의 행진〉 〈숲과 늪〉 〈꽃과 뱀〉 〈여자들만 사는 거리〉 같은 젊은이의 애정 모럴에 관한 풍속도를 모더니즘적 뉴시네마 양식으로 담아낸 작품을 제작했다.[109] 1970년대에는 박정희 정권이 전면에 내세운 반공을 주제로 한 영화도 다수 제작됐다. 임권택 감독의 〈증언〉, 김시현 감독의 〈잔류 첩자〉, 이만희 감독의 〈들국화는 피었는데〉가 반공을 주제로 한 대표적 영화다.

1984년 영화법 개정을 통해 영화업을 허가제에서 등록제로 전환하고 독립영화 제도를 신설해 영화제작자로 등록하지 않고도 영화를 만들 수 있도록 했다. 영화제작사가 1986년 61개, 1988년에는 104개로 늘어났다. 이는 1970년대의 20개 사 독점구조가 경쟁 체제로 전환된 것을 의미한다. 새로 진입한 영화사의 주역들이 전문성을 갖춘 젊은 세대여서 한국 영화 제작 풍토에 새바람을 예고했다.[110] 수입 자유화 조치로 수입업자가 늘어나고 1986년 영화법 개정으로 외국 영화사의 한국 시장 개방을 허용해 1988년 UIPUnited International Pictures가 배급한 〈위험한 정사〉가 직배 영화 1호로 국내 관객과 만난 이후 워너 브라더스를 비롯한 외국 배급사가 한국에 진출했다.

이 시기 영화사 중 규모가 작은 곳은 사장과 직원 4~5명으로 회사를 꾸려나갔고 큰 곳은 10~20명 수준이었지만, 영화 제작이나 기획은 산업적 체계를 갖추지 못했다. 물론 1980년대 중후반 삼성, 대우, LG, 가전 3사가 비디오 프로그램 확보라는 측면에서 간접적으로 자본 참여를 했지만, 제작 자본은 대부분 지방극장업자에게서 흘러나와 영세한 구조를 벗어나지 못했다.

1980년대 영화는 시대의 변화와 사회 현실에 조응하는 이장호 감독의 〈바람 불어 좋은 날〉의 흐름과 심야극장 시대를 맞아 본격화한 에로 영화의 대표주자인 정인엽 감독의 〈애마부인〉의 흐름이 있었다. 전두환 신군부의 검열 정책을 공략한 두 편의 영화는 전자가 영화의 시대정신 회복을 위한 각성제로서 정치적 금기를 건드렸다면 후자는 시대적 미열과 후유증을 위장하는 환각제로서 성적 금기를 건드렸다. 1980년대 한국 영화는 진보와 퇴행의 맞겨루기 속에서 움직였다.[111]

이장호 감독의 〈바람 불어 좋은 날〉〈어둠의 자식들〉〈바보 선언〉〈과부춤〉, 이원세 감독의 〈난장이가 쏘아올린 작은 공〉〈여왕벌〉, 배창호 감독의 〈꼬방동네 사람들〉〈깊고 푸른 밤〉처럼 산업화 시대의 도시 빈민, 기지촌 여성을 비롯한 소외계층과 빈부 양극화 같은 사실적인 소재와 현실을 반영한 사회 비판적 영화들이 강압적인 검열 하에서도 관객과 만났다. 또한, 통금이 해제된 후 심야극장 개관이 이뤄지고 유흥업이 발달하고 집권한 신군부의 3S 정책이 본격화한 1980년대에는 정인엽 감독의 〈애마 부인〉을 시작으로 〈빨간 앵두〉〈산딸기〉〈변강쇠〉〈뽕〉〈매춘〉 같은 성적 표현 수위를 높인 에로티시즘 여성 노출 영화가 쏟아졌다.

〈바람 불어 좋은 날〉〈어둠의 자식들〉〈바보 선언〉〈무릎과 무릎 사이〉〈어우동〉 등 사회현실을 다룬 리얼리즘 영화부터 에로티시즘을 내세운 영화에 이르기까지 스펙트럼 넓은 영화를 완성도 높게 만든 이장호 감독과 〈꼬방동네 사람들〉〈적도의 꽃〉〈고래사냥〉〈깊고 푸른 밤〉을 통해 사회 문제와 시대의 감수성을 잘 담아낸 배창호 감독의 활약이 돋보인 1980년대 중견 감독의 활동도 눈길을 끌었다. 〈만다라〉〈길소뜸〉〈씨받이〉〈티켓〉〈아제 아제 바라아제〉에서 인간의 본성에 잠재된 욕망과 윤리적 규범의 충돌을 통해 비극적 휴머니즘을 보여줘 한국 영화를 한 단계 발전시킨 임권택 감독과 〈피막〉〈여인잔혹사 물레야 물레야〉〈내시〉〈뽕〉 같은 토속적 소재와 향토적 색채가 두드러진 작품을 통해 작가 의식을 강조한 이두용 감독이 1980년대 한국 영화의 지평을 확장했다.

이장호, 배창호 감독의 뒤를 이어 정지영 신승수 장길수 이명세 등 새로운 세대의 감독들이 진입해 기존 한국 영화에서 좀처럼 볼 수 없었던 분단체제, 좌우 갈등, 경제적 양극화를 비롯한 정치·사회·역사 문제를 정면으로 다룬 〈칠수와 만수〉〈남부군〉〈우묵배미의 사랑〉 같은 영화를 통해 한국 영화의 새로운 흐름, '코리안 뉴웨이브'를 이끌었다. 1984년 설립된 한국영화아카데미를 통해 김의석 박종원 장현수 황규덕 오병철 이현승 같은 신예 감독이 배출돼 신선한 감각의 영화를 연출했다. 1987년 6·10 민주항쟁을 계기로 민주화 바람이 거세게 불면서 서울대 영화 동아리 '얄라셩'을 비롯한 대학가에서 영화 운동을 벌이던 이들이 영화계에 진입해 〈파랑새〉〈오! 꿈의 나라〉〈파업전야〉 같은 민중 영화를 만들어 한국 영화계에 새바람을 일으켰다.

1980년대 눈길 끄는 영화계 현상 중 하나가 한국 영화가 국제영화제에서 괄목할만한 성과를 낸 것이다. 이두용 감독의 〈피막〉은 1980년 베니스영화제 본선에 진출했고 〈여인잔혹사 물레야 물레야〉는 1984년 칸영화제 주목할 만한 시선 부문에 초청됐다. 배창호 감독은 〈적도의 꽃〉으로 1983년 제29회 아시아태평양영화제 감독상을 받았다. 하명중 감독의 〈땡볕〉은 1985년 베를린영화제 본선에 진출했고 임권택 감독의 〈길소뜸〉 역시 1986년 베를린영화제 본선에서 호평을 받았다. 강수연은 임권택 감독의 〈씨받이〉

로 1987년 44회 베니스영화제에서 여우주연상을 차지한 데 이어 〈아제 아제 바라아제〉로 1989년 16회 모스크바 영화제에서 여우주연상을 받았다. 〈아다다〉의 신혜수는 1988년 12회 몬트리올국제영화제에서 여우주연상을 안았다. 배용균 감독의 〈달마가 동쪽으로 가는 까닭은〉은 1989년 42회 로카르노영화제에서 대상인 금표범상 트로피를 들어 올렸다.

1970~1980년대는 음악 산업이 기술 발달로 혁신적인 변화가 초래된 시기다. 1970년대 중반 기존의 LP와 전혀 다른 뮤직 카세트MC · Music Cassette가 등장했다. 뮤직 카세트는 음악을 재생하는 카세트 플레이어가 소형이어서 휴대가 간편하고 녹음 기능이 추가되어 테이프의 보급과 수요를 증가시켰다. 복사와 제작이 용이해 군소 음반사가 많이 출현했다. 뮤직 카세트의 등장은 10대를 대중음악의 주요 소비층으로 추동시킨 결정적 계기가 됐다. 이후 음반 업계는 강력한 소비층으로 떠오른 10대를 겨냥한 음반, 테이프를 집중적으로 내놓기 시작했다. 1980년대 들어서는 기존의 시장을 양분하던 LP와 MC의 구조가 CDCompact Disk 등장으로 CD와 MC 중심 판도로 전환되고 LP 시장은 시장성을 상실했다.[112]

1971년 13개에 불과했던 음반 제작사가 1980년대 말 60여 개로 증가해 다양한 장르의 음반을 제작하며 음반 시장에 대한 주도권 경쟁을 치열하게 펼쳤다. 1987년 SKC가 진출한 이후 1980년대 후반 대기업 삼성, 두산, 대우, LG가 음반 제작, 음반 관련 소프트 산업, 방송 영역에 진입해 음반 기획부터 제작, 홍보, 유통까지 음반 산업의 수직화를 꾀했다.

1970년대는 해방 후 한국 대중음악의 또 하나의 기본적 성격이 처음으로 그 모습을 드러낸 시기다. 바로 청년 문화다. 이후 한국 대중음악 주류는 20대 청년과 10대 청소년이 주도하게 된다. 포크와 록이라는 두 양식이 본격적으로 젊은이의 인기를 얻으면서 이전의 트로트와 팝 스타일 음악과 함께 20세기 대중음악의 가장 중요한 기본적인 양식의 네 기둥을 형성

한 것도 1970년대다.[113]

　　1970년대 포크송은 기성세대 문화에 대항하는 청년 문화라는 성격을 띠고 기존 대중가요에 대한 반발을 담았다. 포크송 가수들은 대부분 대학생이거나 대학을 갓 졸업한 청년들로 서울대 김민기 조영남, 연세대 윤형주 이장희, 서강대 양희은, 경희대 김세환, 성균관대 서유석, 이화여대 방의경이 대표적이다. 이들은 악극 무대나 미8군 무대, 그리고 레코드사를 통해 가수가 된 이전 세대와 달리 음반을 내고 시작한 무대도 대학 축제나 세시봉 같은 음악 감상실이었다. 〈물 좀 주소〉〈바람과 나〉〈고무신〉〈아침이슬〉〈작은 연못〉〈넋두리〉〈아름다운 사람〉〈한잔의 추억〉 등 1970년대 초중반 인기를 얻었던 포크송은 사회 비판적이고 일상적인 현실을 드러낸 것이 대부분으로 사랑과 이별을 주제로 한 트로트를 비롯한 기존 가요와 차별화했다. 1975년 박정희 정권의 가요정화 조치로 김민기의 〈아침이슬〉, 송창식의 〈고래사냥〉을 비롯한 국내 가요 223곡과 밥 딜런Bob Dylan의 〈Blowing in the Wind〉를 포함한 외국 가요 260곡이 금지곡으로 지정되고 1975~1977년 대마초 파동을 겪으며 이장희 윤형주 등 137명의 가수가 구속되거나 활동을 못 하게 되면서 젊은이의 열렬한 지지를 받은 포크송 열기는 급속하게 식었고 포크송으로 선도된 청년 문화는 막을 내렸다.

　　신중현이 1960~1970년대 애드휘Add 4와 신중현과 엽전들 같은 록밴드를 이끌며 발표한 〈미인〉〈님은 먼 곳에〉 등을 통해 한국 대중음악에 도입하고 발전시킨 음악 장르가 록이다. 록밴드 더 맨, 히식스, 키브라더스, 영사운드, 산울림, 사랑과 평화 그리고 대학 가요제 출신 그룹사운드 송골매, 옥슨80 등에 의해 록은 주류 음악으로 진입했다.

　　1960년대 이어 1970년대에도 이미자의 〈아씨〉〈삼백리 한려수도〉와 남진의 〈마음이 고와야지〉〈님과 함께〉, 나훈아의 〈고향 역〉〈가지 마오〉 등이 폭발적인 인기를 얻으며 트로트는 1970년대 초중반 최고 인기의 주류 음악으로 확고하게 자리를 지켰다. 1970년대 중후반에는 조용필 최헌 김훈 윤수일 등 그룹사운드 출신 가수들이 트로트에 고고와 록 리듬을 가미한 트로트 고고의 노래를 불러 인기를 끌었는데 〈오동잎〉 〈돌아와요 부산항에〉가 대표적이다. 이밖에 패티김의 〈이별〉, 윤복희의 〈여러분〉, 혜은이의 〈당신은 모르실거야〉 〈제3 한강교〉로 대표되는 팝 스타일 음악 역시 1970년대에도 대중음악 주류의 한 축을 담당했다.

1980년대는 다양한 장르의 히트곡을 양산하며 국민적 사랑을 받은 조용필이 대중음악계를 장악한 가운데 네 장르의 음악, 발라드, 댄스, 트로트, 록이 대중음악의 주요한 흐름을 형성했다. 〈잊혀진 계절〉 〈J에게〉 〈남남〉 〈난 아직 모르잖아요〉 〈사랑하기 때문에〉 〈희망 사항〉 같은 발라드 계열의 음악은 1980년대 중후반 큰 인기를 얻으며 팝 음악에 경도된 젊은 층의 음악적 취향을 변화시켰다. 1980년대 촉발된 발라드 열풍은 1990년대에도 이어지며 많은 발라드 음악과 가수가 사랑받았다. 1980년대 컬러 방송 개시와 대중음악의 10대 소비자 급증, 미국 팝스타 마이클 잭슨과 마돈나 신드롬, 미국 MTV 영향으로 화려한 퍼포먼스와 노래가 어우러진 댄스 음악이 각광받기 시작했다. 〈오늘 밤〉 〈사랑의 불시착〉 〈빙글빙글〉 〈그녀에게 전해주오〉 〈리듬 속의 그 춤을〉 같은 댄스 음악이 10대의 전폭적인 지지 속에 대중음악 주류 장르로 자리 잡았다. 1980년대 트로트는 1970년대보다는 못 하지만, 여전히 성인 대중의 사랑을 받으며 주류 음악의 한 흐름을 형성했다. 전통적인 트로트 스타일과 차별화하고 애절함과 비극성이 약화한 〈남자는 배 여자는 항구〉 〈신사동 그 사람〉 〈비 내리는 영동교〉 〈남행 열차〉 같은 트로트 곡이 성인 대중의 관심을 받았다.

텔레비전이 선도하는 주류 음악이 성행하던 1980년대 TV에 출연하지 않고 음반과 클럽·소극장 공연을 주요 활동무대로 삼은 언더그라운드 가수와 음악이 젊은 대중의 열띤 호응을 얻으며 한국 대중음악의 스펙트럼을 확장했다. 특히 록과 헤비메탈, 포크, 블루스, 재즈 음악이 김현식, 들국화를 비롯한 언더그라운드 가수와 그룹에 의해 활성화했다.

1980년대 대중음악계의 의미 있는 트렌드 중 하나가 바로 민중가요의 주류음악계 진입이다. 1970~1980년대 서울대 '메아리' 등 대학 노래 서클이 생겨나고 노래 운동 단체 '새벽'이 결성됐다. '노래를 찾는 사람들'을 비롯한 노래 운동 단체가 1987년 6·10 민주항쟁으로 민주화 바람이 거세지면서 민중가요 음반을 발매하며 대중음악계로 진출해 좋은 반응을 끌어냈다.

1970~1980년대에는 스포츠 신문과 영화, TV 프로그램 안내 잡지가 창간되어 스타와 연예인에 관해 빈번하게 다뤘다. 스포츠 신문의 효시는 1969년 선을 보인 《일간스포츠》이고 이후 1985년 《스포츠서울》이 독자와 만났다. 스포츠 신문은 많은 지면을 통해 스타와 연예인의 일거수일투족을 기사화했다. 1960~1970년대가 《주간한국》을 비롯한 대중 주간지 중심의 연예 저널리즘이 득세했다면 1980년대부터는 스포츠지 중심의 연예 저널리즘이 활발하게 전개됐다. 텔레비전 영향력이 커지면서 《TV 가이드》 같은 TV 관련 잡지도 다수 출간됐다.

(2) 스타 시스템

　　1970~1980년대 대중문화 도약기에는 텔레비전이 주도하는 스타 시스템이 마련되고 연예기획사가 연예인을 육성하고 스타를 관리하는 스타 시스템의 주체로 부상하기 시작했다.

　　1970~1980년대 텔레비전은 강력한 스타의 생산 라인이자 유통 채널이었다. 또한, 스타의 수요를 창출하고 확대 재생산하는 미디어였다. '텔레비전을 거치지 않으면 스타가 될 수 없다'라는 말까지 생겨났다. 텔레비전은 탤런트와 코미디언 · 개그맨 선발부터 교육 · 관리까지 하는 매체로 강력한 연기자 · 예능인 양성 창구였다. 가수나 영화배우 역시 텔레비전을 통해 신인은 인기 연예인으로, 유명 연예인은 스타로 비상했다. 스타덤에 오르는 왕도가 텔레비전에 있었다.[114]

　　텔레비전 방송사는 정기적인 탤런트 공채를 통해 신인 연기자를 선발한 뒤 일정 기간 교육하고 드라마나 예능 프로그램에 데뷔시켜 주 · 조연으로 키우며 연기자의 저변을 확대해나갔다. KBS TBC MBC, 방송 3사는 1970~1980년대 매년 한두 차례 탤런트 공채를 하며 신인 연기자를 발굴했는데 지원자가 몰려 경쟁률은 200~500대 1에 달했다. MBC는 1970년 2월과 10월 두 차례 탤런트 공채를 통해 김자옥 한혜숙 손창호 김수미 김영애

염복순을 선발해 교육한 뒤 드라마에 투입해 인기 탤런트로 만들었다. 텔레비전 방송에서 배출된 연기자는 영화에도 진출해 주연으로 활약했다. 텔레비전이 영화배우 공급원 역할을 톡톡히 했다.

텔레비전 방송사는 코미디언과 개그맨 공채를 통해 스타 코미디언과 개그맨도 배출했다. MBC는 1975년부터 코미디 탤런트 공채를 실시해 1기 이용식 이규혁을 시작으로 2기 방미 정애자 여정건, 3기 김영옥 전정희 김혜영, 4기 이성윤, 5기 김상화 이문수 김경태를 선발했다. MBC는 개그 콘테스트를 통해 1981년 최양락 이경규 최병서 김보화 박세민 김정렬 이상운, 1982년 황기순 이원승, 1983년 정재환 배영만을 발탁했다. TBC는 개그맨 공채를 통해 1979년 서세원 엄영수, 1980년 장두석 김형곤 조정현 이성미 김은우를 뽑았다. KBS는 1982년 개그맨 공채 1기로 임하룡 김정식 이경래 심형래를 선발한 이후 1983, 1984년 김한국 김미화 이봉원 이경애 임미숙을 발탁했다. 이들은 1980~1990년대 개그 프로그램과 예능 프로그램에서 맹활약하며 예능계를 화려하게 수놓았다.

1970~1980년대 텔레비전 방송사는 연기자 · 개그맨 전속제를 지속해서 실시하며 스타 시스템의 핵심 주체로 활약했다. KBS, TBC, MBC 전속 탤런트와 개그맨은 소속 방송사의 드라마와 예능 프로그램에만 출연했다. 방송사는 활동과 인기, 기여도, 경력에 따라 출연료를 차등 지급하는 탤런트 등급제도 시행했다.

텔레비전 방송사는 탤런트, 개그맨뿐만 아니라 한발 더 나아가 MBC의 〈대학 가요제〉〈강변 가요제〉와 TBC의 〈해변 가요제〉〈젊은이의 가요제〉를 통해 송골매 심수봉 노사연 이선희 이상은 무한궤도 같은 스타 가수도 배출했다. 가수는 텔레비전 출연 빈도에 따라 인기도와 음반 판매량이 달라져 방송 출연 없이는 스타가 되기 어려운 환경이 조성됐다. 대중문화 분야에 상관없이 텔레비전 방송사가 광범위한 연예인 인력 풀을 형성했다.

1970년대 영화는 텔레비전의 영향력 강화로 이전 시기보다 스타 배출 창구 기능과 연기자를 양성하는 매체의 힘이 크게 약화했다. 물론 영화배우 공모를 통해 박지영 윤연경 윤미라 안인숙 같은 신인을 발굴했으나 대형 스타 부족을 겪었고 이는 한국 영화의 흥행 부진 원인으로 작용했다. 김창숙 이효춘 장미희 유지인 김자옥 등 텔레비전에서 배출한 인기 탤런트가 영화 스타 부재 공백을 메우며 스크린에서 맹활약했다.

1970년대에도 영화사는 영세함을 벗어나지 못해 불합리한 관행이 성행했는데 이는 영화가 스타 시스템의 주도권을 상실한 원인으로 작용했다. "돈 내고 주연을 맡은 헌금파 배우가 있는가 하면 무료로 주연하는 무상파, 나오미 우연정 박지영같이 출연료를 받는 정상파가 있었다"라는 기사[115]는 당시 영화 상황이 얼마나 열악했는가를 단적으로 보여준다. 영화 제작을 담당한 20개 안팎의 영화사는 전문적인 인력과 체계적인 시스템 부족으로 신인을 발굴하거나 배우를 스타로 키우는 스타 시스템의 주체로서 역할을 제대로 수행하지 못했다. 이 때문에 영화로 데뷔한 배우조차 안정적인 수입을 보장받고 대중성을 제고할 수 있는 텔레비전 출연이 잦았다. 영화배우협회에서 1976년 회원 배우 중 텔레비전에 출연한 우연정 김창숙 김자옥 김미영 윤미라 박원숙 정소녀 염복순 최인숙의 회원 자격을 박탈했으나, 3일 만에 번복한 사건[116]은 당시 영화와 텔레비전의 위상을 그대로 보여준다. 1980년대에도 텔레비전에서 연기자로 데뷔해 인기를 얻은 뒤 영화에 진출하는 배우가 급증했다. 영화계에서 맹활약한 3대 트로이카, 원미경 이미숙 이보희가 대표적이다. 원미경과 이미숙은 TBC 공채 탤런트, 이보희는 MBC 공채 탤런트 출신이다.

대중음악계는 음반 기술의 비약적인 발전으로 새로운 환경이 조성됐다. 1970년대부터 1980년대 중반까지 한국 음반 산업은 지구, 오아시스, 성음, 유니버설, 아세아, 서울 음반 등 6~7개 대형 음반사와 부침이 심한 다수의 군소 업체가 공존하는 판도를 형성했다. 대형 음반사는 녹음 시설과 프레스 시설을 갖추고 작곡가, 작사가, 가수와 전속 계약을 체결해 음반 제작과 배급의 전 과정을 통제했다. 전속 계약의 핵심은 가수가 아니라 작곡가였고 가수는 스타라 하더라도 음반사에 고용된 직원에 가까웠다. 대형 음반사에 전속된 작곡가가 신인 가수를 발굴해 스타로 키우는 스타 메이커로 활약했다. 박춘석 신중현 이봉조 길옥윤을 비롯한 유명 작곡가는 사무실을 차려놓고 찾아오는 수많은 지망생 중 유능한 신인을 발굴해 가창 지도, 무대 출연을 통한 경력 쌓기, 음반 녹음 수순을 밟게 해 스타로 만들었다.[117] "1969년 어느 날이었다. 안 그래도 가수 지망생이 줄을 잇는 판에 나는 동국대 2학년생이 찾아왔다는 말을 듣고 쳐다보지도 않았다. 그 학생은 바로 김추자였다. 그녀는 매일 사무실을 찾아와서 길게 목을 빼고 내가 한 번이라도 봐주기를 기다렸다. 그러기를 한 달여 통기타 반주로 직접 테스트를 해본 뒤 가능성이 있어 보여 노래 기초부터 지도해 이듬해 드라마 주제가를 부르게 했다."[118] 신중현의 회고다. 1970년대 역동적인 퍼포먼스와 노래로 대중의 시선을 사로잡은 스타 김추자는 이처럼 신중현 사무실에서 탄생했다.

1980년대 들어 사전 기획을 통해 음반을 제작하는 음반기획사가 모습을 드러냈다. 동아기획은 1982년 조동진의 데뷔 앨범을 시작으로 언더그라운드에서 활동하는 실력 있는 가수를 발굴해 음반을 기획하고 제작했다. 〈사랑했어요〉가 수록된 1984년 김현식의 2집 앨범과 〈행진〉〈그것만이 내 세상〉이 담긴 1985년 들국화 1집 앨범은 큰 성공을 거뒀고 시인과 촌장, 봄여름가을겨울, 신촌블루스의 앨범을 만들어 좋은 평가를 받았다. 음반 제작에 체계적이고 전문적인 기획 개념을 도입하여 음반을 제작했기 때문이다. 동아기획은 처음으로 20대를 주요 소비 대상으로 한 가수와 음반을 만들었고 이러한 기획이 '언더그라운드 가수'라는 새로운 가수 군을 형성시켰다.[119]

광고 시장 활성화로 CF가 하나의 대중문화 영역으로 진입하면서 1980년대 들어서는 CF를 통해 스타가 탄생하는 현상이 나타나기 시작했다. 롯데제과의 조용원 채시라, 태평양화학의 황신혜, 코카콜라의 심혜진, 삼성전자의 최진실은 1980년대 광고 모델로 연예계에 데뷔해 스타가 된 대표적인 경우다. 영화로 데뷔한 정윤희는 해태제과 CF 모델로 나서면서 해맑은 이미지를 드러내며 큰 인기를 얻어 스타로 부상했다. 광고는 스타의 대중성을 획득하는 데 필수적인 미디어 노출 빈도를 높이고 대중이 선호하는 이미지를 조형했다.

주간지와 스포츠 신문, 《TV 가이드》 같은 TV 잡지, 《국제 영화》를 비롯한 영화 잡지는 신인과 스타 소개를 고정란으로 배치하고 사생활, 스캔들, 연기 스타일, 캐스팅 현황을 포함한 다양한 정보를 상세히 보도해 스타의 이미지와 인기에 영향을 주었다. 일간 종합지도 1970년대 들어 고정적으로 방송·연예 관련 기사를 실어 스타에 대한 정보를 독자에게 제공했다. 1975년 《한국일보》의 'TV 조평'을 시작으로 주요 일간 종합지가 방송·연예 기사를 정기적으로 게재했다.[120] 방송·연예 관련 지면은 계속 증가했다. 이 같은 추세는 1980년대, 1990년대에도 지속됐다. 《동아일보》는 1980년부터 1999년까지 지면은 5.9배 증가했지만, 방송·연예 관련 지면은 8.4배 많아졌고 《조선일보》는 같은 기간 지면은 5.2배 늘었지만, 방송·연예 관련 지면은 6.7배 증가했다.

1970년대부터 연예인 매니지먼트사가 엔터테인먼트 산업의 주체로 인식되고 가수의 개인 매니저가 본격적으로 활동하기 시작했다. 일부 스타급 영화배우에게도 개인 매니저가 도입되었다.

연예인의 규모와 활동 영역이 급속도로 확대되고 방송과 광고의 활성화가 진행돼 스타의 수입 창구가 넓어진 1970년대 연예인 매니지먼트가 가장 먼저 발전한 곳은 가수 분야다. 가수가 활동할 유흥업소가 늘어나면서 가수의 일정 조정이 가장 중요한 문제로 떠올랐다. 유흥업소의 밤무대 증가와 함께 출연할 방송 프로그램도 많아졌다. 1971년 최초의 가요 순위 프로그램인 MBC 〈무궁화 인기가요〉를 비롯한 대중음악 프로그램이 늘어나 방송사의 가수 수요가 증가했다. 유흥업소가 성황을 이루고 대중음악 프로그램이 대폭 늘어나 가수의 방송, 광고, 밤무대 출연이 활발해지면서 혼자서 스케줄을 소화하기 힘들어진 스타 가수들이 출현했다. 이에 따라 가수의 일정과 활동, 계약 그리고 수입을 관리하는 매니저의 존재가 절실히 필요했다.[121]

연예인 매니지먼트는 개인 매니저가 한두 명의 가수를 관리하면서 시작되었는데 방송가나 밤무대에 이름이 알려진 대표적인 매니저는 이한복(패티김 김세레나 하춘화), 최봉호(하춘화 나미), 길영호(남진), 유재학(조용필), 이명순(민해경), 김영민(최헌 윤수일 조경수) 등이다. 가수 매니저는 유흥업소 연예부장 출신을 비롯한 가수와 개인적인 친분이 있는 사람이 대부분이었기 때문에 수익 발생을 위한 다양한 기획을 하지 않았으며 가수 개인적인 사항과 신변을 관리하는 것에 집중했다. "하춘화는 하루 17곳의 무대에 출연했기 때문에 어쩔 수 없이 펑크를 내는 경우도 있었다. 출연 펑크를 낸 후 문제 처리는 매니저 몫이었다."[122] 하춘화 매니저를 시작으로 패티김 김세레나 남진 최진희 같은 스타 가수 매니저로 활약한 이한복의 말은 이때만 해도 개인 매니저의 업무가 단순히 스타의 출연 교섭과 연예인 스케줄 관리에 머물러 있다는 것을 보여준다.

탤런트는 방송사가 전속제와 출연료 등급제를 시행하고 출연 기회 부여를 포함한 관리 전반을 전담해 매니저의 필요성이 없었지만, 방송사 소속이 아닌 일부 영화 스타는 가수와 마찬가지로 영화사와 출연 계약을 비롯한 스케줄을 직접 챙겨야 해 일정과 계약을 관리해줄 사람이 필요했다. 영화사 제작부장이 스케줄 관리나 개인적인 일을 처리해주던 영화계에서 신성일을 비롯한 일부 스타 배우에게 개인 매니저가 도입되기 시작했다. 영화 스타 개인 매니저는 대부분 영화 제작부장 출신으로 스타의 신변 관리에서 더 나아가 영화 출연 섭외와 계약을 추진하는 초보적인 에이전트 기능을 수행했다.

컬러 TV 시대가 열리고 문화 산업이 크게 성장한 1980년대 연예인 매니지먼트 산업은 질적·양적으로 한 단계 도약했다. 1980년대 접어들면서 한 명의 연예인 신변 관리를 전담하던 개인 매니저와 차별화한 1~6명의 연예인을 전속시켜 관리하는 개인 회사 형태의 매니지먼트사가 모습을 드러냈다.

1980년대 들어서는 어머니, 언니 등 가족과 친지를 후견인으로 삼고 매니저를 두지 않았던 연기자도 개인 매니저나 개인 회사 형태의 매니지먼트사를 활용하기 시작했다. 매니저는 연예인의 활동 범위가 넓어지면서 훨씬 다양한 능력이 요구되었다.

스타를 확보한 일부 개인 매니저는 회사를 설립해 연예인 매니지먼트를 전문적으로 행했다. 현재까지도 다수를 차지하고 있는 개인 회사 형태의 매니지먼트사는 당시 'OO 기획' 혹은 'XX 프로덕션'이라는 이름으로 활동했다. 삼호 프로덕션, 탑 프로덕션, 필 기획, 희명 기획이 대표적이다. 사장과 로드 매니저 1~2명, 메이크업 겸 코디네이터 1명 그리고 전화 받는 직원 1명으로 구성된 영세한 규모였다. '실장'이나 '왕 매니저'로 불린 사장은 방송과 야간 업소, 지방 공연 섭외부터 방송 스케줄 관리, 광고 계약, 방송 관계자 로비에 이르기까지 전 부문을 관장하고 로드 매니저는 소속 연예인의 활동 현장에 동행하면서 신변에 관계된 자질구레한 일을 처리하는 초보적인 기능의 분화가 이뤄졌다.[123] 매니저 사이에 업무와 기능의 분업화가 진행된 것은 텔레비전 활성화와 광고시장 확대로 커진 대중문화 시장에서 적극적인 활동을 통해 더 많은 이윤을 창출하려는 의지와 시도가 구체화됐기 때문이다. 방송의 영역과 영향력이 확대되면서 매니저 업무는 방송 출연 교섭에 초점이 맞춰졌다. 연예인 매니지먼트는 인맥 중심의 관리 행태가 주를 이뤘다. 매니저는 주로 방송사 PD, 영화감독, 광고주, 기자와 인맥을 형성했고 이것이 매니저 능력으로 평가받았다.

1980년대 음반을 기획하고 가수를 관리하는 기획사가 설립되며 매니지먼트 시스템이 본격적으로 구축됐다. 대표적인 기획사는 조용필의 음반을 기획하고 관리했던 대영 기획(대표 유재학), 조동진, 들국화, 김현식을 비롯한 포크와 록 장르의 언더그라운드 가수를 발굴한 동아 기획(대표 김영), 양수경, 최성수를 스타로 만든 예당 기획(대표 변대윤), 소방차를 인기 그룹으로 탄생시킨 양지 기획(대표 양승국), 전영록을 매니지먼트했던 알 기획(대표 김종완), 이선희가 소속된 해광 기획(대표 윤희중), 김완선이 전속된 희명 기획(대표 한백희) 등이다. 전속 가수를 다수 확보한 지구 레코드, 서라벌 레코드, 서울 음반 같은 대형 음반사 역시 가수 매니지먼트 업무를 병행했다. 동아기획을 비롯한 일부 기획사는 시장 조사 결과를 토대로 명확한 공략 대상 설정과 분석 하에서 가수를 육성하고 음반을 제작하며 매니지먼트를 전개했지만, 1980년대 가수 매니지먼트를 행했던 대다수 기획사는 체계적이고 과학적인 시스템을 갖추지 못했다.[124]

1980년대 연기자 매니지먼트 주된 형태는 개인 매니저였고 업무 대부분은 연기자 일정 관리였다. 연기자 매니지먼트 발전이 더딘 것은 연기자의 주 수입원이자 활동 무대인 텔레비전 출연과 수입은 방송사에 의해 결정돼 계약과 일정 관리 필요성이 크지 않았기 때문이다. 이런 가운데 연기자 매니지먼트를 성공적으로 이끈 매니저가 방정식으로 정윤희 이덕화 이영하 이혜영을 관리하며 연기자 매니지먼트의 새로운 장을 열었다. 영화사 제작부장으로 일했던 방정식은 1976년 TBC 드라마 〈하얀 장미〉에 출연하던 이덕화를 영입해 스타덤에 올려놓았는가 하면 1979년 정윤희를 발탁해 톱스타로 만들었다. 방정식은 대중이 선호하는 연기자 이미지를 만들어 인기를 배가시키고 스타 관리를 체계적으로 행하는 매니지먼트 시스템의 전

문화를 시도했다.[125]

　　1980년대 후반부터 1990년대 초반까지 배병수는 매니저가 스타를 주체적으로 생산해내는 힘을 가질 수 있다는 것을 단적으로 보여준 인물이다. 배병수는 단역 배우였던 최진실을 발굴해서 광고에 출연시켜 스타급으로 올려놓았고 자신이 관리하는 스타를 이용해 다른 연예인을 출연시키는 '끼워 팔기' 방식을 도입해 소속 연예인의 스타화를 꾀했다. 전속된 최민수와 최진실 주연의 작품에 무명인 엄정화를 나서게 한 것을 비롯해 회사 소속의 유명 스타를 활용해 무명 연예인을 출연시켜 인지도를 높였다. 배병수는 영화 제작자와 방송사에 매달리는 것이 아니라, 거래 방식을 도입해 매니지먼트 업계를 한 단계 진화시킨 연기자 매니저였다.

(3) 스타

    1970~1980년대 경제가 고도성장하고 생활 수준이 높아지면서 문화 상품 판매가 급증하고 광고 시장이 확대되어 연예인의 수입 창구가 크게 늘었다. 이로 인해 스타는 막대한 부를 축적할 수 있는 환경이 조성됐다. 영화 주연 출연료가 200만~300만 원이던 1970년대 윤정희(라미화장품), 장미희(한국화장품), 정윤희(꽃샘화장품), 김혜자(제일제당), 홍세미(미원), 임예진(해태제과), 정소녀(서울식품) 같은 스타는 CF 모델료로 500만~800만 원을 받았다.[126] 조용필은 1980년 발표한 1집 앨범이 100만 장 판매되면서 엄청난 수입을 올렸다. 가수는 음반 수입 외에 급증한 유흥업소 밤무대와 공연, 광고에 출연하며 일반인이 상상하기 힘든 많은 수입을 벌어들였다.

    대중문화와 연예인에 대한 편견은 여전히 존재했지만, 스타와 연예인에 대한 부정적인 인식은 크게 감소했다. 연예인과 스타에 대한 인식 개선은 전문가와 언론이 대중문화의 긍정적인 측면을 부각하고 1970년대 초중반 청년 문화의 발흥으로 대학생들이 대중문화에 관심을 기울이며 직접 연예계에 진출한 것이 원인으로 작용했다. 인기 탤런트 홍성우가 1978년 10대 국회의원 선거에서 당선돼 정계에 진출한 것을 비롯해 스타의 사회적 위상도 올라가기 시작했다. 1970~1980년대 연예인에 대한 부정적인 인식이 개선되는 동시에 스타의 경제·사회적 위상이 올라가면서 연예인 지망생이 많이 증가했다.

스타는 대중으로부터 얻은 인기와 대중매체에 의해 조형된 이미지를 바탕으로 다양한 문화·사회적 역할을 이행했다. 스타는 이데올로기 형태로 사회와 밀접한 관계를 맺으면서 사회 유지 혹은 사회 변화를 위한 기제로 활용됐다. 스타는 영화와 드라마, 예능 프로그램, 음악, 광고, 이미지를 통해 시대와 사회 변화를 이끌거나 공동체 사회를 유지하는 데 적지 않은 영향을 미쳤다. 〈여로〉의 태현실, 〈아씨〉의 김희준, 〈전원일기〉의 최불암은 드라마에서 도덕과 규범을 내재한 전통적 여성상과 남성상을 체현하면서 사회를 유지하는 데 큰 역할을 했고 〈새엄마〉의 전양자, 〈청춘의 덫〉의 이효춘은 기존의 윤리와 가치를 전복하며 시대와 사회의 변화를 이끌었다. 김민기, 노래를 찾는 사람들은 노래를 통해 사회 변혁을 추동했고 안성기는 영화 〈바람 불어 좋은 날〉〈난장이가 쏘아올린 작은 공〉을 통해 사회 현실의 문제와 모순을 드러내 사람답게 사는 세상을 꿈꾸게 했다. 정윤희 유지인은 〈나는 77번 아가씨〉〈26×365=0〉 같은 호스티스물 영화를 통해 고도성장의 이면에 자리한 여성을 적나라하게 조명해 우리 사회를 되돌아보게 했다.

1970~1980년대는 배우와 가수, 코미디언·예능인의 역할과 활동 분야가 구분돼 배우 겸 가수로 활동하는 스타는 적었다. 스타 연기자는 텔레비전과 영화를 넘나들며 활동하는 경우가 많아져 탤런트와 영화배우 구분이 모호해졌다. TV 탤런트로 인기를 얻은 다음 영화와 TV 드라마 두 영역에서 활동하는 경우가 대부분이었다. 영화로 연예계에 데뷔한 배우도 곧바로 TV 드라마에 진출해 활동 영역을 넓혔다. 물론 자신의 개성과 경쟁력을 살리기 위해 영화만을 고집하거나 드라마만을 고수하는 스타 연기자도 있었지만, 이들은 극소수였다.

TV 수상기 보급 확대로 텔레비전이 대중문화의 메카가 되고 청년 문화가 등장한 1970년대는 스타 팬층의 변화가 있었다. 이전보다 스타의 팬층이 폭넓게 형성됨과 동시에 스타 팬의 분화가 진행됐다. 영화의 주 관객층이던 30~40대 여성이 텔레비전 드라마 시청자로 자리 이동해 안방극장의 주역, 탤런트의 스타 여부를 좌우하는 세력으로 나섰다. 통기타와 청바지, 생맥주로 대변되는 청년 문화의 영향으로 20대 젊은 대학생은 대중문화와 스타에 관심을 보이며 영화, 음반, 공연의 주요 소비층으로 떠올랐다. 대학생들은 〈아침 이슬〉〈물 좀 주소〉 같은 포크송에 열광했고 〈바보들의 행진〉 같은 새로운 감각의 청춘 영화에 환호했다. 일부 20~30대 남성은 호스티스물 영화의 주요 관객층을 형성했고 10~20대 여성은 트로트 스타 남진 나훈아의 팬층을 구성했다. 20대 젊은 팬은 스타의 버라이어티쇼, 리사이틀, 음악 감상실, 극장을 찾는 고정 소비층이 됐다. 특히 남진과 나훈아의 여성 팬은 경쟁하듯 좋아하는 가수를 연호하고 쫓아다니며 팬심을 적극적으로 드러내는 등 유아적인 팬덤 형태를 보였다.

1980년대는 대중문화를 주도하는 스타 팬층이 변모했을 뿐만 아니라 팬의 성격과 활동이 이전과 다른 양상을 보였다. 경제의 고도성장 과실을 먹고 자란 10대가 대중문화의 소비층으로 나서며 스타 팬층의 주요한 구성원으로 진입했다. 조용필을 비롯한 일부 스타를 중심으로 팬클럽이 결성되고 '오빠 부대' 팬덤이 본격적으로 등장한 것은 1980년대 중반 이후다. 1980년대 중후반 산발적이던 팬의 관심과 활동이 팬클럽 결성을 계기로 변모하며 스타와 팬의 새로운 관계가 형성됐다. 물론 이때의 팬클럽은 조직적이고 체계적인 것이 아니라 자연발생적이었다. 팬클럽은 회원끼리 정기적으로 모여 영화, 드라마, 음반 같은 문화 상품을 소비하고 스타에 대한 지원 활동을 펼치는 동호회 성격으로 발전했다.

1970~1980년대 텔레비전이 영화를 제치고 가장 대표적인 오락 매체가 되면서 방송사마다 매년 실시하는 1~2회 탤런트 공채에서 선발된

10~30명의 신인이 드라마를 통해 시청자의 사랑을 받으며 인기 탤런트 대열에 합류했다. 연극배우와 영화배우도 앞다퉈 TV 드라마에 출연해 텔레비전은 연기자 스타를 가장 많이 배출·유통하는 매체로 강력한 힘을 발휘했다.

한국 TV 드라마의 1차 전성기이자 시청률 경쟁이 본격적으로 펼쳐진 1970년대 KBS, TBC, MBC 방송 3사는 많은 드라마를 방송했다. 특히 일일극이 폭발적인 인기를 얻으면서 경쟁이 치열해 한 방송사에서 하루 3~5편의 일일극을 내보냈다. 시청자 관심을 고조시킨 일일극은 스타 배출 창구 역할을 톡톡히 했다. 〈아씨〉의 김희준 김세윤 여운계, 〈여로〉의 태현실 장욱제 박주아, 〈새엄마〉의 전양자 최불암 정혜선이 시청자의 열렬한 호응 속에 일일극을 통해 스타가 되었다. 이후 KBS 〈파도〉의 이효춘, 〈꽃피는 팔도강산〉의 한혜숙 민지환 박근형, MBC 〈강남 가족〉의 김혜자, 〈신부일기〉의 김자옥 김윤경, 〈여고 동창생〉의 윤여정 나문희, 〈사미인곡〉의 고은아 김영애, 〈당신〉의 이정길, TBC 〈임금님의 첫사랑〉의 김미영, 〈맏며느리〉의 김창숙, 〈야! 곰례야〉의 강부자 노주현 정윤희 연규진도 일일극을 통해 인기 탤런트와 스타로 발돋움했다.

1976년 최초의 주말극 TBC 〈결혼행진곡〉이 선을 보인 이후 1970년대 후반에는 주제와 서사가 강렬한 주말극이 인기를 끌며 스타 산실 역할을 했다. 1977년 주말극 선풍을 일으킨 TBC 〈청실홍실〉의 김세윤 정윤희 장미희, 1978년 선정성 논란과 함께 새로운 드라마 전형을 제시한 MBC 〈청춘의 빛〉의 이정길 이효춘 박근형 김영애가 주말극으로 안방극장 스타가 되거나 톱스타로 비상했다. 이밖에 드라마 장르를 확장한 수사물 〈수사반장〉의 최불암 김상순 김호정 조경환 남성훈, 반공 드라마 〈전우〉의 나시찬 이일웅 장항선도 인기 탤런트로서 명성을 날렸다.

1970년대 방송 3사 KBS, TBC, MBC의 다양한 드라마에 공채 탤런트, 영화배우, 연극배우가 출연해 시청자 눈길 잡기에 나섰다. 이중 톱스타로 독보적인 활약을 펼친 남자 탤런트는 최불암 김세윤이고 여자 탤런트는 김혜자 태현실이다. 연극무대에 오르다 KBS 드라마에 출연한 뒤 1969년 특채 탤런트로 MBC 드라마에 출연하기 시작한 최불암은 팔색조 연기력을 바탕으로 일일극 〈새엄마〉〈신부일기〉, 사극 〈사미인곡〉, 수사극 〈수사반장〉을 비롯한 사극, 현대극, 홈드라마, 멜로드라마, 전문직 드라마 등 다양한 장르의 드라마 진화를 이끌며 최고 탤런트가 되었다. 출중한 외모의 김세윤은 1965년 TBC 공채 탤런트로 연기를 시작해 1970년 국민 드라마 〈아씨〉와 주말극 붐을 일으킨 〈청실홍실〉, 인기 사극 〈민며느리〉의 주연을 독식하며 스타 탤런트로 주목받았다. 이정길 노주현 한진희 이순재 박근형 백일섭 주현 김무생 송재호 민지환 문오장도 1970년대 TV 드라마를 빛낸 남자 스타다.

　　KBS가 1962년 1월 25일 선발한 1기 탤런트로 연기자 길을 걷기 시작한 김혜자와 태현실은 1970년대를 관통하는 인기 드라마 주연으로 전면에 나서면서 스타로 화려하게 빛난 여자 탤런트다. 김혜자는 KBS 탤런트로 입사했지만, 결혼과 출산으로 활동을 중단하다 연극무대에서 연기력을 쌓아 MBC 탤런트로 영입된 뒤 1969년 화제의 일일극 〈개구리 남편〉과 일일극 선풍을 일으킨 〈강남 가족〉〈신부일기〉〈여고 동창생〉의 주연으로 나서며 탁월한 연기력으로 드라마 흥행을 이끌어 1970년대 최고 여자 탤런트로 각광받았다. 김혜자와 함께 KBS 탤런트 1기로 연기를 시작해 1960년대 인기 탤런트가 된 태현실은 국민 드라마 〈여로〉로 전 국민의 사랑을 받으며 스타덤에 올랐다. 이후 인기 드라마 〈꽃피는 팔도강산〉에 출연하며 특유의 다정하고 사랑스러운 분위기를 발산하며 인기를 배가했다. 김민자 김창숙 한혜숙 김자옥 강부자 이효춘 김영애 정영숙 정혜선 박주아 박원숙 홍세미 정윤희 장미희 유지인도 1970년대 드라마를 화려하게 수놓은 여자 스타다.

방송 통폐합과 컬러 방송으로 문을 연 1980년대는 KBS와 MBC, 두 방송사가 대형 드라마와 미니시리즈를 비롯한 새로운 포맷의 드라마를 방송하면서 많은 안방극장 스타가 배출됐다. 1980년대부터 방송사 탤런트 공채에 많은 지원자가 몰려 경쟁률이 500~800대 1을 기록하며 실력 있는 탤런트가 양산됐다. 1980년대 초중반 컬러 방송으로 인해 탤런트의 인기 판도도 급변했는데 한혜숙 이경진 원미경 차화연 김영란 이미숙 김보연 김영애 고두심 김자옥 정애리가 KBS와 MBC 드라마 여자 주연으로 활약했고 김미숙 금보라 이기선 이혜숙이 신예 스타로 대중의 시선을 집중시켰다. 남자 탤런트는 노주현 한진희 서인석 정동환 이정길 유인촌이 주연 탤런트로 활동했고 신인 강석우 홍요섭 김영철 길용우가 인기를 얻으며 주연급으로 올라섰다. 1980년대 중후반에는 김혜자 최불암 이순재 박근형을 비롯한 중견 스타의 활약은 여전했고 이정길 유인촌 이덕화 차화연 이미숙 정애리 원미경은 안방극장 스타로서 확고한 입지를 다졌으며 김혜수 황신혜 전인화 김희애 이미연 채시라 최진실 최수종 최재성이 TV 드라마 신예 스타로 발돋움했다.

1980년대 초중반에는 일일극이 퇴조하고 강렬한 서사를 속도감 있게 전개한 주말극, 매회 다른 에피소드를 다룬 시추에이션 드라마, 많은 연기자가 출연하고 규모가 큰 대하 사극이 스타 배출 창구였고 1980년대 중후반에는 인기가 많은 주말극과 미니시리즈가 스타 등용문이었다. 선풍적인 인기를 얻은 〈사랑과 진실〉의 정애리 원미경 임채무, 〈첫사랑〉의 유인촌 황신혜, 〈사랑과 야망〉의 남성훈 이덕화 차화연, 〈애정의 조건〉의 김희애가 주말극을 통해 인기 탤런트로서 명성을 얻었다. 〈불새〉의 이미숙 유인촌, 〈인간 시장〉의 박상원 박순천, 〈모래성〉의 김혜자 박근형, 〈왕룡일가〉의 전무송 김영애는 미니시리즈를 통해 안방극장 스타로서 존재감을 과시했다.

MBC가 1983년부터 1990년까지 방송한 대하 사극 〈조선왕조 500년〉

은 김무생 이정길 김영애 고두심 전인화 박순애 강부자 최명길을 비롯한 많은 탤런트의 스타성을 제고했다. 〈암행어사〉의 이정길 임현식, 〈교동마님〉의 김영란 유인촌도 MBC 사극을 통해 스타로서 위상을 더욱 견고히 했다. 〈풍운〉의 이순재 김영애, 〈임이여 임일레라〉의 정종준 금보라, 〈토지〉의 최수지 윤승원 반효정 박원숙 김영철, 〈사모곡〉의 김혜수 정보석, 〈개국〉의 임동진 임혁 태현실은 KBS 대하 사극을 통해 대중성과 스타성을 높였다. 1980년 10월 21일부터 2002년 12월 29일까지 방송된 MBC 시추에이션 드라마 〈전원일기〉를 통해 최불암 김혜자 고두심 김용건 유인촌 김수미가 국민적 사랑을 받았고 1986년부터 1994년까지 8년간 방송된 일요 시추에이션 드라마 〈한 지붕 세 가족〉을 통해 오미연 현석 임현식 박원숙 윤미라 임채무 강남길은 많은 인기를 얻었다. KBS가 1983년 방송한 〈고교생 일기〉와 1987년 내보낸 〈사랑이 꽃피는 나무〉를 비롯한 고교생·대학생 드라마를 통해 신예 스타가 많이 육성됐는데 채시라 강수연 조용원 주희 김세준 손창민 최재성 하희라 이미연 최수종이 대표적이다.

　　1980년대 안방극장에서 두드러진 활약을 펼쳐 톱스타로 비상한 남자 탤런트는 연극배우로 활동하다 1965년 KBS 탤런트 공채로 TV에 입문해 멜로드라마 〈종점〉〈세 연인〉, 사극 〈간양록〉, 정치 드라마 〈제1공화국〉 등을 통해 멜로 연기로 여성 시청자를 사로잡고 강렬한 캐릭터로 남성 시청자의 눈길을 끈 이정길, 1972년 TBC 탤런트로 연기를 시작해 1970년대 중후반 붐을 이룬 〈진짜 진짜 잊지마〉를 비롯한 하이틴물 영화에 출연하며 스타가 된 뒤 1980년대 주말극 〈사랑과 진실〉〈사랑과 야망〉에서 반항적이지만 사랑하는 여자를 지키는 선 굵은 멜로 연기를 선보인 이덕화, 1974년 MBC 공채 탤런트로 안방극장에 진출한 뒤 〈전원일기〉〈조선왕조 500년〉〈사랑과 진실〉〈불새〉〈야망의 세월〉 등 다양한 장르의 드라마 주연으로 활약한 유인촌이다.

1980년대 TV 화면을 화려하게 수놓은 여자 탤런트 스타는 1971년 MBC 공채 탤런트로 연기를 시작하고 〈청춘의 초상〉〈애정의 조건〉〈풍운〉〈왕룽일가〉〈조선왕조 500년〉에서 개성 강한 연기를 보여준 김영애, 1978년 미스 롯데 대회 입상으로 TBC 탤런트로 연기자 첫발을 디딘 뒤 영화와 드라마를 오가며 활동했고 드라마 〈포옹〉〈여인열전-장희빈〉〈여인열전-황진이〉〈불새〉에서 강렬한 캐릭터를 농밀한 연기력으로 소화한 이미숙, 1978년 TBC 탤런트가 된 뒤 〈도시의 얼굴〉〈행복한 여자〉〈사랑과 진실〉에서 멜로 연기로 남성 시청자의 열광을 끌어낸 원미경, 1978년 KBS 탤런트로 연기를 시작해 〈고백〉〈제1 공화국〉〈사랑의 기쁨〉에서 청순하고 단아한 이미지를 보여준 정애리, 1975년 MBC 탤런트로 출발해 〈표적〉〈꽃바람〉〈거리의 악사〉〈산유화〉에서 감성 연기를 잘 소화한 이경진이다.

　　코미디언이 악극과 버라이어티쇼, 영화, 라디오, TV 등 다양한 매체와 무대에서 활동하며 인지도를 얻어 스타가 됐던 1950~1960년대와 달리 1970년대 들어서는 텔레비전 중심으로 코미디언의 활동 무대가 재편됐다. 텔레비전 인기가 매우 높아진 반면 악극이 사양길로 접어들고 라디오와 영화의 인기가 급락했기 때문이다.

　　1970년대 초중반에는 TBC의 〈웃음 천국〉〈쇼쇼쇼〉, MBC의 〈웃으면 복이 와요〉〈부부 만세〉〈토요일 토요일 밤에〉 같은 코미디와 예능 프로그램을 통해 구봉서 서영춘 배삼룡 송해 곽규석 이기동 권귀옥 남철 남성남 이대성 신소걸 백남봉 남보원 배연정 배일집이 시청자에게 웃음을 주며 코미디 스타로서 화려한 면모를 과시했지만, 1970년대 중후반 코미디의 저질 시비 논란이 증폭되고 정부에서 코미디 프로그램을 집중적으로 규제하면서 이들의 인기가 하락하며 코미디 프로그램에서 보기가 힘들어졌다. MBC가 코미디언 세대교체를 위해 1975년부터 신인 코미디언을 선발해 새로운 코미디 프로그램에 투입하기 시작했다. 이용식 이규혁 방미 등이 1970년대 후반부터 코미디와 예능 프로그램에 투입돼 기존 코미디언과 차별화한 코미디 연기로 시청자에게 존재감을 드러냈다.

10대가 대중문화의 주요한 소비층으로 나서기 시작한 1980년대부터 치고받고 넘어지며 과장 액션으로 웃음을 유발하는 슬랩스틱 코미디와 만담을 비롯한 정통 코미디를 하는 코미디언의 설 자리가 좁아지면서 새로운 감각과 웃음 기법으로 무장해 재치와 입담으로 유쾌함을 주는 젊은 개그맨이 대거 등장해 스타가 되었다. 신세대 개그맨이 새로운 개그 프로그램을 통해 시청자를 만나기 시작한 1980년대 초반 의외의 스타 코미디언이 모습을 드러냈다. 이주일이다. 17년 동안 유랑극단을 전전하며 무명으로 지내던 이주일이 1980년대가 시작되면서 텔레비전 코미디 프로그램에 혜성처럼 나타나 스타로 도약했다. 이주일은 1980년 단역으로 출연한 TBC 〈토요일이다! 전원출발〉에서 실수에 의한 코믹 연기로 시청자의 폭소를 유발한 뒤 불과 2주일 만에 스타가 되었다. 이주일은 1980년대 슬랩스틱 코미디를 비롯한 정통 코미디와 새롭게 선보인 스탠드업 코미디로 시청자의 눈길을 끌고 "못생겨서 죄송합니다" "뭔가 보여주겠다니까요" 같은 유행어로 웃음을 주조하며 코미디 황제로 군림했다.

1980년대 KBS에선 〈유머 1번지〉〈코미디 출동〉〈쇼! 비디오자키〉를 통해 전유성 김형곤 김학래 임하룡 엄영수 장두석 김정식 이선민 심형래 최양락 김한국 이봉원 이경래 김미화 이경애 임미숙 팽현숙 조금산 등이 정통 코미디와 확연히 다른 개그 연기로 젊은 시청자의 웃음보를 자극하며 개그맨 스타 반열에 올랐다. MBC에선 〈폭소 대작전〉〈청춘 만만세〉〈소문만복래〉를 통해 김병조 이홍렬 서세원 최병서 주병진 이경규 김보화 박세민 김혜영 김정렬 이상운 이하원 황기순 이원승 정재환 배영만 이경실 박미선이 활약하며 인기 개그맨과 스타 대열에 진입했다.

이 중에서 전유성 주병진 김형곤 심형래 김미화 최양락이 개그 프로그램과 예능 프로그램에서 개성적인 캐릭터와 재치 있는 입담, 독창적 아이디어, 정교한 연기력으로 대중에게 큰 웃음을 주며 개그 스타로 확고한 입지를 굳혔다. 전유성은 독창적인 아이디어로 개그 프로그램의 초석을 다지며 개그맨 시대를 연 주역이고 주병진은 〈일요일 일요일 밤에〉 등에서 재치 있는 멘트를 능숙능란하게 구사하는 재담 스타일의 개그로 스타 개그맨의 지위를 차지했다. 김형곤은 〈유머 1번지〉의 코너 '회장님 회장님 우리 회장님' '탱자 가라사대'를 통해 시사 풍자를 시도해 높은 인기를 얻고 "잘 돼야 될 텐데" "잘 될 턱이 있나" 같은 유행어도 양산하며 개그 스타의 명성을 획득했다. 심형래는 〈유머 1번지〉의 '영구야 영구야' '변방의 북소리'와 〈쇼! 비디오자키〉의 '벌레들의 합창' '동물의 왕국'에서 바보 캐릭터와 슬랩스틱 연기를 전면에 내세워 개그 스타로 우뚝 섰다. 김미화는 〈유머 1번지〉에서 활약하며 개그우먼의 존재감을 드러낸 뒤 〈쇼! 비디오자키〉에서 김한국과 콤비로 연기한 '쓰리랑 부부'의 순악질 여사 캐릭터로 인기를 끌었고 최양락은 〈유머 1번지〉의 '남 그리고 여' '고독한 사냥꾼', 〈쇼! 비디오자키〉의 '네로 25시'를 통해 기발한 반전 개그로 사랑받았다.

영화가 침체의 늪에 빠진 1970~1980년대에도 스크린 스타는 출현했다. 물론 영화와 텔레비전 드라마를 오가며 활동하는 연기자가 대부분이었다. 1970년대 초중반 문희 남정임이 결혼과 함께 은퇴하고 윤정희도 활동이 뜸해져 1대 트로이카 체제가 무너지면서 20여 명의 신인 여배우가 특출난 선두 주자 없이 각축전을 벌였다. 주연급으로 활동한 여배우는 나오미 박지영 안인숙 김순복 김지수 오수미 윤연경 김명진 명희 우연정 진도희 이영옥 윤미라 나하영 한유정 정소녀 등이다.

1970년대 중반 활동을 시작한 유지인 정윤희 장미희의 활약이 두드러지면서 이들이 제2대 트로이카로 등극해 1970년대 영화계를 이끌었다. 유지인은 1974년 박종호 감독의 〈그대의 찬손〉으로 데뷔해 영화배우의 길을 걸었다. 1973년 TBC 탤런트로 연예계에 입문해 드라마와 영화를 오가며 활동하던 유지인은 서구적인 마스크와 도회적 이미지로 〈오빠가 있다〉 같은 멜로영화에 출연하다 1970년대 중후반 붐을 이뤘던 호스티스물 〈26×365=0〉 흥행으로 스타덤에 올랐다. 전형적인 한국 미인으로 얼굴만으로도 배우로서 존재감을 강렬하게 드러낸 정윤희는 1975년 영화 〈욕망〉을 통해 영화배우가 된 뒤 호스티스물 〈나는 77번 아가씨〉〈꽃순이를 아시나요〉로 청순미를 발산하며 인기 배우가 됐고 〈뻐꾸기도 밤에 우는가〉〈앵무새 몸으로 울었다〉를 통해 매력적인 육체를 현시하며 톱스타로 우뚝 섰다. TBC 탤런트로 활동하던 장미희는 1976년 〈성춘향전〉 신인 공모에 선발돼 영화배우로 첫발을 디딘 뒤 흥행 돌풍을 일으킨 김호선 감독의 〈겨울여자〉에서 성녀와 마녀의 요소를 동시에 가진 캐릭터를 잘 소화해 단번에 스타가 됐다. 연기 스펙트럼이 넓은 장미희는 〈갯마을〉〈저도의 꽃〉〈깊고 푸른 밤〉에서 성격이 전혀 다른 다양한 캐릭터를 소화하며 두드러진 활약을 펼쳤다.

유지인 정윤희 장미희, 2대 트로이카 외에도 MBC 탤런트로 활동하며 1976년 〈보통 여자〉를 통해 영화배우로 데뷔한 김자옥이 영화 〈살인 나비를 찾아서〉〈목마 위의 여자〉를 통해 신인 스타로 주목받은 것을 비롯해 TV 드라마에서 두각을 나타낸 김영애 이효춘 김창숙 태현실 홍세미 윤여정 박원숙 염복순 김희준 김형자 정영숙 김영란 김윤경 한혜숙이 1970년대 영화 주연으로 활약했다.

1970년대 호스티스물과 함께 붐을 이룬 하이틴물 영화를 통해 여자 신예 스타가 배출됐다. 1975년 〈여고 졸업반〉으로 배우로서 존재감을 드러낸 뒤 문여송 감독의 〈진짜 진짜 좋아해〉〈진짜 진짜 미안해〉 주연으로 활약한 임예진과 〈고교 얄개〉〈고교 우량아〉의 강주희는 10대 남학생들의 열광적인 지지를 받으며 최고 인기의 하이틴 스타가 되었다.

신성일 최무룡 김진규 신영균 박노식 윤일봉은 지속적인 영화 출연을 통해 1960년대에 이어 1970년대에도 여전히 남자 스타로서 존재감을 드러냈는데 특히 신성일은 1970년대 최대 흥행작으로 꼽히는 〈별들의 고향〉 〈겨울 여자〉 주연으로 나서 톱스타로서 면모를 유감없이 발휘했다. 이들과 함께 TV 탤런트로 활동한 김동원 장민호 이낙훈 이순재 백일섭 오지명 박근형 최불암 문오장 이대근 장욱제 신구 송재호 이정길 한진희 노주현이 스크린에 진출해 활발한 활동을 하며 인기 배우의 명성을 얻었다.

　1960년대 후반과 1970년대 초반 데뷔해 1970년대의 스크린을 화려하게 수놓은 남자 영화 스타는 1967년 홍콩 영화로 데뷔한 뒤 귀국해 1969년 〈울지도 못합니다〉를 시작으로 〈화분〉 〈바보들의 행진〉 〈불꽃〉 〈족보〉 〈사람의 아들〉 주연으로 출연해 탄탄한 연기력을 과시하며 연기파 배우로 인정받은 하명중, 명배우 김승호 아들로 1969년 〈비 내리는 고모령〉을 통해 영화배우로 나선 뒤 〈석화촌〉 〈증언〉 〈과부〉 〈깃발 없는 기수〉에서 선 굵은 남성적 연기를 선보인 김희라, 1970년 〈이조 괴담〉으로 영화배우로 첫발을 디딘 후 〈청춘 교사〉 〈삼일천하〉에서 야성미를 드러내며 여성 팬을 사로잡은 신일룡, 단아한 미남형 배우로 1971년 영화 〈연애 교실〉을 통해 관객과 만난 후 〈청춘 극장〉 〈연인들〉 같은 멜로물에서 두각을 나타낸 신영일이다. 이들과 함께 김추련 하재영 이영하도 1970년대 스크린 활약이 돋보인 남자 스타다. 이밖에 〈고교 얄개〉 〈진짜 진짜 미안해〉를 비롯한 하이틴물을 통해 이덕화 전영록 이승현 손창호 진유영이 청소년 관객의 열렬한 호응으로 신예 스타로 주목받았다.

　1980년대 중반까지 2대 트로이카 장미희 정윤희 유지인과 중견 배우 신성일 남궁원 윤일봉이 멜로영화 주연으로 나섰고 김희라 김추련 신일룡 신영일이 1970년대 이어 맹활약했다. 1980년대를 관통하며 대중의 사랑을 받은 여자 스타는 유지인 정윤희 장미희 뒤를 이은 3대 트로이카로 탤런트로 출발해 영화와 TV 드라마를 오가며 활약한 원미경 이미숙 이보희다. 1979년 〈밤의 찬가〉로 영화에 첫선을 보인 원미경은 〈청춘의 덫〉〈빙점〉〈물레야 물레야〉에 출연해 강렬한 캐릭터와 정교한 연기력으로 주목받았고 에로티시즘 영화 〈변강쇠〉를 통해 육감적 몸매를 드러내며 스타덤에 올랐다. 1980년 〈모모는 철부지〉로 스크린에 진출한 이미숙은 〈불새〉〈내가 사랑했다〉로 배우로서 존재를 알렸고 〈고래사냥〉을 통해 스타가 된 후 〈뽕〉과 〈겨울 나그네〉처럼 퇴폐와 순수, 양극단의 캐릭터를 연기하며 스타성을 고조시켰다. MBC 탤런트로 연기자 생활을 시작한 이보희는 〈바보 선언〉〈어우동〉〈이장호의 외인구단〉〈나그네는 길에서도 쉬지 않는다〉를 비롯한 이장호 감독의 사회성 짙은 영화와 에로 영화의 페르소나로 활약하며 스타가 되었다.[127]

1980년대는 영화 경향에 따라 배우의 활동 영역이 구분돼 성적 본능을 자극하는 에로 영화의 배우와 현실 비판 의식이 강한 사회성 영화의 배우가 대중의 눈길을 끌었다. 에로 영화로 스타가 된 배우는 〈애마부인〉〈산딸기〉의 안소영, 〈뽕〉의 이대근, 〈매춘〉의 나영희, 〈무릎과 무릎 사이〉의 임성민 등이고 사회성 짙은 영화로 스타가 된 배우는 〈만다라〉〈어둠의 자식들〉〈바람 불어 좋은 날〉의 안성기, 〈꼬방동네 사람들〉의 김보연, 〈바보 선언〉의 김명곤 등이다.

이 중에서 안성기의 활약은 독보적이다. 다섯 살 때인 1957년 〈황혼 열차〉로 데뷔한 안성기는 70여 편의 영화에 아역으로 출연했으며 1960년 〈십대의 반항〉으로 샌프란시스코 영화제에서 아역 스타상을 받기도 했다. 학업으로 연기자 생활을 중단했다가 1977년 〈병사와 아가씨들〉로 영화계로 돌아온 안성기는 〈바람 불어 좋은 날〉로 주목받기 시작했고 〈만다라〉를 통해 연기파 배우로 인정받은 뒤 〈고래사냥〉〈겨울 나그네〉〈깊고 푸른 밤〉 같은 문제작과 흥행작의 주연을 도맡으며 1980년대 최정상의 스타로 자리했다.

베니스국제영화제와 모스크바국제영화제의 여우주연상 수상을 통해 월드 스타로 비상한 강수연 역시 1980년대를 대표하는 영화 스타다. 드라마 아역 연기자로 연기를 시작한 강수연은 1976년 〈나는 고백한다〉를 통해 영화에 진출한 뒤 TV 드라마와 영화를 오가며 아역 배우로 활약했다. 〈미미와 철수의 청춘 스케치〉 〈감자〉 〈우리는 지금 제네바로 간다〉에서 개성 강한 연기를 선보이며 성인 배우로 성공적으로 안착한 강수연은 탈개성화한 연기력을 과시한 〈씨받이〉로 1987년 베니스국제영화제에서 동양인 최초로 여우주연상을 받고 〈아제 아제 바라아제〉로 1989년 모스크바국제영화제에서 여우주연상을 차지해 월드 스타 지위를 획득했다.

1980년대 TV와 영화를 오가며 활동한 박근형 백일섭 이덕화 임동진 유인촌 한진희 이정길 송재호 노주현 최불암 이순재 김영애 선우은숙 윤미라 차화연 한혜숙 서미경도 주목할 만한 영화 활동을 했다. 1980년대 김혜수 이미연 황신혜 이혜숙 최명길 전세영 조용원 박중훈 최민수 최재성 김세준 이경영이 영화 신예 스타로 성장하기 시작했다.

1960년대에 이어 1970년대에도 인기가 많은 음악 장르인 트로트와 팝스타일 음악 계열의 가수가 대중의 사랑을 받아 스타로서 명성을 유지했다. 〈동백 아가씨〉 〈섬마을 선생님〉을 통해 1960년대 최고 트로트 스타가 된 이미자는 1970년대 들어서도 〈아씨〉 〈삼백리 한려수도〉 같은 인기곡을 계속 발표해 스타 위상을 지켰지만, 트로트 가수 최고 자리는 남진과 나훈아에게 물려줘야 했다. 〈마음이 고와야지〉 〈님과 함께〉 〈그대여 변치 마오〉 〈미워도 다시 한번〉 등 전 국민이 따라 부르는 메가 히트곡을 연속 발표한 남진과 〈고향 역〉 〈가지 마오〉 〈물레방아 도는데〉 등 토속적인 정서와 향토색 짙은 트로트로 폭발적인 인기를 얻은 나훈아가 리사이틀 무대와 야간 업소, 방송에서 최고 자리를 놓고 치열한 경쟁을 벌이며 오빠 부대를 몰고 다녔다. 1970년대 인기를 얻은 트로트 가수는 〈고향이 좋아〉의 김상진, 〈바다가 육지라면〉의 조미미, 〈공항의 이별〉의 문주란, 〈하동포구 아가씨〉의 하춘화, 〈해뜰날〉의 송대관 등이다.

1960년대 팝 스타일 음악 가수의 대표주자로 스타가 된 패티김은 1970년대에도 히트곡 〈이별〉 등을 발표하고 방송 출연과 무대 활동을 하며 인기 가수로서 건재를 과시했다. 미국 활동을 접고 1960년대 말 귀국해 국내 활동에 주력한 윤복희는 1979년 서울국제가요제에서 대상을 받은 〈여러분〉으로 인기를 얻었다. 대중의 사랑을 받은 팝 스타일 음악으로 1970년대 인기를 얻은 가수는 〈무인도〉의 정훈희, 〈개여울〉의 정미조, 〈내 곁에 있어주〉의 이수미, 〈기다리게 해놓고〉의 방주연, 〈그 얼굴의 햇살을〉의 이용복, 〈안녕하세요〉의 장미화, 〈진짜 진짜 좋아해〉〈당신만을 사랑해〉〈제3한강교〉의 혜은이, 〈봄비〉〈아리송해〉의 이은하, 〈열애〉의 윤시내 등이다.

1970년대는 트로트와 팝 스타일 음악이 이끄는 주류 음악에 포그와 록이 진입하며 한국 대중음악의 스펙트럼을 확장하는 동시에 포크와 록 가수가 인기 스타 대열에 합류했다. 1970년대 초중반 포크송은 기성세대 문화에 대항하는 청년 문화의 대표주자로 떠오르면서 대학생을 비롯한 젊은 층의 전폭적인 지지를 받았다. 1968년 번안곡 〈웨딩케익〉〈하얀 손수건〉을 부른 송창식 윤형주로 구성된 포크 듀오 트윈폴리오와 미국에서 귀국해 자작곡 〈행복의 나라로〉를 발표한 한대수가 포크 바람을 일으켰다. 이후 싱어송라이터가 상당수를 차지하는 포크송 가수들은 대학축제, 세시봉 오비스캐빈 같은 음악 감상실, 음악 살롱과 이종환 박원웅을 비롯한 인기 DJ가 진행하는 라디오 음악 프로그램에 출연해 인기 가수로 올라섰다. 1970년대 초중반 트윈폴리오에서 솔로로 독립해 자작곡 〈고래사냥〉〈피리 부는 사나이〉〈왜 불러〉로 폭발적인 인기를 얻은 송창식은 톱스타 반열에 올랐다. 한국에 모던포크와 포크록을 도입하고 〈물 좀 주소〉〈고무신〉〈무한대〉를 통해 사랑, 평화, 고독 같은 내면의 감정을 사회적 언어로 풀어낸 한대수,[128] 〈아하 누가 그렇게〉〈친구〉〈강변에서〉를 통해 대중가요가 단지 사랑과 이별만이 아니라 사회에 대한 발언이며 자의식을 표현하는 매체임을 보여준 김민기[129], 〈아침이슬〉〈상록수〉를 청아한 목소리와 힘 있는 창법으로 소화한 양희은, 〈그건 너〉〈한잔의 추억〉처럼 일상적 노랫말과 단순한 코드와 쉬운 멜로디가 돋보인 자작곡을 부른 이장희가 1970년대 인기를 얻은 대표적인 포크 가수다. 이밖에 〈아름다운 사람〉의 서유석, 〈서울 하늘〉의 양병집, 〈하얀 나비〉의 김정호, 〈딜라일라〉의 조영남, 〈사랑하는 마음〉의 김세환, 〈작은 새〉의 어니언스, 〈화〉의 4월과 5월, 〈섬 소년〉의 이정선, 〈세월이 가면〉의 박인희, 〈그들〉의 방의경, 〈약속〉의 뚜아에무아, 〈사랑해〉의 은희, 〈푸른 시절〉의 김만수, 〈시인의 마을〉의 정태춘, 〈행복한 사람〉의 조동진도 1970년대 포크 음악을 견인한 인기 가수다.

포크와 함께 1970년대는 록 장르의 음악도 대중의 인기를 얻었다. 1960년대 신중현에 의해 본격 도입된 록은 1970년대 접어들면서 록밴드와 그룹사운드의 본격적인 활약으로 주류 음악으로의 진입을 시작했다. 신중현은 '신중현과 엽전들'을 비롯한 적지 않은 록밴드를 이끌며 〈미인〉 등 다양한 록 음악을 발표해 젊은 대중의 환호를 받았다. 또한, 신중현은 가창력과 역동적인 퍼포먼스가 돋보인 김추자를 〈거짓말이야〉〈님은 먼 곳에〉를 통해 스타로 만들었고 〈봄비〉의 박인수, 〈커피 한잔〉의 펄시스터즈, 〈간다고 하지 마오〉의 김정미, 〈꽃잎〉의 이정화, 〈미련〉의 장현을 록과 소울 음악으로 인기 가수로 부상시켰다. 김창완 김창훈 김창익, 삼형제로 구성된 산울림은 1977년 파격적인 화성과 가사의 노래가 담긴 1집 앨범 〈아니 벌써〉와 1978년 정통적인 록비트 사운드가 강조된 2집 앨범 〈내 마음에 주단을 깔고〉를 발표하며 젊은 세대에게 충격을 주고 기성세대에게는 깊은 인상을 남겼다.[130] 산울림은 10~20대의 폭발적인 인기를 얻으며 스타가 됐을 뿐만 아니라 록의 주류 음악 진입에 결정적 기여를 했다. 록그룹 히식스, 영사운드, 사랑과 평화 그리고 대학 가요제 출신 그룹사운드 송골매도 1970년대 인기 록밴드로 주목받았다.

1970년대 중후반에는 록그룹 출신 가수들이 트로트와 고고, 록 리듬을 결합한 트로트 고고로 대중의 사랑을 받으며 인기 가수로 떠올랐다. 〈돌아와요 부산항에〉의 조용필을 필두로 〈오동잎〉의 최헌, 〈내게도 사랑이〉의 함중아, 〈나를 두고 아리랑〉의 김훈, 〈진정 난 몰랐었네〉의 최병걸, 〈사랑만은 않겠어요〉의 윤수일, 〈돌려줄 수 없나요〉의 조경수가 트로트 고고로 인기 가수가 되었다.

다양한 장르 음악으로 1980년대 대중음악계를 평정한 조용필은 1968년 밴드 애트킨즈를 결성하고 음악을 시작해 1976년 〈돌아와요 부산항〉으로 본격적으로 대중과 만나다 1970년대 중반 대마초 사건에 연루돼 활동을 정지당한 뒤 1980년 〈창밖의 여자〉를 통해 활동을 재개했다. 조용필은 100만 장이 판매된 1980년 1집 〈창밖의 여자〉부터 〈촛불〉〈미워 미워 미워〉〈못 찾겠다 꾀꼬리〉〈산유화〉〈눈물의 파티〉〈들꽃〉〈허공〉〈마도요〉〈서울 서울 서울〉을 거쳐 1989년 발표한 11집 〈Q〉까지 11장 정규 앨범을 통해 숱한 인기곡을 양산해 1980년대 대중음악계를 완벽하게 장악했다. 조용필은 10대 청소년부터 장노년층까지 모든 세대와 계층의 사랑을 받는 명실상부한 '국민 가수'가 됐다.

조용필과 함께 전영록도 1980년대 큰 인기를 얻으며 스타 가수로 활동했다. 1976년 〈애심〉 히트로 인기 가수 반열에 오른 전영록은 하이틴물 영화를 통해 인기 배우로도 존재감을 드러낸 뒤 〈종이학〉〈사랑은 연필로 쓰세요〉〈아직도 어두운 밤인가봐〉〈불티〉를 연속 히트시키며 스타 가수로서도 입지를 확고히 굳혔다. 〈바람 바람 바람〉〈현아〉의 김범룡, 〈내 인생은 나의 것〉〈사랑은 이제 그만〉의 민해경도 팝과 댄스 음악으로 인기 가수 대열에 합류했다.

1980년대 주류 음악 장르로 떠오른 발라드로 사랑받은 가수는 〈잊혀진 계절〉의 이용과 〈동행〉 〈남남〉의 최성수다. 〈J에게〉 〈아! 옛날이여〉 〈한바탕 웃음으로〉를 샤우팅 창법과 압도적인 가창력으로 소화한 이선희와 〈가리워진 길〉 〈사랑하기 때문에〉처럼 클래식과 가요의 접목으로 한국적 팝 발라드를 진화시킨 유재하, 〈오늘 같은 밤〉 〈가까이하기엔 너무 먼 당신〉 같은 세련된 발라드를 발표한 이광조 역시 대중의 인기를 얻었다. 〈난 아직 모르잖아요〉 〈가로수 그늘 아래서면〉 〈광화문 연가〉 〈소녀〉를 매력적인 창법으로 소화해 인기곡으로 만들며 영미권 팝송을 많이 듣던 젊은 세대의 음악적 취향을 변화시키며 우리 가요에 관심을 기울이게 한 이문세와 신선한 음색으로 〈너무 늦었잖아요〉 〈희망 사항〉 〈너에게로 또다시〉 같은 히트곡을 양산한 변진섭은 발라드 음악으로 톱스타로 올라섰고 〈채워지지 않는 빈자리〉의 이상우도 인기 발라드 가수가 되었다.

1980년대 대중음악의 새로운 소비자로 떠오른 10대의 열렬한 지지 속에 화려한 퍼포먼스와 노래가 어우러진 댄스 음악을 하는 가수도 스타 대열에 속속 진입했다. 현란한 댄스와 매혹적인 관능미로 '한국의 마돈나Madonna'로 불리며 〈오늘 밤〉 〈리듬 속의 그 춤을〉 〈나 홀로 뜰 앞에서〉를 비롯한 많은 댄스 음악 히트곡을 낸 김완선과 독특한 춤동작과 〈널 그리며〉 〈사랑의 불시착〉으로 관심을 끈 박남정, 매력적인 허스키한 목소리로 〈빙글빙글〉 〈영원한 친구〉를 부른 나미, 3인조 댄스 음악 그룹으로 〈그녀에게 전해주오〉 〈어젯밤 이야기〉를 히트시킨 소방차가 1980년대 인기를 모은 댄스 음악 가수다.

1970년대보다 인기는 하락했지만, 1980년대에도 트로트는 성인 대중의 사랑을 받으며 주류 음악의 한 축을 담당했다. 정통 트로트 분위기를 잘 살린 〈당신은〉의 김연자, 호소력 짙은 창법이 돋보인 〈너무합니다〉의 김수희, 새로운 감각과 흥성을 섞는 특이한 창법으로 〈남자는 배 여자는 항구〉

〈사랑밖엔 난 몰라〉를 부른 심수봉, 전통적인 트로트 창법과 확연히 다른 독창적 가창 스타일로 〈비 내리는 영동교〉〈신사동 그 사람〉을 인기곡으로 만든 주현미가 성인 세대의 사랑을 받은 1980년대 트로트 스타다. 이밖에 〈사랑의 미로〉의 최진희, 〈잃어버린 30년〉의 설운도, 〈봉선화 연정〉의 현철, 〈옥경이〉의 태진아도 인기를 얻은 트로트 가수다.

1980년대에는 주류 음악 인기 판도를 좌우하며 가수의 스타화에 결정적 역할을 하는 텔레비전 출연을 외면한 채 음반과 공연을 주요 활동무대로 삼은 언더그라운드 가수도 젊은 대중의 뜨거운 지지로 인기 가수 반열에 올랐다. 들국화는 1985년 〈행진〉〈그것만이 내 세상〉이 수록된 1집 앨범을 발표해 60만 장이 팔리는 엄청난 성공을 거두며 록그룹 성공시대를 열었다. 들국화와 함께 백두산, 부활, 시나위도 1980년대 인기를 얻은 록그룹이다. 〈사랑했어요〉의 김현식, 〈어느 날 갑자기〉〈제비꽃〉의 조동진, 〈가시나무〉〈풍경〉의 시인과 촌장 같은 록과 포크 계열의 가수와 〈그대 없는 거리〉〈황혼〉의 신촌블루스, 〈누구 없소〉〈여울목〉의 한영애 같은 블루스 음악 계열 가수도 1980년대 언더그라운드 가수로 주목받았다.

1987년 6·10 민주항쟁 이후 민주화 바람이 거세게 불면서 민중가요가 대중음악계에 본격적으로 진입해 대중의 관심을 끈 민중가요 가수도 배출됐다. 노래를 찾는 사람들이 〈사계〉〈오월의 노래〉〈광야에서〉가 수록된 음반을 발표해 70만 장이라는 엄청난 음반 판매량을 기록하며 인기를 끌었고 안치환 권진원 김광석이 민중가요를 불러 유명 가수로 등극했다.

1977년 9월 3일 선을 보인 MBC 〈대학가요제〉를 비롯해 TBC의 〈해변 가요제〉〈젊은이의 가요제〉, MBC 〈강변가요제〉가 폭발적인 인기를 누리며 가수 데뷔 창구 역할을 톡톡히 했다. 1980년대 방송사 대학가요제를 통해 스타가 된 가수가 연이어 등장했다. 기존 음악과 판이한 새로운 음악이 대학가요제를 통해 소개돼 대중음악의 스펙트럼을 확장하는 동시에 젊은 층의 큰 관심을 끌어 가요제 참가 대학생이 스타로 부상했다. 〈탈춤〉〈나는 세상모르고 살았노라〉의 활주로, 〈해야〉의 마그마, 〈돌고 돌아가는 길〉의 노사연, 〈그때 그 사람〉의 심수봉, 〈J에게〉의 이선희, 〈담다디〉의 이상은, 〈지금 그대로의 모습으로〉의 유열, 〈그대에게〉의 무한궤도가 대학생 가요제를 통해 스타가 된 가수와 그룹이다.

1876~1945년 **1** 대중문화 초창기 스타

1945~1960년대 **2** 대중문화 발전기 스타

1970~1980년대 **3** 대중문화 도약기 스타

1990~2020년대 **4** 대중문화 폭발기 스타

(1) 대중문화

대중문화 폭발기인 1990~2020년대는 장기간의 권위주의 통치가 종식되고 평화적인 여야 정권 교체가 이뤄지며 민주화가 진척됐다. 1993년 출범한 김영삼 문민정부는 박정희, 전두환, 노태우로 이어지는 30여 년의 권위주의 정권 체제를 끝냈다. 1997년 15대 대선에서 김대중 후보가 당선돼 건국 이후 50년 만에 처음으로 선거에 의한 평화적인 여야 정권 교체가 이뤄졌다. 2003년 출범한 노무현 정부와 2008년 집권한 이명박 정권, 국정농단 사태를 일으켜 2017년 3월 10일 탄핵으로 파면된 박근혜 대통령, 2017년 5월 9일 치러진 조기 대선을 통해 선출된 19대 문재인 대통령, 2022년 3월 9일 20대 대선에서 당선된 윤석열 대통령까지 정권마다 적지 않은 차이가 있지만, 국민의 열망과 노력으로 민주화가 진전됐다.

1990년대 후반 IMF 사태로 경제가 침체와 혼돈 상황에 빠지기도 했지만, 이후 디지털과 인터넷을 비롯한 IT 산업이 발전하고 개인 소득과 경제 상황이 크게 호전되면서 대중문화의 산업화가 급속하게 진행됐다. 중국을 비롯한 아시아 국가에서 한류가 촉발되고 문화 개방도 단행됐다.

1990년대 민영방송 SBS와 지역 민방 개국, 케이블 TV 등장으로 다매체 다채널 시대가 열렸다. 방송, 영화, 대중음악, 광고 등 대중문화의 산업적 규모가 크게 확대됐다. 인터넷과 디지털 기술의 발전은 이전에 볼 수 없었던 새로운 대중문화의 생산과 소비 환경을 조성했다. 한류 출현으로 대중문화 시장이 국내를 넘어 중국, 대만 등 아시아로 확장됐다. 신자유주의 물결이 몰아치며 대중문화의 세계화가 진행되면서 문화 상품 수출이 본격화하는 한편 국내 문화시장 개방도 급속하게 이뤄졌다. 대중문화의 세계화 경향은 세대 · 계층 간 문화 단절을 심화하는 문제를 야기했다.

1990년대 들어 민주화가 진척되는 동시에 정치적 욕구가 해소되고 동구 사회주의가 몰락하면서 탈정치화 현상이 두드러진 가운데 대중문화 담론은 신세대 문화, 포스트모던 문화, 육체와 쾌락의 문화, 문화 산업의 경쟁력, 정보사회와 디지털 문화 중심으로 전개됐다. 문화 산업에 적극적으로 참여하며 문화 자본을 지구화한 초국가 문화 자본의 하부구조로 편입시킨 대기업이 문화 유통 부문에 영향력을 확대해 나갔다.[131] 1990년대부터 대중문화는 정권과 정치의 영향보다는 산업 논리에 지배되는 경향이 두드러졌다. 대중문화의 의미와 가치보다는 이윤 추구가 우선시되는 분위기가 심화했다.

1990년대 정보통신 혁명과 함께 모습을 드러낸 신세대(X세대)는 개인주의적이고 욕망에 충실하며 새로운 감각과 감성으로 무장한 세대로 대중문화의 강력한 소비층으로 전면에 나섰다. 1990년대부터 10대가 한국 음반 시장의 70%에 해당하는 구매력을 보인 것을 비롯해 신세대가 대중문화 전반에 걸쳐 핵심적인 세력으로 나서며 문화 상품 소비를 주도했다.

2000~2020년대 문화산업과 대중문화 시장은 폭발적으로 확대됐다. 전 세계로 확산한 한류로 한국 대중문화 위상은 크게 상승했을 뿐만 아니라 한국 대중문화 콘텐츠의 수출과 연예인의 해외 진출이 폭증했다. 위성 방송 개시와 종합편성채널 개국, 유무선 인터넷 진화, 트위터 페이스북 인스타그램 유튜브 틱톡 넷플릭스를 비롯한 SNSSocial Network Service와 OTTOver The

Top 이용 급증으로 미디어와 대중문화의 새로운 생태계가 조성됐다. 음원 중심의 디지털 음악 시장 조성과 웹툰, 웹 드라마·예능, 온라인 공연 같은 새로운 콘텐츠 등장으로 문화 산업이 재편되고 대중문화 콘텐츠 판도도 급변했다. 텔레비전, 신문 같은 전통적인 올드 미디어가 약화하고 인터넷, SNS, OTT 같은 뉴미디어가 비약적인 발전을 하며 대중문화 흐름을 주도했다.

2000~2020년대 경제가 지속해서 발전하고 인터넷과 디지털, OTT 등 뉴미디어의 대중화로 대중문화 소비가 용이해지면서 국내외의 대중문화 상품 수요가 급증했다. 세계 각국에 서비스하는 유튜브, 넷플릭스, 틱톡 같은 글로벌 OTT의 등장으로 드라마와 예능 프로그램, 영화, 대중음악 등 한국 대중문화 콘텐츠를 언제 어디서나 이용할 수 있는 환경이 조성되면서 아시아 국가로 한정됐던 한류가 세계 각국으로 확산돼 2021년 기준 한국 문화 콘텐츠 매출액과 수출액이 137조 원과 124억 달러에 달해 미국 중국 일본 영국 독일 프랑스에 이어 세계 7대 시장에 진입할 정도로 급성장했다.

1980년대 초반~2000년대 초반에 태어난 밀레니얼 세대와 1990년대 중반~2010년대 초반 출생한 Z세대를 통칭하는 MZ세대는 디지털 환경에 익숙하고 트렌드에 민감하며 SNS와 OTT 같은 뉴미디어 이용을 일상화한 세대로 2000~2020년대 대중문화 상품 소비와 문화 트렌드를 선도했다.

1990년대 대중문화 환경은 크게 변했지만, 방송이 대중문화의 헤게모니를 장악하고 있었다. 1991년 SBS가 개국하면서 공·민영 체제로 지상파 텔레비전 방송사가 운영됐고 부산, 인천, 대구, 광주, 대전에 지역 민영 방송사가 잇따라 설립됐다. 1995년 장르가 다른 30개 전문 채널을 방송하는 케이블 TV가 출범해 뉴미디어 시대의 장을 열었다. 방송 환경 변화는 대중문화 인프라를 재조정했을 뿐만 아니라 방송 프로그램 내용과 형식, 트렌드도 바꾸었다. SBS는 1992년 드라마와 예능 프로그램의 집중 편성으로 KBS, MBC와의 본격적인 시청률 경쟁에 뛰어들어 연예인의 활동 무대를 대폭 확장해 스타를 배출할 수 있는 창구를 넓혔다.

방송 채널 증가에 따른 프로그램 수요 급증에 따라 방송사 자체 제작이 한계에 봉착하고 외주제작 편성을 법적으로 제도화해 외주제작이 급격히 늘어났다. 삼화 프로덕션, 김종학 프로덕션, JS픽쳐스, JOY TV 같은 외주제작사는 지상파 TV와 케이블 TV를 통해 다양한 드라마, 시트콤, 예능 프로그램을 제작해 방송했다. 김종학 황인뢰 이관희 장수봉 이진석 이창순 송창의 윤석호 성준기 정세호 오종록 장기홍 이장수 표민수 은경표 같은 스타 PD들이 방송사를 떠나 외주제작사를 택해 작품 연출에 전념했다. 사회 전반적으로 두드러진 탈정치화 경향과 대중문화 핵심 소비층으로 진입한 10대로 인해 무거운 주제를 피하고 경쾌하고 감각적인 드라마와 예능 프로그램이 쏟아졌다.

1990년대는 일일극, 주간 드라마, 주말극, 미니시리즈, 단막극 등 다양한 포맷의 드라마가 시청자와 만났다. 일일극은 스튜디오 촬영 위주이고 소재도 가족과 가정의 일상사를 다룬 홈드라마가 많았고 미니시리즈와 주말극은 야외 촬영 위주이고 멜로물, 시대극, 모험극처럼 시청자의 관심을 끌 만한 서사 구조를 중심으로 한 작품이 많았다.[132] 1990년대는 미니시리즈와 대작이 드라마의 주요한 흐름을 이끌었다.

미니시리즈 중에는 트렌디 드라마가 신세대 시청자의 사랑을 받으며 제작 붐을 이뤘다. 1992년 MBC 〈질투〉를 시작으로 감각적이고 화려한 영상, 젊은이의 사랑과 생활을 다룬 주제, 속도감 있는 스토리 전개, 감성적인 OST, 소비문화의 화려한 현시를 전면에 내세운 트렌디 드라마가 안방극장을 장악했다. 〈마지막 승부〉〈사랑을 그대 품 안에〉〈느낌〉을 비롯한 16~24부작 트렌디 드라마는 소비 지향적이고 감각적인 신세대의 전폭적인 지지를 바탕으로 높은 인기를 누렸고 20년 넘게 한국 드라마 흐름을 주도했다.

1990년대는 막대한 제작비와 스타 연기자를 투입한 대작 드라마도 많이 제작돼 높은 시청률을 기록했다. MBC가 1991년 방송한 〈여명의 눈동자〉는 학도병과 위안부로 끌려간 청춘남녀를 중심으로 일제 강점기와 해방, 6·25전쟁으로 이어지는 격동의 한국 현대사와 민족의 비극을 다룬 36부작 드라마다. 40억 원이 투입됐고 국내외 수백 명의 연기자가 출연했으며 필리핀, 중국 등 외국 촬영이 진행됐다. 매회 50%에 달하는 시청률을 기록하며 폭발적인 반응을 얻었다. SBS가 1995년 방송한 블록버스터 드라마 〈모래시계〉는 광주민주화운동 전후 1980년대 현대사의 격랑 속에서 펼쳐진 세 남녀의 삶과 사랑의 여정을 정치·사회적인 측면에서 다룬 24부작 드라마로 '귀가 시계'로 불리며 신드롬을 일으켰다. 〈모래시계〉는 높은 완성도와 작품성으로 한국 드라마의 질적 진화를 이끌었다. 이밖에 〈까레이스키〉를 비롯한 대작 드라마가 1990년대 방송돼 시청자의 눈길을 끌었다.

1990년대 50~65%라는 경이적인 시청률을 기록하며 한국 방송사에 한 획을 그은 드라마는 이루지 못한 첫사랑을 다룬 조소혜 작가의 〈첫사랑〉과 1980년대 사북 탄광촌과 서울을 배경으로 세 젊은이의 사랑과 야망을 담은 〈젊은이의 양지〉, 남존여비 가부장적 가족의 변화를 보여준 박진숙 작가의 〈아들과 딸〉, 일일극 힘을 증명한 임성한 작가의 〈보고 또 보고〉, 가족극의 정석을 현시한 문영남 작가의 〈바람은 불어도〉, 김수현 작가 특유의 대사의 힘이 돋보인 〈목욕탕집 남자들〉로 홈멜로물이 시청률 초강세를 보였다. 또한, 방송 당시 대선이라는 정치적 상황과 극의 내용이 유사해 이슈가 된 〈용의 눈물〉과 사극 전문 연출자 이병훈 PD의 〈허준〉을 비롯한 사극과 중국에서 한류를 일으킨 김수현 작가의 〈사랑이 뭐길래〉와 잔잔한 일상을 통해 가족의 의미를 감동적으로 표현한 김정수 작가의 〈그대 그리고 나〉 같은 홈드라마도 시청률 50~60%대를 기록하며 흥행에 성공했다. 유부남과 유부녀의 연애를 불륜이 아닌 사랑의 관점에서 바라본 〈애인〉처럼 변화된 시대의 사랑 풍속도와 욕망을 드러낸 드라마도 신드롬을 일으키며 논란과 화제가 됐고 〈종합병원〉〈의가 형제〉〈해바라기〉 같은 전문직 드라마가 본격적으로 시청자를 만나 인기를 끌면서 드라마 장르의 스펙트럼을 확장했다.

1990년대 방송 트렌드 중 하나가 고정 출연진이 매회 다른 에피소드를 보여준 시트콤 열풍이다. SBS가 1993년 2월부터 10월까지 방송한 〈오박사네 사람들〉은 한국 최초의 공개 시트콤을 표방한 작품으로 시트콤 붐의 진원지였다. 이후 〈LA 아리랑〉〈남자 셋 여자 셋〉〈순풍 산부인과〉〈세 친구〉 같은 인기 시트콤이 방송됐다. 시트콤은 20여 년간 주요한 방송 장르로 자리를 지켰다.

1997년 중국 CCTV의 〈사랑이 뭐길래〉 방송을 계기로 〈의가 형제〉를 비롯한 많은 한국 드라마가 중국, 대만, 베트남 등 아시아 국가에서 큰 관심을 끌면서 드라마 한류가 시작됐다. 드라마 한류는 대중음악 한류까지 촉발하며 한국 대중문화의 새로운 역사를 썼다.

1990년대 예능 프로그램은 대중문화의 주요한 소비층으로 떠오른 10대를 겨냥한 것이 많았고 주말 오후 6~8시에 대형 버라이어티 프로그램을 집중 편성한 것이 큰 특징이다. SBS의 〈자니윤 이야기쇼〉〈이홍렬 쇼〉〈이주일의 투나잇쇼〉〈김혜수의 플러스유〉, KBS의 〈조영남 쇼〉〈서세원 쇼〉, MBC의 〈주병진 나이트쇼〉를 비롯한 다양한 포맷의 토크쇼, KBS의 〈가요 톱 10〉〈열린 음악회〉〈이소라의 프로포즈〉〈뮤직뱅크〉, MBC의 〈결정! 최고 인기가요〉, SBS의 〈인기 가요〉 등 음악 프로그램, KBS의 〈쇼! 비디오자키〉〈유머 1번지〉〈개그 콘서트〉, MBC의 〈코미디 세상만사〉〈테마 게임〉, SBS의 〈코미디 전망대〉를 포함한 코미디·개그 프로그램, KBS의 〈젊음의 행진〉〈슈퍼 선데이〉〈자유선언 오늘은 토요일〉, MBC의 〈일요 큰잔치〉〈토요일 토요일은 즐거워〉〈일요일 일요일 밤에〉, SBS의 〈좋은 친구들〉 같은 주말 대형 버라이어티 프로그램이 예능 프로그램의 주류를 형성했다.

2000년대 들어 디지털과 인터넷, 통신 기술이 빠르게 발전함에 따라 방송과 통신이 본격적으로 융합하고 매체 간의 경계가 사라지며 미디어 수용 환경도 급변했다. 지상파 방송, 케이블 TV, 위성방송, IPTV 등 매체 간의 경쟁이 치열해져 시장 주도적 방송환경이 더욱 심화했다.

2000년 통합방송법이 제정돼 규제 완화, 시장 통합, 경쟁체제 도입 등 시장 활성화를 위한 작업이 진행됐다. PPProgram Provider 등록제가 시행돼 방송 시장 진입 장벽이 해소되었고 채널 간 프로그램 경쟁을 통한 콘텐츠 질 향상이 이뤄졌다. 2002년 디지털 위성방송이 개국했고 2004~2005년에는 '손안의 TV'로 불리며 방송과 통신의 융합 시대를 연 DMBDigital Multimedia Broadcasting가 수용자와 만났다. 인터넷 멀티미디어 방송법이 제정돼 2008년 IPTVInternet Protocol Television 사업이 개시됐다. 휴대용 멀티미디어기기 겸 통신기기 아이폰이 2009년 11월 국내에 들어오고 트위터, 페이스북 같은 SNS가 대중화하면서 미디어의 수용 환경이 크게 변모했다. 2009년 신문과 방송 겸영 허용을 골자로 한 미디어법 제정에 따라 2011년 12월 1일 JTBC를 비롯한 네 개의 종합편성채널이 개국했다.

2010~2020년대에는 스마트폰과 OTT를 통한 TV 프로그램 시청 증가, TV 시청의 개인화, 다양한 미디어 동시 이용, 동영상 클립 이용 등 시청 행태 변화가 있었다. TV 방송사 판도도 변화했는데 2011년의 방송사별 시청점유율 순위가 KBS-MBC-SBS-TV조선-CJ계열 PP 순이었다가 2016년에는 KBS-MBC-CJ계열 PP-TV조선-SBS 순으로 바뀌었다. KBS는 2011년 36.0%에서 2016년 27.6%로 8.4%가 감소하여 방송사 가운데 가장 큰 감소 폭을 보였다. MBC는 18.4%에서 15.0%로, SBS는 11.2%에서 8.7%로 하락했다. 반면 tvN을 비롯한 CJ계열 PP는 2011년 8.3%에서 2016년에는 11.0%로 증가하는 등 비지상파 채널의 선전이 두드러졌다. 2021년 시청점유율을 살펴보면 지상파 방송은 KBS가 22.5%로 가장 높았고, 다음은

MBC 9.8%, SBS 7.7%, EBS 1.7% 순이고 종합편성채널은 TV조선 10.6%, JTBC 7.1%, 채널A 4.7%, MBN 4.1% 순이었다. CJ계열 PP는 11.5%로 지상파와 종편 채널을 제치고 KBS에 이어 2위를 차지했다.

2010~2020년대 tvN과 JTBC, 넷플릭스, 티빙, 웨이브 같은 비지상파 채널과 OTT가 방송하거나 서비스한 드라마와 예능 프로그램이 지상파 TV를 압도하며 급부상했다. 드라마와 예능 프로그램은 지상파 TV 중심에서 벗어나 케이블, 위성방송, IPTV, OTT 등 유통 플랫폼이 대폭 확대됐다. 특히 세계 각국 이용자가 미국의 유튜브, 넷플릭스, 디즈니 플러스, 애플 TV 플러스, 중국의 아이치이 같은 글로벌 OTT를 통해 한국 드라마와 예능 프로그램을 언제 어디서든 시청할 수 있는 환경이 조성됐다. 2021년 방송 산업 매출 규모는 23조 9,707억 원에 달했고 방송 콘텐츠 수출액은 7억 1,800만 달러였다.[133]

2001년부터 2010년까지 방송된 드라마 중에서 트렌디 드라마, 사극, 홈드라마, 막장 드라마가 시청률 강세를 보였고 드라마 판도를 주도한 것은 KBS, MBC, SBS 같은 지상파 TV다. 이 시기 60%대 시청률을 기록한 드라마는 정통 사극의 지평을 확장한 〈태조 왕건〉이 유일했고 시청률 40~50%대를 기록하며 흥행에 성공한 드라마는 중국뿐만 아니라 세계 각국에서 열풍을 일으키며 한류의 지구촌화를 꾀한 사극 〈대장금〉과 〈주몽〉, 중장년층 호응이 많았던 시대극 〈야인 시대〉, 젊은 시청자의 환호를 받은 트렌디 드라마 〈파리의 연인〉 〈진실〉 〈내 이름은 김삼순〉, 홈멜로물 〈제빵왕 김탁구〉다.

화제를 일으키며 드라마 트렌드를 주도했던 작품은 일본 한류를 촉발한 윤석호 PD의 〈겨울연가〉를 비롯한 트렌디 드라마 〈가을동화〉 〈천국의 계단〉 〈올인〉 〈명랑 소녀 성공기〉 〈발리에서 생긴 일〉 〈아름다운 날들〉과 퓨전 사극과 전통 사극 〈다모〉 〈선덕여왕〉 〈왕과 비〉 〈여인 천하〉, 홈드라마 〈찬란한 유산〉 〈장밋빛 인생〉 〈미우나 고우나〉, 막장 드라마 〈인어 아가씨〉〈수상한 삼형제〉〈조강지처 클럽〉〈아내의 유혹〉 등이다.

2010~2020년대는 tvN의 득세와 JTBC를 비롯한 종편과 넷플릭스, 티빙, 웨이브 같은 OTT의 가세로 드라마 경쟁이 치열해졌으며 드라마 장르가 확장되고 진화를 거듭했다. 〈왕가네 식구들〉〈내 딸 서영이〉〈넝쿨째 굴러온 당신〉〈가족끼리 왜 이래〉〈오작교 형제들〉〈월계수 양복점 신사들〉〈아이가 다섯〉〈황금빛 내 인생〉〈하나뿐인 내 편〉〈세상에서 제일 예쁜 내 딸〉〈한 번 다녀왔습니다〉〈오! 삼광빌라〉〈신사와 아가씨〉〈현재는 아름다워〉〈삼남매가 용감하게〉〈진짜가 나타났다!〉 등 홈드라마를 주로 방송한 KBS 주말극이 20~40%대 시청률 강세를 보였고 〈해를 품은 달〉〈추노〉〈구르미 그린 달빛〉 등 퓨전 사극 역시 큰 인기를 끌었다.

김은숙 작가의 〈상속자들〉〈태양의 후예〉〈도깨비〉〈미스터 션샤인〉〈더 글로리〉, 박지은 작가의 〈별에서 온 그대〉〈푸른 바다의 전설〉〈사랑의 불시착〉〈눈물의 여왕〉, 김은희 작가의 〈싸인〉〈시그널〉〈킹덤 1, 2〉〈악귀〉 등 일부 스타 작가의 작품은 국내뿐만 아니라 외국에서도 화제와 관심을 증폭시키며 드라마 한류를 고조시켰다. 〈골든타임〉〈라이프〉〈라이브〉〈낭만닥터 김사부 1, 2, 3〉〈비밀의 숲 1, 2〉〈킹덤 1, 2〉〈응답하라 1997, 1994, 1988〉〈슬기로운 의사생활 1, 2〉 같은 수준 높은 장르물과 시즌제 드라마가 본격적으로 시청자와 만났고 tvN의 〈도깨비〉〈디어 마이 프렌즈〉〈나의 아저씨〉〈또 오해영〉〈슬기로운 감빵생활〉〈사이코지만 괜찮아〉〈갯마을 차차차〉〈스물다섯 스물하나〉, JTBC의 〈밀회〉〈밥 잘 사주는 예쁜 누나〉〈청춘 시대〉〈힘쎈 여자 도봉순〉〈SKY 캐슬〉〈눈이 부시게〉〈이태원 클라쓰〉〈부부의 세계〉〈나의 해방일지〉〈재벌집 막내아들〉, ENA의 〈이상한 변호사 우영우〉 등 비지상파 TV 드라마가 완성도와 시청률, 화제성 면에서 지상파 TV 드라마를 압도했다. 넷플릭스가 제작해 서비스한 한국 드라마 〈킹덤 1, 2〉〈인간 수업〉〈스위트홈〉〈D.P〉〈오징어 게임〉〈지옥〉〈지금 우리 학교는〉〈수리남〉〈더 글로리〉는 세계 각국 가입자를 만나며 국내외에서 큰 반향을 일으켰다.

2000년대 이후 예능 프로그램은 10대 위주에서 벗어나 중장년층을 겨냥한 예능 프로그램과 연출을 최소화하고 날것 그대로의 리얼리티를 보여주는 리얼 버라이어티와 관찰 예능 프로그램이 인기가 높았다. 급증하는 1인 가구와 반려동물, 국민의 관심이 고조되는 주택, 연애와 결혼·이혼을 소재로 활용하는 것을 비롯해 사회적 변화를 담보하는 예능 프로그램도 크게 늘었다.

2000~2020년대 시청자 사랑을 받은 주요한 예능 프로그램과 트렌드는 〈개그 콘서트〉〈웃음을 찾는 사람들〉〈코미디 빅리그〉〈장르만 코미디〉〈개승자〉 같은 개그 프로그램, 〈야심만만〉〈강심장〉〈놀러와〉〈해피투게더〉〈유 퀴즈 온더 블럭〉 등 다양한 형태의 토크쇼, 〈무한도전〉〈1박 2일〉〈패밀리가 떴다〉〈런닝맨〉〈삼시세끼〉〈꽃보다 할배〉〈윤식당〉〈서진이네〉처럼 대본과 연출을 가급적 배제하고 리얼리티를 배가한 리얼 버라이어티, 〈우리 결혼했어요〉〈슈퍼맨이 돌아왔다〉〈전지적 참견 시점〉〈동상이몽〉〈나 혼자 산다〉〈미운 우리새끼〉〈강철부대〉 같은 관찰 카메라 형식으로 담아낸 연예인과 일반인의 일상생활 등에 대해 스튜디오 출연자 혹은 내레이터가 해설하는 관찰 예능, 〈슈퍼스타 K〉〈K팝 스타〉〈위대한 탄생〉〈프로듀스 101〉〈더 팬〉〈언더 나인틴〉〈쇼미더머니〉〈미스 트롯〉〈미스터 트롯〉〈싱어게인〉〈슈퍼밴드〉〈새가수〉〈걸스 플래닛 999〉〈피크 타임〉〈불타는 트롯맨〉 등 진화를 거듭한 오디션 프로그램, 〈나는 가수다〉〈불후의 명곡〉〈히든 싱어〉〈복면가왕〉〈판타스틱 듀오〉〈너의 목소리가 보여〉처럼 음악 프로그램과 예능적 요소를 결합한 음악 예능, 〈냉장고를 부탁해〉〈백종원의 3대 천왕〉〈수요 미식회〉〈원나잇 푸드트립〉〈신상출시-편스토랑〉 등 먹는 것과 요리하는 것을 예능화한 먹방·쿡방, 〈뭉쳐야 찬다〉〈노는 언니〉〈뭉쳐야 쏜다〉〈캐시백〉〈골 때

리는 그녀들〉〈편먹고 공치리〉〈최강야구〉 같은 스포츠 예능, 〈돌싱글즈〉
〈나는 솔로〉〈솔로지옥〉〈환승연애〉〈결혼과 이혼사이〉〈우리 이혼했어요〉
처럼 연애와 이혼 소재 예능 등이다. 2000~2020년대 tvN, 엠넷 등 CJ계열
PP와 JTBC를 비롯한 종편, 넷플릭스 같은 OTT가 지상파 TV 채널을 압도
하며 예능 트렌드를 선도했고 새로운 예능 프로그램 포맷 창출을 주도했다.

    1990년대 중후반 중국과 대만, 베트남 등 동남아시아를 중심으로 일었
던 방송 한류는 2003년 드라마 〈겨울 연가〉의 일본 NHK 방송을 계기로 일
본으로 확산했다. 〈대장금〉은 아시아뿐만 아니라 중동, 남미, 유럽에서 큰
인기를 끌며 지구촌 방송 한류를 일으켰다. 2000년대 들어서는 외국 TV 방
송사의 한국 드라마 방송에서 벗어나 드라마 〈별에서 온 그대〉〈태양의 후
예〉〈도깨비〉〈그녀의 사생활〉 등이 인터넷을 기반으로 하는 중국 아이치
이를 비롯한 외국 OTT에서 서비스돼 높은 인기를 얻었다. 2018년 방송된
〈미스터 션샤인〉과 2019년 제작된 〈배가본드〉〈동백꽃 필 무렵〉, 2020년
내보낸 〈사랑의 불시착〉〈이태원 클라쓰〉〈더 킹: 영원의 군주〉〈사이코지
만 괜찮아〉〈청춘 기록〉, 2021년 선보인 〈빈센조〉〈갯마을 차차차〉〈연모〉
〈옷소매 붉은 끝동〉, 2022년 화제가 된 〈이상한 변호사 우영우〉〈사내 맞
선〉〈나의 해방일지〉〈우리들의 블루스〉〈재벌집 막내아들〉과 넷플릭스가
제작한 〈킹덤 1, 2〉〈스위트 홈〉〈오징어 게임〉〈지옥〉〈지금 우리 학교는〉
〈수리남〉〈더 글로리〉 등이 OTT를 통해 서비스돼 세계 각국 가입자를 만
났다. 이처럼 인터넷을 기반으로 하는 콘텐츠 플랫폼, OTT를 통한 한국 드
라마 유통은 한류를 한 단계 도약시켰을 뿐만 아니라 한국 드라마와 배우의
국제적 위상을 높였다. 2021년 넷플릭스를 통해 세계 각국에 서비스돼 세
계적 신드롬을 일으킨 〈오징어 게임〉이 2022년 미국 최고 권위의 방송상인
에미상의 감독상, 남우주연상을 비롯한 6개 부문 상과 골든 글로브의 TV 드
라마 부문 남우조연상, 미국 배우조합상의 남·여 주연상을 차지했다. KBS

가 방송한 〈연모〉가 2022년 국제 에미상 트로피를 거머쥐고 티빙이 내보낸 〈몸값〉이 2023년 칸 국제 시리즈 페스티벌에서 각본상을 받으며 한국 드라마의 경쟁력과 명성을 제고했다.

2000년대 들어 방송 한류는 드라마 위주에서 예능 프로그램으로 확대 됐다. 〈나는 가수다〉〈1박 2일〉〈무한도전〉〈런닝맨〉〈복면가왕〉〈히든 싱 어〉〈판타스틱 듀오〉〈윤식당〉〈꽃보다 할배〉〈너의 목소리가 보여〉 같은 예능 프로그램이 미국, 중국을 비롯한 외국 방송사를 통해 방송되거나 포 맷 판권이 수출돼 외국 버전으로 제작되면서 방송 한류의 외연을 대폭 확장 했다. 〈범인은 바로 너 1, 2, 3〉, 〈박나래의 농염주의보〉〈투게더〉〈털보와 먹보〉〈신세계로부터〉〈솔로지옥〉〈더 존: 버텨야 산다〉〈피지컬: 100〉 등 이 넷플릭스를 비롯한 OTT에 의해 제작돼 세계 각국 시청자와 만나며 예 능 한류는 계속 진화했다.

1970~1980년대 텔레비전 위세에 눌려 침체의 늪을 벗어나지 못했던 영화계 역시 1990년대 들어서면서 영화 제작부터 유통에 이르기까지 구조 적인 변동이 일어나 새로운 환경을 맞게 됐다. 영화 제작 자본과 인력의 교 체, 멀티플렉스 극장 출현과 배급·유통 환경 변화, 한국 영화의 블록버스 터화, 미국 할리우드 5개 스튜디오의 국내 직배를 통해 영화계가 본격적인 산업화 단계로 접어들었다.[134]

1990년대는 영화 제작 자본의 대부분을 차지했던 지방극장주의 자본 은 줄어들고 삼성을 비롯한 대기업의 자본 투자가 이뤄져 안정적인 제작 자 본을 확보하게 돼 영화의 질적 발전을 도모할 수 있었다. 삼성이 1992년 비 디오 판권 구입 형식으로 투자한 익영 영화사 제작, 신씨네 기획의 〈결혼 이 야기〉가 기폭제가 돼 대기업의 영화계 진출은 눈에 띄게 늘었다. 대기업은 1994년 제작 영화 65편 중 20편에 투자했고 1995년, 1996년 흥행 10위권 작품 대부분에 직간접으로 투자했다. 삼성, 대우, SKC가 1999년 영화 산업에서 철수할 때까지 대기업은 영화 산업의 가장 주요한 자금원 역할을 했다.[135] 대기업의 영화 자본 진출은 내용 표준화, 스타 중심 제작 관행 심화, 사전 마케팅과 홍보 강화 등 할리우드 블록버스터 생산 전략을 도입하는 결과를 낳았다. 1995년 일신창투의 〈은행나무 침대〉 투자를 계기로 금융자본도 본격적으로 영화계에 유입됐다. 국민기술금융, 미래창투, KTB네트워크가 영화에 투자하면서 영화 제작 자본 확보가 용이해졌고 2000년대 들어서는 적지 않은 영화투자조합도 결성돼 영화계에는 제작 자금이 넘치는 보기 드문 상황이 연출됐다.

대기업, 금융자본, 영화투자조합의 영화계 진출로 인해 영화의 사전기획 체계화가 진행됐고 현장의 주먹구구식 예산 관리 관행이 감소했다. 영화 자본의 변화는 기획 과정을 통해 제작 과정을 합리화하려는 노력으로 이어져 기획 영화 시대를 열었다. 이는 1984년 영화법 개정으로 20개 사가 독점하던 영화 제작 체제가 해체되고 1986년 제작사가 61개로 증가하면서 다양한 인력이 영화계에 진출한 것이 밑거름이 됐다. 이 인력이 1990년대 영화계를 이끌어간 동력이었다. 1990년대 들어 영화 기획제작사는 폭발적으로 증가해 2000년 715개가 영화 제작에 임했다. 물론 이들 영화사는 소수의 메이저 회사와 다수의 군소 업체로 구성됐다. 영화 기획사 신씨네의 신철 대표는 1992년 신혼부부를 대상으로 한 시장 조사와 관객 심리 분석 결과를 토대로 시나리오를 구성하고 배우를 섭외한 뒤 대기업 자본을 끌어들이고 PPL을 도입해 제작한 〈결혼 이야기〉로 50만 명의 관객을 동원하는 흥행 성공을 거뒀다. 〈결혼 이야기〉는 기획 영화 1호로 기록되며 기획 영화 시대의 서막을 열었다. 신씨네를 비롯해 1990년대 설립된 강우석 프로덕션, 박광수 필름, 기획시대, 영화세상, 성연엔터테인먼트, 명필름, 우노필름, 씨네2000 같은 기획제작사는 2000년대까지 맹활약하며 〈공동경비구역 JSA〉 〈살인의 추억〉 〈투캅스〉 〈접속〉 〈피도 눈물도 없이〉 등 한국 영화사를 수놓은 중요한 작품을 제작했다.[136] 기획제작사는 시장조사를 통해 관객층을 세분화한 후 그에 맞는 배우와 장르, 시나리오를 구성하고 홍보 마케팅, 광고 전략, 극장 선택까지 목표한 관객 시장에 맞춰 진행하는 영화 제작과 마케팅의 체계적인 시스템을 도입했다. 기획 단계를 지휘할 프로듀서 역할이 중요해지면서 프로듀서 시스템이 정착됐으며 심재명 차승재 오정완 김미희를 비롯한 프로듀서 겸 제작자가 한국 영화 흐름을 이끌었다.

전체적인 영화 제작 공정이 산업적 이윤 창출 원리 속에서 움직였다. 마케팅 비용이 상승하고 블록버스터 영화가 제작되면서 제작비가 대폭 증가했다. 영화 제작 편수는 1990년대 초반보다 후반에 줄어들었다. 영화 평균 제작비는 1995년에는 편당 10억 원(순제작비 9억 원, 마케팅비 1억 원)이었지만, 2001년에는 26억 7,000만 원(순제작비 16억 8,000만 원, 마케팅비 9억 9,000만 원)으로 상승했다. 영화 제작 편수는 1990년 111편, 1991년 121편을 정점으로 하강 곡선을 그리기 시작해 1992년 96편, 1993년 63편, 1998년 43편, 2000년 59편을 기록했다.

1996년 헌법재판소에 의해 영화 작품 사전 심의와 삭제에 관한 위헌결정이 나 영화에 대한 심의기구는 공연윤리위원회에서 영상물등급위원회로 바뀌었다. 영화는 전체 관람가, 12세 이상 관람가, 15세 이상 관람가, 청소년 관람 불가, 제한상영가 등 5개 등급으로 구분됐다. 1998년 영화진흥법 개정에 따라 신설된 영화진흥위원회가 영화 발전 환경을 조성했다.

CJ가 1998년 4월 서울 광진구 구의동 강변역 인근 테크노마트에 150억 원을 투자해 상가와 식당을 갖추고 11개 스크린을 구비한 멀티플렉스(복합상영관) 'CGV 강변11'을 건립한 것을 시작으로 롯데시네마, 메가박스 등 멀티플렉스가 속속 들어섰다. 멀티플렉스는 영화의 관람 문화를 변화시켜 많은 관객을 극장으로 유입했다.

1996년 9월 제1회 부산국제영화제가 개최된 것을 시작으로 1990년대 부천국제판타스틱영화제, 전주국제영화제, 서울국제여성영화제 같은 다양한 국제영화제가 출범해 한국 영화를 세계에 알리고 세계 영화 트렌드를 한눈에 볼 기회를 제공하며 한국 영화 발전에 기여했다.

1980년대 후반과 1990년대 초반 박광수 장선우 정지영을 비롯한 일군의 감독이 한국 영화의 새바람을 일으키면서 주류 감독으로 떠올랐는데 이들은 한국 사회의 첨예한 문제를 비판적으로 발언했고 영상 형식에 자의식도 강했다. 이후 1990년대 초중반부터 이들과 또 다른 성향의 감독들이 한국 영화를 주도했다. 〈개그맨〉〈나의 사랑 나의 신부〉를 통해 종래의 장르를 비틀어 쾌락을 준 이명세, 〈세상 밖으로〉처럼 한국 사회 현실을 비판적 시선으로 보지만 이야기를 즐기는 절충적 재능을 보인 여균동, 〈장밋빛 인생〉 같은 밑바닥 인생을 다룰 때만 가능한 장르적 쾌락을 동원한 김홍준이 대표적이다.[137] 이 밖에 김의석 장현수 오병철 이광모 박찬욱 곽재용 감독이 기존 연출 방식을 탈피하며 새로운 시도를 해 한국 영화의 스펙트럼을 넓혔다.

1990년대에는 〈결혼 이야기〉 같은 로맨틱 코미디부터 공포 액션물에 이르기까지 다양한 장르 영화가 활발하게 제작됐다. 〈서편제〉는 1993년 개봉돼 103만 명(서울 기준)의 관객이 관람하며 한국 영화 사상 처음으로 관객 100만 명을 돌파해 많은 화제를 불러일으켰다. 1999년 〈쉬리〉가 전국 관객 500만 명을 넘기며 1960년대에 이어 제2의 한국 영화 전성기의 서막을 열었다. 1990년대 후반부터 일기 시작한 한국 영화 르네상스는 주로 〈넘버 3〉〈친구〉〈조폭 마누라〉를 비롯한 조폭 영화와 〈투캅스〉〈가문의 영광〉 같은 코미디물이 선도했다.

2000년대 들어 한국 영화 위상은 격상되었을 뿐만 아니라 산업적 시스템도 튼실하게 조성됐다. 2000년대 들어 대기업 CJ와 롯데, 오리온이 멀티플렉스를 기반으로 영화 산업에 뛰어든 이후 배급과 투자, 제작 등 영화

산업 전반에 막강한 영향력을 행사했다. 1990년대 삼성을 비롯한 대기업이 투자와 제작 부문부터 영화 산업에 뛰어든 것과 달리 2000년대 CJ와 롯데, 오리온은 상영 부문 즉 멀티플렉스를 중심으로 사업을 전개해 배급, 투자, 제작에 영향력을 확대하며 성장했다.[138] 독과점 논란과 비판이 제기됐지만, CJ와 롯데, 오리온 같은 극장 기반 대기업 투자배급사가 배급과 상영 부문의 수직적 통합을 강화하면서 자본의 선순환 및 확대 재생산을 통해 영화 산업을 이끌었다. 수직적 통합을 통해 상영 부문의 이익 중 상당 부분이 영화 제작 자본으로 다시 환원돼 한국 영화 제작 여력도 증대됐다.

 CJ와 롯데, 오리온은 상영, 투자, 배급에 멈추지 않고 제작에도 영향력을 미치기 시작했다. 1990년대 영화계의 세대교체 바람을 일으킨 명필름, 씨네 2000, 신씨네, 좋은 영화, 튜브엔터테인먼트 같은 기획제작사 중심의 기획 개발 및 제작 시스템은 다양한 시나리오 개발, 영화 제작 인력에 대한 패키징 및 네트워킹, 신인 작가와 감독을 비롯한 영화 인력 양성, 합리적인 제작 시스템 구축이라는 여러 가지 요소를 일정 정도 충족하면서 한국 영화 산업을 발전시켜왔다.[139] 하지만 2000년대 들어 기획제작사가 담당해 왔던 제작 관리와 기획 개발 영역의 주도권이 CJ를 비롯한 대기업 투자배급사로 넘어갔다. 기획제작사의 영세성이 개선되지 않으면서 투자배급사가 영화 제작 주도권을 잡아 영화 산업에 대한 전문성과 영향력을 강화해 나갔다. 2004년 명필름과 강제규 필름이 공구 업체 세신버팔로와 주식 교환을 통해 영화사로는 처음으로 주식시장에 상장해 안정적인 제작비를 조달할 수 있는 창구를 마련한 것을 시작으로 본격화한 영화사의 주식시장 상장은 영화 산업 토대를 탄탄하게 해주었다. 2006년 기존 146일에서 73일로 한국 영화 상영 스크린 쿼터를 50% 축소한 것을 계기로 이뤄진 정부의 영화 산업에 대한 자금과 정책 지원도 2000년대 한국 영화 르네상스를 이끄는 원동력으로 작용했다.

이러한 환경 변화와 함께 CJ, 쇼박스, 롯데, NEW 등 투자배급사 주도로 2000년대 영화 산업이 빠르게 성장했다. 2000년 6,169만 명이던 관객은 2017년 2억 1,987만 명, 2019년 2억 2,667만 명으로 증가했다. 국민 1인당 연평균 영화 관람 횟수도 2000년 1.3회에서 2019년 4.3회로 크게 늘었다. 한국 영화 제작 편수는 2000년 57편에서 2017년 463편, 2018년 501편, 2019년 609편으로 늘었고 스크린 수는 2000년 720개에서 2017년 2,766개, 2018년 2,937개, 2019년 3,079개로 증가했다.[140] 2019년 한국 영화산업 매출액은 6조 4,323억 원, 수출액은 3,787만 달러에 달했고 코로나 팬데믹으로 직격탄을 맞은 2021년에는 한국 영화산업 매출액은 3조 2,461억 원이고 수출액은 4,303만 달러였다.[141] 2000년대 들어 KT, SK 브로드밴드, LG유플러스, 3사의 IP TV와 티빙, 웨이브, 넷플릭스를 비롯한 인터넷 기반 OTT 업체의 급성장으로 온라인 영화 시장도 크게 확대돼 매출 규모가 2017년 4,362억 원, 2018년 4,739억 원, 2019년 7,754억 원, 2021년 7,975억 원이었다.

2004년 2월 19일 강우석 감독의 〈실미도〉가 개봉 58일 만에 1,000만 관객을 기록하며 한국 영화 흥행사에 한 획을 그은 이후 같은 해 강제규 감독의 〈태극기 휘날리며〉가 1,175만 명을 동원해 1,000만 관객 영화에 등극했다. 2004년부터 2022년까지 1,761만 명의 〈명량〉을 비롯해 〈극한 직업〉 〈신과 함께-죄와 벌〉 〈국제시장〉 〈베테랑〉 〈도둑들〉 〈7번방의 선물〉 〈암살〉 〈광해, 왕이 된 남자〉 〈택시 운전사〉 〈부산행〉 〈신과 함께-인과 연〉 〈변호인〉 〈해운대〉 〈괴물〉 〈왕의 남자〉 〈기생충〉 〈범죄도시 2〉 등 20편의 한국 영화가 1,000만 관객 영화로 등재되며 흥행을 선도했다.

〈검사외전〉 〈엑시트〉 〈설국열차〉 〈관상〉이 900만 명대의 관객을 동원했고 〈해적: 바다로 간 산적〉 〈수상한 그녀〉 〈국가대표〉 〈디워〉 〈백두산〉 〈과속 스캔들〉 〈웰컴 투 동막골〉이 800만 명대의 관객을 기록했다. 〈공조〉 〈히

말라야〉〈밀정〉〈최종병기 활〉〈써니〉〈화려한 휴가〉〈1987〉〈베를린〉〈마스터〉〈터널〉〈내부자들〉〈인천상륙작전〉〈한산: 용의 출현〉은 700만 명대의 관객을 동원했고〈공조 2: 인터내셔날〉〈럭키〉〈은밀하게 위대하게〉〈곡성〉〈범죄도시〉〈타짜〉〈좋은 놈 나쁜 놈 이상한 놈〉〈늑대 소년〉〈미녀는 괴로워〉〈군함도〉〈아저씨〉〈사도〉〈전우치〉〈투사부일체〉〈연평해전〉는 600만 명대의 관객을 기록했다. 〈쉬리〉〈청년 경찰〉〈가문의 위기〉〈숨바꼭질〉〈덕혜옹주〉〈더 테러 라이브〉〈감시자들〉〈의형제〉〈검은 사제들〉〈안시성〉〈더킹〉〈완득이〉〈완벽한 타인〉〈살인의 추억〉〈타워〉〈말아톤〉〈추격자〉〈독전〉은 500만 명대 관객이 관람했다. 또한, 〈옥자〉〈승리호〉〈정이〉〈길복순〉 같은 영화들은 극장이 아닌 넷플릭스를 비롯한 OTT를 통해 국내외 관객을 만나면서 세계적 반향을 일으켰다.

　　2000~2020년대 〈명량〉〈군함도〉〈신과 함께〉〈백두산〉〈반도〉〈승리호〉〈모가디슈〉〈비상선언〉〈외계+인〉〈한산: 용의 출현〉〈밀수〉 같은 200억~300억 원대의 제작비가 투입된 규모가 크고 스펙터클한 볼거리를 제공하는 한국형 블록버스터 영화 제작이 두드러졌고 관객 호응도 뒤따랐다. 송강호 하정우 황정민 이병헌 강동원 이정재 설경구 최민식 류승룡 정우성 마동석 유해진 오달수 등 남자 스타의 주연작이 흥행에 강세를 보였다. 상업적 성공과 작가적 표지가 적절히 결합한 상업적 작가주의 감독의 영화가 흥행을 주도했다.[142] 주류 장르 계열을 따라가며 영화적 재미와 상업성을 배가시킨 〈타짜〉〈도둑들〉〈암살〉〈외계+인〉의 최동훈 감독과 〈국제시장〉〈해운대〉〈영웅〉의 윤제균 감독, 웰메이드 작품으로 대중성과 작품성, 두 마리 토끼를 잡은 〈살인의 추억〉〈괴물〉〈설국열차〉〈기생충〉의 봉준호 감독, 장르적 특성을 잘 발현한 〈올드보이〉〈박쥐〉〈아가씨〉〈헤어질 결심〉의 박찬욱 감독, 완성도 높은 상업 영화의 강점을 잘 표출한 〈달콤한 인생〉〈좋은 놈 나쁜 놈 이상한 놈〉〈밀정〉의 김지운 감독, 컬트와 예술의 경계를 오가

는 〈피도 눈물도 없이〉〈베테랑〉〈군함도〉〈모가디슈〉〈밀수〉의 류승완 감독 같은 스타 감독이 한국 영화의 흥행뿐만 아니라 주요한 흐름을 선도했다.

작가주의적 색채가 강한 이창동 감독의 〈버닝〉〈시〉〈밀양〉〈오아시스〉, 홍상수 감독의 〈밤의 해변에서 혼자〉〈지금은 맞고 그때는 틀리다〉〈누구의 딸도 아닌 해원〉〈도망친 여자〉〈인트로덕션〉〈소설가의 영화〉, 김기덕 감독의 〈봄 여름 가을 겨울 그리고 봄〉〈사마리아〉〈빈집〉〈피에타〉는 내용과 형식의 새로운 시도로 한국 영화의 외연을 확장했다. 이 밖에 480만 명의 관객을 동원한 〈님아 그 강을 건너지 마오〉, 358만 명이 본 〈귀향〉, 293만 명이 관람한 〈워낭 소리〉, 시애틀국제영화제 심사위원 대상을 비롯한 국내외 50여 개의 영화상을 받은 〈벌새〉 같은 다양성 영화도 관객의 관심을 모았다.

2000~2020년대 유수한 국제영화제에서 수상하며 한국 영화의 국제적 위상도 높아졌다. 임권택 감독의 〈춘향뎐〉이 2000년 칸국제영화제 경쟁 부문에 진출한 것을 시작으로 칸국제영화제에서 임권택 감독은 2002년 〈취화선〉으로 감독상을 받았고, 박찬욱 감독은 2004년 〈올드보이〉로 심사위원대상, 2009년 〈박쥐〉로 심사위원상, 2022년 〈헤어질 결심〉으로 감독상을 수상했다. 전도연은 〈밀양〉으로 2007년 칸국제영화제에서 여우주연상을 안았고 이창동 감독은 2010년 〈시〉로 각본상을 차지했다. 봉준호 감독의 〈기생충〉이 2019년 제72회 칸국제영화제에서 한국 영화 최초로 황금종려상을 수상한 데 이어 2020년 제77회 미국 골든글로브 시상식에서 외국어영화상을 받았고 제92회 아카데미영화제에선 작품상, 감독상, 각본상, 국제장편영화상을 휩쓸어 한국 영화사뿐만 아니라 세계 영화사를 새로 썼다. 송강호는 2022년 〈브로커〉로 칸국제영화제에서 남우주연상 트로피를 들어 올렸다.

이창동 감독의 〈오아시스〉는 2002년 베니스영화제에서 감독상과 신인연기상(문소리)을 수상했다. 김기덕 감독은 2004년 〈사마리아〉로 베를린영화제 감독상, 2004년 〈빈집〉으로 베니스영화제 감독상, 2012년 〈피에타〉로 베니스영화제 황금사자상을 거머쥐었다. 김민희는 홍상수 감독의 〈밤의 해변에서 혼자〉로 2017년 베를린영화제에서 여우주연상을 받았다. 홍상수 감독은 베를린영화제에서 2020년 〈도망친 여자〉로 감독상을 수상한 데 이어 2021년 〈인트로덕션〉으로 각본상, 2022년 〈소설가의 영화〉로 심사위원대상을 받았다.

1990년대 들어 대중음악계에선 돌풍을 일으킨 연예기획사가 음악 산업의 흐름을 완전히 주도했다. 1992년 제일기획을 시작으로 대기업이 대중음악 시장에 본격적으로 가세했고 지상파 TV SBS와 엠넷을 비롯한 음악전문 케이블 TV 채널 등장으로 가수의 방송 활동 무대가 대폭 확대됐으며 음반 시장 규모도 크게 확장됐다.

1990년대부터 상업적 감각이 뛰어난 프로듀서와 매니지먼트 시스템, 자본이 결합한 새로운 형태의 연예기획사가 대중음악계를 이끌었다. 1990년대 들어 가수 발굴과 관리, 음반 기획을 하는 기획사와 음반 제작과 복제본 배급을 하는 음반 제작사로 구분된 음악 산업이 변모했다. 가수 육성ㆍ관리와 음반 기획ㆍ제작을 동시에 하는 업체가 눈에 띄게 늘어났다. 기획사가 음반 제작까지 하고 제작사 또한 스타 프로듀서를 영입해 음반 기획까지 했다. 신승훈 김건모 등을 톱스타로 키워낸 라인기획의 김창환은 최고 스타 프로듀서로 떠오르며 프로듀서 주도의 대중음악 시대를 열었다. 김형석 최준영 박진영 유영진 윤일상 윤상 같은 스타 프로듀서가 1990년대 대중음악 판도에 적지 않은 영향을 미쳤다.[143]

1990년대 음악 관련 기획제작사는 800여 개에 달했지만, SM엔터테인먼트, GM기획, 예당엔터테인먼트, 대영AV, 대성기획 같은 기업형 연예기획사는 10%도 안 됐다. 대부분 업체는 영세한 규모를 면치를 못했다. 신승훈 김건모 H.O.T, 조성모 등 1990년대 대중음악계 흐름을 주도한 가수가 연예기획사에 의해 배출돼 대중과 만났다. 연예기획사는 시장조사에 이은 수요층 분석, 오디션과 길거리 캐스팅을 통한 가수 예비자원 발굴과 체계적인 교육·훈련, 프로듀서 주도의 음반 제작, 방송을 위주로 하는 홍보와 마케팅 전략 구사라는 전형적인 스타화 메커니즘을 만들어냈다.

1990년대 대중음악 시장에서 많은 비중을 차지한 음반 산업이 스타 가수의 높은 음반 판매량 덕분으로 호황을 누렸다. 1990년대 100만~300만 장 판매량을 기록한 음반이 쏟아졌다. 신승훈의 〈미소 속에 비친 그대〉〈보이지 않는 사랑〉〈널 사랑하니까〉〈그 후로도 오랫동안〉〈나보다 조금 높은 곳에 니가 있을 뿐〉, 서태지와 아이들의 〈난 알아요〉〈하여가〉〈발해를 꿈꾸며〉, 김건모의 〈핑계〉〈잘못된 만남〉, 룰라의 〈날개 잃은 천사〉, 솔리드의 〈이 밤의 끝을 잡고〉, H.O.T의 〈Woolf and Sheep〉〈Resurrection〉〈I yah〉, 조성모의 〈To Heaven〉〈For Your Soul〉이 100만~300만 장의 음반 판매량을 기록했다.

1991년 4월 부산 동아대 인근 오락실에 동전을 넣으면 노래 반주가 나오는 노래기기가 설치돼 관심을 모았다. 1991년 5월 부산 광안리에 동전 노래기기를 설치한 '와이비치 노래연습장'이 선을 보이자마자 폭발적인 인기를 끌며 전국에 노래방 열풍을 촉발했다. 1990년대 노래방의 대중화는 음악 산업을 확대했을 뿐만 아니라 가수와 연예기획사의 수입을 증대시켰다. 음악을 단순히 듣는 것에서 부르는 것으로 수용자의 음악 소비행태도 변모시켰다.[144]

음악을 드라마나 영화와 연계해 마케팅하는 타이업Tie-Up 전략의 본격적인 도입으로 드라마·영화 OST가 대중음악 인기를 견인하는 현상도 두드러졌다. 1996년 65.8%라는 엄청난 시청률을 기록한 KBS 드라마 〈첫사랑〉 OST 김종환의 〈존재의 이유〉가 200만 장 이상의 음반 판매량을 기록한 것을 비롯해 유승범의 〈질투〉, 김민교의 〈마지막 승부〉, 장현철의 〈걸어서 하늘까지〉, 정연준의 〈파일럿〉 같은 인기를 끈 드라마 OST가 속출했다.

1990년대 음반 업계에서 특기할 만한 것은 음반 홍보 수단으로 선을 보였던 뮤직비디오가 홍보 매체 역할을 할 뿐 아니라 하나의 산업으로 인식되며 듣는 음악에서 보는 음악으로 분위기를 바꿔놓았다는 점이다. 조성모의 〈To Heaven〉을 비롯한 수많은 뮤직비디오는 가수와 음악의 홍보와 인기 획득 수단으로 활용됐다.

1990년대 중후반 드라마 〈사랑이 뭐길래〉로 촉발된 중국과 동남아 한류는 이내 대중음악 분야로 확산돼 중국에서 H.O.T가 폭발적인 반응을 얻어 중국 베이징 공연을 진행했다. 클론, NRG, 베이비복스가 동남아에서 큰 인기를 얻으며 K팝 한류를 확장시켰다.

1990년대 들어 기성세대와 다른 생활과 소비패턴, 사고방식을 가진 10대 신세대가 대중문화 소비 주역으로 나섰다. 이들은 기존 음악과 다른 음악을 선호했다. 1990년대 초중반에는 1980년대 유행한 댄스 음악의 형식과 내용, 퍼포먼스와 확연히 차이를 드러낸 현진영, 서태지와 아이들, 듀스, 잼, 노이즈, 룰라, 투투, 쿨, 터보의 댄스 음악이 10대의 전폭적 지지로 대중음악 주류로 입지를 확고히 다졌다. SM엔터테인먼트의 아이돌 그룹 H.O.T가 1996년 데뷔해 파워풀한 랩과 댄스음악을 내세운 〈전사의 후예〉와 〈캔디〉로 신드롬을 일으키며 아이돌 그룹 시대를 화려하게 열었다. 젝스키스, 태사자, NRG 등 보이그룹과 S.E.S, 핑클, 베이비복스 등 걸그룹이 대거 활동하면서 1990년대 중후반부터 대중음악계가 아이돌 그룹 중심으로 재편되고 댄스 음악 강세가 더욱더 고조됐다.

1990년대 발라드는 〈보이지 않는 사랑〉의 신승훈, 〈오래전 그날〉의 윤종신, 〈인연〉의 이승철, 〈천일 동안〉의 이승환, 〈이미 나에게로〉의 임창정, 〈To Heaven〉의 조성모 같은 스타 가수가 100만 장 판매 앨범을 양산하고 대중의 폭넓은 사랑을 받으며 주류 음악 장르로 확고하게 뿌리내렸다. 트로트는 김수희의 〈남행열차〉, 편승엽의 〈찬찬찬〉, 태진아의 〈거울도 안 보는 여자〉, 송대관의 〈네 박자〉, 설운도의 〈다함께 차차차〉, 현철의 〈사랑 의 이름표〉처럼 향락적 즐거움이 배가되고 가창 기교가 단순화한 트로트 곡 이 인기를 끌었다. 포크 음악은 양희은의 〈사랑 그 쓸쓸함에 대하여〉, 김광 석의 〈서른 즈음에〉처럼 중년의 관조적 태도를 드러내는 작품과 정태춘 의 〈나의 살던 고향〉, 한돌의 〈내 나라는 공사중〉처럼 사회성 강한 작품으 로 양분됐다. 1990년대 015B의 〈아주 오래된 연인들〉, 넥스트의 〈도시인〉 같은 테크노 뮤직과 강산에의 〈라구요〉를 비롯한 록 음악도 대중의 관심을 끌었다. 김건모의 〈핑계〉〈잘못된 만남〉과 솔리드의 〈이 밤의 끝을 잡고〉 등 으로 촉발된 흑인음악과 월드뮤직 열풍으로 인해 레게와 소울, R&B가 인기 많은 음악 장르가 되었다.

1994년 7월 홍대 앞에 문을 연 '드럭'을 시작으로 홍대 클럽이 연이어 들어섰고 이곳에서 크라잉 넛, 노브레인, 언니네 이발관, 델리스파이스, 자 우림, 타이거 JK 등 인디 밴드와 가수가 대중과 본격적으로 만나면서 펑크, 하드록, 헤비메탈, 블루스록, 얼터너티브록, 테크노, 힙합 등 주류 음악에서 좀처럼 들을 수 없는 다양한 장르의 음악을 진화시켜 한국 대중음악의 외연 을 확장하며 주류 음악에 새로운 감각의 음악을 수혈했다.

2000년대 들어 디지털과 인터넷의 발전, 스마트폰과 SNS의 일상화, 유튜브, 틱톡을 비롯한 OTT의 대중화로 음악 전달 매체부터 콘텐츠 형태, 소비하는 양태에 이르기까지 한국 대중음악 환경이 급변했고 음악 산업 판 도가 재편됐다. 음악 산업에서 가장 큰 변화는 CD로 대표되는 음반 산업은 크게 위축되고 온라인을 통한 음악 소비가 급증했다는 점이다. 2000년 음 반 4개(서태지 솔로 2집, H.O.T 5집, 조성모 3집, god 3집)가 밀리언셀러로 기록되고 매 출 규모가 4,104억 원에 이르며 음반 산업은 정점을 찍은 뒤 하락세를 보였다. 2001년 3,733억 원, 2002년 2,861억 원, 2004년 1,388억 원, 급기야 2006년 848억 원으로 1,000억 원대 이하로 급감했다. 이 때문에 2000년 32개 달하던 음반 유통업체가 2004년 5개로 크게 줄었다. 음반매장도 대부분 문을 닫았다. 서울의 타워레코드, 뮤직랜드, SKC 플라자 등 대형 음반매장이 2000년대 들어 연달아 폐점한 데 이어 상아레코드, 퍼플레코드 같은 음악 마니아가 즐겨 찾던 소규모 매장도 2010년대 문을 닫았다.[145]

반면 음원 중심의 온라인 시장은 급성장했다. 스트리밍과 다운로드를 통해 음악 파일을 감상할 수 있는 휴대폰, MP3, PMP의 발전과 1999년 국내 최초로 모습을 드러낸 온라인 스트리밍 사이트 벅스 뮤직에 이은 멜론을 비롯한 음원사이트 등장, P2P 서비스를 하는 소리바다의 부상은 온라인을 통한 음악 소비를 급증시켰다. 디지털 온라인 음악 시장은 2002년 1,345억을 기록한 뒤 2004년 2,112억 원으로 음반 시장을 누른 뒤 2006년 3,562억 원, 2010년 6,221억 원으로 급속한 성장세를 보였다. 이러한 추세는 2010년대 이후에도 계속 유지됐다. 2021년 음악 산업 매출액은 9조 3,717억 원에 달했고 음악 콘텐츠 수출액은 7억 7,527만 달러였다.[146]

2000년대 들어 음악 산업의 가장 중요한 주체로 떠오른 것은 멜론, 지니뮤직, 벅스 등 음원 서비스 사이트를 운영하는 대형 음원 유통사 카카오엔터테인먼트, 지니뮤직, NHN벅스다. 이들 업체는 수직계열화를 통해 음원 제작 및 유통을 통합하고 수익 구조의 독점화를 꾀하며 한국 음악 산업을 장악했다. 또한, 기업형 엔터테인먼트사 HYBE, SM엔터테인먼트, YG엔터테인먼트, JYP엔터테인먼트, FNC엔터테인먼트, 큐브엔터테인먼트, DSP미디어, 스타쉽엔터테인먼트, 플레디스엔터테인먼트 등이 육성한 보아, 비, 동방신기, 빅뱅, 소녀시대, 원더걸스, 아이유, 2NE1, 엑소, 방탄소년단, 마마무, 세븐틴, 트와이스, 블랙핑크, NCT, 스트레이 키즈, 투모로우바이투게더, 에스파, 아이브, 뉴진스 같은 아이돌 그룹과 가수가 한국 대중음악 주류를 형성하며 음반·음원과 공연 매출을 주도했다.

　2000년대 들어 K팝 한류가 아시아를 넘어 전 세계로 확산하면서 가수의 해외 활동도 폭증했다. 2002년 보아가 일본에 진출해 오리콘 차트 정상을 차지하는 성과를 냈고 원더걸스는 2009년 미국에 진출해 싱글 앨범 〈Nobody〉 발매를 시작으로 미국 활동을 왕성히 전개해 빌보드 싱글 차트 '핫 100' 76위까지 올랐다. 동방신기 소녀시대 카라 등이 일본의 K팝 한류를 폭발시킨 데 이어 싸이 빅뱅 엑소 방탄소년단 트와이스 블랙핑크는 K팝 한류의 세계화를 주도했다. 특히 싸이 방탄소년단 블랙핑크는 팝 음악의 본고장 미국에서 인기를 얻으며 K팝을 팝 음악 주류로 진입시켰다. 싸이는 2012년 7월 15일 〈강남 스타일〉 뮤직비디오를 유튜브에 유통시켜 순식간에 세계적 신드롬을 일으키며 미국 빌보드 싱글 차트 '핫 100' 2위까지 올랐다. 세계 각국의 강력한 팬덤을 확보한 방탄소년단은 2018년 5월 〈LOVE YOURSELF 轉 Tear〉로 '빌보드 200' 1위에 오른 것을 시작으로 2022년 6월 〈Proof〉까지 4년 1개월 동안 6장의 음반을 '빌보드 200' 1위에 올려놨다. 2020년 8월 발표한 〈Dynamite〉와 2020년 10월 피처링한 〈Savage Love〉 리믹스 버전, 2020년 11월 출시한 〈Life goes on〉, 2021년 5월과 7월 내놓은 〈Butter〉와 〈Permission to Dance〉, 2021년 9월 발매한 콜드플레이와의 협업곡 〈My Universe〉 등 6곡이 빌보드 '핫 100' 1위를 차지해 한국 대중음악사와 세계음악사에 한 획을 긋는 성과를 냈다. 블랙핑크는 〈불장난〉 〈뚜두뚜두〉 〈붐바야〉 〈How You Like That〉 〈Kill This Love〉 〈Pink Venom〉 〈Shut Down〉 등 인기곡을 빌보드 차트와 스포티파이 차트 상위에 포진시켰을 뿐만 아니라 2022년 9월 출시한 앨범 〈BORN PINK〉로 '빌보드 200' 정상에 오르며 K팝을 팝 음악 중심부로 진입시켰다. 스트레이 키즈는 2022년 3월 발표한 앨범 〈ODDINARY〉와 10월 발매한 앨범 〈MAXIDENT〉로 두 차례나 '빌보드 200' 1위에 오르고 투모로

우바이투게더는 2023년 1월 선보인 앨범 〈이름의 장: TEMPTATION〉으로 '빌보드 200' 정상을 차지하며 세계 한류 팬을 열광시켰다. 방탄소년단의 지민은 2023년 4월 〈Like Crazy〉로 한국 솔로 가수 최초로 빌보드 '핫 100' 1위에 등극해 한국 대중음악사를 새로 썼다.

이용이 급증한 유튜브와 SNS를 활용한 대중음악 소비와 가수 마케팅이 크게 늘었다. 국내외 음악 팬이 유튜브와 SNS, 팬덤 커뮤니티를 통해 언제 어디서든 K팝 스타와 K팝을 손쉽게 접했다. 싸이 〈강남스타일〉의 세계적 인기는 유튜브가 없었으면 불가능했으며, 방탄소년단과 블랙핑크 역시 SNS와 유튜브, 팬덤 커뮤니티를 통해 팬과 끊임없이 소통하며 세계 각국의 팬덤을 구축할 수 있었다. 연예기획사는 유튜브, 틱톡 같은 동영상 서비스 사이트와 페이스북, 트위터, 웨이보, 인스타그램 같은 SNS를 활용한 음악과 가수 마케팅을 다면적으로 구사했다.

가수들이 대중음악 페스티벌이나 콘서트, 소극장 공연 등 다양한 공연을 통해 대중과 만나는 기회도 급증했다. '이문세의 동창회', '김장훈의 원맨쇼', '싸이의 흠뻑쇼', '더 신승훈쇼'처럼 공연을 브랜드화한 것도 꾸준히 늘어났다. 또한, 동방신기 빅뱅 엑소 방탄소년단 트와이스 블랙핑크 등은 해외 공연을 통해 막대한 수입을 창출했다. 대중음악 콘서트는 2012년 2,117회, 2014년 2,403회, 2016년 2,928회로 꾸준히 증가했고 대중음악 공연시장 규모도 2012년 1,312억 원, 2014년 1,643억 원, 2016년 1,809억 원으로 상승세를 보였으며 2019년 음악 공연 매출 규모는 1조 1,188억 원에 달했다.[147]

2000~2020년대에는 동방신기 슈퍼주니어 빅뱅 소녀시대 원더걸스 2NE1 카라를 비롯한 2세대 아이돌 그룹과 엑소 방탄소년단 NCT 세븐틴 GOT7 트와이스 블랙핑크 여자친구 마마무 등 3세대 아이돌 그룹, 투모로우바이투게더 에스파 있지 스트레이키즈 에이티즈 아이브 뉴진스 르세라핌

같은 4세대 아이돌 그룹의 K팝이 대중음악계를 주도했다. K팝은 EDM, 힙합, 발라드, 록을 비롯한 2개 이상의 음악 장르 혼합, 기승전결 방식의 편곡 구조, 반복되는 포인트 멜로디와 후렴구(Hook) 활용, 시그니처 사운드 존재, 3~5분 길이의 음악, 보컬·래퍼·댄서에게 할당되는 음악 파트 같은 특성을 갖고 있다.[148] K팝은 국내뿐만 아니라 미국을 비롯한 세계 각국에서 폭발적인 인기를 얻으며 팝의 주류로 진입했다.

일상의 삶이나 욕망과 분노를 드러내는 랩에 레코드 스크래치와 믹스, 브레이크 댄스가 가미된 힙합은 일부 젊은이만 선호하는 비주류 음악에 머물러 있다가 2000~2020년대 MZ세대의 절대적 지지를 받으며 주류 음악 장르로 자리 잡았다. 기존 음악과 확연한 차별화를 보이며 문제 많은 사회와 현실, 기성세대에 대한 비판과 저항, 개인적인 욕망을 거침없이 랩과 디스, 스웨그로 다양하게 표출한 MC 메타, 주석, 버벌진트, 드렁큰 타이거, 윤미래, 에픽하이, 다이나믹 듀오, 더 콰이엇, 도끼, 박재범, 지코, 창모, 비비의 힙합곡이 방송과 음원 사이트, 무대에서 큰 인기를 얻었다.

대중음악 초창기부터 주류로 이어져 오며 오랜 시간 인기를 끌었던 트로트는 2000년대 들어 위세가 크게 약화해 침체를 면치 못했다. 2000~2010년대 트로트 리듬에 일렉트로닉 댄스를 가미하거나 재밌는 가사를 전면에 내세운 장윤정의 〈어머나〉 〈짠짜라〉, 박현빈의 〈샤방 샤방〉 〈곤드레만드레〉, 홍진영의 〈사랑의 배터리〉 〈오늘 밤에〉 같은 네오 트로트가 각광받고 빅뱅의 대성, 소녀시대의 서현 등 아이돌이 트로트 곡을 발표해 성인층뿐만 아니라 젊은 층을 트로트 팬으로 유입했다. 2010년대 후반과 2020년대 초반 〈미스 트롯〉 〈미스터 트롯〉 〈트롯 전국체전〉 〈보이스 트롯〉 〈트로트의 민족〉 〈불타는 트롯맨〉 같은 트로트 오디션 프로그램 신드롬과 나훈아 남진 김연자 주현미 장윤정 등 중견 트로트 스타의 인기 재상승, 송가인 임영웅 영탁 김호중을 비롯한 신예 트로트 스타의 팬덤 조성으로 트로트 열풍이 다시 고조됐다.

1990년대 신승훈의 〈미소 속의 비친 그대〉, 조성모의 〈To Heaven〉 등이 100~200만 장 판매량을 기록하며 기세를 올렸던 발라드도 2000년대 들어 트로트와 함께 위세가 축소됐지만, 윤종신의 〈그늘〉, 이수영의 〈라라라〉, 백지영의 〈사랑 안 해〉, 성시경의 〈거리에서〉, 김범수의 〈보고 싶다〉 등 다양한 발라드 노래가 대중의 사랑을 받았다. 2000~2020년대 록 역시 대중음악 주류에서 벗어났지만, 넥스트, 윤도현 밴드, 자우림, 국카스텐, 몽니 같은 인지도 높은 록밴드가 페스티벌을 비롯한 지속적인 공연을 통해 대중과 만나며 록의 확장을 꾀했다. 이밖에 R&B도 〈꿈에〉의 박정현, 〈어른 아이〉의 거미, 〈안되나요〉의 휘성 같은 가수에 의해 대중성을 유지했다.

1990~2000년대 신문, 잡지 등 인쇄 매체는 양적, 질적으로 큰 변화가 있었다. 종합 일간지를 비롯한 신문들이 증면 경쟁을 펼치고 독자의 눈길을 끌기 위해 엔터테인먼트 섹션 신설 등 대중문화와 연예 관련 지면을 대폭 강화했다. 1990년대 이후 방송, 영화, 대중음악 관련 잡지가 폭발적으로 늘어났다. 《케이블 TV 가이드》《Sky Life》《위클리 엔터테이너》 같은 방송·연예 관련 잡지와 《씨네21》《필름 2.0》 같은 영화잡지가 창간됐다. 《스포츠조선》《스포츠투데이》《굿데이》《스포츠동아》 등 스포츠 신문 4개가 1990년~2000년대 창간돼 기존의 《일간스포츠》, 《스포츠서울》과 연예 저널리즘 경쟁을 펼쳤다. 여성지와 중고생 대상 잡지도 연예 관련 기사를 집중적으로 다뤘다.

2000년대 들어 인터넷 미디어의 증가로 신문, 잡지 시장이 축소되고 뉴스 유통 플랫폼이 인터넷 중심으로 재편되면서 인쇄 매체는 인터넷을 통한 뉴스 유통에 눈을 돌렸다. 2020년 기준으로 종이 신문은 1,484개이고 인터넷 신문은 3,594개다. 종이 신문 가운데 일간 신문은 224개이고 주간 신문은 1,260개다. 신문 산업 전체 매출액은 3조 9,538억 원으로 이중 종이신문 매출액은 3조 3,342억 원(84.3%)이고 인터넷 신문 매출액은 6,196억 원(15.7%)이다.[149]

　　1990~2020년대 대중문화와 대중매체 환경에 가장 큰 변화를 초래한 것은 인터넷과 스마트폰의 대중화다. 컴퓨터와 디지털, 통신 기술의 발달은 유무선 인터넷의 비약적인 발전을 가져왔다. 2009년 아이폰 도입을 계기로 스마트폰 사용이 대중화했다. 2000년대 들어 SNS의 일상화가 이뤄졌다. 인터넷과 SNS가 막강한 미디어로서 다양한 역할을 할 뿐만 아니라 한국 대중문화와 문화 산업의 혁명적인 변화를 초래했다. 2020년 1,964만 가구 중 99.7%인 1,960만 가구가 인터넷 접속이 가능하고 3세 이상 국민 5,097만 명 중 91.9%인 4,681만 명이 인터넷을 이용했다. 2020년 이동전화 가입자는 7,051만 명에 달했다. SNS 이용자는 2021년 기준 3,496만 명에 이른다. 인터넷과 SNS는 웹툰, 웹 소설, 웹 드라마, 웹 예능, 온라인 공연 같은 새로운 대중문화 콘텐츠를 등장시켰을 뿐만 아니라 음악, 영화, 방송 프로그램의 유통 플랫폼 역할을 하면서 대중문화 발전을 주도적으로 이끌고 있다.

(2) 스타 시스템

1990~2020년대 대중문화 폭발기의 스타 시스템은 전문화를 꾀해 양적·질적 성장을 거듭하며 한국 대중문화를 이끄는 스타를 많이 배출했다. 연예기획사 주도의 한국 스타 시스템은 일본 중국 미국 태국 인도네시아 등 세계 각국에서 협업과 제휴를 요청하고 자국 연예인 육성을 의뢰할 정도로 전문성과 경쟁력을 확보했다.

민영방송 SBS가 1991년 개국하면서 스타 시스템에 큰 변화가 초래됐다. 후발주자인 SBS가 KBS, MBC와 경쟁을 위해 스타와 유명 연예인을 스카우트하는 전략을 대대적으로 전개했다. SBS는 채널 인지도를 신속하게 높이기 위해 톱스타 영입이 절실했다. 하지만 탤런트와 개그맨을 비롯한 연예인은 방송사의 전속제에 묶여 있어 스타 영입이 쉽지 않았다. SBS는 파격적인 출연료, 등급 상향, 작품당 출연 계약을 약속하며 방송사 소속이 아닌 스타와 방송사 전속제 적용을 받는 유명 연예인을 대거 영입해 드라마와 예능 프로그램을 제작했다. 이덕화 원미경 유동근 박원숙 황신혜 최명길 손지창 고현정 김미화 최양락 같은 스타가 SBS에 합류했다. 이에 따라 1960년대부터 지속된 방송사 전속제가 무너져 연예인의 자유 계약이 활발하게 이뤄졌다. 방송사 전속제 폐지는 스타가 자신의 노동력과 상품성을 대중문화

시장에 직접 판매할 수 있게 되고 방송사도 필요한 경우 스타와 작품 계약을 하는 체제로 전환하는 것을 의미한다. 전속제 폐기로 자유롭고 독립적인 스타 시장이 조성돼 방송사와 스타가 작품당 계약을 해야 하므로 거래 빈도가 많아지고 그만큼 거래의 불확실성도 높아졌다. 방송사와 스타 계약의 거래 비용을 줄이고 합리적인 계약 성사를 위해 둘 사이를 중개하는 에이전트나 매니저, 연예기획사가 필요했다.[150]

KBS, MBC, SBS가 2000년대 초반부터 탤런트 공채 제도를 폐지한 데 이어 2010년대 들어 개그맨 공채마저 폐기해 신인 연기자와 예능인 양성 역할이 자연스럽게 연예기획사로 넘어갔다.

방송사의 연기자 전속제에 의한 관리 체제가 해체되고 탤런트·개그맨 공채 제도가 폐지되면서 연기자와 예능인을 전문적으로 육성·관리하는 연예기획사가 많이 등장했다. 1990년대부터 텔레비전 방송사는 연예기획사에서 양성한 신인이나 관리하는 스타를 기용해 드라마나 예능 프로그램을 제작하는 환경이 조성됐다.

물론 연기자나 가수는 드라마나 예능 프로그램을 통해 스타로 발돋움해 여전히 텔레비전이 스타를 양산하는 대중매체로서 기능은 유지했다. 또한, 방송사는 다양한 오디션 프로그램을 통해 가수 등 연예인을 지속해서 배출했다. tvN과 엠넷의 〈슈퍼스타 K〉〈보이스 코리아〉〈프로듀스 101〉〈프로듀스 48〉〈쇼미더머니〉〈걸스 플래닛 999〉〈보이즈 프래닛〉, SBS의 〈K팝 스타〉〈더 팬〉〈라우드〉, MBC의 〈위대한 탄생〉〈언더 나인틴〉〈방과후 설렘〉, KBS의 〈더 유닛〉〈톱밴드〉〈트롯 전국체전〉, JTBC의 〈슈퍼밴드〉〈싱어게인〉〈피크 타임〉, TV조선의 〈미스 트롯〉〈미스터 트롯〉〈국민가수〉, MBN의 〈불타는 트롯맨〉 등 2000년대 들어 본격화한 방송사 오디션 프로그램은 많은 신인과 스타를 양산했다.

1991년 개국한 지상파 TV SBS, 1995년 방송을 시작한 케이블 TV와 지역 민영방송 그리고 2011년 시청자와 만난 JTBC를 비롯한 4개 종편 채널은 신인의 데뷔 창구와 연기자, 예능인, 가수의 방송 활동 무대를 대폭 확장해 스타 등용문 역할을 톡톡히 했다.

1990년대 들어 영화계는 기획제작사 중심으로 재편됐지만, 2000년대 들어서는 멀티플렉스 운영을 기반으로 영화계에 진입한 CJ, 롯데, 오리온 같은 대기업이 투자와 배급, 상영은 물론이고 제작까지 주도하면서 영화산업을 장악했다. 기획제작사와 대기업 투자배급사가 관객 취향에 맞춰 상업성을 추구하는 영화를 집중적으로 제작했다. 이로 인해 신인보다는 대중적인기와 흥행파워가 강력한 스타 위주의 영화 제작이 활발하게 이뤄졌고 영화의 신인 양성 기능이 크게 약화했다.

영화 제작 편수가 지속해서 증가하고 있는 상황에서 20~30여 명에 불과한 톱스타 주연 배우는 인기 관리를 위해 겹치기 출연을 하지 않으면서 스타 구하기가 어려워졌다. 여기에 연예기획사가 소속 스타를 내세워 영화 제작까지 나서면서 스타 배우 캐스팅이 더욱 힘들어졌다. 물론 1990~2020년대 영화사에서 오디션을 통해 발탁한 신인이 주연으로 영화에 출연해 스타가 되기도 했다. 김고은이 오디션을 통해 출연한 영화 〈은교〉로 신예 스타로 떠올랐고 김태리는 1,500대의 1의 오디션 경쟁을 뚫고 주연을 맡은 영화 〈아가씨〉로 스타가 됐다. 송중기 박소담 천우희 이유영 한예리 유연석 전종서 김다미 등 적지 않은 배우가 영화 오디션을 통해 출연 기회를 잡아 스타화의 길에 접어들었다.

1990~2020년대 음악 전달 매체가 실물 음반에서 온라인 음원 중심으로 옮겨가면서 가수 데뷔 기회와 스타 활동 패턴에 적지 않은 변화가 초래됐다. 전문적인 엔지니어의 손을 거쳐 공장에서 만들어야 했던 음반 제작은 디지털 기술의 발전으로 훨씬 용이해졌다. 홈레코딩을 통해 직접 음원을 제작하는 경우도 많아졌다.[151] 음반보다 음원 제작비용이 적게 드는 데다 제작

과 유통이 용이해 많은 가수 지망생이 직접 음원을 내며 가수로 데뷔했다. 진입 장벽이 높은 연예기획사를 거치지 않고 음원을 발표하며 가수로 활동하는 연예인이 급증했다.

1990년대 들어 스타의 상품성과 영향력이 고조되면서 이윤 창출을 위해 스포츠지, 여성지, 청소년 잡지, 영화와 TV 전문지, 대중주간지뿐만 아니라 일간지와 시사주간지까지 대중문화와 스타에 대한 지면을 대폭 확대해 스타와 연예인의 일거수일투족을 기사화했다. 2000년대 들어 우후죽순처럼 생겨난 수많은 인터넷 매체는 스타와 연예인의 활동, 사건과 사고, 사생활을 인터뷰, 스트레이트 뉴스, 기획 기사, 분석 기사, 칼럼을 통해 상세하게 다뤘다. 심지어 스타 사생활만을 전문적으로 추적해 보도하는 파파라치 매체까지 생겨났다. 언론매체 급증으로 연예 뉴스 시장이 포화상태에 이르면서 하나 이슈가 터지면 언론 매체들이 하이에나처럼 몰려가 뜯어먹는 식의 환경이 심화했다. 더 많은 사람의 눈길을 끌기 위해 언론 매체들은 선정적인 연예 기사를 쏟아내고 일부 크리에이터와 유튜버, 사이버 렉커는 수익 창출을 위해 개인 방송과 블로그를 통해 근거 없는 악성 루머와 자극적인 사생활 정보를 확대 재생산하면서 연예인의 사생활과 인권 침해, 명예훼손 등 많은 문제가 발생했다.

언론 매체는 무명과 신인의 인지도와 대중성을 상승시켜주고 스타의 경쟁력과 명성을 배가시켜주는 긍정적 역할도 하지만, 불법 행위나 치명적인 스캔들 보도를 통해 최정상의 스타도 바닥으로 추락시켰다. 심지어 선정적이고 자극적인 기사와 가짜 뉴스는 연예인과 스타를 자살이라는 극단적 선택으로 몰아가기도 했다.[152]

광고 역시 스타 시스템에 있어 중요한 기능을 했다. 급증하는 연예인 지망생이 한정된 드라마와 영화를 통해 데뷔하기가 어려워지면서 광고를 통해 입문하는 경우가 늘었다. 1990년대부터 손예진을 비롯한 많은 스타가 광고를 통해 연예계에 진출했다. 또한, 노출 빈도가 많은 광고를 통해 짧은 시간에 존재감을 드러내고 이미지를 조형했다. 전지현 이영애 같은 연예인은 광고를 통해 대중이 욕망하고 선망하는 이미지를 형성하면서 높은 인지도를 획득해 스타의 입지를 굳혔다. 광고는 스타나 연예인의 안정된 활동을 뒷받침해주는 막대한 수입을 창출할 수 있는 창구 역할도 했다.

인터넷과 SNS, OTT는 웹드라마와 웹예능, 온라인 공연을 비롯한 새로운 대중문화 상품을 등장시켜 연예인의 데뷔 창구와 활동 무대를 확대했고 상향식 스타 시스템 관행을 도입했다. 연예기획사가 연예인 지망생을 발탁해 일정 기간 교육과 훈련을 하고 드라마, 예능 프로그램, 영화, 음반과 음원, 무대, 광고, 뮤직비디오를 통해 연예계에 데뷔시킨 다음 홍보 마케팅으로 인기와 인지도를 제고해 스타로 만드는 하향식 스타 시스템이 일반화했다. 인터넷과 SNS, OTT는 이러한 하향식 스타 시스템에 변화를 몰고 왔다. 대중이 직접 인터넷과 SNS, OTT를 이용해 연예인 예비 자원을 발굴하고 이미지 조형 작업과 홍보를 진행해 스타로 만드는 상향식 스타 시스템이 새롭게 모습을 드러냈다. 인터넷과 SNS, OTT는 대중을 주도적인 스타 메이커로 추동시켰다.

대중문화 시장 확대와 더불어 방송, 영화, 대중음악의 환경 변화로 인해 1990년대 이후 연예인 매니지먼트 산업은 큰 변혁기에 접어들며 춘추전국시대를 맞았다. 1991년 SBS 개국과 1995년 케이블 TV 출범은 연예인과 스타가 활동할 수 있는 방송 시장을 넓혀주었을 뿐만 아니라 방송사의 전속제와 탤런트·개그맨 공채 제도의 폐기를 불러와 매니지먼트 업계에 지각변동을 일으켰다. 1990년대 TV 방송사의 전속제 폐지로 연기자의 자유 계약이 활발해지면서 연기자 관리가 요구되고 탤런트·개그맨 공채 제도 폐기로 배우와 예능인 육성을 담당하는 기관이 필요해지면서 연기자 매니지먼트 시스템이 본격적으로 정비되기 시작했다.

1990년대 연기자 매니지먼트의 첫 번째 유형은 가족이나 친지를 매니저로 두는 것이다. 고현정의 어머니 임정순, 김혜수 어머니 김현숙, 오연수 어머니 김민정이 매니저로 활동하며 자녀를 스타덤에 올려놓았다.[153] 한석규는 형 한선규가 매니지먼트를 했다. 한선규는 시나리오 분석과 작품 선택 안목이 탁월해 1990년대 후반 한석규를 최고 스타로 만들었다.

두 번째 유형은 스타나 배우가 방송 관련 업무를 했거나 기존 기획사에서 매니지먼트 업무를 담당한 사람을 개인 매니저로 두거나 개인 회사 형태의 매니지먼트사에 소속되는 것이다. 조용필 로드매니저를 했던 정훈탁은 개인 회사 형태의 연예기획사 EBM을 만들어 박신양 정우성 김지호 전지현을 비롯한 많은 배우를 발굴해 스타로 육성했다. 그룹 솔리드 매니저로 활약한 정영범은 연예기획사 스타 제이를 만들어 심은하 장동건 이승연 김지수의 매지니먼트를 담당했고 신인 원빈과 수애를 발굴해 스타로 만들었다. 백남수는 개인 매니저 경력을 바탕으로 백기획을 설립한 뒤 연기자 매니지먼트를 본격화해 이영애 김현주 황수정 김효진을 스타로 성장시켰다. 이 밖에 김정수 하용수 등도 개인 매니저나 개인 매니지먼트사 대표로 활동했다. 이들은 1990년대 후반 개인 회사 형태의 연예기획사 규모를 대폭 확대해 전문적이고 체계적인 매니지먼트를 진행하며 배우 매니지먼트 업계를 이끌었다. 정훈탁은 싸이더스, 정영범은 스타제이 엔터테인먼트, 백남수는 에이스타스를 각각 설립해 활발한 배우 매니지먼트 사업을 펼쳤다. 대박 기획, 토털엔터테인먼트, 윌스타도 개인 매니저로 활동하던 사람이 설립한 연예기획사다.

세 번째는 배우가 대기업의 연예 매니지먼트 사업 진출로 모습을 드러낸 기업형 매니지먼트사를 활용하는 것이다. 대기업의 연예 매니지먼트 사업 진출은 1990년대 연예 매니지먼트 산업에 커다란 변화를 가져왔다.[154] 국내 최초 기업형 매니지먼트 회사는 1991년 설립된 APEX로 대주주 동양제과가 엔터테인먼트 콘텐츠에 관심을 가지고 출범시켰는데 소속 스타는 김혜수 신은경 이경영 김민종 등이었다. APEX는 내부 분열로 이내 매니지먼트 사업을 포기했다. 본격적인 기업형 매니지먼트 회사는 1994년 4월 설립된 스타 서치다. 삼성 계열사 디지털 미디어가 대주주였던 스타 서치는 기획부, 마케팅부, 매니지먼트부로 세분된 조직을 구성하고 전문적인 매니지먼트를 추구하며 직원 20명으로 출발했다. 스타 서치는 김혜수 신은경 이재룡 유호정 최민식 최수지 염정아 등 톱스타 30여 명과 신동엽을 비롯한 유명 개그맨을 소속시켜 업계의 주목을 받았다. 스타 서치는 소극적인 인맥 중심의 매니지먼트가 스타를 효율적으로 관리하는 것을 불가능하게 만들고 뇌물, 성상납 같은 비공식 거래를 성행하게 한다고 판단하고 새로운 매니지먼트 시스템을 지향했다. 스타 서치는 매니지먼트 인력 공채, 장기 전략에 따른 회사 운영, 과학적인 매니지먼트 시도를 통해 매니지먼트 업계의 전문적인 시스템 구축을 본격화했다. 한 명의 매니저가 한 명의 연예인을 책임지는 매니지먼트 행태에서 벗어나 영화, 텔레비전, 광고, 모델 부문으로 구분해 전문적인 책임자가 각 부문을 맡는 시스템을 만들었다. 공개 오디션을 통한 신인 발굴, 매니저와 연예인의 수평적 관계 모색, 방송사를 포함한 매체에 대해 인맥 중심이 아닌 공식적 섭외 관행 수립, 다양한 홍보 활동 전개 등 합리적인 매니지먼트도 시도했다. 스타를 활용한 캐릭터 사업을 비롯한 스타 마케팅의 다변화도 꾀했다. 이것들은 그동안 개인 매니저와 개인 회사 형태의 연예기획사의 폐단으로 지적됐던 문제에 대한 대안들이었다. 그러나 스타 서치는 정보력과 기동력, 임기응변이 요구되는 매니지먼트 조직 특성의 적응 실패, 연예계 현실과 동떨어진 형식적인 전문성과 과학성만을 강조한 점, 인맥 중심의 매니지먼트의 고착화로 인한 새로운 시스템 도입 실패와 경험 부족으로 1년 7개월 만에 문을 닫았다.[155] 이어 한보그룹 계열의 한맥 유니온, 제일제당의 제이콤이 뒤를 이었다. 대기업이 추진한 기업형 매니지먼트사 설립을 계기로 체계화된 조직이 스타의 생산과 관리에 개입하기 시작했다.

대중음악계에선 1990년대 들어 음반 기획이 중요성을 더함에 따라 프로듀서 중심의 개인 회사형 기획사부터 신인 발굴, 음반 제작, 홍보, 스타 관리를 총괄적으로 수행하는 기업형 회사까지 다양한 형태의 연예기획사가 공존하며 신인 가수를 육성하고 스타 가수를 관리했다. 유승준, 구피를 키운 DMC 코리아, 김건모 음반을 기획 제작한 건음 기획 등이 개인 회사형 기획사에 속한다. SM엔터테인먼트, 라인기획, GM기획, 대성기획, 예당엔터테인먼트, YG엔터테인먼트, JYP엔터테인먼트는 신인 발굴에서 스타 관리, 음반 기획, 홍보, 마케팅까지 종합적인 매니지먼트 사업을 전개한 대표적인 기업형 기획사다.

1990년대 들어 스타와 대중문화, 매니지먼트 산업에 대한 인식 변화와 함께 매니지먼트 업계 인력의 구성과 양성 방식 역시 변모했다. 1980년대 중반 이후 고학력 인력이 매니지먼트 업계로 진입하기 시작했다. 대중문화에 관한 관심이 고조되고 엔터테인먼트의 산업적 가능성이 커지면서 매니지먼트 업계로 고학력 출신 인력이 유입됐다. 1994년 예당 엔터테인먼트 공채 때 매니저 10명 모집에 600여 명의 대졸자가 몰렸고[156] 스타 서치의 공채 1, 2기 중 90%가 연세대, 이화여대 등 명문대 출신이었다. 1993년 국제연예매니지먼트센터를 시작으로 매니저를 전문적으로 양성하는 기관까지 설립됐고 방송사 부설 아카데미에서도 매니지먼트 과정을 정규 과목으로 채택했다. 일부 대학에서는 매니저학과를 신설해 전문 매니저를 육성했다. 방송사, 영화사, 신문사 등 인맥을 활용해 전문적으로 출연 섭외와 홍보를 대행해주는 PR 매니저와 신인 발굴을 전문으로 하는 탤런트 스카우터도 등장해 활약했다.

2000년대 들어 국내외 수요가 급증한 스타는 막대한 이윤을 창출하며 영향력도 커졌다. 이에 따라 중국, 일본, 미국을 비롯한 외국 자본과 대기업 자본의 매니지먼트 업계 유입이 눈에 띄게 늘었다. 이러한 환경 변화로 매지니먼트 산업도 획기적으로 변모했다. 2000년대 들어서는 규모와 자본, 인력 그리고 기능을 대폭 확대한 가수 중심의 SM엔터테인먼트, YG엔터테인먼트, JYP엔터테인먼트, GM기획, 아이스타와 배우 중심의 싸이더스, 에이스타스, 싸이클론, 윌스타가 신인 발굴과 육성, 가수와 배우, 예능 스타를 포함한 연예인 매니지먼트, 콘텐츠 제작 사업을 하는 종합 엔터테인먼트사로 변모하며 문화 산업을 이끌었다.

EBM과 우노필름 합병을 통해 2000년 설립된 싸이더스는 영화와 음반 제작부터 연기자, 가수, 개그맨, 방송인, 스포츠 스타 매니지먼트까지 다양한 엔터테인먼트 사업을 전개했다. 싸이더스는 전지현 정우성 전도연 김혜수 설경구 차태현 등 30여 명의 배우 스타와 유재석 이휘재 등 20여 명의 개그맨 스타를 소속시킨 국내 최대 규모 엔터테인먼트사로 군림했다. 백기획의 백남수 대표가 중소형 기획사 미르, BMB, 월드파워, 키매니지먼트를 합쳐 만든 에이스타스는 이영애 안재욱 송윤아 김선아 김정은 이나영 등 60여 명의 연예인을 관리했고 영화, 광고, 음반, 캐릭터 제작에 나섰다. 대박 기획의 김정수 대표가 매니지먼트 본부장을 맡은 싸이클론은 이병헌 장진영 이정재 유준상 배두나 등 30여 명의 연예인 매니지먼트와 강제규 감독의 영화 제작으로 주목받았다. 명성 기획의 이용관 대표가 2001년 설립한 윌스타는 신은경 감우성 김현주 서경석 등 20여 명의 연예인 매니지먼트와 이벤트 · 아카데미 사업을 병행했고 일본 요시모토흥업과 업무 제휴를 통해 해외 진출도 꾀했다.

SM엔터테인먼트는 H.O.T 성공을 시작으로 S.E.S, 신화, 보아, 동방신기, 슈퍼주니어 등 아이돌 가수를 성공적으로 배출했고 아카데미 사업, 음반 기획 및 제작(프로듀싱 사업), 유통(라이선싱, 음반 발매), 퍼블리싱, 가수 · 연기자 매니지먼트 등 다양한 사업을 전개했다. GM기획은 조성모 김정민 포지션 터보의 음반을 기획해 성공을 거뒀고 이미연을 모델로 내세워 제작한 편집 음반 〈연가〉를 히트시켰다. 아이스타는 2000년 설립돼 엄정화 신승훈 코요 태 관리와 음반 기획, 이벤트 개최, 캐릭터 사업을 펼쳤다.

기업형 종합 엔터테인먼트사를 지향한 것은 '스타를 쥔 쪽이 이긴다' 라는 할리우드 원칙이 우리에게도 적용되기 시작했다는 것을 의미한다. 많은 스타를 보유하고 있으면 작품 출연과 콘텐츠 제작에 절대적으로 유리하다. 이윤 창출 창구를 대폭 확대할 수 있고 계약에서 협상 주도권을 가질 수 있기 때문이다.

하지만 수요 예측이 워낙 불투명한 대중문화 시장 생리 때문에 연예인은 하루가 다르게 소속 매니지먼트사를 이동하고 영세한 규모의 연예기획사는 하루에도 새로 생기는 곳과 사라지는 곳이 수없이 많았다. 기업형 연예기획사라고 하더라도 워낙 투기 성향이 강한 대중문화 시장이 불확실하고 자본 형성이 불안정한 데다 인기에 따라 소속 연예인과의 계약 관계가 가변적이어서 부침이 심했다. 주식시장 상장을 통한 머니 게임으로 이합집산도 횡행했다. 60여 명의 스타 군단을 거느렸지만, 검찰의 방송연예계 비리 수사로 대표가 구속되고 연예인이 하나둘씩 떠나 중소 업체로 전락하다 사라진 에이스타스처럼 기업형 매니지먼트사도 문을 닫는 곳이 적지 않았다.

2000년대 대형 연예기획사를 중심으로 주식시장 상장을 통해 자본을 안정적으로 확보한 뒤 투자를 늘려 이윤을 확대하려는 움직임도 본격화했다. 2000년 4월 SM엔터테인먼트를 시작으로 싸이더스의 모기업 로커스, 대영AV, 서울음반, 예당엔터테인먼트가 주식시장에 상장하며 안정적인 자본을 확보해 사업 영역을 확대했다.

2010~2020년대 문화 산업 발달과 한류 확산으로 대중문화 시장이 크게 확대되면서 HYBE, SM엔터테인먼트, YG엔터테인먼트, JYP엔터테인먼

트, FNC엔터테인먼트, 키이스트, iHQ, 나무엑터스 등 자본과 인력을 갖춘 매니지먼트 회사가 기업형 종합 엔터테인먼트사로 완전히 탈바꿈했다. 이들 종합 엔터테인먼트사가 가수와 배우, 예능인을 아우르는 연예인을 발굴, 육성하고 스타를 관리하는 스타 시스템의 가장 중요한 주체가 되면서 엔터테인먼트 업계를 선도했다. 또한, 영화, 드라마, 예능 프로그램, 음반·음원의 제작을 비롯한 다양한 사업을 전개해 문화 산업과 한류를 주도했다. 기업형 종합 엔터테인먼트사는 방송사를 능가하는 영향력을 행사하며 대중문화 트렌드를 이끄는 주역으로 자리매김했다.

2022년 기준 매출액 1조 7,780억 원의 HYBE와 8,484억 원의 SM엔터테인먼트를 비롯한 기업형 종합 엔터테인먼트사가 매니지먼트 업계를 주도적으로 이끌고 있지만, 중소형 업체가 다수를 차지하고 있다. 연예기획사를 비롯한 대중문화예술산업 기획업 업체는 2020년 기준 2,778개이고 매출 규모는 4조 4,756억 원으로 업체당 평균 매출액은 16억 원에 달했다. 매니지먼트 업체 규모는 종사자 1인 업체 466개, 2~5인 미만 업체 471개, 5~10인 미만 업체 327개, 10~20인 미만 업체 97개, 20~50인 미만 업체 41개, 50인 이상 업체 24개로 중소형 업체가 다수를 차지한다. 매니지먼트 업체는 가수 관리 업체가 720개로 가장 많고 다음은 연기자 관리 업체 581개, 방송인 관리 업체 105개, 기타 20개 순이다. 기획업 2,778개 업체 중 66.4%인 1,844개 업체가 소속 연예인이 있고 소속 연예인 규모는 1만 586명에 달한다. 소속 연예인은 가수 4,243명, 연기자 4,054명, 방송인 781명, 기타(모델, 뮤지컬배우, 성우, 댄서) 1,508명이다. 소속 연습생이 있는 업체는 2,778개 업체 중 11.4%인 316개이고 연습생 수는 1,895명으로 가수 연습생 1,375명, 연기자 연습생 408명, 모델 연습생 111명이다.[157]

2010~2020년대 한국 스타 시스템을 이끄는 가장 핵심적 주체는 HYBE, SM엔터테인먼트, JYP엔터테인먼트, YG엔터테인먼트, iHQ, 카카

오엔터테인먼트, FNC엔터테인먼트, 스튜디오산타클로스, 큐브엔터테인먼트, 나무엑터스 등 기업형 종합 엔터테인먼트사다.

보아, 동방신기, 엑소, 슈퍼주니어, 소녀시대, 샤이니, 레드벨벳, NCT, 에스파 등 스타 군단이 소속된 SM엔터테인먼트는 SM C&C, 키이스트, SM 라이프디자인, 미스틱스토리, 디어유 등 계열사를 거느린 거대 기획사다. SM엔터테인먼트는 가수와 연기자, 예능인 매니지먼트부터 예능 프로그램, 드라마 등 영상 콘텐츠의 제작·유통·판매, 공연 기획과 제작에 이르기까지 다양한 사업을 전개하고 있다. 가수, 작곡가 그리고 프로듀서로 성공 가도를 달린 박진영이 1996년 설립한 JYP엔터테인먼트는 god, 비의 음반을 잇달아 성공시키고 원더걸스와 2PM 등 스타 아이돌 그룹을 키워내 대형 기획사의 명가가 되었다. 트와이스, 있지, 스트레이 키즈, NiziU 등이 소속된 JYP엔터테인먼트는 음반과 음원 제작, 연예인 매니지먼트, 연예인의 해외 진출과 콘텐츠 수출, 외국 아이돌 육성 사업에 힘을 쏟고 있다. YG엔터테인먼트는 아티스트 육성 및 매니지먼트를 목적으로 1998년 설립돼 YG플러스를 포함한 다양한 계열사를 거느린 연예기획사로 성장했다. 블랙핑크, 트레저, 악동뮤지션, 차승원, 김희애, 최지우, 이성경 등 가수와 연기자 스타가 소속된 YG엔터테인먼트는 음반·음원을 제작, 유통하는 음악 사업과 방송 콘텐츠 제작, 연예인 매니지먼트 등 여러 사업을 펼치고 있다.

HYBE(구 빅히트엔터테인먼트)는 프로듀서 방시혁이 2005년 설립한 회사로 2013년 데뷔한 아이돌 그룹 방탄소년단이 국내외에서 폭발적인 인기를 끌면서 회사가 급성장해 2020년 매출액 4,533억 원으로 SM엔테테인먼트, YG엔터테인먼트 등을 제치고 기획사 매출 1위에 올랐다. HYBE는 힙합 스타 지코 소속사 KOZ엔터테인먼트와 아이돌 그룹 세븐틴 소속사 플레디스 엔터테인먼트, 걸그룹 여자친구 소속사 쏘스뮤직을 인수하고 2020년 10월 주식 시장에 상장해 회사 규모를 확대했다. HYBE에는 방탄소년단 투모로

우바이투게더 엔하이픈 세븐틴 지코 르세라핌 뉴진스 나나 등이 소속돼 있다. 카카오엔터테인먼트는 산하 회사인 BH엔터테인먼트, 스타쉽엔터테인먼트, 안테나 뮤직, 매니지먼트 숲, 크로스픽쳐스, 영화사 집 등에 이병헌 현빈 공유 전도연 공효진 수지 유재석 같은 유명 배우와 예능 스타, 몬스타엑스 에이핑크 아이브 정재형 정승환을 비롯한 K팝 아티스트, 김원석 박혜련 같은 감독·작가가 소속돼 있고 영상 콘텐츠와 음원의 기획·제작을 전문으로 하고 있다.

양수경 장혁 오광록 박미경 박준형 김혜윤 등이 소속된 iHQ는 연예인 매니지먼트 업계를 선도하고 있다. iHQ는 연예인 매니지먼트와 함께 영화와 드라마 제작부터 방송사 운영까지 사업을 다각화했다. 유준상 박중훈 이준기 김효진 서현 구교환 송강 박은빈 도지원 이윤지 홍은희 김환희 강기영 등 스타 연기자가 다수 소속된 나무엑터스와 공명 정호연 김민하 이하늬 한예리 엄정화 조진웅 변요한이 전속된 사람엔터테인먼트도 연기자 전문 매니지먼트사로 영화와 드라마 업계에 큰 영향력을 행사하고 있다.

이밖에 기업형 종합 엔터테인먼트사 FNC엔터테인먼트, 큐브엔터테인먼트, 스튜디오산타클로스엔터테인먼트 등도 연예인 발굴부터 스타 관리까지 매니지먼트 사업은 물론이고 음반과 음원, 드라마, 예능 프로그램, 영화 제작에도 힘을 쏟고 있다.

HYBE, SM엔터테인먼트, JYP엔터테인먼트, 카카오엔터테인먼트 같은 기업형 종합 엔터테인먼트사는 연예인 매니지먼트와 콘텐츠 제작 사업 외에도 방송, 여행, 화장품, 패션, 외식 사업 등 사업 영역을 다각화하고 안정적 매출 기반을 다질 수 있는 부동산, IT 플랫폼 사업에도 진출했다. 일본, 중국, 미국을 중심으로 한 해외 사업을 활발하게 전개하는 한편 중국, 일본을 비롯한 해외 자금 투자를 통해 규모도 확대했다.[158]

(3) 스타

    1990년대 이후 연예인과 스타에 대한 대중의 인식이 긍정적으로 전환됐다. 스타와 연예인의 사회적 위상이 격상되고 스타의 정치 · 경제적 영향력이 막강해졌기 때문이다. 대중문화의 가치와 의미를 부여하며 학계와 전문가의 체계적인 연구와 평가 작업이 진행되고 대학의 방송 · 연예, 영화, 코미디, 실용음악, 댄스 관련 학과가 큰 인기를 얻은 것도 연예인과 스타에 대한 인식 전환에 한몫했다. 무엇보다 스타의 엄청난 수입 창출이 연예인 인식 개선에 결정적 역할을 했다. 송중기는 2016년 방송된 〈태양의 후예〉 출연 직후 중국 CF 한 편 출연으로 40억~50억 원을 받은 것을 비롯해 1,000억 원의 수입을 벌어들였다. 방탄소년단은 2019년 5,000억 원대 매출액을 기록했고 2020년 10월 소속사 하이브의 주식시장 상장 때 방시혁 의장으로부터 증여받은 멤버 개인의 주식이 시가 기준 241억 원에 달했다. 김수현은 8부작 드라마 〈어느 날〉 주연을 맡으면서 회당 5억 원을 받아 드라마 한 편으로 40억 원의 출연료를 챙긴 것을 포함해 2021년 한 해 동안 올린 수입이 500억 원이나 됐다.[159] 이처럼 스타의 수입은 상상을 초월할 정도로 엄청났다. 2018년 가수로 수입을 국세청에 신고한 6,372명 중 상위 1% 스타 63명의 연평균 소득은 34억 4,698만 원으로 나머지 99%의 가수 1인당 평균 소득 3,050만 원의 113배였다. 배우와 예능인으로 수입을 신고한 1만 8,072명 중 상위 1% 스타 181명 연평균 소득은 17억 256만 원에 달했다.

1990~2020년대 대중문화 폭발기에는 연예기획사가 H.O.T처럼 초중고생을 발탁해 훈련한 다음 연예계에 데뷔시켜 스타로 만드는 경향이 두드러지면서 10대 스타가 급증했다. 보아, S.E.S, 핑클, 소녀시대, 원더걸스, 빅뱅, 이승기, 아이유, 수지, 방탄소년단, 트와이스, 블랙핑크, 뉴진스 같은 아이돌 가수들이 중고생 때 데뷔해 스타가 됐고 문근영 유승호 여진구 김소현 김유정 김향기 같은 배우들도 어린 나이에 연기를 시작해 스타덤에 올랐다.

스타와 연예인에 관한 인식과 위상이 개선되고 스타가 막대한 수입을 창출하면서 연예인 지망생이 폭발적으로 증가했다. 특히 유아와 초중고생의 연예계 지망 현상이 두드러졌다. 연예인이 초중고생 선망 직업 상위에 포진하고 서울공연예술고, 한림연예예술고를 비롯한 방송·연예, 대중음악 관련 고등학교 입학 경쟁률은 2~4대 1의 과학고나 국제고보다 훨씬 높은 7~15대 1을 기록하고 방송연예학과, 실용음악과, 연극영화학과의 대학 수시 경쟁률은 400~600대 1에 달했다. SM엔터테인먼트, JYP엔터테인먼트의 연습생 선발을 위한 오디션은 5,000~7,000대 1의 경쟁률을 보였다. 〈보이스 코리아〉〈미스 트롯〉〈쇼미더머니〉를 비롯한 오디션 프로그램은 적게는 수만 명 많게는 수백만 명이 참가한다. 2012년 방송된 〈슈퍼스타K 4〉 참가자는 208만 명이었다.

이선균 김고은 박소담 박정민 알리처럼 대학의 연극·영화, 방송·연예, 실용음악 전공자와 김태희 이적 이상윤 서경석 차인표 이서진 같은 명문대 출신·유학파의 연예계 진입도 눈에 띄게 많아졌다. H.O.T의 토니안, S.E.S의 유진, god의 박준형, 신화의 에릭, 소녀시대의 티파니, 블랙핑크의 로제, 에일리, 한고은, 한예슬, 김윤진, 이다해처럼 외국 교포의 연예계 진출도 급증했을 뿐만 아니라 2PM의 닉쿤, 엑소의 레이, 트와이스의 모모 사나 미나 쯔위, 블랙핑크의 리사, 갓세븐의 잭슨, 에스파의 닝닝, 뉴진스의 하니 등 외국인의 한국 연예계 활동도 폭증했다. 고현정 김성령 이승연 김혜리 김선아 손태영 김사랑 이보영 이하늬 한지혜 장신영처럼 미스코리아 대회를 비롯한 각종 미인대회를 전진기지 삼아 연예계에 입문하거나 현빈 강동원 소지섭 김우빈 남주혁 정호연처럼 패션모델을 하다가 연기자의 길로 들어서 스타가 된 사람도 크게 늘었다. 송강호 김윤석 이성민 오달수 문소리 하정우 같이 연극무대를 통해 연기자로 첫발을 디딘 뒤 영화와 드라마에 출연해 스타가 된 사람도 적지 않고 조정석 주원 엄기준처럼 뮤지컬 무대에 서다 영화나 드라마에 나서 인기 배우 대열에 합류하는 사람도 많았다.

　　1990년대 들어 임창정 엄정화처럼 가수 겸 배우로 활동하는 스타 연예인이 대중과 만나고 1990년대 중반부터 연예기획사의 기획형 아이돌 그룹이 쏟아져 나오면서 노래와 연기, 예능 활동을 병행하는 스타가 급증했다. 1990년대 들어 H.O.T의 문희준 강타, 젝스키스의 은지원, S.E.S의 유진, 핑클의 이효리 성유리 이진 옥주현을 비롯한 아이돌 그룹 멤버들은 가수 활동을 통해 얻은 인기와 인지도를 바탕으로 드라마나 영화, 예능 프로그램, 뮤지컬에 진출했다. 연예기획사가 연습생에게 연기, 노래, 댄스, 예능을 종합적으로 지도해 다양한 창구에서 수입을 창출하려는 마케팅 전략을 본격적으로 도입해 2000년대 이후부터 동방신기의 유노윤호 최강창민, 소녀시대의 윤아 서현 수영 유리 태연, 원더걸스의 소희, 카라의 구하라 강지영 한승연, 미쓰에이의 수지, 슈퍼주니어의 최시원 김희철 규현 이특, 샤이니의 민호 키, 엑소의 디오, 제국의 아이들의 임시완 황광희 박형식, 씨엔블루의 정용화 강민혁, 에프엑스의 크리스탈 설리, 에이핑크의 정은지 손나은, 걸스데이의 혜리 민아 유라, AOA의 설현, 레드벨벳의 조이, 블랙핑크의 지수 제니, 아스트로의 차은우, SF9의 로운, 우주소녀의 보나, 아이브의 안유진 그리고 비 장나라 이승기 아이유 김세정 강다니엘처럼 데뷔와 함께 노래와 연기, 예능을 동시에 병행하는 연예인 스타가 대세를 이뤘다. 대중문화 초창기 연예계 인적 자원이 부족해 여러 분야를 겸업하는 것과 근본적으로 다르다. 연예기획사가 스타의 활동 수명을 연장하고 수입을 확대하기 위해 구사한 원 소스-멀티 유즈One Source-Multi Use 전략에 따른 현상이다.

1990년대부터 스타의 활동 무대와 수입 창출 지역이 국내에서 국외로 확대됐다. 1997년 드라마 〈사랑이 뭐길래〉가 중국 CCTV를 통해 방송되면서 한국 드라마가 중국, 대만, 베트남을 비롯한 동남아시아에서 인기를 얻어 한류가 촉발했다. 이후 한국의 드라마, 예능 프로그램, 대중음악, 영화가 세계 각국에서 관심을 끌면서 한류는 지구촌 현상이 됐다. 이에 따라 1990년대부터 한국 스타가 중국, 태국, 일본, 미국, 유럽, 중동, 남미 등 세계 각국에서 큰 인기를 얻는 한류스타로 부상했다. 한류 초창기인 1990년대 중후반 안재욱 차인표 장동건 김희선이 중국을 비롯한 동남아 국가에서 사랑받는 연기자 스타로 떠올랐다. 한국 드라마에 대한 아시아 국가의 열광은 한국 대중음악 관심으로 이어져 H.O.T, NRG, 베이비복스, 클론이 중국, 대만에서 큰 사랑을 받아 한류스타로 발돋움했다. 2000년대 들어 배용준 최지우 장동건 이병헌 원빈 송혜교 보아 동방신기가 일본에서 한류스타로 떠올랐고 2010~2020년대는 싸이 소녀시대 카라 원더걸스 빅뱅 아이유 엑소 방탄소년단 트와이스 블랙핑크 세븐틴 스트레이키즈 에스파 뉴진스 이민호 장근석 김수현 송중기 공유 현빈 이종석 박보검 전지현 수지 박신혜 박서준 이정재 유재석 이광수 등이 세계 각국에서 높은 인기를 누리는 한류스타가 되었다. 이병헌 장나라 송혜교 비 배두나 이종석 손예진 이민호 장근석 마동석 윤아 한효주 심은경 박서준을 비롯한 많은 스타가 중국, 일본, 미국, 프랑스의 영화와 드라마, 예능 프로그램, 광고 출연을 통해 막대한 수입을 올리고 동방신기 빅뱅 엑소 방탄소년단 세븐틴 블랙핑크 트와이스 스트레이키즈 같은 한류스타가 세계 각국에서 음반과 음원, 굿즈 판매와 공연으로 엄청난 수입을 창출했다.

1990~2020년대 스타는 문화 산업과 대중문화의 흥행과 투자유치에 일반 연예인과 비교할 수 없는 중요한 역할을 수행했다. 스타는 또한 인기와 명성, 이미지, 팬덤을 바탕으로 사회·정치 이데올로기를 생산하고 투사하며 광범위하게 영향력을 발휘했고 사회화 대리자, 인격 형성자, 의제 설정자 등 다양한 사회적 역할도 이행했다. 스타 마케팅 전면에 나서 상품과 서비스의 수요를 창출하는 경제적 역할도 실행했다.

스타의 사회적 영향력이 커지고 팬덤이 강력해지면서 증가하는 스타의 범죄와 일탈 행위가 청소년 가치관에 악영향을 끼치고 도덕 불감증을 심화시키는 사회 문제도 야기했다. 1990년대부터 연예인을 육성하고 관리하는 주체로 나선 연예기획사가 스타 만들기에 혈안이 돼 연습생을 포함한 지망생에게 연기, 댄스, 가창 등 연예인이 되는 기능만 가르치고 인성교육이나 사회화 교육을 무시했다. 더 나아가 학교에서 교육받을 학습권마저 박탈해 사회 부적응 배우·가수와 범죄 연예인을 양산했다. 마약 투약을 한 JYJ의 박유천, 대마초를 흡연한 빅뱅의 지드래곤 탑, 성범죄를 저지른 정준영과 FT아일랜드의 최종훈, 폭행과 음주운전을 한 슈퍼주니어의 강인, 불법 도박을 한 빅뱅의 승리를 비롯한 많은 스타의 범법 행위가 대중과 사회에 악영향을 미쳤다.

스타 자살 역시 사회문제화한 것이 대중문화와 문화 산업이 급성장한 1990년대 이후다. 1926년 〈사의 찬미〉를 불러 인기를 끌었던 배우 겸 가수 윤심덕이 스스로 목숨을 끊은 사건이 있었지만, 스타 자살은 한국 연예계에선 보기 힘든 예외적 사건이었다. 하지만 1990년대 이후 스타와 연예인 자살 사건이 빈발했다. 연예인과 스타는 직업적 특수성을 비롯한 여러 이유로 일반인이 상상하기 힘든 고통과 생활의 어려움을 겪는다. 연예인의 고통을 초래하는 원인은 사업 실패, 생활고, 가정불화, 우울증 같은 개인적 신변 문제부터 연예기획사의 병폐, 대중문화 산업 메커니즘, 연예인의 직업적 특수성, 연예인을 수요 하는 대중매체의 문제, 연예인을 소비하는 팬과 수용자의 잘못된 행태까지 다양하다.[160] 1996년 가수 서지원과 김광석이 자살해 큰 충격을 준 데 이어 2005년 스타 배우 이은주가 스스로 목숨을 끊은 이후 연예인 자살 사건이 계속 이어졌다. 최진실 설리 구하라 종현 박용하 같은 스타와 박지선 전미선 안재환 정다빈 최진영 채동하 김지훈 김성민 조민기 문빈 같은 유명 연예인이 자살했다. 장자연 남윤정을 비롯한 신인과 중견 배우, 정아율 유주 한채원 박혜상 김유리 강두리 송유정 등 무명 연예인까지 극단적 선택을 해 일반인 자살을 유발하는 사회 문제를 일으켰다.

1990년대부터 대중문화 분야에서 흥행, 투자유치 등 스타 역할이 커지고 스타 수요 창구가 급증하면서 스타 권력화 문제가 본격적으로 나타났다. 2007년 방송된 드라마 〈태왕사신기〉 주연으로 나선 배용준이 제작비의 15%에 달하는 회당 2억 5,000만 원이라는 엄청난 출연료를 받는 것을 비롯해 스타가 제작비 규모에 비해 터무니없이 많은 출연료를 요구하면서 부실한 세트나 출연자 제한 문제를 야기해 작품 완성도가 저하되는 것을 비롯해 많은 부작용을 낳았다. 일부 스타는 출연자 캐스팅에 대한 요구나 극본 변경 같은 감독과 PD, 작가의 영역을 침범하는 행태까지 보였다. 이 밖에 수입을 위해 작품성을 저해시키는 과도한 PPL 삽입 요청과 스타 위주 스케줄 요구 등 스타 권력화의 병폐가 많아졌다.

1990년대 이후 연예기획사 주도의 스타 생산 체제가 굳건해지고 스타 시스템이 체계화하면서 스타의 팬과 팬클럽을 조직적으로 관리하는 현상이 두드러졌다. 1990년대 초반 자발적인 팬클럽이 기하급수적으로 급증했으며 1990년대 중반부터 연예기획사가 전면에 나서 팬과 팬클럽, 팬덤을 전문적으로 관리하기 시작했다. 1990년대 들어 가수에 국한됐던 팬클럽은 탤런트, 영화배우, 개그맨과 예능인, 모델, 댄서 등 연예계 모든 분야의 스타를 대상으로 확대됐다. 남자 스타 팬클럽이 압도적으로 많았는데 이는 팬클럽 회원 대다수가 10대 중고생이고 그중 여학생이 절대다수를 차지한 상황과 관련이 있다. SM엔터테인먼트가 1996년 H.O.T를 데뷔시키고 팬클럽 '클럽 H.O.T'를 출범시켜 조직적으로 팬 관리에 나선 이후 연예기획사는 팬 관련 부서를 따로 두고 공식 팬클럽을 본격적으로 운영·관리했다. 스타 팬클럽의 규모나 회원 수도 천차만별이었는데 회원이 수십만 명에 달하는 서태지와 아이들, 신승훈, H.O.T, god의 대규모 공식, 비공식 팬클럽도 등장했다.

2000년대 들어 비약적인 발전을 거듭한 인터넷과 SNS, OTT는 팬덤 활동과 팬 문화를 혁명적으로 변화시키고 스타 팬과 팬클럽의 규모도 대폭 확대시켰다. 시공간 제약이 없는 인터넷과 SNS, OTT를 통해 글로벌 팬덤도 본격화했다. 중장년 팬과 남성 팬도 크게 늘었다. 스타를 하루 24시간 추적하며 사생활 정보를 취득해 유포하는 사생팬까지 생겨났다. 특정 스타에 대한 비난과 비판, 더 나아가 혐오감을 분출하는 안티 팬도 모습을 드러냈다.

한류가 본격화한 2000년대에는 차인표의 중화권 팬클럽 '표동인심表動仁心'을 비롯한 중국, 일본, 미국 등 세계 각국의 한류스타 팬클럽이 결성됐고 2010년대 이후에는 수백만 명의 국내외 회원이 활동하는 방탄소년단 팬클럽 '아미'나 이민호 팬클럽 '미노즈'처럼 국내외 회원이 함께하는 스타 팬클럽도 급증했다. 외국의 한국 스타 팬클럽과 회원도 크게 늘었는데 2021년 한류 스타를 포함한 세계 각국 한류 팬클럽은 1,470개, 회원은 1억 5,660만 명에 달했고 2022년은 한류 팬클럽 1,684개, 회원은 1억 7,882만 명 이었다.[161]

1990년대 텔레비전에선 KBS, MBC, SBS 방송사 탤런트 공채나 특채로 연기를 시작해 스타가 된 배우가 많았다. 감우성 차인표 장동건 이병헌

심은하 김정은 오연수 김명민 차태현 안재욱 송윤아 황수정 이재룡 김지수 최수종 하희라 최지우 장서희 박주미 김소연 강성연 손현주 유준상 등이 대표적이다. 미인대회 출신 고현정 김성령 오현경 김남주 염정아 이승연과 광고로 데뷔한 김희애 채시라 이영애 최진실 유호정 채림도 출연 드라마의 흥행 성공으로 스타덤에 올랐다. 고두심 김영애 김혜자 최불암 이순재 신구 윤여정 나문희 김해숙 이미숙 원미경 유동근 김영철 천호진 최명길은 젊은 연기자 못지않은 왕성한 활동과 뛰어난 연기력으로 연기대상 등을 거머쥐며 중견 스타 입지를 확고히 했다.

방송사 전속제가 폐지된 1990년대부터 연예기획사에서 발굴해 육성한 연기자도 텔레비전 드라마에서 두각을 나타내기 시작했다. 이정재 박신양 고소영 김지호 김희선 전지현 고수 원빈 김현주 김하늘 송혜교 송승헌 조인성 하지원 배두나 김민희 소지섭 손예진 등이 연예기획사가 발굴해 스타로 키운 대표적인 연기자로 드라마와 시트콤에서 맹활약했다.

1990년대는 1992년 〈질투〉를 시작으로 붐을 이룬 젊은 시청자 대상의 트렌디 드라마와 〈여명의 눈동자〉〈모래시계〉 같은 막대한 제작비와 인력이 투입된 대작 드라마를 통해 많은 탤런트 스타가 배출됐다. 〈질투〉의 최진실 최수종, 〈사랑을 그대 품안에〉의 차인표 신애라, 〈아스팔트 사나이〉의 이병헌 정우성, 〈마지막 승부〉의 장동건 손지창 심은하, 〈별은 내 가슴에〉의 안재욱 전도연, 〈의가 형제〉의 이영애, 〈미스터 Q〉의 김희선 송윤아, 〈눈물이 보일까봐〉의 김지호, 〈햇빛 속으로〉의 차태현 김현주처럼 트렌디 드라마에서 스타가 대거 배출됐다. 대작 드라마 〈모래시계〉를 통해 최민수 고현정 박상원이 톱스타의 명성을 획득했고 이정재가 신예 스타로 강렬한 존재감을 드러냈다. 블록버스터 드라마 〈여명의 눈동자〉의 최재성 채시라, 〈까레이스키〉의 김희애도 톱스타 반열에 올랐다. 〈용의 눈물〉의 유동근 최명길, 〈왕과 비〉의 임동진, 〈허준〉의 전광렬, 〈춤추는 가얏고〉의 고두심 등 사극은 중견 연기자의 인기를 배가시켰고 〈사랑이 뭐길래〉의 이순재 김혜자, 〈그대 그리고 나〉의 최불암 박원숙, 〈목욕탕집 남자들〉의 윤여정 강부자 등 시청률 높은 홈드라마도 중견 스타의 경쟁력을 제고했다.

　　SBS가 1993년 방송한 〈오박사네 사람들〉을 시작으로 붐을 이룬 시트콤은 〈순풍산부인과〉의 송혜교, 〈남자 셋 여자 셋〉의 송승헌 이제니 이의정을 비롯한 많은 신예 스타를 탄생시켰다. 2000~2010년대 들어서도 〈뉴 논스톱〉의 조인성 장나라 양동근 박경림 정다빈과 〈지붕 뚫고 하이킥〉의 신세경 황정음 윤시윤 유인나 이광수를 비롯해 현빈 한예슬 이승기 정일우 박민영 서민정 김범 등 많은 신인이 시트콤을 통해 인기 배우 대열에 합류했다.

　　1990년대 드라마에서 가장 활약이 두드러진 여자 스타는 최진실 김희애 채시라 심은하 김혜수 김희선이다. 최진실은 트렌디 드라마 〈질투〉를 비롯해 〈그대 그리고 나〉 〈별은 내 가슴에〉 〈장미와 콩나물〉 같은 신드롬을 일으키거나 50%대 높은 시청률을 기록한 드라마 주연으로 나서 시대의 변화에 조응하는 캐릭터를 연기하며 밝고 친근한 이미지를 드러내 방송가의 톱스타로 우뚝 섰다. 1984년 초콜릿 광고모델로 연예계에 데뷔한 채시라는 〈서울의 달〉 〈아들의 여자〉 〈여명의 눈동자〉 〈왕과 비〉에서 강렬한 캐릭터를 연기해 존재감 강한 스타로 각광받았으며 김희애는 〈아들과 딸〉 〈폭풍의 계절〉 〈분노의 왕국〉 〈까레이스키〉에서 탁월한 내면 연기로 캐릭터를 잘 살려 스타로서의 입지를 확실하게 굳혔다. 1993년 MBC 탤런트 공채로 연기 활동을 시작한 심은하는 〈마지막 승부〉 〈아름다운 그녀〉 〈청춘의 덫〉에서 빼어난 외모를 바탕으로 청순한 이미지를 극대화해 남성 팬덤이 강력해지면서 톱스타가 되었다. 영화에서도 맹활약을 펼친 김혜수는 드라마 〈짝〉 〈사과꽃 향기〉 〈우리가 정말 사랑했을까〉 〈국희〉의 단독 주연으로 나서거나 남자 주연을 압도하는 연기를 펼쳐 카리스마 강한 스타의 상징이 됐다. 빼어난 외모로 눈길을 끈 김희선은 트렌디 드라마 〈프로포즈〉 〈미스터 Q〉

〈토마토〉에서 발랄하고 톡톡 튀는 신세대의 표상으로 나서 젊은 층의 열광적인 반응을 얻으며 스타가 되었다.

1990년대 안방극장을 통해 시청자 사랑을 받은 남자 스타는 장동건 이병헌 최민수 차인표 최수종 안재욱이다. 1992년 MBC 공채 탤런트로 연기자가 된 뒤 트렌디 드라마 〈의가 형제〉〈마지막 승부〉에서 잘생긴 외모로 여심을 사로잡은 장동건, 1991년 KBS 탤런트 공채를 통해 연기자로 입문한 후 〈아스팔트 사나이〉〈백야 3.98〉〈해피투게더〉에서 강한 남성부터 순정파 남자까지 다양한 캐릭터를 소화하며 젊은 세대의 호응을 이끈 이병헌, 〈모래시계〉〈걸어서 하늘까지〉에서 강한 남성성을 표출하며 터프 가이 이미지로 남성 시청자의 환호를 유발한 최민수, 1993년 MBC 공채 탤런트로 연기자의 첫발을 디딘 뒤 〈사랑을 그대 품안에〉〈영웅 반란〉을 통해 X세대 아이콘으로 떠오른 차인표, 60%대 엄청난 시청률을 기록한 〈첫사랑〉〈아들과 딸〉과 트렌디 드라마 신드롬을 일으킨 〈질투〉의 주연을 맡아 '시청률 제왕'이라는 수식어를 얻은 최수종, 1994년 MBC 탤런트 공채로 연기를 시작해 트렌디 드라마 〈별은 내가슴에〉〈복수혈전〉〈안녕 내사랑〉에서 두각을 나타내며 국내뿐만 아니라 중국에서 눈길을 끈 안재욱이 안방극장에서 톱스타로 활약했다.

2000~2020년대에는 지상파, 케이블 TV뿐만 아니라 종편과 넷플릭스를 비롯한 OTT가 드라마를 제작하고 방송하면서 다양한 작품이 쏟아져 많은 연기자가 선을 보였다. 특히 한국 드라마를 외국 방송사와 OTT를 통해 언제 어디서나 시청할 수 있는 환경이 조성되면서 드라마 방송과 동시에 한류스타가 양산됐다.

2000년대 들어 배용준 권상우 장혁 원빈 송승헌 조인성 지성 소지섭 송혜교 수애 하지원 손예진 김하늘 장나라 김태희 한가인 이나영 문근영 등 연예기획사가 발굴해 육성한 연기자가 방송 드라마의 주연을 장악하며 스타 군단을 형성했다. 2000년대에는 여전히 지상파 TV 드라마가 인기를 끌며 드라마 흐름을 주도했고 한류를 이끌었다. 인기가 높은 트렌디 드라마와 퓨전 사극은 많은 신세대 스타를 배출했고 정통사극과 홈드라마는 중장년 배우의 스타성을 고조시켰다.

2000년대 스타 배출 기지였던 트렌디 드라마로 스타가 되거나 인기를 배가시킨 탤런트는 〈명랑 소녀 성공기〉의 장나라 장혁, 〈상두야 학교가자〉의 비 공효진, 〈내 이름은 김삼순〉의 현빈 김선아, 〈파리의 연인〉의 박신양 김정은, 〈발리에서 생긴 일〉의 조인성 하지원, 〈미안하다 사랑한다〉의 소지섭 임수정, 〈올인〉의 이병헌 지성, 〈호텔리어〉의 배용준 송윤아, 〈풀하우스〉의 송혜교 비, 〈여름 향기〉의 손예진 송승헌, 〈봄의 왈츠〉의 한효주, 〈피아노〉의 김하늘 고수, 〈네멋대로 해라〉의 양동근 이나영, 〈내조의 여왕〉의 김남주 등이다. 〈가을동화〉의 송혜교 송승헌 원빈 문근영, 〈겨울연가〉의 배용준 최지우 박용하, 〈아름다운 날들〉의 이병헌 류시원, 〈천국의 계단〉의 권상우 김태희는 트렌디 드라마로 국내뿐만 아니라 일본, 중국에서 인기 많은 한류스타로 등극했다.

30~60% 시청률을 기록한 정통 사극과 퓨전 사극도 스타를 양산했다. 〈태조 왕건〉의 최수종 김영철, 〈주몽〉의 송일국 한혜진, 〈선덕여왕〉의 고현정 이요원 엄태웅, 〈다모〉의 하지원 이서진, 〈여인 천하〉의 강수연 전인화가 사극을 통해 인기를 배가시켰다. 이영애와 지진희는 사극 〈대장금〉으로 중국과 일본, 중동 등에서 인기를 얻어 한류스타가 됐다.

자극적이고 선정적인 막장 드라마도 시청자가 욕을 하면서도 보는 경향 때문에 스타 연기자를 배출하는 창구 역할을 했는데 〈인어 아가씨〉의 장서희, 〈하늘이시여〉의 윤정희 이태곤, 〈아내의 유혹〉의 김서형이 막장 드라마를 통해 인기 탤런트 대열에 합류했다.

2000년대 드라마를 통해 국내외 시청자 사랑을 많이 받은 톱스타는 고현정 배용준 최지우 송혜교 이영애 하지원 송윤아 김명민이다. 1989년 미스코리아대회에서 입상하며 연예계에 진출한 고현정은 1995년 〈모래시계〉로 스타 반열에 오른 뒤 결혼과 함께 은퇴했다가 이혼 후 2005년 드라마 〈봄날〉로 복귀해 〈선덕여왕〉〈히트〉〈대물〉에서 대체 불가의 카리스마 강한 연기를 선보여 톱스타로서 확고한 입지를 재구축했다. 배용준은 시청률 65.3%를 기록한 〈첫사랑〉을 통해 인기 배우가 된 뒤 〈겨울연가〉로 일본 중장년 여성의 열광을 이끌며 최고의 한류스타가 됐다. 최지우는 〈겨울연가〉〈아름다운 날들〉〈천국의 계단〉 같은 국내외에서 높은 시청률을 기록한 트렌디 드라마 주연으로 나서 청순한 이미지를 내세우며 톱스타로 부상했다. 송혜교는 〈가을동화〉로 국내뿐만 아니라 중화권에서 인기가 많은 스타가 됐고 이후 〈호텔리어〉〈올인〉〈풀하우스〉〈수호천사〉에서 감성 연기를 선보여 트렌디 드라마 여왕으로 군림했다. CF에서 깨끗하고 단아한 이미지를 만들어 주목받은 이영애는 〈의가 형제〉에서 존재감을 드러낸 뒤 2003~2004년 방송된 사극 〈대장금〉에서 일과 사랑에서 성공하는 여성 주인공을 연기해 세계 각국에서 주목받는 한류스타가 됐다. 하지원은 트렌디 드라마 〈비밀〉〈발리에서 생긴 일〉부터 사극 〈다모〉〈황진이〉까지 출연 드라마의 높은 시청률을 견인하며 안방극장의 흥행 스타로 떠올랐다. 송윤아는 〈반달곰 내 사랑〉〈호텔리어〉〈온에어〉에서 절제된 연기로 대중이 선호하는 캐릭터를 창출해 시청자의 눈길을 끄는 인기배우가 됐다. 김명민은 빼어난 연기력과 다양한 캐릭터 표출력, 그리고 폭넓은 연기 변신으로 〈불멸의 이순신〉〈하얀 거탑〉〈베토벤 바이러스〉의 완성도를 높여 연기파 스타의 대명사로 평가받았다.

  2010~2020년대에는 tvN의 부상과 JTBC를 비롯한 종편의 가세, 넷플릭스 웨이브 티빙 같은 OTT의 등장과 대중화로 드라마 경쟁이 치열해졌는데 tvN과 JTBC, 넷플릭스 드라마가 KBS, MBC, SBS의 지상파 TV 드라

마를 압도하며 연기자 스타를 대거 배출했다. 〈시그널〉 같은 장르물, 〈응답하라 1988, 1994, 1997〉〈슬기로운 의사생활 1, 2〉〈비밀의 숲 1, 2〉를 비롯한 시즌제물, 〈미스터 션샤인〉 같은 블록버스터물에서 스타가 많이 탄생했다. 〈상속자들〉〈태양의 후예〉〈도깨비〉〈미스터 션샤인〉〈더 킹: 영원의 군주〉〈더 글로리〉의 김은숙 작가와 〈넝쿨째 굴러온 당신〉〈별에서 온 그대〉〈푸른 바다의 전설〉〈사랑의 불시착〉〈눈물의 여왕〉의 박지은 작가, 〈싸인〉〈킹덤 1, 2〉〈지리산〉〈악귀〉의 김은희 작가, 〈또 오해영〉〈나의 아저씨〉〈나의 해방일지〉의 박해영 작가처럼 국내외에서 인기 많은 드라마 극본을 집필한 유명 작가의 작품을 통해 스타덤에 오르며 한류스타가 된 배우가 많았다. OTT를 통해 서비스돼 세계 각국에서 한국 드라마가 인기를 끌면서 출연 배우가 세계적인 방송상을 받아 월드 스타로 떠올랐는데 〈오징어 게임〉의 이정재와 정호연, 오영수가 2022년 미국 최고 권위의 방송상인 에미상의 남우주연상과 미국배우조합상의 여우주연상, 골든 글로브의 남우조연상을 차지하며 한류스타로 주목받은 것이 대표적이다.

2010~2020년대 조인성 현빈 이민호 장근석 송중기 김수현 소지섭 지성 주원 이종석 김우빈 박보검 공유 박서준 김남길 남궁민 서강준 정해인 강하늘 조정석 송강 김선호 송혜교 전지현 손예진 공효진 김태희 한가인 수애 이유리 한효주 이보영 박신혜 신민아 한지민 박민영 문채원 김지원 박보영 신세경 박은빈 정호연 등 연예기획사가 발굴 육성한 배우가 드라마에서 맹활약하며 시청자의 인기를 얻어 스타 탤런트로 자리 잡았다. 영화로 데뷔한 뒤 드라마에 진출한 김고은 김태리 이제훈 천우희 유연석 등도 출연 드라마의 성공과 시청자의 열띤 반응으로 스타덤에 올랐다. 가수 겸 배우로 활동하는 연예인도 TV 안방극장에서 큰 인기를 얻어 스타 대열에 합류했는데 장나라 비 에릭 이승기 수지 아이유 윤아 나나 도경수 서인국 정은지 임시완 설현 혜리 로운 김세정이 대표적이다.

2010~2020년대 이민호 장근석 송중기 전지현 김수현 현빈 손예진 박서준이 국내 안방극장 스타로서 뿐만 아니라 중국, 일본, 남미, 중동 등 세계 각국에서 드라마 한류를 이끄는 한류스타로 주목받았다. 이민호는 2003년 데뷔한 뒤 무명으로 지내다 2009년 일본 만화를 드라마화한 〈꽃보다 남자〉를 통해 여심을 저격한 캐릭터를 선보여 국내뿐만 아니라 일본, 중국, 남미에서 폭발적 인기를 얻으며 순식간에 스타로 비상한 뒤 〈시티헌터〉〈신의〉〈상속자들〉〈푸른 바다의 전설〉〈더 킹: 영원의 군주〉〈파친코〉〈별들에게 물어봐〉 주연을 맡아 세계 각국에서 가장 인기 많은 최고 한류스타가 되었다. 아역 연기자 출신 장근석은 2009년 〈미남이시네요〉에서 만화 주인공 같은 매력적인 외모를 현시하며 일본과 중국 안방 시청자의 눈길을 끈 뒤 〈사랑비〉〈예쁜 남자〉〈미끼〉에서 개성 강한 캐릭터를 소화하며 흥행을 이끌어 국내외 최고 출연료를 받는 스타가 되었다. 2008년 영화 〈쌍화점〉으로 데뷔한 송중기는 2010년 퓨전 사극 〈성균관 스캔들〉로 배우로서 존재감을 드러낸 뒤 〈세상 어디에도 없는 남자〉를 통해 주연급으로 올라섰고 2016년 〈태양의 후예〉와 2021년 〈빈센조〉, 2022년 〈재벌집 막내아들〉로 세계 각국에서 신드롬을 일으키며 한류스타가 되었다. 1997년 패션 잡지 모델로 대중에게 선을 보인 전지현은 CF를 통해 섹시하고 도발적인 신세대 이미지를 조형해 스타가 된 뒤 영화와 드라마를 오가며 활동하다 2014년 방송된 드라마 〈별에서 온 그대〉로 중국을 흔들었고 2016년 〈푸른 바다의 전설〉로 국내외에서 높은 인기를 얻으며 톱스타로서 위용을 과시했다. 김수현은 2007년 시트콤 〈김치 치즈 스마일〉로 데뷔해 2011년 드라마 〈드림 하이〉로 10대의 열렬한 지지를 받아 인기 배우가 된 뒤 국내외에서 높은 시청률을 기록한 퓨전 사극 〈해를 품은 달〉과 〈별에서 온 그대〉〈프로듀사〉〈사이코지만 괜찮아〉〈눈물의 여왕〉을 통해 한류스타로서 입지를 탄탄하게 했다. 패션모델 출신 현빈은 2005년 시청률 50%를 돌파하며 화제

가 된 〈내 이름은 김삼순〉으로 스타덤에 오른 뒤 〈시크릿 가든〉 〈사랑의 불시착〉으로 중국, 일본 등 아시아에서 폭발적인 인기를 얻었다. 영화에서 흥행파워를 발휘한 손예진은 윤석호 PD의 〈여름 향기〉를 통해 드라마 흥행을 이끈 다음 〈개인의 취향〉 〈밥 잘 사주는 예쁜 누나〉 〈사랑의 불시착〉 〈서른, 아홉〉에서 매력적인 캐릭터를 밝고 깨끗한 이미지로 잘 표출해 국내외에서 사랑받는 한류스타의 명성을 획득했다. 2011년 뮤직비디오를 통해 연예계에 입문한 뒤 2012년 〈드림하이 2〉를 통해 배우 행보를 시작한 박서준은 〈킬미 힐미〉 〈쌈 마이웨이〉 〈김비서가 왜 그럴까〉 〈이태원 클라쓰〉 같은 새로운 트렌드를 이끄는 드라마의 주연으로 나서 국내외 흥행을 이끌며 한류스타로 화려하게 부상했다.

10대 청소년 대상의 예능 프로그램과 대형 주말 예능 프로그램이 대세를 이루며 토크쇼에서 버라이어티 예능까지 다양한 장르의 예능 프로그램이 방송된 1990년대에는 〈테마 게임〉 〈폭소 대작전〉 〈오늘은 좋은 날〉 〈개그 콘서트〉 같은 개그·코미디 프로그램을 통해 스타 개그맨이 배출됐고 〈일요일 일요일 밤에〉 〈자유선언 오늘은 토요일〉 같은 예능 프로그램을 통해 예능 스타가 양산됐다.

1990년대 들어 방송사 개그맨 공채를 통해 연예계에 입문한 개그맨이 개그 프로그램과 예능 프로그램, 시트콤을 넘나들며 왕성한 활동을 펼쳤다. 1980년대 이어 1990년대도 주병진 이홍렬 서세원 임하룡 이성미 이경규 심형래 김형곤 최양락 김미화 이경실 박미선이 개그 프로그램과 예능 프로그램에서 인상적인 활동을 펼치며 인기를 이어갔고 1990년대 데뷔해 본격적인 활동에 돌입한 김국진 김용만 남희석 이휘재 신동엽 이영자 서경석 조혜련 박수홍 이윤석 등도 예능 스타 대열에 합류했다.

1990년대 예능계를 장악한 톱스타는 이경규와 김국진이다. 이경규는 1981년 MBC 개그 콘테스트로 연예계에 입문한 뒤 〈웃으면 복이 와요〉

〈청춘 만만세〉에서 코믹 연기를 연마하고 〈일요일 일요일 밤에〉를 비롯한 버라이어티 예능 프로그램에서 예능감을 익혔다. 〈일요일 일요일 밤에〉의 '몰래카메라' '이경규가 간다'를 통해 새로운 웃음 기법과 개그 코드를 개발하고 웃음과 감동을 전달하는 공익 예능 트렌드를 선도하며 국민 MC로 활약했다. 김국진은 1991년 제1회 KBS 대학 개그제를 통해 연예계에 첫발을 디딘 후 유재석 남희석 김용만 박수홍 등 쟁쟁한 동기 중 단연 돋보이는 활약을 펼쳤다. 김국진은 〈테마 게임〉을 비롯한 코미디 프로그램에서 푸근한 웃음을 주는 표정과 대사가 살아있는 코믹 연기를 펼쳐 소시민을 대표하는 이미지를 획득하며 시청자의 사랑을 받았고 〈21세기 위원회〉〈칭찬합시다〉 같은 예능 프로그램에선 재치와 반전이 교차하고 게스트를 배려하는 진행 스타일로 인기를 배가시켰다.

2000~2020년대 개그 프로그램, 토크쇼, 리얼 버라이어티, 관찰 예능, 음악 예능, 오디션 예능, 먹방과 쿡방, 스포츠 예능, 연애·데이트 예능 등 다양한 소재와 포맷, 장르의 예능 프로그램을 통해 많은 예능 스타가 출현했다. 예능 프로그램은 개그맨뿐만 아니라 배우, 가수, 스포츠 스타, 아나운서, 요리사와 의사를 비롯한 전문가, 외국인, 일반인이 출연해 치열한 경쟁을 통해 스타가 탄생하는 인기 전쟁터였다. 〈1박 2일〉〈무한도전〉〈런닝맨〉〈나는 가수다〉〈복면가왕〉〈너의 목소리가 보여〉 등 많은 예능 프로그램이 외국 방송사에 판매돼 방송되거나 포맷 판권이 수출돼 외국 버전으로 제작되고 〈범인은 바로 너〉〈먹보와 털보〉〈솔로지옥〉〈런닝맨: 뛰는 놈 위에 노는 놈〉〈더 존: 버텨야 산다〉〈코리아 넘버원〉〈피지컬: 100〉 같은 예능 프로그램이 OTT를 통해 세계 각국에 서비스되면서 예능 한류가 거세져 예능 한류스타도 배출됐다.

2000년대부터 〈개그 콘서트〉〈웃음을 찾는 사람들〉〈코미디 빅리그〉를 비롯한 개그 프로그램을 통해 인기 개그맨이 배출되고 이들이 예능 프로그램에 진출해 예능 스타로 발돋움하는 스타화 유형이 일반화했다. 〈개그콘서트〉〈웃음을 찾는 사람들〉〈코미디 빅리그〉 같은 개그 프로그램을 통해 김준호 심현섭 김영철 김병만 이수근 김숙 박준형 정종철 김대희 유민상 김준현 박성호 유세윤 장동민 신봉선 김신영 안영미 강유미 박나래 이국주 박성광 박지선 신보라 정태호 허경환 양세형 양세찬 문세윤 장도연 홍윤화 이용진 황제성 홍현희 이진호 등 인기 개그맨이 배출됐다. 이 중에서 〈개그콘서트-'달인'〉을 통해 놀라운 기예를 슬랩스틱 코미디와 결합해 웃음을 주는 독보적인 영역을 개척해 인기를 얻고 〈정글의 법칙〉 같은 특화된 다큐예능을 개발한 김병만과 〈개그 콘서트〉를 지속해서 출연하며 신세대와 중장년층에 소구하는 캐릭터와 코믹 연기, 웃음 코드로 다양한 세대의 사랑을 받은 김준호, 〈코미디 빅리그〉에서 재기발랄한 캐릭터와 개그 연기를 선보인 양세형이 개그맨 스타로 주목받았다. MBC, SBS에 이어 KBS가 2020년 〈개그 콘서트〉를 폐지하면서 지상파 TV에서 개그 프로그램이 사라지자 많은 개그맨이 웃음의 무대를 유튜브로 옮겨 다양한 코미디를 시도하며 대중의 눈길을 끌어 스타로 부상했다. '피식대학'의 김해준 이은지, '숏박스'의 엄지윤, '나몰라패밀리핫쇼'의 김경욱 등이 대표적이다.

2000년대 이후 〈무한도전〉〈1박 2일〉〈런닝맨〉〈라디오 스타〉〈한끼줍쇼〉〈슈퍼맨이 돌아왔다〉〈나 혼자 산다〉〈미운 우리 새끼〉〈삼시 세끼〉〈윤식당〉〈꽃보다 할배〉〈전지적 참견 시점〉〈아는 형님〉 등 수많은 예능 프로그램을 통해 개그맨 출신 예능인, 이경규 박미선 신동엽 유재석 남희석 이영자 송은이 김구라 이휘재 김숙 박명수 정형돈 이수근 김제동 유세윤 박경림 박수홍 조세호 박나래 장도연과 스포츠 스타 출신 강호동 안정환 서장훈 박세리, 아나운서와 비디오자키 출신 노홍철 전현무 김성주 장성규, 가수 활동을 병행하는 이효리 김종국 이승기 탁재훈 이상민 김종민 은지원 하하 김희철, 배우로 활약하는 차승원 이서진 유해진 성동일 이광수 송지효 전소민,

요리연구가 · 셰프 백종원 이연복, 정신과 의사 오은영, 외국인 샘 해밍턴 등이 시청자의 사랑을 받았다. 중견 배우 이순재 윤여정 김수미 김영옥 나문희 김용건 백일섭도 예능 프로그램을 통해 인기를 배가시켰다.

　　이 중에서 신동엽 유재석 강호동 김구라 이영자 박나래는 독창적인 예능 코드와 독보적인 진행 스타일로 2000~2020년대 예능 톱스타가 됐다. 신동엽은 1991년 SBS 특채 개그맨으로 〈토요일 7시 웃으면 좋아요〉에서 "제가 여기 앉아도 되시렵니까?" 같은 어법에 맞지 않는 독특한 멘트와 파격적인 코믹 연기로 강렬한 존재감을 드러낸 뒤 예능 프로그램과 시트콤을 통해 예능 스타로 각광받았다. 신동엽은 〈불후의 명곡-전설을 노래하다〉 〈미운 우리 새끼〉 〈SNL코리아〉를 비롯한 다양한 장르의 예능 프로그램을 이끌며 뛰어난 말재간과 순발력을 바탕으로 한 능수능란한 진행, 기막힌 애드리브, 눈길 끄는 섹시 개그로 톱스타 자리를 유지했다. 1991년 KBS 대학 개그제를 통해 연예계에 데뷔하고 오랜 기간 무명 생활을 한 유재석은 토크쇼와 버라이어티 프로그램에서 진행 실력을 보인 뒤 리얼 버라이어티 〈무한도전〉 〈패밀리가 떴다〉를 통해 톱스타의 입지를 굳혔다. 유재석은 게스트나 고정 출연 멤버들과 기막힌 호흡, 뛰어난 멘트 구사력, 탁월한 위기 대처 능력, 기발한 애드리브와 몸개그 등 예능 프로그램 MC로서 타의 추종을 불허하는 실력과 급변하는 트렌드와 대중의 취향을 담보하는 새로운 예능 코드 개발, 게스트와 출연자를 배려하는 진행 스타일 견지로 2000년대 이후 예능계를 장악한 독보적 톱스타로 군림했다. 1993년 프로 씨름 선수에서 개그맨으로 전업해 〈코미디 동서남북〉에서 큰 덩치와 어울리지 않는 귀여운 코믹 연기로 단번에 시청자 눈길을 사로잡은 강호동은 〈스타킹〉 〈1박 2일〉 〈한끼줍쇼〉 〈아는 형님〉 〈신 서유기〉에서 강렬한 카리스마와 집중력을 무기로 그 누구도 넘볼 수 없는 압도적인 진행 스타일을 견지해 최고 예능 스타 자리에 올랐다. 1993년 SBS 개그맨으로 출발했지만, 오랜 무명 생활을 한 김구라는 〈라디오 스타〉〈세바퀴〉〈동상이몽〉〈복면가왕〉에서 대상과 현상에 대한 직설과 독설, 촌철살인 멘트, 다수의 사람이 체면과 내재화된 검열 장치 때문에 하지 못했던 말들의 거침없는 구사로 독자적인 진행 스타일을 개척하며 예능 스타로 주목받았다. 1991년 MBC 개그 프로그램과 예능 프로그램에 출연해 능수능란한 코믹 연기와 카리스마 강한 진행 스타일로 인기 예능인으로 급부상한 이영자는 〈전지적 참견 시점〉〈안녕하세요〉에서 주체적인 여성 MC로서 면모를 보이는 한편 〈밥블레스유〉〈언니한텐 말해도 돼〉 같은 여성 위주 예능 프로그램 트렌드를 이끌어 남자 스타가 장악한 예능 프로그램 판도에 변화의 새바람을 일으켰다. 2006년 KBS 개그맨 공채로 데뷔한 박나래는 〈개그 콘서트〉〈코미디 빅리그〉에서 기상천외한 캐릭터를 충격적인 분장과 슬랩스틱 코미디로 소화해 인기를 얻은 뒤 〈나 혼자 산다〉〈스탠드 업〉〈박나래의 농염주의보〉에서 개그우먼이 좀처럼 시도하지 않던 파격적 캐릭터를 특화시키고 섹스 · 술 · 성형 개그와 도발적 퍼포먼스를 구사해 대체 불가 예능 스타의 대명사가 되었다.

1990~2020년대 한국 영화 부활기와 폭발기를 수놓은 스타는 한석규 장동건 이병헌 최진실 최지우 고소영 전도연 김명민 이정재 차태현 김희선 김지호 원빈 권상우 김하늘 배두나 전지현 손예진 하지원 김민희 문근영 한지민 조여정 유아인 조정석 박신혜 박서준 정해인처럼 텔레비전 드라마에서 인기를 얻고 영화계에 진출해 영화와 드라마를 오가며 활동하거나 최민수 김혜수 문소리 조진웅 마동석 류승범 공효진 정유미 송중기 류준열 이제훈 유연석 박정민 이유영 한예리 김고은 김태리 천우희 전종서 김다미처럼 영화 출연으로 배우의 첫발을 딛고 영화와 드라마 출연을 병행하는 경우가 대부분이다. 물론 안성기 박중훈 송강호 최민식 정우성 설경구 하정우처럼 드라마보다 영화에 치중하는 스타도 있지만, 영화와 드라마 두 분야에서 활동하는 배우가 다수를 차지했다.

1990~2020년대 영화배우 흥행 판도를 보면 스크린 스타 현황을 파악할 수 있다. 한국 영화 부활기인 1993년부터 2003년까지 영화배우의 영화 관객 동원 순위(서울 관객 기준)를 보면 〈접속〉〈쉬리〉의 한석규가 981만 명으로 1위를 차지했고 〈반칙왕〉〈공동경비구역 JSA〉의 송강호가 829만 명으로 2위, 〈투캅스〉〈인정사정 볼 것 없다〉의 박중훈이 703만 명으로 3위에 올랐다. 최민식(660만 명), 안성기(651만 명), 이성재(613만 명), 유오성(585만 명), 장동건(584만 명), 이병헌(525만 명), 차승원(505만 명)이 4~10위를 기록했다.[162] 한국 영화가 도약을 본격화한 1998년부터 2007년까지 상영된 한국 영화 700여 개 작품 중 매년 흥행 상위 20위 안에 2번 이상 이름을 올린 남자 주연 배우는 장동건 최민식 이병헌 류승범 권상우 안성기 송강호 이정재 설경구 임창정 조승우 황정민 정진영 등 56명, 여자 주연 배우는 전도연 김혜수 손예진 심은하 김희선 하지원 최지우 전지현 고소영 문근영 등 47명이다.[163] 전국 관객 기준으로 출연작 관객 수, 주·조연 가중치, 해당연도 관객 수를 고려해 산출한 한국 영화 폭발기인 2009~2019년의 배우 흥행파워 순위에서 하정우가 1위에 올랐고 황정민 송강호 류승룡 유해진 이정재 오달수 김윤석 강동원 마동석이 2~10위를 기록했으며 이병헌 설경구 주지훈 최민식 조진웅 유아인 공유 김향기 손예진 차태현이 11~20위를 차지했다.[164] 2004년 설경구 안성기 주연의 〈실미도〉를 시작으로 2022년 마동석 주연의 〈범죄도시 2〉까지 20편의 1,000만 관객을 기록한 한국 영화의 주연, 주연급 배우를 살펴보면 송강호와 류승룡이 4편의 1,000만 관객 영화의 주연 또는 주연급으로 나선 것을 비롯해 하정우 마동석 3편, 황정민 이정재 설경구 전지현 주지훈 2편, 최민식 김윤석 김혜수 이병헌 공유 정유미 하지원 안성기 장동건 원빈 감우성 이준기는 1편의 1,000만 관객 영화의 주연 또는 주연급으로 활약하며 한국 영화의 흥행을 이끌었다.

　　기획 영화 시대가 본격화하면서 한국 영화가 부활하기 시작한 1990년대 영화 스타 대열에 합류한 남자배우는 박중훈 문성근 한석규 최민식 최민수 장동건 박신양 이경영 신현준 설경구 이정재 정우성 송강호 이병헌 등이다. 안성기를 비롯한 중견 배우의 활약도 여전했고 세대교체도 활발해지면서 김민종 김석훈 김승우 송승헌 안재욱 유오성 유지태 이성재 임창정 주진모 차승원 차인표 김상중 신하균 정준호 한재석이 스크린의 새 얼굴로 나섰다.

1990년대 스크린 스타로 떠오른 여배우는 심혜진 김혜수 최진실 심은하 이미연 전도연 고소영 신은경 오정해 등이다. 이들보다 먼저 스타 대열에 진입한 강수연 원미경 최명길 이미숙 황신혜도 주연으로 다양한 영화에 출연하며 스타 자리를 유지했다. 신인 문소리 정선경 김여진 추상미 한고은 송선미 김윤진 이정현 배두나 전지현이 은막에 활력을 불어넣었다.[165]

남자 배우 중에는 박중훈 문성근 한석규 최민수 최민식이 흥행을 견인하고 영화의 작품성을 높여 한국 영화 부활을 이끌며 1990년대 스타로 맹활약했다. 1986년 〈깜보〉로 데뷔한 박중훈은 〈우묵배미의 사랑〉으로 존재감을 드러낸 뒤 〈투캅스〉〈게임의 법칙〉〈마누라 죽이기〉 같은 흥행을 견인한 코미디에서 경쟁력을 보여 스타덤에 올랐다. 문성근은 1985년 연극 〈한씨연대기〉로 연기 활동을 시작해 연극무대에서 연기력을 쌓은 뒤 1990년 〈그들도 우리처럼〉를 시작으로 영화에 본격적으로 출연해 〈그 섬에 가고 싶다〉〈경마장 가는 길〉〈너에게 나를 보낸다〉〈꽃잎〉을 통해 사회적 주제와 지적인 캐릭터를 잘 소화해 대중적 인지도를 획득했다. KBS 성우로 활동하다 1991년 MBC 탤런트 공채를 통해 연기자로 전환한 뒤 드라마 〈아들과 딸〉〈서울의 달〉로 인기를 얻은 한석규는 〈닥터 봉〉〈접속〉〈넘버 3〉〈8월의 크리스마스〉〈초록물고기〉〈쉬리〉의 연이은 흥행 돌풍으로 한국 영화의 화려한 부활을 이끌며 톱스타로 올라섰다. 드라마 〈사랑이 뭐길래〉〈걸어서 하늘까지〉〈모래시계〉의 높은 시청률을 이끌며 안방극장에서 스타로 맹활약한 최민수는 영화 〈남부군〉 〈결혼이야기〉 〈헐리우드 키드의 생애〉 〈테러리스트〉 〈유령〉에서 강한 남성성을 드러내며 스크린 스타로도 각광받았다. 최민식은 연극배우로 활동하다 〈우리들의 일그러진 영웅〉 〈넘버 3〉 〈쉬리〉에서 캐릭터에 진정성과 생명력을 불어넣는 연기력을 선보이며 연기파 스타로 명성을 얻었다. 이밖에 MBC 탤런트로 인기를 얻은 후 영화계에 진출해 〈인정사정 볼 것 없다〉 〈친구〉로 관객의 사랑을 받은 장동건, 영화 〈편지〉 〈약속〉에서 인상적인 연기를 펼친 박신양, 〈박하사탕〉 〈송어〉로 연기력을 인정받은 설경구, 〈비트〉 〈태양은 없다〉로 신세대 스타로 떠오른 정우성, 〈넘버 3〉 〈쉬리〉에서 개성적인 연기를 펼친 송강호도 1990년대 주목받는 남자 배우로 꼽힌다.

1990년대 여배우 김혜수 최진실 심혜진 심은하가 대중의 큰 사랑을 받아 스크린 스타로 화려하게 빛났다. 1986년 〈깜보〉로 박중훈과 함께 영화계에 데뷔한 김혜수는 〈첫사랑〉 〈닥터 봉〉 〈미스터 콘돔〉을 통해 남자 스타가 흥행을 독식하는 영화계에서 흥행파워를 갖춘 여자 스타로 우뚝 섰다. 〈질투〉 〈별은 내 가슴에〉 같은 트렌디 드라마로 스타덤에 오른 최진실은 특유의 밝고 상큼한 이미지와 생활감이 배어 있는 연기를 투영한 〈고스트 맘마〉 〈마누라 죽이기〉 〈나는 소망한다 내게 금지된 것을〉 〈편지〉의 흥행을 주도해 영화계에서도 톱스타로 등극했다. 콜라 CF로 대중에게 강렬한 인상을 심으며 연예계에 입문한 심혜진은 기획 영화 1호로 꼽히는 〈결혼 이야기〉로 신드롬을 일으키고 〈무소의 뿔처럼 혼자서 가라〉 〈박봉곤 가출 사건〉 〈초록 물고기〉에서 개성 강한 캐릭터를 소화하며 스타가 되었다. 드라마 〈마지막 승부〉로 청순한 여배우의 대명사로 떠오른 심은하는 〈8월의 크리스마스〉 〈미술관 옆 동물원〉 같은 멜로 문법을 새로 쓴 영화에서 맑고 깨끗한 이미지를 캐릭터에 잘 투사해 남성 팬덤을 기반으로 톱스타 반열에 올랐다. 이밖에 〈연풍연가〉 〈비트〉를 통해 톡톡 튀는 신세대 감성을 잘 드러낸 고소영, 〈접속〉〈해피엔드〉에서 캐릭터에 철저히 몰입해 사실적 연기를 펼친 전도연, 〈젊은 남자〉〈노는 계집 창〉에서 파격적인 캐릭터를 소화해 눈길을 끈 신은경, 〈넘버 3〉〈눈꽃〉〈모텔 선인장〉의 독특한 캐릭터로 존재감을 드러낸 이미연, 〈서편제〉흥행 돌풍 주역으로 단번에 스타덤에 오른 오정해가 1990년대 주목받은 대표적인 여자 배우다.

2000~2020년대 CJ와 롯데, 오리온 등 극장 기반 대기업 투자배급사가 흥행파워가 강한 스타 배우와 국내외 팬이 많은 한류스타를 영화에 집중적으로 출연시키는 관행이 심화했다. 이에 따라 흥행을 주도한 남자 스타를 전면에 내세운 영화가 많이 제작되고 여자 배우의 설 자리가 좁아졌다. 송강호 하정우 황정민 이병헌 강동원 이정재 설경구 최민식 정우성 류승룡 차승원 김윤석 유해진 장동건이 흥행에 강세를 보이며 톱스타로 맹활약했다. 그리고 조승우 조인성 원빈 권상우 유아인 마동석 조진웅 박해일 주지훈 공유 유지태 소지섭 이선균도 관객의 인기를 얻어 스타 대열에 합류했다. 박정민 조정석 류준열 이제훈 유연석 최우식 정해인 강하늘 박서준 김우빈 등이 신예 스타로 주목받았다.

2000~2020년대 남자 스타의 득세 속에서도 탄탄한 연기력과 대체 불가 이미지로 영화의 흥행과 작품성을 고조시킨 여자 스타도 적지 않았다. 김혜수 전도연 손예진 전지현 배두나 하지원 김민희가 스타로 활약했고 정유미 심은경 박신혜 김태리 김고은 이유영 박소담 천우희 김다미 전종서 김향기 같은 신예 스타도 등장했다. 가수로 활동하며 영화에 출연한 비 수지 윤아 설현 임시완 도경수 아이유도 스크린에서 존재감을 드러내며 눈길을 끌었다. 안성기 윤여정 나문희 이순재 고두심 등 중견 배우의 활약도 여전했다.

2000년대 이후 관객의 사랑을 받아 톱스타로 활약한 남녀 영화배우는 송강호 하정우 황정민 이병헌 정우성 김혜수 손예진 전도연 배두나 등이다.

주연작으로 관객 1억 명을 돌파한 송강호는 실제인지 연기인지 구분이 어려울 정도의 자연스러운 연기력으로 작품 자체의 성격과 느낌을 규정하며 스크린 너머의 관객에게 캐릭터의 진정성을 전달해 〈괴물〉 〈변호인〉 〈택시운전사〉 〈설국열차〉 〈관상〉 〈밀정〉의 흥행을 이끌었고 〈기생충〉 〈박쥐〉 〈브로커〉의 아카데미영화제 작품상, 칸국제영화제 황금종려상과 남우주연상을 비롯한 유명 국제영화제 수상에 결정적 역할을 하며 2000~2020년대의 톱 스타로서의 명성을 굳건히 했다. 흥행파워가 강한 하정우는 〈신과 함께-죄와 벌〉 〈신과 함께-인과 연〉 〈국가대표〉 〈암살〉 〈백두산〉 〈1947 보스턴〉 같은 블록버스터 흥행작과 실험적인 독창적 영화에 두루 출연하며 선 굵은 연기로 강한 남성성을 발현해 인기를 얻었다. 황정민은 〈신세계〉 〈공작〉 〈곡성〉 〈국제시장〉 〈베테랑〉 〈인질〉 〈교섭〉에서 탈개성 연기의 진수를 보이며 관객에게 캐릭터의 내적 확신과 진정성을 전달하는 연기파 스타의 대명사가 되었다. 이병헌은 〈공동경비구역 JSA〉 〈광해, 왕이 된 남자〉 〈내부자들〉 〈백두산〉 〈남산의 부장들〉 등 국내 영화 흥행을 주도했을 뿐만 아니라 할리우드에 진출해 〈G. I. Joe: Retaliation〉 〈The Magnificent Seven〉의 주·조연으로 활약하며 최고 한류스타 지위를 획득했다. 정우성은 빼어난 외모와 독창적 캐릭터 연기로 〈강철비〉 〈더킹〉 〈좋은 놈 나쁜 놈 이상한 놈〉 〈내 머리 속의 지우개〉 〈헌트〉를 통해 한국 영화의 흥행파워와 장르적 스펙트럼을 확장했다. 1990년대 스타가 된 김혜수는 2000년대 이후에도 〈타짜〉 〈도둑들〉 〈차이나타운〉 〈국가부도의 날〉 〈내가 죽던 날〉 〈밀수〉에서 강렬한 카리스마와 잔잔한 일상성이 드러나는 다양한 캐릭터를 연기하며 여자 스타로 독보적인 활약을 펼쳤다. 드라마와 영화를 오가며 맹활약한 손예진은 2000년대 이후 흥행을 독식하는 남자 스타와 어깨를 나란히 하며 여자 배우 중 흥행파워가 가장 강력한 스타로 떠오르며 〈내 머리 속의 지우개〉 〈외출〉 〈해적: 바다로 간 산적〉 〈지금 만나러 갑니다〉의 흥행을 이끌었다. 칸국제영화제 여우주연상, 청룡상 여우주연상을 휩쓸며 국내외에서 연기파 배우로 명성을 쌓은 전도연은 〈밀양〉〈집으로 가는 길〉〈무뢰한〉〈생일〉〈비상선언〉〈길복순〉에서 인간의 심연까지 표출하는 연기력으로 최고 배우가 되었다. 배두나는 〈플란다스의 개〉〈복수는 나의 것〉〈괴물〉〈브로커〉〈다음 소희〉에서 독특한 캐릭터를 소화하며 대체 불가 배우로 명성을 얻었고 할리우드 영화 〈클라우드 아틀라스〉, 일본 영화 〈공기 인형〉, 프랑스 영화 〈#아이엠히어〉의 주연으로 나서며 국내외에서 월드 스타로 인정받았다.

2000년대 이후 국제영화제에서 수상하며 스타 반열에 오른 배우도 있다. 문소리는 이창동 감독의 〈오아시스〉로 2002년 베니스영화제에서 신인 연기상을 차지하며 연기력 뛰어난 배우로 주목받았고 김민희는 2017년 홍상수 감독의 〈밤의 해변에서 혼자〉로 베를린영화제에서 여우주연상을 받아 연기파 스타로 인정받았다. 심은경은 2020년 일본 아카데미 영화제에서 후지이 미치히토藤井道人 감독의 〈신문기자〉로 최우수 여우주연상을 안으며 일본에서 각광받는 한국 배우로 떠올랐다. 윤여정은 영화 〈미나리〉로 2021년 93회 아카데미영화제에서 여우조연상 트로피를 들어 올려 한국 영화사를 새로 쓰며 중견 스타의 명성을 드러냈다.

1980년대 중후반과 1990년대 초반에는 KBS 〈젊음의 행진〉과 MBC 〈영 11〉에 출연하며 10대의 환호를 받은 김완선 이지연 양수경 김혜림 조정현 강수지 심신 김승진 박혜성 같은 10대 후반과 20대 초반의 가수가 인기를 얻으며 스타로 발돋움했다.

1990년대 초중반은 대중음악 장르별 톱스타가 대중음악계를 강타하며 새로운 음악 패러다임을 구축했다. 발라드의 신승훈, 랩과 힙합, 록까지 아우르는 댄스음악의 서태지와 아이들, 흑인 음악과 월드뮤직의 김건모다. 이들은 음반을 발매하면서 100만~300만 장 판매 기록을 수립하고 신드롬과 트렌드를 일으키며 한국 대중음악계에 큰 변화를 이끌었다.

1992년 3월 데뷔 앨범을 발매하고 MBC 〈토요일 토요일은 즐거워〉와 KBS 〈젊음의 행진〉을 통해 선을 보인 서태지와 아이들은 기존 음악과 차별화한 파격적인 가사와 충격적인 멜로디, 생경한 랩, 회오리 춤을 비롯한 현란한 퍼포먼스를 보여준 〈난 알아요〉〈환상 속의 그대〉로 새로운 음악을 갈망하는 10대 신세대의 전폭적인 지지를 받으며 대중음악계에 신드롬을 일으켰다. 서태지와 아이들은 〈난 알아요〉가 수록된 1집 앨범 〈Yo! Taiji〉를 170만 장 판매한 것을 비롯해 〈하여가〉〈발해를 꿈꾸며〉를 밀리언셀러로 등재시키며 대중음악과 음악 산업에서 혁명적인 변화를 이끌었다. 1996년 창작의 고통을 이유로 전격적으로 팀을 해체해 충격을 줬다. 댄스 음악의 또 다른 강자 듀스는 〈나를 돌아봐〉〈알고 있었어〉〈굴레를 벗어나〉를 통해 랩과 힙합, 펑크 등 다양한 장르를 소화하고 비보잉 같은 강렬한 댄스와 개성적인 스타일을 드러낸 퍼포먼스로 젊은 층의 열광적인 반응을 얻었다. 〈흐린 기억속의 그대〉의 현진영, 〈날개 잃은 천사〉의 룰라, 〈난 멈추지 않는다〉의 잼, 〈너에게 원한 건〉의 노이즈, 〈슈퍼맨의 비애〉의 DJ DOC, 〈너이길 원했던 이유〉의 쿨, 〈이유 같지 않은 이유〉의 박미경이 댄스 음악으로 1990년대 초중반 사랑을 받은 인기 가수와 그룹이다.

1990년대 중후반부터 댄스 음악을 하는 연예기획사의 아이돌 가수와 그룹이 대중음악계를 장악하는 판도가 형성됐다. 1996년 데뷔해 랩이 가미된 파워풀한 댄스 음악 〈전사의 후예〉를 비롯해 〈캔디〉〈늑대와 양〉〈열맞춰〉로 선풍적인 인기를 끈 H.O.T는 신드롬을 일으키며 10대 여성 중심 팬덤의 열렬한 지지로 톱스타로 떠올라 화려한 아이돌 그룹 시대를 열었다. H.O.T는 1990년대 중후반 중국, 대만 등 동남아시아에서 K팝 한류를 촉발한 한류스타이기도 하다. 〈나 어릴 적 꿈〉〈검은 고양이 네로〉의 터보, 〈꿍따리 샤바라〉〈초련〉의 클론, 〈폼생폼사〉〈학원별곡〉의 젝스키스, 〈도〉〈Time〉의 태사자, 〈할 수 있어〉〈메신저〉의 NRG, 〈T.O.P〉〈Yo!(악동보

고서)〉의 신화, 〈어머님께〉 〈거짓말〉의 god, 〈환영문〉 〈백전무패〉의 클릭
비 등이 1990년대 중후반 데뷔해 댄스 음악으로 대중의 사랑을 받은 아이돌
그룹이다. 바다 유진 슈, 3인의 멤버로 구성된 S.E.S는 1997년 데뷔해 〈I'm
Your Girl〉 〈Dreams Come true〉 〈너를 사랑해〉 같은 히트곡을 내며 스
타 걸그룹으로 대중의 관심을 집중시켰다. 이효리 옥주현 성유리 이진, 4인
의 멤버로 활동한 핑클도 1998년 데뷔해 S.E.S와 라이벌 관계를 형성하며
〈내 남자 친구에게〉 〈루비〉 〈영원〉으로 인기를 얻어 걸그룹 스타 시대를 열
었다. 이밖에 〈야야야〉 〈배신〉의 베이비복스, 〈메리 메리〉 〈Come to me〉
의 티티마, 〈Hey U〉 〈돌아와〉의 샤크라도 1990년대 중후반 댄스 음악으로
인기를 얻은 걸그룹이다. 이밖에 1990년대 중후반 댄스 음악으로 주목받은
솔로 가수는 〈초대〉 〈배반의 장미〉 〈페스티벌〉의 엄정화, 〈가위〉 〈나나나〉
의 유승준, 〈그녀와의 이별〉 〈멍〉의 김현정, 〈날 떠나지마〉 〈그녀는 예뻤다〉
의 박진영, 〈와〉 〈바꿔〉의 이정현이다.

　　1980년대 중후반 이문세 변진섭의 계보를 이은 신승훈이 1990년 〈미
소 속에 비친 그대〉로 데뷔해 발라드 곡을 매력적인 음색과 뛰어난 가창력,
절제된 창법으로 소화해 발라드 황제로 등극했다. 〈보이지 않는 사랑〉 〈널
사랑하니까〉 〈그 후로도 오랫동안〉 〈나보다 조금 높은 곳에 니가 있을 뿐〉
등 발표하는 앨범마다 100만 장이 넘는 판매량을 기록하며 발라드 열풍을
고조시켰다. 발라드로 1990년대 스타가 된 가수는 〈그대가 나에게〉 〈인연〉
을 타고난 미성과 최고의 가창력으로 부른 이승철, 〈텅 빈 마음〉 〈천 일 동
안〉처럼 발라드에 록을 가미해 눈길을 끈 이승환, 〈이미 나에게로〉 〈혼자만
의 이별〉을 감성 짙은 창법으로 가창한 임창정, 〈To Heaven〉 〈가시나무〉
같은 발라드 인기곡을 발표한 조성모다.

　　독특한 음색과 뛰어난 가창력, 현란한 테크닉을 갖춘 김건모는 흑인 음
악과 월드 뮤직 계열의 레게, 소울, 블루스 노래를 히트시키며 스타덤에 올

랐다. 〈핑계〉〈잘못된 만남〉 앨범이 100만 장 판매량을 기록했고 〈스피드〉 〈뻐꾸기 둥지 위로 날아간 새〉를 연속 히트시키며 신승훈, 서태지와 아이들 과 함께 1990년대 최고 톱스타로 자리했다. 김건모처럼 레게음악으로 인기 를 얻은 가수는 〈1과 2분의 1〉의 투투, 〈칵테일 사랑〉의 마로니에 등이다.

록 장르에선 넥스트가 록과 테크노를 결합한 음악 〈도시인〉〈인형의 기사〉를 통해 한국 록의 새로운 지평을 열며 스타 록 밴드로 대중의 사랑을 받았다. 〈라구요〉〈넌 할 수 있어〉 같은 포크록으로 존재감을 드러낸 강산 에, 〈너를 보내고〉〈먼 훗날〉을 비롯한 히트곡과 활발한 방송·공연 활동을 통해 대중적 인지도를 높인 윤도현 밴드, 독특한 음색과 샤우팅 창법으로 사랑받은 〈나를 슬프게 하는 것들〉〈금지된 사랑〉의 김경호, 시나위 출신 으로 솔로로 나서 〈대답 없는 너〉〈겨울비〉로 각광받은 김종서 등이 1990 년대 인기 록 밴드와 가수로 등극했다. 1990년대 중후반부터 홍대 클럽을 중심으로 공연 활동을 통해 펑크, 하드록, 헤비메탈, 블루스록, 얼터너티브 록, 테크노 음악을 선보인 인디 밴드도 대중의 관심을 받으며 스타 밴드로 인정받았다. 〈말달리자〉〈룩셈부르크〉의 크라잉 넛, 〈넌 내게 반했어〉〈청 춘 구십팔〉의 노브레인, 〈헤이 헤이 헤이〉〈일탈〉의 자우림이 대중에게 주 목받은 인디 밴드다.

역사가 가장 오래된 장르인 트로트는 1990년대 대중의 외면을 받아 침 체 상황이 지속된 가운데 전통적 트로트의 애절함은 옅어지고 경쾌한 리듬감 을 투영한 트로트로 성인 대중의 사랑을 받은 가수는 〈다함께 차차차〉〈상하 이 트위스트〉의 설운도, 〈네 박자〉의 송대관, 〈거울도 안 보는 여자〉의 태진 아다. 진솔하고 날것 그대로의 목소리로 일상과 시대를 노래하며 공연을 통 해 관객과 소통했던 가객 김광석은 〈일어나〉〈서른 즈음에〉〈그날들〉〈너무 아픈 사랑은 사랑이 아니었음을〉〈먼지가 되어〉 등 포크 음악으로 1990년대 스타가 됐다. 한국 최초의 객원 가수 시스템을 채용하고 〈오래된 연인들〉로

하우스 음악의 장을 연 015B, 〈이 밤의 끝을 잡고〉 등으로 R&B 선풍을 일으킨 솔리드, 힙합 붐을 촉발한 〈말해줘〉〈A-YO〉의 지누션과 〈너희가 힙합을 아느냐〉〈난 널 원해〉의 드렁큰 타이거도 1990년대를 수놓은 인기 가수다.

2000~2020년대는 음반에서 음원 중심으로 음악 산업이 재편되고 스마트폰, SNS, 유튜브의 대중화로 음악 유통부터 콘텐츠 형태, 음악 소비 양태까지 급변하면서 가수의 스타화 유형과 스타 판도도 변모했다. 연예기획사가 신인을 발굴해 스타로 만들어 유통하는 스타 시스템의 강력한 주체로 나서면서 연예기획사를 거치지 않으면 스타 가수가 되기 힘든 환경이 조성됐다.

2000~2020년대에는 EDM, 힙합, K팝 등으로 대중음악계를 장악한 아이돌 그룹과 가수가 국내외에서 높은 인기를 얻으며 스타로 떠올랐다. SM엔터테인먼트의 보아 동방신기 슈퍼주니어 샤이니 소녀시대 엑소 에프엑스 레드벨벳 NCT 에스파, YG엔터테인먼트의 세븐 휘성 거미 빅뱅 2NE1 위너 아이콘 블랙핑크 악동뮤지션, JYP엔터테인먼트의 비 2PM 2AM 원더걸스 미쓰에이 트와이스 GOT7 ITZY 스트레이키즈, DSP미디어의 SS501 카라, 큐브엔터테인먼트의 포미닛 비스트 비투비 (여자)아이들, 프레디스엔터테인먼트의 애프터스쿨 세븐틴, 코어콘텐츠미디어의 SG워너비 다비치 씨야 티아라, FNC엔터테인먼트의 FT아일랜드 씨엔블루 AOA, 스타제국의 제국의 아이들 나인뮤지스, 스타쉽엔터테인먼트의 씨스타 몬스타엑스 우주소녀 아이브, RBW의 마마무, 로엔엔터테인먼트의 아이유, 드림티엔터테인먼트의 걸스데이, 에이큐브엔터테인먼트의 에이핑크, 하이브의 방탄소년단 투모로우바이투게더 르세라핌 뉴진스, 울림엔터테인먼트의 인피니트, WM엔터테인먼트의 오마이걸 B1A4, TS엔터테인먼트의 시크릿 등 연예기획사에 의해 배출된 아이돌 그룹과 가수가 대거 스타 대열에 합류했다.

2000년대 초중반 아이돌 그룹의 득세 속에 보아, 비, 세븐은 국내외에서 맹활약하며 스타 솔로 가수의 존재감을 드러냈다. 보아는 1998년 오디션을 통해 SM엔터테인먼트에 발탁돼 외국 활동을 목적으로 일어부터 댄스, 가창력까지 훈련한 다음 2000년 8월 〈ID: Peace B〉로 데뷔한 뒤 일본에 진출했다. 보아는 역동적인 퍼포먼스와 흔들림 없는 가창력, 다면적 이미지로 한일 양국에서 성공을 거둬 막대한 수입을 창출했다. 비는 2002년 〈나쁜 남자〉를 통해 솔로로 데뷔한 뒤 예능 프로그램에서 현란한 댄스 퍼포먼스를 선보이며 인기를 얻었다. 비는 드라마와 영화 연기 활동을 병행하며 〈It's Raining〉을 비롯한 발표하는 노래가 한국뿐만 아니라 아시아 각국에서 큰 반응을 일으켜 한류스타로 화려하게 비상했다. 세븐은 2003년 데뷔곡 〈와줘〉로 폭발적인 인기를 얻은 뒤 〈열정〉〈문신〉〈라라라〉를 연이어 히트시키며 스타덤에 올랐다. 미국에 진출해 2009년 싱글 앨범 〈Girls〉를 발표하며 활동했다.

2000년대 중후반 데뷔한 2세대 아이돌 대표주자 동방신기는 대중음악 산업이 음반에서 음원 중심으로 전환되는 상황에서 2004년 입문해 대중과 만났다. 탄탄한 가창력과 압도적인 퍼포먼스로 소화한 〈Hug〉〈Rising Sun〉〈풍선〉으로 광범위한 팬덤을 보유하며 스타로 비상했고 일본에 진출해 오리콘 차트 1위를 차지하며 한류스타가 됐다. 2006년 활동을 시작한 빅뱅은 힙합을 주조로 하고 멤버가 직접 작곡과 작사, 프로듀싱에 참여해 그룹의 음악 색깔을 만들어가는 실력파 그룹으로 주목받았고[166] 〈거짓말〉〈마지막 인사〉〈Stand Up〉이 국내외에서 열광적인 반응을 얻어 스타 아이돌 그룹으로 각광받았다. 2007년 〈다시 만난 세계〉로 데뷔한 소녀시대는 〈Gee〉로 신드롬을 일으키고 〈소원을 말해봐〉 등 히트곡을 연이어 내며 스타 걸그룹의 대표주자로 나섰고 일본에 진출해 10~20대 젊은 층이 열광하는 K팝 한류를 일으켰다. 2007년 데뷔한 원더걸스는 〈Tell Me〉 선풍으로 후크송 붐을 조성하고 〈So hot〉 〈Nobody〉를 연속 히트시키며 최고 인기 걸그룹의 위상을 차지했다. 2009년 미국에 진출해 싱글 앨범 〈Nobody〉 발매를 시작으로 활동을 왕성하게 전개해 빌보드 싱글 차트 '핫 100' 76위까지 올랐다. 2007년 데뷔해 〈Pretty Girl〉 〈미스터〉 〈Lupin〉을 히트시키고 도발적인 섹시 댄스 퍼포먼스로 눈길을 끈 카라는 소녀시대와 함께 일본 한류를 고조시켰다. '여자 빅뱅'으로 불리며 화제를 모은 힙합 걸그룹 2NE1은 데뷔곡 〈Fire〉가 방송 순위 프로그램 1위를 차지하고 〈I Don't Care〉 〈내가 제일 잘나가〉가 인기를 끌면서 스타 걸그룹으로 떠올랐다.

2010년대 초중반 데뷔한 3세대 아이돌 그룹의 대표주자 엑소는 한국인 멤버와 중국인 멤버로 구성돼 2012년 〈What is Love〉의 한국어와 중국어 버전 앨범을 발표하면서 실체를 드러냈다. 엑소는 〈늑대와 미녀〉 〈Call Me Baby〉 〈으르렁〉이 국내외에서 큰 인기를 얻으며 K팝 한류스타로 성장해 국내외에서 활발한 활동을 했다. 2013년 싱글앨범 〈2 COOL 4 SKOOL〉로 데뷔한 방탄소년단은 힙합과 EDM 음악을 주조로 청춘의 공감을 얻는 가사를 담은 노래를 수록한 앨범 〈WINGS〉 〈화양연화 Young Forever〉 〈LOVE YOURSELF 承 Her〉 〈MAP OF THE SOUL : 7〉 〈BE〉 〈Proof〉로 50만~400만 장의 판매량을 기록하고 국내뿐만 아니라 일본, 미국, 남미, 유럽, 중동 등 세계 각국에서 신드롬을 일으키며 세계적인 아이돌 그룹으로 우뚝 섰다. 방탄소년단은 미국의 빌보드 메인 차트 '빌보드 200'에서 〈LOVE YOURSELF 轉 Tear〉 〈LOVE YOURSELF 結 Answer〉 〈MAP OF THE SOUL: PERSONA〉 〈MAP OF THE SOUL : 7〉 〈BE〉 〈Proof〉로 1위를 차지하고 〈Dynamite〉 〈Life Goes On〉 〈Butter〉 〈Permission to Dance〉 〈My Universe〉 등이 빌보드 싱글 차트 '핫 100' 1위에 오르며 K팝을 팝 음악의 주류로 진입시켰다. 방탄소년단은 세계 각국 수많은 회원이 활동하는 팬덤 '아미'의 전폭적인 지지를 받으며 월드 스타로서의 입지를 확고하게 굳혔다. 한국인과 외국인 멤버로 구성된 트와이스와 블랙핑크는 3세대 걸그룹 대표 스타다. 2015년 데뷔곡 〈OOH-AHH 하게〉로 방송사 음악 프로그램 1위를 휩쓸며 화려하게 대중 앞에 선 트와이스는 댄스 음악 〈Cheer Up〉〈TT〉〈Knock Knock〉〈MORE & MORE〉〈Talk that Talk〉과 현란한 칼군무로 한국뿐만 아니라 일본, 중국, 동남아시아에서 큰 인기를 얻으며 스타 걸그룹이 됐고 2016년 데뷔한 블랙핑크는 〈뚜두뚜두〉〈휘파람〉〈How You Like That〉〈불장난〉〈Pink Venom〉〈Shut Down〉 같은 완성도 높은 히트곡과 대중을 압도하는 화려한 퍼포먼스로 유럽, 미국에서 글로벌 팬덤을 형성하며 한국을 대표하는 걸그룹이 됐다. 2010년대 후반과 2020년대 초반 데뷔한 4세대 아이돌 그룹, 투모로우바이투게더 있지 에스파 스트레이키즈 르세라핌 아이브 뉴진스 등도 독창적인 K팝과 완성도 높은 퍼포먼스로 국내외에서 강력한 팬덤을 구축하며 스타덤에 올랐다.

2000~2020년대 주류 음악으로 진입한 힙합 장르에선 에픽하이, 다이나믹 듀오, 박재범, 도끼, 지코, 비와이 등이 스타 힙합 뮤지션으로 주목받았다. 에픽하이는 2003년 1집 앨범 〈Map of the Human Soul〉로 데뷔해 〈Fly〉〈Fan〉 등을 통해 힙합과 다른 장르와의 결합을 시도하고 문학적이고 서사적 가사로 눈길을 끌며 인기 그룹이 되었다. 개코와 최자로 구성된 다이나믹 듀오는 2004년 입문해 〈Ring My Bell〉을 히트시키고 〈Go Back〉〈출첵〉을 비롯한 경쾌한 플로우가 드러나는 힙합곡을 통해 스타로 부상했다. 박재범은 2008년부터 2010년까지 인기 아이돌 그룹 2PM 멤버로 활동하다 탈퇴한 뒤 2010년 첫 솔로 앨범 〈믿어줄래〉를 시작으로 본격적인 활동에 돌입했다. 2013년 힙합 레이블 AOMG를 설립한 뒤 발표한 〈EVOLUTION〉〈Everything You Wanted〉를 통해 힙합과 일렉트로닉 힙합을 자신만의 색깔로 소화해 폭발적인 반응을 이끌었다. 도끼는 2008

년 드렁큰 타이거를 비롯한 많은 힙합 아티스트 음반 작업에 참여했고 믹스테이프 〈Thunderground Mixtape Vol. 1〉을 발표해 좋은 반응을 얻었고 〈Thunderground Mixtape Vol. 2〉를 내놓으면서 스타 래퍼로서 존재감을 드러냈다. 2011년 데뷔한 아이돌 그룹 블락비의 메인 래퍼로 활동한 지코는 〈Gallery〉〈Television〉 같은 음반을 발매하고 아이유의 〈마쉬멜로우〉, 버벌진트의 〈원숭이띠 미혼남〉, 효린의 〈립스틱 짙게 바르고〉를 비롯한 스타 가수 음악 작업에 참여하는 동시에 〈아무 노래〉〈사람〉〈새삥〉 등으로 대중성을 획득해 스타 힙합 뮤지션으로 두각을 나타냈다. 2016년 힙합 뮤지션 오디션 프로그램 〈쇼미더머니 5〉의 우승을 통해 인지도를 높인 비와이는 개성 강한 목소리 톤과 플로우가 돋보인 〈Forever〉〈Day Day〉를 히트시키며 스타 래퍼로 입지를 굳혔다. 한국 힙합으로 세계적 명성을 얻은 윤미래와 타이거 JK를 비롯해 사이먼 도미닉, 크러쉬, 코드 쿤스트, 제시, 헤이즈, 창모, 치타, 비비, 이영지 등이 힙합 음악으로 대중의 사랑을 받은 가수다.

2000년대 들어 트로트는 크게 변모했다. 트로트 리듬에 EDM 같은 다른 장르를 가미한 네오 트로트가 인기를 끌었다. 네오 트로트로 각광받은 가수는 장윤정 박현빈 홍진영 등이다. 장윤정은 2004년 경쾌한 리듬과 재밌는 가사가 돋보이는 〈어머나〉〈짠짜라〉로 선풍을 일으킨 뒤 국악을 접목한 〈꽃〉, 록의 요소가 가미된 〈사랑아〉, 발라드풍의 트로트 〈이따 이따요〉를 연속 히트시키며 신세대 트로트 여왕으로 군림했다. 성악을 전공한 박현빈은 2006년 〈빠라빠빠〉로 데뷔한 후 〈곤드레만드레〉〈오빠만 믿어〉〈샤방샤방〉을 시원하게 내지르는 창법으로 소화하며 인기를 얻어 트로트 스타가 됐다. 댄스 음악을 하던 홍진영은 2009년 〈사랑의 배터리〉를 통해 트로트 가수로 전향해 성공을 거뒀다. 이후 〈산다는 건〉〈엄지척〉〈잘 가라〉〈오늘밤에〉를 연속 히트시키고 공연을 통해 특유의 밝고 에너지 넘치는 퍼포먼스를 선보여 젊은 층도 좋아하는 트로트 스타가 되었다. 2010~2020년대에는 트로트 오디션 프로그램 열기로 트로트가 부활해 김연자 송가인 임영웅 등이 대중의 사랑을 받았다. 정통 트로트로 스타덤에 오른 김연자는 트로트와 EDM이 혼합된 〈아모르파티〉 〈블링블링〉으로 2010년대 이후에도 인기를 구가했으며 판소리를 전공한 뒤 트로트 가수로 전향해 활동하다 2019년 오디션 프로그램 〈내일은 미스 트롯〉 우승을 통해 명성을 얻은 송가인은 비애를 기조로 한 정통 트로트를 한 맺힌 목소리로 소화해 중장년층의 열광적인 팬덤을 확보했다. 2020년 〈내일은 미스터 트롯〉에서 우승을 차지하며 대중의 이목을 집중시킨 임영웅은 세련된 창법으로 소화한 〈이젠 나만 믿어요〉 〈다시 만날 수 있을까〉 〈별빛 같은 나의 사랑아〉 같은 히트곡을 양산하며 강력한 중장년 팬덤을 구축하며 톱스타로 부상했다. 이밖에 신곡을 발표하며 공연을 통해 꾸준히 대중과 만난 스타 남진과 나훈아, 왕성한 활동을 펼친 중견 가수 주현미 설운도 진성, 트로트 오디션 프로그램을 통해 배출된 신예 스타 영탁 김호중 이찬원 등도 트로트로 인기와 스타성을 배가시킨 가수다.

2000~2020년대 발라드 장르에선 맑은 목소리와 담백한 창법으로 〈I Believe〉 〈스치듯 안녕〉 〈라라라〉 〈덩그러니〉를 인기곡으로 만들며 발라드 여왕으로 등극한 이수영, 대중의 가슴에 감정의 파문을 일으키는 호소력 강한 목소리로 소화한 〈사랑 안 해〉 〈총 맞은 것처럼〉 같은 히트곡과 〈잊지 말아요〉를 비롯한 드라마 OST로 인기 정상을 차지한 백지영, 〈하루〉 〈보고 싶다〉를 압도적인 가창력으로 히트시킨 김범수, 〈내게 오는 길〉 〈거리에서〉 〈영원히〉를 달콤한 미성으로 가창해 여심을 사로잡은 성시경이 스타로 활약했다. 록 장르에선 〈담배 가게 아가씨〉 〈나는 나비〉의 윤도현 밴드, 〈거울〉 〈감염〉의 국카스텐이 주목받았으며 흥겨운 리듬에 생활밀착형 가사가 돋보인 〈싸구려 커피〉 〈달이 차오른다, 가자〉의 장기하와 얼굴들은 인디 밴드로 각광받았다. R&B에선 〈사랑보다 깊은 상처〉 〈꿈에〉의 박정현, 〈친구라도 될 걸 그랬어〉

〈기억상실〉의 거미, 〈양화대교〉〈No Make Up〉의 자이언티, 〈안 되나요〉〈결혼까지 생각했어〉의 휘성이 스타로 맹활약했다.

2000~2020년대 아이돌 그룹의 대중음악계 독식 현상이 심해진 가운데 김동률, 이적, 린, 박효신, 선미, 에일리, 청하 같은 솔로 가수도 스타 반열에 올랐다. 특히 이효리와 싸이, 아이유는 2000~2020년대를 화려하게 수놓은 스타 솔로 가수다. 1997년 핑클로 데뷔해 스타덤에 오른 뒤 2003년 솔로로 활동을 시작한 이효리는 〈10 Minutes〉〈U-GO-GIRL〉〈Get Ya〉를 연속 히트시키며 신드롬을 일으켰다. 이효리는 건강한 섹시함을 극대화한 강렬하면서도 현란한 퍼포먼스로 시대의 아이콘으로 우뚝 섰다. 싸이는 2001년 첫 앨범 〈PSY From the Psycho World!〉로 활동을 시작한 뒤 〈새〉〈챔피언〉〈연예인〉〈Right Now〉가 히트하며 인기 가수 반열에 진입했다. 2012년 발표한 B급 정서를 잘 드러낸 〈강남 스타일〉을 코믹한 춤으로 소화한 뮤직비디오가 유튜브를 통해 전 세계적으로 알려지면서 신드롬을 일으켜 단번에 월드 스타로 부상했다. 2000~2020년대 여자 솔로 가수 중 독보적인 활동을 하며 톱스타로 군림한 가수는 아이유다. 2008년 미니 앨범 〈Lost and Found〉를 발표하며 가수로 입문한 아이유는 〈잔소리〉〈좋은 날〉〈밤 편지〉〈팔레트〉〈이름에게〉〈Love poem〉〈Eight〉〈Celebrity〉〈라일락〉 등 다양한 장르의 음악을 청아한 목소리에 감정의 깊이가 느껴지는 창법으로 불러 아이돌 그룹이 주도한 대중음악계에서 솔로 가수로 인기 정상을 장기간 고수하며 활동했다.

2000~2020년대 쏟아진 오디션 프로그램을 통해 스타가 된 가수도 적지 않다. 〈슈퍼스타 K〉의 서인국 존박 허각 장범준 박재정 김필 장재인 로이킴 정준영 강승윤, 〈K팝 스타〉의 이하이 악동뮤지션 정승환 안예은 샘김 백아연, 〈위대한 탄생〉의 한동근 에릭남, 〈프로듀스 101〉의 강다니엘 김요한 하성운 김세정 청하 전소미 전소연 옹성우 김재환, 〈보이스 코리아〉의

손승연 유성은, 〈쇼미더머니〉의 로꼬 스윙스 매드클라운 행주 넉살 우원재 송민호 비와이, 〈언프리티랩스타〉의 치타 제시 헤이즈, 〈고등래퍼〉의 김하온 이영지, 〈미스 트롯〉의 송가인 홍자 양지은, 〈미스터 트롯〉의 임영웅 영탁, 〈싱어게인〉의 이무진 이승윤 등이 오디션 프로그램을 통해 존재감을 드러낸 가수다.

3장

한국 대중문화 주도한 스타들

스타는 영화, 드라마, 대중음악, 코미디와 예능 프로그램, 공연 등 한국 대중문화의 형식과 내용을 구성하고 문화 산업의 발전을 견인한 주역이다. 또한, 한국 대중문화의 국제적 위상을 격상시키고 해외 시장을 개척한 한류의 주체다. 100여 년의 한국 대중문화사가 이월화부터 방탄소년단까지 수많은 스타에 의해 쓰였다. 스타는 한국 대중문화의 어제와 오늘을 있게 한 진정한 주인공이다.

개화기와 일제 강점기의 대중문화 초창기부터 1990~2020년대의 대중문화 폭발기까지 수많은 스타가 한국 대중문화 지형도를 그렸다. 스타는 영화, 드라마, 대중음악, 코미디와 예능 프로그램, 공연 등 한국 대중문화의 형식과 내용을 구성하고 문화 산업의 발전을 견인한 주역이다. 또한, 한국 대중문화의 국제적 위상을 격상시키고 해외 시장을 개척한 한류의 주체다. 100여 년의 한국 대중문화사가 이월화부터 방탄소년단까지 수많은 스타에 의해 쓰였다. 스타는 한국 대중문화의 어제와 오늘을 있게 한 진정한 주인공이다.

1923년 한국 최초의 극영화 〈월하의 맹서〉 주연으로 나서 영화의 존재를 알린 이월화와 〈아리랑〉을 비롯한 무성 영화 수작을 만든 나운규, 〈춘향전〉의 흥행 돌풍을 일으키며 발성 영화 붐을 조성한 문예봉은 일제 강점기 한국 영화의 기틀을 마련했다. 영화를 통해 시대의 자화상을 표출한 김승호, 분단국 배우로 남북한 영화에 출연한 최은희, 그리고 한해 10~60편 영화 주연으로 활약한 김지미 신성일 윤정희는 1950~1960년대 한국 영화의 중흥과 전성을 견인했다. 호스티스물과 하이틴물, 에로물의 주역으로 영화 흥행을 꾀한 정윤희 장미희 이덕화 임예진 이미숙과 사회 비판적 리얼리즘 작품과 인간의 본성을 성찰한 걸작을 통해 영화의 질적 진화를 이끈 안성기, 베니스국제영화제 여우주연상 수상으로 세계 각국에 한국 영화 존재를 알린 강수연은 1970~1980년대 한국 영화의 침체 극복을 위해 고군분투했다. 흥행 성공으로 한국 영화 경쟁력을 고조시킨 박중훈 최민수 한석규 김혜수와 빼어난 연기력으로 영화 완성도를 높여 세계 유명 영화제에서 수상한 윤여정 전도연 김민희 송강호, 미국 할리우드까지 활동 영역을 넓힌 이병헌 배두나 마동석 박서준, 다양한 장르 작품을 통해 영화 지평을 확장한 하정우 황정민 정우성이 1990~2020년대 한국 영화 부활과 폭발을 이끌었다. 스타 배우가 한국 영화 성장과 국내외 관객의 열광 그리고 세계영화제 수상을 주도했다.

1957년 HLKZ-TV가 방송한 드라마 〈푸른 협주곡〉 출연을 시작으로 한국 드라마사를 써온 이순재와 1962년 KBS 공채 1기 탤런트로 출발해 드라마 장르와 포맷을 개척한 김혜자 태현실, 단막극, 일일극, 주간극, 주말극의 주연으로 맹활약하며 드라마의 대중성을 제고한 최불암 김세윤은 1960~1970년대 한국 TV 드라마의 토대를 다졌다. 사극과 현대극을 오가며 드라마의 새로운 소재와 주제, 캐릭터를 선보인 고두심 김영애 이정길 이경진 원미경 정애리는 1980년대 한국 드라마 외연을 확장했다. 탤런트 공채와 특채 출신의 최수종 장동건 심은하 차인표 송윤아 안재욱 김명민과 연예기획사를 통해 육성된 최진실 이영애 전지현 김희선 조인성 하지원은 다양한 드라마의 트렌드를 창출해 1990~2000년대 한국 드라마의 비약적인 발전을 가져왔다. 중국, 일본, 미국, 중동, 남미 등에서 한국 드라마 인기를 폭발시킨 배용준 최지우 송혜교 현빈 장근석 이민호 김수현 박신혜 이정재는 2000~2020년대 드라마 한류를 세계로 확산시켰다. 스타 탤런트가 한국 드라마의 질적·양적 진화와 국내외 흥행을 선도했다.

최초의 전업 가수로 활동한 채규엽, 여가수의 트로트 창법을 정립한 이난영, 신민요를 대중음악의 인기 장르로 착근시킨 왕수복, 트로트를 사랑받는 대중음악으로 만든 남인수 고복수, 일제 강점기 트로트와 1960년대 팝 스타일 가요를 연결하는 가교 역할을 한 현인은 1920~1950년대 한국 대중음악의 초석을 놓았다. 1960~1970년대 이미자 남진 나훈아로 인해 트로트가 발전을 거듭했고 패티김 최희준 신중현으로 인해 스탠더드 팝과 록이 한국 대중음악에 본격적으로 유입됐다. 1970년대 송창식 한대수 김민기는 청년문화의 흐름을 이끈 포크를 한국 대중음악에 진입시켰다. 1980년대 대중음악계를 장악한 조용필은 다양한 세대에 소구하는 여러 장르 음악으로 한국 대중음악 스펙트럼을 확대했고 김완선, 소방차는 댄스 음악을 주류 음악으로 안착시켰다. 1980~1990년대 정태춘, 노래를 찾는 사람들, 김광석, 안치환은 노래가 삶의 반영이고 사회 변혁의 무기가 될 수 있다는 것을 보여줬다. 1990년대 서태지와 아이들은 랩, 테크노가 어우러진 댄스 음악으로 새로운 음악 패러다임을 만들었고 김건모는 레게를 비롯한 월드 뮤직으로 한국 대중음악 외연을 확장했다. 1970년대부터 2020년대까지 산울림, 들국화, 시나위, 넥스트, 윤도현 밴드, 크라잉 넛은 한국 록의 원형을 정립하며 대중성을 제고했고 이문세 이선희 변진섭 유재하 신승훈 조성모 이수영 백지영 성시경은 발라드를 통해 대중의 음악적 취향을 변화시켰다. 2000~2020년대 드렁큰 타이거, 에픽하이, 다이나믹 듀오, 지코는 힙합을 젊은이가 열광하는 음악으로 정착시켰다. 1990~2020년대 H.O.T, S.E.S, 핑클은 선진적인 스타 시스템 구축에 결정적 역할을 하며 음악 산업화를 촉진했고 보아 싸이 동방신기 빅뱅 소녀시대 엑소 방탄소년단 트와이스 블랙핑크 에스파 뉴진스는 한류를 폭발시키며 K팝을 팝 음악 중심부로 진입시켰다. 또한, 이효리 비 이승기 윤아 아이유 수지는 가수뿐만 아니라 드라마 탤런트, 영화배우, 예능 프로그램 진행자로 활약하며 멀티테이너로서 힘을 보여줬다. 스타 가수가 트로트, 스탠더드 팝, 록, 발라드, 댄스음악, 힙합,

K팝 등 다양한 장르 음악의 도입과 진화를 주도했고 K팝 한류의 지구촌화를 견인했다.

재담을 코미디로 발전시킨 박춘재, 만담을 통해 웃음을 주조한 신불출, 희극 무대와 코미디 영화에서 코믹 연기로 대중을 사로잡은 이원규, 원맨쇼를 선보인 윤부길은 일제 강점기 한국 코미디의 기반을 다졌다. 양석천 양훈 구봉서 배삼룡 서영춘 백금녀 송해는 1950~1970년대 악극부터 버라이어티쇼, 영화, 라디오, 텔레비전까지 다양한 매체의 코미디를 개발해 한국 코미디를 만개시켰다. 1980~1990년대 이주일 심형래는 TV 코미디 프로그램을 통해 정통 코미디를 계승해 발전시켰고 전유성 김병조 주병진 김형곤 이경규 최양락 김미화 이경실 박미선 김국진 남희석은 정통 코미디와 차별화한 개그 코미디를 통해 한국 코미디를 도약시켰다. 이영자 신동엽 유재석 강호동 송은이 김구라 김준호 김병만 김숙 이수근 김제동 양세형 박나래 장도연은 2000~2020년대 새로운 웃음 코드와 기법을 내장한 다양한 포맷의 개그·예능 프로그램을 통해 국내외 열광적 반응을 이끌었다. 스타 코미디언과 예능인이 한국 코미디와 예능 프로그램의 지평을 확장하고 예능 한류를 진작시켰다.

100여 년의 한국 대중문화사를 화려하게 수놓은 위대한 스타로 인해 한국 대중문화가 국내외에서 신드롬을 일으키며 경쟁력 강한 문화 상품으로 성장을 거듭했다.

1 배 우

이월화 나운규 문예봉 김승호
최은희 이순재 김지미 신성일
김혜자 최불암 윤정희 윤여정
안성기 고두심 이덕화 정윤희
이미숙 강수연 최민수 김혜수
최수종 최진실 한석규 고현정
이영애 전도연 송강호 이병헌
장동건 배용준 송혜교 전지현
하정우 이민호

2 가 수

채규엽 이난영 왕수복 남인수
현인 패티김 이미자 신중현
남진 나훈아 송창식 조용필
김민기 산울림 정태춘 이문세
들국화 이선희 노래를 찾는 사람들
김완선 유재하 김광석 신승훈
서태지와 아이들 김건모 크라잉 넛
H.O.T 이효리 드렁큰 타이거
보아 싸이 동방신기 빅뱅
소녀시대 아이유 방탄소년단

**3 코미디언
· 예능인**

신불출 구봉서 배삼룡 백금녀
서영춘 송해 이주일 전유성
주병진 김형곤 이경규 심형래
김미화 박미선 김국진 이영자
신동엽 유재석 강호동 김준호
김병만 김제동

(1) 이월화

李月華 | 1904~1933

금기 깨고 빛난 최초의 은막 스타

관객들은 1921년 하와이 이민 생활의 고달픔과 자유연애를 다룬 여명 극단 작품 〈운명〉의 메리 역을 연기한 배우를 보고 큰 충격을 받았다. 그리고 1923년 토월회 공연작 〈부활〉의 카추샤 역을 소화한 배우에게 열광적인 갈채를 보냈다. 언론은 1923년 한국 최초의 극영화 〈월하의 맹서〉에서 주색잡기에 빠져 가산을 탕진하고 빚을 진 약혼자를 변화시켜 달 밝은 밤에 미래를 다짐하는 정순 역을 맡은 배우에게 '조선 영화의 꽃'이라는 찬사를 쏟아냈다. 최초의 화려한 스타 탄생이다. 여배우 이월화다.

봉건적 분위기가 엄존하고 배우에 대한 사회적 인식이 극도로 부정적이던 1920년대 초까지만 해도 연극과 영화에서 여자 배우 찾기가 힘들었다. 여자가 무대에 서는 것 자체가 금기였다. 〈의리적 구토〉의 계모 역을 맡은 김영덕을 비롯해 고수철 이응수 같은 남자 배우가 여장하고 여자 캐릭터를 연기하는 여형女形 배우로 활동했다. 이런 상황에서 이월화의 연극과 영화 출연은 그 자체가 충격이고 논란이었다. 물론 폐쇄적인 사회 통념을 깨고 취성좌의 황실 나인 출신 마호정[167]과 신극좌의 김소진이 연극과 연쇄극에 먼저 출연했으나 이월화의 역할과 비중, 스타성은 따르지 못했다. 한국 영화사상 최초의 여자 스타 지위는 이월화가 차지했다.

이월화(본명 이정숙)는 출생과 성장, 가족, 학력, 사인에 대해 다양한 주장이 제기되는데 1904년 서울에서 태어나 남의 집에 입양돼 기구한 소녀 시절을 보냈으며 진명여학교를 졸업하고 이화학당에 다니다가 연극에 매진하기 위해 중퇴한 것으로 알려졌다.

이월화가 연극과 인연을 맺은 것은 열일곱 살이던 1921년 친구 소개로 김도산의 신극좌에 들어가면서부터다. 양어머니는 신파극에 출연한 사실을 알고 집안에 감금하면서까지 연극을 못 하게 했지만, 이월화의 연기에 대한 열정은 꺾지 못했다. 윤백남은 여명 극단의 〈운명〉을 통해 여배우로서 강렬한 존재감을 드러낸 이정숙을 1922년 민중 극단으로 영입한 후 '월화'라는 예명을 지어주었다. 이월화는 연극 〈영겁의 처〉를 통해 뇌쇄적인 육체를 드러내는 인상적인 연기를 펼쳐 관객의 열렬한 환호를 받았을 뿐만 아니라 높은 인기를 얻었다.[168]

윤백남은 1923년 한국 최초의 극영화 〈월하의 맹서〉에 이월화를 주연으로 기용해 스타로 만들었다. 이월화는 〈월하의 맹서〉를 통해 빼어난 연기력과 남다른 스타성을 선보여 빈약한 조선 영화계에서 단연 돋보이는 천부적인 자질을 가진 배우라는 평가를 받으며 '예원藝苑의 여왕' 자리에 올랐다.

민중 극단을 나온 이월화는 창립 공연을 앞두고 여배우를 시급히 물색하던 토월회와 인연이 되어 무대에 올랐다. 창립 공연에선 주목받지 못했지만, 〈부활〉에서 비련의 카추샤 역을 잘 소화해 최고 배우로 인정받았다. 이월화는 카추샤의 퇴폐적이고 방탕한 모습과 그 이면에 자리한 순정과 애련의 심리를 농밀하게 잘 표출했다. 이월화의 카추샤 연기는 식민시대 통틀어 최고의 명연기로 꼽힌다. 이월화는 희소가치가 있던 여배우로서 어느 정도 인지도가 있었으나 토월회를 입단한 후에는 조선 극단의 대표적 스타가 됐다.

하지만 그의 명성과 스타 지위는 오래가지 못했다. 이월화는 인기가 치솟은 1924년 조선키네마주식회사에 입사한 뒤 다카사 간조高佐貫長 감독의 영화 〈해의 비곡〉에 주연으로 출연해 1인 2역을 연기했다. 남자 주인공과 사랑에 빠지는 나무꾼 딸과 둘 사이에 사생아로 태어나 교사로 일하는 여성 역을 맡아 연기를 펼쳤지만, 관객의 시선은 신인 여배우 이채전으로 향했다. 이채전과 비교되면서 이월화의 어색한 표정과 연기력, 외모에 대한 비판이 제기됐다. 몸담은 토월회에서도 복혜숙 석금성의 입단으로 이월화의 입지는 이전보다 좁아졌다. 급기야 나이와 연기력 문제로 김우연에게 밀려 윤백남 감독의 영화 〈운영전〉의 캐스팅이 좌절되면서 추락하기 시작했다. 스타 이월화의 몰락은 상당 부분 예견돼 있었다. 중국 상하이로 건너가 방탕한 생활을 하면서 지적됐던 연기력 등 문제점을 보완하지 않았기 때문이다.

1년여의 상하이 생활을 마치고 귀국해 1926년 근화여학교 후원회가 주최한 연극 〈날아가는 공작〉에 출연하고 다시 상하이에서 수개월 머물다가 1927년 입국해 연극 〈뺨 맞는 그 자식〉에 나서며 활동을 재개했으나 더는 주목받지 못했다. 대신 언론과 대중은 이응수, 박승희, 안석주, 그리고 대구 갑부 아들 등 많은 남성과의 숱한 염문과 가십에만 관심을 둘뿐이었다. 이월화는 곤궁한 생활로 급기야 권번 기적에 이름을 올리며 기생이 됐다.

최악의 상황에서 1927년 개봉한 영화 〈뿔 빠진 황소〉 조연으로 출연해 언론의 관심을 받았지만, 연기와 외모에 대한 대중의 평가는 부정적이었다. 1928년 제작된 영화 〈지나가의 비밀〉의 질투심 강하고 독한 정부 역을 맡아 재기를 노렸지만, 관객의 시선은 싸늘했다. 그의 위상은 전성기보다 현저히 추락했고 신인 배우에게도 밀려나 있었기 때문이다.

배우 활동을 접은 뒤 상하이로 건너가 댄서 생활을 했다. 이월화가 이채전 김우연 같은 미모의 신인배우에게 밀리자 이에 불만을 품고 영화계를 떠났다.[169] 1931년 상하이에서 중국인 이춘래와 결혼한 뒤 모친이 위독하다는 소식을 듣고 귀국했다가 일본을 거쳐 상하이로 돌아가던 도중 1933년 사망했다. 남편 이춘래가 밝힌 이월화의 사인은 심장마비였으나 지인들은 그가 현해탄에서 투신자살했다고 주장했다. 일부 언론은 이월화가 사랑하는 사람에게 배신당해 스스로 목숨을 끊었다고 보도하기도 했다.

　이월화는 여자가 무대에 서는 것을 용납하지 않은 시대의 금기를 깨고 연극 무대에 올라 관객에게 여배우의 존재 의미를 각인시킨 동시에 작품의 완성도를 높인 선구자다. 이월화는 남자 배우가 여장하고 여자 역으로 출연하는 관행을 폐기하고 여자 배우가 여자 캐릭터를 연기하는 환경을 조성해 연극과 영화의 의미 있는 진전을 이끌었다. 일본 영향을 많이 받은 감정 과잉의 신파극과 차별화한 현실적인 소재와 스토리, 사실적 연기를 표방한 신극 운동에도 적극적으로 동참해 새로운 여배우 연기 스타일의 전형을 보여주려 애썼다.

　이월화가 대중의 시선 중앙에 서며 스타가 된 원동력은 금기에 도전한 용기와 뛰어난 재능, 시대적 트렌드를 이끄는 감각, 화제를 불러일으킬 줄 아는 스타성이었다. 대중의 열렬한 환호를 받은 스타였지만, 숱한 남성과의 염문과 방탕한 생활, 언론의 선정적 보도 등으로 바닥으로 추락한 극단적인 흥망성쇠를 보여준 이월화는 한국 영화 초창기 여배우 운명을 상징적으로 대변한다. 한국 영화사상 가장 비극적인 삶을 살다 간 여배우였지만, 수많은 여성이 무대와 은막의 이월화를 보며 배우의 꿈을 키웠고 연기자의 길을 걸었다. 이월화가 대중문화계에 남긴 값진 의미다. 이월화는 한국 영화 역사의 여명을 밝힌 최초의 스타다.

출 연 작

영화

1923 〈월하의 맹서〉
1924 〈해의 비곡〉
1927 〈뿔 빠진 황소〉
1928 〈지나가의 비밀〉

연극

1921 〈운명〉
1922 〈영겁의 처〉
1923 〈그 남자가 그 여자의 남편에게
      어떻게 거짓말을 했을까〉〈부활〉
1924 〈사랑과 죽음〉〈산송장〉
1926 〈날아가는 공작〉
1927 〈뺨 맞는 그 자식〉

(2) 나운규

羅雲奎 | 1902~1937

무성 영화의 천재 감독이자 일인자 배우

"故 나운규 씨는 우리 조선 영화계에 일인자로서 활약하였던 만큼 명성같이 빛나는 존재였다. 나운규 씨는 가슴에 뛰는 피를 우리에게 보였고 넣어주려 애썼다. 그리하여 우리들의 열정을 끓게 하였고 주먹을 떨게 하였다." 1937년 8월 9일 서른다섯 젊은 나이에 세상을 떠난 스타 배우이자 천재 감독 나운규의 영결식 추도사다. 추도사에 언명된 것처럼 나운규는 일제 강점기 조선 영화계의 배우로서 그리고 감독으로서 일인자였다. 나운규가 있었기에 무성 영화의 전성기가 존재할 수 있었고 한국 영화의 토대가 만들어질 수 있었다.

"지금에 이르러 생각나는 것은 〈아리랑〉을 촬영할 때에 나 자신은 전신이 열에 끓어오르던 것을 기억합니다. 이 작품이 이 세상에 나아가 돈이 되거나 말거나, 세상 사람이 좋다거나 말거나 그러한 불순한 생각은 터럭 끝만치라도 없이, 오직 내 정신과 역량을 다하여서 내 자신이 자랑거리 될 만한 작품을 만들자는 순정이 가득하였을 뿐이외다."[170] 1926년 10월 1일 단성사에서 개봉한 영화 〈아리랑〉의 주연과 감독으로 나설 때 나운규가 밝힌 각오다. 그 각오는 헛되지 않았다. 〈아리랑〉은 민족 정서를 드러내고 컷백과 몽타주 같은 영화 기법을 사용해 영화를 예술의 경지로 끌어올렸다. 대중이 선호하는 활극과 비극을 직조시키고 지주 앞잡이에게 대항하는 민족적인 신념과 여동생을 보호하려는 의협심을 담아 보는 이로 하여금 재미와 카타르시스를 느끼게 했다. 〈아리랑〉은 〈춘향전〉〈장화홍련전〉 같은 고전 설화의 서사적 전통에 목매고 있었던 조선 영화의 매너리즘을 깨뜨리는 한편, 부도덕한 강자와 억압받는 민중 간의 갈등 구도를 통해 식민 지배자와 피지배자 간의 수탈과 저항 관계를 은유해 저항을 꿈꾸는 민족의 열망에 부응하는 데 성공했다.

"〈아리랑〉은 구극의 구조를 탈피한 작품으로 마치 어느 의열단 단원이 서울 한구석에 폭탄을 던진 듯한 설렘을 느끼게 했다"라는 평가를[171] 받았고 "소설이 하지 못한 것을 영화가 하고 있다. (〈아리랑〉은) 이전의 조선 영화 모두를 불살라버려도 될 정도의 거상巨像이다"라는 극찬도[172] 이어졌다. 엄청난 인파가 몰려 단성사 문짝이 부서지고 상황을 진정시키기 위해 기마 순사가 투입됐다. 〈아리랑〉은 1926년부터 1940년대 중반까지 조선 전역을 돌며 반복적으로 상영됐다. 〈아리랑〉의 대성공으로 스타 배우와 최고 감독이라는 입지를 굳힌 나운규는 한국 최초의 발성 영화가 나온 1935년까지 10년간 조선 영화계의 구심점 역할을 하며 무성 영화 전성기를 이끌었다.

1902년 함경북도 회령에서 대한제국 무관 출신으로 약종상을 하던 나형권의 3남 3녀 중 셋째 아들로 출생한 나운규는 회령보통학교를 졸업하고 간도의 명동중학교에 다녔다. 나운규는 회령보통학교 시절부터 연극과 문학에 관심이 많아 이범래 윤봉춘 김용국과 함께 '회청동우회'를 조직해 회령의 만년좌에서 〈이전반二錢半〉이라는 연극을 공연하고 《소년》《아이들 보이》《소년 구락부》 같은 잡지와 위인전을 즐겨 읽었다.[173] 명동중학교 재학중 1919년 일어난 3·1 운동에 참여했고 이 일로 경찰의 수배를 받게 되어 만주 일대와 러시아를 방랑했으며 간도로 돌아와 독립운동을 펼친 비밀결사조직 도판부에 가입했다. 1921년 도판부 가담으로 수감되었고 1923년 출소 후 회령에 공연 온 극단 예림회 연구생으로 입단해 무대에 섰다.

예림회 해체 후 1924년 부산의 조선키네마주식회사에 입사하면서 영화인의 길을 걸었다. 1925년 윤백남 감독의 〈운영전〉의 가마꾼 단역으로 영화배우로 첫발을 디딘 나운규는 이경손 감독의 〈심청전〉의 심봉사 역으로 발탁되어 주위를 놀라게 했다. 스물넷의 젊은 나이에 얻은 노역이었으나 나운규에게는 큰 기회였다. 비중이 큰 역할을 제대로 형상화하기 위해 소경이 사는 민가를 직접 찾아 생활하기도 했다.[174] 1926년 일본인 요도 도라조淀虎藏가 설립한 조선키네마프로덕션에 입사한 뒤 이규설 감독의 〈농중조〉에 출연해 천재적인 연기력을 발휘했다. 〈아리랑〉 시나리오를 읽은 조선키네마프로덕션의 일본인 사장 권유로 나운규는 〈아리랑〉의 주연과 감독을 맡았다.

나운규는 첫 감독 연출작이자 주연작 〈아리랑〉을 통해 배우와 감독으로 인정받은 뒤 두 번째 감독 작품인 〈풍운아〉도 주연으로 나서 연달아 흥행에 성공했다. 〈아리랑〉과 〈풍운아〉 흥행으로 나운규는 폭발적인 인기를 얻었다. 나운규는 윤봉춘 주삼손과 함께 조선키네마프로덕션을 나와 1927년 나운규프로덕션을 창립하고 〈잘 있거라〉의 제작, 각본, 주연, 편집까지 맡는 열의를 보였다. 나운규프로덕션의 두 번째 작품 〈옥녀〉는 흥행에 실패했다. 〈사랑을 찾아서〉는 제작에 들어갔지만, 정든 고향을 버리고 북간도로 가서 일경의 총격으로 비참하게 죽는 실향민의 비극을 그린 내용이어서 조선총독부 검열 당국으로부터 많은 부분이 삭제되고 제목도 세 번이나 바뀌는 수난을 당했다. 〈사나이〉 〈벙어리 삼룡이〉의 연이은 흥행 실패로 나운규프로덕션은 1929년 문을 닫았다. 나운규프로덕션 해체는 조선 영화계에 작지 않은 충격을 줬다.

프로덕션 해체 이후 나운규는 제작에서 손을 떼고 1931년 극우단체 일본국수회 회원 도야마 미츠루遠山滿가 세운 원산만프로덕션의 〈금강한〉 출연과 감독을 했다. 이 영화가 저질 신파극인 데다 나운규가 온갖 추행을 저지르는 호색한으로 출연해 관객의 외면을 받았고 카프KAPF 계열의 논객 서광제와 영화인 윤봉춘, 심훈 같은 전문가의 신랄한 비판도 이어졌다. 나운규프로덕션 해산 후 갑작스럽게 다가온 그의 몰락은 많은 영화인이 증언하는 것처럼 문란한 사생활 때문이라고만 볼 수 없다. 방탕과 무절제가 몰락을 앞당겼을 수는 있으나 정형화된 캐릭터와 서사의 반복이 영화인 나운규 추락의 가장 큰 원인이었다.[175] 1932년 9월 18일 개봉한 이규환 감독의 민족정신이 가득한 리얼리즘 계열의 수작 영화로 평가받는 〈임자 없는 나룻배〉에서 딸을 욕보이는 일본인 토목 기사를 죽이는 나루터 뱃사공 역을 맡아 삭발하며 연기한 나운규의 열정에 관객들은 갈채를 보냈다.

　나운규는 1932년 각본과 감독을 맡으면서 주연으로 나선 개화파 정객 김옥균의 삶을 다룬 〈개화당 이문〉을 어렵게 만들었지만, 흥행에 참패한 뒤 영화에 대한 의욕을 잃고 1934년 연극 무대로 뛰어들었다. 그 무렵만 해도 배우로서의 인기는 대단해 나운규가 무대에 섰다고 하면 극장 안은 초만원이었다. 영화에서는 변신을 요구받고 있었지만, 극단의 연극을 보러 가던 대중은 여전히 나운규의 활극 스타로서의 이미지를 사랑했다. 1935년 전택이와 한양영화사를 설립한 뒤 〈강 건너 마을〉을 감독했다. 이 작품은 크게 성공했다고 할 수 없지만, 전환점이 됐다. 연출적인 면에서도 평가받았다. 발성 영화로 제작된 〈아리랑 3편〉은 기술적 문제로 흥행에 참패해 나운규의 첫 발성 영화 시도는 실패로 끝났다. 1937년 폐병을 앓으며 힘겹게 만든 발성 영화 〈오몽녀〉는 영화 예술가로서 나운규가 다시 시작하는 출발점인 영화였다. 하지만 그는 그 출발 지점에 멈추어 서버렸다. 〈오몽녀〉가 회심의 역작이라는 찬사를 받았지만, 폐병이 악화하여 7개월 후인 1937년 8월 9일 나운규는 세상을 떠났다. 조선 영화계 일인자의 때 이른 퇴장이었다.

　나운규는 사망하기까지 영화인으로 산 12년 동안 배우, 감독, 제작자,

각본가로 27편 영화에 참여했다. 출연 23편, 각본(각색 5편 포함) 19편, 감독 18편, 제작 5편이다. 나운규가 천재적 기질을 가진 다재다능한 사람이었다는 것은 짧은 기간에 27편의 작품에서 감독, 배우, 제작의 기량을 발휘한 것만 봐도 충분히 짐작할 수 있다.

나운규는 감독으로서 구극을 탈피한 새로운 조선 영화의 가능성을 보여줬고 연기자로서는 연극배우들이 대거 영화배우로 전환해 드러냈던 감정 과잉과 과장 액션으로 점철된 연기와 차별화한 영화적 연기의 전형을 제시했다. 나운규처럼 영화감독을 하면서 연기자로 나선 이는 〈금붕어〉〈도적놈〉의 윤봉춘, 〈들쥐〉의 이경선, 〈옥녀〉〈사나이〉의 이금룡, 〈심청〉의 전택이, 〈장한몽〉의 정기탁 등이다. 적지 않은 감독 겸 배우가 일제 강점기 무성 영화와 발성 영화에서 활약했지만, 감독으로서 그리고 배우로서 독보적인 활동을 펼친 존재는 나운규다. 나운규는 감독으로서 그리고 배우로서 한국 영화의 본격적인 장을 연 무성 영화의 개척자이자 전성기를 이끈 주역이다.

출연작

출연

1925 〈운영전〉 〈심청전〉
1926 〈농중조〉
1931 〈남편은 경비대로〉
1932 〈임자 없는 나룻배〉

감독 · 출연

1926 〈아리랑〉 〈풍운아〉
1927 〈잘 있거라〉 〈들쥐〉
1928 〈사랑을 찾아서〉 〈옥녀〉
1929 〈벙어리 삼룡이〉
1930 〈철인도〉
1931 〈금강한〉
1935 〈그림자〉
1936 〈칠번통 소사건〉 〈아리랑 3편〉

각본 · 출연

1928 〈사나이〉
1930 〈아리랑 그 후 이야기〉
1933 〈종로〉

감독

1935 〈강 건너 마을〉 〈무화과〉
1937 〈오몽녀〉

(3) 문예봉

文藝峰 | 1917~1999

조선 영화계 여왕과 북한 인민 배우

　　1935년 10월 4일 단성사에선 한국 최초의 발성 영화 〈춘향전〉이 관객과 만났다. 1927년 세계 최초의 발성 영화 〈재즈 싱어〉가 나온 지 8년 뒤 선을 보인 이명우 감독의 〈춘향전〉은 캐릭터의 부실함과 원전의 잘못된 해석으로 안석영 서항석을 비롯한 전문가의 지적과 비판이 이어지고 무성 영화 입장료 30~40전의 곱절이 넘는 1원을 받았지만, 상영 첫날부터 전석 매진되어 사람들이 동대문과 창덕궁 쪽으로 긴 줄을 서는 등 대성황이었다. 〈춘향전〉 개봉 후 '이천만의 연인' '조선 영화계의 여왕'이라는 수식어의 주인공이 탄생했다. 바로 춘향 역을 연기한 문예봉이다. 발성 영화 역사가 시작된 1935년부터 해방을 맞이한 1945년까지 조선 영화는 문예봉이 출연한 영화와 나오지 않은 영화로 나뉠 정도로 은막에서 문예봉의 활약과 존재감은 특출났다. 문예봉은 미국의 마를렌 디트리히Marlene Dietrich, 일본의 이리에 다카코入江たか子, 중국의 리샹란李香蘭과 비견되는 조선 영화계 최고 스타였다. 문예봉은 해방 이후 월북해 북한 영화의 초석을 다졌을 뿐만 아니라 〈내 고향〉〈돌아오지 않은 밀사〉 주연으로 나서며 북한 영화사를 화려하게 수놓은 '인민 배우'로 맹활약했다.

　　문예봉(본명 문정원)은 1917년 함경남도 함흥에서 태어났다. 어려서 어머니를 여의고 열네 살 때 배우인 아버지 문수일을 따라 유랑 극단에 들어간 것이 배우 인생의 시작이다.[176] 문예봉은 조선연극사에서 연극을 시작했고 1931년 문수일이 창단한 극단 연극시장에 몸담으면서 본격적으로 연극 무대에 올랐다. 1932년 〈아리랑〉과 함께 무성영화 걸작으로 꼽히는 이규환 감독의 〈임자 없는 나룻배〉에서 나운규가 연기한 뱃사공의 딸로 출연하며 영화에 데뷔했다. 그의 나이 열다섯이었다. 문예봉은 영화 입문작에서 좋은 자질을 가진 배우라는 평가를 받았다. 1933년 조선 신파극의 최고 흥행작 〈사랑에 속고 돈에 울고〉의 작가 임선규와 결혼했다. 문예봉의 두 번째 영화가 바로 한국 최초의 발성영화 〈춘향전〉이다. 이명우 감독이 1935년 제작해 개봉한 〈춘향전〉이 흥행 돌풍을 일으키며 춘향 역을 맡은 문예봉이 스타덤에 올랐다. 문예봉은 북방계 미인의 전형을 보여주듯 이마가 높이 솟고 쌍꺼풀 없는 눈매에 오똑한 코, 가늘고 단아한 입매를 지닌 조선 미인의 외모로도 대중의 눈길을 끌었다.

〈춘향전〉을 계기로 경성촬영소에 입사해 〈아리랑 고개〉〈장화홍련전〉〈미몽〉에 연이어 출연하며 최고 여자 스타로서 입지를 굳혔다. 〈미몽〉에서는 한국 영화사의 기념비적 여성 캐릭터로 평가받는 허영과 남자 때문에 남편과 자식을 버리고 가출하는 주부 애순 역을 연기했다. 〈미몽〉의 애순은 전통적인 여성상의 통념과 영화 속 여성상이 선형적으로 변해왔다는 편견을 단숨에 깨는 착하지 않은, 그렇다고 악하다고 할 수도 없는 캐릭터다.[177] 애순은 〈임자 없는 나룻배〉와 〈춘향전〉에서 쌓은 깨끗하고 순종적인 조선 여성 이미지를 깨는 파격적 캐릭터였는데도 탄탄한 연기력으로 잘 소화했다. 문예봉은 조선 여성의 욕망과 삶이 투영된 여성 캐릭터를 잘 발현시켜 감독들의 출연 제의가 잇따랐다. 경성촬영소에서 당시 인기 배우였던 김연실과 경쟁하기도 하였으나, 고정된 이미지가 강한 김연실보다 신선한 연기로 천의 얼굴을 만들어내는 문예봉에게 대중은 열광했다.[178]

〈임자 없는 나룻배〉로 인연을 맺은 이규환 감독과의 작업도 이어져 〈무지개〉와 〈그 후의 이도령〉에 출연했다. 이규환 감독의 성봉영화원과 일본 신코키네마가 합작한 〈나그네〉 주연을 맡아 일본 영화계까지 이름을 알렸다.

결혼과 함께 영화계를 떠난 기존 여배우들과 달리 문예봉은 결혼 이후에도 배우 활동을 지속하며 최고 영화 스타로 대중의 사랑을 받았지만, 생활은 고통의 연속이었다. 가난한 생활 속에서 폐병으로 운신이 어려운 남편 임선규와 아이를 돌보며 영화 일을 해야 했기 때문이다. 더는 영화 일을 못하고 집에 들어앉기도 했다. 문예봉은 가난 때문에 촬영장에 아이를 데리고 다니기도 했고 촬영소에서 숙식을 해결하기도 했다.[179]

어려운 상황에서도 문예봉이 가장 희망한 것은 좀 더 공부해서 영화 예술을 진정으로 이해하는 것이었다. 1938년 조선영화주식회사에 입사해 창립 작품 〈무정〉에 출연했으나 전속계약은 오래가지 않았다. 1939년 고려영화협회와 전속계약을 하고 〈수업료〉〈집 없는 천사〉에 출연했다. 발성 영화 배우로서 함경도 사투리가 남아 있는 억양과 그다지 청아하지 못한 목소리가 문제로 지적됐지만, 다양한 표정 연기와 섬세한 캐릭터 소화력으로 이를 극복하며 주연으로 맹활약했다.

일제가 중국을 침략하고 황국신민화 정책을 본격 시행한 1930년대 후반부터 1945년까지 휘몰아친 일제의 군국주의 광풍을 문예봉도 피해 가지 못했다. 일제는 전통적인 조선 여성 이미지를 견지한 스타 문예봉을 친일과 군국주의를 선동하는 〈지원병〉〈신개지〉〈망루의 결사대〉〈조선해협〉〈사랑의 맹서〉에 출연시켜 일본 군국주의 아이콘으로 악용했다.

해방 직후에는 조선영화동맹 위원으로 활동하다 남편 임선규와 함께 1948년 월북했다. 연출가 안영일 이서향, 극작가 박영호 송영 함세덕뿐만 아니라 스타 배우 황철 박영신 김선초 김선영 김연실 문정복 엄미화도 북한으로 넘어가 분단 이후 남한에선 이들의 작품을 접할 수가 없었다. 분단과 전쟁은 한국 대중문화의 가장 중요한 자산인 스타를 비롯한 인적 자원의 막대한 손실을 초래했다.

문예봉은 월북해서도 배우 생활을 계속했다. 1949년 북한 최초의 극영화 〈내 고향〉에서 일제와 맞서 싸우는 혁명 투사 여주인공을 연기하고 1952년 〈빨치산 처녀〉로 북한 최초의 공훈 배우 칭호를 받으며 '영화하면 문예봉, 무용하면 최승희, 연극하면 김선초'라는 말이 유행할 정도로 북한 영화계의 대명사가 됐다.[180]

문예봉은 1965년 잡지 《조선 영화》를 통해 북한에서 사상성 없는 퇴폐적인 예술지상주의자·투항주의자 영화감독으로 분류되어 있던 나운규를 천재적인 인물로 묘사해 1960년대 초중반 북한 문예계에 일던 숙청 바람과 함께 반혁명 분자로 몰려 1967년 안주 협동농장으로 추방됐다. 이후 복권돼 1980년 〈춘향전〉을 비롯해 〈생명수〉 〈은비녀〉 〈위대한 품〉에 출연했고 1982년 북한 배우 최고 영예인 인민 배우가 되었다. 납북된 신상옥 감독이 1984년 북한에서 만든 첫 작품으로 이준 열사를 비롯한 세 명의 고종 밀사를 다룬 연극 〈혈분만국회〉를 영화화한 〈돌아오지 않은 밀사〉에 문예봉이 출연해 눈길을 끌었다. 일제 강점기 영화배우로 맹활약한 문예봉은 분단 후에는 북한 최고 스타로 활동하다 1999년 3월 26일, 82년의 생을 마감했다.

스타 문예봉의 삶은 격동의 한국 근현대사 그 자체다. 문예봉은 아름다운 외모와 전통적인 여성부터 파격적인 여자까지 스펙트럼 넓은 캐릭터 연기로 조선 여인의 억눌린 감정과 욕망을 대변하거나 대리만족시켜주었고 일제 말기에는 일본을 찬양하는 아이콘으로 악용되었다. 남북분단으로 월북한 뒤 북한 영화의 초석을 다졌지만, 남한에서 그의 존재는 사라졌다. 문예봉은 탄탄한 연기력과 광범위한 캐릭터 소화력, 빼어난 외모, 뛰어난 스타성, 그리고 어려운 상황에 굴복하지 않는 강한 생명력으로 여자 배우의 전형을 보여주며 배우가 걸어가야 하는 이상적인 길을 제시한 스타다.

출 연 작

영화

1932	임자 없는 나룻배〉
1935	〈춘풍〉〈춘향전〉
1936	〈아리랑 고개〉〈미몽〉〈그 후의 이도령〉〈무지개〉
1937	〈장화홍련전〉〈나그네〉〈인생 항로〉
1938	〈군용열차〉
1939	〈애련송〉〈새 출발〉
1940	〈수업료〉
1941	〈너와 나〉〈창공〉〈지원병〉〈집 없는 천사〉
1942	〈신개지〉
1943	〈조선해협〉〈우러르라 창공〉
1944	〈태양의 아이들〉
1945	〈사랑의 맹서〉
1949	〈내 고향〉
1952	〈빨치산 처녀〉
1980	〈춘향전〉
1984	〈돌아오지 않은 밀사〉
1992	〈새〉

(4) 김승호

金勝鎬 | 1918~1968

근대화 시대 서민 자화상 표출한 명배우

빚에 허덕이며 짐수레를 끌어 하루하루 근근이 살아가는 마부 아버지
는 혼자 된 몸으로 남편에게 매 맞고 쫓겨난 말 못 하는 장애가 있는 큰딸과
허영심 가득한 작은딸, 사고만 치는 작은아들, 집안의 기대를 모으지만 고
시에 연거푸 낙방하는 큰아들을 묵묵히 뒷바라지한다. 1961년 개봉한 강대
진 감독의 영화 〈마부〉다. 스크린 속 아버지는 어느 사이 관객의 아버지로
환치되며 가슴에 파문을 일으킨다. 전쟁 후 산업화와 도시화가 시작되면서
전근대적 현실과 근대의 풍경이 혼재한 가운데 가난과 궁핍의 한복판에서 오
롯이 가족만을 위해 사는 〈마부〉의 김승호는 중산층을 비롯한 근대화 혜택을
받은 계층과 대조를 이루며 1960년대 초입의 한국 사회상을 노정하고 근대
화 과정에서 흔들리는 아버지 모습을 담담하게 보여주었다. 〈마부〉는 1961
년 베를린국제영화제에서 특별 은곰상을 수상하며 세계영화제에서 한국 영
화의 존재감을 드러냈다. 〈마부〉의 이 같은 결과를 가져온 인물은 타이틀롤
을 연기한 주연 김승호라고 해도 과언이 아니다. 김승호로 인해 사회와 시
대를 투영한 인물이 완성되고 작품성이 배가됐기 때문이다. 한국 영화사의
명배우 중 한 사람이 김승호다.

김승호(본명 김해수)는 1918년 강원도 철원에서 태어나 서울에서 자랐고

보성고보를 졸업했다. 1937년 동양극장의 청춘좌에 들어가 연극배우로 연기자 생활을 시작한 뒤 극단 신협, 청탑, 대지의 단원으로 무대에 올랐다. 〈소〉〈무지개〉〈갈매기〉 등에 출연하며 1950년대 말까지 연극배우로 활동했다. 김승호의 트레이드마크가 된 서민풍의 친근한 캐릭터 연기가 드러난 것은 연극 〈소〉의 개똥이 역을 맡으면서이고 그의 이러한 캐릭터가 만개한 것은 영화를 통해서다.

김승호의 영화 데뷔작은 1939년 신파극을 원작으로 한 〈사랑에 속고 돈에 울고〉였지만, 1946년 〈자유 만세〉를 기점으로 영화배우 행보를 본격화했다. 〈해방된 내 고향〉〈밤의 태양〉〈양산도〉에 주·조연으로 출연했지만, 배우로서 큰 인기를 끌지 못했다. 1956년 오영진의 희곡 〈맹진사댁 경사〉를 영화화한 이병일 감독의 〈시집가는 날〉에서 욕심 많은 맹진사의 인물 성격을 잘 드러내 배우로서 실력을 인정받고 주연 배우로서 확고한 입지를 굳혔다. 〈시집가는 날〉의 이기적이지만 어수룩한 욕심쟁이 아버지로 대중적 인지도를 높이며 김승호의 대표적 이미지를 조형하기 시작했다. 이후 김승호는 〈돈〉의 노름판 사기꾼에게 걸려든 성실한 농사꾼, 〈인생 차압〉의 돈과 권력을 위해 범죄를 서슴지 않고 자살극까지 꾸미는 거부, 〈육체의 길〉의 깡패 앞잡이 역할을 하는 불쌍한 여성을 사랑해 서커스단 일원으로 전전하다 폐인이 된 가장, 〈로맨스 빠빠〉의 직장에서 해고된 사실을 털어놓지 못하는 아버지, 〈박서방〉의 착한 딸보다 말썽부린 아들에게 지극정성인 연탄아궁이 수리공 등 다양한 캐릭터를 소화하며 특유의 정겨운 인간미와 독특한 억양, 몸짓이 큰 연기로 관객의 사랑을 받으며 스타덤에 올랐다.

김승호는 〈시집가는 날〉〈인생 차압〉에서 희극 배우로서의 면모를 보이고 〈육체의 길〉〈하루살이 인생〉에선 신파적인 연기가 두드러진 캐릭터를 표출하기도 했지만, 〈마부〉〈로맨스 빠빠〉〈박서방〉처럼 주로 어려운 시절의 서민 가정을 지키는 아버지를 연기했다. 김승호는 전후 힘든 시대를 살

앉던 서민의 대변자였고 아버지의 자화상이었다.

시대의 흐름을 힘겹게 따라가야 하는 남자, 모순과 고통이 가득한 삶일지라도 그것을 최대한의 힘으로 끌어안고 살아가는 가장, 아버지의 모습이 바로 김승호를 통해 제시되었다. 단순한 배역이 아니라 이데올로기적 페르소나라고 할 수 있는 김승호에 의해 표상된 아버지는 해방 이후 한국전쟁기와 1960년대를 거치면서 폐허 상태의 한국 사회에서 가족을 일으키고 지켜주는 울타리이고 사회적 어른의 모습이기도 했다.[181]

김승호가 연기한 캐릭터는 시대와 함께 호흡하고 사회를 투영하는 인물이었기에 대중의 큰 공감을 얻었다. 그뿐만 아니라 김승호는 구수하고 소탈한 이미지와 신파 연극을 통해 체득한 과장 액션이라고 가끔 비판받는 몸짓이 큰 연기, 큰 덩치에서 풍겨 나오는 인간미, 강렬한 잔상을 남기는 너털웃음으로 캐릭터에 생명력을 불어넣어 스크린 너머 관객에게 진정성을 전달했다.

김승호가 한국 영화 전성기 대표 배우로서 서민의 애환을 담아내는 시대의 표상이 된 것은 영화에 대한 남다른 열정과 노력이 있었기 때문이다. 김승호는 단역을 맡더라도 미리 촬영장에 나가 현장을 둘러보고 자신이 등장해야 할 자리와 퇴장해야 할 자리를 머릿속에 그려 넣었고 촬영장에서는 자신이 맡은 배역에 철저히 몰입하기 위해 다른 사람과 말도 섞지 않았다. 당시는 동시녹음이 아니기 때문에 대사를 다 외우지 않고 옆에서 스태프가 읽어주는 대로 따라 하면 되는데도 대사를 완벽하게 외워야 감정이 끊기지 않고 살아난다며 모든 대사를 외워서 연기했고 촬영이 끝난 뒤 성우가 따로 더빙하는 것이 일반적이었는데도 본인이 직접 더빙하는 경우가 많았다.[182]

1960년대 중후반 〈돌아오지 않는 해병〉 〈빨간 마후라〉 같은 전쟁 액션물과 〈맨발의 청춘〉 〈청춘 교실〉 같은 청춘 영화가 득세하면서 홈드라마가 쇠퇴하자 김승호는 주연의 자리에서 내려왔다. 스타 배우는 두 가지 유형이 있다. 캐릭터에 완전히 몰입돼 배우의 개성을 찾을 수 없는 캐릭터로 체화되는 유형과 캐릭터에 배우의 개성이 투사되는 유형이다. 전자는 배우보다 캐릭터로 관객에게 강렬한 잔상을 남기지만, 후자는 캐릭터보다 배우의 존재감이 강하게 각인된다. 전자는 다양한 캐릭터를 소화할 수 있지만, 후자는 캐릭터와 개성이 조화를 이뤄야 성공할 수 있고 배역의 한계가 있다. 김승호는 배우 개성이 캐릭터를 압도하는 후자의 배우다. 이 때문에 배역의 한계가 있었고 그와 잘 맞는 홈드라마가 쇠퇴하면서 주연 자리에서 밀려났다.

이후 영화 제작을 하며 배우 활동을 병행했다. 1967년 정창화 감독이 메가폰을 잡고 김승호와 신성일 남정임 윤정희가 출연해 화제를 모은 〈돌무지〉를 제작해 흥행에 성공했다. 이후 김승호는 많은 제작비를 쏟은 〈육체의 길〉〈영원한 모정〉〈딸〉〈7인의 밀사〉가 흥행에 참패하면서 1968년 부도수표 발행 혐의로 구속되는 최악의 상황을 맞았다.

김승호는 1950년대 중후반 영화 중흥기부터 1960년대 영화 전성기까지 영화계를 이끈 대표적인 배우로 30여 년 연기자 생활을 통해 130여 편의 연극과 250여 편의 영화에 출연했고 아시아영화제 남우주연상, 대종상 남우주연상을 비롯한 국내외 영화제 남우주연상을 휩쓸었다. 한국 영화사에 큰 발자취를 남긴 김승호는 1968년 12월 1일 고혈압으로 쓰러져 숨을 거뒀다. 그의 나이 쉰 살이었다. 그의 뒤를 이어 아들 김희라가 주연 배우로 1970년대 맹활약했고 손자 김금성도 배우의 길을 걸었다. 김승호는 뚜렷한 개성의 배우로 시대를 표상하고 사회를 반영한 스타였다.

출 연 작

영화

(5) 최은희

崔銀姬 │ 1926~2018

남북한 영화 출연한 분단국의 스타

최은희는 은막의 스타다. 하지만 영화 스타로만 한정할 수 없다. 영화인으로서 최은희 활약이 광대하고 그 성과가 너무 크기 때문이다. 남·북한 작품에 출연한 '분단의 배우'로서의 활동뿐만 아니라 1960~1970년대 한국 영화 발전을 견인한 영화사 신필름의 경영자, 영화 인재를 육성한 안양예술학교의 운영자, 그리고 영화를 연출한 감독으로서의 최은희는 스타를 넘어선 한국 영화사에 의미 있는 성과를 남긴 대표적인 영화인이다. 그의 배우로서의 삶은 분단이 초래한 비극의 잔영이 짙게 드리워져 있어 한국 영화사의 슬픔이기도 하다.

1926년 경기도 광주군 초월면 산골에서 출생했지만, 어려서 이사 온 서울에서 성장한 최은희는 부모가 지어준 이름은 '경순'이었는데 해방 직후 작가 박화성의 소설에 나오는 주인공 이름이 멋있어 보여 '은희'로 개명했다. 친구와 함께 우연히 만난 배우 문정복의 소개로 극단 아랑 연구생이 되면서 배우 길에 들어섰다. 얼떨결에 1942년 연극 〈청춘 극장〉으로 데뷔했지만, 아버지의 반대가 심했다. 배우로서 삶을 좋아해 토월회의 〈40년〉〈맹진사댁 경사〉〈나도 인간이 되련다〉에 출연하며 연극배우로서 자리 잡았다. 토월회에서 함께 호흡을 맞췄던 최운봉이 상대역으로 추천해 1947년 신경균 감독의 〈새로운 맹세〉를 통해 영화배우로 선을 보였다.

영화 출연을 통해 알게 된 촬영기사 김학성과 결혼했다. 이후 〈밤의 태양〉 〈마음의 고향〉에 출연했고 1950년 한형모 감독의 〈사나이의 길〉을 촬영하다 6·25 전쟁을 맞았다. 인민군에 잡혀 북한 경비대 협주단에서 공연하며 선무 활동을 했다. 평남 순천으로 끌려가다 탈출해 국군을 만나 정훈공작대에서 군복을 입고 공연했다.

선무 활동을 마치고 1951년부터 연극 〈마의 태자〉 〈춘향전〉 〈햄릿〉 〈뇌우〉에 출연했고 서울중앙방송국 성우로도 활동했다. 의처증 증세를 보인 남편 김학성의 폭력에 시달리며 힘겹게 연극무대에 올랐다. 1953년 부산에서 연극 할 때 다큐멘터리 영화 〈코리아〉에 출연하면서 영화감독 신상옥을 만났다. 이것이 계기가 돼 연인으로 발전했고 남편 김학성으로부터 간통죄로 고소당했지만, 혼인신고가 되지 않은 상태여서 무죄 판명 나 신상옥 감독과 결혼했다.

"신상옥 감독과 결혼 이후의 삶은 영화를 위한 삶이라고 해도 과언이 아니다. 신 감독과 나는 하루 24시간 그림자처럼 같이 일하고 같이 들어왔다. 우리는 부부이자 동지로서 영화에 대해 많은 이야기를 했고 주말도 쉬지 않고 영화 일을 했다"[183]라는 고백처럼 최은희는 신상옥 감독과 함께 영화 제작과 출연, 연출을 하며 한국 영화 중흥기와 전성기를 이끌었다.

조긍하 감독의 〈가거라 슬픔이여〉, 윤봉춘 감독의 〈다정도 병이런가〉, 이병일 감독의 〈자유 결혼〉, 박영환 감독의 〈촌색시〉, 김소동 감독의 〈돈〉 등 다른 감독의 영화에도 출연했지만, 주로 신상옥 감독과 작업을 같이 했다. 1955년 〈꿈〉을 시작으로 〈무영탑〉 〈지옥화〉 〈상록수〉 〈무정〉 〈사랑방 손님과 어머니〉 〈성춘향〉 〈빨간 마후라〉 〈청일전쟁과 여걸 민비〉 〈이조여인 잔혹사〉 같은 한국 영화사의 수작으로 꼽히는 작품을 신상옥 감독과 함께 했다. 130여 편의 출연작 중 신상옥 감독과 함께 한 작품이 100여 편에 달한다. 〈로맨스 그레이〉의 만자 역처럼 자유분방한 여성도 연기했지만, 〈사랑방 손님과 어머니〉의 단아하고 정숙한 미망인처럼 대부분 고전적인 한국 여인상을 연기했다. 동양적인 미가 돋보이는 최은희의 외모와 천부적인 연기력, 내면으로 끌어들이는 정적인 흡인력이 전통과 유교적인 인습에 순종하는 전형적인 한국 여인 모습을 담아내는 데 적합했기 때문이다. 한국전쟁 이후 재건과 근대화가 전개되는 가운데 여성에게 요구되었던 것은 '가부장-국가-민족'으로 연계되는 체제에 대한 헌신과 희생이었고 최은희의 이미지는 '본질주의적 모성'을 기반으로 여성의 욕망을 배제하는 시대가 필요로 하는 여성상으로 정형화됐다.[184]

1961년 한국 영화사에서 보기 드문 라이벌 대결이 펼쳐졌다. 바로 홍성기 감독과 김지미 부부의 〈춘향전〉과 신상옥 감독과 최은희 커플의 〈성춘향〉이 1월 구정 즈음 개봉했다. 두 부부가 감독과 배우로서 치열한 경쟁을 펼치던 상황에서 벌어진 대결 결과는 시네마스코프 컬러 대형화면 시대를 연 〈성춘향〉의 압승이었다. 74일간 40만 명에 가까운 관객을 동원하는 흥행 신기록을 세웠다.

최은희는 신상옥 감독과 함께 영화사 신필름을 만들어 1960년부터 1975년까지 한국 영화 제작을 주도했고 영화 제작 시스템 발전을 선도했다. 당시 대부분의 영화사는 사장부터 운전기사까지 5~6명으로 구성된 영세한 규모였고 기획 개념조차 없는 마구잡이식 영화 제작이 횡행했다. 반면 신필름은 회사 직원, 전속 작가와 배우를 비롯한 200여 명이 활동한 기업형 영화사였다. 체계적인 기획과 영화 작업 그리고 배우 공모를 통한 신인 양성을 하면서 한국 영화 제작 시스템의 발전에 기여했다. 최고 스타 신성일이 신필름 신인 공모를 통해 발굴됐다.

최은희는 배우로만 머물지 않았다. 직접 메가폰을 잡아 4편의 영화를 연출했다. 최은희는 1965년 자신이 출연한 〈민며느리〉를 감독해 대종상 여우주연상을 수상했을 뿐만 아니라 작품에 대한 호평도 받았다. 이후 〈공주님의 짝사랑〉〈총각 선생〉〈약속〉을 감독했다. 남자 감독의 득세 속에 여자 감독이 영화를 연출하는 것은 쉬운 일이 아니었다. 한국 최초의 여자 영화 감독은 1955년 〈미망인〉을 연출한 박남옥이다. 홍은원이 1962년 〈여판사〉의 감독으로 나섰고 최은희가 세 번째 여성 감독으로 〈민며느리〉를 연출한 것이다. 이후 1970년 황혜미 감독이 〈첫 경험〉을 그리고 1984년 이미례 감독이 〈수렁에서 건진 내딸〉을 연출해 여자 감독의 계보를 이었다. 이후 임순례 변영주 방은진 이정향 정재은 이경미 김초희 김보라 정주리 등 여성 감독이 활약하며 한국 영화의 스펙트럼을 확장했다.

최은희는 1967년 안양영화예술학교를 설립하고 교장을 맡아 배우와 후학을 길러내며 한국 영화 발전을 이끌었다. 배우 김보연 나영희가 안양영화예술학교 출신이다. 그뿐만 아니라 1967년 극단 배우극장을 창단해 〈부활〉〈오셀로〉〈닥터 지바고〉를 비롯한 많은 공연을 통해 배우를 배출했다.

신상옥 감독과 이혼한 후 최은희는 1978년 1월 안양예술학교 운영자금을 투자받기 위해 홍콩을 방문했다가 납북됐다. 신상옥 감독도 1978년 8월 북한에 납치됐다. 1983년 재회한 두 사람은 북한에서 영화 제작에 나섰다. 신상옥 감독은 1984년 〈돌아오지 않은 밀사〉를 시작으로 〈탈출기〉〈소금〉〈심청전〉〈사랑 사랑 내 사랑〉〈방파제〉〈불가사리〉 같은 북한 영화를 연출했다. 최은희는 신상옥 감독이 연출한 〈소금〉 주연으로 나서 1985년 모스크바영화제에서 여우주연상을 받기도 했다.

신상옥 최은희 부부는 1986년 3월 오스트리아 빈 방문 중 미국 대사관에 진입해 망명에 성공한 이후 미국에서 10년 넘게 망명 생활을 했다. 미국에서 신상옥 감독은 〈닌자 키드〉를 제작했고 1990년 〈마유미〉와 1994년 〈증발〉, 한국 영화 두 편을 연출하기도 했다. 신상옥 최은희 부부는 1999년 귀국했다. 한국에 돌아와서도 영화인으로서 행보를 멈추지 않았다. 최은희는 귀국하자마자 극단 신협 대표를 맡아 2001년 연극 〈누구를 위하여 종은 울리나〉에 출연했고 안양신필름예술센터 학장, 동아방송대 석좌교수, 성결대 연극영화학부 명예교수로 학생을 지도했다. 92년간의 파란만장한 영화 같은 인생과 76년간의 배우와 영화인의 삶을 2018년 4월 17일 마감했다.

　　최은희는 배우로서, 감독으로서, 그리고 영화제작자와 배우 양성 학교 운영자로서 한국 영화사에 큰 발자취를 남긴 위대한 스타이자 영화인이다.

출 연 작

영화

1947	〈새로운 맹세〉
1948	〈밤의 태양〉
1949	〈마음의 고향〉
1955	〈젊은 그들〉 〈꿈〉
1957	〈무영탑〉
1958	〈어느 여대생의 고백〉 〈지옥화〉
1959	〈독립협회와 청년 이승만〉
1960	〈이 생명 다하도록〉
1961	〈상록수〉 〈사랑방 손님과 어머니〉 〈성춘향〉
1962	〈폭군 연산〉
1963	〈쌀〉 〈로맨스 그레이〉
1964	〈빨간 마후라〉 〈여자의 일생〉
1965	〈민며느리〉 〈청일전쟁과 여걸 민비〉
1969	〈이조여인 잔혹사〉
1973	〈딸 부잣집〉
1974	〈한강〉
1984	〈탈출기〉
1985	〈소금〉

(6) 이순재

李順載 | 1934~

§

삶이 한국 TV 드라마 역사인 연기자

1956년 연극 〈지평선 너머〉 무대에 올랐다. 1957년 HLKZ-TV 드라마 〈푸른 협주곡〉에 출연했다. 1960년 KBS 라디오 연속극 〈애증 산맥〉에서 목소리 연기를 선보였다. 1962년 1월 19일 방송된 KBS TV 최초 드라마 〈나도 인간이 되련다〉를 통해 시청자와 만났다. 1963년 영화 〈그 땅의 연인들〉에 나서 관객을 접했다. 그리고 2022년 영화 〈안녕하세요〉, 2023년 TV 드라마 〈패밀리〉, 연극 〈리어왕〉에 출연했다. 60년 넘게 쉼 없이 연극, TV 드라마, 영화를 통해 대중을 만났다. 존재 자체가 한국 공연의 역사이자 드라마사이고 영화사인 이순재다.

1934년 함경북도 회령에서 태어나 아버지를 따라 중국 옌지로 이주했다가 서울의 조부모 집으로 옮겨와 자랐다. 6·25 전쟁 피난 시절 대전 충남여고 예술제 연극 공연을 보고 감동받아 서울고등학교 재학시절 학생들을 모아 연극반을 만들어 연극을 시작했다. 서울대학교에 들어가서는 단과대 연극부를 규합해 서울대 연극회를 창립했다. 유치진의 〈조국〉으로 연극 경연대회에 참가하기도 했다.

1956년 〈지평선 너머〉를 통해 연극배우로 정식 데뷔했다. 1950년대 중후반 연극과 라디오 연속극, 두 분야를 넘나들며 연기했다. 1950~1960

년대 영화 제작 편수가 증가하고 TV가 등장하면서 연기의 영역을 TV와 영화까지 확장했다.

　　60여 년 라디오 연속극과 TV 드라마, 연극, 영화를 오가며 수많은 작품에 출연한 이순재는 특히 그의 배우로서의 궤적이 한국 TV 드라마가 걸어온 길이라고 해도 과언이 아닐 만큼 수많은 드라마로 시청자를 만났다. 남다른 의미를 담보한 드라마나 한국 최초·최고 기록을 세운 작품에는 어김없이 이순재 이름이 등장한다. 한국 최초의 TV 방송사 HLKZ-TV가 1956년 7월부터 15~30분짜리 단막극을 생방송 했는데 이순재는 1957년부터 이들 드라마에 출연하며 한국 드라마사를 열었다. '탤런트'라는 용어 자체가 없었던 1957년 이순재는 〈푸른 협주곡〉을 비롯한 HLKZ-TV 드라마에 출연하면서 대중에게 탤런트라는 존재를 알렸다. KBS가 1961년 TV 개국과 함께 탤런트 공채를 통해 연기자를 선발했지만, 초창기에는 드라마 연기자가 절대 부족했다. 일제 강점기 신파극과 악극 무대에서 활동했던 배우와 코미디언, 영화배우가 TV 안방극장에 진출했다. 대학교 학생 극회에서 활동했거나 연극무대에 섰던 연극배우도 대거 TV 드라마 연기자로 나섰다. 이순재는 연극배우 김성옥 오현경 김동원 이낙훈 여운계 이노미와 함께 TV 드라마에 출연했다. 1961년 KBS 개국으로 드라마가 본격적으로 방송되면서 이순재의 TV 드라마 출연이 잦아졌다. 이순재는 1962년 KBS 최초 드라마 〈나도 인간이 되련다〉를 시작으로 1963년까지 KBS 드라마에 출연하다가 1964년 개국한 TBC로 옮겨 전속 탤런트로 활동했다. 이순재는 1964년 12월 7일 방송된 한국 최초 녹화 드라마 TBC 〈초설〉과 1964년 12월 9일부터 1965년 1월 18일까지 방영된 한국 최초 일일 드라마 TBC 〈눈이 내리는데〉 주연을 맡았다. TBC 연기대상을 1967, 1971, 1974년 세 번이나 수상할 정도로 TBC 드라마에서 활약이 두드러졌다. 1982년 9월 20일부터 1984년 3월 31일까지 491회 방송돼 최장수 일일극으로 기록된 KBS 〈보통 사람들〉과 57.3%로 일일극 최고 시청률을 수립한 MBC 〈보고 또 보고〉, 64.8%로 역대 사극 시청률 1위에 오른 MBC 〈허준〉에서 이순재는 독보적인 활약을 펼쳤다. 이뿐만이 아니다. 64.9%라는 역대 2위 시청률로 폭발적인 반응을 얻었을 뿐만 아니라 1997년 중국 CCTV에서 방송돼 한류 진원지 역할을 한 〈사랑이 뭐길래〉 주연으로 나서 한국 드라마의 해외 진출도 이끌었다. 2006년 방송된 시트콤 〈거침없이 하이킥〉에도 출연해 정교한 연기력으로 코믹 캐릭터를 잘 살려 이순재 신드롬을 일으켰다.

연극에서도 이순재라는 배우의 존재는 남다른 의미가 있다. 아서 밀러의 〈세일즈맨의 죽음〉부터 강풀 웹툰 원작의 연극 〈그대를 사랑합니다〉에 이르기까지 수많은 연극에 출연하며 한국 연극의 진화를 이끌었다. 드라마와 영화의 득세 속에 외면받는 연극 무대에 꾸준히 올라 관객의 관심을 유도하며 한국 연극의 대중성 확보에 중요한 역할을 했다. 대중의 관심을 끌수 있는 인기 탤런트와 영화배우의 연극무대 유입에 마중물 역할을 했다. 1963년 〈그 땅의 연인들〉을 시작으로 영화에서도 활약했는데 2019년 〈로망〉과 2022년 〈안녕하세요〉에 이르기까지 180여 편의 영화의 주·조연으로 나서며 이지적 인물과 따뜻한 심성을 가진 캐릭터를 비롯한 다양한 배역을 잘 소화해 팔색조 배우로 입지를 확립했다.

이순재는 스타나 톱배우가 된 적이 없고 항상 서너 번째여서 정상에 올라가기 위해 꾸준히 해야겠다는 마음가짐을 가졌고 돈과 인기가 보장되는 스타가 아닌 작품을 통해 연기하는 배우를 목표로 한 것이기에 오랜 세월 작품을 할 수 있었다고 했다. 손 떨림 하나, 문 닫는 동작 하나에도 개연성을 염두에 두고 연기했고 대사 단어의 장단음을 놓고 5시간 격론을 벌일 정도로 연기에 있어서는 한 치의 양보도 없는 철저한 자세를 유지했다. 다양한 캐릭터를 소화하기 위해 항상 준비하는 태도를 견지했기에 60년 넘게 현역 배우로 왕성하게 활동할 수 있었다. 이순재는 최고의 자리에서도 캐릭터와 혼연일체가 되는 탈개성화한 연기력을 보이며 끊임없이 자기 혁신을 이뤘다. 그래서 수많은 시청자와 관객이 배우 이순재가 아닌 〈허준〉의 유의태, 〈거침없이 하이킥〉의 순재, 〈풍운〉의 대원군, 〈이산〉의 영조 같은 작품 캐릭터에 몰입했다.

"피가 줄줄 흐르는 와중에도 흔들림 없이 공연을 마치신 이순재 선생님. 아직도 심장이 덜덜 떨린다. 커튼콜 뒤 선생님 눈가에 맺혔던 눈물이 내 심장에 영원히 머물 것 같다." 배우 정선아의 말에서 이순재가 60년 넘게 배우로서 그것도 시청자와 관객에게 감동을 주는 연기자로서 활동한 원동력이 무엇인지를 발견할 수 있다. 2012년 4월 22일 〈아버지〉 공연 도중 세트에 부딪혀 이순재는 많은 피를 흘렸고 배우들이 연극을 중단하고 피를 닦아주려 했지만, 극의 흐름과 관객의 몰입을 방해해서는 안 된다며 피를 흘리며 연극을 끝까지 마쳤다.[185] 이 같은 프로 정신이 있었기에 오랫동안 시청자와 관객의 사랑을 받는 이순재가 되었다.

이순재는 연기 교과서로 한국 배우의 질적 수준을 높였을 뿐만 아니라 한국 연예인과 대중문화계의 문제에 자성과 비판의 목소리를 내며 연예인의 위상을 제고했다. 성범죄나 마약 사건에 연루된 스타와 연예인에 대해 지속해서 비판했고 사전제작제를 비롯한 텔레비전 드라마 발전을 위한 길을 모색했으며 단역과 보조출연자, 중견 연기자의 출연료 미지급 문제를 해결할 수 있는 제도적 장치를 마련해 배우의 열악한 작업 환경을 개선했다.

연기에 대한 뜨거운 열정과 노력으로 나이라는 물리적 시간을 무력화하며 TV와 스크린, 그리고 무대에서 천의 얼굴을 연출한 이순재는 한국 대중문화의 진화를 주도한 시대의 최고 배우다.

출연작

드라마

1962	〈나도 인간이 되련다〉
1964	〈초설〉〈눈이 내리는데〉
1966	〈내 멋에 산다〉
1970	〈딸〉〈아씨〉
1972	〈관부 연락선〉
1973	〈길〉
1975	〈안개〉
1978	〈그리워〉
1980	〈아롱이 다롱이〉
1982	〈보통 사람들〉〈풍운〉
1985	〈열망〉
1986	〈그대의 초상〉
1987	〈사모곡〉
1989	〈제2공화국〉〈천명〉〈지리산〉
1990	〈파천무〉〈대원군〉
1991	〈사랑이 뭐길래〉〈동의보감〉
1993	〈제3공화국〉
1994	〈야망〉
1995	〈목욕탕집 사람들〉
1996	〈때로는 타인처럼〉
1997	〈예감〉
1998	〈보고 또 보고〉〈킬리만자로의 표범〉
1999	〈마지막 전쟁〉〈허준〉
2000	〈신 귀공자〉〈덕이〉〈아줌마〉
2001	〈상도〉〈그래도 사랑해〉
2002	〈내 사랑 누굴까〉〈장희빈〉
2003	〈진주 목걸이〉〈백수 탈출〉
2004	〈토지〉
2005	〈이 죽일 놈의 사랑〉
2006	〈거침없이 하이킥〉
2007	〈이산〉
2008	〈엄마가 뿔났다〉〈베토벤 바이러스〉
2009	〈선덕여왕〉
2010	〈지붕 뚫고 하이킥〉
2011	〈공주의 남자〉
2012	〈무자식 상팔자〉〈더킹 투 하츠〉〈마의〉
2014	〈꽃할배 수사대〉
2015	〈착하지 않은 여자들〉〈육룡이 나르샤〉
2016	〈그래, 그런 거야〉
2017	〈돈꽃〉
2018	〈라이브〉
2019	〈리갈 하이〉〈쌉니다 천리마마트〉
2020	〈도도솔솔라라솔〉
2022	〈어게인 마이 라이프〉〈연예인 매니저로 살아남기〉
2023	〈패밀리〉

영화

1963	〈그 땅의 연인들〉
1966	〈초연〉〈종점〉〈막차로 온 손님들〉
1967	〈기적〉〈나그네 임금〉〈문정왕후〉〈이조 잔영〉
1968	〈괴담〉〈딸〉〈나무들 비탈에 서다〉

1969	〈상해 임시정부〉〈내 생애 단 한 번〉 〈물망초〉〈윤심덕〉
1970	〈거북이〉〈시아버지〉〈팔도 며 느리〉
1971	〈분례기〉〈그대 가슴에 다시 한 번〉
1972	〈여고 시절〉〈판사 부인〉
1974	〈증언〉〈토지〉
1975	〈탈출〉〈황토〉〈영자의 전성시대〉
1976	〈어머니〉
1977	〈집념〉〈저 높은 곳을 향하여〉
1978	〈세종대왕〉
1979	〈을화〉〈광염 소나타〉
1980	〈화려한 경험〉〈아낌없이 바쳤 는데〉〈사람의 아들〉
1984	〈가고파〉
1987	〈물망초〉
2005	〈파랑주의보〉
2006	〈음란서생〉
2009	〈굿모닝 프레지던트〉
2011	〈그대를 사랑합니다〉
2018	〈덕구〉
2019	〈로망〉
2022	〈안녕하세요〉

(7) 김지미

金芝美 | 1940~

~
§

20세기 한국 영화의 가장 화려한 스타

"60년간 어림잡아 700편의 영화에 출연했고 700가지 인생을 살았다. 그렇게 대단한 것은 아닌데 요즘 들어 내 자신도 기특하다는 생각을 간혹 한다. 영원히 여러분 가슴 속에 남는 배우가 되고 싶다." 데뷔 60주년을 맞아 한국영상자료원이 2017년 6월 29일 마련한 '매혹의 배우, 김지미 특별상영전' 기자 간담회에서 김지미가 한 말이다. 한국영상자료원 통계에 따르면 김지미가 출연한 공식 작품만 376편, 실제론 김지미 말처럼 출연 영화는 그 두 배에 이르는 700여 편으로 알려졌다. 김지미는 한국 영화 사상 가장 화려한 여자 스타다. 그 화려함은 자연인 김지미와 영화배우 김지미 두 측면을 모두 포함한다.

전쟁의 상흔이 여전히 남아 있던 1950년대 중반, 막 발돋움하던 한국 영화계에 혜성같이 나타난 김지미는 수십 년 동안 '미의 대명사'이자 '스크린 여왕'으로 군림하면서 그 누구도 대체할 수 없는 이미지와 페르소나를 스크린에 아로새겼고[186] '김지미'란 이름은 고유명사라기보다 충무로 스타 여배우를 지칭하는 보통명사처럼 일컬어졌다.

일부 전문가는 사생활과 개성이 연기와 마찬가지로 중요하거나 관심을 폭발시키는 배우를 스타로 명명한다. 배우의 개성과 사생활에 대한 대중의 관심도가 스타 여부를 판단할 때 중요한 준거가 된다. 스타의 열애와 결별, 결혼과 이혼을 포함한 사생활 전부가 대중의 호기심 메뉴이고 대중매체의 관심사다. 이런 면에서 단연 돋보이는 스타가 김지미다.

김지미는 열여덟 살 때 열두 살 연상의 최고 흥행 감독 홍성기와의 결혼과 이혼, 유부남 스타 배우 최무룡과 열애로 간통죄 구속에 이은 결혼과 이혼, 톱가수였던 일곱 살 연하 나훈아와 동거와 결별, 그리고 심장 전문의 이종구 박사와 결혼과 이혼 등 결혼과 이혼 관련만으로도 대중매체를 화려하게 수놓았고 대중의 관심을 집중시키며 화제의 중심에 섰다. 특히 최무룡 부인 강효실의 고소로 최무룡과 김지미는 나란히 수갑을 차고 구치소에 갇힌 상황에서도 사진 기자 앞에 포즈를 취했을 정도다. 수많은 사생활 관련 스캔들과 가십 속에서도 김지미는 화려한 스타 배우로 빛을 발산했다.

눈과 코, 그리고 입술의 조형미가 그리스 조각처럼 윤곽이 뚜렷한 데다 시원한 이마를 가진 김지미는 종래의 여배우 모형을 완전히 뒤엎는 서구적 얼굴로 신선함과 카리스마가 돋보여 단번에 관객 특히 남성의 시선을 사로잡았다.[187] 김지미는 '한국의 엘리자베스 테일러Elizabeth Taylor'로 명명됐는데 배우로서의 활약과 연기 스타일뿐만 아니라 빼어난 외모와 결혼·이혼 스캔들과도 연관된 별명이다.

1940년 충남 대덕에서 태어난 김지미(본명 김명자)는 중학생 때부터 서울에 올라와 생활했다. 덕성여고 2학년 때 작은 엄마가 운영하는 명동 다방에 놀러 갔다가 스타 메이커 김기영 감독의 눈에 띄었다. 김 감독은 집까지 찾아가 영화 출연 의향을 물었고 가족은 반대했지만, 김지미가 영화 출연을 감행했다. 바로 1957년 개봉한 〈황혼 열차〉다. 김지미는 복혜숙 문정숙 최은희를 비롯한 그의 선배들이 악극단이나 연극 무대에서 활동하다 영화로 활동 영역을 옮긴 것과 달리 영화를 통해 연기자 생활을 시작했다. 〈황혼 열차〉에 이어 김기영 감독의 〈초설〉과 박상화 감독의 〈장미는 슬프다〉에 출연하며 배우 활동에 본격적으로 돌입했다.

1958년 흥행에 성공한 〈별아 내 가슴에〉의 여자 주인공을 연기해 스타가 된 김지미는 이 영화를 연출한 홍성기 감독과 결혼한 뒤 홍 감독의 선민영화사가 제작한 〈청춘 극장〉 〈별은 창 너머로〉 〈비극은 없다〉 같은 영화 주연을 독차지했고 조긍하 감독의 〈육체의 길〉을 비롯한 다른 감독 영화도 왕성하게 출연하면서 배우로서 탄탄대로를 걸었다.

대중과 영화계의 지대한 관심 속에 1961년 홍성기 감독과 김지미 커플의 〈춘향전〉과 신상옥 감독과 최은희 부부의 〈성춘향〉이 흥행 대결을 벌였는데 〈성춘향〉의 완승으로 끝이 났다. 승승장구하던 김지미에게 위기가 닥쳤다. 최악의 상황에서 김지미는 정창화 감독의 〈장희빈〉 주연으로 나서 성공한 데 이어 〈에밀레종〉의 흥행몰이를 하며 위기를 벗어났다. 결혼 4년 만에 홍성기 감독과 이혼한 김지미는 1962년 인기 정상의 스타 최무룡과 사랑에 빠지는데, 최무룡 아내 배우 강효실에 의해 간통죄로 고소당하며 구속되는 대형 스캔들이 터졌다. 특유의 배짱과 추진력으로 극복하고 〈혈맥〉 〈요화 배정자〉 〈하숙생〉 〈육체의 길〉 〈이조여인 잔혹사〉 〈황진이의 첫사랑〉에 출연하며 배우로서의 입지와 스타로서의 명성을 확고히 했다. 김지미는 1950년대 후반과 1960년대 초반 한국 영화 중흥기에는 문정숙 최은희 같은 선배들과 경쟁하고 1960년대 중후반 한국 영화 전성기에는 1대 여배우 트로이카 남정임 윤정희 문희와 흥행 대결을 펼치며 스크린 여왕 자리를 지켰다.

한국 영화가 침체기에 빠진 1970년대, 1970년 36편을 정점으로 1971년 20편, 1972년 13편, 1973년과 1974년 각 2편, 1975년 4편 등 김지미의 출연 영화도 급속히 감소했다. 1976년부터 6년 동안 김지미는 영화 활동을 중단했다. 일곱 살 연하의 최고 스타였던 가수 나훈아와 약혼을 발표하고 동거에 들어간 이후 살림에만 전념했기 때문이다. 이 시기 유일하게 출연한 영화가 1979년 변장호 감독의 〈을화〉 한 편이다. 그리고 김지미는 나훈아와 결별한 후 1982년 〈화녀'82〉부터 1992년 〈명자 아끼꼬 쏘냐〉까지 1980~1990년대 8편의 영화에 출연한 뒤 배우 활동을 마무리했다.

최은희 문희를 비롯한 그와 경쟁했던 여자 스타들이 지순한 사랑을 하는 여성이나 자식과 남편을 위해 일평생 희생하는 한국의 전통적 여성이라는 단선적 캐릭터를 연기해 사랑받았다면 김지미는 현대적인 여성, 운명의 소용돌이 속에서 비극적 삶을 감내하는 가련한 여자, 숱한 남자를 유혹해 파멸시키는 주부 등 다양한 여성 캐릭터를 연기해 인기를 얻었다. 특히 김지미는 남자를 유혹하는 요염한 이혼녀, 불처럼 타오르는 정욕을 주체 못 해 밤마다 거리로 뛰쳐나가는 요부, 건실한 회사원을 파멸에 이르게 하는 팜므파탈, 남편을 대신해 궁핍한 상황에서 악착같이 돈을 벌고 생활하는 억척 여자, 그리고 모진 풍파와 운명, 어려운 상황을 극복해 나가는 강한 여성 등 강렬한 캐릭터를 잘 드러내[188] 대중과 관객에게 존재감을 각인시키며 그만의 스타 제국을 만들었다. 김지미는 빼어난 외모와 홍성기 최무룡 나훈아 이종구, 네 남자와의 사랑과 결혼, 이혼에 이르기까지 수많은 스캔들과 떠들썩한 사생활, 그리고 극 중 강렬한 캐릭터가 합쳐지면서 조형된 그 누구도 따를 수 없는 아우라를 대중에게 드러낸 스타다.

1986년 영화사 지미필름을 설립해 임권택 감독의 〈티켓〉, 이장호 감독의 〈명자 아끼꼬 쏘냐〉 등 7편의 영화를 제작했다. 1995년부터 2000년까지 재직한 한국영화인협회 이사장을 끝으로 영화인으로서의 활동도 마감했다.

"솔직히 이야기해서 배우 생활할 때 나 이상의 배우는 없다는 자신감으로 살았어요. 열심히 해 왔어요. 비굴하게 안 살고, 눈치 보지 않고 나한테 필요하면 물불을 가리지 않고 했어요. 내가 필요하면 좋은 작품을 만들어서라도 하자는 생각을 했어요"[189]라고 말한 김지미는 배우로서의 자신감과 빼어난 외모, 그리고 그 누구도 넘볼 수 없는 카리스마로 조형된 스타성을 발산하며 남자 스타가 주도한 1950년대 중후반부터 1960년대까지의 한국 영화 전성기에 단연 돋보인 활약을 펼친 한국 영화계의 가장 화려한 여자 스타다.

출 연 작

영화

1957	〈황혼 열차〉
1958	〈초설〉〈별아 내 가슴에〉
1959	〈청춘 극장〉〈대원군과 민비〉
1961	〈춘향전〉〈장희빈〉
1962	〈두고 온 산하〉
1963	〈77번 미스김〉〈혈맥〉
1964	〈백설 공주〉
1965	〈홍도야 우지마라〉
1966	〈요화 배정자〉〈하숙생〉
1967	〈육체의 길〉〈춘희〉
1968	〈에밀레종〉
1969	〈너의 이름은 여자〉
1970	〈무영탑〉
1971	〈죽도록 사랑했노라〉
1972	〈불장난〉
1973	〈논개〉
1974	〈토지〉
1975	〈황토〉
1979	〈을화〉
1986	〈길소뜸〉〈티켓〉

1992	〈명자 아끼꼬 쏘냐〉

(8) 신성일

申星一 | 1937~2018

§

한국 영화 주도한 20세기 최고 스타

출연 영화는 1960년 〈로맨스 빠빠〉부터 2013년 〈야관문: 욕망의 꽃〉까지 524편에 달하고 연출 영화는 〈연애 교실〉을 비롯한 4편, 제작 영화는 〈코리안 커넥션〉 등 6편이다. 185편 영화가 제작된 1968년에는 〈젊은 느티나무〉를 비롯한 65개 작품에 출연했다. 3편 중 1편이 그가 주연한 영화였다. 한국 영화 전성기 1964년부터 1971년까지 7년간 한국 영화 개봉작 1,194편 중 324편에 그가 주연으로 나섰다. 상상할 수 없는 주연 작품 수다. 1960년대 한국 영화 전성기가 그의 시대였다. 그가 한국 영화 전성기를 주도했다고 해도 과언이 아니다. 한국 영화 침체기인 1970년대조차도 그가 주연한 영화는 흥행 신기록을 세워 한국 영화사를 새로 썼다. 영원한 청춘의 아이콘이자 한국 영화계의 거성 신성일이다. "신성일을 이해하지 않고는 한국 영화사는 물론 한국 현대문화사 자체를 파악할 수 없다"는 박찬욱 감독의 단언은 결코 과언이 아니다. 신성일만큼 한국 영화사에서 가장 오랫동안 그리고 가장 찬란하게 톱스타 지위를 유지한 배우는 존재하지 않는다. 신성일을 빼놓고 한국 영화사를 논할 수 없을 만큼 신성일의 존재와 활동은 지대하다.

1937년 대구에서 출생한 신성일(본명 강신영)은 아버지를 일찍 여의고 경북고 2학년 때 어머니가 계주로 있던 계가 깨지면서 가정이 풍비박산 나 어려움을 겪었다. 대학 진학마저 실패하고 1957년 상경해 방황하던 중 서울 명동을 걷다가 유명 가수가 된 고교 동창을 만났으나 무시하는 그를 보면서 무조건 유명해져야겠다고 생각하던 차에 눈에 들어온 한국배우전문학원에 들어가 연기 수업을 받았다.[190] 1958년 8월 영화사 신필름 신인 공모 공고를 보고 떨어지면 창피할 것 같아 원서를 내지 않고 구경하러 갔다가 현장에서 만난 신필름의 이형표 기술 감독의 주선으로 이뤄진 신상옥 감독과의 면접을 통해 발탁돼 배우의 길을 걷게 됐다. 신상옥 감독은 '새로운 스타 넘버 원'이라는 의미의 '신성일'이라는 예명을 지어주었다.

1960년 1월 개봉한 〈로맨스 빠빠〉를 통해 영화배우로 데뷔했으나 연기력 부족으로 관객의 외면을 받았다. 이후 〈백사 부인〉에 출연했으나 제대로 된 활약을 하지 못해 신필름에서 찬밥 신세를 면하지 못했다. 이런 상황에서 한국배우전문학원에서 연기를 지도했던 이해랑의 연극 출연 권유로 국립극단의 〈젊음의 찬가〉를 연습하던 중 연극인의 열악한 상황을 보고 공연 직전 극단을 빠져나왔다. 1962년 극동흥업의 〈아낌없이 주련다〉 출연 제의를 받고 신필름에서 출연을 반대했지만, 전속 계약이 만료돼 영화에 주연으로 나섰다. 유현목 감독의 〈아낌없이 주련다〉를 통해 배우 신성일의 존재를 관객에게 알렸다.

그리고 청춘의 아이콘이자 스타로 등극시킨 작품을 만난다. 1964년 개봉된 〈맨발의 청춘〉이다. 뒷골목 깡패 청년과 상류층 외교관 딸의 만남과 자살로 끝난 비극적 사랑을 담은 〈맨발의 청춘〉은 흥행 돌풍을 일으켰다. 그뿐만 아니라 기존 멜로영화와 차별화한 젊은이의 삶과 사랑의 풍속도를 담은 청춘 영화 붐을 이끌었다. 신성일은 서구에 대한 동경과 욕망을 드러내며 기성세대와 전통적인 가부장 사회에 반항하는 젊은이의 좌절과 분노를 새로운 영상으로 담아낸 1960년대 청춘 영화의 또 다른 이름이 됐다. 스타 신성일 시대의 화려한 개막이다.

신성일의 스타 신화는 당대 사회상과 대중의 욕망이 낳은 시대의 산물이다. 그를 스타덤에 올린 〈맨발의 청춘〉을 비롯한 많은 작품을 통해 근대화와 산업화 과정에서 분출되는 젊은이의 욕망과 좌절을 잘 대변해 대중은 대리만족하거나 공감하며 신성일에게 열광했다. 근대화와 산업화의 결과로 대거 도시로 상경해 힘겹게 살아가던 젊은이들은 영화 속 신성일에게서 자기 자신을 보았다.[191] 젊은이의 좌절과 욕망, 분노를 대변하는 적역의 배우가 신성일이었다.

물론 자연인 신성일의 일과 사랑에서의 놀라운 성공과 성취 역시 신성일 스타 신화 형성에 한몫했다. 신성일은 톱스타로 활동하면서 윤정희 문희 남정임, 1대 트로이카뿐만 아니라 2대 트로이카 장미희 정윤희 유지인을 비롯한 수많은 스타 여배우와 연기 호흡을 맞췄다. 윤정희와 99편, 문희와 80편 등 118명의 스타 여배우와 함께 연기를 펼쳤다. 특히 그의 데뷔작 〈로맨스 빠빠〉를 시작으로 〈맨발의 청춘〉〈가정교사〉〈청춘 교실〉〈배신〉〈떠날 때는 말없이〉〈보고 싶은 얼굴〉〈동백 아가씨〉〈총각김치〉에서 연기를 함께 한 엄앵란과 사랑에 빠져 1964년 11월 14일 결혼했다. 신성일 엄앵란 커플의 결혼식이 진행된 워커힐호텔 예식홀은 한꺼번에 3,500명의 하객과 취재진이 몰려 아수라장이 되기도 했다.

1960~1970년대 영화계를 좌우하는 사람은 영화 제작비를 투자하는 지방극장주였다. 서울, 부산, 광주 등 5개 권역 업자가 10개 안팎의 영화를 입도선매했는데 지방극장업자가 작품을 미리 구입하는 기준은 신성일의 출연 여부, 시나리오, 제목 등이었다. 영화 제작사는 지방극장업자의 입맛에 맞춰 작품을 만들었다.[192] 신성일은 1964년부터 1969년까지 매년 30~60편의 주연으로 나섰고 하루 24시간을 4등분해 한 작품에 6시간씩 할당하는 스케줄로 살았다. 엄청난 부와 인기가 뒤따랐다. 1965년 6개월분 납부한 세

금은 190만 원으로 가수 1위 최희준의 9만 8,000원과 비교가 되지 않았다.

한국 영화가 가장 침체했던 1970년대에도 신성일은 매년 10~20편의 영화에 출연하며 톱스타로서 맹활약했다. 1974년 이장호 감독의 〈별들의 고향〉으로 46만 명의 관객을 동원해 그해 최고 흥행 기록을 수립했는가 하면 1977년 장미희와 주연으로 나선 〈겨울 여자〉는 63만 명의 관객을 모아 한국 흥행사를 새로 썼다. 1985년 임권택 감독의 〈길소뜸〉에선 오랜 연기 내공과 경험에 인생의 나이테가 주는 연륜까지 더해져 연기의 진수를 보였다.

1971년 〈연애 교실〉을 통해 감독으로 데뷔해 〈어느 사랑의 이야기〉〈봄 여름 가을 그리고 겨울〉〈그건 너〉 등 4편의 영화를 연출했고 1989년 영화사 성일시네마트를 설립해 〈코리안 커넥션〉〈물 위를 걷는 여자〉 등 6편을 제작하기도 했다. 신성일은 감독과 제작자로 나서면서 영화를 보는 시각이 넓어졌고 연기력 확대에도 긍정적 영향을 받았다고 했다.

1960~1980년대 한국 영화사를 이끌며 500여 편의 주연으로 나서 청춘의 아이콘으로, 중년의 대변자로 그리고 장년의 상징으로 변신을 거듭하며 한국 영화의 질적, 양적 진화를 이끈 신성일의 톱스타로의 부상은 조각처럼 깎은 듯 뚜렷한 윤곽선을 가진 완벽한 외모와 절망과 우수가 깃든 분위기, 대체 불가의 카리스마, 엄청난 팬덤, 스캔들과 일상생활마저 특별한 화제로 만드는 탁월한 재능, 스타로서 자존심이 원동력이었다.

"제작자, 감독, 작품이 신성일이 필요해서 '여기 신성일 씨 필요합니다' 하고 불러줄 때, 그때 서로 마음이 맞으면 하는 거다. 나는 은퇴라는 말은 쓰지 않는다. 죽을 때까지 영화인이다"[193]라며 죽기 직전까지 출연할 영화에 대해 고민했던 신성일은 2018년 11월 4일 수많은 팬과 작품을 남기고 숨을 거뒀다. 20세기 가장 위대한 영화 스타의 신화와 전설이 마감되는 순간이었다.

시대를 달리하며 수많은 영화 스타가 나타났다가 사라졌지만, 그 어떤 스타도 스타성과 대중성 그리고 영향력에서 신성일을 넘어서지 못한다. 신성일은 세상을 떠났지만, 작품을 통해 여전히 위력을 발휘하는 불세출의 스타다.

출 연 작

영화

1960	〈로맨스 빠빠〉 〈백사 부인〉
1961	〈연산군〉
1962	〈아낌없이 주련다〉
1963	〈김약국의 딸들〉 〈가정교사〉
1964	〈동백 아가씨〉 〈맨발의 청춘〉
1965	〈난의 비가〉 〈흑맥〉
1966	〈만추〉 〈하숙생〉 〈종점〉
1967	〈안개〉 〈육체의 길〉
1968	〈춘향〉 〈내시〉 〈에밀레종〉
1969	〈장마루촌의 이발사〉 〈상해임시정부〉
1970	〈성불사의 밤〉 〈결혼 교실〉
1971	〈열아홉 순정〉 〈두 아들〉
1972	〈여선생〉 〈사나이 가는 길에〉
1973	〈딸 부잣집〉 〈청춘을 맨발로〉
1974	〈별들의 고향〉 〈들국화는 피었는데〉
1975	〈태백산맥〉
1976	〈핏줄〉
1977	〈겨울 여자〉
1978	〈속 별들의 고향〉
1979	〈가을비 우산 속에〉
1980	〈그때 그 사람〉
1982	〈낮은 대로 임하소서〉 〈유혹〉
1984	〈소명〉
1985	〈에미〉
1986	〈길소뜸〉
1987	〈달빛 사냥꾼〉 〈레테의 연가〉
1988	〈성야〉
1989	〈모래성〉
1991	〈누가 용의 발톱을 보았는가〉
1992	〈눈꽃〉
1996	〈축제〉
2005	〈태풍〉
2013	〈야관문: 욕망의 꽃〉

(9) 김혜자

金惠子 | 1941~

방송사 탤런트 공채 출신의 위대한 배우

"내 삶은 때론 횡했고 때론 행복했습니다. 삶이 한낱 꿈에 불과하지만 그래도 살아서 좋았습니다. …후회만 가득한 과거와 불안하기만 한 미래 때문에 지금을 망치지 마세요. 오늘을 살아가세요. 눈이 부시게." 김혜수 한지민 등 배우들의 눈에 눈물이 맺혔다. 김혜자가 2019년 5월 1일 열린 제55회 백상예술대상에서 TV 부문 대상의 영예를 안긴 드라마 〈눈이 부시게〉의 마지막 대사를 수상 소감으로 대신했다. 이 수상 소감은 연기자로서 그리고 자연인으로서 김혜자의 삶을 그대로 투영해 수많은 사람의 마음에 의미의 파장을 일으켰다. 매 작품 최선을 다하고 눈이 부시게 연기한 김혜자는 시대를 초월해 대중의 사랑을 받은 배우다. 김혜자는 드라마, 영화, 연극에서 육체가 아닌 영혼을 보여준 진정한 스타다.

배우 김혜자는 한국 스타 시스템의 가장 중요한 토대가 된 텔레비전 방송사 탤런트 공채를 통해서 탄생했다. 1962년 1월 25일 실시한 KBS 1기 탤런트 공채에 2,600명이 몰렸는데 이중 남자 13명, 여자 13명 등 26명이 선발됐다. 공개 채용으로 선발된 연기자는 한국방송 사상 처음이었다. 최정훈 최길호 박병호 박주아 태현실 정혜선 김난영 김애리사 김용호 이완균 정용재 김경자 김희옥이 뽑혔다. 그리고 또 한 사람이 김혜자다.

김혜자는 1960년대부터 60여 년 TV 드라마와 영화, 연극을 오가며 수많은 작품으로 한국 대중문화사를 찬연하게 수놓았다. 김혜자를 배출한 KBS를 비롯해 TBC, MBC, SBS 탤런트 공채는 2000년대 초반까지 이어졌고 공채를 통해 양산된 수많은 스타가 한국 대중문화를 이끌었다. 김혜자처럼 방송사 공채 출신 배우는 TV 드라마뿐만 아니라 영화에도 진출해 활발하게 활동했다.

　　1941년 서울에서 나고 자란 김혜자는 유치원 다닐 때 주일학교 선생 추천으로 세브란스 의전(연세대 의대) 학생들의 연극에 아역으로 출연하면서 연기와 뜻하지 않게 인연을 맺은 뒤 스물한 살 이화여대 재학 중 KBS 공채 1기 탤런트 공채에 응모해 합격했다. 하지만 함께 선발된 동료 연기자처럼 열정과 패기가 없었고 무엇보다 자신의 연기에 대한 실망이 너무 커 얼마 안 돼 KBS를 그만뒀다. 아무 준비 없이 열망만 가득했다는 사실에 대한 수치심마저 들었다. 스물두 살 때 대학교도 자퇴하고 결혼과 함께 자연스럽게 연예계를 떠나 출산과 육아를 하며 평범하게 3년을 지냈다. 가정생활만 하며 오는 불안감을 느낄 즈음 학교 선배인 권영주가 연극을 권유해 무대에 올랐다. 미숙하지만, 연기에 희열을 느껴 지속해서 연극 무대를 통해 관객과 만났다. 백성희 뒤를 잇는 신인 배우라는 평가까지 받았다. 이후 KBS 드라마에 다시 출연했다. 정혜선 박주아 태현실을 비롯한 공채 동기들은 맹활약하며 인기 정상에 오른 것을 보고 좌절감도 느꼈지만, 연극과 드라마를 오가며 꾸준히 활동했다. 1969년 개국한 MBC에 최불암과 함께 특채로 영입돼 연기자로서 존재감을 확연하게 드러냈다. MBC에서 한 첫 작품인 일일극 〈개구리 남편〉은 논란이 되며 큰 인기를 얻었다. 최불암의 부인 역을 맡았는데 실제 임신한 상황에서 극 중 만삭 여인 연기를 했다. 이 때문에 아기를 낳고 출산한 뒤 일주일도 안 돼 시청자 앞에 부은 얼굴을 내보이며 연기했다. 이후 1970년대 MBC 드라마 〈강변 살자〉 〈학부인〉 〈무지개〉 〈신부일기〉 〈여고 동창생〉〈후회합니다〉〈당신〉〈행복을 팝니다〉〈엄마 아빠 좋아〉 등 많은 작품을 소화하며 톱 탤런트 대열에 합류했다. 1974년 MBC 제1회 탤런트 연기상에서 김혜자는 최불암과 나란히 최우수 연기상을 받았다. 1975년 출연한 〈신부일기〉로 제3회 대한민국 방송상 시상식에서 TV 연기상을 받는 것을 비롯해 수많은 수상을 했다. 톱스타라는 위상을 인증해주는 상이었다.

1980년부터 2002년까지 방송돼 최장기 방송 드라마로 한국 방송사에 이름을 올린 〈전원일기〉에 출연하며 '한국의 어머니' '국민 엄마'라는 이미지를 대중의 뇌리에 새겼다. 경제의 고도성장과 사회 변화로 전통적인 가족 형태가 해체되고 가족 구성원의 역할이 변모한 1980~1990년대 김혜자는 〈전원일기〉를 통해 자식과 가족을 위해 헌신하는 한국 어머니의 서사를 온몸으로 표출했다. 김혜자는 "연기자로서의 삶에서 〈전원일기〉를 빼놓을 수 없다. 22년이란 세월이 그렇지만 내가 한국의 여인상, 또는 어머니상이란 얘기를 들은 것은 〈전원일기〉 때문이다. 〈전원일기〉를 하면서 사람이 사는 도리와 인간다움을 배웠으며 어떻게 사는 것이 지혜롭게 사는 일이며 어떻게 사는 것이 아름다운 삶인가를 배웠다"[194]고 했다.

〈전원일기〉에 출연하면서 1980년대 〈종점〉〈사랑합시다〉〈어제 그리고 내일〉〈조선왕조 500년-풍란〉〈첫사랑〉〈모래성〉〈제2공화국〉〈겨울 안개〉〈당신의 축배〉, 1990년대 〈여자는 무엇으로 사는가〉〈사랑이 뭐길래〉〈엄마의 바다〉〈자반 고등어〉〈그대 그리고 나〉〈장미와 콩나물〉 등 화제와 인기의 시대극과 현대물을 오가며 주연으로 시청자와 만났다. 2000년대 이후 〈그대를 알고부터〉〈봄날의 미소〉〈엄마가 뿔났다〉〈착하지 않은 여자들〉〈디어 마이 프렌즈〉〈눈이 부시게〉〈우리들의 블루스〉의 주연으로 나섰다. 김혜자는 60~80대에도 주연으로 출연하며 여배우가 결혼하고 40~50대에 접어들면 주연에서 밀려나고 60~80대 연기자는 밥 먹는 장면에만 모습을 드러내는 '식탁용 배우'로 전락하는 한국 드라마의 오랜 관행을 무너뜨렸다.

김혜자는 KBS 탤런트 공채 1기로 출발해 60여 년 수많은 MBC, KBS, SBS, tvN, JTBC 드라마에 출연하면서 배우의 이상적 롤모델을 제시했다. 드라마에 주력하면서도 1982년 〈만추〉에 출연한 이후 〈마요네즈〉〈마더〉〈개를 훔치는 완벽한 방법〉〈길〉 등 영화 출연과 〈유다여 닭이 울기 전〉〈19 그리고 80〉〈피가로의 결혼〉〈셜리 발렌타인〉〈다우트〉〈오스카 신에게 보내는 편지〉 등 연극 무대 활동을 병행했다.

"배우의 유일한 일은 우리와 다른 사람의 삶에 들어가서 그게 어떤 느낌인지를 알려주는 것이다." 할리우드 스타 메릴 스트립Meryl Streep의 말이다. 하지만 배우마다 다른 사람의 삶에 들어가 전달해주는 느낌은 천양지차다. 김혜자를 통해 대중과 만나는 드라마, 연극, 영화의 캐릭터는 진정한 인생의 의미를 드러내 준다. 김혜자의 연기에는 단순한 육체의 움직임이 아닌 영혼이 깃들어 있기 때문이다.

눈 흔들림, 손가락의 미세한 움직임 그리고 등의 들썩임으로 섬세하고 복잡한 감정을 드러낸다. 배경과 상황에 기막히게 어울리는 표정 연기와 인간의 희로애락의 다단한 감정을 정교한 목소리 연기로 표출하는 것은 타의 추종을 불허한다. 그래서 드라마 〈전원일기〉〈그대 그리고 나〉의 김정수 작가는 김혜자를 '연기 9단의 신'이라고 칭했고 영화 〈마더〉의 봉준호 감독은 "김혜자 선생님께서 보여주는 심연의 연기는 놀랍다. 이미 접신의 경지에 이르렀다"라고 극찬했다. 이 같은 연기 9단의 입지는 천부적인 자질과 후천적인 성실함, 노력이 결합해 조형된 것이다. 평소에도 연기를 위해 감정과 표정을 저장해놓는 치열함을 보인다. 상황과 인물 몰입이 천부적이며 캐릭터의 진정성을 위해 서가의 책 위치까지도 신경 쓰는 김혜자는 "나에게 연기는 직업이 아니라 삶이며 모든 것입니다. 배우는 '이만큼 하면 됐다'거나 '이 정도면 성공했다'라고 멈춰서는 안 됩니다. 연기가 삶 그 자체

이기 때문입니다. 모든 것을 걸어야 합니다"[195]라고 강조한다. 이처럼 연기에 모든 것을 거는 승부사적 기질과 80이 넘은 나이에도 예쁘게 보이고 싶고 사랑을 꿈꾸는 소녀 같은 순수함으로 무장한 김혜자는 영혼을 보여주는 위대한 스타가 됐다.

소설가 박완서는 "김혜자의 연기를 보고 있으면 나라도 저럴 수밖에 없다고 생각한 나머지 그녀에게 내가, 모든 여편네들이 썬 것처럼 오싹해질 때가 있다. 저런 연기의 깊이는 어디서부터 오는 걸까. 혹시 드라마 밖에서의 그녀는 힘이 다 빠져 무기력하게 지내는 건 아닐까, 궁금해하곤 했다"[196]라고 연기에 혼신을 다하는 김혜자를 언명했다.

김혜자는 한국 스타사에 또 다른 이정표를 세운 배우다. "내가 힘을 쓸 때는 정말 연기할 때랑 아프리카에서 아이들 안아줄 때 밖에는 없어요. 다른 건 다 모르고 서툴러요"라고 말하는[197] 김혜자는 연기자로서 얻은 대중의 인기와 관심을 사회적 약자와 소수자의 사랑으로 연결하는 아름다운 영향력을 발휘한 스타다. 오랫동안 아프리카, 아프가니스탄 등 해외의 힘든 어린이부터 국내 수형자까지 그의 손길이 필요한 곳이라면 어디든 달려갔다. 이러한 김혜자를 본 후배와 동료 연예인, 대중은 사랑 나눔에 적극적으로 동참했다.

60여 년 작품 주연으로 나서 대중이 예상치 못하는 새로운 캐릭터를 창출하고 영혼을 보여주는 연기로 TV 화면과 스크린 너머의 시청자와 관객에게 삶과 인생의 진정한 의미를 전해준 김혜자는 시대와 세월을 뛰어넘어 대중의 사랑을 받은 눈부신 스타이자 한국 드라마 발전에 결정적인 역할을 한 방송사 공채 탤런트 중 가장 위대한 배우다.

출 연 작

드라마

1969	〈개구리 남편〉
1970	〈강변 살자〉
1971	〈수사반장〉 〈학부인〉
1972	〈무지개〉
1975	〈신부일기〉
1976	〈여고 동창생〉
1977	〈후회합니다〉 〈당신〉
1978	〈행복을 팝니다〉
1979	〈엄마 아빠 좋아〉
'80~'02	〈전원일기〉
1980	〈종점〉
1981	〈사랑합시다〉
1982	〈어제 그리고 내일〉
1983	〈간난이〉
1985	〈조선왕조 500년-풍란〉
1986	〈첫사랑〉
1988	〈모래성〉
1989	〈제2공화국〉 〈겨울 안개〉 〈당신의 축배〉
1990	〈여자는 무엇으로 사는가〉 〈아직은 마흔아홉〉
1991	〈사랑이 뭐길래〉
1992	〈두 여자〉
1993	〈엄마의 바다〉
1996	〈자반 고등어〉
1997	〈그대 그리고 나〉
1999	〈장미와 콩나물〉
2002	〈그대를 알고부터〉
2005	〈봄날의 미소〉
2006	〈궁〉
2008	〈엄마가 뿔났다〉
2011	〈청담동 살아요〉
2015	〈착하지 않은 여자들〉
2016	〈디어 마이 프렌즈〉
2019	〈눈이 부시게〉
2022	〈우리들의 블루스〉

영화

1982	〈만추〉
1999	〈마요네즈〉
2009	〈마더〉
2014	〈개를 훔치는 완벽한 방법〉
2017	〈길〉

(10) 최불암

崔佛岩 | 1940~

50여 년 TV 드라마 진화 이끈 거성

최불암, 이름 석 자의 함의는 광대하다. 한국 대중문화사를 관통할 때 그의 이름을 피해 가기란 불가능하다. '국민 배우'라는 단어조차 그를 형용하지 못할 만큼 그의 연기자로서 존재 의미는 크다.[198] 한국 TV 드라마사에서 빼놓을 수 없는 두 개의 작품이 있다. 하나는 1980년 10월 21일 첫 방송한 뒤 2002년 12월 29일까지 22년 2개월 동안 1,088회 시청자와 만난 한국 최장기 드라마 〈전원일기〉다. 산업화·정보화 시대의 농촌 서민 가정을 중심으로 가족의 갈등과 사랑, 그리고 우리 이웃의 일상과 삶의 변화를 에세이처럼 풀어낸 〈전원일기〉는 한국인이 가장 사랑한 드라마다. 또 하나는 1971년 3월 6일부터 1989년 10월 12일까지 18년 7개월 동안 880회 방송한 〈수사반장〉이다. 〈수사반장〉은 수사 드라마라는 장르물을 개척하는 동시에 형사가 범인을 잡는 것에 그치지 않고 사회의 어두운 면과 사건 속에 드러난 인간의 애환까지 포착한 한국 수사물의 원형을 정립하며 큰 인기를 누린 작품이다. 이 두 드라마의 주역이 바로 최불암이다. 최불암은 서른한 살의 젊은 나이에 〈수사반장〉의 박 반장 역을 그리고 마흔 살의 나이에 〈전원일기〉의 김 회장 역을 맡아 한국 드라마 발전을 견인했을 뿐만 아니라 1960~1970년대 일일극 선풍을 일으킨 〈개구리 남편〉〈새엄마〉를 비롯한 수많은 작품 주연으로 활약하며 한국 드라마의 토대를 조성했다. 최불암을 빼놓고 1970~2000년대 한국 드라마를 논할 수 없을 정도로 최불암은 한국 TV 드라마에서의 활약과 존재감은 엄청나다. 최불암은 〈전원일기〉를 비롯한 많은 작품을 통해 사랑과 희생으로 가족을 묵묵히 지키는 한국적 정서가 녹아있는 아버지의 상징적 존재로 그리고 우리 사회가 지향해야 하는 가치의 대변자로 이미지를 조형하며 드라마 스타가 됐다.

최불암(본명 최영한)은 1940년 인천에서 아버지 최철과 어머니 이명숙 사이의 외아들로 태어났다. 아버지가 중국 상하이 임시정부에서 활약하던 작은아버지를 찾아 떠나 어머니와 둘이서 살았다. 해방 이후 여섯 살 때 돌아온 아버지는《인천일보》와 건설영화사를 운영했는데 사무실에서 당시 유명했던 영화배우 복혜숙 한은진 전택이 등을 봤다. 아버지는 초등학교 2학년 때 제작했던 영화 〈수우〉 시사회 전날 과로로 쓰러져 숨을 거뒀다. 이후 서울로 이사와 어머니와 함께 살았다. 어머니는 서울 명동에서 '은성'이라는 술집을 운영했는데 이곳은 소설가 이봉구, 시인 박인환 김수영 변영로를 비롯한 내로라하는 문인과 언론인의 사랑방 역할을 하며 유명해졌다.

중앙고 재학 때 연극부 활동을 하며 연극의 재미에 빠졌지만, 연기자가 되려는 생각은 하지 않았다. 당시 외국에선 게리 쿠퍼Gary Cooper, 그레고리 펙Gregory Peck 같은 미남 스타가 활약하고 국내에선 최무룡 신성일 같은 출중한 외모의 배우가 활개 치는 상황에서 최불암의 용모는 너무 평범했기 때문이다.[199] 연출을 공부하기 위해 서라벌 예술대학 연극과에 진학했다가 연기를 하게 됐다. 학생들이 맡기 꺼리는 노역을 연기했는데 연출자가 연출보다는 연기가 맞는 것 같다고 말해 배우의 길로 접어들었다. 1965년 국립극단에 입단해 〈이순신〉을 비롯한 다양한 연극 작품에 출연하며 본격적으로 연기자의 길을 걸었다. 1967년 KBS 사극 〈수양대군〉에서 노년의 김종서 장군 역을 연기하며 TV 드라마로 활동 영역을 넓혔다. 그의 나이 스물일곱

이었다. 20대인데도 연극에서 노역을 주로 연기했고 탤런트로 첫 출발을 한 작품에서도 노역을 맡았다. 노역을 통해 인간의 희로애락애오욕喜怒哀樂愛惡慾이라는 다양한 문양의 감정을 드러내며 스펙트럼 넓은 연기력을 체화할 수 있었다. 1969년 개국한 MBC로 옮긴 최불암은 탤런트로서 눈부신 활약을 펼치며 1970~1980년대 최고 스타 탤런트로 난공불락의 최불암 드라마 제국을 만들었다. 1969년 한 집안의 가장이 직장 동료 여성과 외도하는 내용으로 논란과 화제를 동시에 일으킨 MBC 일일극 〈개구리 남편〉을 시작으로 TBC 〈아씨〉와 KBS 〈여로〉와 함께 일일극 선풍을 일으킨 MBC 〈새엄마〉 주연으로 나선 것을 비롯해 〈강남 가족〉 〈황녀〉 〈신부일기〉 〈당신〉 〈행복을 팝니다〉 등 1970년대 매년 1~2편의 일일극 주연으로 출연하며 치열하게 전개되던 KBS, TBC, MBC, 방송 3사의 일일극 전쟁의 선봉에 섰다. 최불암은 일상의 삶을 반영하고 재현한 이 시기의 일일극을 통해 범속한 서민의 표상으로 자리 잡았다. 또한, 1971년부터 출연한 〈수사반장〉을 기존 신파조 수사물의 한계를 벗어나 범죄 사건을 중심으로 수사 과정뿐만 아니라 인간 본성에 대한 철학을 드러내는 한국적 수사물의 전형으로 착근시키며 한국 드라마의 장르물 진화에 기여했다.

1980년대 들어 방송계 혁명을 몰고 온 컬러 방송이 시작되면서 드라마가 대형화되고 일일극, 주간극, 단막극, 주말극, 미니시리즈 같은 다양한 형태의 작품이 제작됐다. 최불암은 1980년 주간 시추에이션 드라마 〈전원일기〉를 시작으로 6·25 특집극 〈아베의 가족〉, 일일사극 〈간양록〉, 주간드라마 〈제1공화국〉, 월화 드라마 〈야망 25시〉, 미니시리즈 〈최후의 증인〉 등 1980년대 다양한 포맷의 드라마와 정치 소재 연속극, 기업 드라마 같은 새롭게 시도되는 작품의 주연으로 나서 한국 드라마 형식과 장르의 발전을 주도했다.

1990~2010년대에도 〈고개 숙인 남자〉 〈미망〉 〈그대 그리고 나〉 〈점

프〉〈그 햇살이 나에게〉〈죽도록 사랑해〉〈영웅시대〉〈홍 소장의 가을〉〈달콤한 스파이〉〈식객〉〈그대 웃어요〉〈기분 좋은 날〉을 비롯한 사극, 시대극, 시트콤, 홈드라마에 출연하면서 사회와 가족의 변화 담론을 드러냈다. 최불암은 전통적 가족 형태가 해체되는 동시에 새로운 가족 형태가 모습을 드러내고 가족 구성원의 역할 변화가 본격화하는 상황에서 드라마를 통해 전통적 아버지의 잔영을 드러내기도 하고 새로운 아버지상을 표출하기도 한 가족 이데올로기의 페르소나이자 시대의 아버지 아이콘이었다.

최불암은 드라마에 주력하면서도 1960년대 말부터 〈세종대왕〉〈환녀〉〈기러기 가족〉〈달려라 만석아〉〈영자의 전성시대〉〈기쁜 우리 젊은 날〉 같은 영화에 출연하며 드라마에서 보이지 못한 다양한 캐릭터를 관객에게 선보이며 또 다른 면모를 드러냈다.

50여 년을 연기했기에, 그것도 의미와 가치, 감동을 주는 연기지로 시청자와 관객 곁을 지켰기에 최불암은 어린이부터 장노년층까지 다양한 세대에게 여러 의미와 코드로 읽힌다. 어린이와 청소년에게는 빼어난 연기자일 뿐만 아니라 KBS 〈한국인의 밥상〉을 통한 한국 음식 문화를 알려주는 전령사로, 그리고 중장년층에게는 이상적인 아버지상으로, 그리고 노년층에게는 같은 시대를 살아가며 자신들의 삶을 가장 잘 구현하는 배우로 다가간다. 트레이드마크가 된 "파~" 소리를 내며 웃는 특유의 푸근한 웃음과 한동안 우리 사회를 강타한 '최불암 유머 시리즈'로 축성된 친근한 이웃 이미지의 대변자로 남녀노소에게 각인됐다.

하루에도 수많은 별이 뜨고 지는 연예계에서 다양한 작품을 통해 대중을 만났던 최불암은 50여 년 한결같이 TV 화면에서 찬연한 빛을 발한 거성이었다. 그가 발산하는 연기자로서의 빛을 보면서 곤경에 처한 사람은 용기를 얻고, 좌절에 빠진 사람은 위안을 받았으며 절망에 허우적대는 사람은 희망을 발견하기도 했다. 이 때문에 최불암은 단순한 연기자가 아닌 삶의 좌표 구실을 한 시대의 스타다.

출 연 작

드라마

1967	〈수양대군〉
1969	〈개구리 남편〉
'71~'89	〈수사반장〉
1972	〈새엄마〉
1973	〈한백년〉
1974	〈강남 가족〉〈황녀〉
1975	〈신부일기〉
1976	〈사미인곡〉〈거상 임상옥〉〈탄생〉
1977	〈당신〉
1978	〈정부인〉〈행복을 팝니다〉
1980	〈간양록〉
'80~'02	〈전원일기〉
1981	〈제1공화국〉
1982	〈어제 그리고 내일〉
1983	〈야망 25시〉
1985	〈엄마의 방〉
1987	〈최후의 증인〉
1988	〈도시의 흉년〉
1989	〈제2공화국〉
1990	〈사랑해 당신을〉
1991	〈여명의 눈동자〉〈고개 숙인 남자〉
1992	〈분노의 왕국〉
1995	〈여〉
1996	〈미망〉
1997	〈그대 그리고 나〉
2000	〈사랑은 아무나 하나〉
2002	〈그 햇살이 나에게〉〈리멤버〉
2003	〈죽도록 사랑해〉
2004	〈영웅시대〉〈홍 소장의 가을〉
2005	〈달콤한 스파이〉
2006	〈진짜 진짜 좋아해〉
2008	〈식객〉
2009	〈그대 웃어요〉
2011	〈천상의 화원 곰배령〉
2012	〈해피엔딩〉
2014	〈기분 좋은 날〉
2018	〈이별이 떠났다〉

영화

1968	〈여마적〉
1972	〈논개〉
1973	〈언제나 님과 함께〉〈기러기 가족〉
1974	〈청바지〉〈환녀〉
1975	〈빨간 구두〉〈어제 내린 비〉
1976	〈졸업생〉〈목마와 숙녀〉
1978	〈세종대왕〉〈휘청거리는 오후〉
1980	〈바람불어 좋은 날〉〈사람의 아들〉〈최후의 증인〉
1987	〈기쁜 우리 젊은 날〉
2004	〈까불지 마〉

(11) 윤정희

尹靜姬 | 1944~2023

§

한국 영화 전성기의 1대 트로이카 스타

한국 영화 전성기였던 1960년대 중후반 많은 영화가 제작됐다. 1965년 189편, 1968년 185편, 1969년 229편이 제작돼 신성일 같은 스타는 한해 30~60편에 출연하고 동시에 12편 겹치기 촬영에 임하는 웃지 못 할 상황이 연출됐다. 많은 배우가 배출됐지만, 영화 주연을 맡을 배우는 많지 않았다. 특히 여배우 상황은 심각했다. 1950년대부터 활약했던 최은희 엄앵란 주증녀 최지희 도금봉 김혜정이 겹치기로 출연하며 유사한 캐릭터와 획일적 이미지로 관객을 만나고 있었다. 이때 나타난 여배우 3명이 있었다. 바로 '1대 트로이카'로 명명된 문희 남정임 윤정희다. 이들은 외모와 성격, 이미지, 분위기가 사뭇 다른 데다 연기 스타일과 강점을 보인 캐릭터도 차이가 있어 관객의 관심을 고조시켰다. 문희 남정임 윤정희는 산업화와 도시화의 영향으로 가부장 사회의 견고한 틀이 깨지기 시작한 1960~1970년대 시대에 순응하는 전통적 여인상과 시대와 불화하는 전복적 여성상을 캐릭터와 이미지로 드러내며 관객의 사랑을 받았다.

문희(본명 이순임)는 1947년생으로 세 명 중 나이가 가장 어렸지만, 데뷔는 가장 빨랐다. KBS 탤런트 공채에 지원한 문희를 현장에 있던 이만희 감독의 조감독이자 배우인 양택조가 발견하고 이 감독에게 소개해 1965년 영화 〈흑맥〉에 출연시켰다. 청순한 얼굴과 내성적인 성격의 문희는 〈초우〉 〈막차로 온 손님들〉 〈섬마을 선생님〉 〈공주 며느리〉에 출연하며 인기 배우가 됐으며 1968년 〈미워도 다시 한번〉에서 유부남을 사랑해 낳은 아이를 혼자서 키우는 여인 역을 맡아 톱스타가 됐다. 고전적인 외모와 정적인 이미지로 희생을 기저로 한 청순가련한 여인 캐릭터를 많이 연기해 사랑받은 문희는 1971년 《한국일보》 장강재 부사장과 결혼해 영화계를 떠날 때까지 6년 동안 218편의 영화에 출연했다.

1945년생인 남정임(본명 이민자)은 KBS 공채 탤런트로 연기를 시작한 뒤 1966년 1,300대 1의 높은 경쟁률을 보인 신인 공모를 통해 발탁된 김수용 감독의 〈유정〉 주연으로 나서며 영화배우로 입문했다. 남정임은 〈유정〉의 흥행 돌풍을 일으키고 제4회 청룡영화상 신인상, 제13회 아시아태평양영화제 신인상을 받으며 데뷔작으로 스타덤에 올랐다. 귀엽고 앳된 외모와 발랄하면서도 당찬 성격의 남정임은 〈까치 소리〉 〈내일은 웃자〉 〈여성 상위시대〉의 도회적이고 현대적인 여성 캐릭터로 대중 특히 남성 팬의 사랑을 받았다. 남정임은 1971년 재일교포 사업가와 결혼하면서 은퇴했다가 1976년 이혼하고 잠시 영화계에 복귀해 〈나는 고백한다〉에 출연했으나 1978년 재혼한 뒤 다시 영화계를 떠났다. 1992년 유방암으로 마흔일곱 젊은 나이에 숨졌지만, 226편의 영화를 남겼다.

1944년 부산에서 태어나 광주에서 성장한 윤정희(본명 손미자)는 1966년 합동영화사 신인배우 공모를 통해 배우로 활동을 시작해 1967년 개봉한 강대진 감독의 〈청춘 극장〉 주연으로 대중과 만났다. 흥행에 성공한 데뷔작으로 대종상 신인상을 받으며 화려하게 출발했다.

차분하면서도 세련된 외모에 지적인 분위기가 풍기는 윤정희는 배우 인생을 계획대로 운영해 나가듯이 연기에도 나름대로 자신의 인생을 표출하려고 했다. 작품 출연 욕심도 강했지만, 연기 열정도 대단했다. 그래서 〈무

녀도〉라는 작품 여주인공 자리를 놓고 막강한 선배인 김지미와 배역 쟁탈전 소동을 빚기도 했다.[200]

〈청춘 극장〉 이후 윤정희는 〈장군의 수염〉 〈지하실의 7인〉 〈독 짓는 늙은이〉 〈효녀 심청〉 〈해변의 정사〉 〈궁녀〉 〈분례기〉 〈안개〉 〈석화촌〉 〈무녀도〉 〈화려한 외출〉 〈위기의 여자〉에 출연했다. 윤정희는 특정한 캐릭터와 이미지를 견지한 문희, 남정임과 차별화해 다양한 연기 변주를 통해 여러 유형의 캐릭터를 소화했다. 부박한 삶의 상황을 이겨내는 민중부터 욕망의 굴레에 빠진 도시 여성까지 장르와 캐릭터에 구애받지 않고 다양한 작품과 배역을 소화하려는 의지가 강했다. 시대와 사회의 변화에 조응하거나 불화하는 캐릭터, 산업화와 도시화의 희생양과 욕망의 당당한 주체, 청순한 여성과 지적인 여자 등 여러 성격의 배역이 윤정희의 연기로 관객에게 전달됐다. 이 때문에 "윤정희는 여배우가 예쁘다는 사실만으로도 프리미엄을 얻던 시절에 이미 예외적인 존재임을 스스로 알린 배우다"라는 영화평론가 변인식의 언급에서 알 수 있듯 관객과 전문가는 윤정희를 문희와 남정임보다 더 높게 평가하는 경향이 강했다.

문희 남정임 윤정희, 세 명의 톱스타가 한 작품에 동시에 출연한 경우는 두 번 있었다. 1969년 최인현 감독의 〈만고강산〉과 1970년 정인엽 감독의 〈결혼 교실〉이다. 신성일이 남자 주연으로 출연한 〈결혼 교실〉에선 세 여배우가 포스터 이름 순서부터 의상까지 대단한 신경전을 펼쳤다.

윤정희는 데뷔 때부터 영화에 대한 학구적인 태도를 견지해 전성기 시절 바쁜 시간을 쪼개 중앙대학교 대학원에 다니며 〈한국 여배우론〉으로 석사학위를 받았고 결혼 후 프랑스에 가서도 파리 3대학에 입학해 학부를 마치고 대학원에 진학해 석사학위까지 받는 열정을 보였다. 이러한 학구적인 자세는 작품과 캐릭터 분석을 정교하게 할 수 있는 토대가 됐고 관객의 공감과 몰입을 유도하는 원동력으로 작용했다. 99편의 영화에 함께 출연한 신성일은 윤정희에 대해 "학구적이면서 나이에 비해 철이 든 배우였다. 촬영장에서도 미심쩍은 부분이 있으면 책을 찾아가면서 확인했다"[201]라고 말했다.

톱스타의 통과의례처럼 윤정희와 관련된 수많은 루머와 스캔들이 대중매체와 시중에 나돌았다. 여배우에게 치명적일 수 있는 박정희 대통령과 관련된 악성루머를 포함한 사생활에 대한 무수한 소문이 쏟아졌지만, 윤정희는 당당하게 사실무근의 루머에 대처하며 연기 활동에 임했다.

영화감독과 결혼한 최은희, 김지미를 비롯한 일부 여배우를 제외한 문희 남정임 안인숙처럼 1950~1970년대 상당수 여배우는 결혼과 함께 은퇴하는 경우가 적지 않았다. 많은 여자 스타가 결혼 후 맡을 수 있는 배역의 한계와 인기 하락, 비연예인과 결혼했을 때 배우 활동과 가정생활 병행의 어려움, 영화배우로서의 전문성과 직업의식 결여 등 여러 이유로 결혼 후 배우 생활을 그만뒀다. 결혼과 함께 여배우 특히 스타가 은퇴하는 것은 영화계의 큰 손실이다.

프랑스 파리에 유학 중이던 윤정희는 1975년 피아니스트 백건우와 결혼했다. 하지만 윤정희는 결혼과 동시에 은퇴한 문희 남정임과 달리 결혼 후에도 배우 활동을 계속했다. 1977년 〈야행〉과 1992년 〈눈꽃〉으로 비평가로부터 좋은 평가를 받았고 1994년 〈만무방〉으로 대종상 여우주연상을 받기도 했다. 윤정희는 2010년 관객과 만난 이창동 감독의 〈시〉에서 연륜과 이미지를 잘 발현해 대종상 여우주연상을 차지했고 칸국제영화제 경쟁 부문에 진출해 호평을 받았다. 결혼 전보다 결혼 후 연기의 감정선이 더 풍부해지고 캐릭터의 진정성이 배가됐다. 윤정희는 결혼 전에는 인기 배우라는 생활을 따라가는 영화인이었지만, 결혼 후에는 자신의 의지를 스크린에 투영한 연기인으로서 성숙한 면모도 드러냈다. 윤정희 문희 남정임, 1대 트로이카 다음으로 1970년대 두드러진 활동을 펼친 2대 트로이카 정윤희 유지인 장미희와 1980년대 맹활약한 3대 트로이카 원미경 이미숙 이보희가 여배우 스타 계보를 이어 나갔다.

"배우 은퇴는 한 번도 생각한 적 없다. 삶을 표현하는 것이 배우다. 우리 인생이 젊을 때만이 전부가 아니기에 90대에도 매력적인 역할이 있을 거라는 희망을 품고 있다"라고 말했던 윤정희가 알츠하이머병을 앓아 2010년 〈시〉 이후 작품 출연을 못 하고 사실상 은퇴하자 수많은 팬과 대중은 안타까워했다. 그리고 2023년 1월 19일 79세를 일기로 숨지자 배우로서의 활약과 성과를 높게 평가했다. 260여 편의 영화를 통해 다양한 캐릭터를 소화하며 한국 영화 발전에 기여한 윤정희는 1960년대 한국 영화 전성기를 이끈 여배우 트로이카로만 한정 지을 수 없는 스타다.

출연작

영화

1967	〈청춘 극장〉〈안개〉〈초야〉〈그리움은 가슴마다〉
1968	〈내시〉〈감자〉〈설녀〉〈성난 대지〉〈여로〉〈순정〉〈장군의 수염〉〈이조여인 잔혹사〉
1969	〈독 짓는 늙은이〉〈사랑은 눈물의 씨앗〉〈만고강산〉〈저 눈밭에 사슴이〉〈유혹〉〈지하실의 7인〉〈창〉〈청춘〉
1970	〈결혼 교실〉〈기러기 아빠〉〈범 띠 가시내〉〈비운의 왕비〉〈여인 전장〉〈해변의 정사〉〈첫경험〉
1971	〈분례기〉〈당신과 나 사이에〉〈여창〉〈족보〉

1972	〈석화촌〉〈무녀도〉〈궁녀〉〈유정30년〉〈효녀 심청〉
1973	〈애인 교실〉〈속 요화 배정자〉〈누나〉
1974	〈꽃상여〉
1975	〈극락조〉〈태백산맥〉
1977	〈야행〉
1978	〈화려한 외출〉
1979	〈신궁〉〈여수〉
1981	〈자유부인〉
1987	〈위기의 여자〉
1992	〈눈꽃〉
1994	〈만무방〉
2010	〈시〉

(12) 윤여정

尹汝貞 | 1947~

オ
~

오스카 트로피 들어 올린 최초의 한국 배우

"한국에서 왔고 제 이름은 윤여정입니다. 지구 반대편에 살아서 오스카 시상식은 TV로 보는 이벤트였는데 제가 직접 참석하다니 믿기지 않네요. 다섯 명의 후보는 각자 다른 영화의 다른 역할을 연기한 승리자입니다. 오늘 제가 여기에 있는 것은 단지 조금 더 운이 좋았을 뿐입니다." 102년의 한국 영화 역사와 93년의 오스카 역사를 새로 쓰는 순간이다. 74세의 한국 배우, 윤여정이 불리한 상황을 이겨내며 세계 영화사의 새장을 열었다. 윤여정은 2021년 4월 25일 미국 로스앤젤레스 유니언스테이션에서 열린 제93회 아카데미영화제 시상식에서 한국 배우 최초, 아시아 배우로는 1958년 〈사요나라〉의 일본계 미국 배우 우메키 미요시梅木美代志 이후 두 번째로 여우조연상 트로피를 들어 올렸다. 1980년대 미국으로 이주한 한인 가정을 다룬 영화 〈미나리〉에서 할머니 역을 연기한 윤여정의 아카데미 여우조연상 수상은 기념비적 사건이다. 2020년 아카데미 시상식에서 봉준호 감독의 〈기생충〉이 작품상, 감독상, 각본상, 국제장편영화상 등 4관왕을 차지했지만, 연기상은 후보조차 오르지 못했다. 강수연(1987년 베니스영화제), 전도연(2007년 칸영화제), 김민희(2017년 베를린영화제), 송강호(2022년 칸영화제)가 국제영화제에서 주연상을 받았지만, 한국 배우의 아카데미 연기상 수상은 상상조차 못 했다. 아카데미영화제가 미국 개봉 영화 대상의 시상식인 데다 연기상 수상자 대부분이 할리우드 스타와 영국 배우 그것도 백인 일색인 상황에서 윤여정의 여우조연상 수상은 한국 영화계뿐만 아니라 세계 영화사의 의미 있는 성취다.

74세라는 노년에 오스카 트로피를 들어 올린 윤여정은 1947년 경기도 개성에서 태어나 서울에서 성장했으며 우연한 기회로 배우의 길에 들어섰다. 한양대 국문과 재학 중 등록금을 마련하려고 TBC에서 아르바이트하다 방송사 사람들 권유로 탤런트 공채 시험에 응시했다. 1966년 3기 TBC 탤런트로 활동을 시작해 1967년 드라마 〈미스터 곰〉으로 공식 데뷔했다. MBC로 옮겨 1971년 드라마 〈장희빈〉을 통해 표독한 악녀, 장희빈을 기존 배우와 차별화한 캐릭터 해석과 연기 스타일로 소화해 주연급으로 올라섰다. "〈장희빈〉의 윤여정 연기는 개혁적이었다. 다른 배우가 하는 대사법과는 달리 특이했다"라는 박근형의 증언처럼 윤여정은 큰 동작과 지나친 분장을 기조로 한 기존 배우들의 과장적 연기와 차별화한 사실적 연기를 펼쳤다. 1971년 인간 내면의 악마성을 드러내는 스릴러 영화 브랜드를 개척한 작가주의 감독 김기영의 〈화녀〉를 통해 영화배우로 입문했다. 〈화녀〉에서 부잣집 가정부로 일하다 주인집 남자에게 겁탈당하고 임신한 아이를 낙태한 뒤 복수에 나서는 여자 역을 파격과 광기가 투영된 연기로 표출해 대종상영화제 신인상, 청룡영화상 여우주연상, 시제스판타스틱영화제 여우주연상을 거머쥐며 스타덤에 올랐다. 1960~1970년대 문희 남정임 같은 미녀 배우들이 청순가련한 혹은 순종적인 여성을 연기하며 스타 배우가 된 것과 달리 개성적인 외모의 윤여정은 시대와 불화하거나 대중의 기호에 반하는 전복적이고 파격적인 캐릭터 연기를 통해 새로운 유형의 배우상을 정립하며 스타로 떠올랐다. 하지만 윤여정의 전성기는 오래가지 못했다. 1974년 미국으로 건너가 유명 가수 조영남과 결혼식을 올린 뒤 10여 년 가정생활에 전념했기 때문이다. 윤여정은 귀국해 1984년 MBC 단막극 〈베스트셀러극장-고깔〉과 1985년 영화 〈에미〉를 통해 배우 활동을 재개한 뒤 1987년 조영남의 외도 등으로 순탄치 못했던 결혼생활을 이혼으로 마무리했다.

이혼 후 연기 활동은 난관에 봉착했고 신산한 삶의 연속이었다. 이혼으로 인해 '남편에게 순종을 거부한 불손한 여성'이라는 주홍글씨가 쓰였다. 조영남이 가정 파탄을 초래했지만, 시청자와 대중은 '이혼녀' 윤여정에게 비난을 쏟아냈고 방송사와 영화사는 작품 출연 제의조차 하지 않았다. 윤여정은 혼자 몸으로 두 아들을 양육해야 했기에 어떤 역할이라도 해야 했다. 생계를 위해 작품과 배역을 가리지 않았고 단역과 조연뿐만 아니라 막장 드라마까지 출연했다. 1980~1990년대에는 김수현 작가의 〈사랑과 야망〉〈모래성〉〈작별〉〈사랑이 뭐길래〉〈목욕탕집 남자들〉을 비롯한 드라마 중심으로 활동했다. 안정적인 활동 기반을 마련한 2000년대부터 드라마와 영화를 오가며 활약했다. 김지우 작가의 〈저 푸른 초원위에〉〈비단향꽃무〉, 노희경 작가의 〈그들이 사는 세상〉〈디어 마이 프렌즈〉, 인정옥 작가의 〈네 멋대로 해라〉〈아일랜드〉, 박지은 작가의 〈넝쿨째 굴러온 당신〉 등 주제 의식이 뚜렷하거나 사회와 불화하는 캐릭터와 내러티브를 통해 삶의 의미를 발현하는 작가들의 TV 드라마에서 혁신적이고 절륜한 연기를 펼쳤다. 김기영 감독의 유작 〈천사여 악녀가 되라〉 이후 13년 만인 2003년 영화 〈바람난 가족〉을 시작으로 2000년대 들어 임상수 감독의 〈그때 그 사람들〉〈하녀〉〈돈의 맛〉〈헤븐: 행복의 나라로〉, 홍상수 감독의 〈하하하〉〈다른 나라에서〉〈지금은 맞고 그때는 틀리다〉, 이재용 감독의 〈여배우들〉〈죽여주는 여자〉 등 독창적 스타일과 현저한 의미를 발산하는 작가주의 감독의 영화를 주로 하며 자신만의 독특한 연기 색깔을 보였다. "전에는 생계형 배우여서 작품을 고를 수 없었는데, 환갑이 넘어서면서 좋아하는 작가, 연출자, 감독 작품에 돈 안 줘도 출연했다. 작품 고르는 게 내가 누릴 수 있는 사치다"라고 말한 윤여정은 2000년대부터는 〈찬실이는 복도 많지〉〈산나물 처녀〉

와 아카데미 여우조연상을 안긴 〈미나리〉 같은 저예산 독립 영화에도 무보수나 스타에 어울리지 않은 적은 출연료를 받고 주·조연으로 나섰다. 스타 대열에 합류한 배우들에게서 좀처럼 볼 수 없는 행보다.

윤여정은 〈넝쿨째 굴러온 당신〉〈고령화 가족〉〈그것만이 내 세상〉〈계춘할망〉〈미나리〉〈파친코〉 같은 드라마와 영화에서 한국의 전형적인 어머니나 할머니 역할을 맡았지만, 자신만의 독창적 연기로 전형성마저 창조적으로 해체하며 새로운 캐릭터를 구현해 작품의 완성도를 높였다. 〈에미〉〈내가 사는 이유〉〈사랑이 뭐길래〉〈바람난 가족〉〈돈의 맛〉〈죽여주는 여자〉를 비롯한 많은 작품에서 지적이고 주체적인 전문직 여성, 욕망을 당당히 드러낸 어머니, 악랄한 상속녀, 노년의 매춘부 등 사회적 규범에 도전하거나 가부장 사회의 규칙을 따르지 않는 도발적이고 비정형적인 캐릭터를 소화하며 작품의 진화뿐만 아니라 사회의 변화를 이끌었다.

윤여정은 50여 년 연기할 수 있었던 원동력은 '열등감'과 '절박함'이라고 했다. "내 연기는 열등의식에서 시작됐다. 연극영화과 출신도 아니고 아르바이트하다 연기를 하게 됐다. 내 약점을 아니까 열심히 대사를 외웠고 남에게 피해를 주지 않기 위해 죽도록 노력했다. 연기는 절실해야 한다는 것을 알았다. 나는 연기를 먹고 살기 위해 했다. 나에게 극본은 성경 같다." '브로드웨이 가는 유일한 길은 연습'이라는 신념을 가진 윤여정은 본능적으로 연기하는 배우가 아닌 철저하게 분석하고 준비해 캐릭터를 자기 것으로 만드는 스타일의 연기자다.

2013년 〈꽃보다 누나〉를 시작으로 〈윤식당〉〈윤스테이〉〈뜻밖의 여정〉 같은 예능 프로그램에 출연해 타인의 말을 경청하는 태도, 잘못했을 때 바로 인정하고 사과하는 쿨한 자세, 시크한 유머와 재치가 돋보이는 언어 구사, 에두르지 않는 직설의 화법, 나이를 무기화하지 않고 젊은 세대와 수평적인 관계 형성, 탈권위적 분위기, 당당함과 솔직함 등 일반적인 어른에게서 좀처럼 볼 수 없는 면모를 보여 젊은 세대의 열광이 뒤따랐다. 젊은 층이 사표로 삼을 어른 부재의 공백을 메우며 이상적인 어른 롤모델 역할까지 수행했다.

윤여정은 1966년부터 2023년까지 55년 동안 37편의 영화와 100여 편의 드라마에 출연하며 아카데미 여우조연상 수상과 칸국제영화제 경쟁 부문 진출, 한류 촉발을 주도해 한국 작품과 배우의 국제적 위상을 격상시켰다. 나이와 명성, 스타라는 지위에 안주하지 않고 지속해서 변화하는 연기 트렌드를 체득하고 독창적 연기 스타일을 표출했기에 나이 들수록 TV 화면과 스크린에서 더 빛나며 세계적인 배우 반열에 오를 수 있었다. "민폐가 되지 않을 때까지 연기하다 죽으면 좋을 것 같다"라는 바람을 피력한 윤여정은 젊고 실험적인 작가와 연출자, 감독과의 작업을 거침없이 선택하고 새로운 작품과 캐릭터에 두려움 없이 도전해 한국 영화와 드라마의 진화를 이끈 배우와 후배 연기자들이 본받고 싶어 하는 스타가 됐다.

출 연 작

드라마

1967	〈미스터 곰〉
1970	〈강변 살자〉 〈박마리아〉
1971	〈장희빈〉
1972	〈새엄마〉
1986	〈첫사랑〉
1987	〈사랑과 야망〉
1988	〈원미동 사람들〉 〈모래성〉
1989	〈사랑의 굴레〉
1990	〈죽어도 좋은 경험〉
1991	〈사랑이 뭐길래〉
1992	〈여자의 방〉
1993	〈산다는 것은〉
1994	〈작별〉
1995	〈목욕탕집 남자들〉
1996	〈유혹〉
1997	〈이웃집 여자〉 〈내가 사는 이유〉
1998	〈거짓말〉
1999	〈허준〉 〈우리가 정말 사랑했을까〉
2000	〈꼭지〉
2001	〈순자〉 〈비단향꽃무〉
2002	〈네 멋대로 해라〉 〈내 사랑 누굴까〉
2003	〈저 푸른 초원위에〉
2004	〈아일랜드〉
2005	〈굳세어라 금순아〉 〈슬픔이여 안녕〉
2006	〈여우야 뭐하니〉 〈열아홉 순정〉
2007	〈사랑하는 사람아〉 〈며느리 전성시대〉
2008	〈그들이 사는 세상〉

2012	〈더킹 투하츠〉 〈넝쿨째 굴러온 당신〉
2013	〈여왕의 교실〉
2016	〈디어 마이 프렌즈〉
2019	〈두 번은 없다〉
2022	〈파친코〉

영화

1971	〈화녀〉
1972	〈충녀〉
1985	〈에미〉
1990	〈천사여 악녀가 되라〉
2003	〈바람난 가족〉
2004	〈꽃피는 봄이 오면〉
2005	〈그때 그 사람들〉
2006	〈우리들의 행복한 시간〉
2007	〈황진이〉
2008	〈가루지기〉
2009	〈여배우들〉
2010	〈하하하〉 〈하녀〉
2011	〈푸른 소금〉
2012	〈다른 나라에서〉 〈돈의 맛〉
2013	〈고령화 가족〉
2014	〈자유의 언덕〉
2015	〈장수상회〉 〈지금은 맞고 그때는 틀리다〉
2016	〈계춘할망〉 〈죽여주는 여자〉
2018	〈그것만이 내 세상〉
2020	〈지푸라기라도 잡고 싶은 짐승들〉 〈찬실이는 복도 많지〉
2021	〈미나리〉

(13) 안성기

安聖基 | 1952~

한국 영화 현대사 견인한 국민 배우

1957년 관객과 만난 김기영 감독의 영화 〈황혼 열차〉에는 두 명의 배우가 데뷔한다. 〈황혼 열차〉를 통해 배우의 첫발을 디딘 두 배우는 한국 영화사에 찬연하게 빛나는 스타가 됐다. 바로 1950년대 후반부터 1970년대 초반까지 스크린을 화려하게 수놓은 김지미와 1980~1990년대 독자적인 연기 영역을 구축하며 오랫동안 침체한 한국 영화의 부활을 이끌었고 2000~2020년대 영화배우의 새로운 길을 개척하며 한국 영화의 산업화를 견인한 안성기다. 안성기는 1960년대 한국 영화 전성기에 아역배우로 활약하다 학업 때문에 배우 활동을 중단한 뒤 한국 영화 침체기인 1970년대 후반 영화계로 돌아왔다. 안성기는 에로 영화가 넘쳐난 1980년대 사회 비판적이고 인간 본성을 성찰하는 시대의 걸작으로 평가받은 영화의 주연으로 나서고 젊은 감독들의 새로운 감각과 스타일이 돋보이는 작품에 출연하며 한국 영화의 질적 도약을 꾀했다. 1990년대 참신한 기획 영화에 나서며 한국 영화의 부활을 선도했고 2000년대 이후 한국 영화 산업화를 이끈 블록버스터 영화에 참여하며 1,000만 관객 영화 시대를 주도했다.

안성기는 1982, 1983, 1985년 대종상 남우주연상, 1990년 청룡상 남우주연상, 1994년 대종상 남우주연상, 2006년 청룡상 남우주연상, 2007

년 대종상 남우주연상, 2012년 백상예술대상 영화 부문 남자 최우수연기상 등 1980년대부터 2010년대까지 주요 영화제에서 남우주연상을 받은 유일한 배우이기도 하다. 영화엔터테인먼트 미디어 《더 스크린》이 출연 작품 관객 수, 해당 연도 관객, 주·조연 가중치를 고려해 집계한 1984년부터 2008년까지 25년간의 영화배우 흥행파워 1위는 안성기였다. 이 시기 안성기의 흥행 아성을 넘보는 스타는 존재하지 않았다. 이 때문에 안성기의 배우로서 궤적이 곧 한국 현대 영화사라는 말이 나온다.

1952년 대구에서 태어나 서울에서 성장한 안성기는 다섯 살 때 영화 제작자인 아버지 안화영의 친구인 김기영 감독이 〈황혼 열차〉를 찍으면서 아역 배우가 필요하다고 해 얼떨결에 영화에 출연하게 됐다. 〈황혼 열차〉에서 연기를 잘했다는 소문이 나면서 양주남 감독의 〈모정〉을 비롯한 〈육체의 길〉〈하녀〉〈모자초〉 등 1968년까지 70여 편의 영화에 아역으로 출연했다. 〈10대의 반항〉으로 1960년 샌프란시스코 영화제에서 아역스타상을 받으며 아역 배우로 주목받았다. 고등학생이 되면서 키도 크고 얼굴도 커진 데다 평범하게 살고 싶어 영화계를 떠났다. 외국어대 베트남어과에 진학해 공부한 뒤 베트남에 갈 생각이었지만, 베트남이 공산화하면서 전공을 살릴 수 없는 상황에 직면했다. 진로에 대해 고민하다가 어릴 때부터 한 영화를 다시 하기로 하고 배우의 길에 들어서기 위해 영화 이론도 공부하고 운동을 하면서 몸도 만들었다. 영화 기획을 하던 아버지가 1977년 〈병사와 아가씨들〉 출연을 제안해 이 작품으로 복귀했다. 이후 〈제3 공작〉〈야시〉〈우요일〉에 출연했지만, 주목받지 못했다.

안성기는 성인 배우로 복귀한 이후 영화사들이 흥행성이 높은 외국영화 수입 쿼터를 따내기 위해 질 낮은 반공 영화, 계몽 영화를 쏟아내는 상황에서 하고 싶은 영화를 만나지 못했다. 안성기는 1980년 이장호 감독의 〈바람 불어 좋은 날〉에 출연하면서 영화계에 성공적으로 재진입했다.

박정희 정권의 독재가 극으로 치닫고 유흥업이 번창한 1970년대 한국 영화는 빈사 상태에 빠졌다. 향락적인 사회 분위기를 반영한 호스티스물과 정권의 검열을 피할 수 있는 하이틴물 영화로 1970년대를 근근이 버티었다. 전두환 정권의 권위주의 통치가 이어진 1980년대에는 여성의 남성 편력을 전면에 내세운 에로 영화가 흥행을 이끄는 암담한 상황에서 눈길 끄는 작품이 선보였다. 한국 영화의 전환점이자 한국 리얼리즘 영화의 기념비적 성취로 평가받는 이장호 감독의 〈바람 불어 좋은 날〉이다. 이 영화는 경제의 고속 성장의 어두운 이면과 사회 현실을 가난한 젊은이를 중심으로 밀도 있게 담아낸 사회 비판적 영화였다. 이후 안성기는 도시 빈민의 삶을 사실적으로 그린 이원세 감독의 〈난장이가 쏘아올린 작은 공〉을 비롯한 리얼리즘 계열의 영화부터 인간 내면을 탐구한 임권택 감독의 〈만다라〉에 이르기까지 다양한 색깔의 영화 주연으로 나섰다. 특히 1980년대 초중반 시대의 변화와 사회 현실을 담보한 이장호 감독의 〈어둠의 자식들〉, 배창호 감독의 〈꼬방동네 사람들〉〈고래사냥〉〈적도의 꽃〉〈깊고 푸른 밤〉에 출연하면서 한국 사회를 투영하는 캐릭터를 연기해 한국 영화 대표 배우로 도약했다. 1980년대 중후반부터 1990년대 초반까지 '코리안 뉴웨이브Korean New Wave'라는 새로운 영화 흐름이 형성됐다. 안성기는 박광수 감독의 〈칠수와 만수〉, 이명세 감독의 〈개그맨〉, 정지영 감독의 〈남부군〉, 장선우 감독의 〈성공시대〉에 출연하며 신예 감독들과 함께 한국 영화의 새로운 트렌드를 이끌었다.

1990년대 기획 영화 시대를 만개시킨 〈투캅스〉〈남자는 괴로워〉를 통해 흥행 배우로서의 입지를 굳히는 동시에 코믹 캐릭터를 소화해 배역의 스펙트럼을 확장했다. 〈인정사정 볼 것 없다〉〈축제〉〈태백산맥〉을 통해 광대한 내면 연기의 진면목을 펼쳐 보였다. 사회성 짙은 작품과 코미디 영화를 오가며 맹활약한 안성기는 연기력의 폭과 깊이가 얼마나 넓고 깊은지를 보여줬다.

〈진실 게임〉으로 2000년 대종상 남우주연상을 탄 데 이어 〈무사〉로 2001년 청룡영화상 남우조연상을 받은 것이 상징적으로 드러내듯 2000년 대 이후 〈화려한 휴가〉〈부러진 화살〉〈취화선〉〈실미도〉〈형사 Duelist〉〈화장〉〈사냥〉〈사자〉〈아들의 이름으로〉〈한산: 용의 출현〉〈탄생〉 같은 영화에 주연뿐만 아니라 조연으로도 나서면서 팔색조 배우 안성기 면모를 유감없이 드러냈다. 배우가 나이가 들면 배역이 줄어들면서 특정한 캐릭터로 한정되는데 그런 어려운 상황에서도 새로운 캐릭터에 도전해 관객에게 또 다른 안성기를 보여줬다.

1970년대 후반부터 한국 영화를 이끌며 한국 영화사의 대표 스타로 나선 안성기의 연기는 변화무쌍했다. 가난한 시골 청년부터 타락한 형사, 비전향 장기수, 낭만적인 대통령, 냉혈한적인 북파 부대 지휘관, 깨달음을 얻기 위해 번뇌하는 스님, 순수한 사랑을 하는 청순남, 빨치산 지식인, 고려 시대 무사, 조선 말기 사대부, 5·18 가해자를 단죄하려는 대리운전 기사에 이르기까지 캐릭터의 스펙트럼은 광대하지만, 연기에 있어서 그 어디에도 감정의 과잉이나 상투적인 전형성은 보이지 않았다. 주전자에 들어가면 주전자 모양이 되고 컵에 들어가면 컵 모양이 되는 물 같은 연기를 했기 때문이다. 이 같은 연기력으로 스크린 너머의 관객들에게 캐릭터의 내적 확신과 진정성, 감동을 오롯이 전달했다.

관객은 장르적 특성과 장치를 전면에 내세우는 작품보다 인간과 세상에 관해 이야기하는 영화를 선호하는 안성기의 연기에 대해 '믿고 보는' 차원을 넘어 '믿고 느끼는' 수준까지의 신뢰를 보냈다. 이러한 연기를 할 수 있는 것은 촬영에 최선을 다하기 위해 촬영 전날 뛰지도 않고 빨리 걷지도 않고 큰소리도 지르지 않으며 숨 하나라도 아껴두는 철저한 자세를 견지했기 때문이다.[202]

한편에 대중이 열광하고 숭배하는 영웅 혹은 유사 신으로서의 스타가 있다면 다른 한편에 대중이 굳건히 신뢰하고 친밀감을 느끼는 유사 친구로서의 스타가 있다. 안성기는 두말할 것도 없이 후자에 속한다. 한국인은 그의 모습에서 자기 이미지 혹은 이상화된 자신을 발견한다.

안성기는 대중의 사랑을 받은 스타지만, 한국 대중문화계에서 가장 예외적 스타다. 흔하디흔한 열애설이나 단 한 번의 스캔들도 없었다. 사회적 물의를 일으키거나 불법적인 행동으로 논란을 일으킨 적은 더더욱 없다. 그는 사소한 약속도 늦어본 적이 없고 영화 출연 섭외를 받고 거절할 경우 꼭 직접 만나 거절하고 혈액암 투병 중에도 2022년 9월 열린 '배창호 감독 데뷔 40주년 특별전'에 참석하는 등 바른 생활 그 자체였다. 조각가 오소영과 결혼한 이후 가정적인 면모로 많은 사람의 부러움을 샀다. 1991년부터 오랫동안 유니세프 홍보대사와 친선대사로 활약하면서 어려운 처지의 어린이를 돕는 것을 비롯해 사랑 나눔에도 적극 나섰다. 안성기는 영화인을 멸시하고 딴따라 취급하는 편견을 개선하고 싶어 행동 하나도 흐트러지지 않기 위해 노력했다.[203]

안성기는 화려한 경력과 수입, 인기를 좋아하고 스크린 밖에서 살아나는 배우가 아닌 영화와 연기를 사랑하는 그리고 스크린 속에서 진정으로 살아나는 연기자였기에 값진 스타가 된 것이다. 자신이 하는 연기에 대한 열정과 사랑, 실패와 성공에 일희일비하지 않고 꾸준히 정진하는 자세, 배우로서 초인적인 자기 관리와 철저한 성실성, 빼어난 연기력의 진화, 그리고 다른 배우에게선 찾기 힘든 고유한 육체적 이미지와 특별한 인간적 자질이 안성기를 '국민 배우'라는 수식어의 최적의 적임자로 만들었다. "다음 작품이 최고"라고 말하며 새로운 영화와 캐릭터에 도전해 한국 영화의 역사를 써온 안성기는 대한민국을 대표하는 스타 중의 스타다.

출 연 작

영화

1957	〈황혼 열차〉
1958	〈모정〉
1959	〈10대의 반항〉
1960	〈하녀〉
1961	〈어머님 안심하소서〉
1962	〈모자초〉
1965	〈알개전〉
1977	〈병사와 아가씨들〉
1978	〈제3 공작〉〈야시〉
1979	〈우요일〉
1980	〈바람 불어 좋은 날〉
1981	〈만다라〉〈난장이가 쏘아올린 작은 공〉
1982	〈꼬방동네 사람들〉
1983	〈적도의 꽃〉〈철인들〉〈안개마을〉
1984	〈그해 겨울은 따뜻했네〉〈무릎과 무릎 사이〉〈고래사냥〉
1985	〈깊고 푸른 밤〉〈어우동〉
1986	〈내시〉〈황진이〉〈겨울 나그네〉〈이장호의 외인구단〉
1987	〈기쁜 우리 젊은 날〉
1988	〈성공시대〉〈칠수와 만수〉
1989	〈개그맨〉
1990	〈꿈〉〈남부군〉
1991	〈베를린 리포트〉〈누가 용의 발톱을 보았는가〉
1992	〈하얀 전쟁〉
1993	〈그 섬에 가고 싶다〉〈투캅스〉
1994	〈태백산맥〉
1995	〈남자는 괴로워〉〈영원한 제국〉
1996	〈박봉곤 가출 사건〉〈축제〉
1998	〈아름다운 시절〉〈생과부 위자료 청구 소송〉
1999	〈인정사정 볼 것 없다〉
2000	〈진실 게임〉
2001	〈무사〉
2002	〈취화선〉
2003	〈실미도〉
2004	〈아라한 장풍 대작전〉
2005	〈형사 Duelist〉
2006	〈한반도〉〈라디오 스타〉
2007	〈무곤〉〈하려한 휴가〉
2008	〈신기전〉
2009	〈페어 러브〉
2010	〈7광구〉
2011	〈페이스메이커〉〈부러진 화살〉
2013	〈주리〉
2014	〈신의 한 수〉
2015	〈화장〉
2016	〈사냥〉
2019	〈사자〉
2020	〈종이꽃〉
2021	〈아들의 이름으로〉
2022	〈카시오페아〉〈한량: 용의 출현〉〈탄생〉

(14) 고두심

高斗心 | 1951~

~

방송 3사 연기대상 휩쓴 안방극장의 전설

매년 방송연예과와 연극영화과를 비롯한 대학의 연기 관련 학과를 졸업한 수많은 예비 배우가 쏟아진다. 연예기획사에서 양성한 신인 배우도 부지기수다. 활동하는 현역 연기자는 수만 명에 달한다. KBS, MBC, SBS, tvN, JTBC 등 방송사마다 일 년에 수십 편의 드라마를 내보낸다. 한 드라마에 적게는 수십 명 많게는 수백 명의 연기자가 출연한다. 드라마를 통해 배우 지망생부터 신인, 유명 배우, 스타, 중견·원로 탤런트까지 많은 연기자가 시청자와 만난다. 연기자 지망생과 신인이 넘쳐나고 스타와 중견 연기자가 치열한 경쟁을 벌이기 때문에 방송사 연기대상을 받는 것은 하늘의 별 따기만큼이나 어렵다. 수많은 연기자가 대상 근처에도 가보지 못하고 배우 생활을 마감하는 것이 일반적이다. 1972년 연기를 시작한 이후 50여 년 배우 생활 동안 방송사의 연기대상을 여섯 번 수상한 탤런트가 있다. 1989년 KBS 〈사랑의 굴레〉를 시작으로 1990년 MBC 〈춤추는 가얏고〉, 2000년 SBS 〈덕이〉, 2004년 KBS 〈꽃보다 아름다워〉, MBC 〈한강수 타령〉, 2015년 KBS 〈부탁해요, 엄마〉로 KBS에서 세 차례, MBC에서 두 차례, SBS에서 한 차례, 방송 3사에서 여섯 번의 연기 대상을 수상해 전인미답의 대기록을 세우며 안방극장의 전설을 만들었다. 고두심이다.

1951년 제주에서 나고 자란 고두심은 극장에서 영화를 보며 막연하게 배우의 꿈을 키웠다. 여중·고 시절 내내 고전무용을 해 도 대표로 뽑힐 만큼 재능도 있었다. 학교 연극도 하고 밴드부 활동도 했다. 고등학교 시절 제주도를 찾은 최고 스타 신성일과의 우연한 만남은 꿈 많은 소녀 인생에 전환점이 됐다. 학교 건너편에 위치한 호텔에 모습을 나타낸 신성일이 여학생들의 환호 소리를 듣고 손을 흔드는데 자신만 쳐다보는 것 같아 얼굴이 빨개지면서 서울 가서 꼭 배우가 될 거라는 결심을 굳혔다. 서울에서 대학교에 다니는 오빠 밥을 해주겠다고 상경한 고두심은 집안일을 하면서 무역회사에 다녔다. 3년 정도 회사 생활을 하는데 가슴속에 간직했던 배우의 꿈이 사라지지 않아 결국 아무도 몰래 1972년 MBC 탤런트 공채 문을 두드렸다. 합격하는 순간 고두심은 이내 화려한 스타 신성일처럼 되는 줄 알았다. 하지만 〈수사반장〉 같은 드라마에서 범인, 가정부, 호스티스 등 단역 연기를 하거나 그나마 배역도 없이 녹화장 주변을 서성거리는 신세를 면치 못했다.

　　생계 때문에 무역회사를 다니면서 단역으로 출연하는 탤런트 생활을 계속해야 하나 회의가 들었다. 드라마의 비중 있는 배역 출연 기회가 있었지만, 마지막 결정 단계에서 빼어난 외모의 여배우에게 밀려났다. 설사 주연이 아니지만, 임팩트 있는 캐릭터를 맡았을 때는 너무 떨려 대사를 제대로 못 해 드라마 출연에서 배제되며 좌절감을 안고 살았다. 4년 동안 단역을 전전하며 존재감 없이 지내다 배우의 길을 포기하려던 순간 만난 작품이 〈갈대〉다. 고두심이 이정길을 놓고 김혜자와 삼각관계를 형성하는 유부녀 역을 연기하면서 배우로서의 가능성을 보였다. 이후 출연 작품이 늘었지만, 미혼인 20대 나이에 걸맞은 멜로드라마의 주인공이 아닌 주부, 엄마, 노인 배역이었다. 멜로드라마 주연이 아니기에 시청자와 대중의 화려한 스포트라이트는 받지 못했다. 스타는 멜로드라마에서 주로 배출됐기 때문에 고두심은 스타덤에 오를 기회가 봉쇄됐다.

고두심은 아줌마부터 노인까지 젊은 배우들이 꺼리는 배역을 맡으면서 연기 스펙트럼을 확장하고 연기의 세기를 정교하게 발전시켰다. 이 때문에 현대물, 시대극, 사극 등 다양한 장르를 넘나들며 카리스마 강한 캐릭터부터 평범한 일상성이 드러나는 인물까지 때로는 강렬한 연기력으로 때로는 생활감이 투영된 연기력으로 능수능란하게 소화해낼 수 있었다. 그는 연기를 배워본 적이 없지만, 본능에 가까운 동물적 감각으로 캐릭터에 생명력을 불어넣어 시청자의 눈길을 사로잡기 시작했다. 시청자가 상상할 수 있는 그 어떤 배역에도 자신을 맞추고 모든 연기를 자연스럽게 표현하는 배우가 되었다.

고두심은 "잘났어! 정말"을 유행시킨 화제작 〈사랑의 굴레〉의 신경질적인 주부, 〈춤추는 가얏고〉의 열정과 집념의 예술혼을 불사르는 가야금 명인, 〈덕이〉의 굴곡의 역사에서 질기고 질긴 운명을 헤치며 살아온 어머니, 〈부탁해요, 엄마〉의 자식과 남편을 위해 살아가는 평범한 엄마, 〈한강수타령〉의 재래시장에서 생선 장수를 하며 자식들을 길러내는 억척 엄마 등 연기로 생명력을 불어넣은 다양한 캐릭터로 시청자에게 진정성을 안겼다.

시청자는 고두심이 20년 넘게 연기한 〈전원일기〉의 김 회장댁 맏며느리 모습을 현실 속 인물로 동일시하며 몰입했다. 드라마 〈꽃보다 아름다워〉에서 남편에게 버림받고 모든 것을 자식에게 쏟아부은 후 혼자 고통을 떠안다 치매에 걸려 가슴에 빨간 약을 바르며 "내가 마음이 아파 가지고. 이걸 바르면 괜찮을 것 같아 가지고…"라는 대사를 할 때는 눈물을 흘렸다. 시청자는 고두심의 연기로 살아난 캐릭터에 빠지며 감동한다. 후배 연기자들은 그를 롤모델과 멘토로 삼는다. 그리고 소설가 황석영은 "삶과 연기가 일치되는 이 시대의 최고 아름다운 연기자가 바로 고두심이다"라고 주저 없이 말한다.

고두심은 자애로운 전통적인 어머니상의 김혜자와 결이 다른 한국의 어머니를 표상해 국민적 사랑을 받았다. 산업화와 경제성장 그리고 사회 변화로 초래된 가족 해체로 인한 아버지의 부재 속에서 생활과 가족을 책임지고 희생하는 어머니와 역사의 질곡 속에서도 가정을 지키는 강인한 어머니의 이데올로기와 서사를 체현했다.

배우의 연기는 두 유형으로 구분된다. 철저히 극 중 캐릭터에 자신을 맞추는 사람과 캐릭터에 개성을 투사해 자기 것으로 만들어 표현하는 사람이다. 김영애가 후자라면 고두심은 전자에 속한다. 우선 출연을 결정하고 나면 극 중 인물과 유사한 주변 인물을 만나 성격, 스타일, 언어 특징을 관찰하고 연구한 뒤 캐릭터를 조형하고 연기의 색깔을 드러낸다. 고두심은 "작품의 캐릭터를 맡으면 항상 그 인물의 형상을 그린다. 〈사랑의 굴레〉 할 때 집에서 아들을 혼낸 적이 있었는데 한참 화를 내는 나를 보고 아들이 '엄마, 지금 텔레비전하고 너무 똑같아'라고 말하는 바람에 문밖으로 나가 한참을 웃었다"라고 말한 것처럼 일상생활에서도 극 중 인물로 살아가는 프로 근성을 보인다. 치열하고 철저하게 모든 것을 쏟는 고두심의 연기에서 한번 자맥질에 얼마나 오랫동안 호흡을 끊고 견디느냐가 가족의 생계 문제와 직결될 수밖에 없는 제주 해녀의 강한 생명력을 발견하곤 한다.

고두심은 1976년 연극 〈미란돌리나의 여인들〉과 1979년 영화 〈아침에 퇴근하는 여자〉를 시작으로 지속해서 연극무대에 오르고 영화 촬영에 임했다. 고두심은 배우의 예술이라는 연극에서도, 감독의 예술이라는 영화에서도 그리고 작가의 예술이라는 드라마에서도 매체의 최적화된 연기력으로 관객과 시청자를 붙잡았다.

연기에 대한 열정을 아름답게 펼치는 것처럼 사적 영역에서의 고두심 삶 역시 진지하고 아름답기 그지없다. 스타는 사회적 영향력과 인지도, 이미지, 팬덤을 활용해 여성, 인권, 빈곤, 소수자 문제에 관한 의제를 설정하거나 관심을 촉발해 문제를 해결한다. 고두심은 그의 인기와 영향력을 소녀

가장, 장애인, 미혼모 등 소외 계층에 관한 관심과 사랑을 확대 재생산하는 데 활용했다. "스타는 인격 형성자"라고 한 프랑스 사회학자 에드가 모랭의 말처럼 고두심은 연기를 통해 그리고 사회 활동을 통해 수많은 사람의 인격 형성에 선한 영향을 미쳤다.

고두심은 대중의 열광적인 스포트라이트를 받아 화려하게 스타덤에 오른 배우가 아니다. 50년 넘게 오랜 기간 수많은 작품을 통해 관객과 시청자를 만나면서 사랑받은 스타다. 하나의 노래로, 하나의 작품으로 인기를 끌다가 이내 사라지는 원히트 원더one-hit wonder와 단명의 스타가 홍수를 이루지만, 고두심은 오랜 시간 대중과 함께한 그리고 그들의 인생과 함께한 스타다.

출 연 작

드라마

1975	〈귀로〉
1976	〈정화〉
1977	〈후회합니다〉
1978	〈연지〉 〈주인〉 〈뜨거운 손〉
1979	〈소망〉 〈안국동 아씨〉 〈산이 되고 강이 되고〉
'80-'02	〈전원 일기〉
1981	〈옛날 옛적에〉 〈새아씨〉 〈교동 마님〉
1982	〈거부 실록〉
1983	〈새댁〉
1984	〈조선왕조 500년-설중매〉
1987	〈유혹〉 〈부초〉
1988	〈조선왕조 500년-인현왕후〉
1989	〈사랑의 굴레〉 〈제2공화국〉
1990	〈마당 깊은 집〉 〈춤추는 가얏고〉
1991	〈산 너머 저쪽〉
1992	〈분노의 왕국〉 〈아들과 딸〉 〈남편의 여자〉
1994	〈박봉숙 변호사〉
1995	〈코리아 게이트〉 〈목욕탕집 남자들〉
1996	〈엄마의 깃발〉 〈임꺽정〉
1997	〈내가 사는 이유〉
1998	〈미우나 고우나〉 〈사랑해 사랑해〉
1999	〈사람의 집〉 〈눈물이 보일까봐〉
2000	〈덕이〉 〈엄마야 누나야〉

2001	〈여우와 솜사탕〉〈신화〉	2005	〈엄마〉
2002	〈야인시대〉〈인어 아가씨〉	2006	〈가족의 탄생〉
2003	〈흐르는 강물처럼〉〈연인〉	2009	〈굿모닝 프레지던트〉
2004	〈꽃보다 아름다워〉〈한강수 타령〉	2010	〈그랑프리〉
2005	〈맨발의 청춘〉	2017	〈채비〉
2006	〈얼마나 좋길래〉〈서울 1945〉	2019	〈엑시트〉
	〈눈의 여왕〉	2021	〈빛나는 순간〉
2007	〈깍두기〉〈행복한 여자〉		
2008	〈춘자네 경사났네〉		
2009	〈살맛 납니다〉		
2010	〈거상 김만덕〉〈결혼해주세요〉		
2011	〈반짝반짝 빛나는〉〈내일이 오면〉		
2012	〈불후의 명작〉		
2013	〈최고다 이순신〉〈구암 허준〉		
2014	〈엄마의 정원〉〈전설의 마녀〉		
2015	〈상류사회〉〈부탁해요, 엄마〉		
2016	〈디어 마이 프렌즈〉〈우리 갑순이〉		
2018	〈나의 아저씨〉〈계룡선녀전〉		
2019	〈동백꽃 필 무렵〉		
2021	〈한 사람만〉		
2022	〈우리들의 블루스〉〈커튼콜: 나무는 서서 죽는다〉〈아일랜드〉		

영화

1979	〈아침에 퇴근하는 여자〉
1980	〈깃발 없는 기수〉〈두 여인〉
1983	〈질투〉
1987	〈푸른 계절의 열기〉
1990	〈1990 자유 부인〉
1992	〈이혼하지 않은 여자〉
1993	〈나의 아내를 슬프게 하는 것들〉
2002	〈굳세어라 금순아〉
2004	〈인어 공주〉

(15) 이덕화

李德華 | 1952~

50년 스타의 길 걸은 연예인 2세 배우

　1970년대 드라마 〈결혼 행진곡〉〈재혼〉〈아롱이 다롱이〉와 영화 〈성춘향전〉〈진짜 진짜 미안해〉〈진짜 진짜 잊지마〉〈밤이면 내리는 비〉로 폭발적인 인기를 얻으며 스타덤에 오른 이덕화를 보면서 중장년 대중은 한 배우를 떠올렸다. '한국 영화의 악역 교본'이라는 이예춘이다. 1977년 사망할 때까지 〈피아골〉〈현해탄은 알고 있다〉를 비롯한 200여 편의 영화에 출연한 이예춘은 타의 추종을 불허하는 악역 연기로 이름을 날린 개성파 배우다. 그가 바로 이덕화 아버지다. 이덕화는 1974년 개봉한 영화 〈아름다운 청춘〉에서 아버지 이예춘과 함께 연기 호흡을 맞추기도 했다.

　1970년대부터 연예인에 대한 부정적인 인식이 조금씩 개선되면서 연예인 2세가 배우나 가수로 나서기 시작했고 1980~1990년대 들어 연예인이 막대한 수입을 창출하고 사회적 위상이 올라가면서 연예인 2세의 대중문화계 진출은 홍수를 이뤘다. 심지어 연예인으로 활동하는 부모가 자녀를 연예계에 진출시키기 위해 방송 출연을 돕는 등 적극적인 마케팅까지 나서는 현상도 두드러졌다. 황해의 아들 전영록, 김승호의 아들 김희라, 허장강의 아들 허준호, 독고성의 아들 독고영재, 조항의 아들 조형기, 박노식의 아들 박준규, 김진규의 딸 김진아, 주선태의 아들 주용만, 추송웅의 딸 추상미, 나애심의 딸 김혜림, 김무생의 아들 김주혁을 비롯한 많은 연예인 2세가 배우나 가수로 활동했다. 더 나아가 외조부모 강홍식-전옥, 부모 최무룡-강효실에 이어 배우로 활동하는 최민수를 비롯해 연예인 3세도 연예계에 진입했다.

아버지를 능가하는 활약을 펼치며 스타덤에 오른 이덕화는 1952년 서울에서 나고 자랐으며 1972년 TBC 탤런트 공채를 통해 연기자의 길에 들어섰다. 이덕화는 1970년대 드라마 〈하얀 장미〉〈재혼〉과 영화 〈성춘향전〉〈빨간 구두〉에 출연하며 탤런트 겸 영화배우로 활약했다. 한국 영화는 1960년대 전성기가 끝나고 1970~1980년대 접어들면서 TV 수상기의 보급 확대와 함께 영화 주 관객층인 30~40대 여성이 드라마 시청자로 돌아서고 박정희 정권의 통제와 검열로 창작의 자유가 극도로 위축되면서 침체의 늪에 빠졌다. 여기에 20여 개 제작사가 작품 제작에 열을 올리기보다는 흥행이 일정 정도 담보되는 외국 영화 수입에만 매달리면서 한국 영화는 빈사 상태에 빠졌다. 이런 상황에서 TV 드라마와 영화를 오가며 활동하는 스타가 많았다. 특히 드라마에서 높은 인기를 얻은 탤런트들이 그 인기를 발판으로 영화에 진출하며 드라마와 영화 활동을 병행했다. 1970~1980년대 TV 멜로드라마 주연을 독차지하며 여성에게 인기가 높았던 이정길 노주현 한진희는 영화계에 진출해 다양한 영화 작품에 출연했다. 이덕화 역시 마찬가지다.

1970년대 한국 영화 침체기 상황에서 검열의 칼날을 피하며 그나마 흥행을 이끌었던 영화는 술집에서 일하는 접대부를 주인공으로 내세운 호스티스물과 고교생을 주인공으로 한 하이틴물 영화였다. 이덕화는 하이틴물을 통해 10대들의 열광으로 스타가 됐다. 임예진과 호흡을 맞춘 문여송 감독의 〈진짜 진짜 미안해〉〈진짜 진짜 잊지마〉에서 반항적이지만 여학생을 순수하게 사랑하는 고교생 역을 맡아 큰 인기를 얻었다. 이덕화처럼 하이틴물로 스타가 된 배우는 임예진 김정훈 이승현 강주희 진유영 김보연 손창호 등이다.

이덕화는 드라마와 영화에서 인기를 얻으며 스타로 화려하게 비상하던 1977년 오토바이 사고로 의식불명 상태에 빠졌고 설상가상으로 아버지마저 숨을 거뒀다. 1년여의 투병 끝에 1978년 TBC 드라마 〈파도여 말하라〉로 복귀한 뒤 영화 활동도 재개했다. 이덕화는 1970년대 드라마보다 영화에서 더 두각을 나타냈지만, 1980년대부터 드라마에 역점을 두고 활동했다. 특집극, 단막극, 일일극, 주말극, 미니시리즈 같은 다양한 형태의 드라마와 사극과 시대극, 멜로드라마 등 여러 장르의 작품을 넘나들며 안방극장에서도 정상에 올랐다. 특히 1980년대 일일극에 비해 주제와 서사가 강하고 집중도가 높은 주말극이 드라마의 주요한 흐름을 이끌었는데 이덕화는 스타 작가 김수현의 〈사랑과 진실〉〈사랑과 야망〉과 〈남자의 계절〉 같은 주말극 주연으로 나서 터프한 남성성과 반항적인 면모를 보이면서도 사랑하는 여성을 지키는 순정파 캐릭터로 여성 시청자의 사랑을 독차지했다. 주연으로 나선 영화 〈거리의 악사〉〈접시꽃 당신〉에서도 드라마의 연장선상의 순정과 사랑을 지키는 남자 캐릭터로 관객과 만났다. 이덕화는 1970~1980년대 경제가 고도성장 하면서 가족이 해체되고 가부장 이데올로기가 약화하며 여성들이 욕망을 분출하는 상황에서 새로운 남성 서사를 구현하며 시대의 남성상을 정립했다.

영화와 드라마에서 활동하며 얻은 인기를 바탕으로 이덕화는 예능 프로그램까지 진출해 성공을 거뒀다. 1985년부터 1991년까지 버라이어티쇼 프로그램 MBC 〈토요일 토요일은 즐거워〉 MC로 나서 개성이 두드러진 진행 스타일을 선보이며 높은 시청률을 기록해 진행자로서도 인기를 구가했다. 이덕화는 1990년대 이후 사극과 시대물의 영화와 드라마에 출연하며 선 굵은 연기로 관객과 시청자의 시선을 붙잡았다. 1991년 동학 2대 교주

해월 최시형의 생애를 다룬 임권택 감독의 영화 〈개벽〉에서 분노하는 민중을 이끌며 동학 난을 일으키지만, 관에 진압돼 죽임을 당하는 해월을 남성성이 강하게 드러나는 연기 톤으로 소화해 호평을 받았다. 이덕화는 양반들의 정쟁에 휘말려 사랑하는 여자와 비극적 삶을 마감하는 망나니 역을 맡은 〈살어리랏다〉에선 강렬한 연기력으로 캐릭터의 진정성을 잘 드러내 1993년 제18회 모스크바영화제에서 남우주연상을 받았다. 〈홍길동〉 〈여인 천하〉 〈제5공화국〉 〈대조영〉 〈천추태후〉 〈근초고왕〉 〈무인시대〉 〈궁중잔혹사-꽃들의 전쟁〉 〈옷소매 붉은 끝동〉 같은 사극과 시대극 드라마에서도 카리스마 강한 캐릭터를 소화했다.

또한, 악역의 교본이라고 불린 아버지 이예춘처럼 이덕화도 드라마 〈황금사과〉 〈자이언트〉 〈몬스터〉 〈장사의 신〉에서 탐욕에 눈멀어 살인도 서슴지 않고, 대권을 위해 장애가 되는 세력과 인물을 잔혹하게 제거하는 악역을 연기해 "그 아버지에 그 아들"이라는 찬사를 받았다.

1970년대부터 꾸준히 연예인 2, 3세 배우와 가수, 예능인이 증가하고 1990년대부터 홍수를 이뤘다. 연예인 2, 3세가 대중문화계에 쏟아져 나왔지만, 이덕화처럼 성공하는 경우는 드물다. 연예인으로 데뷔할 때는 연예인 부모의 홍보와 후광 효과가 높아 인지도를 얻는 데는 유리하지만, 대중은 끊임없이 부모와 비교하며 평가를 한다. 부모보다 뛰어나지 않으면 대중은 차가운 시선을 보낸다.

이덕화는 개성 강한 악역으로 한국 영화사에 강렬한 존재감을 드러낸 아버지 이예춘을 넘어서는 연기자로 평가받았다. 악역을 주로 한 아버지와 달리 이덕화는 일상적인 캐릭터부터 카리스마 강한 주인공까지 다양한 캐릭터를 넘나들며 정교한 감정의 문양이 요구되는 내면 연기와 카리스마가 드러난 연기력을 능수능란하게 선보여 관객과 시청자에게 2세 연예인이 아닌 진정한 스타 배우로 인정받았다.

출연작

드라마

1975	〈하얀 장미〉
1976	〈행복의 조건〉〈결혼 행진곡〉
1977	〈재혼〉
1980	〈아롱이 다롱이〉〈촛불의 축제〉 〈고독한 관계〉
1982	〈미련〉〈여인열전-서궁 마마〉
1983	〈아버지와 아들〉
1984	〈사랑과 진실〉
1985	〈남자의 계절〉
1987	〈사랑과 야망〉
1989	〈철새〉〈행복한 여자〉
1990	〈사랑의 종말〉
1992	〈모래 위의 욕망〉
1994	〈한명회〉
1995	〈LA아리랑〉
1997	〈이웃집 여자〉
1998	〈홍길동〉
1999	〈마법의 성〉
2000	〈경찰 특공대〉
2001	〈여인 천하〉
2003	〈무인 시대〉〈올인〉
2004	〈황태자의 첫사랑〉
2005	〈제5공화국〉〈황금사과〉
2006	〈대조영〉
2009	〈천추태후〉
2010	〈근초고왕〉〈자이언트〉
2011	〈스파이 명월〉〈마이더스〉
2012	〈샐러리맨 초한지〉〈메이퀸〉
2013	〈비밀〉〈야왕〉〈궁중 잔혹사-꽃들의 전쟁〉
2014	〈호텔킹〉
2015	〈하이드 지킬, 나〉〈장사의 신〉 〈빛나거나 미치거나〉
2016	〈몬스터〉
2017	〈최고의 한방〉〈피고인〉〈이판사판〉
2018	〈착한 마녀전〉
2021	〈옷소매 붉은 끝동〉
2022	〈사내 맞선〉〈천원짜리 변호사〉
2023	〈스틸러: 일곱 개의 조선통보〉 〈7인의 탈출〉

영화

1974	〈아름다운 청춘〉
1975	〈빨간 구두〉
1976	〈성춘향전〉〈푸른 교실〉〈7인의 말괄량이〉〈진짜 진짜 미안해〉 〈진짜 진짜 잊지마〉〈이런 마음 처음이야〉
1977	〈이다음에 우리는〉〈첫눈이 내릴 때〉
1979	〈내일 또 내일〉〈밤이면 내리는 비〉〈우리는 밤차를 탔습니다〉
1982	〈대학 얄개〉
1984	〈동반자〉
1987	〈거리의 악사〉
1988	〈접시꽃 당신〉
1989	〈행복은 성적순이 아니잖아요〉 〈불의 나라〉

1990	〈물 위를 걷는 여자〉 〈나는 날마다 일어선다〉
1991	〈개벽〉
1993	〈살어리랏다〉
1996	〈큐〉

(16) 정윤희

丁允姬 | 1954~

한국 영화 침체기 흥행 이끈 미녀 스타

스타가 되기 위해 필요한 요소는 무엇일까. 에드가 모랭Edgar Morin은 스타가 되는 데 요구되는 자질로 소질, 미모와 젊음, 대담함, 행운을[204] 그리고 엠마누엘 레비Emmanuel Levy는 신체적 용모, 젊음, 연기력, 대중이 선호하는 이미지를 꼽았다.[205] 두 사람 모두 스타의 자질로 중요하게 여긴 것이 외모다.

1960년대 중후반부터 1970년대 초반까지 스크린을 수놓은 1대 여배우 트로이카, 문희 남정임 윤정희도 분위기가 다른 미모로 관객의 시선을 끌었으며 이들의 뒤를 이어 1970년대 초중반부터 활동에 돌입한 2대 트로이카, 유지인 장미희 정윤희도 빼어난 외모로 각광받으며 스타덤에 올랐다. 1970년대 초반 문희와 남정임이 결혼과 함께 은퇴하면서 1대 트로이카 체제가 무너지고 1970년대 초중반 유지인 정윤희 장미희가 잇달아 대중 앞에 나서며 새로운 여배우 트로이카 판도를 형성해 한국 영화에 활력을 불어넣었다. 이미지와 캐릭터의 성격, 연기의 질감이 사뭇 다른 정윤희 유지인 장미희, 세 명의 여자 스타는 한국 영화 침체기 상황에서도 영화 흥행을 이끌었고 TV 드라마 인기도 견인했다. 이들은 산업화와 도시화의 어두운 이면에 놓인 여성의 비극적 서사를 드러내며 대중의 눈길을 끌었다.

1973년 TBC 탤런트로 데뷔한 유지인(본명 이윤희)은 1974년 박종호 감독의 〈그대의 찬 손〉 주연 공모를 통해 영화배우가 됐다. 〈마지막 잎새〉〈생사의 고백〉〈내가 버린 남자〉에 출연했고 1979년 〈심봤다〉로 대종상 여우주연상을 수상한 유지인은 1980년대 들어 두드러진 활약을 펼쳤다. 이장호 감독의 〈바람 불어 좋은 날〉, 이두용 감독의 〈피막〉을 비롯해 1980년에만 15편의 영화 주연으로 나선 것을 비롯해 결혼과 함께 활동을 중단한 1988년까지 43편의 영화에 출연했다. 큰 키, 빼어난 몸매, 또렷한 이목구비를 갖춘 유지인은 서구적 외모로 영화에서 현대적 여성 캐릭터를 잘 표출했다.

TBC 탤런트로 활동하던 장미희(본명 장미정)는 1976년 박태원 감독의 〈성춘향전〉 신인 공모를 통해 영화배우로 선을 보인 뒤 1977년 김호선 감독의 〈겨울 여자〉에서 성녀와 마녀의 성격을 가진 이화라는 캐릭터를 통해 현대 여성의 파격적인 성 모럴을 보여주며 흥행에 성공해 스타덤에 올랐다. 〈갯마을〉〈야시〉〈나팔수〉〈적도의 꽃〉〈깊고 푸른 밤〉〈사의 찬미〉에 출연했고 2000년대 이후에도 왕성하게 영화와 드라마를 오가며 대중을 만났다. 서구적 외모의 유지인과 달리 장미희는 동양적 미인형으로 연기의 폭이 넓고 변신을 자유자재로 했다.

1975년 이경태 감독의 〈욕망〉으로 영화배우가 된 정윤희는 1970년대 홍수를 이룬 호스티스물인 박호태 감독의 〈나는 77번 아가씨〉와 정인엽 감독의 〈꽃순이를 아시나요〉 주연으로 나서며 보호 본능을 자극하는 특유의 청순미로 숱한 남성 팬의 가슴을 설레게 하며 스타가 됐다. 정윤희는 1980년 〈뻐꾸기도 밤에 우는가〉와 1981년 〈앵무새 몸으로 울었다〉로 2년 연속 대종상 여우주연상을 수상했고 35편의 영화와 10여 편의 드라마를 남긴 채 1984년 결혼과 함께 연예계를 떠났다.

1954년 경남 통영에서 출생하고 부산에서 성장한 정윤희는 중고교 시절부터 남다른 미모로 명성이 자자했다. 영화배우로 진로를 결정한 다음 서울에서 영화 출연을 알아보다가 1975년 이경태 감독의 〈욕망〉에 캐스팅되어 데뷔했다. 〈청춘 극장〉 등 영화에 출연하며 배우로서 기반을 다졌다. 해태제과 CF 전속모델로 나서면서 그의 빼어난 외모를 대중에게 알리는 동시에 해맑은 이미지를 조형했고 여자 톱스타가 주로 모델로 나선 화장품 CF에도 연속적으로 출연해 스타성을 드러냈다.

1970년대 중후반 한국 영화 흥행을 이끌었던 하이틴물과 호스티스물에 연이어 출연하면서 인기를 얻었다. 하이틴물 〈고교 얄개〉 〈얄개 행진곡〉에선 밝고 환한 이미지를 드러내고 호스티스물 〈77번 아가씨〉 〈꽃순이를 아시나요〉에선 시골에서 서울로 올라와 공장 생활을 전전하다 유흥가로 흘러든 술집 여종업원 캐릭터를 통해 1970년대 산업화의 어두운 이면에 놓였던 여성들의 서사를 전달하며 청순가련한 이미지를 표출해 흥행을 견인했다. 정윤희의 육감적인 몸매를 현시하며 토속적 에로티시즘을 보여준 〈뻐꾸기도 밤에 우는가〉와 〈앵무새 몸으로 울었다〉를 통해 연기력을 어느 정도 인정받아 '얼굴만 예쁜 배우'에서 '외모와 연기력을 겸비한 배우'로 관객에게 다가갔다.

정윤희는 영화뿐만 아니라 1970년대 후반부터 TV 드라마에도 진출해 인기 스타로서 면모를 보였다. 라디오 연속극을 원작으로 한 드라마 〈청실홍실〉과 폭발적인 반응으로 방송 시간 수돗물 사용량까지 감소시킨 〈야! 곰례야〉 같은 드라마 주연으로 나서 높은 시청률을 기록했다. 여기에 1970년대 최고 인기 예능 프로그램 〈쇼쇼쇼〉 MC로도 활약하며 시청자의 눈길을 사로잡았다.

정윤희의 연기자로서의 강점이자 스타화의 밑거름은 빼어난 외모와 육감적 몸매다. 정윤희는 꾸미거나 가공하지 않은 원시적인 미모의 소유자다. 원형의 얼굴에 해맑은 눈, 알맞게 자리 잡은 코, 두툼한 입술은 감성적 백치미의 전형이었다. 정윤희는 데뷔 후 한동안 카메라 앞에서 연기하지 않더라도 얼굴만으로도 배우로서 존재를 알렸던 스타다.

〈도시의 사냥꾼〉〈가을비 우산 속에〉에서 정윤희와 연기 호흡을 맞췄던 신성일은 "정윤희는 얼굴과 몸매가 빈틈없이 균형 잡힌 미인형이다"라고 했고 세계적인 홍콩 스타 성룡은 "정윤희의 외모에서는 청순함과 섹시함이 동시에 느껴진다"라고 말했다. 1984년 도쿄 세계가요제 시상자로 초청돼 일본을 방문한 정윤희는 빼어난 외모에 반한 일본 영화사와 방송사의 수많은 작품 출연 제의를 받았다.[206] 유지인 장미희도 미모가 출중했지만, 정윤희의 외모는 차원이 달랐다. 정윤희의 미모는 스타성과 대중 특히 남성 팬덤의 가장 큰 원동력이었다.

정윤희처럼 한국 여배우 중 빼어난 외모를 발판으로 스타덤에 오른 배우가 적지 않다. 1950~1960년대 김지미 문희 윤정희 남정임, 1970년대 유지인 장미희 김창숙, 1980년대 황신혜 김희애 전인화, 1990년대 고현정 이영애 심은하 김희선 고소영, 2000~2020년대 손예진 송혜교 전지현 김태희 신민아 한가인 수지 등이 빼어난 외모를 발판으로 스타로 부상한 여배우다. 이들과 견주어도 정윤희의 미모가 앞선다는 평가를 받는다.

톱스타 정윤희는 대중과 대중매체의 관심사였기에 일거수일투족이 기사화되고 가십과 스캔들도 보도됐다. 그런 와중에 1984년 이혼 소송 중이던 조규영 중앙건설 회장과 간통 사건에 휘말리며 세상을 놀라게 했다. 이 일로 유치장에 수감되며 언론의 집중 조명을 받기도 했던 정윤희는 1984년 12월 24일 조 회장과 결혼식을 올린 뒤 전격적으로 은퇴했다. 장미희는 데뷔 이후 지속해서 작품 활동을 했고 유지인은 결혼과 함께 활동을 중단했다가 이혼과 함께 복귀해 배우 활동을 재개했다.

하지만 정윤희는 결혼 이후 대중매체에 전혀 모습을 드러내지 않고 가정생활에만 전념했다. 미국 유학 중이던 아들이 2011년 사망했을 때와 2014년 조 회장의 업체가 자금난으로 법정 관리에 들어가면서 언론 지상에 간단하게 언급됐을 뿐이다.

　연예계를 떠난 지 오래됐지만, 영화나 드라마, CF를 통해 그를 접한 많은 사람이 여전히 정윤희를 좋아하며 열광한다. 2011년 방송된 MBC 다큐멘터리 〈우리가 사랑한 배우-카페 정윤희〉를 제작한 최윤석 PD는 "정윤희는 한 시대의 판타지이자 동경의 대상이었던 스타였다"라고 했다.

출 연 작

영화

1975	〈욕망〉 〈청춘 극장〉
1976	〈목마와 숙녀〉
1977	〈고교 얄개〉 〈얄개 행진곡〉 〈임진왜란과 계월향〉
1978	〈나는 77번 아가씨〉
1979	〈도시의 사냥꾼〉 〈꽃순이를 아시나요〉 〈가을비 우산 속에〉
1980	〈내가 버린 여자 2〉 〈최후의 증인〉 〈뻐꾸기도 밤에 우는가〉
1981	〈사랑하는 사람아〉 〈앵무새 몸으로 울었다〉
1982	〈여자와 비〉 〈진아의 벌레 먹은 장미〉 〈정부〉
1983	〈안개 마을〉 〈마음은 외로운 사냥꾼〉 〈약속한 여자〉
1984	〈동반자〉 〈사랑하는 사람아 2〉

1979	〈야! 곰례야〉 〈고독한 관계〉
1980	〈동녀 미사〉 〈축복〉
1981	〈혼자 사는 여자〉 〈물망초〉
1982	〈고백〉 〈세 자매〉
1983	〈청춘 행진곡〉
1984	〈독립문〉

드라마

1976	〈맏며느리〉
1977	〈청실홍실〉

(17) 이미숙

李美淑 ｜ 1960~

영화 · 드라마의 여성 차별 이겨낸 연기자

1960년대 한국 영화 전성기를 이끈 1대 트로이카 문희 남정임 윤정희, 1970년대 한국 영화 침체기에도 흥행을 주도했던 2대 트로이카 정윤희 유지인 장미희에 이어 1980년대도 새로운 여배우 트로이카가 출현해 영화와 TV 드라마를 오가며 맹활약했다. 영화배우 트로이카 원미경 이미숙 이보희는 빈사 상태에 빠진 1980년대 한국 영화의 부활을 위해 노력했고 탤런트 트로이카 원미경 이미숙 정애리는 TV 드라마 시청률 경쟁이 치열한 가운데 시청자의 관심을 끌기 위해 고군분투했다. 이들 트로이카 여배우는 시대와 사회 변화에 조우하거나 불화하는 캐릭터와 페르소나, 이미지로 대중을 만나며 눈길을 끌었다.

1978년 미스롯데를 거쳐 TBC 탤런트가 된 원미경과 이미숙, 1978년 KBS 탤런트 공채를 통해 연기자가 된 정애리, 그리고 1979년 MBC 탤런트 공채로 연기를 시작한 이보희, 이들은 탤런트로 연기를 시작해 드라마와 영화를 오가며 스타덤에 오른 연기자라는 공통점이 있다.

원미경은 고등학교 3학년 때인 1978년 미스롯데 선발대회에서 1위로 입상하며 TBC 탤런트로 나서 특집극 〈파도여 말하라〉를 통해 배우 활동을 시작했다. 1979년 〈밤의 찬가〉로 영화에 데뷔하고 곧바로 영화 〈청춘의 덫〉 주연으로 나서 대종상 신인상을 수상했다. 1982년 연애 관련 스캔들에 휘말려 출연 중인 드라마에서 중도 하차하며 배우 생활에 위기를 맞았으나 이후 드라마 〈대명〉〈간난이〉〈사랑과 진실〉과 영화 〈자녀목〉〈빙점 81〉〈여인 잔혹사 물레야 물레야〉〈변강쇠〉에 출연하며 인기를 회복했다. 토속적인 에로 영화를 통해 동양적인 미모와 카리스마를 보이며 강렬한 존재감을 드러냈다. 무엇보다 캐릭터를 현실 속 인물로 수용하게 만드는 탄탄한 연기력을 갖춰 트로이카 중에서 인기 면이나 활동 면에서 가장 앞서 나갔고 1980년대 초반 활동하던 톱스타 정윤희 유지인 장미희와 어깨를 나란히 하며 1980년대 최고 스타로 자리했다. 1990년대까지 왕성한 활동을 하다 2003년 가족과 함께 미국으로 건너간 뒤 활동을 중단했다가 2016년 드라마 〈가화만사성〉과 2020년 드라마 〈아는 건 별로 없지만 가족입니다〉를 통해 시청자와 다시 만났다.

이보희(본명 조영숙)는 1979년 MBC 공채 탤런트로 출발해 사극 〈안국동 아씨〉로 데뷔한 뒤 드라마에 출연하다 스타 감독 이장호에게 발탁돼 1982년 〈일송정 푸른 솔에〉를 통해 영화배우로 선을 보이며 대종상 신인여우상을 받았다. 이후 이장호 감독과 콤비를 이루어 〈바보 선언〉〈무릎과 무릎 사이〉〈어우동〉〈이장호의 외인구단〉〈나그네는 길에서도 쉬지 않는다〉 같은 1980년대 사회 현실을 비판적으로 드러낸 영화와 에로 영화의 주연을 병행하면서 스크린 스타로 각광받았다. 1990년대 이후 TV 드라마에 치중해 〈내가 사는 이유〉〈여인 천하〉〈하늘이시여〉〈서울 1945〉〈왜그래 풍상씨〉〈오케이 광자매〉 등에 출연하며 시청자의 사랑을 받았다.

TV 드라마에서 원미경 이미숙과 시청률 경쟁을 하며 탤런트 트로이카로 활약한 정애리는 10대부터 주연으로 나서며 드라마에 화려하게 데뷔했다. 1980년대 KBS에서 MBC로 옮겨 〈안녕하세요〉〈제1공화국〉〈아버지와 아들〉〈잠들지 않는 나무〉〈사랑과 진실〉〈배반의 장미〉 등 1980년대 드라마 흐름을 주도했던 주말극과 미니시리즈에 출연하며 최고 인기 탤런트가 됐다. 차분하고 지적인 이미지가 강점으로 이러한 분위기를 살리는 캐릭터로 시청자의 관심을 모았다. 물론 정애리도 〈우산 속의 세 여자〉〈들개〉 같은 영화에 출연했으나, 드라마만큼 인기는 얻지 못했다.

1960년 충북 단양에서 태어나 서울에서 자란 이미숙은 원미경과 함께 1978년 미스롯데 선발대회 입상을 통해 TBC 탤런트가 된 후 1979년 드라마 〈마포나루〉에 출연하며 연기 활동을 시작했다. 1980년대 〈달동네〉〈여인열전-장희빈〉〈여인열전-황진이〉〈물보라〉〈불새〉〈조선왕조 500년-설중매〉 같은 드라마에서 강렬한 배역을 잘 소화해 스타덤에 올랐다. 1980년 영화 〈모모는 철부지〉로 영화계에 입문한 후 〈불새〉에서 주연으로 활약하며 영화배우로서도 존재감을 드러냈다. 1984년 〈고래사냥〉에서 벙어리 창녀 역을 연기해 스크린 스타 자리마저 차지했다. 이후 〈내시〉〈겨울 나그네〉〈그해 겨울은 따뜻했네〉〈뽕〉을 통해 청순한 여성과 관능적인 여인, 양극단의 캐릭터를 오가며 관객을 만났다. 데뷔 초반에는 원미경에게 인기도에서 밀렸으나 드라마와 영화의 연이은 흥행과 함께 최고 스타 반열에 올랐다.

이미숙의 진가는 나이 들어 더 발휘됐다. 여자 배우는 결혼과 나이 때문에 배역의 제한을 받는다. 남자 배우에게 없는 성차별과 결혼 이후 육아, 가사와 연기를 병행하는 어려움도 뒤따른다. 미국 할리우드 스타 데브라 윙거Debra Winger는 결혼과 출산으로 잠시 스크린을 떠났다가 불혹의 나이에 복귀했지만, 배역 제한 때문에 이내 영화계를 떠나 은둔생활을 해 큰 충격을 줬다. 미국 할리우드 여자 스타에게 나이와 결혼은 캐릭터의 제한 요인으로 작용한다. 한국 상황은 더 심각하다. 젊은 배우 선호 현상이 심하고 여자 스타 인기 수명이 짧아진 데다 흥행을 주도하는 남자 스타 의존도가 높은 방송계와 영화계 환경 때문에 여배우가 결혼하거나 40~50대에 접어든다는 것은 주연에서 밀려나는 것을 의미한다. 결혼한 남자 배우와 40~60

대 남자 스타가 드라마와 영화 주연으로 맹활약하는 것과 대조를 이룬다.

이미숙은 "결혼 후 상당 기간 연기하지 않았다. 결혼하면서 들어오는 배역이 마음에 들지 않았다. 여배우는 결혼하면 캐릭터 제한이 많다. 부당한 편견과 싸웠다"라고 했다. 이미숙은 TV와 영화에서 10~30대 배우와 남자 스타 지상주의가 판치는 것에 반기를 들었다. 배역을 맡으면 캐릭터를 다양하게 연구하고 분석해 연출자와 감독이 원하는 것을 잡아내는 노력으로 배역의 한계를 극복했다. 몸매와 외모 관리도 철저하게 하며 나이와 결혼으로 여배우에게 가해지는 배역 차별도 이겨냈다. 이러한 치열함으로 기혼 여성과 나이 든 여배우에게 가해지는 한계를 넘어섰다. 무엇보다 드라마와 영화의 새로운 배역을 개척하며 결혼하고 나이 든 배우가 맡을 수 있는 여성 캐릭터의 스펙트럼 확장에 노력을 기울였다. 그의 나이 마흔셋이던 2003년 영화 〈스캔들: 남녀상열지사〉에 서른다섯의 최고 인기 스타 배용준과 어깨를 나란히 하며 주연으로 나섰고 50대의 나이에도 드라마 〈사랑비〉〈돈꽃〉 주연으로 활약했다. 이미숙 행보 덕분에 한국 여배우가 나이 들어서도 맡을 주연 캐릭터가 많아졌다.

여배우에게 가해지는 차별에 굴복하지 않고 탄탄한 연기력과 뛰어난 캐릭터 창출력, 외모와 몸매 관리로 새로운 캐릭터를 개척한 이미숙은 "60~70대에도 베드신을 하는 멜로 주인공 연기를 하고 싶다"라고 했다. 스타 이미숙의 꿈이 허황한 바람이 아니라는 것이 입증되는 대중문화 환경이 성숙하고 발전된 모습이다. 이것이 여자 스타와 한국 대중문화의 경쟁력을 높이는 길이기도 하다.

1960년대 문희 남정임 윤정희, 1970년대 정윤희 장미희 유지인, 1980년대 이미숙 원미경 이보희가 트로이카 여배우 시대를 이끌었다. 1990년대 이후에는 대중매체에서 억지스러운 상업적 마케팅으로 트로이카 범주를 작위적으로 설정했지만, 1980년대 이미숙 원미경 이보희를 마지막으로 영화

여배우 트로이카 시대는 막을 내렸다. 1990년대 이후 대중문화 시장이 폭발적으로 성장하면서 개성과 이미지가 다양한 스타가 활약했고 스타의 인기 수명이 짧아지면서 특정한 몇 명의 스타가 영화를 장기간 장악할 수 없는 상황이 도래했기 때문이다.

이미숙은 '3대 트로이카'라는 수식어를 넘어 여배우에게 가해지는 차별과 한계를 극복하며 50~60대에 접어든 2010~2020년대에도 드라마와 영화의 주연으로 나선 스타다.

출연작

드라마

1979	〈마포나루〉〈이조여인 오백년사 -원앙 별곡〉
1980	〈달동네〉
1981	〈안녕하세요〉〈여인열전-장희빈〉
1982	〈여인열전-황진이〉
1983	〈저 별은 나의 별〉
1984	〈조선왕조 500년-설중매〉〈물보라〉
1985	〈아무렴 그렇지, 그렇고말고〉
1987	〈불새〉
1988	〈은혜의 땅〉
1989	〈상처〉
1991	〈고개 숙인 남자〉
1993	〈댁의 남편은 어떠십니까〉
1994	〈도깨비가 간다〉
1997	〈달팽이〉
1999	〈퀸〉〈남의 속도 모르고〉
2002	〈고독〉
2005	〈사랑공감〉
2006	〈위대한 유산〉
2008	〈에덴의 동쪽〉
2009	〈자명고〉
2010	〈신데렐라 언니〉〈웃어요, 엄마〉
2011	〈천일의 약속〉
2012	〈사랑비〉
2013	〈미스코리아〉〈최고다 이순신〉
2014	〈장밋빛 연인들〉
2016	〈질투의 화신〉
2017	〈사랑의 온도〉〈돈꽃〉
2018	〈기름진 멜로〉〈그녀로 말할 것 같으면〉
2022	〈법대로 사랑하라〉〈디 엠파이어: 법의 제국〉
2023	〈패밀리〉

영화

1980	〈모모는 철부지〉〈불새〉
1981	〈가슴 깊게 화끈하게〉〈이 깊은 밤의 포옹〉
1982	〈내가 사랑했다〉
1983	〈엑스〉〈이상한 관계〉
1984	〈고래사냥〉〈그해 겨울은 따뜻했네〉
1985	〈바람 난 도시〉
1986	〈봉〉〈겨울 나그네〉〈가을을 남기고 간 사랑〉〈내시〉
1987	〈거리의 악사〉〈유정〉
1998	〈정사〉
2000	〈단적비연수〉
2001	〈베사메 무쵸〉
2002	〈울랄라 씨스터즈〉
2003	〈스캔들: 남녀상열지사〉
2008	〈뜨거운 것이 좋아〉
2013	〈여배우들〉〈배꼽〉
2015	〈특종: 량첸 살인기〉

(18) 강수연

姜受延 | 1966~2022

월드 스타 지위 획득한 배우

2022년 5월 5일 한 스타 배우가 뇌출혈로 쓰러졌다. "빨리 쾌차해서 작품을 통해 다시 만나고 싶습니다" "건강을 회복해 팬들 곁으로 꼭 돌아오세요" "얼른 일어나 평생 사랑하던 한국 영화를 더 빛내주세요"…배우 설경구 문소리, 영화감독 임권택 류승완, 영화제작자 심재명을 비롯한 수많은 영화인과 팬, 대중의 간절한 바람을 뒤로한 채 2022년 5월 7일 56세라는 한창 활동할 나이에 하늘의 별이 됐다. 한국 영화를 세계에 알린 월드 스타 강수연이다.

1980년대까지 한국 영화는 세계 영화의 변방이었고 국제영화제에서 주목받지 못했다. 세계 3대 영화제인 칸국제영화제, 베를린국제영화제, 베니스국제영화제에서 한국 영화 수상은 찾아보기 힘들었다. 1980년대 이전까지 한국 영화가 3대 영화제에서 수상한 것은 1961년 베를린영화제에서 〈마부〉의 명예상 성격의 특별 은곰상 수상이 유일했다. 구로사와 아키라黑澤明 감독의 〈라쇼몽〉이 1951년 베니스영화제에서 황금사자상을 받고 기누가사 데이노스케衣笠貞之助 감독의 〈지옥문〉이 1954년 칸영화제에서 황금종려상을 차지하고 이마이 다다시今井正 감독이 〈무사도〉로 1963년 베를린영화제에서 황금곰상 트로피를 거머쥐는 등 일본 영화가 3대 국제영화제에서 대상을 석권한 것과 큰 대조를 이뤘다.

　1987년 베니스영화제에서 임권택 감독의 〈씨받이〉로 강수연이 여우주연상을 수상하면서 세계 3대 영화제에서 한국 영화의 존재를 본격적으로 알렸다. 강수연은 세계 4대 영화제 중 하나인 모스크바영화제에서도 1989년 〈아제 아제 바라아제〉로 여우주연상을 받으며 월드 스타로 비상했다. 2000년대 이후 한국 영화는 발전을 거듭하면서 베니스영화제의 황금사자상과 칸국제영화제의 황금종려상, 아카데미영화제의 작품상 수상 등 괄목할만한 성과를 내며 한국 영화사뿐만 아니라 세계 영화사를 새로 썼다. 또한, 전도연이 〈밀양〉으로 2007년 칸영화제 여우주연상을, 김민희는 〈밤의 해변에서 혼자〉로 2017년 베를린영화제 여우주연상을, 윤여정이 〈미나리〉로 2021년 아카데미영화제 여우조연상을, 그리고 송강호가 〈브로커〉로 2022년 칸영화제 남우주연상을 차지하는 등 한국 배우의 활약도 두드러졌다. 강수연의 수상이 기폭제가 된 셈이다. 베니스영화제와 모스크바영화제의 여우주연상 수상은 한국 영화사의 전환점이자 강수연 신화를 탄생시킨 일대 사건이었다.

　1966년 서울에서 나고 자란 강수연은 길거리에서 캐스팅돼 다섯 살 때부터 TBC 전속 탤런트로 활동하면서 연기자의 길을 걷기 시작했다. 1971년 〈똘똘이의 모험〉을 시작으로 〈오성과 한음〉〈바람돌이 장영실〉을 비롯한 많은 드라마에 출연하며 아역 배우로 시청자의 눈길을 끌었다. 1976년 〈나는 고백한다〉를 통해 영화에 데뷔한 뒤 〈별 3형제〉〈슬픔은 이제 그만〉에서 어려운 상황에 굴하지 않는 강인한 소녀를 연기하며 아역 스타로 관객의 사랑을 받았다. 강수연은 1983년 드라마 〈고교생 일기〉를 통해 채시라 최재성 손창민 하희라 조용원과 함께 여고생 역을 맡아 청소년 시청자에게 인기를 얻어 하이틴 스타로 주목받았다. 강수연은 고등학교를 졸업하고 1985년 출연한 영화 〈고래사냥 2〉에서 기억상실증에 걸린 소매치기 여자 역을 연기하며 아역 배우에서 성인 연기자로 성공적으로 자리 잡았다.

강수연은 1980년대 후반부터 다양한 영화 주연을 통해 놀라운 변신을 거듭하며 완벽한 성인 연기자로 확고한 입지를 다졌을 뿐만 아니라 국내 스타를 넘어 월드 스타로 화려하게 비상했다. 무엇보다 폭넓은 연기력으로 한국 영화의 지평을 확장한 새롭고 독창적인 캐릭터를 소화해 높은 평가를 받았다. 1987년 〈우리는 지금 제네바로 간다〉에서 고달픈 삶을 살아가는 창녀 역을 연기하며 섬세한 내면 연기를 펼쳐 대종상 여우주연상을 받았고 〈씨받이〉에선 조선 시대 양반가의 대를 잇기 위해 씨받이로 갔다가 신분을 망각한 채 양반가 남자를 사랑하다 애를 낳고 쫓겨나 자살하는 가부장 질서에 유린당하는 여성 역을 잘 표출해 동양 배우 최초로 베니스영화제에서 여우주연상을 수상했다. 〈미미와 철수의 청춘스케치〉의 풋풋한 사랑을 하는 발랄한 여대생, 〈연산군〉의 뇌쇄적인 장녹수 같은 성격이 전혀 다른 캐릭터를 맡아 카멜레온 연기력을 보이며 1980년대 최고 여자 스타가 되었다. 1989년 개봉된 〈아제 아제 바라아제〉에선 속세의 업보를 뒤로한 채 번뇌를 안고 수도자의 길을 가려는 여성을 연기해 모스크바국제영화제에서 여우주연상을 받아 한국 영화 스타의 상징이 되었다. 〈씨받이〉〈아제 아제 바라아제〉의 임권택 감독은 "강수연은 천부적 소질과 깊이 있는 매력을 갖고 있고 연기를 향한 집념이 매우 강한 배우다"라고 설명한다.

1990년대 들어 〈추락하는 것은 날개가 있다〉〈베를린 리포트〉〈경마장 가는 길〉〈그대 안의 블루〉〈그 남자 그 여자〉〈무소의 뿔처럼 혼자서 가라〉〈처녀들의 저녁 식사〉를 통해 1980년대 한국 영화의 인물과 전혀 다른 1990년대의 감각과 정서, 사회의 변화를 담보한 개인주의적이고 포스트모던한 캐릭터를 소화하며 시대의 아이콘이 되었다. 강수연은 2001년 사극 드라마 〈여인 천하〉에서 권모술수에 능한 정난정을 카리스마 강한 연기력으로 소화해 SBS 연기대상까지 거머쥐며 안방극장까지 정복했다.

강수연은 1980년대 중후반부터 1990년대까지 영화에서 여성 단독 주연으로 나서거나 남자 주연을 압도하는 활약을 펼친 여자 스타다. 라이벌을 허용하지 않은 톱스타로서 흥행과 연기력, 두 마리 토끼를 잡으며 남녀 배우 통틀어 영화에서 최초로 억대 출연료를 받는 기록을 세웠다. 보통 남녀 배우가 주연으로 나설 때 남자 스타가 여자 스타보다 1.5~2배 정도의 출연료를 받는 것이 일반적인 관행이었는데 강수연이 이 관행을 깬 여자 스타다. 강수연은 2001년 드라마 〈여인 천하〉 주연으로 나설 때도 회당 600만 원을 받으며 당시 드라마 최고 출연료 기록을 수립했다. "아역 배우 출신은 성인 배우로 성공하기 힘들다"라는 속설을 깨고 아역스타에서 최고 성인 스타로 성장한 배우도 강수연이다. 강수연은 유아 때부터 드라마에 출연해 초등학교, 중학교, 고등학교 시절 인기 많은 영화와 드라마를 오가며 아역 스타가 됐다. 아역 스타 이미지가 강할수록 성인 연기자로서 성공하기가 힘들다. 대중의 뇌리에 깊게 박힌 아역 이미지를 해체하기가 너무 어렵기 때문이다. 1958년 여덟 살 때 〈종말 없는 비극〉으로 연기를 시작한 전영선은 〈사랑방 손님과 어머니〉 등에서 눈부신 활약을 해 최고 아역 스타로 떠올랐지만, 성인 배우로 나선 〈왕십리〉 〈한네의 승천〉에서 아역 이미지를 극복하지 못하고 영화계를 떠났다. 전영선처럼 수많은 아역 스타가 성인 연기자로 전환하면서 아역 이미지를 벗지 못해 연예계에서 모습을 감췄다. 아역 연기자가 성인 연기자로서 나서기 위해 상당 기간 휴지기를 가진 뒤 복귀하거나 아니면 노출 강도가 센 파격적인 캐릭터를 맡아 아역 이미지를 일시에 지우려 노력하지만, 성공하는 배우는 극소수다. 할리우드에서도 아역 스타가 성인 배우가 된 이후에도 성공한 경우는 엘리자베스 테일러Elizabeth Taylor, 나탈리 우드Natalie Wood, 미키 루니Mickey Rooney, 엠마 왓슨Emma Watson, 나탈리 포트만Natalie Portman, 다코타 패닝Dakota Fanning 등 소수다. 우리나라도 아역 연기를 했다가 10여 년 휴지기를 가진 뒤 영화계에 성인 연기자로 돌아온 안성기와 손창민 장서희 김민정 문근영 심은경 유승호 박은빈 김유정 김소현 여진구처럼 아역 배우 출신으로 성공한 성인 연기자는 많지 않다. 강수연은 성인 연기자로 나서면서 휴지기를 갖거나 노출 강도가 강한 파격적인 캐릭터를 맡지도 않았다. 강수연은 영화와 드라마에서 실제 나이에 걸맞은 캐릭터를 맡아 관객과 시청자에게 각인된 아역 이미지를 자연스럽게 탈색시켰다. 캐릭터의 성장을 통해 연기자 강수연의 성숙을 관객과 시청자에게 자연스럽게 수용하게 해 성공적인 성인 연기자가 될 수 있었다. 아역 배우 출신으로 성인 연기자로 성공적으로 안착했다 해도 사생활 관리를 제대로 하지 못하거나 정신적인 문제를 드러내 바닥으로 추락하는 경우가 적지 않다. 한국 영화계와 방송계, 연예기획사에선 아역 연기자의 인권이나 학습권 같은 기본적인 권리를 보장하는 시스템이 제대로 완비되지 않아 아역 연기자로 활동할 때 학교 수업을 받지 못하는 데다 사회구성원으로 살아가는 데 필요한 사회화 교육 기회를 얻지 못해 성인 연기자로 성장해도 사회생활에 적지 않은 문제를 노출하거나 극단적인 선택을 하는 경우까지 발생한다. 강수연은 철저한 자기 관리와 건강한 배우 생활로 아역 출신 배우의 가장 이상적인 롤모델을 제시했다.

강수연은 배우로서 뿐만 아니라 1996년 출범 때부터 집행위원과 심사위원으로 적극 참여하고 정권의 영향으로 위기를 맞은 2015~2017년 집행위원장을 맡아 문제를 해결하며 부산국제영화제를 세계적인 영화제로 자리 잡게 하는 데에도 결정적 역할을 하며 한국 영화 발전에 일조했다.

10년 만에 주연으로 복귀한 영화 〈정이〉의 개봉조차 보지 못한 채 2022년 하늘로 떠난 강수연은 영화와 드라마를 오가며 한국 대중문화를 한 차원 격상시킨 진정한 월드 스타였다.

출 연 작

드라마

1976	〈똘똘이의 모험〉
1979	〈오성과 한음〉
1980	〈바람 돌이 장영실〉
1982	〈풍운〉〈달무리〉
1983	〈고교생 일기〉
1984	〈사랑하는 사람들〉
1985	〈엄마의 방〉
2001	〈여인 천하〉
2007	〈문희〉

1994	〈장미의 나날〉
1995	〈무소의 뿔처럼 혼자서 가라〉
1996	〈지독한 사랑〉
1997	〈블랙잭〉
1998	〈처녀들의 저녁식사〉
1999	〈송어〉
2003	〈써클〉
2006	〈한반도〉
2010	〈달빛 길어 올리기〉
2013	〈주리〉
2023	〈정이〉

영화

1976	〈나는 고백한다〉〈핏줄〉
1977	〈별 3형제〉
1978	〈슬픔은 이제 그만〉
1979	〈하늘나라에서 온 편지〉
1982	〈깨소금과 옥떨메〉
1985	〈W의 비극〉〈고래사냥 2〉
1987	〈씨받이〉〈미미와 철수의 청춘스케치〉〈우리는 지금 제네바로 간다〉
	〈감자〉〈연산군〉
1988	〈업〉〈미리 마리 우리 두리〉
1989	〈아제 아제 바라아제〉〈그 후로도 오랫동안〉
1989	〈추락하는 것은 날개가 있다〉
1991	〈베를린 리포트〉〈경마장 가는 길〉
1992	〈그대 안의 블루〉
1993	〈그 여자 그 남자〉

(19) 최민수

崔民秀 | 1962~

~

영화·드라마 흥행 주도한 터프가이

영화, 드라마, 예능 프로그램, 대중음악, 광고 등 문화 상품 성공과 대중 선호 이미지 창출 여부에 따라 스타가 되느냐 되지 못하느냐가 결정된다. 스타 이미지는 영화나 드라마의 캐릭터와 대중매체에 유통되는 사생활 관련 정보 등이 어우러져 형성된다. 물론 스타 이미지는 일반적으로 대중의 관심과 환호를 유발하는 쪽으로 그리고 대중에게 매력적이고 긍정적인 영향을 미칠 수 있는 방향으로 조성되는 경향이 강하다. 이 때문에 스타 이미지는 소비, 성공, 사랑, 매력, 젊음 같은 사람들이 욕망하고 열망하는 쪽으로 조형된다. 또한, 스타 이미지는 사회의 집합적 규범 즉 사람들이 어떻게 행동할 것이라고 기대하는 방식에 대한 이상화한 개념을 유형화한 터프가이, 반항아, 주체적 여성, 청순한 여자 등으로 구체화하기도 한다.

스타 배우 최민수는 '터프가이'가 곧바로 연상될 만큼 강한 남성상의 대명사다. 최민수는 흥행에 성공한 드라마 〈모래시계〉 〈걸어서 하늘까지〉와 영화 〈테러리스트〉 〈유령〉의 강한 남성성을 드러내는 캐릭터와 폭행 스캔들, 취미생활 검도와 바이크 등 사적 영역의 모습과 정보가 어우러져 카리스마 강한 터프가이 이미지가 만들어졌다. 최민수는 터프가이 이미지로 스타가 됐고 그 이미지의 변주를 통해 오랫동안 대중 곁을 지키며 배우로서 존재감을 드러냈다. 시대에 따라 변하는 대중의 선호 이미지 부합 여부에 의해 최민수의 인기도 높낮이가 달라졌다.

1962년 서울에서 출생한 최민수에게 배우는 숙명인지 모른다. 아버지 최무룡은 1950~1970년대 김진규 신영균 신성일과 함께 한국 영화계를 이끈 톱스타였다. 어머니 강효실 역시 영화와 TV 드라마를 오가며 활동했던 개성 강한 인기 배우였다. 그의 외할머니 전옥은 일제 강점기부터 1960년 대까지 활동하며 영화 〈옥녀〉〈사랑을 찾아서〉〈목포의 눈물〉, 연극 〈아리랑 고개〉〈눈물〉 등에 출연해 '눈물의 여왕'이라는 별칭이 붙은 유명 배우이고 외할아버지 강홍식은 일제 강점기 영화 〈먼동이 틀 때〉〈장한몽〉의 주연으로 나서고 〈유쾌한 시골 영감〉〈조선 타령〉〈항구의 애수〉를 부른 배우 겸 가수로 활동한 스타다. 강홍식은 월북해 북한 최초의 극영화 〈내 고향〉을 감독하기도 했다.

이러한 집안에서 태어난 최민수는 서울예술대학 방송연예과를 졸업하고 1985년 연극 〈방황하는 별들〉을 통해 연기자로 데뷔했다. 1986년 영화 〈신의 아들〉과 1987년 드라마 〈꼬치미〉 주연으로 나선 것을 시작으로 영화와 드라마를 오가며 배우의 길을 걸음으로써 한국 연예계의 3세 연예인 시대를 열었다. 1990년 영화 〈남부군〉에서 고뇌하는 빨치산 시인 역으로 배우로서 존재감을 드러낸 후 1991년 64.9%라는 엄청난 시청률을 기록한 드라마 〈사랑이 뭐길래〉 주연으로 활약하며 스타가 됐다. 기획 영화 시대를 열며 1992년 관객과 만난 〈결혼 이야기〉로 흥행 대박을 터트려 영화계에서도 스타 반열에 올랐다. 대중문화 분야뿐만 아니라 사회적 신드롬까지 일으킨 드라마 〈모래시계〉와 〈엄마의 바다〉〈걸어서 하늘까지〉, 작품성과 대중성을 담보한 영화 〈헐리우드 키드의 생애〉〈테러리스트〉〈유령〉으로 1990년대를 최민수 시대로 만들었다.

최민수는 1990년대 드라마와 영화를 오가며 시청자와 관객에게 강한 남성성을 내세운 터프가이 이미지를 각인시키며 스타가 되었다. 스타는 사회의 지배적인 가치들을 강화하는 스타와 지배 이데올로기를 전복하는 이미지의 스타로 구분할 수 있는데[207] 최민수는 두 가지 유형 모두를 작품에서 구현했다.

최민수는 드라마 〈사랑이 뭐길래〉와 영화 〈결혼 이야기〉 〈아찌 아빠〉 〈남자 이야기〉 같은 홈드라마나 로맨틱 코미디에선 남성 중심의 가부장적 가치를 전달하고 재현했으며 드라마 〈모래시계〉와 영화 〈리베라 메〉 〈남부군〉 〈테러리스트〉에서는 기존 가치체계의 전복을 꾀하는 반항적 영웅 이미지를 드러냈다. 지배 가치를 재현하든 아니면 전복하든, 최민수를 관통하는 대표적 이미지는 강한 남성성을 내장한 터프가이다. 1990년대는 전통적인 가부장 사회가 붕괴하면서 남녀 역할과 가족 구성 형태의 변화가 본격화했다. 강한 노동력이 요구되는 산업화 시대를 지나 섬세하고 감성적인 창의성이 빛을 발하는 정보화 시대가 도래했다. 가부장 사회 붕괴와 강한 남성성 퇴락에 대한 남자들의 반발이 터프가이 최민수에 대한 열광으로 이어졌다.

최민수는 〈모래시계〉 〈유령〉을 정점으로 드라마나 영화에서 인기의 하향곡선을 그렸다. 남성상의 변화에 대응하지 못한 것이 원인이다. 영화나 드라마에서 대표적인 남성상을 내세운 캐릭터는 대중의 인기를 끌었다. 하지만 시대와 상황에 따라 남성상을 드러내는 캐릭터의 외양은 변했다. 가족 드라마와 멜로물이 득세한 1950~1960년대는 강한 부성父性과 책임감을 내세운 남성이 남성상의 전형으로 인식됐다. 액션 영화가 범람한 1960~1970년대에는 주먹과 의리를 내세운 남성이, 그리고 호스티스물과 에로물이 넘쳐난 1980년대에는 성적 매력과 정력을 내세운 남성이 남성성을 구현하는 인물로 주목받으며 인기를 끌었다.

정보화 사회가 본격화한 2000년대부터 힘과 정력, 폭력성, 마초적 성격이 수반되는 남성상은 유효성을 상실하고 대신 '메트로섹슈얼Metrosexual'

'위버섹슈얼Übersexual'로 대변되는 자상함과 풍부한 감성을 가진 남성이 시대의 아이콘으로 떠올랐다. 최민수는 2000년대 이후에도 작품 〈태왕사신기〉〈로드 넘버 원〉〈무사 백동수〉〈신의〉〈대박〉〈죽어야 사는 남자〉〈무법 변호사〉〈인간 수업〉에서 여전히 강한 남성성을 기반으로 한 터프가이 이미지를 유지해 대중의 관심에서 멀어졌다.

이미지와 함께 연기의 문제도 인기 하락에 한몫했다. 신인과 무명일 때에는 전형적인 연기 스타일이나 부족한 연기력을 크게 문제 삼지 않지만, 일거수일투족이 관심의 대상이 되는 스타가 되면 상황이 달라진다. 연기력 문제를 보완하지 않으면 스타성이 훼손되며 '스타란 단순히 인기만 높고 연기력이 부족한 연예인'이라는 부정적 인식이 심화한다. 최민수는 오명처럼 따라다니는 것이 과장 연기다. 그는 때로 대사나 표정, 액션에서 필요 이상의 분위기를 강조하는 과장을 많이 하는 데다 부정확한 발성과 웅얼거리는 듯한 발음 때문에 발생하는 대사 전달력의 문제로 시청자나 관객의 작품 몰입을 방해한다. 여기에 연기의 전형성도 자주 드러난다. 이러한 문제점이 시간이 지나도 개선되지 않아 스타성이 반감됐다. 대중이 선호하는 이미지와 수려한 외모로 인기를 얻어 스타가 된 이영애 배용준 장동건 김희선 전지현도 연기력 문제로 스타성과 명성에 적지 않은 타격을 입었다.

최민수는 스타 배우였던 조부모와 부모의 뒤를 이어 1990년대 최정상의 톱스타로 군림했다. 3대에 걸쳐 스타가 된 집안은 최민수 집안이 유일하다. 최민수는 조부모와 부모의 스타성과 인기에 버금가거나 능가했다는 평가를 받은 3세 연예인 스타이고 한 시대의 남성상을 대표했던 톱스타다.

출연작

영화

1986	〈신의 아들〉
1988	〈그녀와의 마지막 춤을〉〈그 마지막 겨울〉
1990	〈남부군〉〈남자 시장〉
1991	〈겨울 꿈은 날지 않는다〉〈아그네스를 위하여〉
1992	〈결혼 이야기〉〈미스터 맘마〉
1993	〈바람 부는 날이면 압구정동에 가야 한다〉〈가슴 달린 남자〉〈망각 속의 정사〉〈밀월 여행〉
1994	〈헐리우드 키드의 생애〉〈블루 시걸〉
1995	〈테러리스트〉〈사랑하기 좋은 날〉〈아찌 아빠〉〈리허설〉
1996	〈나에게 오라〉〈피아노 맨〉
1997	〈인샬라〉〈블랙 잭〉
1998	〈남자 이야기〉
1999	〈유령〉
2000	〈주노명 베이커리〉〈리베라 메〉
2002	〈예스터데이〉〈서울〉
2003	〈청풍명월〉
2006	〈홀리데이〉
2014	〈개를 훔치는 완벽한 방법〉
2023	〈웅남이〉

1992	〈4일간의 사랑〉
1993	〈엄마의 바다〉〈걸어서 하늘까지〉
1995	〈모래시계〉
1998	〈백야 3.98〉
2000	〈사랑의 전설〉
2003	〈태양의 남쪽〉
2004	〈한강수 타령〉
2007	〈태왕사신기〉
2009	〈아버지의 집〉
2010	〈로드 넘버 원〉
2011	〈무사 백동수〉
2012	〈해피엔딩〉〈신의〉
2013	〈칼과 꽃〉
2014	〈오만과 편견〉
2016	〈대박〉
2017	〈그녀는 거짓말을 너무 사랑해〉〈죽어야 사는 남자〉
2018	〈무법 변호사〉
2020	〈인간 수업〉
2023	〈넘버스: 빌딩숲의 감시자들〉

드라마

1987	〈꼬치미〉
1991	〈고개 숙인 남자〉〈무동이네 집〉〈사랑이 뭐길래〉

(20) 김혜수

金憓秀 | 1970~

§

여배우 원톱 주연 시대 연 스타

한국 영화는 남자 스타 위주로 제작돼왔다. 일제 강점기 무성·발성 영화 시대부터 1950년대 한국 영화 중흥기, 1960년대 한국 영화 전성기, 1970~1980년대 한국 영화 침체기, 그리고 1990년대 한국 영화 부활기, 2000년대 이후 한국 영화 폭발기까지 관통하는 공통점은 남자 스타 위주 영화가 압도적으로 많다는 것이다. 윤정희 문희 남정임, 여배우 트로이카가 맹활약하던 1960년대에도 이들은 신성일 신영균을 비롯한 남성 스타를 보조하는 역할에 머무는 경우가 많았다. 대기업 자본과 금융 자본이 영화계로 유입되며 영화의 산업화가 급속하게 이뤄진 2000년대 이후에도 한국 영화는 여자 스타보다 흥행파워가 더 강한 남자 스타에 대한 의존도가 심했다. 한국영화진흥위원회와 여성영화인모임이 2017년부터 2021년까지 관객과 만난 영화 411편을 분석한 보고서 〈한국 영화의 포용성 지표 개발 및 정책방안 연구〉에 따르면 일반 상업영화에서 남자가 주연으로 나선 작품이 80.5%인 반면 여성 주연작은 19.5%에 불과했다. 2022년 경우, 순제작비 30억 원 이상의 남성 주연 영화는 29편으로 여성 주연영화 7편보다 4배 많았다. 이런 상황에서도 당당하게 원톱 주연으로 나선 여자 스타가 있다. 남녀 주연의 영화에서도 남자 주연의 존재감과 카리스마를 능가하는 여자 스타다. 영화만이 아니다. 드라마에서도 마찬가지다. 김혜수다. 남자 주연보다 캐릭터 비중이 압도적인 여자 주연의 영화나 드라마를 보면 김혜수가 주인공으로 출연한다. 여자 배우 나이가 40~50대에 접어든다는 것은 주연에서 밀려난다는 것을 의미한다. 하지만 나이가 배역을 제한하는 관행조차도 김혜수에게 적용되지 않는다. 김혜수만이 소화해낼 수 있는 캐릭터로 한국 영화와 드라마의 새로운 지평을 열고 여배우의 활동 영역을 확장하면서 열다섯 데뷔 이후 30년 넘게 스타덤 중심부에 위치했다.

　1970년 부산에서 태어나 초등학생 때 무역 일을 하는 아버지 때문에 이사한 서울에서 자랐다. 어려서부터 호기심이 많아 배우는 걸 좋아했고 미동초등학교 재학시절 국가대표 태권도 어린이 시범단으로 활동했다. 1985년 태권도 하는 장면이 삽입된 초콜릿 음료 광고에 어울리는 태권도를 실제 한 모델을 찾는 감독에 의해 CF에 발탁돼 연예계에 입문했다. 그의 나이 열다섯 중학생 때였다. CF 광고를 본 이황림 감독이 1986년 영화 〈깜보〉 조연으로 김혜수를 캐스팅해 박중훈의 상대역인 밤무대 가수 나영 역을 맡겼다. 이황림 감독이 김혜수를 처음 만났을 때 고등학생이었는데 대학생인 줄 알았을 정도로 신체나 분위기에서 성숙함이 묻어났다. 심지어 고교생 때 에로물 〈파리 애마〉 출연 섭외를 받았을 정도다. 이 때문인지 채시라 하희라 이미연 같은 1980년대 중후반 10대 스타들이 아역이나 고교생 역을 맡은 것과 달리 김혜수는 데뷔 이후 주로 성인 역을 소화했다. 20대에 접어들기 전에 선배 연기자와 부부로 출연하기도 하고 아기 엄마 역을 연기하기도 했다. 〈깜보〉 이후 드라마 〈사모곡〉 〈세노야〉 〈지워진 여자〉와 영화 〈오세암〉 〈잃어버린 너〉 〈첫사랑〉에 출연했는데 청순함이 묻어나는 캐릭터로 관객과 시청자를 만났다. 1993년 스물세 살 때 주연으로 나선 〈첫사랑〉으로 청룡영화상 여우주연상을 받아 최연소 주연상 수상 기록을 세웠다.

　영화나 드라마에선 청순한 이미지를 구축했고 CF에선 당당하고 건강한 이미지를 조형하며 이미지의 스펙트럼을 넓히며 다양한 성격의 캐릭터를 소화할 기반을 다졌다. 1991년 출연한 시추에이션 드라마 〈한 지붕 세 가족〉은 김혜수의 캐릭터와 이미지에 일대 변화를 일으키며 연기자로서 한 단계 도약하는 계기가 됐다. 〈한 지붕 세 가족〉을 통해 대중이 열광하는 그의 대표적 이미지가 조형됐기 때문이다. 〈한 지붕 세 가족〉에서 김혜수는 자유분방하고 당당한 신세대 주부 역을 맡았는데 육체적 매력을 마음껏 발산했다. 조깅하는 장면부터 에어로빅하는 모습까지 건강한 육체를 제대로 현시했고 시청자는 김혜수의 육체적 매력에 열광했다. 여기에 영화제에서 선보인 노출 심한 파격적인 드레스로 강화된 섹시한 이미지가 더해지면서 '건강한 섹시미' '당당한 여성미'의 대명사로 대중의 시선을 끌었다.

CF는 당연히 건강한 몸매와 육감적인 눈과 입술을 비롯한 육체적 매력을 집중적으로 부각했다. 매력적인 육체와 건강한 섹시미의 김혜수는 1990년대 정신 우위의 문화에서 육체 중심의 문화로 전환되는 상황에서 질서 있고 정적인 육체성을 거부하고 자유롭고 역동적인 육체성을 추구하는 몸 담론의 대두와 맞물리면서 육체 중심 시대의 아이콘으로 폭발적인 인기를 얻었다.

그러나 김혜수를 특정한 이미지와 캐릭터로 한정할 수 없다. 김혜수는 특정한 이미지에 얽매여 획일적 배역만을 맡는 것을 단호하게 거부했다. 일부 톱스타는 수입과 인기가 보장되는 특정한 이미지에 부합하는 작품과 캐릭터만을 고집해 배우로서의 역량을 스스로 제한한다. 하지만 김혜수는 대중과 대중매체가 선호하는 건강한 섹시미와 매력적인 육체의 이미지에 자신을 가두지 않았다. 강렬한 이미지로 인해 드라마와 영화의 캐릭터나 작품 선택에 한계가 있을 법도 한데 김혜수 앞을 가로막을 것은 없었다. 바로 연기자로 데뷔한 이후 단 한 번도 연기력 논란에 휩싸이지 않을 정도로 빼어난 연기력과 탁월한 캐릭터 창출력이 있었기 때문이다.

김혜수는 영화 〈블루 시걸〉〈연애는 프로, 결혼은 아마추어〉〈영원한 제국〉〈남자는 괴로워〉〈닥터 봉〉〈미스터 콘돔〉〈찜〉〈닥터 K〉와 드라마 〈짝〉〈눈먼 새의 노래〉〈사랑과 결혼〉〈연애의 기초〉〈사과꽃 향기〉〈복수 혈전〉〈국희〉〈우리가 정말 사랑했을까〉에서 성격이 전혀 다른 다양한 캐릭터를 소화하며 1990년대를 자신의 시대로 만들었다. "김혜수의 눈빛은 때론 슬픈 비련을 참아내는 눈물을 가득 담기도 하고 때론 열정의 불꽃이 분분하여 눈이 부시기도 한다. 배역 분석에 따른 연기는 물론이고 분장이나 코디에서 김혜수는 거의 동물적으로 정확하다." 드라마 〈사과꽃 향기〉와 〈복수 혈전〉에서 작업을 함께 했던 장용우 PD의 김혜수 평가다.

영화예매 사이트 맥스무비와 《조선일보》가 2013년 관객 2만 명을 대상으로 조사한 결과에는 2000년대 이후 김혜수를 단적으로 설명할 수 있는 키워드가 담겨 있다. 관객이 가장 좋아하는 여배우 1위를 김혜수가 차지했고 그 뒤는 하지원 전지현 손예진 전도연 순이었다. 또한, 가장 연기력이 뛰어난 여배우로 전도연에 이어 김혜수가 2위를 기록했고 다음은 하지원 김해숙 문소리 순이었다. 대중성과 연기력이 가장 뛰어난, 가장 이상적인 스타의 전형이 바로 김혜수다. 2000~2020년대에도 영화 〈신라의 달밤〉〈YMCA 야구단〉〈쓰리〉〈얼굴 없는 미녀〉〈타짜〉〈바람피기 좋은 날〉〈모던보이〉〈도둑들〉〈관상〉〈차이나타운〉〈굿바이 싱글〉〈미옥〉〈국가부도의 날〉〈내가 죽던 날〉〈밀수〉에서 섹시한 캐릭터부터 지적인 캐릭터에 이르기까지 여러 캐릭터를 특유의 카리스마와 탄탄한 연기력 그리고 자신만의 이미지를 투영하며 소화해 한계 없는 스타로 인정받았다. 〈황금시대〉〈장희빈〉〈한강수타령〉〈스타일〉〈즐거운 나의 집〉〈직장의 신〉〈시그널〉〈하이에나〉〈소년심판〉〈슈룹〉 같은 홈드라마, 전문직 드라마, 사극 등 다양한 장르의 드라마에 출연해 여배우의 캐릭터와 연기 스타일을 확장하며 '장르의 여왕'으로 자리했다.

김혜수는 자신만의 존재감과 매력으로 관객과 시청자를 매혹해왔다. 무엇보다 남자 주연과 조연이 다수 출연한 〈타짜〉의 정 마담, 〈관상〉의 기생 연홍, 〈시그널〉의 베테랑 형사 차수현, 〈국가 부도의 날〉의 한국은행 통화정책 팀장 한시현 역을 맡아 강렬한 존재감과 에너지를 발산했다. 이 때문에 김혜수, 한 사람만 있어도 영화나 드라마 한 편의 에스트로겐 정량이 꽉 찬다는 분석이 쏟아진다.[208]

50대에 접어든 상황에서 드라마 〈하이에나〉〈소년심판〉〈슈룹〉과 영화 〈내가 죽던 날〉〈밀수〉의 원톱 주연으로 나서 캐릭터를 완벽하게 표출했다. 김혜수의 이 같은 행보가 여성 주연의 영화나 드라마 제작을 증가시키는 데 일조했다. 김혜수는 남자 스타가 장악한 영화와 드라마에서 한국 여배우의 위상과 역할, 그리고 활동할 수 있는 영역을 지속해서 확장한 스타다.

출 연 작

영화		드라마	
1986	〈깜보〉〈수렁에서 건진 내딸 2〉	1986	〈젊은 느티나무〉
1988	〈그 마지막 겨울〉〈어른들은 몰라요〉	1987	〈사모곡〉
		1988	〈순심이〉
1990	〈오세암〉	1989	〈세노야〉
1991	〈잃어버린 너〉	1990	〈지워진 여자〉〈꽃 피고 새 울면〉
1993	〈첫사랑〉	1991	〈한 지붕 세 가족〉
1994	〈블루 시걸〉〈연애는 프로, 결혼은 아마추어〉	1992	〈마포 무지개〉
		1993	〈파일럿〉〈여자의 바다〉
1995	〈영원한 제국〉〈남자는 괴로워〉〈닥터 봉〉	1994	〈도깨비가 간다〉〈짝〉〈눈먼 새의 노래〉
1997	〈미스터 콘돔〉	1995	〈사랑과 결혼〉〈연애의 기초〉
1998	〈찜〉〈닥터 K〉	1996	〈사과꽃 향기〉
2001	〈신라의 달밤〉	1997	〈복수혈전〉
2002	〈YMCA 야구단〉〈쓰리〉	1998	〈삼김 시대〉
2004	〈얼굴 없는 미녀〉	1999	〈국희〉〈우리가 정말 사랑했을까〉
2005	〈분홍신〉	2000	〈황금시대〉
2006	〈타짜〉	2002	〈장희빈〉
2007	〈바람피기 좋은 날〉〈좋지 아니한가〉	2004	〈한강수타령〉
		2009	〈스타일〉
2008	〈모던보이〉	2010	〈즐거운 나의 집〉
2010	〈이층의 악당〉	2013	〈직장의 신〉
2012	〈도둑들〉	2016	〈시그널〉
2013	〈관상〉	2020	〈하이에나〉
2015	〈차이나타운〉	2022	〈소년심판〉〈슈룹〉
2016	〈굿바이 싱글〉		
2017	〈미옥〉		
2018	〈국가부도의 날〉		
2020	〈내가 죽던 날〉		
2023	〈밀수〉		

(21) 최수종

崔秀宗 | 1962~

최고 시청률 견인한 TV의 최적 배우

〈첫사랑〉 65.8%, 〈아들과 딸〉 61.1%, 〈태조 왕건〉 60.5%, 〈질투〉 56.4%, 〈바람은 불어도〉 55.8%, 〈야망의 전설〉 50.2%, 〈야망〉 49.0%, 〈파일럿〉 46.2%…1992년 한국에서 공식적으로 드라마 시청률 조사가 시작된 이후 시청률 1위 〈첫사랑〉 주연을 비롯해 엄청난 시청률을 기록한 드라마 주연을 도맡은 탤런트가 있다. 2000년대 들어 방송 채널과 드라마가 급증하고 넷플릭스 같은 온라인을 통해 드라마를 서비스하는 OTT가 대중화하는 등 미디어 환경이 급변해 시청률 20%만 나와도 흥행 성공이라는 평가를 받는 상황에서 2018년 방송된 주말극 〈하나뿐인 내 편〉으로 49.4%까지 시청률을 올린 연기자가 있다. '시청률 제왕'으로 불리는 최수종이다. 매월 수십 편의 드라마가 방송되고 서비스되지만, 시청자와 가입자의 선택을 받는 드라마는 극소수다. 이런 상황에서 최수종은 수많은 드라마 히트작을 만들었다. 청춘스타로 그리고 성인 연기자로 30여 년 수많은 드라마의 흥행을 주도했다. 최수종은 영화에도 출연했지만, 드라마에서 주로 활동했다. 최수종은 강한 스타성과 개성, 카리스마를 발산하는 스타가 돋보이는 영화 매체보다는 친근감과 일상성, 편안함이 드러나는 배우가 시청자의 사랑을 받는 텔레비전 드라마에 최적화된 스타다.

1962년 서울에서 나고 자란 최수종은 과외 아르바이트를 하다 만난 방송계 종사자의 탤런트 권유를 받고 연기자 길에 들어섰다. KBS 특채 연기자로 1987년 방송된 캠퍼스 드라마 〈사랑이 꽃피는 나무〉를 통해 시청자에게 선보였다. 손창민 최재성 이상아 이미연과 함께 출연한 최수종은 시청자의 환호를 받으며 성공적인 연기자 데뷔를 했다. 곧바로 사극 〈조선왕조 500년-인현왕후〉에 출연하고 영화 〈풀잎사랑〉, 연극 〈포기〉에 나서 연기 영역을 확장하며 본격적으로 배우의 길을 걷기 시작했다.

최수종은 데뷔작 〈사랑이 꽃피는 나무〉로 배우로서 존재를 시청자에게 알린 뒤 청춘스타로 화려하게 비상할 수 있는 작품을 만났다. 1992년 방송된 한국 최초의 트렌디 드라마 〈질투〉다. 시대의 스타 최진실과 호흡을 맞춘 최수종은 젊은이의 풋풋한 사랑과 우정을 그린 청춘 로맨스 드라마 〈질투〉에서 젊은 여성들이 가장 이상적인 애인으로 생각하는 남성상을 연기해 단번에 청춘스타로 떠올랐다. 1990년대 감각적이고 소비 지향적이며 개인주의 성향을 강하게 드러내며 문화 상품의 소비 주역으로 전면에 나선 'X세대'로 명명된 신세대가 빠른 스토리 전개, 세련된 영상과 음악, 매력적인 캐릭터, 화려한 소비문화로 무장한 트렌디 드라마에 열광하면서 최수종은 신세대의 초상으로 인식됐다.

최수종은 트렌디 드라마뿐만이 아니라 일상성이 강한 일일극과 주말 홈드라마의 캐릭터도 잘 소화했다. 1992년부터 1993년까지 방송돼 시청률 61.1%라는 경이적인 시청률을 기록한 주말극 〈아들과 딸〉에서 김희애와 함께 주연으로 나서 큰 인기를 얻었다. 남아선호 사상이 뿌리 깊은 집안의 아들로 태어나 부모의 기대를 한 몸에 받지만, 기대에 부응하지 못하는 우유부단한 장남 역을 연기해 톱스타로 안착했다.

최수종은 대다수 젊은 남녀 스타가 섹시, 터프함, 발랄, 청순 등 대중이 선호하는 이미지에 부합하는 캐릭터를 맡으며 스타성을 배가시킨 것과 달리 특정 이미지를 부각하지 않고 트렌디 드라마, 시대극, 홈드라마를 비롯한 다양한 장르 드라마의 여러 캐릭터를 맡으며 시청자 사랑을 받았다. 최수종은 첫사랑과 끝내 사랑을 이루지 못하는 남자 주인공을 연기한 〈첫사랑〉으로 65.8%라는 역대 시청률 1위를 기록했고 1960년대를 배경으로 시대의 운명을 파란만장하게 헤쳐 나오는 주인공을 연기한 〈야망의 전설〉로 KBS 연기대상을 받는 등 시청률과 연기력이라는 두 마리 토끼를 잡는 행보를 계속했다.

최수종이 TV 드라마에서 높은 시청률을 견인하며 흥행 미다스로 등극한 것은 텔레비전 매체의 특성을 잘 살렸기 때문이다. 강렬한 개성과 카리스마가 강조되는 영화배우와 달리 텔레비전 스타에게 요구되는 것은 친근감과 편안함이다. 대중에게 주는 친근감과 편안함은 최수종 스타성의 핵심적 원동력이다. 전문가들은 탤런트는 '유명한 무명인'의 경지를 지향해야 한다고 주장하는데[209] 바로 최수종이 '유명한 무명인'의 대표적 스타다. 만약 그가 영화배우로 나섰다면 이러한 태도와 이미지는 스타성을 감소시켰을 것이지만, 비권위적인 매체인 텔레비전에서는 스타성과 대중성을 강화하는 것으로 작용했다. 그런 때문인지 그는 영화 〈풀잎 사랑〉〈아래층 여자 위층 남자〉〈너에게로 또다시〉〈키스도 못 하는 남자〉에 출연했지만, 드라마에서 받은 대중의 환호는 없었다.

2000년대 들어 '시청률 제왕' 최수종에게 '사극 지존'이라는 수식어가 더해졌다. 최수종이 1988년 〈조선왕조 500년-한중록〉에 출연하기는 했지만, 현대극에 주력해 시청자에게 사극 배우 이미지는 없었다. 2000년대 들어 최수종과 사극의 관계를 본격적으로 맺게 해준 작품이 2000~2002년 방송된 〈태조 왕건〉이다. 그가 KBS를 대표하는 대하사극 〈태조 왕건〉 타이틀롤로 캐스팅된 뒤 일부 언론매체와 전문가, 대중은 사극에 맞지 않는 외모와 연기 스타일이라는 비판과 비난을 쏟아냈다. 최수종은 이런 비판과 비난에 대한 반박 대신 국어 교사 출신으로 수십 년 동안 연극 무대와 사극에서 뛰어난 연기력을 보이며 후배들의 연기 멘토를 한 중견 배우 김흥기를 찾아가 장기간 지도를 받으며 사극 대사 연기 등 자신의 약점을 보완했다. 결과는 대성공이었다. 60.5%라는 놀라운 시청률로 최수종이 사극에서도 통한다는 것을 입증했다. 이때부터 '사극 하면 최수종'이라는 명성을 얻게 됐다.

최수종은 〈태조 왕건〉 이후 사극 〈태양인 이제마〉〈해신〉〈대조영〉〈대왕의 꿈〉에 연이어 출연하며 30~50%대 시청률을 기록해 사극 시청률 불패 신화를 만들어 나갔다. "〈태조 왕건〉을 하면서 육체적으로나 정신적으로 너무 힘들어 사극을 하지 않으려 했다. 하지만 사극은 역사 교과서 역할을 하는 등 드라마적 의미가 너무 커 사극 제의를 뿌리칠 수 없었다." 최수종이 사극에 계속 출연한 이유다. 최수종은 연기와 분장의 어려움뿐만 아니라 광고 연계 가능성이 낮아 스타 연기자들이 정통 사극을 기피한 것과 대조적인 모습을 보였다.

최수종이 시청률 제왕으로 우뚝 서며 안방극장 톱스타로 오랫동안 활약한 원동력은 작품 선택이 결정되면 몸을 사리지 않는 열연을 펼치고 배우로서 철저하게 자기 관리를 하는 것이다. 〈태조 왕건〉〈대조영〉에서 호흡을 맞춘 김종선 PD, 안영동 CP와 〈대왕의 꿈〉의 신창석 PD는 "최수종의 최대 장점은 지독한 성실성이다. 1만여 명에 달하는 탤런트 중에서 살아남으려면 그것도 대중에게 사랑받는 스타가 되려면 자신에게 엄격해야 한다. 출연 드라마에 투입하는 땀과 노력의 양은 최수종이 가장 많을 것이다. 대사와 대사 사이의 행간을 읽기 위해 자신의 출연 장면이 없어도 촬영 현장을 지킨다. 그런 최수종이기에 오랜 기간 대중의 사랑을 받고 그의 출연 드라마가 높은 시청률을 기록하는 것이다"라고 분석했다.[210]

무엇보다 미디어와 방송 환경, 시대와 대중 정서의 변화에 적극 대응하며 작품과 캐릭터 선택에 변화를 준 것도 최수종이 스타로서 장수하는 비결

중 하나다. 청춘스타에서 중년 연기자로의 변신을 능동적으로 해 슬럼프 없이 꾸준히 사랑받는 탤런트 스타가 됐다.

최수종은 동료 연기자 하희라와 결혼해 함께 배우의 길을 걷고 있다. "TV 드라마를 통해 시청자에게 감동과 희망, 위로를 주고 싶다. 연기자로서 삶을 사랑하기에 앞으로도 연기자의 길을 묵묵히 걸어갈 것이다"라는 최수종은 항상 출연 드라마의 변신 모습과 시청률에 대한 기대감을 유발했다. 30년 넘게 시청자의 기대를 저버리지 않는 스타였기 때문이다.

출 연 작

드라마

1987	〈사랑이 꽃피는 나무〉
1988	〈조선왕조 500년-한중록〉
1989	〈님〉
1990	〈조선왕조 500년-대원군〉 〈서울 뚝배기〉
1991	〈가족〉 〈도시인〉 〈행복어 사전〉
1992	〈질투〉 〈아들과 딸〉
1993	〈파일럿〉
1994	〈야망〉 〈마지막 연인〉
1995	〈바람은 불어도〉
1996	〈프로젝트〉 〈첫사랑〉
1997	〈그대 나를 부를 때〉
1998	〈야망의 전설〉
1999	〈사람의 집〉 〈사랑하세요?〉
2000	〈태조 왕건〉
2002	〈태양인 이제마〉
2003	〈저 푸른 초원 위에〉
2004	〈장미의 전쟁〉 〈해신〉
2006	〈대조영〉
2010	〈전우〉 〈프레지던트〉
2012	〈대왕의 꿈〉
2014	〈불꽃 속으로〉
2018	〈하나뿐인 내 편〉
2023	〈고려 거란 전쟁〉

영화

1988	〈풀잎사랑〉
1990	〈있잖아요 비밀이에요〉
1991	〈너에게로 또다시〉 〈비 개인 오후를 좋아하세요〉
1992	〈아래층 여자와 위층 남자〉
1994	〈키스도 못 하는 남자〉
2012	〈철가방 우수씨〉

(22) 최진실

崔眞實 | 1968~2008

§

시대 트렌드 이끈 비운의 톱스타

2008년 10월 2일 충격적 비보가 전해졌다. 톱스타 최진실이 스스로 목숨을 끊었다. 그는 지상의 스타로서 영광과 고통을 뒤로한 채 천상으로 향했다. 최진실은 수많은 사람의 슬픔 속에서 하늘의 별이 됐다. 1968년 12월 24일 태어나 2008년 10월 2일 자살로 40년 생을 마감한 최진실, 그는 만인의 연인이었고 대중의 스타였다. 그가 연예인으로 살아온 20년의 세월 속에는 스타로서의 화려한 영광과 말할 수 없는 고통이 자리한다. 그는 CF 퀸으로, 드라마 여제로, 그리고 스크린 스타로 비상하면서 많은 작품을 통해 시청자와 관객에게 기쁨과 즐거움을 선사했다. 가난에 굴복하지 않고 불굴의 도전과 노력으로 수제비를 먹던 소녀에서 대중의 사랑을 받은 톱스타로 성공한 신화로 많은 이에게 용기와 희망의 전령사 역할도 했다.

서울에서 출생한 최진실은 고등학교 재학 때부터 연예인으로 진로를 결정하고 졸업 후 화장품 CF 모델로 나서면서 연예계 일을 시작했다. 1988년 시청자와 만난 〈조선왕조 500년-한중록〉을 연출하던 이병훈 PD는 두어 번 나오는 배역을 소화할 아주 예쁘고 신선한 얼굴의 신인을 찾았지만, 떠오르는 배우가 없었다. 조연출이 〈일요일 일요일 밤에〉 방청석에 있던 최진실을 발견하고 이병훈 PD에게 추천해 카메라 테스트를 했는데 화면이 실물보다 훨씬 더 예쁘게 잡혀 사극 출연이 결정됐다.[211] 연기자 최진실의 등장이다. 밝고 상큼한 외모의 최진실은 사극보다 현대극에 잘 맞아 〈서울 시나위〉〈우리들의 천국〉〈약속〉 같은 현대극에 출연하면서 빛을 발했고 1990년 〈남부군〉 출연을 시작으로 영화 〈나의 사랑 나의 신부〉〈있잖아요 비밀이에요 2〉〈수잔 브링크의 아리랑〉의 주연을 맡으며 스타덤에 올랐다.

최진실의 스타화는 광고부터 시작된다. 그의 매력과 성공의 근원이 광고이기 때문이다. CF 모델로 출발해 스타가 된 최진실은 광고라는 메커니즘 속에서 태어난 대표적인 문화 현상이다.[212] 1988년 '남자는 여자 하기 나름이에요'라는 광고 카피로 잘 알려진 삼성전자 CF 모델로 나서 보여준 밝은 신세대 이미지는 무명 모델 최진실을 한국 사회를 강타한 신드롬의 주인공으로 만들었다.

'가벼운 공처럼 톡톡 튀어 오르고 여름날의 햇살처럼 쨍한 여자', '깜찍하고 귀엽고 참신하고 때로는 익살스러운 숙녀'라는 견고한 이미지가 형성됐다. 시대와 대중의 욕망에 가장 잘 부합해야 하는 CF는 최진실을 선택했고 드라마 PD나 영화감독은 CF에서 축성된 최진실의 이미지를 십분 활용하는 전략을 택해 성공을 거뒀다. 최진실 자신도 스타 자리에 올랐다.

최진실은 스타 입지 과정을 다른 연예인과 반대로 밟았다. 대체로 연기자가 드라마나 영화로 뜨기 시작하면 광고 출연으로 이어지며 인기를 배가한다. 최진실은 광고에서 특정한 이미지를 조형해 인기를 얻은 다음 드라마와 영화 출연으로 스타의 길에 오르는 과정을 밟았다. 1990년대 이후 나타난 새로운 스타 탄생 메커니즘이다. 이영애 전지현 고수 손예진이 최진실과 같은 코스로 인기 연기자 대열에 합류했다. CF가 스타 배출 매체로 강력한 위력을 발휘했다.

CF에서 형성된 경쾌하고 상큼한 이미지의 최진실은 1990년대 기성세대와 차별화된 가치관과 라이프스타일을 보이는 신세대의 아이콘이었다.

이러한 이미지를 한국 최초의 트렌디 드라마 〈질투〉를 비롯해 드라마 〈사랑의 향기〉〈아스팔트 사나이〉〈별은 내 가슴에〉〈그대 그리고 나〉〈추억〉과 영화 〈나의 사랑 나의 신부〉〈마누라 죽이기〉〈엄마에게 애인이 생겼어요!〉〈고스트 맘마〉에 투사하며 최진실 신드롬을 일으켰다. 최진실은 1990년대 대표 배우로 드라마에선 김희애 채시라, 영화에선 김혜수 심혜진과 인기 정상을 놓고 경쟁을 펼쳤다.

이미지뿐만이 아니다. 최진실의 연기력도 스타화의 큰 역할을 했다. 〈폭풍의 계절〉〈장미와 콩나물〉〈장밋빛 인생〉에서 드러나듯 그는 본능적으로 연기해 철저히 캐릭터로 관객과 시청자에게 다가갔다. 무엇보다 최진실의 일상성과 생활감으로 무장한 연기는 시청자와 관객이 드라마와 영화가 픽션이라는 사실조차 망각하게 하면서 몰입하게 했다. 최진실은 타고난 감성의 연기자다.

최진실 스타화의 무기 중 하나가 외모다. "그녀는 남성들로 하여금 이성적 거리감을 느끼게 하는 고전적 의미의 스타도 아니요, 여성들을 기죽일 만한 압도적인 몸매의 소유자도 아니다. 바로 그러한 부담스럽지 않은 '만만한 미모'가 그녀를 남성들에겐 오히려 소유의 대상으로, 여성에겐 우호의 대상으로 어필케 하는 요소다"라는 시인 유하의 분석은 상당한 설득력이 있다. 최진실은 그동안 성공한 여자 스타와 다른 외모의 차별성을 보여주었다. 기존 여성 스타는 일반인이 범접할 수 없는 엘프 같은 여성 이미지를 보여주었지만, 최진실은 서구형의 조각 같은 얼굴과 거리가 먼 평범한 외모로 소탈하면서도 친근한 이미지를 만들어 스타가 됐다.[213]

수제비를 먹으며 가난과 어려운 환경을 이겨내고 연기자로서 자수성가했다는 성공 신화도 최진실의 인기의 한 축을 형성했다. 최진실의 성공은 우리 사회를 견고하게 지탱해준 개인의 노력과 실력에 비례해 보상이 주어진다는 능력주의Meritocracy 신화의 최적화된 본보기로 많은 사람의 롤모델 역할을 했다.

많은 사람의 축하 속에서 2000년 12월 프로야구 스타 조성민과 결혼했지만, 2년 만에 별거와 조성민의 폭력행사, 이혼 사실이 언론에 연이어 공개되면서 최진실은 바닥으로 추락했다. 하지만 특유의 오뚝이 정신을 발휘하며 드라마 〈장밋빛 인생〉을 통해 재기에 성공했다. 삶과 혼이 녹아드는 연기를 보이며 사생활로 야기된 비난을 일시에 잠재웠다. 이어 〈내 생애 마지막 스캔들〉로 '줌마렐라(아줌마 신데렐라)'라는 신조어를 만들며 아줌마 트렌디 드라마의 새로운 흐름을 창출했다.

2008년 9월 친구인 개그우먼 정선희의 남편 안재환 자살 사건의 충격이 채 가시기도 전에 최진실이 안재환에게 거액의 사채를 준 사람이라는 사실무근의 악성루머가 실린 지라시(사설 정보지)가 인터넷을 통해 대량유통 되면서 비난이 쏟아졌고 인격 살해에 가까운 악성 댓글이 난무했다. 그리고 2008년 10월 2일 집에서 스스로 목숨을 끊는 극단적인 선택을 했다.

언론과 전문가들은 최진실의 자살에 대해 사채설을 비롯한 악성루머와 악의적 댓글, 우울증, 가혹한 경쟁 논리가 지배하는 연예계 병폐 등 다양한 원인을 제시했다. 연예인과 스타는 개인적인 신변 문제부터 연예계와 문화 산업의 구조적인 문제까지 여러 이유로 일반인이 상상하기 힘든 고통과 어려움을 겪는다. 2000년대 들어 수입 창출이 최대 목표가 된 스타 시스템이 발전하면서 스타나 연예인이 이윤 창출 도구로 전락해 소외감이 배가됐다. 연예계 특성상 스타 연예인은 인기 부침에 따른 위상과 활동, 대중의 시선 변화에 대한 불안감이 크다. 일부 연예기획사 대표나 감독, PD, 기업 대표에 의해 신인이나 연예인에게 가해지는 성폭력, 연예기획사의 부당 계약, 투명하지 못한 캐스팅 시스템도 연예인에게 큰 어려움을 안긴다. 연예인은 공적인 공간에서는 스스로 감정을 조절하고 통제 가능한 인간이 되지만, 사적인 공간에서는 자유스러운 인간이 되고 싶어 한다. 그러나 불행하게도 연예인의 사적인 생활은 언제 어떻게 노출될지 모르기 때문에 사적인 영역에서도 항상 감정을 조절할 마음의 준비가 필요하다. 대중의 지나친 관심과 그에 따른 사생활의 유예가 낳은 폐쇄적인 인간관계 역시 우울증을 비롯한 정신질환을 유발하는 원인으로 작용한다.[214] 연예인과 스타는 예술적 한계에 대해 끊임없이 고민하고 좌절한다. 작품마다 새로운 캐릭터를 만들고 그 인물에 자신을 동화 시켜 감정을 표현해야 하기에 다른 직종보다 감정 소모도 절대적으로 많다. 이러한 직업적 특수성도 연예인과 스타에게 많은 어려움을 안긴다. 팬을 비롯한 불특정 다수에 의한 끊임없는 요구와 안티 팬과 일부 대중의 지속적인 악플, 비난, 악성 루머 유포, 대중매체의 선정적이고 악의적인 보도도 연예인에게 말할 수 없는 큰 고통을 유발한다.

이러한 고통과 어려움을 일부 스타와 연예인은 건강하게 해결하지만, 적지 않은 스타와 연예인은 마약과 알코올, 일탈 행위로 메우기도 한다. 그리고 자살이라는 극단적인 선택을 하기도 한다.

오랫동안 연예인의 자살은 외국의 특수한 사례로 여겨질 만큼 한국 연예계와는 무관한 현상이었다. 1926년 〈사의 찬미〉를 불러 대중적 인기를 끌었던 성악가이자 연극배우 윤심덕이 연인 김우진과 현해탄에 몸을 던져 스스로 목숨을 끊었고 배우로 활동하다 기생이 된 최성해가 1927년 한강에 투신했으며 연극 〈카르멘〉의 주연 이백희는 1940년 음독자살했다. 그리고 1996년 가수 서지원이 2집 앨범 발표를 앞두고 목숨을 끊었고 시대의 가객, 김광석이 극단적인 선택을 했다. 이때까지만 해도 연예인 자살은 우리 사회에선 상상조차 하기 힘든 예외적 사건이었다. 2005년 스타 배우 이은주가 스스로 목숨을 끊은 후 연예인 자살 사건이 계속 이어졌다. 이은주 이후 설리 구하라 종현 박용하 박지선 등 적지 않은 스타와 연예인이 극단적인 선택을 하면서 대중과 연예계에 큰 충격을 줬다.

20년간 드라마와 영화 그리고 광고를 통해 대중에게 즐거움과 감동을 줬던 최진실은 충격적으로 삶을 마감했지만, 그가 남긴 작품을 통해 대중에게 찬란한 빛을 발산하는 스타로 여전히 남아 있다.

출 연 작

드라마

1988	〈조선왕조 500년-한중록〉
1989	〈제5열〉〈잠들지 않은 나무〉〈당신의 축배〉〈서울 시나위〉
1990	〈우리들의 천국〉
1992	〈약속〉〈질투〉〈매혹〉
1993	〈폭풍의 계절〉
1994	〈사랑의 향기〉
1995	〈아스팔트 사나이〉〈째즈〉〈아파트〉
1997	〈별은 내 가슴에〉〈그대 그리고 나〉
1998	〈추억〉
1999	〈장미와 콩나물〉
2002	〈그대를 알고부터〉
2004	〈장미의 전쟁〉
2005	〈장밋빛 인생〉
2007	〈나쁜 여자 착한 여자〉
2008	〈내 생애 마지막 스캔들〉

1994	〈사랑하고 싶은 여자 & 결혼하고 싶은 여자〉〈마누라 죽이기〉〈나는 소망한다 내게 금지된 것을〉
1995	〈엄마에게 애인이 생겼어요!〉〈누가 나를 미치게 하는가〉
1996	〈고스트 맘마〉
1997	〈홀리데이인 서울〉〈편지〉
1999	〈마요네즈〉
2000	〈단적비연수〉

영화

1990	〈남부군〉〈나의 사랑 나의 신부〉
1991	〈있잖아요 비밀이에요 2〉〈수잔브링크의 아리랑〉
1992	〈숲속의 방〉〈고스트 맘마〉

(23) 한석규

韓石圭 | 1964~

침체의 한국 영화 부활 주역

1999년 세계 각국은 할리우드 영화 〈타이타닉〉 돌풍에 휩싸였다. 아카데미영화제에서 작품상을 비롯한 11개 부문 상을 독식하며 흥행에 성공한 〈타이타닉〉은 세계 최초로 흥행 수입 10억 달러를 돌파하며 각국 박스오피스를 초토화했다. 하지만 한국은 달랐다. 바로 〈쉬리〉가 미국뿐만 아니라 일본 등 세계 각국에서 흥행 1위를 기록한 〈타이타닉〉을 격침했기 때문이다. 〈쉬리〉는 서울 관객 240만 명(전국 관객 582만 명)을 기록해 197만 명의 〈타이타닉〉을 제압했다. 한국 영화 르네상스 신호탄을 쏘아 올린 〈쉬리〉 성공의 일등 공신은 강력한 흥행파워를 보여준 스타 한석규다. 그는 스타 영화 출연료가 2억 원 내외인 상황에서 〈쉬리〉 주연으로 기본 출연료 2억 5,000만 원과 러닝 개런티 9억 5,000만 원 등 12억 원을 받아 국내 최초 10억 원대 출연료를 받은 톱스타로 등극했다.

한석규는 1995년 영화 데뷔작 〈닥터 봉〉부터 〈은행나무 침대〉〈초록물고기〉〈넘버 3〉〈접속〉〈8월의 크리스마스〉〈텔 미 썸딩〉 그리고 1999년 〈쉬리〉까지 출연한 작품의 연속 흥행으로 한국 영화의 화려한 부활을 이끌었을 뿐만 아니라 다양한 장르의 새로운 캐릭터를 개척해 한국 영화의 외연을 확장한 전례가 드문 스타다. 한석규를 빼놓고 1990년대 영화를 논할 수 없는 이유다.

1964년 서울에서 출생한 한석규는 1990년 KBS 성우로 입사해 활동하다 1991년 MBC 탤런트 공채를 통해 연기자로 전환했다. 한석규의 비음 섞인 발음은 매우 매력적이고 대사 전달력도 뛰어났다. 성우 경험은 연기자로서의 성장에 큰 자산이 됐다. 김영옥 사미자 신충식 남일우 김용림 박일 전원주 등이 성우 출신 연기자다. 최고의 연기력을 보이며 후배 연기자의 롤모델로 가장 많이 거명되는 나문희가 성우 출신의 대표적인 스타 배우다.

〈우리들의 천국〉〈여명의 눈동자〉에 단역으로 출연했던 한석규가 1992년 방송돼 61.1%라는 엄청난 시청률을 기록한 주말극 〈아들과 딸〉조연으로 출연하면서 이름 석 자를 시청자에게 각인시켰다. 〈아들과 딸〉의 장수봉 PD는 "애초 몇 회 출연하고 끝나는 단역이었는데 대사 전달력이 뛰어난 데다 여성을 배려하는 자상한 캐릭터가 시청자, 특히 여성 시청자의 좋은 반응을 얻으면서 비중이 커졌다"라고 했다. 한석규는 〈서울의 달〉에서 최민식이 맡은 순박한 시골 청년 춘섭과 대조적인 캐릭터, 욕망과 야망이 큰 사기꾼 홍식 역을 맡아 강렬하면서 인상적인 연기를 펼쳐 인기 배우 대열에 진입했다.

한석규는 장동건처럼 출중한 외모도 아니고 10대의 환호를 받기에는 나이가 적지 않았다. 대중이 선호하는 이미지나 시청자를 압도하는 카리스마, 강한 남성성도 가지고 있지 않아 스타덤에 오르기에는 한계가 많았다. 불특정 다수를 대상으로 하는 텔레비전 드라마는 소재와 표현, 캐릭터의 제한이 많아 한석규가 스타성을 배가시키는 데 불리하게 작용했다.

TV 드라마에 비해 영화는 표현의 제약이 적은 데다 소재와 캐릭터도 다양해 한석규가 연기력을 더욱더 폭넓게 그리고 강렬하게 펼칠 수 있었다. 무엇보다 시간에 쫓기면서 쪽 대본으로 충분한 캐릭터 분석이나 사건, 스토리 개연성 파악 없이 연기에 임하는 상당수 TV 드라마와 달리 영화는 완성된 시나리오를 받아 많은 시간을 들여 작품과 캐릭터를 분석하고 연기를 준비할 수 있어 완성도 높은 캐릭터를 표출할 수 있었다.

한석규는 1990년대 초중반 흥행 트렌드로 떠오른 로맨틱 코미디 장르인 〈닥터 봉〉을 통해 영화배우로 입문했다. 무겁지 않은 주제를 다룬 〈닥터 봉〉에서 능청맞은 코믹 연기로 관객 38만 명(서울 기준)을 동원하며 성공적인 영화 데뷔를 했다. 비극적인 사랑 이야기를 다룬 판타지 멜로드라마 〈은행나무 침대〉에서 시대를 달리하는 1인 2역 연기로 또 한 번 흥행 돌풍을 일으키며 충무로에 제대로 착근했다. 그리고 누아르 〈초록 물고기〉, 블랙 코미디 〈넘버 3〉, 멜로드라마 〈접속〉 등 장르와 캐릭터가 전혀 다른 영화에 연속 출연하면서 흥행과 연기력이라는 두 마리 토끼를 잡았다. 무엇보다 평범한 외모의 한석규가 전혀 다른 성격의 캐릭터로 살아 움직이면서 관객을 사로잡았다. 관객은 한석규가 표출한 악성惡性을 보며 놀라기도 하고 순수성에 매력을 느끼기도 했다. 영화계의 흥행 보증수표로 떠올랐다.

평범한 얼굴로 주연 배우 성공시대를 열면서 보통 사람의 신분 상승 욕망을 대리만족시키는 아이콘 역할도 했다. 한석규는 송강호 설경구와 함께 스크린에서 평범한 외모의 주연 시대를 연 안성기의 계보를 이었다. 한석규의 평범한 얼굴은 영화계에 진입해 성격이 전혀 다른 캐릭터를 다양하게 펼칠 수 있는 무기가 됐다. 여기에 감성적인 연기에서 선이 굵은 액션 연기에 이르기까지 스펙트럼 넓은 연기력까지 갖췄다. 그의 연기는 몰입을 방해하는 과장이 거세된 자연스러움 그 자체였고 슬픔, 아픔, 그리움 등 다양한 감정을 섬세한 연기력으로 표출해 스크린 너머의 관객에게 동일한 감정을 체감시켰다. 한석규는 여러 장르를 넘나들면서도 사실성이 강하고 일상의 삶이 들어가 있는 연기를 펼쳐 관객을 사로잡았을 뿐만 아니라 카리스마까지 획득했다.[215]

이런 한석규이기에 잔잔하고 맑은 감성이 돋보인 멜로영화의 문법을 새로 쓴 〈8월의 크리스마스〉 〈접속〉과 분단이라는 상황에서의 남북 대결과 비극적 사랑을 그린 한국형 블록버스터 역사를 연 〈쉬리〉의 흥행을 이끌며 1990년대 한국 영화의 최고 스타가 됐다.

1995년 데뷔작 〈닥터 봉〉부터 한국 영화 흥행사를 다시 쓴 1999년 〈쉬리〉까지 8편의 영화 흥행을 주도한 한석규는 2000년대 들어 침체에 빠졌다. 2004년 〈이중간첩〉을 시작으로 〈그때 그 사람들〉 〈미스터 퀴즈 주부왕〉 〈사랑할 때 이야기하는 것들〉 〈눈에는 눈 이에는 이〉 〈백야행-하얀 어둠 속을 걷다〉 〈이층의 악당〉을 비롯한 그가 주연으로 나선 작품이 흥행 참패뿐만 아니라 완성도에서도 많은 문제를 드러냈다. 1997년 IMF 금융 위기 이후 전개된 적자생존의 신자유주의 체제에서 한석규가 지닌 평범함, 연약함의 이미지는 냉혹한 생존 싸움에서 생존하기 어렵고 사람들은 힘든 세상을 견딜 수 있는 강인한 야성의 이미지를 욕망했고 최민식 송강호 설경구가 이러한 시대적 욕망을 대변하며 최고의 스타가 되었다는 한석규의 침체 원인에 대한 분석도[216] 제기됐지만, 작품 선택부터 연기 변주 문제, 캐릭터의 개연성 결여, 영화의 완성도 부실, 한석규가 선호하는 신인 감독들의 경험 부족 등 다양한 원인으로 추락했다.

한석규는 부진을 드라마를 통해 털어냈다. 한석규는 2011년 16년 만에 복귀한 TV 드라마 〈뿌리 깊은 나무〉를 통해 재기에 성공했다. 이 작품을 통해 인간의 얼굴을 한 영웅, 세종의 새로운 캐릭터를 창출하며 한석규는 화려하게 부활했다. 안성기처럼 영화에만 전념하는 스타는 극소수다. 대중문화 시장 규모, 대중성, 출연료, 한류, 광고 등 여러 이유로 한국 스타 대부분은 영화와 TV 드라마를 오가며 활동한다. 영화는 배우로서의 위상과 존재감, 이미지, 스타성을 강렬하게 드러내 준다. TV 드라마는 대중성 확보와 해외 진출, 광고 연결에서 영화를 압도한다. 한석규처럼 대부분의 배우가 영화에서의 침체를 드라마에 나서며 극복하기도 하고 드라마에서의 슬럼프를 영화 출연을 통해 이겨내기도 한다.

평범한 외모 배우의 위대한 스타 시대를 연 한석규는 보통 사람의 얼굴로 다양한 캐릭터를 창출했다. 한석규표 캐릭터로 인해 관객과 시청자는 때로는 기쁘고 때로는 감동했다. 그리고 한국 영화와 드라마는 지평이 확대됐다. 무엇보다 한석규로 인해 오랜 기간 침체된 한국 영화가 화려하게 부활할 수 있었다.

출연작

드라마

1991	〈우리들의 천국〉〈여명의 눈동자〉	2003	〈이중간첩〉
1992	〈아들과 딸〉	2004	〈주홍글씨〉
1993	〈파일럿〉〈한 지붕 세 가족〉	2005	〈그때 그 사람들〉〈미스터 퀴즈 주부왕〉
1994	〈서울의 달〉〈도전〉	2006	〈음란 서생〉〈구타 유발자들〉〈사랑할 때 이야기하는 것들〉
1995	〈호텔〉		
2011	〈뿌리 깊은 나무〉	2008	〈눈에는 눈 이에는 이〉
2014	〈비밀의 문〉	2009	〈백야행-하얀 어둠 속을 걷다〉
2016	〈낭만닥터 김사부〉	2010	〈이층의 악당〉
2019	〈WATCHER〉	2013	〈베를린〉〈파파로티〉
2020	〈낭만닥터 김사부 2〉	2014	〈상의원〉
2022	〈오늘은 좀 매울지도 몰라〉	2017	〈프리즌〉
2023	〈낭만닥터 김사부 3〉	2019	〈우상〉〈천문〉

영화

1995	〈닥터 봉〉
1996	〈은행나무 침대〉
1997	〈초록 물고기〉〈넘버 3〉〈접속〉
1998	〈8월의 크리스마스〉
1999	〈쉬리〉〈텔 미 썸딩〉

(24) 고현정

高賢廷 | 1971~

미인대회 출신의 최고 스타

미스코리아 입상, 방송 출연과 배우 데뷔, 스타 부상, 인기 절정기 재벌 3세와의 결혼과 연예계 전격 은퇴, 이혼 직후 연기자 복귀와 톱스타 재부상…대중과 대중매체의 관심을 집중적으로 받을만한 상황과 사건의 연속이었다. 고현정이다. 배우 고현정의 삶도, 자연인 고현정의 인생도 모두 대중의 호기심 아이템이 되고 대중매체의 보도 대상이 된다. 그만큼 고현정은 스타성과 대중성이 강한 톱스타다.

1971년 전남 화순에서 태어나 어려서 이사한 서울에서 자랐다. 초등학교 때부터 키가 너무 커 주위에서 이상하게 보는 시선이 많아 집에서 주로 지내던 고현정이 고등학교 재학시절 길게 기른 머리를 자르려고 미용실에 갔다가 미용실 원장의 미스코리아 대회 참가 권유를 받고 재밌을 것 같아 출전했다. 열여덟 살이던 1989년 열린 33회 미스코리아 선발대회다. 172㎝의 큰 키와 깨끗한 외모, 이목구비가 뚜렷한 얼굴의 고현정은 진을 차지한 오현경에 이어 선으로 입상했다.

고현정은 이전의 미스코리아들이 그렇듯 연예계에 진출해 〈쇼 토요 특급〉 MC로 활동하며 연예인으로서 본격적인 행보에 나섰다. 김성희가 1977년 미스코리아 진에 오른 뒤 가수로 활동하고 MBC 〈쇼 2000〉 MC로 나서며 연예계에 진입한 이후 미인대회는 연예계 진출을 위한 창구 역할을 톡톡히 했다. 연예인 지망생이 미인대회를 연예계 데뷔를 위한 우회로로 활용하고 방송사와 연예기획사가 미인대회에 참가한 외모가 출중한 사람을 연예인 자원으로 발탁하면서 미인대회 출신 연예인이 급증했다.

김성령 이승연 오현경 염정아 김남주 김혜리 장진영 김사랑 손태영 성현아 이하늬 박시연 이보영은 미스코리아 출신 스타 배우다. 송선미 한고은 김선아 한예슬 한지혜 공현주 소이현 진기주는 슈퍼모델 선발대회 출신 연기자고 박지영 윤손하 이다해 장신영 강예솔은 전국 춘향 선발대회 출신 배우다. 이 밖에 김희선은 고운 얼굴 선발대회 출신 스타다.

고현정은 1990년 〈대추나무 사랑 걸렸네〉를 통해 연기자로 선을 보인 후 김종학 PD의 대작 드라마 〈여명의 눈동자〉에 출연했다. 김정수 작가의 〈엄마의 바다〉와 김수현 작가의 〈작별〉을 거치며 주연 탤런트로 올라섰다. 고현정은 광주민주화운동 전후 격동의 1980년대를 배경으로 세 젊은이를 통해 시대의 삶을 들여다본 〈모래시계〉에서 카지노 대부 딸로 사업을 운영하면서 조폭과 사랑에 빠지는 혜린 역을 맡아 카리스마를 드러내며 시청자의 폭발적인 반응을 끌어냈다. '귀가 시계'라는 수식어를 얻으며 64.5%라는 경이적 시청률을 기록한 〈모래시계〉를 통해 고현정은 톱스타로 등극했다. 시청자는 매력적인 혜린 역을 연기한 배우 고현정의 강렬한 포스와 카리스마에 열광했다.

인기 절정의 고현정은 일거수일투족이 대중과 대중매체의 관심을 끌고 그의 말은 곧바로 뉴스가 됐다. 이런 상황에서 연예계 은퇴를 전격 선언했다. 대중은 고현정의 예상치 못한 선택에 적지 않은 충격을 받았다. 은퇴 직후 이병철 삼성 회장의 손자이자 신세계그룹 이명희 회장의 아들 정용진 신세계백화점 부사장과 결혼했다.

장강재 《한국일보》 부사장과 결혼한 문희, 재일교포 사업가와 백년가

약을 맺은 남정임, 미도파백화점 박용일 사장과 웨딩마치를 울린 안인숙, 고려합섬 장치혁 회장과 부부로 만난 나옥주처럼 1970년대까지 여자 톱스타는 결혼과 함께 연예계를 은퇴하는 경우가 많았지만, 1980년대부터는 원미경 이미숙 황신혜처럼 결혼하고도 활동하는 여자 스타가 크게 늘었다. 하지만 고현정은 결혼과 함께 연예 활동을 전면 중단하고 대중과 대중매체의 시선에서 사라졌다. 그가 대중매체에 다시 등장한 것은 2003년 11월 정용진 부사장과 이혼했다는 사실이 보도되면서부터다. 이혼 관련 온갖 루머가 쏟아졌고 스캔들이 난무했다.

"전 상황에 끌려 삶을 산 것이 아니라 제 의지에 따라 살았다고 생각해요. 그 사람(정용진)을 너무 사랑해서 결혼했고 제가 많이 모자라 힘에 부치고 생각하지 못한 상황이 많아 이혼을 결정했어요. 사랑도 삶도 최선을 다했기에 후회 없어요." 이혼 후 고현정이 밝힌 입장이다.

은퇴한 지 10년만인 2005년 일본 드라마 〈별의 금화〉를 리메이크한 드라마 〈봄날〉을 통해 연기자로 복귀했다. 〈봄날〉에서 실어증 환자 역을 맡아 조인성 지진희와 연기 호흡을 맞춘 고현정은 10년 공백이 무색하게 과거의 연기력을 복원하며 성공적인 복귀를 했다. 〈여우야 뭐하니〉에선 고현정의 강렬한 이미지와 거리가 먼 어수룩하고 순한 여자 캐릭터를 맡아 변신을 시도했고 〈히트〉에선 형사 역을 맡아 액션 연기를 선보이며 대중이 그동안 보지 못했던 고현정의 면모를 드러냈다. 고현정의 카리스마와 강렬한 연기톤이 잘 살아난 〈선덕여왕〉의 미실 역으로 신드롬을 일으키며 "역시 고현정이다"라는 찬사도 끌어냈다. 눈썹의 미세한 움직임만으로 권력의 무서움을 드러내고, 돌아서는 등 모습을 통해 적대 세력을 압도하는 아우라를 발산하는 연기의 진수를 보여줬다.

2006년 홍상수 감독의 영화 〈해변의 여인〉에서는 드라마와 다른 연기 스타일과 캐릭터를 선보였고 〈잘 알지도 못하면서〉〈여배우들〉〈미쓰 GO〉

를 통해 영화 관객과 만났다. 그리고 특유의 카리스마를 발산한 드라마 〈대물〉〈여왕의 교실〉〈동네 변호사 조들호 2〉〈너를 닮은 사람〉〈마스크걸〉에 출연하며 고현정의 아우라를 시청자에게 전달했다.

　　미스코리아, 최고 톱스타, 인기 절정기 재벌 3세와의 결혼과 이혼, 그리고 연예계 복귀와 최고 스타 재부상으로 요약되는 그의 인생은 매우 극적이다. 대중매체에 대량 유통되는 가십, 루머, 스캔들에 의해 그의 실제 삶은 곡해되고 실체와 다른 이미지가 조형됐다. 이로 인해 사람들이 상상할 수 없는 깊은 내상도 입었다. 고현정은 연예계 생활을 하면서 몸으로 체득한 논리로 자신을 지켰다. "연예인은 사람들이 보고 즐기라고 있는 존재입니다. 우리를 보면서 사람들이 위로와 재미를 얻는 겁니다. 난 어떤 질타나 비판을 받는다고 힘들어하는 후배들을 보면 막 야단쳐요. 누릴 것 다 누려놓고 몇분의 일도 안 되는 질타를 갖고 사느니 못 사느니 힘들어 죽겠네…그렇게 완벽하고 싶으면 숨어 살아야지요. 질타도 관심이거든요. 견뎌야지요."[217]

　　사생활과 가십, 스캔들을 비롯한 사적 영역의 정보와 드라마 · 영화 캐릭터 등으로 대중매체에 의해 만들어진 이미지와 참 많이 다른 스타가 고현정이다. 고현정이 말하는 고현정은 어떨까. "나는 '극소심' '트리플 A형'이다. 고현정 하면 카리스마, 센 언니, 4차원, 고집불통이 떠오른다는 데 사실은 수줍고 소심하고 속으로 삭이는 게 더 많은 A형이다. 그리고 무대든 밥 먹는 자리든 정중앙은 불편하다. 어색해서 자꾸 콧물이 나고 입술을 삐죽거리게 된다. 어디 구석진 곳이나 있어야 마음이 편하지."[218]

　　전 국민의 시선을 끈 작품의 주연으로 활약한 연기자로서의 고현정도 그리고 드라마틱한 삶을 사는 자연인 고현정도 항상 대중과 대중매체의 관심 중앙에 있다. 그는 관심을 집중시키는 강렬한 스타성과 아우라가 돋보이는 스타이기 때문이다.

출 연 작

드라마

1990	〈대추나무 사랑 걸렸네〉
1991	〈맥랑시대〉 〈여명의 눈동자〉
1992	〈겨울 무지개〉 〈두려움 없는 사랑〉 〈여자의 방〉
1993	〈엄마의 바다〉
1994	〈작별〉
1995	〈모래시계〉
2005	〈봄날〉
2006	〈여우야 뭐하니〉
2007	〈히트〉
2009	〈선덕여왕〉
2010	〈대물〉
2013	〈여왕의 교실〉
2016	〈디어 마이 프렌즈〉
2018	〈리턴〉
2019	〈동네 변호사 조들호 2〉
2021	〈너를 닮은 사람〉
2023	〈마스크걸〉

영화

2006	〈해변의 여인〉
2009	〈잘 알지도 못하면서〉 〈여배우들〉
2012	〈미쓰 GO〉
2018	〈호랑이보다 무서운 겨울 손님〉

(25) 이영애

李英愛 | 1971~

§

청순 이미지로 스타덤 오른 배우

스타와 관련된 것들은 본질적으로 이미지다. 스타 이미지는 홍보, 광고, 영화와 드라마 그리고 주석·비평으로 묶일 수 있는 미디어 텍스트에 의해 조형된다.[219] 대중이 선호하는 이미지 창출 여부가 스타가 될 수 있는지를 결정하는 핵심적 요소다. 수많은 연예인과 스타가 순수, 행복, 사랑, 건강, 성공, 도전, 강한 남성성, 성적 매력 등 대중이 선호하는 긍정적인 이미지를 조성하고 강화해 대중의 사랑을 받는다. 광고가 강조하고 표방하는 이미지 역시 자유, 행복, 미모, 젊음, 매력, 로맨스, 쾌락, 즐거움, 기쁨, 정, 사랑, 우정, 안전, 건강, 고통 해방, 성공, 손실 예방, 존경, 품위, 부, 명예, 권위, 도전, 패기 등 대중이 좋아하거나 욕망하는 가치다.

이영애는 대중문화 상품의 성공과 타의 추종을 불허하는 빼어난 연기력으로 스타가 된 것이 아니다. 바로 광고를 통해 대중이 욕망하는 이미지를 창출해 스타덤에 올랐다. 이영애는 노출 빈도와 노출 범위에서 압도적인 CF를 통해 청순한 이미지를 극대화했다. 이영애는 '산소 같은 여자'라는 광고 카피를 전면에 내세운 화장품 CF를 통해 산소로 연상되는 깨끗함, 맑음, 착함, 우아, 지순을 비롯한 대중이 욕망하는 이미지를 만들었고 이 이미지를 드라마와 영화, CF를 통해 확대 재생산했다. 대중매체에 유통된 사적 정보 역시 청순한 이미지를 강화하는 것이 대부분이었다. 청순하고 깨끗한 이미지로 대중의 열광을 끌어내 이영애는 스타가 됐다.

이영애는 1971년 서울에서 출생했고 초등학교 5학년 때 참고서 모델을 했다. 친구 아버지가 참고서 광고 모델을 구하고 있었는데 운동회에 참가한 이영애를 발견하고 기용했다. 고등학교 때에는 잡지 《여학생》 공고를 보고 응모해 표지 모델이 되기도 했다. 백화점에서 아르바이트하던 대학 시절 선배 언니랑 놀러 간 기획사에서 CF 모델 제의를 받았고 1990년 홍콩 스타 유덕화와 함께 초콜릿 CF 모델로 나섰다.[220] 이 CF는 이영애 인생을 흔든 계기가 됐다. 초콜릿 CF를 보고 화장품 회사에서 광고 모델 제의를 했기 때문이다. 바로 이영애를 스타로 만든 '산소 같은 여자' 카피를 내세운 화장품 CF였다. 화장품 CF로 인해 다양한 제품 광고 모델 제의를 받았고 연예기획사 백기획에 영입돼 1993년 드라마 〈댁의 남편은 어떠십니까〉를 통해 연기자로서도 선을 보였다. 이영애는 연예계 데뷔 창구로 떠오른 CF를 통해 연기자로 활동할 기회를 얻었고 스타화의 첩경인 대중이 욕망하는 이미지를 조형했다.

광고는 연예인과 스타를 생산, 유통하는 대표적인 대중문화 상품이다. 이영애뿐만 아니라 황신혜 채시라 유호정 김현주 김태희 김민희 손예진이 광고를 통해 연예계에 데뷔했고 인기를 얻었다. 최진실 전지현 고수는 CF를 통해 대중이 선호하는 이미지를 만들어 스타덤에 올랐다. 송중기 이민호 김수현 송혜교는 한국 CF 출연으로 편당 10억 원, 그리고 중국 등 외국 기업 광고 모델로 나서 편당 40억~50억 원의 막대한 수입을 올렸다. 이영애는 한국방송광고진흥공사KOBACO의 광고모델 선호도 조사에서 2003, 2004년 전지현에 이어 2위를 차지한 데 이어 2005~2007년 이효리 전지현 장동건 김태희 같은 톱스타를 제치고 3년 연속 1위를 차지하는 등 CF 모델로 강력한 파워를 보였다.

1993년 드라마 〈댁의 남편은 어떠십니까〉 조연으로 연기자로서 첫발을 디딘 이영애는 드라마 〈질주〉〈아스팔트 사나이〉〈간이역〉〈내가 사는이유〉〈의가 형제〉〈파도〉〈초대〉〈불꽃〉에 조·주연으로 출연했는데 캐릭터가 외양만 다를 뿐 비슷한 성격과 이미지가 관통했다. 가난한 집안에서 태어나 술집에서 아르바이트하며 대학을 다니다 사랑하는 사람을 만나는 〈파도〉의 윤숙과 모범답안처럼 정해진 삶의 틀 속에서 살아가다 약혼자가 있음에도 어느 날 갑자기 찾아온 사람과 뜨거운 사랑을 하는 〈불꽃〉의 지현은 겉모습만 다를 뿐 풍기는 이미지는 비슷하다. 1997년 〈인샬라〉로 영화계에 진출한 뒤 출연한 영화 〈JSA 공동경비구역〉〈선물〉〈봄날은 간다〉의 이영애가 연기한 캐릭터 역시 기존의 이미지에 약간의 변주만을 가한 것이다.

이영애가 드라마와 영화, 광고에서 재현한 것은 성 역할 고정관념과 이에 기초한 계급 제도를 강화하는 전형적인 이미지라는 점에서 비판도 제기됐다. 이영애가 가부장제 사회에서 보통 남자들이 좋아하는 적당히 지적이지만 남성의 언어에 도전하지 않고 거칠고 험악한 노동 시장에 진출할 필요, 의지가 없으며 남자에게 부담 주지 않을 만큼만 의존적인, 깨끗한 손톱과 하얀 피부를 가진 여자, 한강이 내려다보이는 아파트에서 최고급 가전제품을 사용하면서 '여자라서 행복해요'라고 말할 수 있는 여성 이미지를 재현한다는 것이다.[221] 이러한 비판에도 이영애가 CF와 드라마, 영화에서 구축한 이미지는 대중의 열광을 끌어내는 스타덤의 가장 큰 원동력으로 작용했다.

이영애가 배우로서 전환점이 된 작품은 단독 주연으로 나선 사극 드라마 〈대장금〉과 영화 〈친절한 금자씨〉다. 궁중 암투에 휘말려 부모를 잃고 수라간 궁녀로 궁궐에 들어가 임금 주치의 어의녀가 되기까지 한 여성의 성공과 사랑을 그린 〈대장금〉의 주연을 맡은 이영애는 기존의 청순한 이미지를 바탕으로 여성의 주체성이 강화된 캐릭터를 잘 발현해 57.8%의 높은 시청률을 기록하며 흥행에 성공했다. 중국, 일본, 중동, 유럽, 남미 등 세계 각국에 〈대장금〉 신드롬을 일으키며 이영애는 한류스타로서 새로운 입지를 마련했다. 반면 박찬욱 감독의 영화 〈친절한 금자씨〉에선 이영애의 기존 이미지를 교묘하게 비트는 동시에 파격적 면모를 보여 관객에게 신선한 충격을 줬다. 이영애는 2005년 〈친절한 금자씨〉 이후 결혼과 함께 영화와 드라마 출연은 하지 않고 CF만을 통해 대중과 만나다 12년 만인 2017년 드라마 〈사임당, 빛의 일기〉로 복귀해 기대를 모았으나, 한 자릿수 시청률을 기록하며 대중의 외면을 받았다. 2019년 〈나를 찾아줘〉로 영화에 컴백했으나 흥행에 실패했고 2021년 주연으로 나선 드라마 〈구경이〉 역시 2%대 저조한 시청률에 그쳤다.

스타는 캐릭터 혹은 페르소나와 실제 생활의 간극을 좁힘으로써 대중매체에서 형성된 이미지를 실제로 느끼게 한다. 이미지는 사적 영역에서의 스타가 CF, 드라마, 영화의 모습과 비슷하다는 것을 보여줌으로써 진정성을 보장받는다. 이영애의 잔잔한 미소, 자주 하는 선행과 사랑 나눔, 조용한 어투, 깨끗한 피부와 선이 가는 얼굴은 그가 카멜레온 같은 변신을 자유자재로 할 수 없는 연기력의 한계에도 스타 대열에 당당히 설 수 있는 이미지의 진정성을 인정받게 했다. "독일 시인 릴케와 티베트, 그리고 들꽃을 사랑한다"라는 그의 취향까지도 이미지와 실제의 간극이 크지 않다는 것을 입증해주는 증좌로 활용된다. 이영애는 실제와 그를 스타로 탄생시킨 이미지의 간극이 가장 작은 스타다.

출 연 작

드라마

1993	〈댁의 남편은 어떠십니까〉
1994	〈질주〉
1995	〈서궁〉 〈아스팔트 사나이〉 〈찬품단자〉
1996	〈파파〉 〈동기간〉 〈그들의 포옹〉 〈간이역〉
1997	〈내가 사는 이유〉 〈의가 형제〉 〈사랑하니까〉
1998	〈로맨스〉 〈애드버킷〉
1999	〈은비령〉 〈파도〉 〈초대〉
2000	〈불꽃〉
2003	〈대장금〉
2017	〈사임당, 빛의 일기〉
2021	〈구경이〉
2023	〈마에스트라〉

영화

1997	〈인샬라〉
2000	〈공동경비구역 JSA〉
2001	〈선물〉 〈봄날은 간다〉
2005	〈친절한 금자씨〉
2019	〈나를 찾아줘〉

(26) 전도연

全度妍 | 1973~

§

인간 심연까지 드러낸 연기파 스타

1990년대 눈길 끄는 세 명의 여배우가 스타가 됐다. 세 여배우는 1990년대 초중반에는 드라마로 그리고 1990년대 중후반부터는 영화로 인기를 얻어 스타덤에 오른 공통점은 있지만, 이미지, 외모, 연기력, 스타성, 대중성, 결혼 후 행보에서 뚜렷한 차이를 보였다. 1972년생 심은하와 고소영, 그리고 1973년생 전도연이다.

1993년 MBC 탤런트 공채로 연예계에 데뷔한 심은하는 드라마 〈한 지붕 세 가족〉을 통해 연기자로 첫선을 보인 뒤 1994년 〈마지막 승부〉에서 빼어난 외모와 청순한 이미지로 남성 시청자의 마음을 흔들며 단번에 스타덤에 올랐다. 드라마 〈M〉〈숙희〉로 인기와 연기력을 배가시킨 다음 1995년 영화 〈아찌 아빠〉를 통해 스크린에 진출했다. 한석규와 호흡을 맞춘 멜로물 〈8월의 크리스마스〉와 이성재와 주연을 한 〈미술관 옆 동물원〉에서 특유의 맑고 깨끗한 이미지를 발산하며 관객의 시선을 집중시켰고 드라마 〈청춘의 덫〉으로 시청자를 압도하는 연기력과 카리스마를 드러내며 톱스타로서 확고한 입지를 다졌다. 하지만 2000년 영화 〈인터뷰〉를 마지막으로 전격적으로 연예계 은퇴 선언을 하고 2005년 결혼해 가정생활에 전념했다.

1992년 드라마 〈내일은 사랑〉을 통해 배우로 데뷔한 고소영은 도도한 이미지와 신세대 캐릭터, 출중한 외모로 눈길을 끌었다. 드라마 〈엄마의 바다〉에서 톡톡 튀는 신세대 이미지로 인기를 얻은 뒤 정우성과 연기 호흡을 맞춘 영화 〈비트〉로 스타가 됐지만, 연기력 부족과 캐릭터 소화력 결여로 배우로서 높은 평가를 받지 못했다. 다만 신세대를 표상하는 캐릭터와 빼어난 외모, 발랄한 매력 발산으로 스타로서의 명성을 쌓았다. 스타 장동건과 결혼한 뒤 영화나 드라마보다는 CF로 대중과 만났다.

　서울에서 나고 자란 전도연은 고등학교 3학년 때 청소년 잡지에 당첨돼 상품을 타러 갔다가 잡지 표지 모델로 발탁됐고 이것이 계기가 되어 1990년 '깨끗해요'라는 광고 카피를 내세운 화장품 CF 모델로 나서며 연예계에 입문했다. 광고를 통해 귀엽고 풋풋한 이미지를 발산한 전도연은 1992년 드라마 〈TV 손자병법〉을 통해 배우로 첫발을 디뎠고 〈우리들의 천국〉으로 눈길을 끌었다. 인기가 높았던 메디컬 드라마 〈종합병원〉 조연으로 나서 배우로서 존재감을 드러낸 뒤 시청률 62.7%를 기록한 〈젊은이의 양지〉를 통해 주연급으로 도약했다. 1997년 영화 데뷔작 〈접속〉에 한석규와 주연으로 나서 한국 멜로영화의 새로운 스타일을 선보이며 스타덤에 올랐다. 전도연은 대중과 전문가로부터 연기력에 관한 한 대한민국 최고 스타로 인정받는다. 결혼 후에도 작품 활동을 꾸준히 한다는 점에서 심은하 고소영과 차이를 보였다.

　심은하는 대중이 선호하는 청순한 이미지와 뛰어난 연기력, 수려한 외모로 폭넓은 팬덤을 보유한 스타성 강한 배우였고 고소영은 대중이 욕망하는 이미지와 신세대에게 소구되는 톡톡 튀는 개성과 외모가 돋보인 스타였다. 전도연은 스타성과 팬덤, 인기는 두 사람에 비해 낮았지만, 모방이 불가능한 연기력과 출중한 캐릭터 창출력으로 배우로서 가장 높은 평가를 받은 스타다.

　1992년 시청자와 만난 드라마 〈TV 손자병법〉 〈우리들의 천국〉을 통해 배우로 선을 보인 전도연은 귀여운 이미지를 드러냈지만, CF 찍는 듯한 느낌을 주는 부자연스러운 연기력에 대한 비판이 쏟아졌다.[222] 그로부터 15년이 흐른 2007년 영화 〈밀양〉으로 칸국제영화제에서 여우주연상을 수상하며 세계적으로 연기력을 인정받았다.

15년 사이 무슨 일이 있었을까. 전도연은 〈우리들의 천국〉으로 데뷔한 이후 〈종합병원〉〈젊은이의 양지〉〈사랑할 때까지〉〈별은 내 가슴에〉 같은 드라마에 연이어 출연하며 CF의 이미지를 탈색하는 동시에 연기력도 확장했다. 물론 이 과정에서 배우 전도연에게 혹독한 시련과 대중의 따가운 질책도 뒤따랐다. 전도연은 이를 악물며 연기 훈련과 작품에 임해 연기력을 체득하고 감정을 어떻게 표현해야 할지를 온몸으로 익혔다. 전도연은 KBS가 1996년 4월 1일부터 1997년 2월 28일까지 방송한 일일극 〈사랑할 때까지〉에 류시원과 함께 남녀 주연으로 캐스팅됐다. 하지만 출연 배우부터 방송계 종사자까지 전도연의 주연 캐스팅에 대해 우려를 표명했다. 전도연이 감정 없는 인형 같은 이미지를 가진 데다 연기력도 부족해 KBS 메인 뉴스 시청률에 적지 않은 영향을 미치고 채널 브랜드를 대표하는 저녁 일일극 주연으로 부적격하다는 이유에서다. "함께 연기한 신인, 후배 연기자 중 전도연이 가장 독했다. 일일 드라마를 할 때 연기력에 대해 많은 부분을 조언해줬는데 눈물을 흘리면서도 끝까지 지적한 부분을 보완했다. 그러한 독기와 성실성이 좋은 배우가 되게 한 것 같다." 극 중 전도연의 아버지로 출연한 박근형의 전언이다.

연기를 위한 치열한 노력이 캐릭터의 내적 확신을 TV 화면과 스크린 너머의 시청자와 관객의 의식 속에 직접 도달시키는 뛰어난 배우로 성장시켰다. 그는 심은하처럼 여배우로서 빼어난 외모나 몸매의 소유자가 아니다. 그렇다고 고소영처럼 대중의 열광을 끌어내는 특정 이미지와 개성을 소유한 것도 아니다. 스타로서 갖춰야 할 자질을 갖추지 못한 치명적인 약점을 그는 출연하는 작품의 캐릭터에 생명력과 진정성을 불어넣어 현실 속 인물로 환치시키는 변화무쌍한 연기력으로 극복해 나가며 대중과 전문가에게 인정받았다. 그것도 자신의 존재와 개성은 죽이고 극 중 캐릭터로 거듭나는 탈개성화한 자연스러운 연기를 하는 최고 배우라는 찬사를 받으면서 말이다. 평범한 인상이지만, 그 평범함 마저 아무도 눈치채지 못하는 방식으로 연기하는 배우가 전도연이다. 이 세상 어딘가에 정말 저런 여인이 살아 숨 쉬고 있을 것 같다는 믿음과 사실감, 이는 배우 전도연이 매 작품 관객에게 선사하는 선물이다.[223]

배우에게 작품 선택은 매우 중요하다. 작품은 배우의 스타성과 인기, 경쟁력, 이미지를 좌우하기 때문이다. 대부분의 스타는 흥행 가능성을 높일 수 있는 출연 배우, 감독 등 여러 요소를 살핀 다음 출연료를 보고 작품 출연 여부를 결정한다. 전도연은 출연료나 상대 배우를 문제 삼아 작품을 거절하지 않는 것으로 정평이 나 있다. 캐릭터를 공감하고 진정성 있게 연기할 수 있는지와 영화 시나리오, 드라마 극본의 완성도를 가장 우선 파악해 선택한다. 전도연은 톱스타치고 흥행작이 많지 않고 흥행파워도 강력하지 않다. 그런데도 전도연이 명배우로서 그리고 톱스타로서 명성이 확고한 것은 그로 인해 영화·드라마의 이야기와 태도까지 완성되고 작품성이 높아지기 때문이다. 무엇보다 전도연으로 인해 한국 영화와 드라마의 지평을 확장하고 연기의 패러다임을 다시 쓰는 새로운 캐릭터가 탄생한다.

영화 데뷔작 〈접속〉으로 영화계에 성공적으로 입성하고 〈약속〉으로 흥행에 성공하며 톱스타 대열에 화려하게 진입했음에도 폭발력과 화제성이 거의 없는 〈내 마음의 풍금〉의 총각 선생에 반한 순박한 시골 처녀 역을 연기해 관객의 공감을 이끌었다. 자칫 선정성 논란에 휘말릴 수 있는 〈해피엔드〉의 첫사랑을 정부로 두고 남편을 속이며 허무와 욕망의 늪에 빠진 유부녀 캐릭터를 우리 주위에 숨 쉬고 있는 인물로 환치시켰다. 전도연은 작품의 개연성과 캐릭터의 진정성만 보고 선택했고 그 결과는 청룡영화상 여우주연상을 비롯한 각종 영화상 수상과 관객·전문가의 찬사였다.

〈나도 아내가 있었으면 좋겠다〉의 노총각 은행원을 짝사랑하는 보습학원 강사, 〈피도 눈물도 없이〉의 권투장 라운드걸 출신의 퇴물 복서 정부, 〈스캔들: 조선남녀상열지사〉의 열녀로 이름난 수절과부, 〈밀양〉의 아들을 유괴범에 잃고 고통을 안고 사는 엄마, 〈하녀〉의 주인집 남자에게 몸을 빼앗기고 임신한 아이를 잃고 복수에 나서는 여성, 〈무뢰한〉의 살인범 애인으로 짐승처럼 사는 형사에게 마음이 흔들리는 술집 마담, 〈생일〉의 사고로 잃은 아들을 그리워하는 엄마, 〈지푸라기라도 잡고 싶은 짐승들〉의 과거를 지우고 새 인생을 살기 위해 살인마저 서슴지 않은 여자, 〈비상선언〉의 재난 상황에 빠진 비행기의 승객 안전을 위해 고군분투하는 장관, 〈길복순〉의 살인 청부업계의 킬러 등 어느 것 하나 유사한 것도 없고 쉽게 소화할 수 있는 캐릭터도 아닌데 전도연은 선택했고 기막히게 연기했다. 전도연이 광대한 연기력을 내장하고 있기 때문에 가능한 일이다. 그래서 '남자 배우는 송강호, 여자 배우는 전도연'이라는 영화계 스타 신화를 만들며 칸국제영화제에서 여우주연상을 받아 칸의 여신 지위까지 획득했다. 〈무뢰한〉처럼 흥행에 실패했다고 해도 전도연이 생명력을 불어넣은 캐릭터의 강렬한 존재감과 진정성은 관객과 시청자의 가슴에 생생하게 각인된다. "사람들은 제 연기와 경력이 충분하고 정점에 달했다고 말하는데 저는 그렇게 생각하지 않습니다. 전 아직 안 해본 게 많고 못 한 게 많고 하고 싶은 게 많아요. 전 배우로서 저 자신을 더 소모시키고 싶습니다"라고 표명하는 전도연이 창출한 새로운 캐릭터로 인해 한국 영화는 그만큼 확장된다. "스타가 된다면 사람들은 당신의 모습을 보고 싶을 것이고 배우로 남는다면 그들은 작품 속에 살아있는 당신을 발견할 것이다." 할리우드 스타 모건 프리먼Morgan Freeman 말이다. 이 말을 근거로 판단한다면 전도연은 스타가 아니고 배우다. 관객과 시청자는 항상 작품 속에서 캐릭터로 살아나는 전도연을 발견하기 때문이다.

출 연 작

드라마

1992	〈TV 손자병법〉〈우리들의 천국〉
1994	〈종합병원〉〈사랑의 향기〉
1995	〈사랑은 블루〉〈젊은이의 양지〉
1996	〈프로젝트〉〈사랑할 때까지〉〈간이역〉
1997	〈별은 내 가슴에〉〈달팽이〉
2002	〈별을 쏘다〉
2005	〈프라하의 연인〉
2016	〈굿 와이프〉
2021	〈인간 실격〉
2023	〈일타 스캔들〉

영화

1997	〈접속〉
1998	〈약속〉
1999	〈내 마음의 풍금〉〈해피 엔드〉
2001	〈나도 아내가 있었으면 좋겠다〉
2002	〈피도 눈물도 없이〉
2003	〈스캔들-조선남녀상열지사〉
2004	〈인어공주〉
2005	〈너는 내 운명〉
2007	〈밀양〉
2008	〈멋진 하루〉
2010	〈하녀〉
2011	〈카운트다운〉
2013	〈집으로 가는 길〉

2015	〈무뢰한〉〈협녀, 칼의 기억〉〈남과 여〉
2019	〈생일〉
2020	〈지푸라기라도 잡고 싶은 짐승들〉
2022	〈비상선언〉
2023	〈길복순〉

(27) 송강호

宋康昊 | 1967~

21세기 한국 영화의 최고 배우

송강호는 1998년 〈조용한 가족〉부터 2022년 〈비상선언〉까지 1,000만 관객 영화 〈괴물〉〈변호인〉〈택시 운전사〉〈기생충〉, 4편을 포함해 28편의 주연 작품을 통해 1억 2,920만 명의 관객을 동원했다. 주연 작품당 평균 461만 명의 관객을 기록했다. 전무한 기록이다. 1990년대 말부터 20여 년 동안 최정상에서 한국 영화를 이끌어온 톱스타가 송강호다. 영화를 이끌었다는 의미는 단순히 독보적인 흥행파워만을 의미하는 것이 아니다. 송강호는 2019년 칸영화제 황금종려상과 2020년 미국 아카데미영화제 작품상을 휩쓴 〈기생충〉과 2022년 칸국제영화제 남우주연상을 받은 〈브로커〉를 비롯한 세계영화제에서 각종 상을 차지한 출연 작품을 통해 한국 영화와 배우의 국제적 위상을 높였다. 또한, 그가 출연한 영화가 분단, 인권, 빈부 양극화, 환경, 민주화 등 다양한 내용과 소재, 주제를 드러내 한국 영화의 지평을 확장하는 동시에 누아르, 괴수 드라마, 코미디, 서부극, SF 등 장르적 실험과 진화를 이끌며 한국 영화의 질적 도약을 주도했다. 대중음악계에서 조용필이 한 장르로 인정받듯 스타 송강호도 한국 영화의 한 장르라는 인식에 도달하게 된다. 송강호의 주연 영화는 정체성이 강하고 연기 스타일은 독보적이기 때문이다. 송강호의 독창적인 인물해석과 예측불허의 연기는 한국 영화사에서 유례를 찾아볼 수 없다. 이 때문에 송강호는 21세기 한국 영화 배우 중 최고 남자 배우로 꼽힌다. 문화잡지 《쿨투라》가 한국 영화 100년을 맞아 2019년 평론가, 대학교수, 영화감독, 기자 등 100명의 전문가 투표로 선정한 20세기 한국 영화 최고 남녀 배우는 신성일과 김지미였고 21세기 최고 남녀 배우는 송강호와 전도연이었다.

송강호는 1967년 경남 김해에서 태어나 중학생 때 배우의 꿈을 품었다. 자연스럽게 연극영화과에 지원했는데 두 번이나 떨어졌다. 전문대 방송연예과에 들어갔다가 집안 사정도 나빠지고 군대 영장도 나와 자퇴했다. 제대 후 부산의 극단에서 1년 동안 활동하다 무작정 상경해 배우로서 지향하는 것을 추구할 수 있다고 생각한 서울 연우무대를 찾았다. 1991년 〈동승〉을 시작으로 〈날아라 새들아〉 〈국물 있사옵니다〉 〈심수일과 이순애〉 〈비언소〉 같은 연극에 출연하면서 연기력을 향상시켰을 뿐만 아니라 '배우가 자신이 하는 연기가 정답이고 절실한 행위라고 믿으면 수많은 관객이 몰입하고 수긍하는 연기가 나오지만, 남의 눈을 의식하면 한 사람에게도 진정성을 전달하지 못하는 연기를 하게 된다'라는 연기관을 갖게 됐다.

1996년 선배 김의성의 소개로 홍상수 감독의 〈돼지가 우물에 빠진 날〉 단역으로 출연하며 영화배우로 데뷔한 이후 1997년 이창동 감독의 〈초록물고기〉 조연으로 나섰다. 이창동 감독이 연극 〈비언소〉를 보고 송강호를 캐스팅했다. 송강호는 조연이었지만, 실제 건달을 데려와서 찍었다는 소문이 나돌 정도로 리얼하게 연기해 강렬한 존재감을 남겼다.

연극은 배우의 예술이라고 할 만큼 연극에서 배우의 역할은 매우 크다. 송강호처럼 편집이 없고 관객의 평가를 즉석에서 받는 연극무대에서 연기력을 쌓은 뒤 영화계에 진출해 스타가 된 배우가 적지 않다. 대중문화 초창기 최초의 스타 이월화부터 김승호 최은희 이순재 최불암 김혜자 손숙 김갑수 문성근 최민식 오달수 설경구 문소리 김윤석 이성민 조진웅 황정민 하정우까지 수많은 스타가 연극 무대를 거쳐 영화계에 진출했다.

송강호는 송능한 감독의 〈넘버3〉에서 "배 배 배 배신이야"라는 튀는 대사로 잘 알려진 말 더듬는 조폭 두목 역으로 대중에게 깊은 인상을 남기며 1997년 대종상 신인상을 수상했고 첫 주연작 〈조용한 가족〉에서도 코믹한 연기로 관객에게 웃음을 선사하며 흥행에 성공했다. 관객에게 인정받은 코믹 캐릭터를 활용해 대중의 인기를 배가할 수 있는데도 송강호는 분단을 배경으로 하는 문양이 전혀 다른 두 영화, 강제규 감독의 〈쉬리〉와 박찬욱 감독의 〈공동경비구역 JSA〉를 통해 캐릭터와 연기의 변주 폭을 확장했다. 첫 단독 주연으로 나선 〈반칙왕〉에선 은행원이자 레슬러로 활동하는 대호 역을 맡아 육체적으로 극한의 상황까지 몰리면서 연기해 연기의 패러다임을 다시 썼다는 찬사와 함께 한국 배우 중 최고의 연기력을 가진 배우라는 극찬을 받았다.

송강호는 독창적 스타일과 현저한 의미를 발현하는 작가주의 연출자, 이창동 박찬욱 봉준호, 고레에다 히로카즈是枝裕和 감독의 작품에 출연하며 전형성을 찾아볼 수 없는 창의적인 연기력을 선보이며 연기의 한계를 가늠할 수 없게 했다. 이창동 감독의 〈초록 물고기〉〈밀양〉, 박찬욱 감독의 〈공동경비구역 JSA〉〈복수는 나의 것〉〈박쥐〉, 봉준호 감독의 〈살인의 추억〉〈괴물〉〈설국열차〉〈기생충〉, 고레에다 히로카즈 감독의 〈브로커〉가 송강호의 연기로 생명을 얻은 작품이다. 물론 상업적인 흥행 포인트를 극대화하는 김지운 감독의 〈좋은 놈 나쁜 놈 이상한 놈〉〈밀정〉, 강제규 감독의 〈쉬리〉, 한재림 감독의 〈관상〉〈비상선언〉에서도 송강호는 대사로만 하는 단순한 연기가 아닌 대사와 대사 사이의 호흡까지 감정을 드러내는 명연기를 선보였다. 이 때문에 "송강호는 작품 자체의 성격이나 느낌을 규정하는 힘이 있다. 내가 쓰는 시나리오 지문과 대사를 송강호가 한다고 생각하면 생각의 폭이 좀 더 넓어지고 과감해진다. '송강호라면 설득할 수 있다'라는 자신감을 느끼게 된다"라는 봉준호 감독의 평가가 나온다.

　송강호는 작가주의 색채가 강한 영화든, 장르적 특성이 발현된 작품이든, 더 나아가 상업성을 전면에 포진시킨 영화든 대체로 굵직하거나 선명한 내러티브를 가진 영화를 선택했다. 그리고 각이 뚜렷한 이야기에서 자연히 발생하는 전형성을 송강호의 연기는 매번 독창적으로 해체했다.[224] 송강호는 우리 주변에서 흔히 볼 수 있을법한 평범한 얼굴과 지역성을 나타내는 특유의 말투로 친근함이라는 인간적인 감수성을 구현하며 소시민 페르소나를 유지해온 배우다. 그의 페르소나는 보편적인 한국인의 정서와 맞닿아있는 하나의 상징으로서 사회적으로 명료하게 표현될 수 있는 이데올로기와 한국적인 가치를 응축하고 있다. 송강호의 연기는 진지하지만 무겁지 않으며, 그래서 현실적이고, 그의 페르소나는 시대를 환기하는 캐릭터의 성격을 더욱 설득력 있게 표현한다. 송강호는 평범한 소시민이라는 낯섦성을 오히려 자신만의 독특한 성격화로 내세워 스타반열에 오른 배우다. 즉, 평범함을 자신의 아이콘으로 대중에게 각인시킴으로써 대체 불가능한 스타로서의 페르소나를 만든 대표적인 연기파 스타다. 배우 송강호야말로 남자 주인공에게 흔히 요구되는 카리스마나 육체적 매력, 혹은 로맨틱한 능력 없이 스타덤에 오른 이례적인 경우라 할 수 있다.[225]

　송강호의 영화가 성공만 했던 것은 아니다. 〈푸른 소금〉〈하울링〉은 송강호의 출연 영화라고 믿기 어려울 정도로 흥행 참패를 기록했다. 더 큰 문제는 영화의 작품성과 완성도도 수준 이하였고 송강호의 연기 역시 상투성이 드러났다. 언론과 대중은 '송강호의 시대는 갔다'며 송강호의 흥행 실패에 대해 비난을 쏟아냈지만, 실패작의 경험을 연기의 확장에 활용하며 〈설국열차〉〈변호인〉〈관상〉〈사도〉〈밀정〉〈택시 운전사〉〈기생충〉〈브로커〉의 주연으로 나서 작품성과 흥행력을 담보했다.

　송강호는 어려움과 실패의 두려움이 존재할지라도 익숙한 장르와 캐릭터, 작품 그리고 연기 스타일의 전형성에 안주하는 대신 새로운 분야에 대한 도전을 지속했다. 왜냐하면, 그것이 관객이 바라는 송강호의 존재 이유이기 때문이다. 시대의 공기를 얼굴에 담아내는 21세기 국민배우로서 영화에 출연해 언제나 송강호다운 동시에 지금까지와 또 다른 송강호를 드러내며 관객을 사로잡았다.[226]

　　연예계와 대중문화에선 실력만으로 성공하기가 힘들다. 대중이 선호하는 이미지를 창출해야 하고 연예기획사의 막강한 홍보 마케팅이 뒷받침돼야 인지도와 유명성을 획득할 수 있다. 대중의 관심을 가장 쉽게 그리고 가장 강력하게 끌 수 있는 뛰어난 외모도 갖춰야 한다. 운도 뒤따라야 한다. 이러한 특성 때문에 연기 못 한 배우도, 노래 못하는 가수도 대중의 인기를 얻으며 스타가 될 수 있다. 그런데 송강호는 연예기획사의 홍보 마케팅이나 대중이 선호하는 이미지 창출, 빼어난 외모가 아닌 오롯이 타의 추종을 불허하는 연기력 하나만으로 성공을 일궈낸 의미 있는 스타다. 송강호는 20년 넘게 인기 정상에 있으면서도 늘 꿈꾸고 고민하고 각성하고 있다는 것을 느끼게 하는 스타다. 이런 송강호로 인해 한국 영화의 지평은 확장되고 국제적 위상은 격상됐다.

출 연 작

영화

1996	〈돼지가 우물에 빠진 날〉
1997	〈초록 물고기〉〈넘버3〉〈나쁜 영화〉
1998	〈조용한 가족〉
1999	〈쉬리〉
2000	〈반칙왕〉〈공동경비구역 JSA〉
2002	〈YMCA 야구단〉〈복수는 나의 것〉
2003	〈살인의 추억〉
2004	〈효자동 이발사〉
2005	〈남극 일기〉
2006	〈괴물〉
2007	〈우아한 세계〉〈밀양〉
2008	〈좋은 놈 나쁜 놈 이상한 놈〉
2009	〈박쥐〉
2010	〈의형제〉
2011	〈푸른 소금〉
2012	〈하울링〉
2013	〈설국 열차〉〈변호인〉〈관상〉
2015	〈사도〉
2016	〈밀정〉
2017	〈택시 운전사〉
2018	〈마약왕〉
2019	〈기생충〉〈나랏말싸미〉
2022	〈브로커〉〈비상선언〉

드라마

2023	〈삼식이 삼촌〉

(28) 이병헌

李炳憲 | 1970~

∮

한국·아시아 넘어 할리우드에서도 빛난 스타

이병헌의 미국 할리우드 진출 소식이 알려지면서 기대보다 우려의 목소리가 터져 나왔다. 한국에서 나고 자란 이병헌이 영어 대사와 한국 영화계와 전혀 다른 할리우드 제작 시스템의 적응 문제로 실패할 것이라는 예단이 쏟아졌다. 외국 시장에서 인기 있는 배우를 기용해 흥행 가능성을 높이는 미국 할리우드 마케팅 전략의 일회성 도구로 전락할 것이라는 분석도 있었다. 백인 주연 캐릭터를 돋보이게 하기 위한 주변부 캐릭터나 왜곡된 아시아인 캐릭터로 출연해 한국 더 나아가 아시아 배우 이미지를 추락시켜 기존의 스타성마저 실종시키는 결과를 낳을 수 있다는 문제도 제기됐다. 이병헌의 할리우드 첫 진출작 〈G. I. Joe : The Rise of Cobra〉가 2009년 개봉됐다. 선과 악의 구분 없이 주어진 임무만을 수행하는 비밀 병기 스톰 쉐도우 역을 맡아 강렬한 액션 신을 자연스럽게 소화하며 할리우드 영화에서도 존재감을 드러내고 관객과 전문가의 찬사를 끌어냈다. 이병헌은 한국에서 스타덤에 올라 〈아름다운 날들〉〈올인〉을 비롯한 한국 드라마로 일본, 중국 등 아시아에서 큰 인기를 얻었고 미국에 직접 진출해 성공적인 활동을 펼친 새로운 한류스타의 전형을 만들었다.

1970년 경기도 성남에서 출생한 이병헌은 고등학교 입학할 즈음 방송사 PD나 영화 · CF 감독을 진로로 생각했다. 하지만 여러 이유로 연기를 하고 싶다는 생각에 1991년 KBS 공채 탤런트로 연예계에 발을 디뎠다. 하지만 연기자의 길은 녹록지 않았다. PD의 혹독한 질책을 들어가며 데뷔작 〈아스팔트 내 고향〉에 출연했다. 이후에도 "국어책 읽느냐"는 핀잔을 들으며 괜히 연기했다는 후회도 했지만, 작품을 하면서 배우는 진짜 열정이 있어야 하는 직업이구나 하는 생각을 절감했다.

1992년 캠퍼스 드라마 〈내일은 사랑〉을 통해 청춘스타로 부상하며 인기를 얻었다. 〈내일은 사랑〉으로 탤런트로서 대중성을 획득한 이병헌은 〈폴리스〉 〈사랑의 향기〉 〈아스팔트 사나이〉 〈바람의 아들〉에 출연하며 스타덤에 올랐다.

다른 탤런트와 마찬가지로 드라마 인기를 바탕으로 1995년 영화 〈런어웨이〉를 시작으로 영화계에 진출했다. 하지만 데뷔작부터 〈누가 나를 미치게 하는가〉 〈아마게돈〉 〈지상만가〉 등 출연 영화는 연이어 흥행에 참패했다. 무엇보다 캐릭터 분석도 제대로 하지 않고 연기가 아닌 흉내 내기에 급급하면서 '이병헌 출연 영화는 흥행 참패'라는 비아냥을 들으며 이병헌의 상품성은 끝없이 추락했다.

침체의 국면에 접어든 이병헌에게 전환점이 된 작품이 바로 TV 드라마 〈해피투게더〉와 영화 〈내 마음의 풍금〉이다. 이병헌은 〈해피투게더〉에서 사연 많은 이복형제 관계와 한 여성에 대한 사랑을 농밀한 내면 연기로 드러내야 하는 2군 야구선수 역을 맡았다. 이병헌은 복잡미묘한 심리를 사실적인 세밀한 표정 연기와 진정성이 배가된 대사 연기로 잘 풀어냈다. 이전에 볼 수 없었던 연기였다. 〈내 마음의 풍금〉에서는 이전의 과장되거나 극의 흐름에서 튀는 면은 전혀 보이지 않고 차분하면서도 절제된 연기를 선보였다. 캐릭터를 장악해 완벽하게 소화해냈고 흉내 내기에 급급한 모습은 찾아볼 수 없었다.

두 작품을 계기로 2000년대 접어들면서 이병헌은 새롭게 도약했다. 이병헌은 드라마 〈아름다운 날들〉 〈올인〉이 중국뿐만 아니라 일본에서 선풍적인 인기를 얻어 배용준 장동건 원빈과 함께 '한류 4대 천왕'으로 불리며 한류스타로 화려하게 비상했다. 영화에서도 〈공동경비구역 JSA〉를 통해 흥행 참패의 늪을 벗어났다. 영화 〈달콤한 인생〉을 통해 이병헌은 배우로서의 이전 작품에서 보이지 않았던 잠재력도 발휘했다. 이병헌은 눈빛과 표정, 몸짓, 목소리를 세분해서 감정을 표현해 관객에게 캐릭터의 진정성과 내러티브의 개연성을 잘 전달했다.

〈그해 여름〉 〈좋은 놈, 나쁜 놈, 이상한 놈〉 〈악마를 보았다〉 〈광해, 왕이 된 남자〉 〈협녀, 칼의 기억〉 〈내부자들〉 〈마스터〉 〈싱글라이더〉 〈남한산성〉 〈그것만이 내 세상〉 〈백두산〉 〈남산의 부장들〉 〈비상선언〉 〈승부〉 등 다양한 장르의 영화를 넘나들며 밝고 인간적인 면모와 비정하고 카리스마 넘치는 모습을 비롯한 변화무쌍함으로 관객의 시선을 붙잡았다. 영화에 전념하면서도 2009년 〈아이리스〉와 2018년 〈미스터 션샤인〉, 2022년 〈우리들의 블루스〉 같은 TV 드라마 출연을 통해 외모적 매력과 개성, 그리고 캐릭터를 현실 속 인물로 느끼며 몰입하게 만드는 연기력으로 국내외 팬덤을 형성하며 한류스타로서의 위상을 더욱 강화했다.

이병헌이 한국 스타사에 의미 있는 발자취를 남긴 것은 바로 대중문화 본산이라는 미국 할리우드의 진출 시도와 성공적인 활약이다. 한국에서 톱스타로 그리고 일본과 중국에서 높은 인기를 얻는 한류스타로 활동해도 충분히 이병헌의 인기와 수입, 명성을 유지할 수 있었다. 이병헌은 연기자로서의 경력과 상품성, 인기를 추락시킬 가능성이 컸지만, 미국 에이전시 요청을 계기로 할리우드에 도전했다. "할리우드에 도전하는 이유는 호기심과 동경이다. 인종, 나라와는 상관없이 할리우드에서 존재감 있는 배우로 남고 싶다. 너무 힘들어서 그렇게 안 될 수도 있지만 그렇게 한번 해보고 싶었다. 그래서 계속 부딪히는 것이다." 할리우드 진출 초반 많은 어려움과 좌절에 직면하고 공황장애까지 겪었지만, 이병헌은 포기하지 않았다. 2009년 조연으로 출연한 〈G. I. Joe : The Rise of Cobra〉를 시작으로 〈G. I. Joe: Retaliation〉〈RED 2〉〈Terminator Genisys〉〈Misconduct〉〈The Magnificent Seven〉에 출연하며 할리우드 영화 주·조연으로서의 입지를 확고히 했다. 가장 성공적인 미국 진출 성과를 낸 스타가 이병헌이다. 그는 한국 배우로서 할리우드 영화에 출연하는 데 성공한 게 아니라 그저 국적이 한국인인 배우로서 할리우드 영화의 주역이 되었다.

1930~1970년대 〈모정〉을 비롯한 300여 편의 미국 영화와 드라마에 출연한 필립 안(1905~1978)을 비롯한 한국계 미국인 배우를 제외하면, 한국인으로 할리우드에 처음 입성한 배우는 미국 유학길에 올랐다가 1967년 CBS 드라마 〈앨리윈터의 마지막 전쟁〉으로 데뷔한 뒤 2000년대까지 〈쿵후〉〈007 황금 총을 가진 사나이〉 같은 미국 영화와 드라마에 출연한 오순택(1936~2018)이다. 한국 배우로 활동하며 할리우드에 최초로 진출한 스타는 1988년 한미합작 영화 〈아메리칸 드래곤〉에 이어 조나단 드미 Jonathan Demme 감독의 〈찰리의 진실〉에 나선 박중훈이다. 가수 비도 2008년 워쇼스키Lilly & Lana Wachowski 감독의 〈스피드 레이서〉를 통해 할리우드에 진출했고 배두나는 2012년 워쇼스키 감독의 할리우드 영화 〈클라우드 아틀라스〉〈주피터 어센딩〉에 출연했다. 수현은 2015년 할리우드 블록버스터 〈어벤져스: 에이지 오브 울트론〉의 조연으로 나서 눈길을 끌었다. 마동석과 박서준은 마블사의 히어로물 〈이터널스〉와 〈더 마블스〉를 통해 할리우드에 입성했고 전종서는 〈모나리자와 블러드 문〉 주연으로 미국에 진출했다.

이병헌은 대형 스캔들과 사회적 물의를 일으켜 위기에 처했지만 잘 극복해 위기관리에 능한 스타로도 정평이 나 있다. 굳건한 팬덤을 기반으로 대중의 열렬한 환호를 받는 인기 정상의 톱스타라 할지라도 바닥으로 추락하는 것은 한순간이다. 사회적 물의를 야기하는 불법 행위를 하거나 성 추문을 비롯한 스캔들에 연루된 스타는 대중과 언론의 격렬한 비판에 직면하고 인기와 경쟁력, 상품성을 상실하며 연예계에서 퇴출당하는 상황까지 발생한다. 대중은 사회적 물의를 일으키거나 불법 행위를 한 연예인과 스타에 대해 매우 엄격한 시선을 견지하기 때문이다. 2009년 캐나다 교포 권 모 씨와의 스캔들에 이어 2014년 여자 연예인에게 한 음담패설의 동영상으로 협박받는 사건이 발생해 대중의 비난 포화가 집중적으로 쏟아져 CF에서 퇴출당하고 주연 영화 개봉이 연기되는 등 이병헌은 위기에 몰렸다. 이병헌이 주연을 맡은 영화 〈내부자들〉에서 보인 뛰어난 연기력으로 작품을 성공으로 이끌면서 부정적 여론을 잠재웠다. 자연인 이병헌의 언행에 대해 호불호가 첨예하게 엇갈리지만, 배우 이병헌의 연기에 대해서는 찬사 일색이다. 연기력 하나로 스캔들로 야기된 위기를 극복한 이병헌은 수많은 스타가 스캔들과 사회적 물의로 추락한 뒤 재기하지 못한 채 대중의 시선에서 사라진 것과 사뭇 대조적인 모습을 보였다.

이병헌은 한국 드라마와 영화에서 성공하고 일본과 중국 등 아시아에서 인기를 얻은 뒤 미국 할리우드에 진출해 주역으로 맹활약해 한국 대중문화사에 의미 있는 이정표를 남긴 명실상부한 최고의 한류스타다.

출 연 작

드라마

1991	〈아스팔트 내 고향〉 〈바람꽃은 시들지 않는다〉 〈가족〉
1992	〈이별 없는 아침〉 〈내일은 사랑〉
1993	〈들국화〉 〈살아남은 자의 슬픔〉
1994	〈폴리스〉 〈사랑의 향기〉
1995	〈아스팔트 사나이〉 〈바람의 아들〉
1997	〈아름다운 그녀〉
1998	〈백야 3.98〉
1999	〈해피투게더〉
2000	〈아름다운 날들〉
2003	〈올인〉
2009	〈아이리스〉
2018	〈미스터 션샤인〉
2022	〈우리들의 블루스〉

영화

1995	〈런어웨이〉 〈누가 나를 미치게 하는가〉
1996	〈아마게돈〉
1997	〈지상만가〉
1999	〈내 마음의 풍금〉
2000	〈공동경비구역 JSA〉
2001	〈번지 점프를 하다〉
2002	〈중독〉
2004	〈누구나 비밀은 있다〉 〈쓰리, 몬스터〉
2005	〈달콤한 인생〉
2006	〈그해 여름〉
2008	〈좋은 놈, 나쁜 놈, 이상한 놈〉

2009	〈나는 비와 함께 간다〉 〈G.I.Joe : The Rise of Cobra〉
2010	〈악마를 보았다〉
2012	〈광해, 왕이 된 남자〉
2013	〈G.I. Joe: Retaliation〉 〈RED 2〉
2015	〈Terminator Genisys〉 〈협녀, 칼의 기억〉 〈내부자들〉
2016	〈Misconduct〉 〈마스터〉 〈밀정〉 〈The Magnificent Seven〉
2017	〈싱글라이더〉 〈남한산성〉
2018	〈그것만이 내 세상〉
2019	〈백두산〉
2020	〈남산의 부장들〉
2022	〈비상선언〉
2023	〈승부〉 〈콘크리트 유토피아〉

(29) 장동건

張東健 │ 1972~

국내외 인기 많은 미남 배우의 대명사

"유명 작가가 조각해도 장동건처럼 잘생긴 얼굴을 만들어내기 힘들 것
이다." 〈인간시장〉〈여명의 눈동자〉〈모래시계〉 등으로 한국 드라마사를 새
로 쓰고 장동건이 주연한 드라마 〈고스트〉를 연출한 김종학 PD의 말이다.
장동건은 한국 미남의 대명사. 외모는 스타의 중요한 자질 중 하나로 여
자 배우뿐만 아니라 남자 배우에게도 굉장한 경쟁력이다. 특히 얼굴은 인성
(personality)을 가장 잘 표현해주는 매체이자 영화와 드라마 속 의미가 새겨지
고 캐릭터의 감정이 순환·통과하는 장소여서 배우에게 매우 중요하다.[227]

외모는 작품 캐스팅과 대중의 인기, 배우 이미지를 좌우하기에 많은 연
예인이 얼굴과 몸매 가꾸기에 목숨 거는 전쟁을 펼친다. 성형수술 하는 연
예인도 급증했다. 1960년대 신성일 남궁원, 1970년대 박근형 이정길 신영
일 신일룡, 1980년대 이영하 임성민, 1990년대 차인표 장동건 정우성 배
용준 이병헌, 2000년대 고수 원빈 조인성 현빈 송승헌 강동원 소지섭 이준
기, 2010년대 공유 이민호 송중기 김수현, 2020년대 박보검 박서준 차은
우가 출중한 외모를 발판으로 영화와 드라마에 출연해 큰 인기를 얻어 스
타로 떠올랐다.

1972년 서울에서 나고 자란 장동건은 대학 재수 시절 아르바이트로

CF 모델 일을 하다 1992년 MBC 탤런트 공채로 연기자의 길에 들어섰다. 〈아들과 딸〉을 비롯한 드라마 단역으로 출연하면서 연기를 배우던 장동건은 캠퍼스 드라마 〈우리들의 천국〉에 출연해 빼어난 외모로 젊은 시청자의 시선을 사로잡으며 인기 배우가 됐다. 대학생의 풋풋한 사랑과 생활을 다룬 〈우리들의 천국〉 출연을 통해 홍학표 최진실 박철 음정희 김찬우 이승연 최진영 전도연도 인기를 얻거나 스타 대열에 합류했다. 이미연 최수종 최재성 최수지 손창민을 스타로 만든 〈사랑이 꽃피는 나무〉와 이병헌 고소영 박소현을 인기 배우로 탄생시킨 〈내일은 사랑〉 같은 대학생 드라마나 배두나 하지원 임수정 공유 장혁 최강희 김민희 조인성 이동욱 등 주목받는 신인을 배출한 〈학교〉 같은 청소년 드라마는 신예 스타 배출 창구 역할을 톡톡히 한다.

장동건은 1994년 대학 농구 열기를 고조시키며 최고 시청률 48.6%를 기록한 트렌디 드라마 〈마지막 승부〉에서 심은하 손지창과 열연하며 단숨에 신세대 스타로 등극했다. 〈마지막 승부〉의 높은 인기는 감각적이고 세련된 영상, 주제에 잘 부합하는 OST, 군더더기 없는 빠른 전개, 스포츠 소재, 현란한 소비문화 전시 등 여러 이유가 있지만 가장 큰 원인은 대한민국의 최고 미남미녀로 인정받은 세 남녀, 심은하 장동건 손지창이 펼친 삼각관계 멜로였다.

〈마지막 승부〉로 스타덤에 오른 장동건은 수많은 작품 출연 제의를 받았지만, 전혀 의외의 선택을 한다. 바로 한국예술종합학교에 입학한 것이다. 장동건은 한국예술종합학교에 진학해 학업에 전념했다. "정말 잘 생겼다는 말이 제일 듣기 싫었다. 그것 말고는 다른 것으로 날 안 봐주겠다는 말로 들렸다. 외모 아닌 다양한 모습을 보여주고 싶었다." 장동건이 한국예술종합학교를 선택한 이유다.

2년간 학교를 다니다 자퇴한 뒤 1997년 드라마와 영화 출연으로 연예계에 복귀했다. 장동건은 1997년 국내뿐만 아니라 베트남 등 아시아에서 한류를 일으킨 의학 드라마 〈의가 형제〉와 패션계를 배경으로 젊은 남녀 모델들의 열정과 성공 스토리를 담은 드라마 〈모델〉 주연으로 나서는 한편 영화 〈패자부활전〉 〈홀리데이 인 서울〉에 출연하며 활동 영역을 확장했다.

TV 드라마에선 높은 시청률을 기록하며 성공했지만, 영화는 흥행에 참패했다. 장동건도 박상원을 비롯한 적지 않은 탤런트가 드라마를 통해 얻은 인기를 바탕으로 영화계에 진출했다가 흥행 참패를 한 배우 계보를 잇는 듯 〈연풍연가〉 같은 주연 영화가 계속 관객의 외면을 받았다. 작품성도 떨어질 뿐만 아니라 영화에서 볼 것은 장동건 얼굴밖에 없다는 비아냥을 들을 정도로 연기력 또한 빈약하기 그지없었다. 영화 참패 영향인지 출연한 드라마 〈사랑〉 〈청춘〉도 낮은 시청률을 기록하며 장동건의 인기가 하락했다. 심지어 〈청춘〉은 일본 드라마 표절 사실이 밝혀져 중도에 방송이 중단되는 사태까지 빚어져 장동건의 스타성이 추락했다.

이런 와중에 만난 작품이 바로 이명세 감독의 영화 〈인정사정 볼 것 없다〉다. 안성기 박중훈 주연의 영화에 조연으로 출연해 박중훈 안성기의 연기력에 압도되어 뒤로 밀려났지만, 장동건에게 〈인정사정 볼 것 없다〉는 자신감을 부여해줬다. 이명세 감독과 선배 박중훈이 잘생긴 것 어떻게 하겠느냐고 말하며 잘생긴 남자가 어떻게 보일 수 있는지 연구해 보라면서 프랑스 스타 알랭 들롱Alain Delon의 예를 들었다. "〈태양은 가득히〉를 보면서 가슴을 쳤다. 알랭 드롱 아니면 누가 저런 모습을 보여줄 수 있느냐는 생각이 들었기 때문이다." 장동건이 새로운 인식에 도달하는 순간이었다.

장동건이 1999년 〈인정사정 볼 것 없다〉로 어느 정도 연기력을 인정받은 후 2001년 〈친구〉로 흥행 성공도 거뒀다. 〈친구〉는 장동건의 캐릭터 확장의 잠재력을 보여준 작품이다. 장동건은 2000년 TV 드라마 〈이브의 모든 것〉 이후 영화에 전념했다. 블록버스터 〈2009 로스트 메모리즈〉, 작가주의 색채가 드러난 김기덕 감독의 〈해안선〉, 중국 천카이거陳凱歌 감독의 〈무극〉, 미국 할리우드에서 활동하는 이승무 감독의 〈The Warrior's Way〉, 액션 연기가 강조된 〈태풍〉 등 다양한 장르와 성격의 영화에 출연했다. 1,000만 관객을 동원한 〈태극기 휘날리며〉로 흥행 성공도 했지만, 장동건 주연의 〈2009 로스트 메모리즈〉를 비롯한 대부분의 영화가 흥행에 실패했다. 장동건의 스타성에 비하면 초라한 성적이었다.

장동건은 2012년 12년 만에 복귀한 TV 드라마 〈신사의 품격〉을 통해 꽃중년 매력을 발산하며 대중의 관심과 인기를 어느 정도 회복했지만, 영화에선 여전히 침체의 늪을 벗어나지 못했다. 2010년대 출연한 〈마이웨이〉〈위험한 관계〉〈우는 남자〉〈브이아이피〉〈7년의 밤〉〈창궐〉이 모두 흥행에 참패하면서 장동건의 스타성은 티켓파워와 무관하다는 말까지 나왔다. 더더욱 그의 스타화에 결정적 역할을 한 빼어난 외모마저 영화와 드라마의 흥행에 영향을 미치지 못했다. 원빈 강동원 이민호 송중기 김수현 박보검 박서준 등 새로운 시대에 부합하는 외모를 가진 젊은 배우들이 출현했고 무엇보다 작품의 완성도나 흥행에 결정적인 영향력을 미치는 변수는 외모가 아니라 연기력이기 때문이다.

연기는 캐릭터의 창조(Creation)와 재현(Representation)이다. 캐릭터의 창조와 재현은 표정, 목소리, 몸짓, 신체의 자세와 운동 같은 것으로 드러난다. 연기의 기본 요소는 대사 전달을 위한 발성, 진실하고 자연스러운 어조, 배우의 매력, 그리고 좋은 눈이다. 정확한 발성과 살아 있는 표정 연기, 외형과 내면을 일치시키는 연기를 하는 사람을 뛰어난 연기자로 인정한다.[228] 장동건은 연기력을 좌우하는 대사 연기에 적지 않은 문제를 노출한다. 대사는 일종의 말 행동(speech act)으로 등장인물의 내적인 사고나 감정을 드러낸다. 발음 자체가 불명확하고 발성에 문제가 있어 대사를 제대로 전달하지 못하면 대사와 액션·표정 연기가 따로 노는 문제가 발생한다. 장동건은 발성,

대사 연기 등 연기력의 문제가 그의 스타성을 제한했다. 적지 않은 스타가 배우로서 엄청난 경쟁력인 수려한 외모를 갖고 있음에도 스타성을 확장하지 못하고 작품의 완성도와 흥행에 긍정적 영향을 미치지 못하는 것은 바로 부족한 연기력 때문이다. 외모는 인기나 이미지, 캐스팅에 큰 영향을 미치지만, 배우로서 존재할 수 있게 하는 결정적인 힘은 연기력이다.

장동건은 2010년 5월 스타 고소영과 결혼해 국내외에서 높은 관심을 끌고 화제가 됐다. 스타의 배우자는 시대에 따라 변했고 재벌부터 일반 직장인에 이르기까지 다양하다. 연예계의 특수한 상황과 성격, 사회적 인식으로 동료 연예인끼리 결혼하는 경우도 많다. 대중문화 초창기 전옥-강홍식, 이난영-김해송, 고복수-황금심 커플을 비롯해 황해-백설희, 신성일-엄앵란, 최수종-하희라, 이재룡-유호정, 채시라-김태욱, 차인표-신애라, 이병헌-이민정, 원빈-이나영, 권상우-손태영, 비-김태희, 배용준-박수진, 손예진-현빈 등 많은 스타 커플이 탄생했다.

장동건은 한국 대표 미남으로 신성일 남궁원 이정길 이영하 등 미남 배우 계보를 잇는 스타로 수많은 여성 팬을 설레게 하며 스타덤에 올랐다. 미남 배우로 소화할 수 있는 다양한 캐릭터를 탄생시킨 스타이기도 하다.

출 연 작

드라마

1992	〈우리들의 천국〉
1993	〈일지매〉
1994	〈마지막 승부〉
1996	〈아이싱〉
1997	〈의가 형제〉〈모델〉〈영웅신화〉
1998	〈사랑〉
1999	〈청춘〉〈고스트〉
2000	〈이브의 모든 것〉
2012	〈신사의 품격〉
2018	〈슈츠〉
2019	〈아스달 연대기〉
2023	〈아라문의 검-아스달 연대기〉
2023	〈더 디너〉

영화

1997	〈패자부활전〉〈홀리데이 인 서울〉
1999	〈연풍연가〉〈인정사정 볼 것 없다〉
2000	〈아나키스트〉
2001	〈친구〉
2002	〈2009 로스트 메모리즈〉〈해안선〉
2004	〈태극기 휘날리며〉
2005	〈태풍〉〈무극〉
2009	〈굿모닝 프레지던트〉
2010	〈워리어스 웨이〉
2011	〈마이웨이〉
2012	〈위험한 관계〉
2014	〈우는 남자〉
2017	〈브이아이피〉
2018	〈7년의 밤〉〈창궐〉

(30) 배용준

裵勇浚 | 1972~

일본 한류 폭발시킨 욘사마

"배용준이 한국과 일본 양국에서 무려 23억 달러의 경제적 효과를 창출했다."(미국 《뉴욕타임스》 2004년 12월 23일 기사) "영국 축구 스타 데이비드 베컴 David Beckham이나 미국 영화배우 톰 크루즈Tom Cruise가 왔을 때도 이 정도는 아니었다. 일본인의 스타 사랑이 유별나지만 이런 히스테리 증상은 일찍이 없었으며 더욱이 그 주인공(배용준)이 한국인이라는 사실은 놀랄만하다."(영국 《더 타임스》 2004년 11월 26일 기사)… 일본을 강타한 드라마 〈겨울 연가〉의 배용준에 관한 국내외 언론 기사가 끝없이 쏟아졌다. 2004년 11월 25일 일본 나리타 공항에는 배용준을 보기 위해 7,000여 명의 여성 팬이 몰려 일본 TBS는 헬기를 띄워 생방송까지 했다. 배용준, 한 명의 스타가 한일 양국의 외교 관계부터 문화 산업, 일본인의 한국에 대한 인식까지 막대한 영향을 미쳤다.

무엇보다 한국 역사에서 가장 큰 문화적 사건이라고 할 수 있는 한류는 〈겨울 연가〉의 배용준으로 인해 새로운 국면에 접어들었다. 김수현 작가의 드라마 〈사랑이 뭐길래〉가 1997년 중국 CCTV에서 방송되면서 한국 드라마와 대중음악이 중화권에서 인기를 끌어 한류가 촉발됐다. 1990년대 후반 한국 대중문화 열풍은 대만, 베트남, 태국 등 아시아 전역으로 확산하며 한류가 본격화했다. 하지만 미국에 이어 대중문화 시장 규모 2위 일본은 한류의 영향을 받지 않았다. 2002년 한국에서 방송된 드라마 〈겨울 연가〉가 2003년 4월부터 일본 NHK 위성 채널에 이어 지상파 채널을 통해 방송되면서 일본 중장년 여성의 열광적인 반응이 일어났다. 〈겨울 연가〉의 배용준 신드롬이 일본 열도를 강타하면서 일본에서도 한류가 거세지기 시작했다.

1972년 서울에서 태어난 배용준은 대학 입시에 실패한 뒤 배우의 꿈을 실현하기 위해 다양한 경험을 쌓으려고 영화사에 들어가 스태프로 활동하며 출연자 섭외, 장소 헌팅 일을 했다. 영화사를 나와 연기 학원에 다니면서 1994년 KBS 드라마 〈사랑의 인사〉 오디션에 합격해 연기자로 데뷔했다. 대학생의 사랑과 고뇌를 그린 청춘 드라마 〈사랑의 인사〉 주연으로 나선 배용준은 수려한 외모와 매력적인 캐릭터로 데뷔작을 통해 인기를 얻는 행운이 따랐다. 배용준은 시청률 60%대를 돌파한 드라마 〈젊은이의 양지〉와 〈첫사랑〉을 통해 스타덤에 올랐다. 노희경 작가의 드라마 〈우리가 정말 사랑했을까〉 주연으로 나서 스타성을 발휘해 강력한 팬덤까지 조성됐다.

데뷔작부터 연이은 드라마 흥행 성공으로 방송사 캐스팅 1순위 배우로 떠오르면서 수많은 작품 출연 제의가 쏟아졌다. 하지만 배용준은 작품 선택에 극도로 신중한 데다 철저한 자기 관리로 쉽게 작품을 결정하지 않았다. 작품에 임하면서도 연기가 마음에 들지 않을 때는 연출자가 OK 사인을 내도 NG라고 우기며 연기를 다시 하며 완벽을 기하려 했다.

배용준은 2001년 〈호텔리어〉에 이어 2002년 윤석호 PD의 〈겨울 연가〉에 출연했다. 첫사랑이라는 운명으로 묶인 세 남녀의 이야기를 그린 〈겨울 연가〉의 윤석호 PD는 "배용준은 차가운 이미지도 있지만 자상한 이미지도 있다. 상황에 따라 다양한 이미지를 연출할 수 있고 무엇보다 늘 참신하다는 인상을 받는다"라고 캐스팅 이유를 설명했다. 〈겨울 연가〉는 배용준의 배우 인생을 흔들었고 한국 드라마 산업과 한류 판도를 재편했다. 2002년 한국은 배용준 열풍으로 뜨거웠고 2003년 일본 열도는 배용준 신드롬으로 달아올랐다. 한일 양국에서 〈겨울 연가〉의 배용준의 대사는 방송 다음 날 대중의 언어가 되었고, 배용준의 의상과 헤어 스타일은 일반인의 유행이 되었다. 〈겨울 연가〉 신드롬은 일본에서 배용준을 신과 같은 존재로 만들었고 경배의 대상으로 격상시켰다.

청순하고 지순한 이미지의 여배우가 남성 중심의 가부장 분위기와 이 데올로기에 힘입어 인기 스타로 부상하듯 부와 젊음, 외모, 자상함을 갖추 고 거기에 순수한 사랑까지 하는 이미지와 페르소나의 남성 배우는 여성들 이 갖는 이상적 남성상의 욕망을 충족시키며 눈길을 끈다. 그러한 남성을 소 유하고 싶지만 그렇지 못한 여성에게 대리만족을 준다.

드라마를 통해 배용준을 만나는 순간 여성은 완벽한 이상형의 남자를 소유하는 몽환에 빠져든다. 배용준이 TV 화면을 통해 대중과 만난 〈사랑의 인사〉부터 〈젊은이의 양지〉〈첫사랑〉〈맨발의 청춘〉〈우리가 정말 사랑했 을까〉〈호텔리어〉를 거쳐 〈겨울 연가〉에 이르기까지 캐릭터의 외양은 약간 씩 다르지만, 배역의 원형은 여성의 욕망과 이상을 충족시키는 남성상이라 는 공통점을 갖고 있다.[229] 〈겨울 연가〉에서 여성에게 자상하고 부드러우면 서도 사랑의 순수함을 지키는 준상 역을 연기한 배용준은 한일 양국 특히 일 본 중장년 여성에게 자신들이 할머니, 어머니, 아내가 아닌 사랑하고 싶은 여자라는 사실을 새삼 일깨워주며 광적인 반응을 끌어냈다.

〈겨울 연가〉와 배용준은 일본 한류를 점화시키며 막대한 수입을 창출 했다. 현대경제연구원은 〈겨울 연가〉의 배용준 경제적 효과가 한국에서 1 조 원, 일본에서 2조 원 등 최소 3조 원이 넘는 것으로 추산했다. 무엇보다 〈겨울 연가〉와 배용준은 한국 드라마와 K팝에 관한 관심을 증폭시키며 일 본 한류를 폭발시켰다.

〈겨울 연가〉로 한일 양국에서 슈퍼스타로 추앙받은 배용준은 영화 〈스 캔들-남녀상열지사〉를 통해 영화배우로 선을 보인 데 이어 사극 드라마

〈태왕사신기〉에 출연했지만, 반응은 뜨겁지 않았다. 국내외 대중 특히 일본 여성들이 〈겨울 연가〉의 이미지와 상당히 거리가 있는 이들 작품의 캐릭터에 몰입하지 못하거나 대리만족을 얻지 못했기 때문이다.

배용준은 〈태왕사신기〉에 출연하며 스타 권력화의 문제를 본격적으로 촉발했다. 상상을 초월한 출연료를 받으며 한국 드라마 시장의 위기를 불러왔기 때문이다. 1997년 최진실 같은 톱스타의 드라마 회당 출연료는 200만 원이었다. 그러다 한류 시장이 확대되면서 스타 출연료가 급등해 김희선이 2003년 회당 1,000만 원 시대를 열었다. 그리고 불과 4년 뒤 2007년 배용준이 〈태왕사신기〉에 출연하며 회당 2억 5,000만 원을 받았다. 당시 최고 톱스타 회당 출연료 2,000만~3,000만 원과 비교를 불허하는 엄청난 액수였다. 한국 방송시장 규모의 10배에 달하는 일본에서도 톱스타 드라마 회당 출연료가 5,000만 원 선인 것을 고려하면 배용준 출연료는 충격적이기까지 했다. 한정된 제작비에서 스타 출연료가 폭등하면서 세트나 의상, 음악, 촬영, 출연진에 악영향을 줘 작품 완성도가 크게 떨어지는 문제를 야기한다. 스타 권력화 문제는 출연 배우 캐스팅에 대한 월권행위부터 극본과 연출 변경 요구까지 다양한 양태로 드러나 제작 환경을 열악하게 만들며 작품의 질을 추락시켰다.

배용준은 2007년 〈태왕사신기〉 출연 이후 사업에 전념해 배우로서의 모습을 볼 수가 없었다. 배용준은 연예인을 브랜드화하는 마케팅을 본격적으로 시도한 스타로도 유명하다.[230] 배용준은 콘텐츠 제작과 매니지먼트 사업을 하는 연예기획사 키이스트를 이끌었고 레스토랑 체인, 일본의 한국 전통음식점, 굿즈를 판매하는 일본 쇼핑몰, 해양 레저와 요트 사업을 운영하는 등 자신의 이미지와 캐릭터, 브랜드를 활용한 다양한 사업을 펼쳐 사업가로서 면모를 유감없이 발휘했다.

배용준은 일본 한류를 촉발하며 한류의 패러다임을 새로 쓴 한류스타

이기도 하지만 스타 권력화로 제작 환경을 열악하게 만든 문제의 스타이기
도 하다.

출 연 작

드라마

1994	〈사랑의 인사〉
1995	〈젊은이의 양지〉
1996	〈파파〉 〈첫사랑〉
1998	〈맨발의 청춘〉
1999	〈우리가 정말 사랑했을까〉
2001	〈호텔리어〉
2002	〈겨울 연가〉
2007	〈태왕사신기〉

영화

1997	〈삥구〉
2003	〈스캔들-남녀상열지사〉
2005	〈외출〉

(31) 송혜교

宋慧教 ｜ 1982~

한류 역사 가장 오래 장식한 스타

1997년 중국 CCTV에서 드라마 〈사랑이 뭐길래〉가 방송되면서 인기를 끌어 중국과 일부 아시아 국가에서 한류가 시작됐고 2003년 〈겨울 연가〉가 일본에서 폭발적인 반응을 얻으며 한류는 아시아 전역으로 확산했다. 2010~2020년대 한국의 드라마와 예능 프로그램, 대중음악, 영화가 아시아를 넘어 세계 각국에서 인기를 얻으며 글로벌 한류는 진화를 거듭했다. 그 사이 한류의 주역도 바뀌었다. 한류 초창기 중국, 대만, 베트남 등에서 인기를 끌었던 안재욱 차인표 장동건 김희선 이영애, 일본 한류를 일으킨 배용준 최지우 류시원 원빈 권상우 송승헌 이병헌 등 한류 스타의 자리를 전지현 현빈 이민호 장근석 이종석 송중기 공유 박보검 김수현 박신혜 수지 박서준 등이 채웠다. 하지만 유독 한 스타가 초창기부터 장기간 한류의 발전과 확산을 이끌며 오랫동안 한류스타 지위를 굳건하게 유지했다. 송혜교다. 2016년 중국은 물론 아시아와 중동, 남미 등을 강타한 드라마 〈태양의 후예〉 신드롬이 한창일 때 중국 언론 신화망은 〈남심 저격 일인자 송혜교: 한류스타 16년〉이라는 제목의 기사를 내보냈다. "송혜교는 2000년 〈가을동화〉를 시작으로 오랫동안 인기를 구가하며 아름다움을 유지해왔다. 그녀는 여러 작품을 통해 남심을 저격하는 진정한 여신으로 자리 잡았다. 다른 한류스타와 달리 송혜교는 중국에서 몇 년마다 한 차례씩 엄청난 인기를 얻고 그녀가 출연한 대표작은 매번 중국에 큰 영향을 끼친다." 송혜교는 한국국제문화교류진흥원이 2019년 세계 각국의 한국문화 콘텐츠 경험자를 대상으로 실시한 조사에서 이민호에 이어 선호하는 배우 2위를 기록했고 2020년, 2021년, 2022년 조사에선 이민호 공유 현빈에 이어 4위를 차지하고[231] 2023년 넷플릭스에서 서비스한 드라마 〈더 글로리〉로 세계적인 선풍을 일으키는 등 한류스타로서의 강력한 생명력과 경쟁력을 보였다.

초창기 한류 스타들이 뒷자리로 물러난 것은 작품 활동을 하지 않거나 작품의 흥행과 인기를 지속해서 견인하지 못했기 때문이다. 역으로 송혜교는 꾸준히 드라마와 영화에 출연하면서 국내외에서 인기를 얻었기 때문에 오랫동안 한류스타 명성을 유지한 것이다.

송혜교는 1982년 대구에서 태어나 서울에서 자랐다. 중학교 2학년까지 피겨스케이팅 선수로 활동하다 연기자로 진로를 전환했다. 중3이던 1996년 '선경 스마트 학생복 모델 선발대회'에서 대상을 차지한 뒤 CF 모델로 활동하며 연예계에 진출했다. 1996년 드라마 〈첫사랑〉을 시작으로 〈행복한 아침〉 〈육 남매〉 같은 드라마에 아역으로 출연하며 연기 경험을 쌓았다.

1998년 시트콤 선풍을 몰고 온 〈순풍산부인과〉에서 덜렁대고 애교가 넘치는 혜교 역을 맡아 연기자 송혜교라는 이름을 시청자에게 알렸다. 〈나 어때〉를 비롯한 청춘 시트콤에 연이어 출연하며 신세대 스타로 떠올랐다. 〈남자 셋 여자 셋〉 〈뉴 논스톱〉 등 1990년대 중후반부터 2010년대 초반까지 방송된 시트콤은 신예 스타 배출 창구 역할을 톡톡히 했는데 송승헌 장나라 양동근 조인성 이승기 현빈 등 수많은 스타가 시트콤을 통해 배출됐다.

송혜교는 첫 주연작 〈가을동화〉에서 시한부 인생으로 두 남자의 애틋한 사랑을 받는 은서 역을 연기하며 시청자의 눈물샘을 자극해 스타덤에 올랐다. 대중 특히 남성들이 열광하는 청순하고 지순한 이미지까지 획득했다. 〈가을동화〉는 중국, 대만 등 아시아 국가에서 인기를 끌며 송혜교를 한류스타 대열에 진입시켰다.

30~40%대 높은 시청률을 기록하며 흥행에 성공한 드라마 〈호텔리어〉〈수호천사〉〈올인〉〈풀하우스〉의 주연 송혜교가 연기한 캐릭터는 외양은 다르지만 밝고 깨끗한 이미지가 관통하는 공통점이 있다. 2000년대 초중반 전지현이 영화계의 청춘 아이콘이라면 송혜교는 단연 TV 드라마를 주름잡은 신세대 아이콘이었다.[232]

인기 절정의 송혜교는 2005년 일본에서 선풍을 일으킨 영화 〈세상의 중심에서 사랑을 외치다〉를 리메이크한 〈파랑주의보〉로 영화에 데뷔했지만, 흥행에 실패했다. 송혜교의 여성성이 잘 녹아든 영화 〈황진이〉 역시 관객의 외면을 받았다. 영화의 연이은 실패 뒤 그는 의외의 선택을 했다. 바로 미국 독립영화 〈페티쉬〉 출연이다. 세습 무당의 운명을 벗어나고자 한국을 등지고 미국 땅을 택한 팜므파탈 성격의 여자 역을 연기했다. 대사의 상당 부분을 영어로 소화해야 하고 기존의 청순한 이미지와 상극을 이룬 파격적인 캐릭터였다. 2008년 〈그들이 사는 세상〉으로 드라마에 복귀해 일과 사랑에 주체적인 자세를 보이는 드라마 PD 역을 연기했다. 우위썬吳宇森 감독의 중국 영화 〈태평륜〉에선 중국 명문가 딸로 태어나 전쟁이 발발하면서 온갖 시련을 겪는 내면과 외형의 변주 폭이 큰 캐릭터를 맡았다. 작품을 통해 지속해서 캐릭터와 이미지 확장을 꾀했다.

이러한 작업은 왕자웨이王家衛 감독의 영화 〈일대종사〉, 이정향 감독의 영화 〈오늘〉, 시각장애인 역을 연기한 드라마 〈그 겨울, 바람이 분다〉, 조로증 환자 아이를 둔 엄마 역을 한 영화 〈두근두근 내 인생〉에서도 계속 진행됐다.

대중과 CF가 선호하는 이미지를 가진 스타는 기존 이미지를 확대 재생산할 수 있는 작품만을 고집하며 CF 수입 창출에만 열을 올리는 경우가 적지 않다. 이는 연기의 퇴행과 이미지의 식상함을 초래한다. 송혜교는 대중이 선호하는 이미지를 강화하면서도 이미지의 확장 작업도 전개했다.

송혜교는 신세대 스타 대열에 합류시킨 〈순풍 산부인과〉에서 불분명한 발음 등 대사 연기의 문제점을 드러냈고 그를 스타덤에 올려놓은 〈가을동화〉에선 감정 과잉을 노출하는 연기력을 보여 대중과 대중매체로부터 지적을 받았다. 송혜교는 인기와 명성, 대중과 CF가 선호하는 이미지에 안주하지 않고 다양한 작품을 통해 캐릭터와 연기력, 이미지의 변주 폭을 넓히려 노력했다.

"나는 타고난 연기자가 아니다. 그리고 여배우가 할 수 있는 범위는 정해졌다고 생각한다. 무슨 역이든 감정을 많이 표현하는 캐릭터를 택하게 되는 편이다. 연기자의 천성을 타고나지는 않았지만 한 살 한 살 나이를 먹으면서, 여러 사람을 만나면서 사랑도 경험해보면서 그런 경험이 배우로서 감정을 표현하는 데 큰 도움이 된다. 따지고 보면 나는 감정의 흡수가 빠른 것 같다. 어떤 경험에서 오는 감정을 흡수하고 웅크렸다가 그런 것을 연기에 토해내는 것이다."[233] 송혜교의 연기 요체다.

연기자는 연기를 타인의 관찰이나 전통적인 기술에 기반하는 부류, 즉 불행한 사람 역을 연기한다면 불행한 사람을 관찰하고 그들이 어떻게 행동하는가에 맞춰 연기하거나 불행을 표현하는 연기 관습 레퍼토리에 의존하는 유형이 있다. 또 다른 유형은 자신이 불행할 때 어떤 느낌이 드는가를 기억해 그러한 감정을 연기 상황과 관련해 분출하거나 감소시키면서 연기하는 유형이 있다. 송혜교는 후자의 연기자다.

2016년 〈태양의 후예〉에서 여자 주인공 강모연을 통해 진일보한 송혜교의 모습을 보이며 한국과 세계 각국 시청자의 열광을 끌어냈다. 송혜교는 이상적 여성 캐릭터 강모연을 우리 주위에서 만날 수 있는 현실적 인물로 느끼게 만드는 위력을 발휘했다. 판타지 성격이 강한 캐릭터를 현실 속 인물로 느끼게 하는 송혜교의 연기력 진화를 보였다. 그래서 한국뿐만 아니라 세계 각국 시청자가 열광한 것이다.

한류스타 상당수가 엄청난 인기를 얻은 작품을 하게 되면 상당 기간 새로운 작품을 하지 않고 성공한 작품의 부산물인 CF 출연, 팬 미팅, 행사 참여 등 수입 창출에만 열을 올린다. 이 때문에 적지 않은 스타가 한국에서뿐만 아니라 외국에서도 인기가 하락해 한류스타 자리에서 밀려났다. 송혜교는 이와는 반대로 2018년 드라마 〈남자 친구〉와 2021년 〈지금 헤어지는 중입니다〉에 출연해 또다시 세계 각국 한류 팬의 환호를 받았다. 2023년 누아르 장르 드라마 〈더 글로리〉에서 학폭 피해자로 고통을 겪다 가해자들을 처절하게 응징하는 인물을 맡아 새로운 연기 스타일과 캐릭터를 선보이며 연기자로서 한 단계 도약하고 팬덤의 스펙트럼도 확장했다. 이처럼 송혜교는 지속해서 작품을 통해 국내외 팬과 소통하는 배우이기에 중국 언론조차 오랫동안 팬심을 저격하며 인기를 유지하는 스타라고 격찬한 것이다.

한국 스타사에서 송혜교가 다른 스타와 차별화하며 또 다른 의미를 드러내는 것은 그의 사회적 역할이다. 송혜교는 치솟는 아파트 가격 거품에 유명 연예인의 명성이 이용되고 있는 만큼, 공인으로서 아파트 광고 출연을 신중하게 생각해 달라는 시민단체의 요청을 받은 스타 중 유일하게 아파트 광고를 재계약하지 않았다. 거액을 제시하며 CF 모델을 제의한 일본 미쓰비시가 전범 기업이라는 이유로 출연을 거절했다. 적지 않은 스타가 수입만을 생각해 서민을 등치는 고리대금업 광고 등 문제 있는 CF에 아무렇지 않게 모델로 나서는 것과 사뭇 대조적이다. 송혜교는 독립운동 유적지 안내서를 무료 제작해 기증하고 위안부 할머니를 위한 성금을 기부하는 등 다양한 활동을 펼치면서 대중의 역사 인식을 제고하며 스타의 사회적 역할을 확대했다.

〈태양의 후예〉 출연을 계기로 연인이 된 송중기와 2017년 부부의 연을 맺었다가 2019년 이혼해 국내외 팬에게 충격을 준 송혜교는 이혼 후에도 드라마 〈지금 헤어지는 중입니다〉 출연을 비롯해 활발한 활동을 하며 톱스타로서의 행보를 이어갔다. 송혜교는 지속해서 작품을 통해 국내외 대중과 소통하며 강한 생명력과 높은 경쟁력으로 한류스타사의 가장 많은 페이지를 기록한 톱스타다.

출 연 작

드라마

1995	〈신세대 보고-어른들은 몰라요〉	2008	〈페티쉬〉
1996	〈첫사랑〉	2011	〈오늘〉
1997	〈행복한 아침〉 〈웨딩드레스〉 〈짝〉	2013	〈일대종사〉
1998	〈육 남매〉 〈백야 3.98〉 〈순풍산 부인과〉 〈나 어때〉	2014	〈두근두근 내 인생〉
		2015	〈나는 여왕이다〉
1999	〈행진〉 〈달콤한 신부〉	2016	〈태평륜〉 〈태평륜 피안〉
2000	〈가을동화〉	2018	〈태평륜 완결편〉
2001	〈호텔리어〉 〈수호천사〉		
2003	〈올인〉		
2004	〈햇빛 쏟아지다〉 〈풀하우스〉		
2008	〈그들이 사는 세상〉		
2013	〈그 겨울, 바람이 분다〉		
2016	〈태양의 후예〉		
2018	〈남자 친구〉		
2021	〈지금 헤어지는 중입니다〉		
2023	〈더 글로리〉		

영화

2005	〈파랑주의보〉
2007	〈황진이〉

(32) 전지현

全智賢 | 1981~

§

연예기획사가 배출한 최고 스타

전지현은 톱스타다. 그것도 1990년대 후반부터 20년 넘게 시대의 아이콘 역할을 하며 톱스타 위상을 유지했다. 그런데 과연 전지현은 연예기획사 싸이더스 정훈탁 대표가 없었다면 톱스타가 됐을까. 단언컨대 그렇지 못했을 것이다. 정훈탁은 전지현의 발굴부터 연기 교육과 훈련, 작품과 CF 출연, 이미지 조형, 홍보 마케팅까지 스타화의 전 과정에 참여해 절대적 영향을 미쳤기 때문이다.

1990년대부터 방송을 비롯한 대중문화 시장 규모가 급성장하면서 방송사 탤런트 공채를 통해 배출된 연기자로 작품 주연의 수요를 감당하지 못하고 2000년대 들어 방송사의 탤런트 공채가 폐지되면서 연예기획사가 육성한 배우가 본격적으로 연예계에 진출하기 시작했다. 스타 시스템의 핵심 주체로 떠오른 연예기획사가 배출한 배우들이 1990년대 후반부터 영화와 드라마를 오가며 한국 대중문화계를 장악했다. 조용필 로드 매니저를 하다가 배우 매니지먼트를 시작하고 연예기획사 EBM프로덕션과 싸이더스를 만들어 매니지먼트 사업을 본격화한 정훈탁은 전지현뿐만 아니라 정우성 김지호 장혁 박신양 한재석 김우빈 등 수많은 스타를 만든 대표적인 스타 메이커다.

1981년 서울에서 출생한 전지현(본명 왕지현)은 고교 1학년 때인 1997년 잡지 《에꼴》 표지 모델을 했다. 정훈탁 대표는 잡지를 보고 연락해 만난 전지현이 프랑스 영화 〈레옹〉의 마틸다처럼 어린데도 성숙한 분위기가 있고 소년 같은 이미지도 보이는 복합적인 매력이 있어 발탁했다. 1년여에 걸쳐 연기 교육을 한 뒤 1998년 드라마 〈내 마음을 뺏어봐〉를 통해 연기자로 데뷔시켰다. 조연이지만 존재감이 강렬한 캐릭터였다. 1999년 드라마 〈해피투게더〉와 영화 〈화이트 발렌타인〉을 통해 연기 활동 영역을 확장하는 동시에 CF를 통한 이미지 조형 작업도 진행했다.

　　계속되는 테크노댄스, 중간에 아무런 대사도 나오지 않은 채 전지현의 춤은 계속되고 어느 순간 음악과 함께 춤동작도 멈춘다. 전지현의 가쁜 숨소리와 함께 얼굴 위로 땀방울이 흐른다. 삼성전자 컬러 프린터 광고다. 이 CF가 텔레비전을 통해 소개되면서 섹시하고 도발적인 모델 전지현의 이미지는 인터넷을 통해 광속으로 퍼져나갔다. 이 광고는 신인 전지현을 순식간에 스타로 등극시켰다.

　　대중이 열광하는 이미지가 CF를 통해 조형되자 정훈탁은 TV 출연과 대중매체 노출을 최소화해 스타로서 신비감을 더욱 강화하고 이미지를 철저하게 관리하는 작업을 전개했다. 친근감과 대중성을 배가시키는 TV 드라마 대신 스타성과 카리스마 그리고 대중이 욕망하는 이미지를 극대화하는 CF와 영화에 출연시키며 전지현을 톱스타로 만들었다.

　　"더는 광고 모델 이미지로 남긴 싫다. 좋은 배우, 자존심 강한 연기자가 되겠다"라는 배우의 자의식을 드러냈지만, 전지현이 대중에게 강력하게 소구한 것은 CF에서 보여준 섹시하고 도발적인 이미지였다.

　　2001년 관객과 만난 〈엽기적인 그녀〉는 영화기획사의 참신한 기획과 차태현의 발랄한 연기와 함께 전지현의 CF 이미지의 발전적 승화로 500만 명의 관객을 동원하며 흥행에 성공했다. 〈엽기적인 그녀〉로 전지현은 CF 퀸의 명성과 함께 스타 배우라는 명예까지 안았다. 〈엽기적인 그녀〉 흥행으로 인한 전지현 신드롬의 과실은 수많은 CF 출연으로 나타났다. 전자제품에서 패션의류, 식료품에 이르기까지 수많은 제품 광고는 기존 모델을 퇴진시키고 신세대 스타 전지현으로 교체했다. 기업들은 전지현 이미지를 극대화하는 CF로 제품과 기업 인지도를 제고하는 전략을 구사했다. 전지현의 섹시함, 건강함, 당당함, 도발적인 신세대 이미지를 전면에 내세웠다. 그 누구도 따를 수 없는 CF 모델 파워를 보유하게 됐다. 전지현은 한국방송광고진흥공사가 매년 실시하는 광고모델 선호도 조사에서 2003, 2004년 이영애 이효리 송혜교를 누르고 1위를 차지한 것을 비롯해 2000년대 내내 상위권에 머물렀다. 2014, 2015년에도 김수현 같은 신세대 스타를 압도하며 1위에 올랐고 2019, 2020년에는 6위, 2022년 5위를 기록하는 등 오랫동안 강력한 CF 모델 파워를 보여줬다.

한국 사회가 욕구에서 욕망으로 이동하고 상징을 소비하는 욕망 해소를 위해 전투적인 삶을 사는 '욕망 공화국'이 된 상황이 전지현을 톱스타로 추동시켰다. 전지현은 욕망의 대표적 아이콘이기 때문이다.[234] 전지현이 CF를 통해 조형하고 확대 재생산하는 이미지는 사람들의 욕망을 대변한다. 이 때문에 수많은 대중이 전지현에게 열광한다. 이영애처럼 전지현 역시 스타덤의 가장 큰 원동력은 CF다.

출연한 수많은 광고를 짜깁기한 것처럼 만든 영화 〈내 여자 친구를 소개합니다〉와 〈4인용 식탁〉〈데이지〉〈슈퍼맨이었던 사나이〉〈블러드〉 등 전지현이 주연으로 나선 영화가 연이어 흥행에 참패했다. 안일한 이미지 반복 소비와 연기력 부족으로 전지현의 연기자로서의 상품성도 바닥으로 추락했다. 물론 연예기획사의 막강한 마케팅과 이미지의 유효성 덕분에 CF에선 경쟁력을 유지했다. 영화의 연이은 실패에도 CF에선 승승장구하며 CF 스타 위치를 굳건히 유지해 전지현의 직업은 배우가 아닌 CF 모델이라는 비난까지 쏟아졌다. 이 때문에 전지현은 연기 못하는 스타라고 인식하는 사람이 적지 않았다. 스타로서 큰 성공을 이뤘지만, 연기자로서 참담한 실패를 맛본 것이다.

전지현은 2012년 영화 〈도둑들〉을 통해 연기자로서 관객의 눈길을 사로잡는 데 성공했다. 〈도둑들〉의 전지현이 주목받은 것은 캐릭터의 힘이 컸다. 그가 맡은 도둑 예니콜 역은 공중곡예 하듯 현란하면서도 역동적인 와이어 액션, 임팩트 강한 욕 대사, 그리고 몸매 부각 같은 외형적인 부분이 돋보인 눈길 끄는 캐릭터였다. 김혜수 김윤석 오달수를 비롯한 존재감이 큰 배우의 활약과 카메라 같은 영화적 기술 지원까지 가세해 전지현을 관객 시선의 중앙에 세웠다. 〈도둑들〉을 비롯해 2010년대 들어 전지현이 출연한 영화 〈베를린〉〈암살〉이 흥행에 성공하고 2013년 14년 만에 복귀한 드라마 〈별에서 온 그대〉가 중국에서 신드롬을 일으키면서 전지현의 배우로서 경쟁력도 상승했다. 〈엽기적인 그녀〉 이후 해외에서 큰 반응을 일으키지 못했지만, 신드롬을 일으킨 드라마 〈별에서 온 그대〉와 〈푸른 바다의 전설〉로 한류스타로서 면모도 회복했다.

맥스무비와 《조선일보》가 2013년 4월 영화 관객 2만 명을 대상으로 실시한 조사 결과, 가장 좋아하는 여배우 부문에서 전지현은 김혜수, 하지원에 이어 3위에 선정됐지만 가장 연기력이 뛰어난 여배우 부문에선 전도연, 김혜수, 하지원, 김해숙, 문소리, 윤여정, 손예진, 장영남, 공효진에 이어 10위를 차지했다. 비록 과거와 다르게 연기의 진화가 이뤄졌지만, 전지현의 인기와 연기력의 간극은 대중으로부터 스타성에 버금가는 연기력을 갖춘 배우로서 인정받지 못했다는 것을 의미한다.

전지현은 연예기획사의 발탁, 교육과 훈련, 과학적인 데뷔와 활동 전략, 전문적인 이미지 조형과 홍보 마케팅으로 만들어진 스타다. 물론 전지현의 빼어난 외모와 몸매, 대중이 욕망하는 이미지를 조형할 수 있는 끼와 능력, 스타성이 있었기에 톱스타의 위상을 획득할 수 있었다. 연예기획사가 배출한 스타들이 2000년대부터 한국 연예계뿐만 아니라 외국 시장도 석권하고 있다. 전지현은 그 선두에 선 톱스타다.

출 연 작

영화

1999	〈화이트 발렌타인〉
2000	〈시월애〉
2001	〈엽기적인 그녀〉
2003	〈4인용 식탁〉
2004	〈내 여자 친구를 소개합니다〉
2006	〈데이지〉
2008	〈슈퍼맨이었던 사나이〉
2009	〈블러드〉
2011	〈설화와 비밀의 부채〉
2012	〈도둑들〉
2013	〈베를린〉
2015	〈암살〉

드라마

1998	〈내 마음을 뺏어봐〉
1999	〈해피투게더〉
2013	〈별에서 온 그대〉
2016	〈푸른 바다의 전설〉
2021	〈킹덤: 아신전〉 〈지리산〉

(33) 하정우

河正宇 ㅣ 1978~

21세기 한국 영화 흥행파워 1위 배우

하정우는 2000년대 이후 가장 뛰어난 활약을 펼친 영화배우다. 2008년 507만 명이 관람한 〈추격자〉를 시작으로 〈국가대표〉(848만 명) 〈의뢰인〉(239만 명) 〈범죄와의 전쟁: 나쁜 놈들의 전성시대〉(472만 명) 〈베를린〉(716만 명) 〈더 테러 라이브〉(558만 명) 〈군도: 민란의 시대〉(477만 명) 〈암살〉(1,270만 명) 〈아가씨〉(428만 명) 〈터널〉(712만 명) 〈신과 함께-죄와 벌〉(1,441만 명) 〈1987〉(723만 명) 〈신과 함께-인과 연〉(1,227만 명) 그리고 2019년 개봉한 〈백두산〉(825만 명)까지 하정우가 주연으로 나선 영화가 흥행 대박 행진을 펼쳤다. 2018년 〈신과 함께-인과 연〉까지 주연으로 출연한 영화로만 1억 명 관객을 돌파했다. 송강호에 이은 두 번째 기록이다. 그것도 나이 마흔, 데뷔 16년 만의 성적이다. 하정우는 영화 엔터테인먼트 미디어 《더 스크린》이 출연 작품 관객 수, 주ㆍ조연 가중치, 해당연도 관객 수 등을 고려해 산출한 2009~2019년 흥행파워에서 황정민 송강호 류승룡 정우성 이병헌 김혜수 마동석 같은 톱스타를 제치고 1위를 차지했다.[235] 최고의 인기와 강력한 티켓파워 그리고 탄탄한 연기력을 갖춘 가장 이상적인 스타가 하정우다. 대중적인 블록버스터뿐만 아니라 새로운 시도와 실험으로 가득 찬 영화에는 어김없이 하정우가 있다. 단독 주연으로 독보적 존재감을 잘 드러내면서도 팀 무비의 시너지도

극대화하는 하정우는 명실상부한 충무로 대세로 인정받으며 2000~2020
년대를 대표하는 스타 중 첫손가락에 꼽힌다.

1978년 서울에서 나고 성장한 하정우(본명 김성훈)는 아버지가 드라마 〈전
원일기〉와 영화 〈굿바이 싱글〉, 예능 프로그램 〈나 혼자 산다〉 등 영화와 드
라마, 예능 프로그램을 오가며 왕성하게 활동한 중견 배우 김용건이다. 어
려서부터 아버지 연기를 보면서 자연스럽게 배우의 꿈을 키워 대학에서 연
극을 전공하고 무대에 올랐다.

연극 〈토마토 연인〉 〈굳세어라 금순아〉 〈굿닥터〉 〈유리동물원〉 〈고도
를 기다리며〉를 통해 관객과 만난 하정우는 2002년 TV 드라마 〈똑바로 살
아라〉와 2003년 영화 〈마들렌〉에 출연하며 본격적인 배우의 길에 들어섰
다.

2005년 우리 사회 곳곳에 스며있는 규대식 권력 문제를 다룬 영화 〈용
서받지 못한 자〉 주연과 드라마 〈프라하의 연인〉 조연을 맡았지만, 크게 주
목받지 못했다. 작가주의 스타일이 드러나는 김기덕 감독의 〈시간〉과 〈숨〉
에서 열연을 펼쳤지만, 배우 하정우의 존재는 대중적으로 알려지지 않았다.

많은 사람이 하정우가 단번에 스타덤에 올랐다고 생각하지만, 스무 살
부터 무대에 올라 10년 동안을 무명으로 힘겹게 생활했다. 하정우가 폭넓
은 대중성을 획득한 것은 고현정과 함께 주연으로 나선 드라마 〈히트〉에 출
연하고부터다. 〈히트〉를 마치고 대중성을 쉽게 획득할 수 있는 TV 드라마
보다 연기에 집중할 수 있는 영화에 전념했다. "방송사에서 드라마 출연 제
의가 왔을 때 쉽게 결정을 못 했다. 시간이 걸리더라도 영화 쪽에서 차근차
근 밟아가자는 생각을 했다. 장독 뚜껑을 쉽게 열지 않고 연기의 장을 조금
더 묵히기 위해 영화에 치중하고 싶었다. 영화를 통해 저점 다지기를 충분
히 하고 싶었다." 하정우가 영화에 전념한 이유다.

유영철 연쇄살인 사건을 소재로 한 〈추격자〉에서 죄의식 없이 살인에

희열을 느끼는 사이코패스 살인마 역을 맡아 소년의 순수함을 보이면서도 극단적인 악마성을 리얼하게 연기해 관객들을 전율시키며 하정우라는 배우의 진가를 인식시켰다. 〈국가대표〉의 비인기 종목인 스키점프 선수, 〈의뢰인〉의 천재적 두뇌를 가진 변호사, 〈비스트 보이즈〉의 허세 떠는 찌질한 호스트, 〈황해〉의 살인 청부를 받았다 살인 누명을 쓴 조선족, 〈러브픽션〉의 연애 초보 B급 소설가, 〈범죄와의 전쟁: 나쁜 놈들의 전성시대〉의 친척까지 내치는 조직 보스, 〈베를린〉의 비밀 첩보원, 〈더 테러 라이브〉의 폭탄테러를 중계하는 앵커, 〈군도: 민란의 시대〉의 백정 돌무치, 〈백두산〉의 화산 폭발을 막기 위해 활약하는 특전사 대위 등 광기를 드러내는 극단의 캐릭터부터 생활 냄새가 물씬 풍기는 일상의 캐릭터까지 다양한 배역을 소화하며 영화에 꼭 맞는 모습으로 관객과 만났다. 관객들은 영화가 스크린에 펼쳐지는 동안 배우 하정우와 캐릭터를 분리할 수 없다. 하정우는 분노, 동요, 억압, 고뇌 등 캐릭터의 심리와 감정을 무의식적이고 본능적으로 드러내는 연기를 한다. 하정우가 캐릭터의 심리와 감정을 드러내는 표정, 대사, 몸짓을 수없이 훈련하고 연습해서 진정성과 개연성을 담보했기 때문이다. 하정우는 재능보다 연습과 땀을 믿는 배우다. 작품을 할 때마다 극중 배역과 비슷한 현실 속 인물과 다른 영화의 유사한 캐릭터를 연구하고 작품 주제와 관련된 다큐멘터리나 자료도 공부한다. 캐릭터 분석 및 동선, 표정, 감정선 같은 연기에 필요한 사항과 연기에 임하는 자세를 날짜별로 꼼꼼하게 기록하며 일관된 연기 호흡을 유지하기 위해 노력한다.

하정우는 혹독하게 훈련하고 경기에 나서는 운동선수처럼 영화 촬영에 임하기로 유명하다. "내 대본을 보면 대사 옆에 날짜와 숫자가 적혀 있다. 리딩을 연습한 날짜와 횟수를 기록한 것이다. 공부와 연습, 조율의 과정을 모두 끝내고 나면 촬영에 들어간다. 이때 연기는 '재생'과 같다. 재생 버튼, 즉 플레이 버튼을 누르면 이제까지 연습한 것이 바로 나온다는 의미다.

촬영 중에 필이 온다면 좋겠지만 항상 그럴 수는 없지 않은가. 더도 말고 덜도 말고 내가 준비한 그대로 연기할 뿐이다."[236] 이래서 대중은 하정우의 연기력을 인정하고 영화의 완성도는 높아진다.

하정우는 관객과 전문가의 연기력에 대한 찬사와 평가가 이어짐에도 연기에 대한 갈증은 여전하다. 영화 작업에서 배우의 연기는 기본적으로 촬영, 편집 등 영화 전 과정을 총괄하는 감독의 요구에 의해 전개되기 때문이다. 어쩌면 그가 주연으로 나선 영화 〈허삼관〉을 직접 연출한 것도 자신이 구상한 연기를 마음껏 펼쳐 보이고 싶은 욕망의 발현인지 모른다.

막대한 물량과 자본이 투입된 〈PMC: 더 벙커〉 같은 흥행 실패작도 있지만, 하정우는 〈암살〉〈신과 함께-죄와 벌〉〈신과 함께-인과 연〉 같은 1,000만 관객이 관람한 영화의 주연으로 나서는 등 강력한 흥행파워도 갖췄다. 흥행 성공작이든 실패작이든 한 작품을 끝내면 진화하는 하정우를 발견할 수 있다. 그는 새 영화를 시작할 때 늘 두렵지만, 그 두려움이 자신을 주저앉히거나 새로운 시도를 못 하도록 막지는 않는다고 했다.[237] 성공과 실패를 단순히 흥행 그래프만으로 판단할 수 없는 것이라고 생각하기에 늘 새로운 시도를 하며 배우로서의 영역을 확장하고자 한다.

인기는 시대의 정서와 대중의 취향을 반영한다. 하정우의 인기 요인의 상당 부분은 배우 하정우와 자연인 하정우가 보이는 수컷 냄새가 진하게 풍기는 날것의 야성일 것이다. 물론 하정우가 발산하는 야성은 마초적 남성성과 거리가 멀다. 자신감과 당당함에서 분출되는 남자다움의 야성이다.

하정우의 당당함은 아버지와의 관계에서도 잘 드러난다. 하정우는 연기자 아버지를 둔 연예인 2세다. 연예인의 사회적 위상이 올라가고 스타가 막대한 수입을 창출할 수 있는 환경이 조성되면서 2세 연예인이 급증했다. 연예인 부모들이 데뷔하는 자녀에게 방송 출연 기회를 제공하거나 함께 출연해 홍보에 열을 올리는 현상이 일상화했다. 연예인 부모는 작품 출연 기회와 인지도 확보에 큰 이점으로 작용한다. 이 때문에 연예인 부모 특혜 논란이 일면서 금수저 2세 연예인에 대한 비판까지 제기됐다. 이런 상황에서 하정우는 데뷔할 때나 활동할 때 아버지가 김용건이라는 사실을 철저히 숨겼다. 아버지 김용건 역시 하정우가 자기 아들이라고 한 번도 말하지 않았다. 고통스러운 무명 생활을 10년을 했는데도 하정우는 아버지의 이름을 팔지 않았다. 오히려 하정우라는 예명 사용으로 아버지의 존재를 더욱 은폐했다. 오롯이 자신의 실력으로 인정받고 싶어서였다. 노력과 실력으로 그는 대중이 사랑하는 스타가 됐다. "아버지의 이름을 알려 대중의 관심을 끌 수 있었겠지만, 누구의 아들로 각인되면 더 힘들 것 같고 이것이 아버지에게 누가 될 것으로 생각했습니다."

2000~2020년대 한국 영화계의 대표적인 스타로 떠오른 하정우는 "이순재 선생님과 아버지 연세 때까지 거침없이 연기하는 배우였으면 해요. 롤모델을 찾자면 영화에 대한 사랑과 열정의 불길이 꺼지지 않는 클린트 이스트우드 같은 배우입니다"라고 했다.[238] 하정우 역시 영화에 대한 사랑과 열정이 그 누구보다 뜨거운 스타다.

출 연 작

영화

2022   〈수리남〉

2003   〈마들렌〉
2004   〈슈퍼스타 감사용〉
2005   〈잠복근무〉〈용서받지 못한 자〉
2006   〈시간〉〈구미호 가족〉
2007   〈숨〉〈두 번째 사랑〉
2008   〈추격자〉〈비스티 보이즈〉〈멋진 하루〉
2009   〈잘 알지도 못하면서〉〈보트〉〈국가대표〉
2010   〈황해〉〈평행이론〉
2011   〈의뢰인〉
2012   〈범죄와의 전쟁: 나쁜 놈들의 전성시대〉〈러브 픽션〉
2013   〈베를린〉〈더 테러 라이브〉
2014   〈군도: 민란의 시대〉
2015   〈허삼관〉〈암살〉
2016   〈아가씨〉〈터널〉
2017   〈신과 함께-죄와 벌〉〈1987〉
2018   〈신과 함께-인과 연〉〈PMC: 더 벙커〉
2019   〈백두산〉
2020   〈클로젯〉
2023   〈비공식작전〉〈1947 보스턴〉

드라마

2002   〈똑바로 살아라〉
2003   〈무인시대〉
2005   〈프라하의 연인〉
2007   〈히트〉

(34) 이민호

李敏鎬 | 1987~

§

가장 많은 외국 팬 보유한 한류스타

"세계 각국 콘텐츠의 교류가 활발한 시대에 살고 있는데 세계 각국 사람들이 한국 콘텐츠를 접하면서 호기심과 새로운 시각으로 재미있게 봐주는 것 같다." 2022년 3월 18일 미국 LA에서 열린 제작비 1,000억 원이 투입된 글로벌 OTT 애플 TV 플러스의 오리지널 시리즈 〈파친코〉 월드 프리미어에서 이민호가 한 발언이다. 미국, 영국, 프랑스 등 세계 각국에서 선풍을 일으킨 〈파친코〉로 이민호의 세계적 인기는 더욱 고조됐다. 이민호는 한국국제문화교류진흥원이 2022년 미국 중국 일본 러시아 등 세계 주요 26개국 한국 문화 콘텐츠 경험자 2만 5,000명을 대상으로 조사한 결과, 9.1%의 지지를 얻어 선호하는 한국 배우 1위에 오른 한류스타다. 이민호 다음은 2.7%의 공유, 2.4%의 현빈, 2.0%의 송혜교, 1.5%의 이종석이다. 이민호는 2016, 2017, 2018, 2019, 2020, 2021년 조사에서도 1위를 차지했다.[239] 이민호의 세계적 인기는 국내외 SNS 팔로워 수에서도 쉽게 확인된다. 2023년 1월 기준 페이스북 2,844만 명, 트위터 3,183만 명, 웨이보 2,810만 명으로 팔로워 규모가 상상을 초월한다. 2013년 일본 팬들을 위해 발표한 스페셜 앨범 〈My Everything〉이 스타 가수도 1위 하기 힘들다는 일본 오리콘 일간 앨범 차트에서 정상을 차지한 것에서도 이민호의 세계적인 인기 정도를 가늠할 수 있다.

1987년 서울에서 태어난 이민호는 축구 선수가 꿈이었기에 '차범근 축구 교실'에 다니며 축구 훈련에 임했지만, 부상으로 꿈을 접어야 했다. 고등학생 시절 길거리에서 캐스팅 제의를 많이 받으면서 연기에 관심을 두기 시작했다. 잡지 모델 일을 하다가 연예기획사에 발탁돼 연기자의 길에 들어섰다. 이민호는 2003년부터 드라마 〈반올림〉의 미술학원생, 〈논스톱 5〉의 성형한 MC몽, 〈사랑의 찬가〉의 웨이터 등 단역을 전전하다 2006년 EBS 청소년 드라마 〈비밀의 교정〉과 2007년 SBS 청소년 드라마 〈달려라 고등어〉의 조연으로 출연했다. 2008년 영화 〈강철중: 공공의 적 1-1〉〈울학교 이티〉에 출연하며 활동 영역을 확대했다. 활동 영역을 넓히고 이름까지 바꿔가며 '이민'이라는 예명으로 활동하기도 했지만, 무명 생활은 좀처럼 벗어날 수 없었다.

배우 생활 6년 만에 기회가 찾아왔다. 2009년 시청자와 만난 일본 작가 카미오 요코神尾葉子의 만화 〈꽃보다 남자〉를 원작으로 한 동명 드라마다. 〈꽃보다 남자〉 한국판은 평범한 집안의 소녀가 부유층 자녀로 가득한 고등학교로 전학하며 네 명의 꽃미남 남학생과 펼치는 좌충우돌 이야기를 담았다. 일본과 대만에서 드라마로 만들어져 큰 인기를 누린 〈꽃보다 남자〉는 원작의 화제로 인해 제작 전부터 대중 특히 청소년의 관심이 많았다. 200대 1의 오디션 경쟁률을 뚫고 재벌가 후계자로 안하무인인 구준표 역에 캐스팅된 이민호는 시원시원한 이목구비와 독특한 헤어스타일, 그리고 여성들의 욕망을 충족시켜주는 이미지로 여심을 단번에 붙잡았다. 〈꽃보다 남자〉의 이민호는 자고 나니 유명해졌다. 〈꽃보다 남자〉 신드롬이 일면서 개그와 예능 프로그램에선 이민호를 패러디했고 극 중에서 그가 입고 나온 패션은 유행 아이템으로 각광받았다. 〈꽃보다 남자〉가 수출된 일본, 중국, 대만, 싱가포르, 태국, 필리핀 등 아시아 각국에서 한국에서 일어났던 이민호 열풍이 재현됐다. 일본, 중국, 대만 등 아시아 각국 여성 시청자의 마음을 흔들며 단번에 한류스타로 떠올랐다.

이민호는 〈꽃보다 남자〉 성공 후 곧바로 드라마 〈개인의 취향〉에 출연하며 대중을 만났다. 가짜 게이로 연애에 숙맥인 여자와 동거하면서 벌어지는 에피소드를 담은 트렌디 드라마 〈개인의 취향〉은 〈꽃보다 남자〉의 고교생 이미지를 단번에 벗겨내며 청춘 이민호의 모습을 시청자에게 전해 가슴 설레게 했다. 이민호의 인기로 〈개인의 취향〉은 방송 전 홍콩, 태국 등에 선판매됐고 80개국에 수출돼 배우 이민호의 존재를 세계적으로 알렸다. 2011년에는 동명의 일본 인기 만화를 원작으로 한 드라마 〈시티헌터〉의 사회악을 제거하는 도시 사냥꾼으로 출연해 그동안 보이지 않았던 역동적인 액션 연기를 선보이며 중국과 러시아에서 폭발적인 인기를 얻었다. 〈모래시계〉의 작가와 연출자인 송지나와 김종학 PD가 만든 타임슬립 사극 〈신의〉의 고려 왕 호위부대 대장 역을 연기하며 또 다른 이민호 모습을 시청자에게 전달했다. 국내외에서 인기가 상승했지만, 작품 출연 행진은 멈추지 않았다.

〈파리의 연인〉〈프라하의 연인〉〈시크릿 가든〉〈신사의 품격〉으로 30~50% 시청률을 기록하며 '시청률 미다스'라는 수식어가 붙은 스타 작가 김은숙의 〈상속자들〉〈더 킹: 영원의 군주〉와 〈별에서 온 그대〉로 중국 등 아시아에서 신드롬을 일으킨 박지은 작가의 〈푸른 바다의 전설〉, 미국 OTT 애플 TV 플러스의 〈파친코〉, 우주 로맨틱 코미디라는 이색적인 장르 드라마 〈별들에게 물어봐〉의 주연으로 나서면서 전 세계 5,800만 명이 넘는 거대한 팬과 글로벌 팬덤을 확보했다.

이민호는 이처럼 팬과 대중의 욕구에 부합하는 콘텐츠를 통해 국내외 인기와 팬덤을 제고했다. 이민호는 〈꽃보다 남자〉로 스타덤에 오른 이후에도 매년 한두 편의 드라마와 영화에 출연하며 연기자로서 가장 중요한 작품을 통한 대중과의 소통을 꾸준히 해왔다.

외국인이 한국 드라마를 좋아하는 이유로 가장 많이 꼽은 것은 '스토리가 짜임새 있고 탄탄해서'이고 다음은 '배우의 외모가 매력적이어서' '다양한 소재 또는 장르를 다뤄서' 순이다.[240] 수려한 외모의 이민호는 드라마 한류를 견인하는 주역 중의 주역이다.

"출연한 작품이 국내뿐만 아니라 중국을 비롯한 외국에서도 큰 반향을 일으켰다. 지금의 내가 느낀 것은 '이제는 피할 수 있는 상황이 아니구나'라는 점이다. 나를 사랑해주는 팬이 많은 만큼 지속해서 작품을 통해 내 모습을 최대한 발전시키고 싶다." 이민호는 누구보다 연기자로서 존재 의미를 잘 알고 실천했다.

이민호의 글로벌 인기는 엄청난 출연료 상승으로 이어졌다. 스타 출연료는 인기도와 스타 수요 창구 규모에 따라 크게 달라진다. 세계적인 팬덤을 보유하며 한국 배우 중 세계 각국에서 가장 인기가 많은 한류스타가 된 이민호는 중국 예능 프로그램 1회 출연료가 8억 원에 달하고 외국 기업 CF 모델료는 50억~90억 원에 이른다. 그만큼 이민호의 외국에서의 인기가 높다.

이민호는 팬클럽과 팬덤 문화에 혁신적인 변화를 이끈 스타이기도 하다. 팬 미팅을 비롯한 만남의 자리를 많이 갖고 웨이보, 페이스북, 인스타그램, 트위터를 비롯한 SNS를 통해 일상을 공유하며 팬과 끊임없이 소통하고 수평적으로 교류한다. 세계 각국 팬클럽을 중심으로 기부 플랫폼, '프로미즈'를 출범시켜 국내외 불우이웃과 소외 계층에 대한 성금 기부, 유니세프를 비롯한 국제기구 기금 쾌척, 의료시설이 빈약한 국가에 의약품 후원, 교육이 낙후한 지역에 교육 시설 건립, 푸른 숲 조성을 비롯한 환경보호 사업 등 다양한 활동을 체계적이고 조직적으로 펼쳤다. 이민호의 기부 플랫폼 '프로미즈'는 다른 스타의 팬덤 문화에도 영향을 미치며 긍정적인 변화를 이끌었다.

인기 있는 콘텐츠 양산과 팬과의 끊임없는 소통으로 세계 각국에서 최고 인기를 누리는 한류스타로 튼실한 기반을 다진 이민호는 지속해서 한국뿐만 아니라 세계인이 좋아하는 작품에 출연해 새로운 이민호를 보여주고 싶다고 했다. 그 꿈이 바로 한류를 도약시키는 가장 중요한 원동력이다.

출연작

드라마

2003	〈반올림〉
2005	〈논스톱 5〉 〈사랑의 찬가〉
2006	〈비밀의 교정〉
2007	〈달려라 고등어〉 〈아이 엠 샘〉
2009	〈꽃보다 남자〉
2010	〈개인의 취향〉
2011	〈시티 헌터〉
2012	〈신의〉
2013	〈상속자들〉
2016	〈푸른 바다의 전설〉
2020	〈더 킹: 영원의 군주〉
2022	〈파친코〉
2023	〈별들에게 물어봐〉

영화

2008	〈강철중: 공공의 적 1-1〉 〈울학교 이티〉
2015	〈강남 1970〉
2016	〈바운티 헌터스〉

1 배 우

이월화 나운규 문예봉 김승호
최은희 이순재 김지미 신성일
김혜자 최불암 윤정희 윤여정
안성기 고두심 이덕화 정윤희
이미숙 강수연 최민수 김혜수
최수종 최진실 한석규 고현정
이영애 전도연 송강호 이병헌
장동건 배용준 송혜교 전지현
하정우 이민호

2 가 수

채규엽 이난영 왕수복 남인수
현인 패티김 이미자 신중현
남진 나훈아 송창식 조용필
김민기 산울림 정태춘 이문세
들국화 이선희 노래를 찾는 사람들
김완선 유재하 김광석 신승훈
서태지와 아이들 김건모 크라잉 넛
H.O.T 이효리 드렁큰 타이거
보아 싸이 동방신기 빅뱅
소녀시대 아이유 방탄소년단

3 코미디언 · 예능인

신불출 구봉서 배삼룡 백금녀
서영춘 송해 이주일 전유성
주병진 김형곤 이경규 심형래
김미화 박미선 김국진 이영자
신동엽 유재석 강호동 김준호
김병만 김제동

(1) 채규엽

蔡奎燁 | 1906~1949

조선 최초의 직업 유행 가수

잡지 《삼천리》는 1935년 독자를 대상으로 대중가수에 대한 인기도를 조사했다. '레코드 가수 인기투표'에서 남자 가수 부문 1위를 차지한 스타는 1,844표를 얻은 채규엽이다. 가수 김정구 형으로 〈젊은이의 봄〉을 부른 김용환이 1,335표로 2위를 기록했다. 〈타향살이〉 〈짝사랑〉을 히트시킨 고복수가 674표 3위, 배우 겸 가수로 활동하며 〈이 잔을 들고〉를 부른 강홍식이 468표 4위, 〈박타령〉 〈해금강 타령〉 같은 신민요를 주로 가창한 최남용이 333표 5위를 차지했다.

스타 가수들을 제치고 1위에 오른 채규엽은 조선 최초의 직업 유행 가수다. 채규엽은 1930년 3월 콜럼비아 레코드사에서 〈봄노래 부르자〉 〈유랑인의 노래〉 음반을 발표하며 직업 가수 1호가 되었다. 특유의 미성으로 소화한 〈봄노래 부르자〉는 대중의 마음을 설레게 했고 〈유랑인의 노래〉는 대중의 가슴을 비감으로 적시며 인기를 얻었다.

한국 대중음악사에 1호 직업 가수로 기록된 채규엽은 1906년 함경남도 함흥에서 태어나 중학생 때 독일인 교사에게 음악을 배웠고 1927년 일본으로 건너가 도쿄의 주오中央음악학교에서 성악을 전공했다.[241] 유학 중이던 1928년 서울에서 독창회를 열기도 했다.

바리톤 가수로 활동하며 근화여학교 음악 교사로 재직하던 채규엽이 콜럼비아 레코드에 입사한 것은 1930년이다. 콜럼비아 레코드 설립 자축연에 우연히 얼굴을 내민 것이 계기가 되었다. 채규엽이 자축연에서 일본어로 '나니와부시浪花節'242를 불렀는데 콜럼비아 레코드 경성 지사장 핸드포드가 그의 목소리에 매료되어 조선어 유행가를 녹음하도록 권유했다. 1930년 발표한 데뷔곡 〈유랑인의 노래〉는 채규엽이 작사와 작곡까지 했다.

일본어가 유창한 채규엽은 일본 콜럼비아 레코드의 요청을 받고 하세가와 이치로長谷川一郎라는 예명으로 일본에서도 음반을 발표하며 활동했다. 채규엽은 조선의 직업 가수 1호라는 상징적인 의미가 있었지만, 일본의 전설적인 작곡가 고가 마사오古賀正男의 엔카演歌 〈술은 눈물일까 한숨이랄까〉와 에구치 요시江口夜詩의 〈비 오는 포구〉 〈광야의 황혼〉 등 일본 유행가의 번안곡을 많이 불렀다. 특히 〈술은 눈물일까 한숨이랄까〉는 큰 인기를 얻으며 채규엽을 최고 스타 반열에 올려놓았다. 채규엽의 엔카 번안곡 히트로 적지 않은 가수가 앞다퉈 일본 인기 가요를 번안해 부르면서 조선에는 일본 엔카가 유행했을 뿐만 아니라 엔카풍 가요가 쏟아졌다.

채규엽은 레코드사를 옮겨 다니며 많은 인기곡을 양산해 스타 가수로 각광받았다. 1934년 발표한 〈봉자의 노래〉는 서울 종로의 카페 여급 김봉자와 경성제대를 졸업한 유부남 의사 노병운이 비운의 사랑을 비관해 자살한 실제 사건을 주제로 한 작품으로 〈병운의 노래〉와 함께 크게 유행했다. 1935년 들어서는 〈순풍에 돛 달고〉 〈눈물의 부두〉 〈아득한 천리길〉 〈녹 슬은 비녀〉 〈외로운 길손〉 같은 히트곡을 내놓으며 잡지 《삼천리》의 가수 인기투표에서 채규엽이 김용환 고복수 강홍식 최남용 같은 쟁쟁한 가수들을 제치고 1위를 차지했다. 채규엽은 콜럼비아 레코드에 소속돼 있으면서 오케 레코드에서 〈한 많은 몸〉 〈무지개 설움〉 〈서글픈 마음〉 음반을 내놓았고 재일교포를 위한 오케 레코드 순회공연단의 일원으로 일본 공연무대에도 올랐다. 이 때문에 콜럼비아 레코드는 오케 레코드를 상대로 소송을 했고 결국 채규엽은 콜럼비아 레코드로 다시 돌아갔다. 채규엽은 1936년 손기정의 베를린 올림픽 마라톤 우승을 기념하는 〈마라손 제패가〉를 불러 화제가 됐고 1937년 〈명사십리〉로 인기를 얻은 뒤 새로운 체제로 재출발한 태평 레코드로 옮겨 발표한 〈북국 오천 키로〉를 크게 히트시켰다. 이후 〈파이프 애상〉〈상선 뽀이〉〈국경의 등불〉 음반을 출시했고 1939년에는 포리돌 레코드로 이적해 〈마음의 연가〉를 취입했다. 1943년까지 계속해서 노래를 발표해 많은 히트곡을 만들었고 가수로 데뷔한 콜럼비아는 물론 오케, 태평, 포리돌 레코드에서도 많은 음반을 발매해 '유행가의 패왕'으로 불렸다.[243]

채규엽은 또랑또랑한 미성으로 노래를 소화하는 창법과 중·고음의 바이브레이션을 사용해 안정적으로 노래를 부르는 가창 스타일로 사랑을 받았고 다른 가수의 창법에 큰 영향을 미쳤다.[244] 남인수 김정구 진방남이 채규엽의 창법과 가창 스타일로 노래해 대중의 인기를 얻었다.

채규엽은 최고 스타였지만, 사생활을 제대로 관리하지 못해 방탕한 생활과 기행으로 언론에 오르내리고 대중의 지탄을 받기도 했다. 1934년 인기 절정의 채규엽은 당시 일본 도쿄에 살면서 주오음악학교 조교수로 재직하고 있었는데 처자가 있는 몸이면서도 흠모하는 소녀들과 스캔들을 일으켜 열여섯 살 다방 아가씨에게 고소까지 당했다. 1937년에는 사기 혐의로 평안북도 선천 경찰서에 체포되기도 했다. 채규엽은 한동안 가요계에 모습을 드러내지 않다가 1943년 육군 특별 조종견습 사관에 지원해 논란을 일으키기도 했고 일본군 장교복을 입고 나타나 주위 사람을 놀라게 한 일도 있었다. 일본의 전시체제를 원활하게 지원하기 위해 1940년 10월 창설된 관제 조직 대정익찬회 회원으로 활동하며 비행기 헌납 운동에 나서는 친일 행태를 서슴지 않아 사람들은 아연실색했다. 채규엽이 일본 귀족 딸과 결혼한다는 소식이 알려지자 친일 매체에서는 내선일체의 훌륭한 본보기라는 찬사까지 보내기도 했다. 대중의 인기를 바탕으로 스타 자리에 오른 채규엽은 일제의 광기에 편승해 친일 행각을 적극적으로 펼쳐 수많은 대중으로부터 비판받았다.

해방 후에는 과거의 명성으로 악극단을 이끌기도 하고 무대에 서기도 했지만, 실패하고 부도를 내 유치장에 들어가기도 했다. 최남용의 도움으로 재기하여 군부대 출입 위문단을 조직하기도 했으나 1949년 삼팔선을 넘어 북으로 갔다. 6·25 전쟁 때 남한으로 내려온 연예인들은 채규엽이 남쪽에서와 같은 사고방식으로 살아가다 1949년 아오지 탄광으로 끌려가 죽었다고 전했다. 고향인 함흥에서 병사했다는 주장도 제기된다.[245]

채규엽은 대중음악 초창기 강홍식을 비롯한 연극·영화배우를 겸한 가수들과 달리 오직 가창 활동만을 한 전업 가수의 길을 걸었다. 채규엽을 시작으로 고복수 남인수 등 전업 가수들이 뒤를 이었다. 남인수 백년설 이인권이 가수가 되기 전 채규엽의 인기곡을 교본 삼아 연습했을 정도로 채규엽은 미성으로 옹골차게 노래를 부르는 가창 스타일을 정립해 후배 가수의 전범이 됐고 엔카풍 노래를 유행시켜 트로트가 대중의 사랑을 받는 주류 장르로 진입하는 데 결정적 역할을 했다. 채규엽은 최초의 직업 가수라는 상징적 의미뿐만 아니라 한국 대중음악을 개척한 선구자라는 실천적 의미도 담보한 스타다.

노 래

노래

(2) 이난영

李蘭影 | 1916~1965

트로트 정립한 노래의 신

"사공의 뱃노래 가물거리면/ 삼학도 파도 깊이 스며드는데/ 부두의 새악시 아롱 젖은 옷자락/ 이별의 눈물이냐 목포의 설움…" TV와 무대, 경기장 그리고 길거리에서 울려 퍼진다. 80여 년의 세월을 관통하며 대중이 애창하는 강한 생명력을 가진 노래 〈목포의 눈물〉이다. 식민지 조선 민중의 슬픔과 한을 정화했던 〈목포의 눈물〉에 생명을 불어넣은 이에게 음악사학자 박찬호는 '노래의 신'이라는 수식어를 헌사 했다. 일제 강점기 최고의 가왕, 이난영이다.

이난영(본명 이옥례)은 1916년 전남 목포의 가난한 집안에서 출생해 1923년 목포여자보통학교에 입학했으나 얼마 안 가 학교를 그만뒀다. 이난영이 어려서부터 노래에 흥미를 갖게 된 것은 두 살 위 오빠 이봉룡이 목포에서 악기점을 운영해 다양한 노래를 접할 수 있었기 때문이다. 이난영은 가수가 되고 싶어 1932년 목포에 공연하러 온 태양 극단을 찾았다. 테스트를 거쳐 열여섯 나이에 극단에 입단했다. '이난영'이라는 예명은 단장인 박승희가 지어준 것이다. 그는 극단 막간 가수로 데뷔했고 지속해서 극단 공연 무대에 올랐다. 일본 오사카 공연 도중 아버지 병세가 악화하였으니 약값을 부치라는 어머니 편지를 받았다. 돈이 없었던 그는 1933년 태평 레코드에서 〈시드는 청춘〉 음반을 취입하고 판매도 그런대로 괜찮았으나 약속한 돈을 받지 못했다. 그 때문에 고향에 송금할 수가 없어서 고민하던 중 부친 사망이라는 전보를 받았다. 그렇게 힘든 상황에서도 무대에 서서 〈집시의 노래〉 등을 불렀다.

지인 소개로 오케 레코드에 입사한 뒤 1933년 〈불사조〉 〈향수〉 〈고적〉 음반을 출시했다. 〈불사조〉로 가수로서의 존재감을 드러낸 이난영은 〈과거몽〉 〈홍등의 탄식〉 〈신강남〉 〈밤 고개를 넘어서〉를 연이어 발표했다. 이난영은 〈봄맞이〉가 히트돼 인기 가수 반열에 올랐고 1934년 도쿄 히비야 공회당에서 열린 '전국 명가수 음악대회'에 조선인으로서는 유일하게 출전하여 큰 갈채를 받기도 했다.

오케 레코드는 《조선일보》와 공동으로 6개 도시 향토 가사 현상 공모를 했는데 목포 문학청년 문일석의 〈목포의 노래〉가 3,000명의 경쟁자를 물리치고 입선됐다. 오케 레코드 이철 사장은 문일석의 가사에 손목인이 작곡한 〈목포의 노래〉를 〈목포의 눈물〉로 제목을 바꿔 1935년 이난영에게 녹음하게 했다. 이난영의 진성과 가성을 자연스럽게 오가는 창법과 비음이 섞인 매력적인 목소리, 정교한 음정 구사 그리고 식민지 민족의 설움과 한을 느끼게 하는 가사 때문에 〈목포의 눈물〉은 대중의 가슴을 적시며 조선 방방곡곡으로 퍼져나갔다.

항구는 일제에 소중한 양식을 빼앗기는 곳이자 토지를 강탈당한 육친이 타향으로 유랑의 길을 떠나는 민족적 비애가 서려 있는 이별의 무대이고 새악시의 결별 장면도 실제로 벌어지는 장소여서 많은 사람이 〈목포의 눈물〉을 들으며 자신과 조선의 처지를 그리고 이웃과 친지의 상황을 떠올렸다. 이러한 이유로 〈목포의 눈물〉이 많은 인기를 누리게 됐고 이난영은 조선의 명실상부한 가왕으로 우뚝 섰다.

이전까지 왕수복과 이애리수가 최고로 꼽혔던 가수 인기 판도를 단숨에 뒤엎었고 정상에 올랐다. 그의 나이 열아홉이었다. 〈목포의 눈물〉을 작곡한 손목인은 "열아홉 나이에 감정과 한을 담아 애절하게 노래를 기막히게 소화해 부르는 것이 놀라울 뿐이었다"라고 회고했다.

조선 대중음악계를 평정한 이난영은 1936년 일본으로 건너가 예명 오카 란코岡蘭子로 활동하며 〈봄맞이〉를 일본어로 번안해 부른 〈봄의 환희〉로 성공적으로 데뷔했고 〈목포의 눈물〉을 일본어로 번안한 〈이별의 뱃노래〉를 발표했다. 고가 마사오古賀正男의 〈술은 눈물일까 한숨이랄까〉를 비롯해 일본 곡을 번안한 노래를 주로 발표한 최초의 직업 가수 채규엽과 비교되는 대목이다.

이난영은 작곡가 겸 가수로 활동한 김해송과 2년간의 연애를 거쳐 1937년 결혼한 뒤에도 히트곡 행진은 계속됐다. 1937년 〈해조곡〉이 인기를 얻었고 1938년에는 김정구와 듀엣으로 부른 〈연애 삼색기〉〈독수공방〉, 남인수와 가창한 〈미소의 코스〉〈흘러간 고향집〉, 김해송과 부른 만요 〈흘겨본 가정 뉴스〉〈님 전상서〉가 대중의 사랑을 받았다. 1939년 발표한 〈다방의 푸른 꿈〉이 화제가 되었다. 김해송이 아내 이난영을 위해 만든 블루스 곡 〈다방의 푸른 꿈〉은 그의 기존 이미지를 완전히 바꿔놓은 이색적인 곡이었다. 이 곡을 무대에서 부를 때 이난영은 검은색 의상으로 몸을 감싸고 특유의 비음이 섞인 창법으로 애조 띠게 노래해 관객을 매료시켰다. 1940년 발표한 〈울어라 문풍지〉도 큰 호응을 얻었다. 이난영은 고향 목포를 소재로 한 또 하나의 노래이자 친오빠 이봉룡이 작곡한 〈목포는 항구다〉를 불러 열광적인 반응을 끌어냈다. 이난영은 1939년부터 음반 발표와 함께 조선악극단 일원으로 무대를 통해 왕성하게 대중과 만났다.

이난영은 해방 후에는 음반보다는 무대 활동에 주력했는데 남편 김해송이 이끈 K.P.K 악극단에서 주역으로 활동했다. 6·25전쟁 때 남편 김해송이 실종되는 절망적인 상황에서도 백조가극단에 출연하기도 하고 악극단을 직접 창단해 이끌기도 했다.

이난영은 자녀들에게 악기 연주부터 민요 가창에 이르기까지 음악 훈련을 시켜 중창단 김시스터즈와 김브라더스를 결성해 가수로 활동하게 했다. 김시스터즈는 한국 가수 최초로 1959년 미국으로 건너가 성공적인 활동을 펼쳤다. 남편 없이 가수 활동하면서 자식들을 훌륭한 가수로 키워낸 강한 어머니이기도 했다. 이난영은 1963년 김시스터즈와 함께 미국 〈에드 설리번 쇼〉에 출연하는 등 미국에서 활동하기도 했다. 김시스터즈 리더 김숙자는 "위대한 어머니였다. 가수의 자세와 무대 매너는 어려서부터 무대에선 어머니를 보고 자연스럽게 배웠다. 어머니는 동서양 악기 연주와 창법 등을 체계적으로 훈련시켜 자식들을 가수로 만들었다. 김시스터즈의 성공적인 미국 활동은 어머니가 없었으면 불가능했다"라고 증언했다.

한국에서 홀로 힘겨워하던 이난영에게 구원의 손길을 내민 사람은 남인수였다. 고복수의 은퇴 공연에 참여해 전국을 함께 순회한 것이 계기가 되었다. 둘의 감정은 어느새 연애 감정으로 바뀌었고 동거하게 되었다. 그러나 폐병을 앓던 남인수마저 1962년 세상을 떠나고 말았다. 다시 혼자 된 이난영은 1965년 3월 시공관에서 열린 삼일절 기념공연 무대에서 〈목포의 눈물〉을 부른 후 1965년 4월 11일 서울 회현동 자택에서 숨을 거뒀다.

중저음이 강한 음색과 비음을 많이 섞고 감정선이 매우 강해 절정성이 돋보이는 이난영은 〈목포의 눈물〉 〈목포는 항구다〉 〈울어라 문풍지〉 같은 히트곡을 통해 한국식 트로트를 정립하고 인기 장르로 뿌리내리게 한 주역이다. 이난영은 트로트 여가수의 창법을 완성한 가수이기도 하다. 그는 이전의 여가수들이 지니고 있던 진성 중심의 소박한 창법에서 벗어나 중음의 진성과 고음의 가성을 무리 없이 오르내리면서 꾸밈음으로 화려하게 장식한 트로트의 가창 관행을 완성했다. 특히 그는 고음에서 코 위로 소리를 뛰어 올려 매혹적인 질감을 만들어냈다.

이난영 창법이 만들어낸 획기적인 지점은 가성 사용이다. 당시만 해도 민요나 판소리처럼 모두 진성을 쓰는 낮은 음역의 가창법이 일반적이었으므로 가성은 매우 낯선 가창법이었다. 그러나 외래 음악이 들어오면서 여자의 음역이 높아져 가성을 쓸 수밖에 없었다. 이걸 조정하여 트로트만의 가창법을 만들 때까지 상당한 시간이 걸렸는데 이난영에 이르러 완성을 보게 됐다.[246]

그가 트로트 창법을 완성함으로써 이후 데뷔한 장세정을 비롯한 여가수들이 모두 이난영 창법으로 노래를 불렀다. 이난영 창법은 1950년대의 백설희까지 이어졌다. 1960년대 이미자가 꾸밈음을 모두 제거한 담백한 트로트 창법을 정립하기 전까지 트로트 여가수의 창법은 오로지 이난영의 그것이었다고 해도 과언이 아니다. 트로트 창법은 1980년대 기교적인 꺾음목에 쿨하고 경쾌한 직감을 특징으로 하는 주현미의 창법으로 새로운 유행을 시작하게 되는데 이난영은 이렇게 변모하는 한국 대중가요사의 세 가지 트로트 창법의 첫 주역이었던 셈이다.[247]

이난영은 〈목포의 눈물〉 같은 트로트만 능한 것이 아니라 신민요 〈오대강 타령〉부터 블루스곡 〈다방의 푸른 꿈〉, 스윙재즈 〈바다의 꿈〉, 만요 〈흘겨본 가정 뉴스〉까지 다양한 장르의 노래를 능수능란하게 소화하며 최고의 가왕에 올랐다.

이런 이난영이 불렀기에 〈목포의 눈물〉은 오랫동안 대중의 가슴에 감정의 파문을 일으키며 수많은 사람의 입에 오르내린다. 이난영은 트로트 창법을 정립하고 인기곡을 양산하며 한국 대중음악사를 본격적으로 연 위대한 가수다.

노 래

노래

(3) 왕수복

王壽福 │ 1917~2003

신민요 스타와 북한 공훈 가수

"왕수복의 모란꽃같이 탐스럽고 고흔 얼굴에 꾀꼬리 소리같이 어여쁜 노래를 듣는 사람은 누구나 감탄하지 아니할 수 없을 것이다." 《매일신보》 가 1935년 1월 3일 각계 일인자로 변사 김조성, 권투 서정권, 만담 신불출 과 함께 선정한 유행 가수 왕수복을 다룬 신년 특집 기사 중 일부다. 왕수복 은 잡지 《삼천리》가 1935년 독자를 대상으로 실시한 '레코드 가수 인기투 표'에서 여자 가수 1위를 차지했다. 왕수복은 1,844표를 얻어 남자 가수 1 위에 오른 채규엽보다 59표 더 많은 1,903표를 획득했다.

왕수복은 1933년 콜럼비아 레코드에서 〈울지 말아요〉〈한탄〉 음반을 출시하고 대중 앞에 나서서 인기 가수가 된 뒤 애조 띤 목소리로 떠난 님을 기다리는 여인의 애끊는 심정을 담은 〈고도의 정한〉을 발표해 폭발적인 반 응을 얻어 최고 가수 반열에 올랐다. 그가 대중의 시선을 끈 또 다른 이유는 바로 기생 출신 대중가수라는 점이다. 왕수복은 평양의 기성 권번 소속 기 생으로 일하면서 음반을 발표한 기생 출신 유행 가수다.

1930년대 활동한 여성 가수 상당수가 기생 출신이었다. 대중음악 초창 기부터 기생은 중요한 역할을 했다. 기생이 거의 모든 전통가요 레코드 취 입을 담당했기 때문이다. 기생이 본격적으로 대중가요 가수로 활동하기 시작한 것은 1933년 왕수복이 음반을 녹음하면서부터다. 왕수복을 필두로 최명주 이화자 이은파 선우일선 김복희 김인숙 한정옥 김운선 왕초선 김연월 김춘홍 같은 기생 출신 가수가 등장하여 스타덤에 올랐다.[248] 권번의 부설기관 기생학교에서 시조, 가곡, 검무, 우의무, 거문고, 가야금, 양금, 서도, 도화, 일본어를 배운 기생들은 준비된 연예인이라고 해도 과언이 아니었다. 기생 박부용이 〈노들강변〉 음반을 출시한 것을 비롯해 외국 레코드 자본이 국내에 상륙함과 동시에 당시 잡가라 일컬어지던 민요가 기생들에 의해 녹음됐다. 유행가가 번성하면서 기생도 유행가를 부르게 되었고 왕수복이 활동을 시작하면서 기생 출신 가수들이 무대 출신 스타 가수들과 어깨를 나란히 하게 되었다. 하지만 기생을 바라보는 대중과 사회의 시선은 차갑기만 했다. 기생은 하층민이었고 남자 노리개로 인식하는 분위기가 팽배했기 때문이다. 왕수복은 그런 편견과 차별을 노래 실력 하나로 극복하며 최고 스타 자리를 차지했다.

왕수복(본명 왕성실)은 1917년 평안남도 강동군 입석면 남경리의 화전을 일구는 농사꾼 집안의 4남매 중 셋째로 태어났다.[249] 일곱 살 적 어머니를 따라 유치원에 일하러 갔다가 흘러나온 노랫소리가 좋아 풍금 소리에 노래를 따라 부르다 유치원 교사의 눈에 띄었다. 왕수복은 유치원 교사 소개로 만난 명륜여자보통학교 음악 교사 윤두성으로부터 음악 교육을 받았다. 하지만 집안이 너무 가난해 열한 살 때 평양의 기성 권번이 운영하는 기생학교에 들어가 가곡과 가사, 가야금, 장고 등을 익힌 뒤 열네 살에 기생이 됐다.

기생 생활을 하다가 작곡가이자 가수로 활동한 김용환에게 발탁돼 1933년 가수로 데뷔했다. 그의 나이 열여섯이었다. 1930년대 접어들면서 '민요조 유행가'로 불린 신민요가 크게 유행하기 시작했고 민요와 창에 익숙한 권번 기생들이 신민요를 부르는 것은 당연한 것이었다. 신민요의 창법은 조선 전통 성악 발성이 기초가 되어야 했는데 기생들은 잡가나 경서도 민요의 선율과 성음에 기반을 둔 음색을 갖추고 있었다.[250] 특히 평양 기생학교는 창가는 물론이고 민요와 더불어 일본 노래도 지도했기에 가수 활동이 용이했다. 왕수복은 1933년 콜럼비아 레코드 요청으로 10곡의 신민요를 녹음했다. 1933년 발표한 〈신방아타령〉〈한탄〉〈울지 말아요〉〈망향곡〉 같은 신민요로 왕수복은 단숨에 인기 가수가 됐다. 포리돌레코드와 전속 계약을 한 뒤 발표한 〈고도의 정한〉이 크게 히트해 왕수복의 이름을 전국에 알렸다. 이후 포리돌에서 〈그리운 강남〉 등 70여 곡을 더 취입했다.

왕수복 창법은 민요조 노래를 뽑아낼 때 더 부드럽고 은근한 음색을 보여주는 강점이 있었다. 어릴 적부터 다져온 전통 민요나 서도 민요, 가곡이나 가사에 대한 기본기가 큰 힘이 돼 민요를 부르는 느낌을 유행가 가락에 잘 얹어서 엮어가는 왕수복만의 독창적 창법을 구사했다. 왕수복의 목소리는 대체로 가늘고 여리며 그의 노래는 음악적인 소리의 감정선을 따라가는 애수 어린 가창에 가까웠다.[251]

경성방송국은 1934년 1월 8일부터 정기적으로 일본에 한국어 방송을 중계했는데 왕수복이 경성방송국 오케스트라 반주에 맞춰 부른 〈눈의 사막〉과 〈고도의 정한〉이 일본 전역에 방송됐다. 언론이 "왕수복의 옥 방울 굴러가는 구슬 소리같이 맑고도 아름다운 귀여운 노랫가락이 일본 전역에 방송된다"라는 예고 기사까지 내보낼 정도로 왕수복의 활동에 관한 대중매체와 대중의 관심이 지대했다.

인기가 오르면서 제약 제품을 비롯한 광고 모델 섭외도 밀려들었고 언론의 찬사도 쏟아졌다. 당시 일류 배우 월급이 40~50원, 고급 관리 월급이 30~40원일 때 왕수복은 월 800원이라는 엄청난 수입을 올린 것[252]은 그의 인기가 얼마나 많았는지를 단적으로 보여준다. 왕수복은 낮에는 평양의 기성 권번에서 귀빈을 접대하고 저녁이면 서울의 극장 무대에 출연하는 스케줄을 소화하고 있었는데 교통편이 좋지 않던 시절, 평양에서 서울까지 신속하게 당도할 수 있는 여건이 안 됐다. 이러한 왕수복을 위해 일본군 경비행기가 평양에서 서울까지 이동시켜줄 만큼 그는 톱스타였다.

이처럼 인기 절정으로 대중의 환호를 받을 때인 1937년 그는 대단한 결단을 내린다. 기성 권번에서 나와 기생 신분을 벗어나는 동시에 가수 활동을 접고 유학길에 오른 것이다. 수많은 레코드사가 최고 스타 왕수복을 잡기 위해 치열한 노력을 기울였으나 무위였다. 그는 일본으로 건너가 벨칸토성악연구원의 이탈리아 성악가 벨트라멜리 요시코吉子에게 개인 교습으로 서양 성악을 공부하면서 메조소프라노 가수로 전향했고 조선 민요를 서양 성악 창법으로 노래했다. 그는 1939년 4월 9일 일본《아사히신문》과의 인터뷰에서 "최승희가 조선 무용을 살린 것처럼 나는 조선 민요를 많이 노래하고 싶다"라는 포부를 밝히기도 했다.

일본 유학 중 소설 〈메밀꽃 필 무렵〉의 작가 이효석을 만나 운명 같은 사랑을 했지만, 이효석이 폐결핵으로 숨을 거둬 그들의 열애는 두 해 만에 끝났다. 이후 보성전문학교 교수이자 시인 노천명의 약혼자였던 김광진을 만나 연애하면서 장안의 화제가 됐고 결혼해 함께 생활했다. 김광진은 월북해 1949년 김일성대학 경제학부 교수가 됐고 왕수복은 1953년 11월 문화선전상 정율과의 만남을 계기로 북한 중앙라디오와 국립교향악단의 전속 가수가 되어 소련 순회공연 등을 하며 대중과 다시 만났다. 1959년 1월 새해 경축 공연에서 "왕수복 동무의 노래는 우리 인민이 다 좋아하니 연구해 볼 필요가 있다"라는 김일성 주석의 찬사를 받는 것을 비롯해 공훈 가수가 돼 북한의 대표적인 스타 가수로 활동했다. 1960~1970년대에는 경제선전 예술 활동에 동원되어 생산 현장에서 노래를 불렀다. 1965년 5월 10일 판문점을 관광하던 왕수복-김광진 부부 모습이 포착돼《조선일보》를 비롯한 일부 언론에 소개되기도 했다. 여든 나이에 민요독창회를 열 정도로 왕성한 활동을 했으며 86세를 일기로 2003년 숨을 거뒀고 애국열사릉에 묻혔다.

실력 하나로 기생 출신이라는 편견과 차별을 극복하고 최고 가수로 우뚝 선 가수 왕수복은 신민요를 일제 강점기 트로트와 함께 인기 장르로 정착시켰다. 왕수복은 조선 민요를 진화된 창법으로 소화해 민요가 대중음악계의 주류 장르로 도약하는 계기를 만들었을 뿐만 아니라 기생 출신 가수로 빼어난 활약을 펼쳐 기생들의 연예계 진출의 물꼬를 터 초창기의 대중음악 발전에 결정적 역할을 했다. 왕수복은 분단 이후 남한에선 잊힌 존재가 됐지만, 북한에선 독창적인 성악 창법으로 민요를 소화하며 북한 대중음악계의 발전을 견인한 스타다.

노래

노래		
1933	〈한탄〉〈울지 말아요〉〈신방아타령〉〈월야의 강변〉〈패성의 가을밤〉〈망향곡〉〈고도의 정한〉〈인생의 봄〉〈젊은 마음〉〈춘원〉〈최신 아리랑〉〈대동강은 좋아요〉	
1934	〈어스름 달밤〉〈청춘 회포〉〈그리운 고향〉〈못 잊어여〉〈봄은 왔건만〉〈조선 타령〉〈그리운 강남〉〈눈물의 달〉〈청춘을 찾아〉〈개나리 타령〉〈순애의 노래〉〈왕소군의 노래〉	
1935	〈바다의 처녀〉〈덧없는 인생〉〈어부사시가〉〈항구의 여자〉〈청춘 비가〉〈눈물의 부두〉	
1936	〈아가씨 마음〉〈울고 갈길 왜 왔던가〉〈사공의 노래〉〈상사 일념〉	
1937 1938	〈무정〉〈그리워라 그 옛날〉〈부서진 거문고〉〈그 여자의 일생〉〈처녀 열여덟은〉〈알아주세요〉〈아리랑 눈물고개〉〈두만강 푸른 물아〉	

(4) 남인수

南仁樹 │ 1918~1962

트로트 인기곡 양산한 가왕

1938년 1월 서울 오케 레코드사 앞 여관은 전국에서 모여든 레코드 소매상들로 만원을 이뤘다. 매진된 레코드를 구매하기 위해 모여든 것이다. 언론들은 앞다퉈 '백 년에 한 번 나올까 말까 한 미성의 가수 탄생'을 보도했다. 인기 절정이던 최초의 전업 대중가수 채규엽과 영화배우 겸 가수 강홍식, 심금을 울리던 인기 가수 고복수의 아성이 순식간에 무너졌다. 남인수가 〈애수의 소야곡〉을 발표한 직후 나타난 현상이다.

남인수는 26년 동안 가수로 활동하며 1,000곡 가까운 노래를 불렀고 〈애수의 소야곡〉 〈꼬집힌 풋사랑〉 〈가거라 삼팔선〉 〈달도 하나 해도 하나〉 〈낙화유수〉 〈무너진 사랑탑〉 〈이별의 부산 정거장〉 〈추억의 소야곡〉 〈청춘고백〉 같은 국민적 사랑을 받은 수많은 히트곡을 내며 트로트를 대중음악의 주류 장르로 확고히 자리 잡게 했다. 남인수는 가슴으로 파고드는 미성의 음색과 저음과 고음을 자유자재로 넘나드는 뛰어난 가창력을 바탕으로 조선의 최고 가왕으로 우뚝 섰을 뿐만 아니라 남자 가수 창법의 교본이 됐다.

남인수는 1918년 경상남도 진주의 경주 최씨 집안에서 출생했고 본명은 최창수다. 부친이 일찍 타계해 어머니가 강씨 집안으로 재가해 강문수로 개명했다. 소년 시절 일본으로 건너가 전구 공장에서 일했고 보통학교만 졸업하고 전문적인 음악교육을 전혀 받지 못했으나 천부적인 미성에 더하여 노래에 대한 센스가 뛰어났다.[253]

가수가 되고 싶었던 강문수는 1935년 서울로 올라와 시에론 레코드를 찾았다. 극작가 겸 작곡가로 활동한 박영호 시에론 레코드 문예부장은 그의 노래를 듣고 영입했다. 박영호는 "타고난 목소리, 잘생긴 용모 등 가수의 자질을 완벽하게 갖추고 있다"라며 강문수를 작곡가 박시춘에게 소개했다. 강문수는 1936년 박시춘이 작곡한 〈눈물의 해협〉을 통해 가수로 데뷔했지만, 대중의 반응은 냉랭했다. 그런 강문수를 주목한 사람이 또 있었다. 바로 오케 레코드의 작사가 강사랑과 이철 사장이다. 두 사람은 강문수를 설득해 오케 레코드로 입사시켰다. 오케 레코드로 옮긴 뒤 남인수라는 예명으로 1936년 발표한 〈돈도 싫소 사랑도 싫소〉와 1937년 부른 〈인생극장〉〈북국의 외론 손〉이 알려지면서 비로소 가수로서 존재감을 드러냈다. 그리고 1937년 말에 〈애수의 소야곡〉 레코드를 출시했다. '현해탄 초록 물에 밤이 나리면/ 님 잃고 고향 잃고 헤매는 배야/ 서글픈 파도 소래 꿈을 깨우니…' 남인수는 망향의 한을 담은 실패한 데뷔곡 〈눈물의 해협〉을 '운다고 옛사랑이 오리요만은/ 눈물로 달래보는 구슬픈 이 밤/ 고요히 창을 열고 별빛을 보면/ 그 누가 불어주나 휘파람 소리…' 이부풍이 새로 쓴 가사로 바꾼 〈애수의 소야곡〉을 절창으로 소화했다. 오케 레코드 이철 사장이 작곡가 박시춘에게 좀 더 구슬픈 사랑을 표현하는 가사로 대체해 다시 음반을 내자고 제안했다.[254] 대성공이었다. 음반은 매진됐고 전국 방방곡곡 〈애수의 소야곡〉이 울려 퍼졌다.

대중 특히 여성들은 '하늘이 내린 목소리'라는 찬사를 받는 미성의 애절한 음색으로 슬픈 사랑 노래를 부르는 남인수에게 열광했다. 이때부터 〈가거라 삼팔선〉〈이별의 부산 정거장〉〈청춘 고백〉 등 숱한 명곡들을 탄생시킨 박시춘-남인수 콤비가 20여 년 활약했다. 남인수와 박시춘은 일본에서 수많은 엔카 히트곡을 낸 작곡가 고가 마사오古賀正男와 가수 후지야마 이치로藤山一郎 콤비에 비견될 만큼 조선 최고의 작곡가와 가수 콤비였다.

1938년 발표한 〈꼬집힌 풋사랑〉은 화류계의 덧없는 운명을 노래한 것으로 〈애수의 소야곡〉을 능가하는 음반 판매량을 기록한 것을 비롯해 남인수의 히트곡 행진은 계속됐다. 남인수는 음반을 출시하는 한편 오케 레코드의 조선악극단 무대에서 톱스타로 맹활약하며 국내는 물론 남만주, 중국 일대에서 순회공연을 했다. 남인수가 무대에서 노래하면 관객의 탄성과 여성들의 흐느낌이 객석을 채웠고 극장 밖에는 공연 후 남인수를 데려가려는 권번 기생들이 보낸 인력거꾼으로 북적거렸다. 남인수 인기의 한 단면을 보여준 풍경이다.

남인수는 일제 군국주의가 기승을 부리고 황국신민화 정책이 절정이던 1930년대 후반부터 1940년대 초반까지 〈감격 시대〉〈그대와 나〉〈혈서지원〉 같은 친일 노래를 불러 오점을 남기며 대중의 질타를 받았다. 남인수는 해방 후 분단의 아픔을 노래한 〈가거라 삼팔선〉과 통일의 염원을 담은 〈달도 하나 해도 하나〉를 가창해 다시 인기를 얻었다. 6·25 전쟁이 끝나고 1953년 부른 〈이별의 부산 정거장〉으로 남인수의 저력을 다시 한 번 입증했고 〈산유화〉〈무너진 사랑탑〉 등 죽기 직전까지 히트곡을 냈다. 26년 동안 가수로 활동하는 내내 인기곡을 양산하는 가수라는 금자탑을 쌓았다.

남인수가 끊임없이 히트곡을 발표하며 톱스타로 군림하고 그의 노래가 시대를 건너 오랫동안 불린 원동력은 고은 시인이 시집 〈만인보〉에서 남인수를 '반도의 목소리'라고 명명한 데서 찾을 수 있다. 남인수의 목소리는 옹골차고 쩌렁쩌렁한 미성이다. 정확한 발음과 고음 처리에 뛰어난 강점을 가진 남인수의 미성과 똑 부러지는 가창력은 당시 미국 유학까지 갔다 온 성악가 현제명과 비교해도 전혀 밀리지 않았다.[255] 남인수는 돈에 집착이 심하고 이재에 밝아 '돈인수'라고 불리기도 했으나 흥행에 필요한 경비는 아낌없이 내놓고 최고의 멤버를 모아 공연 활동을 했으며 성악가 안기영에게 발성법을 개인 지도받는 등 치열하게 노력한 것도 그가 오랜 시간 인기 정상에 머물도록 한 요인이다.[256]

남인수의 노래가 일제 강점기에는 식민지에서 고통받는 사람들을 위로하고 해방 후에는 전쟁과 분단의 아픔 속에 신음하는 대중의 상처를 위무했다. 그의 노래는 우리 인생과 맞닿아 있어 고달픈 삶을 정화해줬고 실연의 아픔을 위로하고 힘겨운 상황에서 어려움을 떨쳐낼 힘을 주기도 했다. 남인수의 노래는 이미자 남진 나훈아 조영남 심수봉 김연자 윤수일 박일남 주현미 송가인 조명섭 등 수많은 후배 가수에 의해 리메이크돼 새로운 생명을 얻고 대중의 사랑을 받았다.

남인수는 '돈인수'라는 별명 외에 또 하나의 닉네임이 있었다. '여女인수'다. 주변에 여성들이 많아 실제 남인수는 수많은 연애 스캔들을 일으켰다. 남인수는 6·25전쟁 중에 남편 김해송이 실종돼 혼자서 자식들을 가수로 키워 미국에 보낸 뒤 외롭게 생활하는 가수 이난영을 돕다가 연인이 돼함께 생활했다. 이난영은 폐병을 앓던 남인수를 헌신적으로 간호했으나 남인수는 1962년 6월 26일 마흔넷의 젊은 나이로 세상을 떠나고 말았다. 장례식장에는 장송곡 대신 남인수를 불멸의 가수로 만들어준 〈애수의 소야곡〉이 울려 퍼졌고 장례 행렬은 마치 국민장을 치르거나 하는 것처럼 장지까지 길게 이어졌다. 수많은 팬이 모여 그의 마지막 가는 길을 함께 했다. 트로트를 대중음악의 주류로 진입시키고 남자 가수의 독창적인 가창 스타일을 확립하면서 가수가 견지해야 할 태도와 자세의 전범을 보여준 남인수는 한국 대중음악계의 큰 자산으로 남은 스타다.

노 래

노래

(5) 현인

玄仁 ｜ 1919~2002

§

트로트와 팝 뮤직의 가교 스타

"아 아 신라의 밤이여/ 불국사의 종소리 들리어 온다/ 지나가는 나그네야/ 걸음을 멈추어라/ 고요한 달빛 어린/ 금오산 기슭에서/ 노래를 불러보자/ 신라의 밤 노래를…" 턱을 떨며 파격적이고 분절적인 바이브레이션이 두드러진 가창 스타일로 노래를 불렀다. 매우 생경했지만, 독특한 창법은 이국적이면서도 세련되게 다가왔다. 일제 강점기의 인기 가수, 채규엽 고복수 남인수의 창법과 확연히 다른 스타일이었다. 해방 이후 처음 음반을 내 '대한민국 가수 1호'라는 별칭을 얻은 가수 현인이다. 〈신라의 달밤〉으로 단번에 스타덤에 오르고 〈비 내리는 고모령〉을 히트시키며 화려한 현인 시대를 열었다. 해방 직후 활동을 시작한 현인은 식민지의 연장선에 놓여 있으면서도 서구적 근대라는 새로운 패러다임으로 이행하는 과도기적 시대를 상징하는 인물로 평가받는다.[257] 현인은 1950년대 명국환 남인수 같은 스타 가수들을 제치고 최고 인기 가수가 되었다. 해방 이후 1950년대가 현인의 시대였다.

KBS 방송문화연구팀이 2005년 광복 60주년을 맞아 전국 30대 이상 남녀 9,070명을 대상으로 한 가수 인기도 조사 결과, 현인은 김정구 나훈아 남인수 남진 배호 이미자 조용필 최희준 패티김과 함께 상위 10위 안에 포진했다. 오랜 시간이 흐른 뒤에도 대중의 사랑을 받은 현인(본명 현동주)은 1919년 부산의 유복한 집안에서 태어났다. 1938년 경성 제2고등보통학교를 졸업하고 일본으로 건너가 홍난파와 윤심덕이 유학했던 일본 명문 우에노上野음악학교에서 성악과 플루트를 전공했다. 일제 징용을 피해 중국 상하이로 건너가 신태양 극단에서 샹송 등을 부르며 음악 활동을 하다 1946년 귀국했다.

귀국 후 미군 공연무대에서 팝송과 샹송을 부르던 현인은 작곡가 박시춘의 권유로 1947년 〈비 내리는 고모령〉과 〈신라의 달밤〉을 발표했다. 일부 전문가는 현인이 성악도로서 대중음악을 할 수 없다고 고집을 부렸다고 주장하지만, 식민지 시대와 해방 공간에선 정통음악(클래식)이나 대중음악이 모두 새로운 예술이었으므로 정통음악 전공자가 대중음악을 하는 경우는 드문 일이 아니었다. 일본에서 성악을 전공하고 돌아와 직업 가수 1호가 된 채규엽을 비롯해 〈황성의 적〉 작곡가 전수린, 〈목포의 눈물〉 작곡가 손목인, 〈나그네 설움〉 작곡가 이재호가 일본 음악학교에서 클래식을 전공했다.

박시춘은 왜 오랫동안 함께 작업해온 최고 가수 남인수가 아닌 무명 신인에 불과했던 현인에게 〈신라의 달밤〉을 부르게 했을까. "1947년 박시춘 씨는 당시 잘 알고 지내던 남인수에게는 그 곡이 안 어울린다며 다른 가수를 물색 중이었다. 박시춘 씨가 악극단에 마스크가 근사하고 노래 잘하는 가수가 있다는 소문을 듣고 찾아갔다. 며칠 후 서울 명동의 명치좌에서 〈신라의 달밤〉 노래발표회가 열렸는데 청중이 입추의 여지가 없이 길게 줄을 섰다. 특유의 저음으로 청중을 휘어잡은 현인은 앙코르를 8번은 했던 것 같다."[258] 〈신라의 달밤〉 가사를 쓴 유호의 전언이다.

박시춘이 1947년 설립한 럭키 레코드에서 낸 첫 음반이 〈신라의 달밤〉〈비 내리는 고모령〉이다. 서울중앙방송국은 1947년 신작 가요를 만들어 보급했는데 현인의 〈신라의 달밤〉도 방송을 통해 유명해졌다. 일제 말과 해방 공간에서 기존의 트로트에 이국적인 색깔을 덧칠한 음악이 선을 보였는데 〈신라의 달밤〉 역시 이런 범주의 노래였다. 기타 반주로 편곡된 〈비 내리는 고모령〉은 사상과 이념의 갈등, 분단의 해방공간에서 고향을 떠나 방랑의 길에 오르는 사람들과 일제 강점기 실향의 쓰라린 경험을 가진 사람들의 마음을 울렸다. 이 두 노래는 전 국민의 애창곡이 될 정도로 큰 인기를 얻어 무명 신인 가수 현인을 일약 최고 가수로 만들었다.

두 노래가 뜨거운 반응을 얻고 현인이 최고 가수 반열에 오른 가장 큰 원동력은 그의 독특한 창법과 가창 스타일이다. 현인은 식민지 시대부터 이어지던 남자 가수의 창법을 탈피한 새로운 가수였다. 채규엽 남인수로 대표되는 정확한 음정의 옹골차고 짤랑짤랑한 목소리도 아니고 고복수 백년설로 대표되는 부드러운 음색에 다소 부정확하게 음정을 흔들면서 한스러운 감정을 담아내는 창법도 아니었다. 현인은 부드러운 목소리로 고급 음악의 성악 발성을 바탕으로 한 무리 없는 소리를 들려주었다.[259]

현인의 과장적이고 하나하나 끊어 부르는 분절적인 특유의 바이브레이션과 경상도 사투리 억양이 배인 창법은 전통적 트로트를 신선하게 느끼게 했을 뿐만 아니라 서구적 감성마저 드러냈다. 현인은 "하이 바리톤의 음성이어서 자연스럽게 바이브레이션이 된다. 인위적으로 하는 것이 아니다"라고 자신의 독특한 창법에 관해 설명하기도 했다. 수많은 가수와 예능인이 그의 독특한 창법을 흉내 내 모창을 하기도 했다.

이 같은 독창적인 창법은 1950년대 유행한 다양한 장르의 노래를 잘 소화하는 가수가 된 원동력이었다. 현인은 트로트 〈비 내리는 고모령〉부터 서남아시아 분위기의 노래 〈신라의 달밤〉 〈인도의 향불〉, 라틴 리듬의 〈서울야곡〉, 스탠더드 팝 스타일의 〈청실홍실〉, 행진곡 분위기의 〈럭키 서울〉 〈전우야 잘 자라〉에 이르기까지 다양한 장르의 음악을 무리 없이 소화해 인기곡으로 만들었다.

현인은 〈굳세어라 금순아〉〈꿈이여 다시 한번〉으로 실의와 절망에 빠진 서민의 마음을 위로하고 삶의 의지를 심어주면서 1950년대 대표 가수로 확고하게 입지를 다졌다. '한국 최초의 월드뮤직 전령사'라는 수식어에서 알 수 있듯 현인은 〈베사메무쵸〉〈꿈속의 사랑〉〈고엽〉을 비롯한 많은 번안곡을 통해 샹송, 칸초네, 탱고, 맘보 등 서구의 새로운 장르의 음악을 알리며 한국 대중음악의 외연을 대폭 확장하기도 했다.

현인은 1949년 무명 가수가 천신만고 끝에 스타가 된다는 내용의 유동일 감독의 음악 영화 〈푸른 언덕〉 주연으로 나서기도 하고 1965년 악극 〈춘향전〉의 이도령 역으로 출연하면서 활동 영역을 확장했다.

현인은 1974년 미국에 이민 가 살다가 7년 만인 1981년 다시 귀국했다. 1991년 신곡 〈노래하는 나그네〉〈길〉을 발표하며 건재를 과시했고 KBS 〈가요무대〉에 출연하며 왕성한 활동을 이어가다 2002년 숨을 거둬 50여 년 가수 활동의 막을 내렸다.

현인은 남인수와 고복수의 노래로 대변되는 일제 강점기의 트로트를 새로운 창법으로 진화시키는 한편 스탠더드 팝을 비롯한 다양한 장르의 음악과 번안곡을 통해 한국 대중음악의 스펙트럼을 확장했다. 현인은 대중이 1960년대 패티김 이금희 최희준 한명숙 같은 미8군 무대 출신 가수들의 스탠더드 팝 스타일 음악을 이물감 없이 자연스럽게 수용하게 하는 데 일조했다. 현인은 일제 강점기의 트로트와 1960년대 스탠더드 팝 스타일 대중가요를 연결하는 가교 역할을 한 대한민국 1호 가수다.

노 래

(6) 패티김

Patti Kim　｜　1938~

§

팝 보컬의 장을 연 대형 가수

"하와이의 노을을 바라보는데 정말 화려하고 황홀했다. 서서히 해가 내려가는 모습을 보며 저 노을처럼 모두의 기억에 아름다운 모습으로 남자고 결심했다. 옛날과 똑같이 내 노래를 부를 수 있을 때 떠나자고 마음먹었다." 2013년 10월 26일 55년간의 가수 인생 마침표를 찍는 마지막 무대를 가진 뒤 그가 평소 바라던 박수 칠 때 아름답게 대중 곁을 떠났다. 패티김이다.

1960년대 대중음악계에는 두 여제가 있었다. 바로 패티김과 이미자다. 이미자가 일제 강점기부터 내려온 트로트의 대표 가수라면 패티김은 새롭게 등장해 대중음악 장르의 한 축을 차지한 스탠더드 팝 스타일 음악의 대표 주자였다. 이미자의 노래에 서민 정서와 한국적 분위기가 배어 있다면 패티김의 노래에는 중산층 감성과 서구적 분위기가 담겼다. 이미자가 친근한 이미지라면 패티김은 강렬한 카리스마 이미지다. 상반된 스타일과 이미지, 외모의 두 여제는 1960년대 팬들을 양분하며 한국 대중음악계를 견인했다.

패티김(본명 김혜자)은 1938년 서울에서 나고 자랐다. 그는 스튜어디스가 되고 싶었다. 외국에 나가서 넓은 세상을 보며 살고 싶었기 때문이다. 스튜어디스가 안 되면 외교관과 결혼해 외국을 다니고 싶었고 목소리가 좋다는 이야기를 들어 아나운서 되는 것을 꿈꾸기도 했다.[260] 중학교 3학년 때부터

고등학교 1학년 때까지 2년간 국악을 배워 참가한 전국국악경연대회에서 1
등을 차지했지만, 집안의 반대로 음악을 그만뒀다. 고등학교 졸업 후 취직자
리를 알아보기 위해 서울 명동에 나갔다가 우연히 만난 오빠 친구가 노래할
것을 권유하며 미8군 클럽에서 활동하는 쇼단을 운영하는 화양흥업의 베니
김 전무를 소개해줬다. 그 앞에서 〈You don't know me〉 등 팝송 두 곡을
부르고 견습생으로 쇼단에 들어갔다. 패티김은 3개월간의 견습 생활을 거쳐
1958년 미8군 무대에서 정식 가수로 데뷔했다. 상대하는 사람이 주로 미군
을 비롯한 미국 사람이어서 본명 김혜자로 활동하기 힘들다고 생각해 좋아
하는 팝스타 패티 페이지Patti Page의 이름을 본떠 '패티김'이라는 예명을 직
접 짓고 본격적인 가수 활동에 돌입했다.

　　한국 여성 팝 보컬의 본격적인 장을 연 패티김은 미8군 무대에서 스탠
더드 팝을 자신만의 가창 스타일로 소화해 불렀다. 한국 여성으로는 보기
드문 폭발적인 성량과 가창력에다 글래머 스타일의 서구적 외모로 미군에
게 큰 인기를 얻었다. 1950~1960년대 미군을 상대로 한 미8군 무대는 가
수를 배출하는 중요한 창구였다. 엄격한 오디션을 통해 실력이 검증된 사람
만이 무대에 올랐고 미군에 어필할 수 있는 음악과 퍼포먼스를 잘해야 살아
남을 수 있었기 때문이다. 신중현 최희준 이금희 위키리 윤복희 박형준 현
미 등이 미8군 무대를 통해 배출된 가수다.

　　패티김은 작곡가 박춘석의 권유로 팝송 번안곡 〈사랑의 맹세〉〈파드
레〉〈사월이 가면〉을 발표했다. 조선호텔 외국인 전용 클럽으로 스카우트
돼 노래를 부르다 미군방송본부 소속으로 AFKN과 일본 NHK에서 근무하
던 에드 마스터스의 주선으로 1960년 12월 일본으로 건너가 NHK 무대에
서며 해외 활동을 시작했다. 재일교포 와타나베 히로시渡辺弘가 주도한 밴드
'스타더스트'의 전속 보컬리스트로 일본과 동남아 국가를 오가며 활동했다.
1962년 한국에 들어와 박춘석의 〈초우〉를 취입한 뒤 김시스터즈를 미국으

로 영입한 밥 맥맥킨을 통해 1963년 미국으로 건너가 3년여 활동하면서 자니 카슨Johnny Carson의 〈투나잇 쇼〉에 출연하기도 했다. 1966년 어머니 병환으로 귀국했는데 〈파드레〉〈초우〉 등이 히트한 상황이어서 TV 방송사와 쇼단은 패티김을 출연시키기 위해 혈안이 됐다.

트로트와 신민요에 익숙했던 대중은 패티김의 미국 색채가 강한 스탠더드 팝 스타일의 음악과 서구적 외모에 신선한 충격을 받았다. 트로트와 신민요에서 충족되지 않았던 서구 음악과 고급스러운 가요에 대한 욕구를 패티김의 노래를 들으며 충족시켰다. 1960년대 들어서면서 개국한 KBS, TBC TV에 출연해 미8군 무대에서 하던 것처럼 화려한 퍼포먼스와 뛰어난 가창력을 선보이며 시청자의 눈길을 단번에 사로잡았다. TBC는 1967년 〈패티김 쇼〉를 신설해 6개월 동안 매주 수요일 30분씩 생방송으로 내보내는 파격적인 시도를 했다. 패티김의 특출난 스타성과 가창력, 퍼포먼스가 있었기에 가능한 방송이었다. 1950~1960년대에는 가수들이 마이크 앞에 서서 움직이지 않고 노래하는 것이 관행이었지만, 패티김은 이것을 무시하고 마이크를 뽑아 무대를 좌우로 휘저으면서 노래했다. 당시 대중에게 작지 않은 충격일 정도로 파격적인 퍼포먼스였다.

패티김은 두 스타 작곡가, 박춘석과 길옥윤의 팝 스타일 음악으로 트로트 가수가 장악했던 한국 대중음악계의 정상에 올랐다. 박춘석의 〈초우〉〈사랑은 생명의 꽃〉〈가을을 남기고 간 사랑〉〈가시나무 새〉〈못 잊어〉가 패티김의 압도적인 성량과 폭발적인 가창력으로 격조와 품격을 얻어 대중과 만났다. 길옥윤의 〈빛과 그림자〉〈9월의 노래〉〈이별〉〈서울의 찬가〉〈그대 없인 못 살아〉〈사랑은 영원히〉〈사랑하는 마리아〉는 카리스마 강한 이미지와 서구적 외모, 도도한 분위기의 패티김에 반감이 있었던 대중마저 팬으로 돌려놨다. 박춘석의 곡은 대범하고 웅장하며 세미 클래식 분위기가 풍겨 패티김의 카리스마와 스타성을 배가시켰다면 길옥윤의 곡은 아기자기하고 재미있는 노래가 많아 따라 부르기 쉬워 친근감과 대중성을 높여줬다.

패티김을 최고 가수로 올려놓은 원동력은 사람들이 명명하는 수식어 '대형 가수'에서 찾을 수 있다. '대형 가수'라는 수식어는 글래머 몸매와 관련 있기도 하지만, 무엇보다 빼어난 가창력과 압도적인 성량, 그리고 역동적인 퍼포먼스에서 기인한다. 패티김은 "고등학교 때 배운 국악과 가수가 된 뒤 전문가에게 훈련받은 성악 때문에 나만의 창법을 만들었고 성량은 태어난 부분도 있지만 부단한 훈련과 연습의 결과다"라고 했다. 패티김의 노래가 1960~1970년대 당시 대중음악으로는 드문 품위와 격조의 세련된 음악이라는 점은 최고 가수가 되는 데 중요한 역할을 한 동시에 한국 대중음악의 질적 도약에도 기여했다. 최고라는 자존심을 지키기 위한 치열한 노력과 철저한 자기 관리도 톱스타라는 지위를 부여받게 한 원인이다. 그는 무대에 서면 코러스나 댄서를 세우지 않고 오롯이 자신의 노래만으로 관객에게 승부를 걸었다. 최고 가수로서 자존심이었다. "55년 동안 키를 낮춰 부른 적이 없습니다. 원키로 부르지 못하면 가수 자리를 물러나야 한다고 생각했어요"라는 패티김의 말은 그가 얼마나 치열하게 노력했는지를 단적으로 보여준다. 전쟁의 폐허를 벗어나기 위한 도시화와 근대화가 진행된 1960년대 상황에서 패티김과 그의 노래가 근대와 도시의 아이콘으로 대중의 희망과 욕망을 표출한 것도 인기의 한 원인이다.

패티김은 가수로 활동한 55년 동안 65장 앨범을 취입했고 가요 400곡, 팝, 샹송, 칸초네 같은 외국 노래 200곡을 불렀다. 한일 수교 전인 1960년 일본 NHK 초청으로 일본에서 한국 가수 최초로 공연을 했고 1963년 솔로 가수로는 최초로 미국으로 건너가 활동하는 등 해외 진출의 개척자다. 1966년 한국 최초의 창작 뮤지컬 〈살짜기 옵서예〉 주연을 했고 세종문화회관 개관 이후 1978년 대중가수로서 첫 번째로 공연을 했으며 1989년 한국 가수로는 처음으로 미국 카네기 홀 무대에 서는 등 한국 공연사에도 선구자적인 발자취를 남겼다.

패티김은 숱한 화제를 낳으며 스타 작곡가 길옥윤과 1966년 결혼했지만, 1973년 이혼하면서 사실무근의 가십과 악성루머로 비난받기도 했다.

패티김은 트로트와 전혀 다른 팝 스타일의 음악으로 한국 대중음악의 외연을 확장했으며 폭발적인 가창력과 화려한 무대 퍼포먼스로 한국 가수와 공연의 수준을 높인 스타다. 또한, 일본, 동남아, 미국 활동을 통해 외국에서 한국 대중음악의 존재감을 드러내며 한국 가수의 해외 진출 물꼬를 튼한류의 선구자이기도 하다. 패티김은 비록 55년간의 활동을 마무리하고 은퇴해 대중과의 만남을 끝냈지만, 그가 남긴 노래는 여전히 대중 곁을 지키고 있다.

노 래

노래	
1959	〈사랑의 맹세〉〈파드레〉〈사월이 가면〉
1962	〈초우〉
1966	〈살짜기 옵서예〉
1968	〈9월의 노래〉
1969	〈서울의 찬가〉〈사랑하는 마리아〉
1972	〈그대 없이는 못 살아〉
1973	〈이별〉
1978	〈못 잊어〉
1983	〈가을을 남기고 간 사랑〉
1984	〈가시나무새〉
2008	〈꿈의 여정〉

(7) 이미자

李美子 │ 1941~

60여 년 트로트 인기 이끈 엘레지 여왕

이미자가 방송에 오랜만에 모습을 드러내며 '트롯 100년 대상' 트로피를 들어 올렸다. 신예 스타 임영웅 영탁부터 중견 스타 주현미 태진아 남진까지 열렬히 박수를 보냈다. 2020년 10월 1일 열린 TV조선의 '2020 트롯 어워즈'는 트로트 100년을 결산하는 시상식을 표방했는데 영예의 대상을 이미자가 차지했다. 트로트 100년 역사에서 가장 위대한 가수로 평가받는 이미자이기에 전문가와 대중 모두 그의 대상 수상을 진정으로 인정했다.

이미자는 60여 년 노래를 불렀다. 긴 세월 동안 그의 수많은 노래는 대중에게 위로가 되고 감동이 되고, 즐거움이 됐다. 힘겨운 삶을 버티어낼 힘이 되기도 했다. 그런 이미자에게 사람들은 '트로트의 영원한 전설' '트로트의 최고봉' 같은 여전히 유효한 수식어를 사용하며 극찬했다. 이미자는 한국 사람에게 가장 오랫동안 사랑받으며 강한 생명력을 보이는 트로트 역사에 가수로, 노래로 가장 큰 발자취를 남겼다.

1941년 서울에서 태어난 이미자는 두 살이던 1943년 아버지가 징용으로 일본에 끌려가면서 어려운 생활을 하게 됐고 할머니 집에서 자랐다. 어려서부터 음악을 좋아했던 이미자는 1957년 노래자랑 프로그램 KBS 〈노래의 꽃다발〉에 출연해 1위를 했고 문성여고 졸업 직전에 HLKZ-TV

〈예능 로터리〉에 참가해 최고상을 받았다. 이후 유명 작곡가 나화랑에게 발탁되어 1959년 〈열아홉 순정〉으로 공식 데뷔했다. 1964년 신성일 엄앵란 주연 영화 〈동백 아가씨〉 동명 주제가를 불렀다. 이미자가 부른 백영호 작곡, 한산도 작사의 〈동백 아가씨〉로 한국 전체가 들썩였다. 국내 가요사상 최초로 가요 프로그램에서 35주 1위를 기록하며 당시 상상할 수 없는 10만 장이라는 음반 판매량을 기록했다.[261]

작곡가는 가수의 스타화에 결정적 영향을 미친다. 이미자는 가수로 데뷔시킨 나화랑을 비롯해 적지 않은 작곡가와 작업했는데 백영호와 박춘석과의 만남은 이미자에게 국민 가수가 될 수 있는 중요한 토대가 됐다. 백영호는 이미자를 스타덤에 올려놓은 〈동백 아가씨〉뿐만 아니라 〈빙점〉 〈여자의 일생〉 〈황포돛대〉 〈아씨〉를 작곡해 이미자의 인기 가도를 탄탄하게 만들었다. KBS 라디오 연속극 〈진도 아리랑〉 주제가로 인연을 맺은 박춘석은 〈흑산도 아가씨〉 〈섬마을 선생님〉 〈기러기 아빠〉 〈황혼의 블루스〉 〈그리움은 가슴마다〉 〈삼백리 한려수도〉 같은 이미자를 트로트 레전드로 만든 노래를 만들었다.

박정희 정권은 1965년 일본과의 수교 협정을 반대하는 움직임이 거세지자 〈동백 아가씨〉 〈섬마을 선생님〉을 비롯한 이미자의 인기곡을 왜색, 비탄조, 표절이라며 방송금지 조치를 내렸지만, 실제 이유는 정치적 상황 때문이었다. 그런데도 이미자의 인기와 위상은 변함이 없었고 오히려 히트곡을 양산하며 대중과 전문가로부터 '엘레지의 여왕'이라는 칭호까지 부여받았다.

이미자가 국민 가수가 되고 그의 노래가 국민 애창곡이 된 이유는 무엇일까. 〈동백 아가씨〉 〈기러기 아빠〉 〈여자의 일생〉 같은 이미자의 노래가 1960~1970년대 경제개발과 성장을 기치로 내건 개발 시대의 도시화와 산업화, 근대화의 그늘에 있으면서도 가족을 위해 자기의 삶을 희생하고 슬픔마저 가슴에 담아야 했던 이 땅의 여성들 심경을 대변했기 때문이다.

현란한 기교나 과장된 가창에 의존하지 않으면서도 깊은 호소력을 발휘하는 놀라운 가창력과 트로트의 본질이라고 할 수 있는 절절한 비극성을 군더더기 없는 절제된 목소리로 소화하는 창법은 이미자의 노래를 가슴으로 받아들이게 했다. 대다수 트로트 가수가 꺾거나 굴려 부르는 기교를 이용하지만, 이미자는 가진 소리 그대로 순수하게 불렀다. 이 때문에 오랜 세월이 지나 불러도 과거에 불렀던 노래와 별 차이가 없다. 타고난 미성과 부드러운 비브라토, 자연스러운 강약 조절이 두드러진 이미자의 창법은 많은 사람의 감성을 흔든다. 일제 강점기 진성과 가성을 넘나들며 꾸밈음이 도드라진 여자 가수의 트로트 창법을 정립한 이난영과 차별화한 또 다른 트로트 창법이 이미자에 의해 완성됐다. 이미자의 노래가 가장 안정적이고 대중적이면서도 트로트적인 특성과 생명력을 잃지 않은 점도[262] 높은 인기와 강한 생명력의 원인이다.

이미자는 60여 년 동안 600여 장의 앨범과 2,500여 곡을 발표해 400곡을 히트시켰고 방송과 무대를 통해 지속해서 대중과 만나왔다. 2002년 동평양대극장에서 열린 '이미자의 평양 동백 아가씨' 공연은 남북한 전역에 생방송 됐는데 〈동백 아가씨〉로 시작된 이미자 공연은 북한 주민의 마음을 열었을 뿐만 아니라 형용할 수 없는 감동을 안겨줬다.

트로트 가수로 60여 년을 살아온 이미자지만 '트로트'라는 단어를 싫어했다. 자신이 부르는 노래는 우리나라 사람의 정서와 한을 가장 잘 표현하는 한국적인 노래라고 생각하기에 트로트라는 외래어로 명명되는 것을 거부했다. 물론 트로트라는 단어의 거부감은 트로트에 대한 편견과 비하에 대한 반박의 의지이기도 하다. 이미자는 오랫동안 트로트에 대한 편견과 싸워왔다. 시대와 함께 수많은 사람을 위로하고 감동을 주며 사랑받았던 이미자의 노래에 대해 일부 전문가와 대중은 저질의 뽕짝과 왜색 가요라며 무시하고 그의 노래를 좋아하는 사람에 대해서도 수준 낮은 팬으로 비하했다. 그 상징적인 사건이 데뷔 30주년 기념 공연을 하기 위해 대관 신청을 했던 세종문화회관의 대관 불가 결정이다. "30주년 기념 공연은 꼭 세종문화회관에서 하고 싶어 대관 신청했는데 거절당했다. 그 이유가 제가 수준이 낮은 가수이기 때문이라는 거다. 저 같은 가수가 세종문화회관에 서면 회관의 격이 떨어지고 명예의 전당이 고무신짝들의 판으로 하루아침 전락하고 만다는 것이 이유였다. 잔인한 표현으로 거절한 것에 대해 참을 수가 없었다." 이미자는 트로트에 대한 일부 사람의 비하와 편견을 오롯이 무대와 방송에서 완성도 높은 공연과 대중의 심금을 울리는 노래로 극복해왔다.

트로트에 관해 '천박한 왜색가요' '삶의 진정성을 담은 노래'라는 양극단의 평가가 지속됐고 1960년대 '왜색 가요 논란', 1980년대 '트로트 논쟁' 등 전문가들 사이에 트로트 관련 논쟁도 이어져 왔다.[263]

이미자는 일거수일투족이 대중의 관심을 받는 톱스타로서 언론의 선정적이고 자극적인 보도와 스캔들 기사로 많은 상처를 받기도 했다. 1960년 그는 어려운 시절 함께 알고 지내던 연주자 정진흡과 결혼했지만, 이혼하게 됐다. 이때 주간지를 비롯한 언론은 사실무근의 자극적인 기사로 일관했고 심지어 이미자를 남편과 자식을 팽개친 비정한 여자로 매도하기까지 했다.[264]

언론이 대중의 눈길을 끌어 보다 많은 이윤을 창출하기 위해 톱스타 이미자의 사생활을 자극적이고 선정적으로 보도한 것이다. 언론의 경쟁이 치열해지면서 선정적이고 자극적인 옐로우 저널리즘으로 인한 스타들의 피해가 급증했다.

시대와 세월, 세대의 혹독한 검증과 비판을 견디며 오랜 시간 대중 곁을 지킨 이미자는 가수의 길을 걷고 있는 모든 이에게 가장 이상적인 롤모델이다. 이미자는 한국 대중음악사의 큰 흐름을 형성한 트로트의 혁신적인 진화와 높은 인기를 주도하며 그가 바란 대로 "많은 대중에게 기억되는 가수"가 됐다.

노래

노래

1959	〈열아홉 순정〉
1960	〈울어라 열풍아〉
1963	〈서울의 아가씨〉
1964	〈동백 아가씨〉
1965	〈흑산도 아가씨〉
1966	〈섬마을 선생님〉〈황포돛대〉
1967	〈그리움은 가슴마다〉〈빙점〉
1968	〈여자의 일생〉〈엘레지의 여왕〉
	〈황혼의 부르스〉
1969	〈기러기 아빠〉
1970	〈아씨〉
1971	〈못 잊을 당신〉
1972	〈삼백리 한려수도〉〈여로〉
1973	〈낭주골 처녀〉
1974	〈정든 섬〉
1975	〈안 오실까 봐〉〈타국에서〉
1978	〈모정〉
1989	〈노래는 나의 인생〉
1999	〈내 노래 40년〉

(8) 신중현

申重鉉 | 1938~

한국 록의 시조이자 대부

이미자의 〈동백 아가씨〉가 전국의 길거리에 울려 퍼지는 등 트로트가 주류 음악으로 초강세를 나타낸 1964년 한국 대중음악계에 생소한 앨범 하나가 발표됐다. 〈The Add4 First Album〉이다. 보컬, 기타, 베이스, 드럼이라는 로큰롤 밴드의 전형적 구성을 갖춰 1962년 결성된 한국 록밴드 '애드휘Ad4' 앨범이다. 그룹사운드 키보이스에 이어 등장해 활동을 시작한 애드휘가 발표한 앨범에는 한국 대중음악계에 록의 본격적인 출현을 알리는 〈빗속의 여인〉〈내 속을 태우는구려〉(후에 〈커피 한잔〉으로 노래명이 바뀜)가 수록됐다. 트로트와 전혀 다른 노래였다. 화성 진행이나 선율이 참신하고 전위적인 사운드의 음악이었다. 애드휘를 이끈 주역은 기타와 보컬을 맡고 〈빗속의 여인〉과 〈내 속을 태우는구려〉를 비롯한 앨범 수록곡을 작사·작곡한 신중현이다.

"한국 록의 모든 시작은 신중현이다"라는 윤도현의 단언처럼 한국 록이 역사를 시작하고 주류 음악으로 진입한 것은 신중현이라는 뮤지션이 있었기 때문에 가능한 일이었다. 그래서 신중현에게 '한국 록의 시조' '한국 록의 대부' '대한민국 록의 구세주'라는 수식어가 조건반사적으로 헌사 된다.

신중현에게 부여된 한국 록의 대부라는 상찬은 죽을 만큼 힘들었던 청소년 시절을 보냈으면서도 음악을 포기하지 않은 결과물이다. 1938년 서울에서 태어난 신중현은 6·25 전쟁으로 부모를 연달아 잃고 고아가 됐다. 부모 장례조차도 제대로 치르지 못했다. 가난과 굶주림의 어두운 그림자가 신중현을 덮쳤고 살기 위해 공장에서 온종일 일했다. 그러는 와중에도 어머니 유품인 하모니카와 독학으로 배운 기타를 놓지 않았다. 신중현은 일을 끝낸 한밤중 뒷동산에 올라 하모니카를 부는 게 유일한 낙이었다. 그 시간이면 피곤함이 싹 가셨다. 종일 이어지는 고된 노동도 음악을 하는 그 시간을 위해 존재하는 듯했다. 음악을 할 때가 가장 좋고 편하고 아름다웠다.[265]

신중현은 기타 한 대만 들고 공장을 나와 서울 종로 기타교습소로 향했고 그곳에 기타를 배우러 온 미8군 무대 무용수 소개로 오디션을 거쳐 1957년 미8군 무대에 올랐다. 신중현은 미국 대중음악과 대중문화의 유입구였던 미8군 무대에 서면서 록, 스탠더드 팝, 컨트리를 비롯한 다양한 장르의 음악을 접하며 몸으로 익혔다. 신중현은 재키, 히키신, 스꼬시 등 여러 예명으로 활동하며 미8군 무대에서 록을 비롯한 여러 장르의 곡을 연주했다. 뛰어난 연주 실력으로 미군들에게 인기를 얻으며 미군 영내 스타로 떠오른 신중현은 1958년 앨범 〈히키-신 기타 멜로디 경음악 선곡집〉을 발매하고 기타 독주회를 열면서 활발한 활동을 했다.

1962년 록그룹 애드훠를 결성하고 1964년 앨범 〈애드훠〉를 발표하며 본격적으로 한국 록 음악의 역사를 열었다. 신중현이 1960~1970년대 만들어 활동한 록 밴드는 '애드훠' '블루스테트' '조커스' '덩키스' '퀘스천스' '더맨' '신중현과 엽전들' '신중현과 뮤직파워' '세 나그네' 등 열 손가락이 부족할 정도로 많았는데[266] 이 밴드들을 이끌며 그룹사운드를 이 땅에 정착시켰고 〈미인〉 〈아름다운 강산〉 같은 한국 록 음악 역사를 수놓은 명곡들을 탄생시키며 한국 록을 발전시켰다.

그뿐만 아니라 1968년 펄시스터즈를 조련시키고 〈님아〉 〈떠나야 할

그 사람)을 부르게 해 스타로 만들었다. 신중현은 김추자의 〈월남에서 돌아온 김 상사〉 〈거짓말이야〉, 이정화의 〈꽃잎〉, 박인수의 〈봄비〉, 김정미의 〈간다고 하지 마오〉 〈봄〉, 장현의 〈미련〉 〈석양〉을 비롯한 많은 음악을 발표하며 한국 록 음악의 지평과 대중성을 확장하고 적지 않은 가수를 스타 반열에 올려놨다.

신중현은 1960~1970년대 다양한 장르의 음악을 하면서도 록을 지속해서 진화시켰다. 신중현의 록은 단순히 서구 록 음악을 이식한 것이 아니다. 그의 록 음악은 서구의 5음계 펜타토닉 스타일을 주로 사용했지만, 한국적인 선율과 화성, 정서를 담아 한국적인 록을 개척하고 정립하려고 노력했다. "록을 외국의 것이 아닌 우리의 것으로 바꿔 놓으려고 했죠. 우리 것이 되지 않으면 아무런 의미가 없다는 판단이 섰어요. 미국 록, 영국 록, 독일 록 등 자기네 나라 정서를 구현하는데 한국 록도 충분히 가능하다는 자신감이 생겼어요. 〈미인〉도 그렇지만 한국적인 가락을 살리는 곡을 쓰기 시작했습니다."[267]

음악의 선율과 화성, 가사가 참신하고 파격적이지만 대중성을 담보하는 방향으로 익숙한 장치를 사용해 록의 확장성을 꾀했다. 〈커피 한잔〉 〈미인〉 같은 신중현의 음악은 화성 진행부터 생략과 비약을 하는 선율까지 신선하고 파격적인 스타일과 대중에게 익숙한 5음계 신민요풍 리듬을 조화시켰다. 신중현이 시도한 록은 파격성과 대중성을 동시에 담보해 록의 생경함을 감소시키며 대중 속으로 파고들었다. 신중현의 음악이 록 장르이면서도 오랫동안 수많은 사람의 사랑을 받는 이유다.

천재적인 록 뮤지션의 날개를 꺾은 것은 정권이었다. 1972년 청와대에서 박정희 찬가를 만들어 달라고 했지만, 그런 노래를 만들 줄 모른다고 거절했다. 음악 하는 사람이 누굴 찬양하는 곡을 쓴다는 것이 용납이 안 됐기 때문이다. 하지만 거절의 대가는 혹독했다. 공연을 단속했고 〈미인〉 등 신중현의 노래를 금지곡 처분했다. 1975년 대마초 사건으로 구속돼 유죄를 선고받고 활동조차 할 수 없었다. 이승만, 박정희, 전두환 등 권위주의 정권은 대중문화와 연예인을 정권 선전 도구로 유린하며 대중문화의 퇴행을 불러왔다. 심지어 정권에 협조하지 않거나 정부를 비판하는 연예인에 대해서는 신중현처럼 구속하거나 활동 제약을 가하는 야만적인 폭력을 자행했다. 이명박, 박근혜 정부에서도 윤도현을 비롯한 정권에 비판적인 연예인에 대해 블랙리스트를 만들어 방송 활동에 제한을 가하는 비민주적 행태를 보였다.

신중현은 1979년 박정희 서거 이후 활동을 재개했지만, 이어 출범한 전두환 군사정권 하에서도 활동이 제약적이었다. 그래도 신중현은 1986년 라이브 클럽 '록 월드'를 개관해 후배 록 뮤지션들에게 연주 공간을 제공하는 한편 앨범 〈무위자연〉과 〈김삿갓〉을 발표하는 등 한국 록을 위해 다양한 노력을 펼쳤다. 신중현은 시대의 흐름에 따라 사이키델릭 록, 하드 록, 프로그레시브 록을 비롯한 록의 하위 장르들을 발전시켰을 뿐만 아니라 록에 리듬 앤 블루스, 소울 같은 여러 장르 음악을 결합하며 한국 록을 진화시켰다.[268]

1990년대 중반부터 언론과 대중음악계는 신중현의 음악사적 의미와 활동에 대한 재조명 작업을 본격화했다. 1997년 봄여름가을겨울, 강산에, 윤도현을 비롯한 후배 뮤지션들은 헌정 앨범 〈A Tribute To 신중현〉을 발표했고 조관우의 〈님은 먼 곳에〉, 장사익의 〈봄비〉, 김건모의 〈빗속의 여인〉, 원더걸스의 〈미인〉 등 후배 가수들의 리메이크 작업도 활발히 전개됐다. 세계 최고 기타 메이커인 미국 펜더사는 2009년 에릭 클랩튼Eric Clapton, 제프 벡Jeff Beck, 스티비 레이 본Stevie Ray Vaughan, 잉베이 맘스틴 Yngwie Malmsteen, 에디 반 헤일런Eddie Van Halen에 이어 세계에서 여섯 번째로 신중현에게 트리뷰트 기타를 헌정해 그의 음악적 성취를 기렸다. 아시아에서는 처음 있는 일로 한국 록의 의미 있는 사건이었다.

신중현은 2006년 은퇴 선언을 했지만, 그가 이 땅에 뿌린 록의 씨앗은 산울림, 사랑과 평화, 들국화, 시나위, 백두산, 넥스트, 윤도현 밴드, 크라잉넛, 노브레인 같은 수많은 록 그룹과 가수를 거치며 꽃을 활짝 피웠다. 그리고 계속해서 새로운 뮤지션에 의해 한국 록은 진화를 거듭하고 있다.

노 래

노래

1964	〈빗속의 여인〉〈커피 한잔〉
1968	〈님아〉〈떠나야 할 그 사람〉
1969	〈월남에서 돌아온 김 상사〉〈늦기 전에〉〈나뭇잎에 떨어져서〉〈봄비〉
1970	〈님은 먼 곳에〉
1971	〈거짓말이야〉
1972	〈미련〉〈간다고 하지 마오〉〈잊어야 한다면〉
1973	〈아름다운 강산〉〈봄〉
1974	〈미인〉〈떠오르는 태양〉〈나는 너를〉
1994	〈할 말도 없지만〉〈그 누가 있었나봐〉
1997	〈간음야점〉〈돈〉
2005	〈내게로 와요〉〈우리 사이〉

(9) 남진

南珍 | 1945~

$$\wr$$

트로트로 대중 열광시킨 가수왕

2022년 10월 14일 전남 화순군민의 날 축하 공연 무대를 뜨겁게 달군 데 이어 2022년 10월 23일 경기 시흥시의 월곶포구 축제 한마당을 신명나게 만든다. 2022년 11월 26일 서울 경희대학교 평화의 전당에서 열린 데뷔 57주년 기념 콘서트에서 관객들의 열띤 환호 속에 〈그대여 변치 마오〉 〈둥지〉 〈미워도 다시 한번〉을 열창한다. 2022년 12월~2023년 3월 방송한 트로트 오디션 프로그램 MBN 〈불타는 트롯맨〉에서 심사위원으로 맹활약한다. 2023년 1월 5일 KBS 쿨FM 〈이기광의 가요광장〉에 출연해 50년 넘게 팬들의 열광 속에 무대와 방송에서 노래를 부른 소회를 구수한 입담으로 풀어낸다. 이처럼 왕성하게 콘서트, 지자체·기업 행사, 방송에 출연하며 팬과 대중을 만난다. 1970년대 리사이틀이 열린 서울 시민회관의 수많은 관객의 광적인 환호와 입장하지 못한 대중의 엄청난 아우성 속에 무대에서 화려한 퍼포먼스를 펼치며 〈님과 함께〉를 부른 남진이다. 한국 최초의 오빠 부대를 이끌고 다녔던 남진은 오랜 시간 팬들이 원하는 무대와 행사, 방송에 나와 친근한 모습을 보이며 대중과 함께했다.

1945년 전라남도 목포에서 태어난 남진(본명 김남진)은 아버지가 《목포일보》 발행인과 국회의원으로 활동했던 김문옥이다. 유복하게 자란 남진은 어렸을 때부터 배우의 꿈을 키웠다. 남진은 친구를 따라간 클럽에서 팝송을 부른 게 계기가 돼 가수 데뷔 제안을 받았다.[269] 1965년 한동훈이 작곡한 〈서울 플레이보이〉를 발표하며 가수로 첫발을 디뎠다. 아버지 반대로 한동안 가수 활동을 하지 못하다 1966년 〈울려고 내가 왔나〉가 히트하면서 단번에 인기 가수가 됐다. 〈가슴 아프게〉〈사랑하고 있어요〉가 연속으로 인기를 얻고 영화배우를 압도하는 빼어난 외모로 젊은 여성들의 열광적인 지지를 받으면서 스타 반열에 올랐다.

어렸을 때 가졌던 배우 꿈도 이뤘다. 1967년 박상호 감독의 영화 〈가슴 아프게〉 주연으로 출연한 이후 영화배우 활동을 병행했다. 〈그리움은 가슴마다〉 주연으로 나서 10만 관객을 동원하는 흥행 돌풍을 일으켰다. 가수와 배우로서 성공 가도를 달리던 남진은 1968년 해병대 청룡부대에 전격 입대하여 베트남 전쟁에 참전했다. 군 복무로 인한 공백 기간에도 남진의 인기는 여전했다. 방송사와 신문사, 잡지사의 가수 인기투표 1위는 남진이 차지했다.

1971년 전역한 뒤 〈마음이 고와야지〉를 발표하고 서울 시민회관의 리사이틀 공연으로 활동을 재개해 폭발적인 반응을 얻으며 성공적인 복귀를 했다. 1972년 전국을 흔든 〈님과 함께〉로 톱스타로 우뚝 선 뒤 〈목화 아가씨〉〈아랫마을 이쁜이〉〈젊은 초원〉〈그대여 변치 마오〉를 연속 히트시키며 난공불락의 남진 스타 제국을 축성했다. 가수 활동과 함께 영화배우로도 맹활약하며 70여 편 영화의 주연으로 나섰다. TV 섭외는 밀려들었고 극장 리사이틀은 만원을 이뤘으며 영화는 흥행 돌풍이 이어지며 남진 신드롬이 대중문화계를 강타했다.

여기에 남진은 출신 고향부터 성장 배경, 외모 그리고 음악과 가창 스타일까지 크게 대비되는 나훈아와 라이벌 구도를 형성하며 인기를 더해 갔다. 전남 목포가 고향이고 꽃미남 외모로 트로트뿐만 아니라 팝 스타일의 노래도 부르며 엘비스 프레슬리Elvis Presley를 연상시키는 현란한 퍼포먼스를 선보인 남진과 부산에서 태어났고 '소도둑'이라는 별명에서 알 수 있듯 남성적이고 서민적인 풍모로 우직하게 트로트만을 부른 나훈아는 모든 면이 대조적이었다.

두 사람의 라이벌 판도는 전 세대 팬들을 양분시키며 경쟁 구도를 형성했다. 학교에서, 직장에서, 가정에서 남진과 나훈아 팬으로 나뉜 사람들이 자신이 좋아하는 가수를 위해 분쟁마저 서슴지 않았다. 대중음악계 더 나아가 대한민국이 남진과 나훈아로 양분됐다는 말은 과언이 아니었다.

남진은 인기도에서 나훈아를 눌렀다. 남진은 MBC, KBS, TBC 방송사의 최고 인기 가수상을 모조리 휩쓸며 나훈아와의 라이벌전의 승자가 됐다. 스타의 라이벌 구도는 대중문화의 진화를 이끄는 긍정적인 에너지로 작용한다. 코미디언 스타 구봉서와 배삼룡, 1ㆍ2대 여배우 트로이카 문희 윤정희 남정임과 장미희 정윤희 유지인, H.O.T와 젝스키스, 유재석과 강호동, S.E.S와 핑클, 동방신기와 빅뱅, 소녀시대와 원더걸스, 블랙핑크와 트와이스 등 대중문화 각 분야에서 라이벌 구도를 형성한 스타들은 치열한 선의의 경쟁을 통해 팬들의 관심을 고조시키며 영화와 드라마, 코미디, 예능 프로그램, 대중음악을 발전시켜왔다.

남진은 나훈아와 함께 1960~1970년대 트로트의 진화와 인기를 견인했지만, 남진과 나훈아의 음악의 결은 달랐다. 남진은 〈울려고 내가 왔나〉〈가슴 아프게〉〈미워도 다시 한번〉〈우수〉〈그리움은 가슴마다〉 같은 트로트 히트곡도 있지만 〈그대여 변치 마오〉〈마음이 고와야지〉〈님과 함께〉〈나에게 애인이 있다면〉 같은 팝 스타일이나 트위스트 같은 미드 템포의 댄스 음악도 국민적 사랑을 받았다.

남진은 음색을 다채롭게 구사할 수 있는 능력의 소유자로 어릴 적 팝송과 록을 즐겨 불렀던 덕분에 다양성에 눈을 떠 트로트뿐만 아니라 빠른 템포의 댄스 음악, 라틴풍의 노래 등 여러 장르의 음악을 소화하는 감각을 키웠다. 하나의 곡 안에서도 창법을 바꿔 부르며 변화무쌍한 음색을 드러냈다.[270] 이 때문에 남진을 단순히 트로트 가수로 한정할 수 없다는 평가가 나온다.

남진과 나훈아의 노래는 산업화와 근대화가 진행되던 1960~1970년대의 시대적 상황과 그 시대를 산 사람들 삶을 상반되게 투영했다. 〈님과 함께〉를 비롯한 남진의 많은 노래와 화려한 퍼포먼스는 근대화와 산업화의 희망과 대중의 욕망을 대변했다. 반면 〈머나먼 고향〉을 비롯한 나훈아의 노래는 산업화의 어두운 일면과 고향을 떠나 신산한 도시살이를 하며 고단한 일상을 살아가는 사람들의 아픔을 표출하고 위로했다.

톱스타 남진은 1976년 인기 가수 윤복희와 전격적으로 결혼 계획을 발표하면서 팬과 대중에게 충격을 줬다. 당시만 해도 스타의 결혼은 인기의 무덤이 되는 경우가 많았다. 팬과 대중은 스타가 만인의 연인으로 남아주기를 바라는 강한 욕망이 있었고 스타의 결혼은 그 욕망을 좌절시키는 것이기 때문이다. 숱한 화제 속에 결혼한 남진은 3년 만인 1979년 이혼하고 1980년 재혼과 함께 미국에 이민 가 가수 활동을 잠시 중단했다.

1982년 귀국해 발표한 정통 트로트 〈빈잔〉이 크게 히트하며 스타로서의 존재감을 다시 드러냈으나 슈퍼스타 조용필이 장악한 대중음악계에서 남진의 1960~1970년대 찬란한 광휘는 재현되지 않았다. 그럼에도 1993년 〈내 영혼의 히로인〉, 1999년 〈둥지〉, 2005년 〈저리 가〉, 2008년 〈나야 나〉, 2014년 〈파트너〉, 2019년 〈단둘이서〉, 2020년 〈오빠 아직 살아있다〉, 2021년 〈영원한 내 사랑〉, 2022년 〈단 둘이서〉 등 꾸준히 인기곡을 양산하며 무대와 방송 활동을 왕성하게 펼쳤다. 1964년 데뷔 이후 100여 장의 앨범과 1,000여 곡을 발표하며 대중의 사랑을 받았다.

남진은 1990년대 이후 일상으로 들어가 대중 곁에서 노래했다. 그를 원하는 무대와 방송에는 빠짐없이 출연하며 대중과 함께 호흡했다. 일부 전문가는 대중과 거리를 두며 방송에 모습을 드러내지 않고 카리스마를 발산하며 공연에서 놀라운 티켓파워를 보여주는 나훈아가 전성기 이후 행보에선 승자가 됐다고 인식한다. 하지만 대중의 소구점과 가수의 지향점 그리고 마케팅 전략의 차이가 있을 뿐 남진과 나훈아의 우열은 가리기가 힘들다.

남진은 60년 가까이 대중의 사랑 속에 무대에 서고 꾸준히 신곡을 발표하며 대중음악 팬층과 시장을 확장했다. 시대의 스타로만 한정할 수 없는 슈퍼스타다.

노래 · 영화

노래

1965	〈서울 플레이보이〉
1966	〈울려고 내가 왔나〉
1967	〈가슴 아프게〉
1971	〈마음이 고와야지〉
1972	〈님과 함께〉 〈젊은 초원〉 〈목화 아가씨〉
1973	〈그대여 변치 마오〉
1974	〈마음이 약해서〉
1976	〈어머님〉
1977	〈미워도 다시 한번〉
1982	〈빈잔〉
1993	〈내 영혼의 히로인〉
1999	〈둥지〉
2005	〈저리 가〉
2008	〈나야 나〉
2009	〈당신이 좋아〉
2014	〈파트너〉 〈상사화〉 〈신기루 사랑〉
2019	〈단둘이서〉 〈천년을 살아도〉
2020	〈오빠 아직 살아있다〉
2021	〈영원한 내 사랑〉
2022	〈출입금지〉 〈단 둘이서〉

영화

1967	〈가슴 아프게〉 〈울려고 내가 왔나〉
1968	〈고향 무정〉 〈지금 그 사람은〉
1969	〈아무리 사랑해도〉 〈억울하면 출세하라〉 〈청춘〉 〈흑산도 아가씨〉
1970	〈유정 무정〉
1971	〈어머님 전상서〉
1972	〈모정〉
1973	〈두 형제〉 〈언제나 님과 함께〉
1974	〈그대여 변치 마오〉
1975	〈가수왕〉

(10) 나훈아

羅勳兒 | 1947~

유행 가수 넘어선 트로트 가황

강렬한 퍼포먼스를 펼치며 유려한 꺾기 창법으로 소화한 〈홍시〉〈무시로〉〈잡초〉가 시청자 가슴을 흔든다. 신곡 〈테스형!〉은 수많은 화제를 낳으며 유튜브에서 순식간에 수백만 회의 조회 수를 기록한다. 경상도 어투가 짙게 밴 거침없는 입담은 정치권의 논란을 촉발한다. 보아 김희철을 비롯한 많은 연예인과 대중은 'KING' '가황'이라는 수식어를 써가며 찬사를 쏟아낸다. 예능 프로그램이 10%대 시청률이면 흥행 성공이라고 평가받는 상황에서 29%를 기록한다. 2020년 9월 30일 방송된 KBS 〈2020 한가위 대기획-대한민국 어게인 나훈아〉를 통해 15년 만에 TV에 모습을 드러낸 나훈아. 7,000여 석을 가득 메운 50~70대 관객들은 쉼 없이 "나훈아"를 연호하며 〈홍시〉〈테스형!〉을 따라 부르고 EDM 신곡 〈체인지〉에 열광한다. 예매 3분 만에 티켓이 매진된 2022년 8월 20일 서울 올림픽공원 체조경기장에서 열린 나훈아 데뷔 55주년 기념 콘서트 'DREAM 55' 풍경이다. 이날 무대에서 〈공〉〈고향역〉〈해변의 여인〉 같은 신곡과 히트곡을 열창한 나훈아에게 보인 중장년층의 관객 반응은 1970년대 초반 서울 시민회관에서 리사이틀을 하는 나훈아에게 10~30대 구름 관중이 모여 소리를 지르며 환호하는 모습과 다를 바 없다. 다만 관객의 연령대가 다를 뿐이다. 나훈아는 오랫동안 행사나 방송 출연은 거의 하지 않은 채 콘서트를 통해 관객과 만났다. 대중 그리고 대중매체와 일정한 거리를 두며 스타의 아우라를 유지했다.

나훈아(본명 최홍기)는 1947년 부산의 선원 아버지와 가정주부 어머니 사이의 평범한 가정에서 태어났다. 노래를 좋아한 부모 영향으로 어릴 때부터 노래를 곧잘 불렀으며 부산과 경남지역 가요 콩쿠르 대회에서 입상하기도 했다. 그는 고등학교 재학 중 레코드사나 작곡가 사무실에서 허드렛일을 하며 가수의 꿈을 키웠다. 오아시스 레코드에 영입돼 1966년 〈천리길〉을 부르며 본격적인 가수의 길을 걷기 시작했고 1968년 〈사랑은 눈물의 씨앗〉으로 스타덤에 올랐다.

나훈아는 〈님 그리워〉〈강촌에 살고 싶네〉〈헤어져도 사랑만은〉〈잊을 수가 있을까〉〈머나먼 고향〉〈너와 나의 고향〉〈낙엽이 지는 길〉〈해변의 여인〉〈흰 구름 가는 길〉〈물레방아 도는데〉〈두 줄기 눈물〉〈대동강 편지〉 같은 트로트를 간드러진 꺾기 창법으로 소화하며 톱스타가 됐다.

또한, 다른 가수가 이미 불렀다가 별 반응을 얻지 못했던 노래들을 다시 불러 인기를 얻었는데 〈가지 마오〉〈찻집의 고독〉〈이별의 고속도로〉〈애정이 꽃피던 시절〉〈바보 같은 사나이〉〈모정의 세월〉〈고향 역〉〈꿈속의 고향〉〈잊을 수만 있다면〉이 모두 그러한 경우다.[271]

나훈아는 출생지부터 외모 그리고 음악과 가창 스타일에서 대척점에 선 남진과 함께 인기를 양분하며 1960년대 후반과 1970년대 초중반 대중음악계를 장악했다. 남진이 트로트에서 팝 스타일까지 다양한 장르의 노래를 소화하며 방송사의 최고가수상을 수상하고 인기도 1위를 차지했지만, 나훈아는 트로트에 천착해 〈녹슬은 기찻길〉〈고향 역〉〈물레방아 도는데〉〈머나먼 고향〉을 부르며 산업화 과정에서 고향을 떠나 고단한 도시 생활을 하는 사람들의 향수와 시름을 달래주고 근대화에 뒤진 사람들의 절망과 비애를 위로하며 대중의 사랑을 받았다. 산업화와 도시화가 있어서 나훈아가

있었고, 나훈아가 있어서 보통 사람들의 일상적 생활 세계가 건재했다.[272]

인기와 팬이 양분된 상황에서 1972년 6월 4일 서울 시민회관 무대에 선 나훈아는 깨진 병을 든 괴한의 습격을 받아 얼굴에 중상을 입기도 했다. 남진이 사주했다는 사실무근의 루머가 나돌았고 두 스타 팬들의 대립이 증폭되기도 했다.

견고한 음감에다 노래에 맛을 부여하는 천부적인 감각을 가진 나훈아는 중저음에서 고음으로 뻗어가는 솜씨도 유려하며 특징적인 꺾기 창법은[273] 누구도 흉내 내기 어려운 그만의 강점으로 남자 트로트 가수 창법의 원형을 정립했다. 나훈아는 특유의 창법으로 소화한 〈18세 순이〉〈영영〉〈잡초〉〈홍시〉를 비롯한 많은 노래를 히트곡으로 만들었다. 수많은 트로트 남자 가수가 나훈아 창법을 교본 삼아 유사한 창법을 구사했다.

여기에 다른 트로트 가수가 넘볼 수 없는 독보적인 작가적 위상까지 갖췄다. 심수봉을 제외한 대부분의 트로트 가수가 전문 작사가와 작곡가의 곡을 받아 부른다. 나훈아는 다른 작곡가의 노래를 부르는데 머물지 않고 1970년대 후반부터 직접 작사·작곡에 나서 〈울긴 왜 울어〉〈잡초〉〈무시로〉〈18세 순이〉〈홍시〉〈테스형!〉 같은 자작곡을 히트시키며 작가주의적 스타일과 개성이 발현된 트로트 세계를 구축했다. 심수봉이 불러 큰 인기를 얻은 〈여자이니까〉와 강진이 가창해 음악 프로그램에서 1위를 차지한 〈땡벌〉도 나훈아가 작곡한 노래다. 200여 장의 앨범을 발매했고 2,600여 곡을 녹음했는데 이중 자작곡이 800여 곡에 달한다.

강한 카리스마와 위력적인 퍼포먼스, 눈길 끄는 쇼맨십, 압도적인 규모의 공연으로 관객을 장악하며 그 누구도 넘볼 수 없는 스타성을 확립했다. 이 때문에 오랜 시간이 흘러도 기성세대의 사랑과 관심은 식을 줄 모르고 나훈아의 존재감은 더욱 강렬해졌다.

톱스타 나훈아는 충격적인 사생활과 스캔들로도 대중의 관심을 집중시켰다. 1973년 비밀리에 공군에 입대해 화제가 됐고 입대 직전 배우 고은 아 사촌인 이숙희와 결혼했다가 전역을 1년 앞둔 1975년 이혼해 팬들을 놀라게 했다. 전역 후 활동을 재개한 나훈아는 1976년 일곱 살 연상의 톱스타 배우 김지미와 결혼을 발표한 뒤 대중음악계를 떠나 충격을 줬다. 그러나 김지미와의 결혼 생활은 6년 뒤 1982년 파경으로 끝이 났다. 나훈아는 1983년 가수 정수경과 결혼해 1남 1녀를 두었지만, 정수경이 2011년 이혼 소송을 제기하며 지루한 법정 공방을 벌이다 2016년 이혼했다.

결혼과 이혼을 비롯한 사생활로 촉발된 팬들의 실망과 대중의 비난 속에서도 나훈아의 스타성은 건재했다. 방송보다 공연을 통해 팬들을 만났고 일본에 진출해 활동하기도 했다. 〈영영〉〈갈무리〉〈어매〉〈잊을 수가 있을까〉 같은 히트곡을 내며 인기를 부활시키는 저력을 발휘했다. 2007년 3월 세종문화회관 콘서트가 갑자기 취소되고 여배우들과의 염문설, 일본 야쿠자에 의한 신체 훼손설, 중병설 같은 각종 루머에 휩싸였다. 좀처럼 모습을 드러내지 않던 나훈아가 2008년 기자회견을 열고 탁자에 올라 바지 지퍼를 여는 파격적인 행동을 보이며 각종 루머가 사실이 아니라고 강력하게 반박했다. 그리고 그는 미련 없이 대중음악계를 떠났다.

10년간 대중 곁을 떠나 있던 나훈아는 2017년 신곡 〈남자의 인생〉을 발표하며 대중음악계에 복귀했다. 다시 돌아온 나훈아는 콘서트를 통해 강렬한 카리스마와 화려한 퍼포먼스, 타의 추종을 불허하는 가창력으로 관객을 단번에 사로잡았다.

남진이 1990년대부터 스스럼없이 대중 속으로 들어가 다양한 무대에 서고 방송에 출연한 것과 달리 나훈아는 방송 출연은 거의 하지 않고 무대도 가려 서는 등 대중 그리고 대중매체와 거리를 두면서 자신만의 카리스마와 아우라를 유지했다. 기자회견이나 인터뷰, 방송 출연도 없이 나훈아는 공연 전석을 매진시키며 트로트 황제로서의 위상을 유감없이 보여줬다.

무엇보다 무대 세트에서 의상, 노래 구성까지 직접 진두지휘하며 완성도를 높인 공연과 시간이 지날수록 마음에 더 강력하게 각인되는 개성과 스타일이 짙게 배어 있는 노래, 그리고 호소력 짙은 목소리로 저음과 고음을 자유자재로 넘나들며 화려하게 꺾기를 구사하며 노래의 맛을 극대화하는 창법이 나훈아의 흥행파워를 오랫동안 유지하는 가장 큰 원동력이다. 나훈아는 50여 년 동안 스타성을 찬란하게 발산한 스타다. 어떤 가수로 남고 싶은가에 대한 질문에 "흐를 流에 행할 行, 노래 歌, 유행가流行歌 가수가 뭐로 남는다는 거 자체가 웃기는 얘기다"라고 답하지만, 나훈아는 흘러가는 유행가 가수가 아닌 한국 대중음악사에 지울 수 없는 음악적 성취를 남긴 가황으로 대중의 뇌리에 강렬하게 각인되었다.

노 래

노래

1966	〈천리길〉
1969	〈사랑은 눈물의 씨앗〉〈강촌에 살고 싶네〉
1970	〈바보 같은 사나이〉
1971	〈찻집의 고독〉〈가지 마오〉〈머나먼 고향〉
1972	〈고향 역〉〈녹슬은 기찻길〉〈물레방아 도는데〉
1976	〈인생은 나그네길〉
1977	〈애정이 꽃피던 시절〉
1981	〈대동강 편지〉
1982	〈울긴 왜 울어〉
1983	〈잡초〉〈18세 순이〉
1984	〈청춘을 돌려다오〉
1987	〈땡벌〉
1988	〈무시로〉
1989	〈갈무리〉
1990	〈영영〉
1994	〈어매〉
1996	〈공항의 두 얼굴〉
1998	〈잊을 수가 있을까〉
2000	〈너와 나의 고향〉
2003	〈모르고〉
2004	〈홍시〉
2005	〈고장 난 벽시계〉
2017	〈남자의 인생〉
2019	〈자네〉
2020	〈내게 애인이 생겼어요〉〈모란동백〉〈테스형!〉
2022	〈맞짱〉〈누망〉〈체인지〉

(11) 송창식

宋昌植 | 1947~

한국 포크 개화시킨 레전드

1960년대 말 거리에는 이미자, 남진, 나훈아의 트로트가 울려 퍼지고, TV 화면은 패티김, 최희준, 현미를 비롯한 미8군 무대에서 팝 스타일의 노래를 부르던 가수들로 가득 찼다. 서울 무교동의 음악 감상실 세시봉 안에선 〈하얀 손수건〉〈웨딩 케익〉〈축제의 밤〉 같은 외국 번안곡이 대학생을 비롯한 젊은 손님들을 사로잡았다. 세시봉에서 외국 번안곡을 부른 가수는 송창식 윤형주 듀오로 구성된 트윈폴리오다. 윤형주의 미성과 송창식의 쾌성이 어우러진 노래에 젊은 관객들은 열렬하게 박수를 보냈다. 외국 포크송을 번안해 부른 트윈폴리오는 1960년대 말부터 1970년대 중반까지 한국 대중문화계에 의미 있는 흐름을 형성한 청년 문화의 개화에 중요한 역할을 했다. 청바지, 통기타, 생맥주라는 기표로 드러난 청년 문화는 기성세대와 다른 라이프스타일과 가치관 그리고 소비행태를 보인 대학생을 중심으로 추동됐으며 최인호 작가의 대중소설, 하길종 감독의 청춘영화, 전유성의 개그 코미디를 비롯한 대중문화 각 분야에서 다양한 형태로 분출됐다. 대중음악계에선 포크 음악으로 표출됐다.

청년 문화는 미국식 민주주의와 자유주의, 미국 대중문화를 받아들여 이전 세대와 다른 생활 감각과 가치 체계, 미적 취향을 지닌 세대로의 대중문화 세대교체가 격렬한 갈등을 수반하며 진행된 과정에서 드러난 현상이다. 포크송은 기성세대의 문화와 가요에 대한 저항과 반발이 포함돼 있었다.[274] 한국 대중음악계에 신선한 충격을 주며 새로운 트렌드로 등장한 포크송의 앞자리에 송창식이 있다. 물론 송창식의 음악 궤적과 노래는 포크 음악으로만 한정할 수 없다. 반전과 평화를 비롯한 진보적인 사회의식을 드러낸 미국 포크와 결이 다르지만, 한국 포크 음악에서 송창식의 존재 의미는 매우 크다.

1947년 인천에서 출생한 송창식은 어린 나이에 경찰관이던 부친을 전쟁으로 잃고 힘든 생활을 했다. 조부모 슬하에서 어려운 유년 시절을 보낸 송창식은 초등학교에 입학해 노래에 재능을 보이며 악보를 읽게 됐다. 인천중학교 재학 때 경기 음악콩쿠르에 나가 성악 부문 1등을 차지하며 두각을 나타내기 시작했다. 지휘자가 되고 싶어 서울예술고에 입학했지만, 가난으로 학교를 중도에 포기했다. 클래식 공부가 돈이 많이 든다는 걸 알고 세상이 무너지는 줄 알았고 학교를 그만두면서 죽을 만큼 힘들었다. 서울예고 동창인 지휘자 금난새는 송창식을 '음악 천재'라고 했고 동료 학생들은 '모차르트'라고 불렀다. 학교를 그만두고 무전취식 생활을 전전하며 길거리에서 노숙도 하며 신산한 삶을 버텨야 했다. 잡역부 일을 하면서도 한이기도 하고 미련이기도 했던 음악을 놓지 않고 부여잡았다. 홍대 캠퍼스에서 노래를 부르던 송창식은 음악 감상실 세시봉 운영자의 아들 권유로 1967년 세시봉 무대에 섰다. 노래한다는 사실보다 혹독한 겨울, 밖에서 지내지 않아도 된다는 안도감이 더 컸다. 세시봉에서 처음 오페라 〈사랑의 묘약〉의 아리아 〈남몰래 흐르는 눈물〉을 기타 연주와 함께 불렀는데 반응이 좋았다.

세시봉 운영자 제안으로 1967년 대학생 친구인 윤형주, 이익근과 함께 '세시봉'이란 보컬 트리오를 결성해 활동에 돌입하며 화제가 됐다. 이익근이 군 복무로 빠진 뒤 1968년 윤형주와 트윈폴리오를 결성해 나나 무스

쿠리Nana Mouskouri의 〈Me t'aspro mou mantili〉번안곡 〈하얀 손수건〉, 칸초네 〈Aria de festa〉의 번안곡 〈축제의 노래〉, 미국 포크 듀오 브라운 앤다나Brown & Dana의 〈Ace of sorrow〉 번안곡 〈슬픈 운명〉 같은 미국 포크송을 비롯한 외국 번안곡을 불러 대학생들에게 큰 인기를 얻었다. 트윈폴리오는 1969년 윤형주의 학업 때문에 해체됐는데 팬들의 요청으로 번안곡을 모아 음반을 출시했다. 이 음반은 한국 포크 음악의 효시 역할을 했다.

송창식은 1970년 〈창밖에 비 오고요〉를 발표하며 솔로 활동에 나서면서 직접 자신이 부를 노래를 작사, 작곡해 추구하는 음악 정체성을 드러내기 시작했다. 트윈폴리오 시절에 묻혀 있던 송창식의 깊은 우수와 기발한 발상, 스케일이 크면서도 독창적인 음악과 가창 능력이 창작곡을 통해 표출되기 시작했다.[275]

솔로로 나선 이후 모던포크와 스탠더드 팝을 기반으로 한 노래를 주로 불렀으며 1974년 〈피리 부는 사나이〉, 1975년 〈왜 불러〉〈고래사냥〉을 히트시켜 스타 가수로 발돋움했다. 송창식은 포크 가수로는 이례적으로 폭발적인 인기를 얻으며 1974년부터 1976년까지 3년 연속 MBC 10대 가수상을 받았고 1975년 가수왕 트로피까지 거머쥐었다.

1970년대 중반 박정희 정권은 정부에 비판적인 대학생들이 환호하는 포크와 록 음악에 대해 대대적인 탄압을 가해 초토화했다. 1975년 긴급조치 9호를 발동하며 억압적 분위기를 조성하고 대학교에 휴교령을 내리며 독재의 그림자를 짙게 드리웠다. 가요정화 대책을 발표하며 김민기의 〈아침이슬〉을 비롯한 많은 노래를 금지곡으로 묶어 가수에게 생명 같은 노래를 앗아갔다. 대마초 흡연 혐의로 신중현 이장희 등 포크와 록 가수들을 대거 구속해 활동에 족쇄를 채웠다. 포크의 급격한 쇠락을 초래했다. 송창식은 구속되지 않았지만 〈고래사냥〉 등이 금지곡에 포함됐다.

송창식은 1970년대 중후반부터 트로트와 록을 혼합한 트로트 록 〈왜 불러〉를 비롯해 〈고래사냥〉〈한번쯤〉에서 보여지듯 트로트 요소를 접목하거나 〈토함산〉〈가나다라〉〈에이야흥 술래잡기〉처럼 국악 음계와 박자, 국악기 사용, 국악 발성 등 국악적 양식을 시도해 한국 대중음악의 스펙트럼을 확장했다. 이는 음악 장르에 상관없이 한국인이기에 한국적 정서를 기본 바탕에 둔다는 송창식의 신념을 음악적으로 드러낸 것이다.[276] 송창식은 포크 음악뿐만 아니라 록, 발라드, 트로트, 국악을 아우르는 다양한 음악적 시도를 통해 한국 대중음악의 질적 진화도 이끌었다.

송창식은 1989년 발표한 음반 〈송창식의 골든포크〉 이후 공연만 하고 새 음반을 출시하지 않았다. 1990년대 이후 댄스 음악이 대중음악계를 뒤덮고 랩이 넘쳐난 데다 송창식이 지향하는 음악의 음반은 판매가 저조해 음반 녹음을 하지 않고 곡만 정리해 두었기 때문이다.

한국 대중음악계의 싱어송라이터 시대를 만개시킨 송창식은 화성과 음계를 치열하게 연구하고 공부한 것을 토대로 천재성을 발휘해 송창식만의 음악을 만들어 불렀다. 시원한 쾌성을 가진 송창식은 수많은 시간 단련과 연습으로 목소리를 만들며 세상에 없는 가창 스타일과 창법을 창출했다. 송창식의 깊은 목소리와 독특한 창법으로 전달되는 노래는 대중에게 감정의 파장을 일으키고 잔영을 오래 남겼다.

노래하는 가수에게 가장 중요한 것은 가창력이다. 가창력이 없으면 대중에게 인정받지 못할 뿐만 아니라 공감과 감동도 줄 수 없다. 이 때문에 "훌륭한 오선지의 곡보다 빼어난 가수가 더 중요하다"라는 말이 나온다. 가창력은 연습량과 비례한다고 믿는 송창식은 하루도 거르지 않고 부단하게 연습했다. 연습 없이 재주만 있는 가수는 언젠가는 고꾸라진다는 사실을 너무 잘 아는 송창식은 발성, 성량, 음정, 음감, 호흡, 가사 전달, 감정 조절 등 가창력에 영향을 주는 기본적인 것에 대해 가혹하리만치 지독한 훈련을 했다. 그래서 사람들은 그의 노래에 편하게 몰입한다. 그의 노래를 듣는 순간

진한 감동을 받는다.

한국 포크 음악을 이끌며 진화시킨 송창식은 살아 있는 동안 노래를 계속할 것이라고 했다. 그래서 단 하루도 빠짐없이 새벽 5시에 잠들고 오후 2시에 일어나 운동으로 하루를 시작하고 기타를 연습하고 목소리를 훈련한 뒤 해가 지면 무대에 선다. 오롯이 음악에만 집중한다. 그래서 그의 음악은 시간이 지날수록 깊이를 알 수 없을 만큼 심오해졌다. 송창식은 음악을 통해 구도의 길을 걸었다.

"내가 죽어도 사람들에게 기억이 안 됐으면 좋겠어요. 내 자취를 남기고 싶지 않아요. 죽을 때 내가 냈던 노래판들 다 가져가면 좋겠어요. 그것들이 정말 가치가 있는 거라면 다음 세대의 누군가가 또 나와 같은 걸 할 테니까요."[277] 많은 사람의 기억 속에 남는 가수를, 배우를 꿈꾸는 다른 스타들과 확연히 다르다. 송창식 바람대로 되지 않을 것 같다. 그가 만든 음악이 그리고 그가 부른 노래가 세월과 시대를 관통하며 사람들의 마음을 움직이니 말이다.

노래

노래			
1968	〈하얀 손수건〉〈축제의 노래〉〈웨딩 케익〉	1975	〈왜 불러〉〈고래사냥〉
		1976	〈그대 있음에〉
1970	〈창밖에 비 오고요〉	1978	〈가위바위보〉〈사랑이야〉〈토함산〉
1972	〈상아의 노래〉	1979	〈새는〉
1973	〈꽃보다 귀한 여인〉	1980	〈가나다라〉
1974	〈내 나라 내 겨레〉〈한 번쯤〉〈피리 부는 사나이〉〈맨 처음 고백〉	1983	〈우리는〉〈푸르른 날〉
		1986	〈담배가게 아가씨〉〈참새의 하루〉

(12) 조용필

趙容弼 ｜ 1950~

~

한국 대중음악사의 가장 위대한 가수

대한민국 정부 수립 50주년이 되던 1998년 방송사와 신문사는 약속이라도 한 듯 한국 최고 가수에 대한 여론조사 결과를 발표했다. KBS의 '20세기 한국 최고 가수', MBC의 '정부 수립 50년 최고의 스타 가수'를 비롯한 모든 언론사 조사 1위는 한사람이 차지했다. 바로 조용필이다.

전문가나 대중은 1925년 유행 창가 〈이 풍진 세월〉로 한국 가요 역사가 시작되고 1930년 〈유랑인의 노래〉로 데뷔한 채규엽이 최초의 직업 유행 가수로 나선 이후 본격적으로 펼쳐진 한국 대중음악사에서 조용필이 최고 가수라는데 이견이 없다. 한국 대중음악사는 조용필 이전과 이후로 나뉜다고 할 만큼 조용필은 가요의 트렌드와 양식, 공연 문화, 그리고 음악 산업 판도를 혁신하면서 한국 대중음악사를 새로 썼다. 그뿐만이 아니다. 특정 세대나 계층만 좋아하는 가수가 아닌 모든 세대와 계층이 열광하는 가수가 조용필이다. 수많은 대중이 따라 부를 정도로 인기를 얻은 메가 히트곡이 가장 많은 가수도 조용필이다. 가창력과 인기, 대중음악계 영향력에서도 조용필을 따를 가수는 없다. 그래서 대중과 전문가들은 조용필에게 '슈퍼스타' '국민 가수' '가왕'이라는 수식어를 주저 없이 헌사 한다.

1950년 경기도 화성에서 태어난 조용필은 초등학교 재학 때 하모니카

연주에 매료돼 온종일 하모니카를 불곤 했지만, 가수의 꿈을 키우던 소년은 아니었다. 중학교 재학 중 서울로 전학한 후 기타를 연주하기 시작하면서 기타리스트를 꿈꿨다. 하지만 아버지는 아들의 연주자 꿈을 기타를 부수며 결사적으로 반대했다.[278] 1968년 가출해 친구들과 '애트킨즈'라는 밴드를 만들어 경기 파주의 미군을 상대로 하는 클럽 무대에 올랐지만, 부족한 실력과 시원찮은 반응으로 밴드는 해체되고 친구들은 떠났다. 미군 무대에 설 때 노래하던 친구가 갑자기 입대해 조용필이 대타로 노래를 부르면서 가수로 활동하기 시작했다. 이후 '파이브 핑거스'를 거쳐 1970년 김대환 이남이와 결성한 '김 트리오'에서 활동했다. 1971년 다른 가수들과 함께 발표한 앨범을 통해 〈꿈을 꾸리〉를 선보였으나 반응은 차가웠다. 1974년 '조용필과 그림자'를 결성해 나이트클럽을 전전했다. 1976년 킹레코드 박성배 사장의 녹음 제안으로 〈돌아와요 부산항에〉를 불렀다. 이 노래는 일본 조청련계 재일동포 모국 방문이라는 사건과 맞물리면서 큰 인기를 얻었다. 조용필이라는 존재를 대중에게 알리는 순간이었다. 하지만 인기는 한순간이었다. 대중음악계에 불어 닥친 대마초 수사 바람을 조용필도 피해 갈 수 없었다. 가수를 할 수 없는 상황까지 몰리는 절망에 빠졌다. 조용필은 이때 판소리와 민요 등 국악을 익히며 득음을 위한 피나는 노력을 했다. 타고난 미성에 국악 훈련으로 얻어진 매력적인 탁성이 어우러진 목소리를 갖게 됐다. 1979년 박정희 대통령 서거와 함께 규제가 풀린 직후 밴드 '조용필과 위대한 탄생'을 결성해 활동을 재개하는 동시에 동아방송 연속극 〈인생극장〉 주제가 〈창밖의 여자〉를 불러 굉장한 반응을 얻었다. 1980년 세련된 팝 스타일의 〈창밖의 여자〉를 포함해 일렉트릭 드럼 사운드가 곁들어진 뉴웨이브 스타일의〈단발머리〉, 절창이 돋보인 민요 〈한오백년〉을 비롯한 다양한 장르의 노래가 수록된 1집 앨범을 발표하며 신드롬을 일으켜 일시에 대중음악계를 장악하며 1980~1990년대 조용필 시대의 서막을 화려하게 열었다.

조용필은 1980년 2집 〈촛불〉부터 3집 〈미워 미워 미워〉, 4집 〈못 찾겠다 꾀꼬리〉, 5집 〈산유화〉, 6집 〈눈물의 파티〉, 7집 〈들꽃〉, 8집 〈허공〉, 9집 〈마도요〉, 10집 〈서울 서울 서울〉, 11집 〈Q〉, 12집 〈추억 속의 재회〉, 13집 〈꿈〉, 14집 〈슬픈 베아트리체〉, 15집 〈남겨진 고독〉, 16집 〈바람의 노래〉, 그리고 1998년 17집 〈친구의 아침〉까지 1980~1990년대 매년 한두 개의 음반을 발표하며 〈친구여〉〈그 겨울의 찻집〉〈킬리만자로의 표범〉〈여행을 떠나요〉 같은 수많은 히트곡을 양산하며 그 누구도 넘볼 수 없는 조용필 시대를 강건하게 구축했다.

조용필은 1986년 일본에서 〈추억의 미아 1〉을 발표해 한국 가수 최초로 100만 장 음반 판매량을 기록해 골든디스크상을 수상했고 일본 스타들이 나서는 NHK 〈홍백가합전〉에 5회 연속 출연했다. 미국 카네기홀에서 공연을 펼치는 한편 한국 가수 최초로 한중 수교 전인 1988년 중국 베이징 공연 무대에 오르기도 했다.

1980년 MBC 〈10대 가수 가요제〉에서 가수왕에 오른 것을 시작으로 1986년까지 연이어 가수왕을 차지했고 TBC 최고 가수상을 비롯한 국내 가요상을 독식했다. 급기야 조용필은 자진해서 더는 상을 받지 않겠다는 선언까지 했다. 1994년 한국 내 음반 판매량 1,000만 장 돌파, 일본 600만 장 판매 기록 등 타의 추종을 불허하는 음반 판매량 신기록도 수립했다.

한국 대중음악 역사상 대중가수 1위는 말할 것도 없고 대중음악계의 1이라는 숫자는 조용필을 위해 남겨 둬야 할 영구결번이라는 주장이[279] 나오고 '슈퍼스타' '국민가수' '가왕'이라는 수식어가 헌사 된 데에는 중요한 이유가 있다.

조용필은 팝 스타일의 〈창밖의 여자〉〈비련〉〈촛불〉〈생명〉, 록 계열의 〈고추잠자리〉〈자존심〉, 뉴웨이브 음악 〈단발머리〉, 포크 스타일의 〈친구여〉, 트로트 〈돌아와요 부산항에〉〈허공〉〈일편단심 민들레야〉, 소울풍의 〈한강〉〈님이여〉, 민요 〈한오백년〉〈강원도 아리랑〉처럼 여러 장르 음악을 소화했다. 록, 발라드, 트로트, 뉴웨이브, 소울, 국악, 포크, 동요 등 다양한 장르와 형식의 노래를 아우르는 가수는 한국 대중음악사에서 조용필이 유일하다고 해도 과언이 아니다.

〈못 찾겠다 꾀꼬리〉〈단발머리〉를 좋아하는 10대, 〈고추잠자리〉〈여행을 떠나요〉를 열창하는 20대, 〈친구여〉〈모나리자〉를 선호하는 30~40대, 〈허공〉〈돌아와요 부산항에〉〈일편단심 민들레야〉에 환호하는 50~60대, 〈한오백년〉〈강원도 아리랑〉을 따라 부르는 70~80대 등 다양한 연령대의 대중이 조용필 음악에 열광했다. '기도하는 사랑의 손길로/ 떨리는 그대를 안고…' 〈비련〉의 노래 도입부만 나오면 까무러치며 "오빠"를 연호하는 여성부터 〈그 겨울의 찻집〉을 애창하는 남성까지 남녀 모두 조용필을 좋아했다. 남인수 이미자 패티김 신중현 남진 나훈아 신승훈 서태지와 아이들 H.O.T 방탄소년단, 그 어떤 가수도 모든 세대와 성별, 지역, 계층에서 열광을 끌어내지 못했다. 조용필만이 해냈다.

갖가지 장르의 음악으로 남녀노소의 환호를 받은 조용필은 여러 창법을 통하여 표현을 더욱 다이나믹하게 하고 듣는 이에게 더 많은 감동을 주었으며 자신의 목소리에 있어서 다양한 색깔을 보여주어 대중에게 개성과 보컬 스타일을 확실하게 각인시켜줬다.[280]

대중성과 유행 트렌드를 가장 잘 포착하면서도 혁신과 실험으로 음악의 진화를 꾀한 이도 조용필이다. 그는 뛰어난 싱어송라이터이지만, 특정한 작가주의 스타일을 고수하지 않았고 시대의 유행을 이끄는 다른 창작자 곡도 소화했다. 그는 시대의 대중음악 트렌드를 놓치지 않았고 그 트렌드에 안주하지도 않았다. 주현미의 〈비 내리는 영동교〉로 장조 트로트 바람이 불 때는 〈허공〉을 불렀고 팝 발라드가 인기를 끌 때는 〈그대 발길이 머무는 곳에〉를 가창했으며 김현식의 〈내 사랑 내 곁에〉의 거친 목소리가 유행할 때는 그 역시 거친 탁성으로 소화한 〈꿈〉을 발표했다. 1990년대 중반 들어 삶과 사회를 노래하는 록이 대세로 부상할 때는 〈바람의 노래〉로 인기를 얻었다.[281] 그는 트렌드에만 머물지 않고 트로트 고고가 인기를 얻을 때 뉴웨이브 음악을 시도했고 팝 발라드가 유행할 때 팝 발라드와 록을 결합하는 실험을 하면서 새로운 트렌드도 창출했다.

빼어난 가창력 역시 조용필을 가왕으로 만든 강력한 원동력이다. 트로트에서 국악까지 다양한 장르의 노래를 미성과 탁성을 자유자재로 오가고 진성과 가성을 능수능란하게 구사하는 창법으로 소화해 최고 가창력의 가수로 인정받았다. 2013년 음악전문 케이블 TV 엠넷이 기자, 교수, 평론가, 뮤지션을 비롯한 전문가 50명에게 의뢰해 최고 보컬 아티스트 20인을 선정한 결과, 1위는 조용필이었다. 20위 안에는 김건모 김광석 김현식 나훈아 들국화 브라운아이즈 송창식 신승훈 심수봉 양희은 윤복희 이미자 이선희 이소라 이승철 인순이 임재범 패티김 한영애가 포함됐다. "무명일 때나 인기를 얻었을 때나 변한 것은 없다. 가창력을 기르기 위한 노력만 했을 뿐이다. 가수의 가장 중요한 기본은 가창력이기 때문이다"라는 그의 말에서 알 수 있듯 조용필의 뛰어난 가창력은 치열한 연습과 훈련의 결과물이다. 그래서 가창력이라면 누구에게도 뒤지지 않은 패티김마저 조용필이 부른 〈한오백년〉을 듣고 무대에서 이 노래를 더는 부르지 않는다고 고백할 만큼 조용필의 가창력을 인정한다. 조용필의 깊은 울림과 넓은 가락의 진폭을 담아내기에 대중가요라는 장르는 너무 협소하고 호흡이 짧다는 극찬까지[282] 넘쳐났다.

수많은 팬이 조용필을 연호하며 열광했고 한국 스타 최초로 팬클럽이 결성돼 팬과 팬클럽 문화에 새로운 변화의 바람을 일으켰다. 팬클럽이 등장하면서 팬들이 조용필 지원 활동을 조직적으로 펼쳤다.

1990년대 후반부터 방송에 모습을 드러내지 않고 예술의 전당 콘서트, 잠실올림픽 경기장 콘서트 등 공연에 진력하며 한국 공연 문화의 패러다임을 새로 쓰며 한 차원 발전시켰다. 2005년, 2018년 평양공연을 통해 북한 관객에게 남한 대중음악의 진수를 보여주며 남북한 문화교류를 선도하기도 했다.

2003년 18집 앨범을 발매한 뒤 10년 만인 2013년 발표한 19집 앨범 〈HELLO〉에 수록된 10곡은 발라드부터 팝, 프로그레시브, 일렉트로닉에 이르기까지 장르가 다양했다. 수록곡에는 실험과 파격이 있고 조용필의 자기혁신과 도전이 있었다. 〈헬로〉〈서툰 바람〉〈바운스〉〈어느 날 귀로에서〉에는 10~20대가 환호하는 청년 조용필이 있고 중장년층이 연호하는 오빠·형님 조용필도 있다. 그뿐만 아니다. 대중 모두가 좋아하는 가왕 조용필도 있다. 이 때문에 조용필 존재를 모르는 10대부터 중장년층까지 다양한 세대의 많은 대중이 환호하고 10~20대 아이돌 스타 전유물인 방송 순위 음악 프로그램과 음원 차트 1위를 석권하며 세대 통합이라는 사회 현상마저 만들어냈다. 2022년과 2023년 출시한 싱글 음반에도 새로운 시도와 독창성이 돋보인 〈찰나〉〈세렝게티처럼〉〈Feeling Of You〉〈라〉가 수록돼 한국 대중음악의 진화를 위한 조용필의 노력이 얼마나 치열한가를 단적으로 보여줬다.

조용필은 "가수라는 게 최고가 없다. 사람 하나하나의 목소리가 다 다르듯이 가수 각자의 개성, 스타일이 있다. 표현하는 방식도 제각각 차이가 있다. 노래와 음악에는 1, 2등이 없다. 그저 대중의 선택이 있을 뿐이다"[283] 라고 말했지만, 조용필만이 한국 대중음악사의 1위 자리에 앉을 수 있고 '가왕'이라는 타이틀을 차지할 수 있다고 팬과 대중, 전문가는 이구동성으로 단언한다.

노 래

(13) 김민기

金敏基 │ 1951~

시대와 사회 노래한 혁명가

KBS는 2021년 6월 20일 '아침이슬 50주년 트리뷰트'라는 부제로 〈열린 음악회〉를 방송했다. 박학기, 이은미, 노래를 찾는 사람들, 알리 등이 출연해 〈아침이슬〉〈그날〉을 비롯해 김민기의 노래를 열창했다. 2021년 7월 윤도현 장필순 윤종신 같은 가수들이 참여한 〈아침이슬 50년-김민기에게 헌정하다〉라는 제목의 헌정 앨범이 발매됐고 헌정 콘서트와 전시회도 펼쳐졌다. 50년의 세월이 흐른 뒤 전개된 다양한 기념 이벤트의 진원지는 김민기가 1971년 출시한 음반 〈김민기〉다. 〈친구〉〈아침 이슬〉〈꽃피우는 아이〉〈그날〉 등이 수록된 앨범 〈김민기〉는 발표 당시 대중음악계에 매우 생경한 음반이었다. 노래 부른 가수는 대중에게 낯설었고 노래 또한 라디오와 텔레비전을 통해 접하기가 힘들어 생소했을 뿐만 아니라 주류 가요와 큰 차이가 있었기 때문이다. 일부 대학생만이 가수 이름을 알고 대학가에서만 그의 노래를 부를 뿐이었다. 수록된 노래들은 히트곡도 아니고 수록곡을 부른 가수는 스타도 아닌데 이 앨범은 한국 대중음악사에 의미 있는 음반으로 꼽힌다. 김민기는 1970년대 산업화로 인한 빈부격차와 노동 착취, 군부독재, 남북분단 등 시대의 첨예한 정치·사회적 문제를 노래 속에 담았고 절제된 선율과 섬세하고 정제된 언어를 통해 예리하게 현실의 민낯을 포착했다. 개발독재 시대를 살아가는 한국 청년 지식인의 내면을 은유적으로 드러냈다는 평가를 받는 음반 〈김민기〉는 1970년대 초중반 주류 대중음악의 변화를 초래하고 1980년대 대학가를 중심으로 일어난 노래 운동과 민중가요의 맹아가 됐다.

1960년대 말부터 일기 시작한 포크 붐은 트윈폴리오의 〈하얀 손수건〉〈웨딩케익〉처럼 번안곡 중심이었지만, 김민기 앨범은 한국 포크 음악의 본격적인 등장을 알렸다. 김민기는 자신이 부른 곡을 모두 직접 창작했다. 싱어송라이터 시대를 여는 기폭제였다. 한국 대중음악계는 곡을 만드는 사람과 그 곡을 노래하는 사람이 철저히 나누어진 구조 즉 작사 및 작곡 따로, 가수 따로라는 관행이 굳건하게 형성되었다. 이런 상황에서 김민기는 자작곡으로 노래하면서 대중음악계에 새바람을 일으켰다. 싱어송라이터는 곡을 만드는 사람이 가수이기 때문에 가수가 표현하고 싶은 것이나 추구하는 음악을 할 수 있는 이점이 있어 뮤지션의 정체성을 정립할 수 있다. 김민기 앨범은 1974년 〈물 좀 주소〉〈행복의 나라〉가 담긴 한대수 음반 〈멀고 먼 길〉과 함께 가수가 곡을 직접 써서 발표하는 분위기를 조성해 유능한 싱어송라이터 양산의 계기가 됐으며 한국 대중음악에 중요한 전환점이 됐다.

또한, 이 음반은 대중가요가 단지 사랑과 이별만이 아니라 사회에 대한 발언이며 지식인의 짙은 자의식을 표현하는 매체일 수 있다는 것을 보여줬다.[284] 트로트를 비롯해 한국 대중가요는 사랑과 이별에 관련된 애환과 비통을 주조로 한 것이 대부분이었다. 김민기는 〈친구〉〈아침이슬〉〈아하 누가 그렇게〉〈꽃피우는 아이〉〈그날〉〈길〉 같은 음반에 수록된 곡들을 통해 한국 사회의 어두운 현실과 그 현실 속에 고통스럽게 살아가는 소외된 계층에 대한 연민을 때로는 상징적으로 때로는 구체적으로 형상화했다. 특히 김민기는 단순한 화성과 선율로 가사의 의미를 부각하는 포크 음악을 통해 사랑과 이별이 아닌 사회와 시대에 대한 비판적 관점을 드러내고 노동자, 농민, 소외된 사람들에 대한 연대의 시선을 견지했다. 그의 노래에 발군의 문학적 감수성, 지적 성찰, 그리고 사회적 맥락을 드러내 '하루살이 같은 가사를 성경의 수준으로 끌어올렸다'라는 평가를 받는 미국 포크 가수 밥 딜런처럼 김민기도 세속적인 사랑 타령 일변도의 대중가요 노랫말을 성찰적 지성의 단계로 고양시켰다.

일천한 한국 대중음악사에서 전복의 충격을 안긴 혁명가, 김민기가 우리의 노래를 오락적인 일회용 소모품에서 벗어나게 했으며 정치한 통기타의 미의식과 우리말 울림으로 대중음악이 역사와 동행하는 통찰력의 산물임을 명쾌하게 입증했다는 평가까지 받았다.[285]

김민기는 1951년 전라북도 이리(현 익산)에서 6·25 전쟁으로 아버지를 잃고 유복자로 태어났다. 1969년 서울대 미대에 입학해 동기인 김영세와 함께 포크 듀오 '도비두(도깨비 두 마리)'로 음악 활동을 시작했다. 김민기는 송창식 서유석 김도향 등 젊은 포크 뮤지션의 활동무대였던 서울 명동의 YWCA 청년문화 공간 '청개구리'에서 노래를 불렀고 가수 양희은에게 곡을 써주고 기타를 연주해 주면서 음악 활동을 했다. 김민기는 기교 없는 담백한 저음이 돋보이는 창법으로 노래를 부르며 대중이 가슴으로 노래를 받아들이게 했다. 양희은의 목소리로 전달돼 대중에게 사랑받은 〈작은 연못〉〈백구〉〈서울로 가는 길〉〈인형〉〈그사이〉〈새벽길〉〈바다〉〈상록수〉와 최양숙이 노래한 〈가을 편지〉, 현경과 영애의 〈아름다운 사람〉, 송창식의 〈강변에서〉가 김민기의 창작곡이다.

장기 집권을 위한 유신헌법 공포로 박정희 정권의 독재가 절정으로 치달은 1970년대 초중반 김민기의 음악 활동과 삶은 수난 그 자체였다. 김민기의 삶과 음악이 독재 시대와 불화 아니 정면으로 충돌했기 때문이다. 1972년 봄 서울대 문리대 신입생 환영회에서 부른 노래 중 〈꽃피우는 아이〉가 불온하다는 이유로 경찰에 연행돼 조사받았고 사회 비판적이고 현실을 고발하는 노래를 작곡해 요주의 인물로 감시받았다. 1975년 박정희 정권의 가요정화 조치로 신중현 송창식 이장희 등의 노래와 함께 김민기 노래 대부분이 금지곡으로 지정돼 그의 입을 통해 더는 노래를 들을 수 없게 됐다. 아름다운 노랫말로 서울시 문화상을 받은 〈아침이슬〉까지 금지곡으로 지정되는 웃지 못할 일이 벌어졌다. 김민기 노래는 간혹 방송되던 라디오에서도 자취를 감췄다. 하지만 독재 타도를 외치는 시위 현장에서 그리고 대학가에서 김민기의 노래는 끊임없이 불렸다. 운동권 학생과 노동자들은 독재 정권에 대한 저항과 투쟁의 의지를 다지며 〈상록수〉를 열창했고 민주화를 요구하다 구속된 선후배와 동료를 생각하며 〈친구〉를, 치열한 삶을 살기를 다짐하며 〈새벽길〉을, 그리고 반전과 평화를 기원하며 〈작은 연못〉을 불렀다.

김민기는 삶의 방향을 노동·농민 운동으로 집중하는 한편 문화 운동을 지속했다. 1973년 김지하의 희곡 〈금관의 예수〉를 노동자들과 함께 공연했는데 주제가 〈금관의 예수〉를 작곡했다. 1974년 국악인 김영동과 함께 마당극 형식의 소리굿 〈아구〉를 무대에 올렸는데 이 작품은 마당극 운동의 기폭제가 됐다. 1977년 제대 후 인천에서 공장 노동자 생활을 하면서 야학을 운영했고 전북 익산, 김제에서 농사를 지으며 농촌 청년들과 함께 농민 운동을 펼쳤다. 노동 운동과 농민 운동을 하면서도 1978년 동일방직 노동운동을 주제로 한 노래극 〈공장의 불빛〉을 제작했다. 김민기는 그 후 〈늙은 군인의 노래〉 〈기지촌〉 등 적지 않은 노래도 발표했다.

김민기의 노래와 문화 운동은 1980년대 대학가를 중심으로 일어난 민중가요와 노래 운동, 마당극 운동의 전범 역할을 하며 진화를 이끌었다. 노동·농민 운동과 문화 운동을 병행하던 김민기는 1993년 〈친구〉 〈아침이슬〉 〈내 나라 내 겨레〉가 수록된 〈김민기 1〉, 〈새벽길〉 〈혼혈아〉 〈철망 앞에서〉가 담긴 〈김민기 2〉, 〈기지촌〉 〈가뭄〉 〈늙은 군인의 노래〉를 부른 〈김민기 3〉, 〈봉우리〉 〈작은 연못〉 〈천리길〉을 가창한 〈김민기 4〉 등 38곡이 수록된 네 장의 앨범을 발표했다. 김민기는 1990년대부터 서울 대학로 학전소극장을 개관하고 극단을 설립해 〈지하철 1호선〉과 〈개똥이〉 등 연극과 뮤지컬을 연출하며 대중과 만났다.

김민기는 인기도나 흥행파워를 준거로 판단하는 스타의 범주에 포함되지 않는 뮤지션이다. 하지만 그가 직접 만들어 부른 노래는 한국 대중음악의 의미 있는 진화와 변혁의 바람을 일으켰고 대중가수와 대중문화계에 미친 파급력은 대단했다. 김민기 음악이 동시대 다른 음악적 표현들과 구별되는 대안에 대한 고민을 담고 있었기 때문이다. 대안에 대한 고민은 현실에 대한 좀 더 치열한 부정과 비판, 그리고 그로부터 비롯되는 고뇌와 혼란의 깊은 자의식 표출을 수반했다.[286] 김민기는 한국 대중음악계에 인기와 대중성으로 가치를 재단할 수 없는 유의미한 발자취를 남긴 뮤지션이다.

노 래

노래	
1971	〈아침이슬〉 〈친구〉 〈아하 누가 그렇게〉 〈바람과 나〉 〈저부는 바람〉 〈길〉 〈꽃피우는 아이〉 〈그날〉 〈종이연〉 〈눈길〉 〈세노야〉 〈4월〉
1993	〈내 나라 내 겨레〉 〈새벽길〉 〈혼혈아〉 〈철망 앞에서〉 〈기지촌〉 〈가뭄〉 〈늙은 군인의 노래〉 〈봉우리〉 〈작은 연못〉 〈천리길〉
2004	〈엄마 엄마 우리 엄마-엄마 생일날〉 〈첫눈〉 〈편지〉

(14) 산울림

1977~2008

김창완 김창훈 김창익

$$\wr\atop\S$$

파격과 실험으로 록의 지평 확장한 밴드

로큰롤이 세계를 강타한 1950년대 한국은 전후의 폐허에서 벗어나지 못했다. 비틀스가 영미권에서 신드롬을 일으키던 1960년대 초중반 한국 대중음악계는 트로트가 대중을 사로잡고 있었다. 하지만 젊은 층의 음악적 욕구는 트로트가 채워주지 못했다. 트로트가 장악한 1960년대 초중반 한국 대중음악계에 팝 스타일의 음악이 본격적으로 등장하기 시작했고 신중현이 시작한 록이 선을 보였다. 신중현이 1962년 결성한 록밴드 '애드훠'가 〈빗속의 여인〉 등이 수록된 록 앨범을 1964년 발표했지만, 폭넓은 반응을 얻지 못했다. 신중현은 록 음악을 계속 발표하며 한국 대중음악에 록을 착근시켰다. 1970년대 후반 색깔이 전혀 다른 두 록그룹이 모습을 드러내면서 한국 록은 대중의 일상으로 들어가며 대중음악 주류로 떠올랐다. 바로 1977년 데뷔한 '산울림'과 1978년 대중과 만난 '사랑과 평화'다. 〈한동안 뜸했었지〉〈장미〉 등을 통해 한국에 펑크록을 선보이며 프로페셔널리즘의 정수를 드러낸 사랑과 평화와 아마추어리즘의 순수 미학을 보여준 산울림은 대비되는 록의 문양으로 1970~1980년대 한국 대중음악을 수놓았다.

서울에서 1954년 태어난 김창완과 1956년 출생한 김창훈, 1958년생인 김창익, 3형제로 구성된 산울림은 어려서부터 음악을 함께 했다. 김창완이 대학에 입학한 뒤 통기타를 치면서 노래를 만들기 시작했고 대학 3학년 때 일렉트릭 기타를 치고 창훈, 창익 두 동생은 각각 베이스와 드럼을 맡아 합주를 시작했다. 김창완은 동생들과 함께 '무이無異'라는 밴드로 1977년 1회 MBC 〈대학가요제〉에 출전해 자작곡 〈문 좀 열어줘〉로 예선 1위를 했으나 김창완이 이미 대학을 졸업한 상태라 본선 진출을 할 수 없었다. 샌드페블즈는 김창훈의 곡 〈나 어떡해〉로 〈대학가요제〉에 참가해 대상을 차지했다. 그동안 만들었던 곡들을 음반으로 만들고 싶어 레코드사를 찾아다니다 서라벌 레코드와 계약을 하고 음반을 출시했다. 1977년 12월 발매된 산울림 1집 앨범 수록곡 〈아니 벌써〉 〈아마 늦은 여름이었을 거야〉 〈문 좀 열어줘〉가 돌풍을 일으키며 대중음악계에 큰 충격을 줬다.

1970년대 중후반 정부의 가요정화 대책 시행과 연예인 대마초 수사로 포크와 록 음악이 금지곡으로 묶이고 많은 가수가 구속되거나 연예계에서 퇴출당하면서 트로트와 트로트 고고 위주로 재편된 대중음악계는 침체 국면에 접어들었다. 이런 상황에서 활동을 시작한 산울림의 음악은 제목, 가사, 멜로디, 사운드가 기존 음악 관념을 완전히 깨뜨린 파격 그 자체였다. 한국 대중음악을 외면하고 팝송에 빠져있던 젊은이들이 산울림의 록 음악에 열광했다. 대학생은 물론이고 중고생들도 〈아니 벌써〉를 입에 달고 다녔다.

1집 앨범의 충격이 채 가시기도 전인 1978년 5월 발표한 2집 앨범 수록곡 〈내 마음에 주단을 깔고〉는 전주가 3분이 지나도 노래가 나오지 않는 한국 대중음악에서 한 번도 경험하지 못한 실험적인 노래였지만, 기타 퍼즈 톤과 사이키델릭한 느낌은 젊은이들을 사로잡았다. 한국 가요사상 전무한 18분짜리 사이키델릭 곡 〈그대는 이미 나〉와 한국 헤비메탈의 효시로 평가받는 〈내 마음〉을 비롯해 충격적인 독창성으로 무장한 노래들로 채워진 3집 앨범으로 1970년대를 마감한 산울림은 록 음악의 새로운 지형을 조성하고 대학생들의 그룹사운드 붐을 일으켰다.

김창완은 산울림이 음악계에 충격을 준 이유에 대해 "1970년대 중후반 국내 가요의 본류는 자유분방함을 성격으로 하는 청춘의 요구를 수용하지 못했다고 봅니다. 그때 사람들이 팝송을 들었던 것도 실은 팝송이 대단한 음악이라기보다 우리 가요가 제 기능을 다하지 못했기 때문인 거죠. 산울림이 성공한 원인이 바로 그걸 겁니다. 청춘의 요구를 음악적으로 반영해 냈던 것이죠"라고 설명했다.[287]

아마추어적인 느낌을 물씬 풍기고 자유분방함이 넘쳤던 산울림은 1980년대 들어서도 새로운 음악적 시도와 실험을 계속했다. 1986년 11집 앨범까지 내며 사이키델릭록, 하드록, 펑크, 뉴웨이브, 포크 등 다양한 장르를 넘나들며 산울림 음악에는 한계가 없다는 것을 보여줬다. 특히 〈가지 마오〉처럼 록의 원초적 폭발성이 내재된 노래와 〈청춘〉〈회상〉〈너의 의미〉〈창문 너머 어렴풋이 옛 생각이 나겠지요〉 같은 서정성이 내장된 곡들을 동시에 소화한 산울림은 폭발성과 서정성이라는 두 정서를 가진 국내 유일의 록밴드로 인식되었다. 산울림의 다채로운 스펙트럼은 여기서 그치지 않았다. 동요 〈개구쟁이〉〈산 할아버지〉〈꼬마야〉와 트로트 감성이 묻어나는 김창완의 솔로곡 〈어머니와 고등어〉는 삼 형제의 자유로움을 공인받는 인증서가 되었다. 특히 김창완은 〈어머니와 고등어〉에서 트로트의 꺾기 창법을 구사해 트로트 음악을 천대하던 일부 대중의 비뚤어진 시선을 교정하려 했다.[288]

물론 일부에서는 〈청춘〉 같은 서정적 정서가 드러난 곡들과 〈개구쟁이〉 같은 동요에 대해 초기작에 비해 새로운 말과 태도를 획득하지 못하는 한계를 드러내고 진일보한 록 사운드와 실험성을 상실했다고 지적했지만, 많은 대중은 〈너의 의미〉〈청춘〉 같은 노래를 들으며 위로받았고 이들 노래는 세월이라는 비평과 비판을 겪어내며 강한 생명력을 보였다.

1991년 12집 앨범 〈아다지오〉를 낸 뒤 삼 형제가 오랜만에 모여 1997

년 발매한 13집 앨범 〈기타로 오토바이를 타자〉를 통해 음악에 대한 변함없는 열정과 도전을 보이며 산울림의 존재감을 다시 한 번 확인시켜줬다. 이후 김창완은 드라마·영화 출연과 라디오 DJ를 병행하며 음악 활동을 계속했고 창훈, 창익 두 동생은 다시 일상으로 돌아가 각자 하던 일에 전념했다. 대중이 산울림의 컴백을 고대하고 14집 준비 소식이 들리던 2008년 안타깝게도 김창익이 캐나다에서 불의의 사고로 사망하면서 삼 형제의 산울림 시대는 막을 내렸다.

김창완은 이후 결성한 김창완 밴드와 솔로 활동을 병행하면서 음악 작업을 계속했다. 막내 김창익의 죽음과 고통, 산울림과의 결별의 감정을 담은 〈김창완 밴드 1집〉, 산울림 35주년을 기념해 김창완의 재해석이 가해진 산울림 리메이크 앨범 〈김창완 밴드 2집〉, 세월호 참사와 관련된 〈노란 리본〉이 수록된 〈김창완 밴드 3집〉 등을 발표하면서 산울림이 견지했던 음악적 시도와 정신을 이어갔다.

산울림 음악은 서사와 서정, 폭발적 정서와 포근한 감성, 순진무구한 아마추어적인 감수성과 프로페셔널한 완성도, 천재성과 평범함이 조화를 이루며 오랜 시간 대중의 곁을 지키고 있다. 파격, 혁신, 창의성, 실험성 그리고 순수함을 담은 탁월한 작품으로 한국 록 음악을 한 단계 도약시켰다. 높은 창의성에도 불구하고 연주력이 낮다는 이유로 과소평가 되기도 했지만, 산울림의 음악은 한국적 록의 원형이라고 해도 과언이 아니다.

산울림은 정권 탄압으로 청년들을 대변하는 음악, 록과 포크의 설 자리가 없어지던 1970년대 후반 활동에 돌입해 사이키델릭록부터 펑크까지 다양한 장르의 음악으로 록의 발전을 주도적으로 이끌었다. 들국화, 백두산, 시나위 등 록밴드들이 잘 정착할 수 있는 토대가 되어 주었을 뿐만 아니라 1990년대 본격적으로 대중 앞에 선 크라잉 넛, 노브레인, 갤럭시 익스프레스, 장기하와 얼굴들 같은 인디 밴드들에게 큰 영향을 미쳤다.[289]

"과잉된 정서의 주류 음악에서 벗어나 새로운 음악에 도전하고 싶었다. 상투적인 음악과 차별화한 음악으로 문화적 도전을 하고 싶었던 것이 산울림의 등장 동기이자 존재 의미였다. 산울림은 척박한 환경에서 도전을 밑거름 삼아 피워낸 꽃이라고 할 수 있다"라는 김창완의 말처럼 산울림 음악으로 록 장르의 지형이 확고해졌고 한국 대중음악의 새로운 지평이 열렸다.

노래

노래	
1977	〈아니 벌써〉〈아마 늦은 여름이었을 거야〉〈골목길〉〈안타까운 마음〉〈문 좀 열어줘〉〈소녀〉
1978	〈내 마음의 주단을 깔고〉〈노래 불러요〉〈어느 날 피었네〉〈나 어떡해〉〈내 마음〉〈한 마리 새 되어〉〈그대는 이미 나〉
1979	〈특급열차〉〈우리 강산〉〈한낮의 모래시계〉〈개구쟁이〉
1980	〈조금만 기다려요〉〈찻잔〉〈창문 너머 어렴풋이 옛 생각이 나겠지요〉
1981	〈산할아버지〉〈가지 마오〉〈하얀 달〉〈독백〉〈청춘〉
1982	〈새야 날아〉〈내게 사랑은 너무 써〉
1983	〈웃는 모습으로 간직하고 싶어〉〈멀어져간 여자〉
1984	〈너의 의미〉〈지금 나보다〉〈꿈이야 생각하며 잊어줘〉
1986	〈그대 떠나는 날 비가 오는가〉〈내가 고백을 하면 깜짝 놀랄거야〉〈슬픈 장난감〉
1991	〈아다지오〉〈꿈꾸는 공원〉〈추억〉
1997	〈무지개〉〈기타로 오토바이를 타자〉

(15) 정태춘

鄭泰春 | 1954~

§

음유 시인과 투사 가수

'…다시는 다시는 시청 광장에서 눈물을 흘리지 말자/ 물대포에 쓰러지지도 말자/ 절망으로 무너진 가슴들/ 이제 다시 일어서고 있구나…' 정태춘이 열창하는 〈92년 장마, 종로에서〉가 박근혜 대통령의 국정농단에 분노한 사람들이 모여든 2016년 11월 12일 서울 광화문 광장에 울려 퍼진다. 정태춘이 부르는 〈북한강에서〉〈탁발승의 새벽노래〉가 신자와 대중이 함께 한 2022년 10월 8일 경기 군포 수리사의 '산사 음악회'를 은은하게 수놓는다. 노래는 순수이며 멋진 꿈이자 욕망이다. 그리고 노래는 세상을 바꾸는 혁명이기도 하다. 이 노래의 힘을 보여준 이가 정태춘이다. 정태춘은 노래를 통해 시대를 사는 사람들에게 위안과 기쁨을 줬을 뿐만 아니라 현실을 제대로 바라보게 하고 더 나은 세상을 꿈꾸게 했다.

정태춘은 세대마다 다르게 읽힌다. 중장년층은 서정적인 포크 가수와 노래하는 음유시인으로 정태춘을 생각하며 서정과 토속의 정취가 배어있는 〈시인의 마을〉〈촛불〉〈사랑하는 이에게〉를 좋아한다. 젊은 층은 정태춘을 부조리한 현실과 부패한 정치, 탐욕의 기업에 분노하고 저항하며 사람답게 사는 세상을 노래하는 투사 가수로 인식하고 〈5 · 18〉〈아, 대한민국〉〈92년 장마, 종로에서〉를 떠올린다. 정태춘은 이처럼 세대에 따라 다르게 다가가며 다른 의미로 읽힌다. 그만큼 정태춘의 음악은 큰 변화가 있었다. 정태춘은 한 뮤지션이 대중과의 적극적인 접촉을 통해 얼마나 급격하게 자기 극복을 하며 예술적 경향을 변화시킬 수 있는가를 단적으로 보여줬다.[290] 정태춘은 한국 대중음악사에 대중성을 뛰어넘는 가치를 담보한 대표적인 가수다.

1954년 경기도 평택에서 농부의 아들로 태어난 정태춘은 고등학교를 졸업한 후 농사일을 거들며 좋아하는 팝송과 포크송을 부르고 곡을 만들며 시간을 보냈다. 제대 후 1978년 1집 앨범 〈시인의 마을〉을 발표하며 가수의 길에 들어섰다. 정태춘이 작사, 작곡한 〈시인의 마을〉 〈촛불〉 〈서해에서〉 〈사랑하고 싶소〉는 서정적이면서도 목가적이고 토속적인 가사가 포크 선율에 담겨 대중의 좋은 반응을 얻었고 MBC 신인 가수상과 TBC 작사상도 수상했다.

정태춘이 등장한 1970년대 후반은 대학생을 비롯한 젊은 층의 열광으로 청년 문화의 대표주자로 떠오른 포크 음악과 통기타 가수들이 박정희 정권의 폭압적인 가요정화 대책과 대마초 사건으로 강제로 퇴출당하면서 대중음악계가 빈사 상태였다. 트로트와 트로트 고고가 대중음악의 주류로 대중을 만나고 있었다. 이런 상황에서 정태춘의 노래는 젊은이들의 포크 음악에 대한 향수를 자극하는 동시에 새로운 음악에 대한 갈망을 충족시켜줬다. 더욱이 1970년대 초중반 대도시 고학력자들이 주도한 포크 음악에서 느낄 수 없었던 토속적인 서정성까지 담보해 많은 사람이 정태춘의 음악에 빠져들었다.

정태춘 자신은 1집 〈시인의 마을〉에 대해 상업적으로 변형된 포크이자 사춘기적 감상이 담긴 앨범이라고 했지만, 명백히 1970년대 초반의 모던 포크를 계승한 기념비적 음반이라고 할 수 있다. 자기 세계를 내밀하게 들어간 2집 앨범 〈사랑과 인생과 영원의 시〉와 양악 반주와 함께 가야금, 해금, 피리 등 국악 반주를 도입해 편곡한 파격적인 실험성이 돋보인 3집 앨범 〈우네〉는 정태춘 초기의 음악적 정체성을 잘 드러내 줬지만, 대중의 외면을 받았다. 레코드사와 계약도 끝난 데다 이 무렵 동료 가수이자 음악적 동지인 박은옥과 결혼한 그는 경제적으로 어려움을 겪게 된다. 1984년 발표한 〈떠나가는 배〉와 1985년 출시한 〈북한강에서〉가 인기를 얻으며 재기에 성공했다. 그뿐만 아니라 〈북한강에서〉〈사망부가〉〈에고 도솔천하〉를 통해 다른 가수와 차별화한 정태춘만의 세계가 있다는 것을 보여주고 〈시인의 마을〉에서 드러났던 관념과 감상에서도 벗어나며 새로운 변화와 도약을 예고했다.

정태춘은 1987년 6월 민중항쟁을 겪고 1988년 청계피복노조에서 열렸던 전태일 기념 일일찻집에 참가한 것을 시작으로 그의 삶과 음악이 변화하기 시작했다. 쌍용자동차 노동자 해고 반대 시위와 평택 대추리 미군기지 건설 저지 집회를 비롯한 노동자 집회나 학생들의 시위 현장에서 노래를 부르면서 웅얼거리는 듯한 창법도 거침없이 시원하게 내지르는 가창 스타일로 바뀌었다. 1988년 발표한 〈그의 노래는〉〈얘기 2〉〈실향가〉가 수록된 6집 앨범 〈무진 새 노래〉는 서정의 언어와 목가적 노래 대신 직설의 사회적 메시지가 가득했다. 정태춘의 말처럼 그의 노래는 '개인의 일기'에서 '사회의 일기'로 변모했다.

정태춘은 전국교직원노동조합 지지를 위한 노래극 〈송아지 송아지 누런 송아지〉 순회공연을 지속해서 펼쳤다. 거리가 무대가 됐고 광장이 삶의 터전이 됐다. "예술을 한다는 이유로 면책받을 수 없다. 현실 상황을 직면하고자 했는데 이는 나에게 합당한 고민이었다고 생각한다. 그 고민을 만났고 이를 피하지 않았고 그 고민의 결과를 바탕으로 음악 활동을 했다." 정태춘이 길거리에 나서고 현실의 질곡에 대한 분노와 소외계층과 약자에 대한 시선과 이야기를 노래에 담은 이유다.

가난 때문에 아이들을 어린이집에 맡기지 못해 문을 잠그고 일 나간 사이에 화재로 죽은 어린 남매의 비극적 사건을 노래한 〈우리들의 죽음〉 등이 수록된 앨범 〈아, 대한민국〉은 세상의 질곡과 현실의 부조리를 거침없이 드러내고 질타했다. 공연윤리위원회에서 가사를 문제 삼아 반려하자 검열 철폐를 요구하며 앨범 〈아, 대한민국〉을 1990년 비합법적으로 발표했다. 1978년 김민기의 〈공장의 불빛〉에 이은 두 번째 불법 음반이었다. 〈아, 대한민국〉은 비판적 포크, 개혁적 포크가 아니라 가히 혁명적 포크라고 할 수 있다.[291]

정태춘은 이후 대중음악 발전을 가로막는 사전 심의에 대한 철폐 운동을 온몸으로 펼쳐 1996년 헌법재판소로부터 위헌 판정을 받아내 한국 대중음악사에 의미 있는 진전을 이끌었다. 〈92년 장마, 종로에서〉 〈정동진/ 건너간다〉 〈다시, 첫차를 기다리며〉를 내놓으며 소외된 사람들에 대하 시선을 표출하고 부조리한 현실에 대한 투쟁을 지속해서 전개했다. 2012년 〈서울역 이씨〉 〈섬진강 박 시인〉을 발표하며 치열한 작가 정신을 드러냈다.

정태춘이 기반으로 하는 포크는 의도적으로 단순하고 미니멀한 멜로디를 구사하여 가사의 중요성을 높인 장르다. 정태춘은 김민기와 함께 가사의 완성도와 의미의 깊이에서 가장 뛰어난 작사가로 꼽힌다. 인간과 세상에 대한 비판적 시선을 견지하는 의미 충만한 가사를 써낸 작가주의적 창작자라는 점에서 동일하지만, 김민기는 〈아침이슬〉 〈아하 누가 그렇게〉 〈강변에서〉 〈친구〉에서 보여주듯 20대 청년의 눈으로 포착된 1970년대의 세상을 매우 강하게 응축된 이미지와 언어로 형상화한 것에 비해 정태춘은 〈북한강에서〉 〈고향 집 가세〉 〈우리들의 죽음〉 〈건너간다〉에서 확인되듯 1980년대와 1990년대의 세상을 중장년의 눈으로 포착하고 때때로 느슨한 산문성을 드러내며 음유하듯 형상화했다.[292]

세대에 따라 다르게 읽히는 정태춘은 포크 정신을 잘 구현하면서도 포크 음악계에서 의미 있는 행보를 한 존재다. 정태춘이 나이가 들어서도 과거의 히트곡을 재탕하지 않고 지금 이 세상을 노래하는 신곡을 내놓는 것은 한국 대중음악계의 가치 있는 성취다. 그는 대중음악 더 나아가 한국 대중문화를 겁박하며 퇴행을 가져왔던 사전심의 제도 폐지를 이끈 주역이기도 하고 노래는 사람답게 사는 세상을 꿈꾸는 사회 발언이라는 화두를 놓치지 않은 보기 드문 가수다.

무엇 때문에 노래하느냐는 질문은 정태춘에게 무엇 때문에 사는가와 동일한 질문이다. 노래가 어떻게 하면 더 팔릴까보다는 어떻게 살아야 제대로 사는 것일까를 고뇌하는 정태춘은[293] 재미보다는 의미를 존중했고 그 방향으로 일관되게 움직이며 노래로 사회적 발언을 한 가수다.

노래

노래		
1978	〈시인의 마을〉〈촛불〉〈서해에서〉〈사랑하고 싶소〉〈목포의 노래〉	
1980	〈사망부가〉〈탁발승의 새벽 노래〉〈그리운 어머니〉	
1982	〈우네〉〈에헤라 친구야〉〈얘기〉〈장마〉	
1984	〈우리는〉〈사랑하는 이에게〉〈떠나가는 배〉	
1985	〈북한강에서〉〈에고 도솔천하〉〈들 가운데서〉	
1988	〈고향 집 가세〉〈실향가〉〈그의 노래는〉	
1990	〈아, 대한민국〉〈우리들의 죽음〉〈황토강으로〉〈인사동〉	
1993	〈양단 몇 마름〉〈92년 장마, 종로에서〉〈사람들〉	
2002	〈봄밤〉〈다시 첫차를 기다리며〉〈동방명주 배를 타고〉〈아치의 노래〉	
2012	〈서울역 이씨〉〈섬진강 박시인〉〈바다로 가는 시내버스〉	
2019	〈사람들 2019〉〈외연도에서〉〈고향〉	

(16) 이문세

李文世 | 1959~

§

발라드로 대중 취향 변화시킨 스타

조성모가 2000년 〈깊은 밤을 날아서〉를 그리고 이수영이 2004년 〈광화문 연가〉를 리메이크하면서 한 가수의 노래 리메이크 붐이 거세게 일었다. 시간이 지날수록 더 많은 가수가 앞다퉈 리메이크 대열에 합류했다. 빅뱅과 신화의 〈붉은 노을〉, 성시경과 혁오밴드의 〈소녀〉, 서영은의 〈가을이 오면〉, 리즈의 〈난 아직 모르잖아요〉, 김범수의 〈오래된 사진처럼〉, 아이유의 〈사랑이 지나가면〉, 임재범과 이승철의 〈가로수 그늘 아래 서면〉, 임영웅의 〈사랑은 늘 도망가〉 같은 리메이크곡이 쏟아져 대중의 큰 사랑을 받았다. 2000년대 이후 홍수를 이룬 〈슈퍼스타 K〉〈K팝 스타〉〈싱어게인〉〈새 가수〉 같은 오디션 프로그램의 참가자들이 가장 많이 선곡한 것도 〈휘파람〉 〈사랑이 지나가면〉〈가로수 그늘 아래 서면〉〈붉은 노을〉〈옛사랑〉 등이다.

바로 1980년대 중후반 팝 발라드 열풍의 진원지였던 이문세 노래다. 리메이크 앨범의 성공과 오디션 프로그램의 좋은 성적을 위해서는 이문세 노래를 불러야 한다는 속설까지 생겨날 정도로 이문세 노래는 리메이크 원곡과 오디션용 노래로 각광받았다. 이수영의 〈광화문 연가〉, 빅뱅의 〈붉은 노을〉, 아이유의 〈사랑이 지나가면〉과 장재인이 〈슈퍼스타 K〉에서 부른 〈가로수 그늘 아래서면〉은 원곡만큼이나 인기를 얻으며 부모와 자식이 함

께 좋아하는 세대 통합 효과까지 낳았다. 리메이크 붐과 오디션 참가곡 열
풍은 이문세 노래가 시대와 세대를 관통하며 사랑받는다는 것을 증명해주
는 명백한 증좌다. 이문세 음악이 시대와 취향을 넘어서는 완성도를 지녔기
때문에 가능한 일이다.

1959년 서울에서 나고 성장한 이문세는 대학 때 음악 동아리를 하면
서 음악과 인연을 맺었다. 이문세는 타고난 입담과 재치 있는 말투로 눈길
을 끌어 1978년 CBS 〈세븐틴〉 게스트로 나선 것을 비롯해 예능 프로그램
MC와 라디오 DJ로 얼굴을 먼저 알렸다. 1983년 〈나는 행복한 사람〉 〈사랑
하는 그대여〉가 담긴 1집 앨범과 1984년 〈파랑새〉가 수록된 2집 앨범을 발
표했으나 가수로서 관심을 끌지 못했다.

10대 청소년이 열광하는 MBC 라디오 〈별이 빛나는 밤에〉 DJ를 시작
한 1985년 이문세는 가수 인생에도 일대 전환점을 맞았다. 작곡가 이영훈
을 만난 것이다. 이문세는 신촌블루스 멤버 엄인호의 소개로 연극, 무용 음
악을 만들다 김의석 감독의 영화 음악을 맡으며 대중음악 작곡을 시작한 이
영훈을 만나 1985년 3집 앨범을 세상에 내놓았다. 1, 2집 앨범 외면으로 가
수보다는 인기 DJ로서 존재감을 드러낸 이문세는 비로소 가수로서도 대중
에게 강력하게 인정받기 시작했다.

이영훈이 작사 · 작곡한 〈난 아직 모르잖아요〉 〈휘파람〉 〈소녀〉 〈그대
와 영원히〉 〈할 말을 하지 못했죠〉 등 앨범 타이틀곡 하나가 아닌 수록곡
대부분이 히트하는 이례적인 열광이 뒤따랐다. 팝 발라드의 본격적인 개척
이었다. 클래식의 섬세하고 세련된 구성과 시어를 방불케 하는 노랫말의
〈난 아직 모르잖아요〉 〈소녀〉 등은 스탠더드 팝에서 이어져 온 발라드 가
요의 전통을 결집하는 동시에 새로운 형태의 발라드를 선보이면서 팝 음악
을 주로 듣던 10~30대 젊은 층의 귀를 가요로 돌리게 했다. 특히 20~30
대 여성들이 대거 가요 음반 소비자로 전면에 나선 것은 이문세 역할이 결

정적이었다.

이문세 4집은 285만 장이 팔려나가 국내 음반 판매량의 역대 최고 기록을 경신하는 의미 있는 충격을 줬다. 〈사랑이 지나가면〉〈그녀의 웃음소리뿐〉〈이별 이야기〉〈가을이 오면〉 같은 앨범 수록곡은 이영훈의 아름답고 싱그러우며 동시에 섬세하고 세련된 감성의 멜로디와 기품 있는 노랫말이 돋보였다. 여기에 뛰어난 표현력을 구사해 가슴에 와닿는 이문세의 보컬과 더없이 우아하고 매끈한 김명곤의 편곡이 어우러지면서 음악사에 남을 만한 음악적 성취를 이룩했다. 이문세 특유의 비음 섞인 가성과 또렷한 가사 전달력, 풍부한 감정 표현은 수많은 사람을 사로잡는 매력이 되어 노래에 불멸의 생명력을 불어넣었다.[294]

대중의 뜨거운 반응을 끌어낸 〈광화문 연가〉〈시를 위한 시〉〈가로수 그늘 아래 서면〉〈붉은 노을〉이 담긴 1988년의 5집 앨범은 대중가요에 대한 인식을 전환시켰다. 이문세가 3~5집으로 스타덤에 오르는 데 결정적 역할을 한 이영훈과 손잡고 앨범 작업을 계속하면서 〈옛사랑〉을 비롯한 숱한 히트곡으로 한 차원 다른 한국 대중음악의 질적 진화를 이끌었다. 이문세의 스타덤과 음악 정체성 형성에 있어 작곡가 이영훈의 역할이 지대하다는 것은 부인할 수 없는 사실이다. 하지만 이문세가 이영훈의 미학을 절제와 끊어 부르는 창법, 비음 섞인 감성적인 음색, 뛰어난 표현력으로 잘 구현해낸 것이 대중의 열광을 끌어낸 결정적 원동력이었다.

이문세는 이후 유희열, 조규만 등과 작업하며 새로운 도전과 실험에 나섰다. 이적과 〈조조할인〉, 이소라와 〈장난인 줄로만 알았지〉〈슬픈 사랑의 노래〉, 김건모와 〈여인의 향기〉, 규현과 〈그녀가 온다〉를 콜라보 하는가 하면 힙합 뮤지션 헤이즈 등과 협업하며 시대의 트렌드와 감성을 드러낸 신곡으로 대중과 만나는 일을 멈추지 않았다. 이문세는 1980년대 팝 발라드에만 머물지 않고 끊임없이 새로운 실험과 도전을 하는 이유에 대해 "과거의 음악만 해야 한다고 생각하지 않는다. 아름다운 슬픈 발라드 음악을 해 온 가수로 인식됐는데, 더 발전해야 한다. 발전 속도의 차이일 뿐이지, 새로 운 걸 탐구하고 찾는다. 트렌디한 걸 좇는 게 아니라 트렌디 해지려고 노력 한다"라고 설명했다.

이문세는 음악뿐만 아니라 공연문화에도 큰 족적을 남겼다. 1998년 4 월부터 시작한 '이문세의 동창회'를 20여 년 지속하면서 수많은 관객을 동 원하며 성공을 거뒀고 소극장에서 개최하는 '이문세의 소창회'는 공연 문 화 트렌드를 변화시켰다. 한 편의 드라마를 연상시키는 탄탄한 구성, 관객 의 참여, 참신한 무대를 위한 세팅과 음향, 춤·연기를 망라한 엔터테이너 적인 요소 동원, 수많은 히트곡의 다양한 악기 구성과 신선한 편곡을 통한 새로움 추구로[295] '이문세의 동창회'와 '이문세의 소창회'는 관객들이 열광 하고 감동하는 경쟁력 있는 공연 브랜드로 발전했고 이문세는 공연문화의 아이콘으로 이름을 날렸다.

이문세가 가수로 데뷔하고 스타덤에 오른 1980년대 대중음악계는 조 용필이라는 슈퍼스타의 등장과 함께 트로트와 댄스뮤직 그리고 발라드가 대중음악의 주류로 정립되는 상황이었다. 발라드는 이용의 〈잊혀진 계절〉, 이선희의 〈J에게〉 등이 인기를 끌며 독자적인 하나의 주요한 트렌드로 형 성되기 시작했고 이문세 이광조 유재하를 거치면서 팝에 버금가는 세련된 음악으로 진화했다. 이후 변진섭 이상우 이승철 신승훈 이승환 조성모 이 수영 백지영 김범수 성시경으로 이어지며 주류 음악의 인기 장르로 확고한 입지를 다졌다.

이문세 노래는 팝에 비교 우위를 차지할 만큼 화려한 화성과 다양한 선 율, 절제된 시어를 통해 사랑과 이별의 주제를 전달해 대중의 귀를 사로잡 았다. "이문세의 음악이 우리 가요를 다소 저급하게 생각했던 사람들에게 가요를 듣게 했다는 데 의미가 있다고 봅니다. 팬레터 중에 실제로 '난 팝만들었거든요. 가요는 사서 들어본 적이 없었는데…'하는 내용이 많았어요. 젊은이들이 가요도 좋다는 생각을 한 것이지요"[296]라고 말하는 이문세는 팝 발라드를 주류 음악 트렌드로 진입시키는 데 결정적 역할을 했을 뿐만 아니라 대중의 음악적 취향을 변화시키며 청소년부터 중장년층까지 여러 세대의 사랑을 받는 음악으로 자리 잡게 한 스타다.

노래

노래	
1983	〈나는 행복한 사람〉〈사랑하는 그대여〉
1984	〈파랑새〉〈나는 너를〉
1985	〈난 아직 모르잖아요〉〈휘파람〉〈소녀〉〈그대와 영원히〉
1987	〈사랑이 지나가면〉〈깊은 밤을 날아서〉〈그녀의 웃음소리뿐〉〈가을이 오면〉〈이별 이야기〉
1988	〈광화문 연가〉〈시를 위한 시〉〈가로수 그늘 아래 서면〉〈붉은 노을〉
1989	〈그게 나였어〉〈해바라기〉〈이 세상 살아가다 보면〉
1991	〈옛사랑〉〈가을이 가도〉〈세월이 지난 후〉
1993	〈오래된 사진처럼〉〈그대 사랑하는 맘〉
1995	〈후회〉〈영원한 사랑〉
1996	〈조조할인〉〈난 괜찮아〉〈꿈〉〈그대와 영원히〉〈장난인 줄로 만 알았지〉
1998	〈솔로 예찬〉〈내 마음속의 너를〉〈이별에 대한 작은 독백〉
1999	〈애수〉〈그해 겨울〉〈슬픈 사랑의 노래〉
2001	〈내가 멀리 있는 건〉〈여인의 향기〉〈기억의 초상〉
2002	〈빨간 내복〉〈우연〉〈유치찬란〉
2010	〈사랑은 늘 도망가〉
2015	〈봄바람〉〈Love Today〉〈그녀가 온다〉〈New Direction〉
2018	〈Free My Mind〉〈희미해서〉〈우리 사이〉〈안달루시아〉
2019	〈단비〉

(17) 들국화

1983~2013

전인권 최성원 허성욱 조덕환 주찬권 최구희 손진태

록의 진화 이끈 언더그라운드 밴드

잡지 《서브》가 1998년 대중음악 평론가, 기자, PD, 음악 산업 종사자 등 21명의 선정위원에게 의뢰해 음반의 역사적 가치, 대중음악 및 사회·문화적 영향력, 음악의 완성도를 비롯한 다양한 측면을 고려해 뽑은 100대 음반 중 1위는 〈행진〉〈그것만이 내 세상〉〈아침이 밝아올 때까지〉가 수록된 들국화의 1집 앨범이 차지했다. 《경향신문》과 음악전문 웹진 《가슴네트워크》가 2007년 대학교수, 음악 평론가, 음악 담당 PD와 기자, 음반사 종사자 등 52명의 위원과 함께 한국 100대 음반을 선정한 결과 1위 음반 역시 들국화 1집 앨범이었다. 《한겨레신문》과 음원사이트 멜론, 출판사 스코어가 2018년 47인 전문가의 투표를 통해 선별한 100대 음반 가운데 들국화 1집은 2위를 차지했다. 들국화의 1집 앨범은 오랜 시간이 흘러도 여전히 대중음악계의 기념비적인 명반으로 위력을 발휘하고 있다.

발표 당시는 어떠했을까. 들국화 1집 앨범이 발표된 1985년 록 음반으로는 경이적인 60만 장의 판매량을 기록했다. 록 음악 시장이 취약한 한국 대중음악계 현실을 고려하면 60만 장이라는 수치는 기적과도 같은 성과다. 음반 발표 후 가진 들국화 공연은 매진의 연속이었고 〈행진〉〈그것만이 내 세상〉 등 수록곡에 대한 젊은이들의 열광은 상상을 초월했다. 들국화에 의해 한국 록 음악의 새로운 역사가 쓰였다.

들국화는 1982년 포크 가수 양병집이 서울 신촌에서 운영하는 음악 카페 '모노'에서 가진 전인권(보컬 1954~) 허성욱(키보드 1962~1997) 최성원(베이스 1954~)의 만남에서 시작됐다. 이들은 클럽 무대를 돌며 공연을 했고 1983년 들국화를 결성해 서울 종로 SM미리내 소극장에서 첫 단독 콘서트를 가졌다. 이후 서울 이태원의 뮤직라보, 서초동의 환타지아, 신촌의 뮤직 스페이스 등에서 공연하며 들국화의 존재를 알렸다.

들국화는 일반 가수들이 데뷔한 뒤 텔레비전을 비롯한 미디어를 통해 인지도를 쌓고 활동하는 주류 뮤지션과 달랐다. 들국화는 클럽에서 공연하는 것을 활동 기반으로 삼았고 공연을 통해 그룹의 정체성을 만들어 나갔다. 이 때문에 언론 매체들은 들국화를 '언더그라운드 록그룹'이라고 명명했다. 들국화는 라디오나 TV 같은 매스미디어에 모습을 드러내지 않고 공연과 앨범으로 대중을 만나는 언더그라운드 음악의 개척자다.

무명 록그룹 들국화에 대한 관객의 호평이 잇따르면서 공연장을 찾는 사람도 점차 늘었다. 1984년 12월 열린 '젊은이의 록 사운드' 무대에 선 들국화는 열광적인 갈채를 받았다. 격렬하게 절규하고 포효하는 전인권의 보컬과 최성원의 세련된 사운드가 조화를 이루며 관객을 사로잡았다. 1985년 기타리스트 조덕환(1953~2016)을 영입해 4인 멤버 체제의 들국화로 활동을 시작했다.

들국화는 1985년 9월 역사적인 1집 앨범을 발표했다. 이 앨범에는 〈행진〉〈그것만이 내 세상〉〈세계로 가는 기차〉〈더 이상 내게〉〈축복합니다〉〈사랑일 뿐이야〉〈매일 그대와〉〈오후만 있던 일요일〉〈아침이 밝아 올 때까지〉가 수록됐다. 멤버 모두 작사, 작곡, 보컬, 편곡 작업에 참여했다. 전인권은 타이틀곡 〈행진〉을 작사·작곡하고 불렀다. 최성원은 〈매일 그대와〉를 작사·작곡하고 가창했다. 조덕환은 〈세계로 가는 기차〉를 작곡하고 보컬까지 맡았다. 네 명의 색깔과 개성이 담긴 음악이 조화를 이뤘고 최성원과 허성욱이 담당한 편곡으로 일관성을 유지할 수 있었다. 최성원의 포크 감성은 밴드 연주와 만나면서 더 힘을 얻었고 여기에 전인권의 강렬한 야성이 더해지며 더 뜨겁고 더 순수한 외침이 되었다. 조덕환은 다른 색깔로 긴장감을 유지하게 했다. 허성욱의 피아노 연주는 곡 전체를 이끌며 들국화 사운드에 중추적 역할을 했다.[297]

가수 앨범에 수록된 곡 중에서 한두 개의 히트곡이 나오기도 힘든 상황인데 들국화의 1집 앨범은 수록곡 모두 히트하는 이변을 연출하며 대중의 뜨거운 반응이 이어졌다. 록, 포크, 블루스, 클래식 등 1970~1980년대 언더그라운드의 다양한 실험은 들국화 1집에 총집결되었고 그 속에서 새로운 감성의 한국 록이 탄생했다. 한국 록 음악에 결여된 저항성과 야성이 살아 있었고 포크 정서까지 담겨 있는 들국화의 음악은 신군부 권위주의 통치 시절 젊은이들의 분노를 대변했고 좌절에 빠진 청년들에게 위로와 희망을 전해주었다.

들국화가 등장하면서 '한국의 비틀스'라는 수식어가 붙었다. 전인권과 최성원 등 멤버들은 비틀스The Beatles를 좋아하는 마니아였다. 들국화는 비틀스처럼 공연을 통해 대중을 만났고 멤버들 각자가 추구하는 음악 스타일에 따라 음악 작업을 했다. 앨범 재킷마저 비틀스의 것과 비슷했다. 재킷을 4등분 해 거기에 멤버의 얼굴을 집어넣은 1집 앨범은 비틀스의 마지막 앨범 〈Let It Be〉의 재킷과 매우 유사했다. 전인권은 카리스마가 돋보이는 존 레넌을 좋아했고 최성원은 아름다운 멜로디를 잘 살리는 폴 매카트니를 선호했다.

들국화 음악은 라디오를 통해 방송되기도 했지만, 1집 성공 후에도 들국화는 텔레비전에 출연하는 대신 공연을 통해 관객을 만났다. 1집 앨범 이후 〈들국화 Live Concert〉가 출시됐다. 당시에는 라이브 앨범 발표는 매우 이례적인 것으로 그만큼 들국화 공연은 내공과 실력이 쌓여 있었다.

하지만 조덕환이 탈퇴하고 1집 앨범에 세션으로 활동했던 주찬권(드럼 1955~2013) 최구희(기타 1959~) 손진태(기타 1961~)가 멤버로 참여해 1986년 출시한 〈제발〉〈하나는 외로워〉가 수록된 2집 앨범은 음악적 완성도가 떨어지고 에너지와 긴장감도 찾을 수 없어 대중의 외면을 받았다. 2집 실패는 멤버 간의 음악적 입장을 더욱 벌려 놓았고 결국 이러한 견해차는 멤버 간의 불화, 전인권과 최성원의 갈등으로 번지면서 활동 4년 만인 1987년 해체를 선언하고 '아듀, 들국화 고별 콘서트'로 모든 활동을 마무리했다.

이후 전인권은 1987년 허성욱과 함께 앨범 〈1979~1987 추억 들국화〉를 발표하고 1988년 솔로 앨범 〈파랑새〉를 출시하며 인기 로커이자 싱어송라이터로 활동했다. 최성원은 솔로로 나서 〈제주도의 푸른 밤〉을 발표하며 인기 뮤지션으로 활약하는 한편 이적과 김진표를 발굴해 패닉 1, 2집 앨범을 제작하기도 했다.

전인권은 1995년 기존 멤버를 모두 교체하고 〈우리〉〈기분 전환〉이 담긴 들국화 3집 앨범을 발표했지만, 주목받지 못했다. 2012년 전인권 최성원 주찬권이 모여 들국화를 재결성한다고 발표했지만, 주찬권이 2013년 갑작스럽게 사망하면서 팬들은 재결성된 들국화를 보지 못했다. 생전에 주찬권이 드럼 트랙을 마친 상태여서 2013년 함춘호 한상원 정원영 김광민을 비롯한 유명 뮤지션들이 세션으로 참여해 〈걷고 걷고〉〈노래여 잠에서 깨라〉〈들국화로 필래〉 등 신곡으로 꾸민 CD와 〈행진〉〈그것만이 내 세상〉〈제주도의 푸른 밤〉 등을 리메이크한 곡을 담은 CD로 구성된 4집 앨범을 발표하면서 들국화는 역사 속으로 사라졌다.

들국화는 활동 기간은 짧았지만, 대중음악계에 남긴 영향은 강렬하고 오래 지속됐다. 서태지는 "중학교 때 처음 음악을 시작하며 많이 듣고 연주하고 카피했던 그룹이 들국화다. 내 음악 초기에 가장 많은 영향을 받았다"

라고 했다.[298] 들국화는 〈그것만이 내 세상〉〈행진〉 등을 통해 록 음악이 무엇을 어떻게 전달해야 하는지를 보여주는 한국 록의 전형을 확립했다. 들국화는 한국에서도 록밴드가 생존할 수 있다는 것을 스스로 입증하며 록의 르네상스를 불러왔다. 들국화 이후 김태원과 이승철이 활약한 부활, 서태지 임재범 김종서를 배출한 시나위, 유현상 김도균의 백두산 등 록그룹이 붐을 이루며 대중음악 주변부에 위치했던 록을 주류 음악의 중앙에 위치하게 했다.

들국화는 다양한 시도와 실험 정신으로 한국 록의 새로운 지형을 만들며 주류 음악에 대한 대안을 제시했을 뿐만 아니라 매스미디어가 아닌 공연과 음반을 통한 활동이라는 언더그라운드 뮤지션의 새로운 활동 관행을 수립해 음악과 공연의 질을 제고하고 더 나아가 정치 · 경제 · 계급적 권력에 맞선 언더그라운드 문화를 촉발한 록그룹이다.

노래

노래		
1985	〈행진〉〈그것만이 내 세상〉〈세계로 가는 기차〉〈더 이상 내게〉〈축복합니다〉〈사랑일 뿐이야〉〈매일 그대와〉〈오후만 있던 일요일〉〈아침이 밝아올 때까지〉	
1986	〈제발〉〈하나는 외로워〉〈너는〉〈너랑 나랑〉〈1960년 겨울〉〈또다시 크리스마스〉〈내가 찾는 아이〉〈님을 찾으면〉〈조용한 마음〉	
1995	〈우리〉〈기분전환〉〈분명하게〉〈우리들의 사랑〉〈희망가〉	
2013	〈걷고 걷고〉〈노래여 잠에서 깨라〉〈들국화로 필래〉〈걱정 말아요 그대〉	

(18) 이선희

李仙姬 | 1964~

$$\S$$

대학생 가요제가 배출한 최고 가수

'J 스치는 바람에/ J 그대 모습 보이면/ 난 오늘도 조용히 그댈 그리워하네…J 우리가 걸었던 J 추억의 그 길을/ 난 이 밤도 쓸쓸히 쓸쓸히 걷고 있네/ 쓸쓸히 걷고 있네' 청아하고 맑은 목소리로 전반부를 잔잔하게 수놓고 폭발적인 성량으로 후반부를 이끄는 〈J에게〉가 2018년 4월 1일 동평양대극장에 울려 퍼진다. 북한 관객들마저 감동한다. 깨끗한 진성의 고음을 자유자재로 구사하며 시원하게 내지르는 샤우팅 창법의 진수를 보여주는 〈아름다운 강산〉이 평양 시민을 단번에 사로잡는다. 이선희다.

동평양대극장 무대에 오른 안경과 단발, 바지 차림과 무엇보다 그 누구도 부인할 수 없는 최고 가창력의 이선희는 1984년 MBC 〈강변가요제〉의 이선희를 소환한다. 제5회 〈강변가요제〉 7번으로 출전한 큰 안경에 단발 퍼머 스타일의 보이시한 분위기가 물씬 풍긴 대학생 이선희가 생애 첫 무대에서 〈J에게〉를 한 치의 흔들림 없이 맑은 음색의 빼어난 가창력으로 소화해 관객을 압도했다. 그리고 대상을 거머쥐었다. 이선희는 40년 세월의 흐름 속에 발성, 음감, 호흡, 가사 전달력, 감정 조절, 음색, 창법을 꾸준히 연마해 가창력 최고의 스타로 자리했다.

1964년 충남 보령에서 출생한 이선희는 1984년 7월 인천전문대 환경

관리학과 1학년 재학 중 선배 임성균과 혼성 듀오 '4막 5장'을 결성해 〈강변가요제〉에 참가했다. 대상을 수상하며 단번에 대중에게 강렬한 존재감을 드러냈다. 대중을 사로잡은 것은 대상 수상이라는 화제성이 아니었다. 서정적인 멜로디를 맑은 목소리로 잔잔하게 소화하다 응축된 성량을 한꺼번에 폭발시키는 이선희의 놀라운 가창력에 대중의 관심과 환호가 집중됐다. 이선희는 생애 처음 선 〈강변가요제〉 무대를 통해 스타가 됐다. 〈강변가요제〉 수상 직후 이선희의 〈J에게〉는 신드롬을 일으켰다. 라디오 청취자의 신청곡 대부분이 〈J에게〉였고 이선희가 출연해 〈J에게〉를 부르는 TV 프로그램 시청률은 폭등했다. 무명의 이선희가 정규 앨범 한 장 없이 오직 〈강변가요제〉 참가곡 〈J에게〉로 KBS 〈가요톱 10〉에서 1984년 11월 25일부터 5주 연속 1위를 하며 골든컵을 차지했을 뿐만 아니라 1984년 MBC 〈10대 가수 가요제〉에서 10대 가수상과 신인상, 최고 인기 가요상, 3관왕을 차지하는 초유의 이변을 연출했다.

1985년 1월 발표한 데뷔 앨범에 수록된 〈아! 옛날이여〉〈갈등〉〈나는 사랑에 빠졌어요〉를 연이어 히트시켜 KBS 〈가요톱 10〉에 노래 7곡을 진입시키는 놀라운 성적을 거두며 여자 가수로 독보적 위치를 점유했다. 1985년 또 한 장의 앨범을 출시했는데 〈소녀의 기도〉〈갈바람〉이 인기를 끌며 '남자 가수는 조용필, 여자 가수는 이선희'라는 구도를 형성했다. 1986년 이후 계속해서 앨범을 발표하며 〈잃어버린 약속〉〈영〉〈알고 싶어요〉〈사랑이 지는 자리〉〈아름다운 강산〉〈나 항상 그대를〉 같은 수많은 인기곡을 양산했다. 1980년대 이선희만큼 많은 히트곡을 낸 여가수는 없었다. 이선희는 여학생들의 공감을 사는 노랫말과 안경, 단발머리, 바지 스타일로 소녀 팬들에게 열광적인 반응을 얻으며 '언니 부대'를 이끌었다. 물론 출중한 가창력에 매료된 남성 팬도 많았다.

이선희는 1989년 5집 앨범의 광주민주화운동을 다룬 〈오월의 햇살〉

과 1990년 6집 앨범의 통일 염원을 담은 〈그리운 나라〉, 국악과 가요를 접목한 〈조각배〉 등 형식과 내용의 새로운 시도로 이선희 음악의 외연을 확장했다. 이선희는 이문세와 함께 1980년대 주류 음악으로 대중의 사랑을 받은 발라드의 진화를 이끄는 한편 록, 포크, 국악 등 여러 장르를 오가며 다양한 면모를 대중에게 선보였다.

신승훈, 서태지와 아이들, 김건모의 등장과 서울시 의원 생활로 1990년대 초반 이선희의 가수 활동은 주춤했지만, 1996년 발표한 10집 앨범의 〈라일락이 질 때〉를 비롯한 일곱 곡을 직접 작사, 작곡해 싱어송라이터 모습을 보이며 성공적인 활동을 이어갔다. 2000년대 들어서도 꾸준히 신곡 작업을 하며 새로운 노래를 발표하는 동시에 영화와 드라마 OST로 대중과 만났다. 이선희가 모두 작사, 작곡한 13집 앨범 〈사춘기〉를 2005년 발표했는데 수록곡 〈인연〉이 1,000만 관객을 동원한 이준익 감독의 영화 〈왕의 남자〉 주제곡으로 삽입돼 큰 인기를 얻었다. 2010년 방송된 드라마 〈내 여자 친구는 구미호〉 OST 〈여우비〉와 〈내가 사랑할 사람〉, 〈대물〉 OST 〈떠나지 마〉도 사랑받았다. 2014년 발표한 15집 앨범 수록곡 〈그중에 그대를 만나〉, 2021~2022년 시청자와 만난 드라마 〈옷소매 붉은 끝동〉 OST 〈그대 손 놓아요〉 역시 히트했다. 1980년대 활동했거나 데뷔한 가수 중 2000년대 이후에도 신곡을 발표해 인기를 얻으며 대중을 만나는 가수는 이선희 등 극소수다. 2000년대부터 이선희는 자신의 이름을 내걸고 단독 콘서트를 진행하며 공연을 통해 대중과 만났다. 이선희 특유의 폭발적인 가창력이 무대에서 빛을 발하며 이선희 콘서트는 매회 매진을 기록하며 성공적인 공연 무대로 명성을 날렸다.

이선희가 대중에게 인기를 얻고 40년 동안 변함없는 사랑을 받으며 중장년 팬덤을 보유한 가장 큰 원동력은 맑고 깨끗한 음색의 빼어난 가창력으로 부르는 노래들이 감동을 전해주는 것이다. 이선희는 패티김 이미자 윤복희 양희은의 뒤를 잇는 최고의 여성 보컬리스트로 한국 대중음악의 완성도를 높이고 가수 수준을 제고했다는 사실에 이의를 제기할 사람은 없다. 이러한 이선희의 가창력은 천부적인 부분도 있지만, 노래를 위해 다른 사생활을 모두 희생하는 초인적인 자기관리의 소산이다.

이선희를 대중에게 선보이며 한국 대중음악사에 남을 가수로 등장시킨 것은 〈강변가요제〉다. 〈강변가요제〉〈대학가요제〉〈해변가요제〉〈젊은이의 가요제〉를 비롯한 대학생들이 참가한 방송사 주최의 가요제는 한국 대중음악계에 새로운 음악을 수혈하고 스타를 배출하는 중요한 창구 역할을 했다. MBC 〈대학가요제〉는 1977년 박정희 정권의 독재로 인해 척박해진 대중음악 환경에서 첫선을 보였다. 초창기 대학생들의 비판적 시선을 돌리기 위한 '명랑한 대학 풍토 조성'과 '건전가요 발굴'을 내건 관제 성격이 짙었던 〈대학가요제〉는 참가자들이 기존 대중음악과 차별화한 독창적 음악과 기성 가수에게 느낄 수 없는 신선한 스타일을 드러내며 인기를 얻었다. 〈대학가요제〉를 시작으로 〈강변가요제〉〈젊은이의 가요제〉 같은 대학생 대상의 가요제를 통해 록, 발라드, 포크, 국악가요 같은 다양한 장르의 새로운 음악이 대중과 만났다. 1970년대 후반부터 1990년대까지 대학생 가요제는 스타 가수 등용문이었다. 1회 〈대학가요제〉에서 〈나 어떡해〉를 불러 대상을 차지한 샌드페블즈를 비롯해 활주로, 건아들, 휘버스, 블랙테트라, 마그마, 무한궤도 등 대학생 밴드들이 대학 가요제를 통해 인기 밴드로 자리했다. 또한, 김학래 배철수 김수철 노사연 홍서범 심수봉 원미연 이상우 신해철 이상은 조갑경 이정석 김동률 등 많은 스타도 배출했다. 2000년대 들어 독창성이나 실험성이 결여된 참가곡이 난무하고 가요제가 단순히 연예인 데뷔 창구로 변질되면서 대학생 가요제는 대중의 외면을 받고 설 자리를 잃었다.

완성도 높은 발라드와 최고의 가창력을 바탕으로 40년 동안 한국 대중음악의 주역으로 활약해온 이선희는 대학생 가요제가 배출한 최고의 스타다.

노 래

노래

1984	〈J에게〉
1985	〈아! 옛날이여〉〈갈등〉〈나는 사랑에 빠졌어요〉〈소녀의 기도〉〈갈바람〉〈괜찮아〉〈그래요, 잘못은 내게 있어요〉
1986	〈잃어버린 약속〉〈영〉〈알고 싶어요〉
1988	〈사랑이 지는 이 자리〉〈아름다운 강산〉〈나 항상 그대를〉
1989	〈나의 거리〉〈한바탕 웃음으로〉〈불꽃처럼〉〈오월의 햇살〉〈겨울애상〉
1990	〈왜 나만〉〈추억의 책장을 넘기며〉
1991	〈그대가 나를 사랑하신다면〉〈추억 속을 걷네〉
1992	〈조각배〉
1994	〈한 송이 국화〉
1996	〈라일락이 질 때〉〈아카라카치〉
1998	〈너에게 가면〉〈낯선 바닷가에서〉
2001	〈이별 소곡〉〈아마〉〈My Life〉
2005	〈인연〉〈사춘기〉
2009	〈사랑아…〉〈You Too〉
2014	〈그중에 그대를 만나〉〈너를 만나다〉
2016	〈바람꽃〉
2020	〈안부〉〈청춘〉〈동백꽃〉
2022	〈그대 손 놓아요〉

(19) 노래를 찾는 사람들

1984~

문진오 신지아 조성태 송숙환 한동헌 김창남 조경옥
윤선애 임정현 유연이 안치환 김광석 권진원 문승현 외

민중가요 확산시킨 노래운동패

'사랑도 명예도 이름도 남김없이/ 한평생 나가자던 뜨거운 맹세…'
2021년 6월 9일 서울 연세대 교정에서 〈임을 위한 행진곡〉이 들려온다.
1987년 민주화 시위 도중 경찰이 쏜 최루탄에 숨진 이한열 열사 34주기 추
모식에 참석한 학생과 시민들이 부른 노래다. '한밤의 꿈은 아니리/ 오랜 고
통 다한 후에/ 내 형제 빛나는 두 눈에/ 뜨거운 눈물들…' 2019년 1월 13일
서울 용산구 남영동 옛 치안본부 대공분실 앞에서 열린 박종철 열사 32주기
시민추모제 참가자들이 열창한 〈그날이 오면〉이 추운 겨울 날씨를 가르며
울려 퍼진다. '찢기는 가슴안고 사라졌던/ 이 땅의 피울음 있다/ 부둥킨 두
팔에 솟아나는/ 하얀 옷의 핏줄기 있다…' 2016년 11월 26일 열린 '박근
혜 대통령 퇴진 촉구' 제5차 촛불집회에 모인 150만 명의 시민과 가수 안치
환이 함께 부른 〈광야에서〉가 서울 광화문 광장을 진동시킨다. 〈솔아 솔아
푸르른 솔아〉〈사계〉〈광야에서〉〈마른 잎 다시 살아나〉〈그날이 오면〉〈이
산하에〉〈오월의 노래〉〈잠들지 않는 남도〉〈임을 위한 행진곡〉 같은 민중
가요는 각종 집회나 시위 현장에서 불린다.

대학가나 노동 현장, 집회, 시위에서 가창되는 이들 민중가요가 본격
적으로 대중과 만난 것은 노래 운동 조직 '새벽'이 1984년 음반 〈노래를 찾

는 사람들〉을 발표하면서부터다. 민중가요는 대중음악과 다른 독자적인 길을 걸어왔다.

1970년대 들어 박정희 정권의 독재에 반대하며 민주화를 요구하는 대학생 시위가 본격화했다. 대중음악과 별개로 대학 내에서 시위 때나 모임에서 학생들이 부르는 노래가 따로 있었다. 대학에서 독자적인 노래 문화가 형성되고 노래를 통해 민주화 운동을 하는 노래 서클(동아리)이 등장했다. 서울대 '메아리', 고려대 '노래얼', 이화여대 '한소리', 성균관대 '소리사랑'이 대표적이다. 이들 서클은 대학 내에서 불리는 노래를 확산하고 새로운 민중가요를 보급하는 활동을 했다. 민중가요는 사랑과 이별 중심의 대중음악과 전혀 다른 독재 정권과 열악한 노동 현실에 대한 비판과 민주화의 열망을 담았다. 음악 형식은 국악과 포크 형식이 많았다.

1980년 광주민주화운동을 거치면서 민중가요 운동은 조직적으로 전개됐다. 노래 서클 활동을 하던 재학생과 졸업생이 모여 전문적으로 노래 운동을 전개하는 단체 '새벽'을 결성했다. 한국 최초의 진보적인 노래 운동 단체인 새벽은 음반 발매나 방송 활동 없이 대학이나 노동 현장에서 공연 활동을 펼쳤다. 새벽은 1984년 노래극 운동을 하던 김민기와 함께 음반을 냈다. 이 음반 타이틀이 바로 〈노래를 찾는 사람들〉이다. 전두환 정권의 탄압과 검열이 심해지면서 〈갈 수 없는 고향〉〈산하〉〈그루터기〉 같은 심의를 통과할 만한 곡들을 수록했다. 만족할만한 결과물은 아니었지만, 잘 팔리던 음반은 음반사 스스로 출고를 중단했다. 새벽 활동 역시 위축됐다.

1987년 6·10 민중항쟁이 일어나고 민주화 열기가 고조되면서 새벽을 중심으로 한 노래 운동 조직은 대중문화 공간에서 합법적인 활동을 전담할 팀을 결성하기로 하고 1987년 10월 '노래를 찾는 사람들'이라는 팀을 출범시켰다. 노래를 찾는 사람들은 민중가요의 대중문화 공간 진출을 위해 조직적으로 만든 팀이라고 할 수 있다.[299]

노래를 찾는 사람들이 결성되면서 활동을 본격화했다. 노래를 찾는 사람들은 민중가요 중에서 대중성과 의미가 있는 곡들을 골라 편곡 작업을 거쳐 공연에서 발표하기 시작했다. 대학생들에게 잘 알려진 〈솔아 솔아 푸르른 솔아〉〈임을 위한 행진곡〉〈광야에서〉〈진달래〉〈오월의 노래〉〈그날이 오면〉〈마른 잎 다시 살아나〉를 레퍼토리로 한 공연은 예상을 깨고 뜨거운 반응이 이어졌다. 노래를 찾는 사람들은 1989년 공연에서 불렸던 곡들을 선별해 앨범을 제작했다. 문승현이 작사, 작곡한 〈사계〉〈광야에서〉, 안치환이 작곡한 〈솔아 솔아 푸르른 솔아〉, 권진원이 노래한 〈저 평등의 땅에〉가 수록된 〈노래를 찾은 사람들 2〉 앨범을 출시했다. 방송 활동도 없이 이 앨범은 70만 장이라는 엄청난 판매량을 기록했다. 〈솔아 솔아 푸르른 솔아〉는 KBS 음악 순위 프로그램 〈가요톱 10〉에서 7위에 오르기도 했으며 〈사계〉는 대학생들이 출연한 MBC 〈퀴즈 아카데미〉 엔딩 곡으로 사용되기도 했다. 노래를 찾는 사람들의 민중가요를 애창하는 사람도 늘어났다. 〈노래를 찾는 사람들 2〉가 성공하면서 1984년에 발매돼 제대로 유통되지 못했던 1집 앨범까지 판매세가 고조됐다. 민중가요의 성공적인 대중음악계 안착이었다.

　　노래를 찾는 사람들의 성공적인 활동에 힘입어 백창우가 주도한 '노래마을'이 결성돼 〈우리의 노래가 이 그늘진 땅에 햇볕 한 줌 될 수 있다면〉〈우리들의 사랑법〉을 히트시키며 민중가요의 외연을 확장했다. 이후 '꽃다지'를 비롯한 전문 노래 운동 단체와 마산의 '소리 새벽', 안양의 '새 힘', 인천의 '노래선언', 광주의 '소리모아' 같은 지역 노래 모임도 등장하며 공연을 통해 민중가요를 대중에게 확산시켰다.

　　2집 앨범 대성공에도 불구하고 노래를 찾는 사람들은 과거 만들어졌던 민중가요를 중심으로 활동을 펼친 데다 전업 음악인과 직장인 멤버들이 혼재돼 있어 일정 부분 활동의 한계를 드러내며 1990년대 중반에 접어들면서 전성기가 끝이 났다. 물론 이 시기 사회운동의 퇴조 현상이 심화하고 탈정치화 바람이 거세게 일었던 것도 노래를 찾는 사람들의 인기 하락 원인이었다.

김광석은 노래를 찾는 사람들을 떠나 동물원을 거쳐 솔로 가수로 나서며 본격적인 활동에 돌입했다. 안치환과 권진원 역시 노래를 찾는 사람들을 떠나 솔로 활동에 나서면서 민중가요 계열의 노래를 만들어 부르며 인기를 얻었다.

노래를 찾는 사람들은 잔류한 멤버와 새로 들어온 멤버를 중심으로 〈그리운 이름〉 〈청산이 소리쳐 부르거든〉 〈녹두꽃〉 〈의연한 산하〉 〈임을 위한 행진곡〉이 담긴 3집 앨범과 〈동지를 위하여〉 〈끝나지 않은 노래〉 〈우리 큰 걸음으로〉 〈진달래〉 〈백두에서 한라로, 한라에서 백두로〉가 수록된 앨범을 발표했다. 2007년에는 음반 〈노찾사의 새노래 2007〉을 출시했다.

노래를 찾는 사람들은 기존의 한국 대중음악이 담보하지 못한 사회 상황을 반영해 현실을 제대로 바라보게 하고 더 나은 세상을 꿈꾸게 하는 노래의 기능을 회복시켰다. 노래를 찾는 사람들은 민중가요를 통해 노래가 잘못된 세상을 바꾸는 변혁의 무기가 될 수 있다는 사실을 입증했다. 노래를 찾는 사람들은 노래를 통해 표현의 자유와 가요의 소재를 확장해 대중음악의 질적인 진화에도 일조했다. 노래를 찾는 사람들을 시작으로 대중음악계에서 본격적으로 민주, 통일, 노동, 평등을 노래할 수 있었다.

대중음악계의 진보적 진영을 형성하는 계기를 제공한 것도 노래를 찾는 사람들이다. 오랫동안 활동이 금지되었던 김민기는 물론이고 1980년대 전반까지만 해도 그냥 독특한 포크 가수로 인식되었던 신형원과 한돌, 자생적으로 사회 비판적인 노래를 짓기 시작하여 뒤늦게 민중가요권에 진입한 정태춘, 노래를 찾는 사람들을 거쳐 간 김광석 안치환 권진원, 노래마을 출신의 이정열 손병휘, 꽃다지 출신의 류금신 등이 한 부류로 보이기 시작했다. 이러한 존재가 없었던 대중음악계에 이들이 존재하는 것만으로 영향을 주기에 충분했다.[300] 노래를 찾는 사람들은 일부 대학생과 노동자에 한정됐던 민중가요 수요층을 대중으로 확산해 민중가요의 존재와 힘을 일깨워준 의미 있는 역할을 했다.

　　노래를 찾는 사람들은 노래를 통해 국민을 탄압하는 독재 권력에 저항하고 노동자 권리를 무력화시키는 탐욕의 기업에 분노할 수 있게 하고 인간답게 살 수 없게 하는 부조리와 부패의 세력에 대해 맞설 수 있게 했다. 그래서 여전히 집회나 시위 현장에서 그들의 노래가 울려 퍼진다.

노 래

노래	
1984	〈갈 수 없는 고향〉〈산하〉〈그루터기〉〈일요일이 다 가는 소리〉〈빼앗긴 들에도 봄은 오는가〉
1989	〈솔아 솔아 푸르른 솔아〉〈사계〉〈광야에서〉〈마른 잎 다시 살아나〉〈그날이 오면〉〈저 평등의 땅에〉〈이 산하에〉〈오월의 노래〉〈잠들지 않는 남도〉
1991	〈그리운 이름〉〈청산이 소리쳐 부르거든〉〈녹두꽃〉〈의연한 산하〉〈임을 위한 행진곡〉
1994	〈동지를 위하여〉〈끝나지 않은 노래〉〈우리 큰 걸음으로〉〈진달래〉〈백두에서 한라로, 한라에서 백두로〉
1997	〈먼 훗날〉〈함께 가자 우리 이 길을〉
2004	〈귀례 이야기〉〈선언〉〈사랑노래〉

(20) 김완선

金緩宣 | 1969~

§

댄스 음악 주류화 선도한 댄싱퀸

"역시 레전드의 최고 퍼포먼스입니다" "댄싱 퀸의 명성은 사라지지 않습니다" "디바 중의 디바"… tvN 〈댄스가수 유랑단〉의 2023년 6월 8일 방송과 광주, 성균관대 등에서 진행된 녹화 현장을 촬영한 일반인의 영상을 통해 김완선이 〈리듬 속의 그 춤을〉과 〈삐에로는 우릴 보고 웃지〉를 부르며 펼치는 현란한 댄스 퍼포먼스를 접한 뒤 쏟아진 시청자들 반응이다. 2023년에도 여전히 유효성을 발휘한 수식어 '최고 퍼포먼스' '댄싱퀸'의 진원지는 충격 그 자체인 1986년 김완선 데뷔 무대다. 한국 대중음악계에서 볼 수 없었던 새로운 유형의 가수 출현이었다. '나 오늘 오늘 밤은/ 어둠이 무서워요/ 무심한 밤새소리/ 구슬피 들려/ 저 하늘 둥근달이/ 외로워 보여요…' 무대를 휘저으며 선보인 파격적이고 관능적인 춤과 뇌쇄적인 강렬한 눈빛의 열일곱 살 여가수는 단숨에 대중의 시선을 붙잡았다. 언론은 그에게 '댄스 가수'라는 조어를 만들어 수식했다. 얼마 안 돼 그 수식어는 '댄싱퀸'으로 격상됐다.

1969년 서울에서 나고 자란 김완선(본명 김이선)이 가수가 된 것은 매니저이자 이모인 한백희 역할이 절대적이었다. 가수 출신 한백희는 인순이를 발굴해 스타로 만든 것을 비롯해 1970~1980년대 맹활약한 여성 매니저의 대표 주자였다. 한백희는 열다섯 살의 어린 김완선을 발탁해 노래와 댄스를 2년간 혹독하게 훈련시켰다. 역동적이고 격렬한 댄스 율동을 소화하면서 숨소리가 흐트러지지 않을 정도로 강훈련을 지속했고 몸매 관리를 위해 철저하게 다이어트를 시켰다. 연예인으로서 담력과 무대 적응력을 키우기 위해 '인순이와 리듬 터치' 백댄서 멤버로 활동시키며 무대 경험을 쌓게 했다. 체계적인 훈련과 기획의 산물이 김완선이다. 이 때문에 김완선이 기획형 아이돌 1호라는 말이 나온다.

〈지난 이야기〉 〈오늘 밤〉 〈왜 아니 오나〉가 수록된 1집 앨범 전곡을 록밴드 산울림의 김창훈이 작사, 작곡했다. 록으로 작곡했는데 춤이 가미되면서 댄스곡으로 변모했다. 이렇게 탄생한 〈오늘 밤〉을 파격적인 퍼포먼스와 함께 전달해 김완선은 댄스 가수로 우뚝 섰다. 김완선을 정상의 가수로 만든 2집 앨범의 〈나 홀로 뜰 앞에서〉는 김창훈이 그리고 스타성을 배가시킨 〈리듬 속의 그 춤을〉은 한국 록의 대부 신중현이 작곡했다. 김완선을 톱스타로 만든 1990년 5집 수록곡 〈삐에로는 우릴 보고 웃지〉와 〈가장무도회〉는 유명 기타리스트 손무현의 곡이다. 댄스곡을 부르는 가수의 창법과 달리 김완선이 내지르는 창법을 구사하는 것은 이 때문이다. 이것은 이모인 매니저 한백희의 치밀한 전략이었다. 댄스 가수는 음악성이 낮다는 세간의 고정 관념을 뒤집어 버리기 위해 로커나 록과 관련된 유명 세션맨에게 곡을 받은 것이다.[301]

1980년대 다양한 장르의 음악을 소화한 조용필 독주 속에 심수봉, 주현미로 대변되는 트로트와 이문세 이선희로 대표되는 발라드가 주류 음악으로 탄탄한 지지기반을 다진 상황에서 김완선은 댄스 음악을 주류 음악으로 진입시키는 데 결정적인 역할을 했다. 김완선은 〈빙글 빙글〉 〈인디언 인형처럼〉의 나미, 〈아! 바람이여〉 〈널 그리며〉의 박남정, 〈그녀에게 전해주오〉 〈어젯밤 이야기〉의 소방차와 함께 1980년대 중후반 댄스 음악 붐을 일으켰다. 댄스 음악 선풍은 1992년 서태지와 아이들과 1996년 H.O.T의 등장으로 폭발적으로 고조됐다.

김완선은 단순히 댄스 음악 열풍을 일으킨 것이 아니다. 10대를 대중음악 시장에 유입한 문화 산업적 성과도 남겼다. 1980년대 중후반부터 고도성장의 과실을 먹고 자란 10대들이 문화 상품을 소비하는 세력으로 나서기 시작했다. 이런 상황에서 10대들이 환상적이고 화려한 퍼포먼스를 펼치는 김완선의 댄스 음악에 환호하며 대중음악 시장의 주요한 소비층으로 자리 잡았다.

1990년 발표한 5집 앨범의 〈가장무도회〉〈나만의 것〉〈삐에로는 우릴 보고 웃지〉가 큰 인기를 얻으면서 CF와 드라마, 영화 출연 제의가 잇따랐고 해외의 활동 요청도 쇄도했다. 그런데 1992년 6집 앨범을 발표한 직후 전격 은퇴를 선언해 충격을 주었다. 하지만 은퇴 선언은 김완선 의사와 무관한 해외에서 더 많은 수입 창출을 위한 매니저 한백희의 마케팅 전략이었다. 은퇴 선언으로 국내 팬에게 실망을 안긴 김완선은 1993년 홍콩 가수 알란 탐과 듀엣곡을 발표하고 대만에서 세 장의 앨범을 출시하며 해외 활동에 주력했다.

1996년 7집을 발표하며 한국에 컴백한 김완선은 〈탤런트〉로 눈길을 끌었지만, 이전의 반응은 아니었다. 2002년 트랜스 테크노 장르의 〈S〉〈Shall We Dance〉를 발표하는 것을 비롯해 프로듀싱 작업에 참여한 9집 앨범 〈Return〉을 내놓으며 음악 활동을 지속했다. 소속사와의 법적 분쟁과 누드 화보 출간에 대한 대중의 차가운 시선으로 어려움을 겪기도 했다. 2000년대 중반 미국으로 건너가 생활하다 2010년대 들어 〈슈퍼 러브〉〈오늘〉 등 신곡을 발표하는 동시에 클럽과 페스티벌 공연 위주로 활동을 펼쳤다.

"1980~1990년대를 사는 건 별로 좋지 않다고 봐요. 그때를 추억하면서 제 음악을 찾아주시는 분들도 있겠지만, 저는 어렵더라도 새로운 음악을 하고 싶어요. 음악을 하면 할수록 조금씩 좋아지는 걸 느껴요. 완성도 있는 음악을 계속 발표하고 싶습니다."[302] 김완선이 지속해서 새로운 음악으로 대중을 만난 이유다.

김완선을 톱스타로 만든 가장 큰 원동력은 무엇보다 파격적이고 역동적인 댄스, 섹시한 스타일, 화려한 무대 구성 등 관능적인 외모로 표출하는 이전의 가수들과 차원이 다른 완성도 높은 퍼포먼스다. 철저한 기획과 연습, 훈련을 거쳐 탄생한 김완선의 퍼포먼스는 무대와 관객을 장악한 힘이었다. 일부 가수는 목으로 노래하고 또 일부 가수는 가슴으로 노래하지만, 김완선은 온몸으로 곡을 해석한다. 부족한 가창력을 춤으로 보완하는 것이 아니라 그 춤과 발성과 호흡이 유기적으로 어우러진다.

가수는 노래를 잘 부르는 가창력도 중요하지만, 방송과 공연을 비롯한 각종 무대에서 대중을 만나기에 음악을 전달하는 퍼포먼스 역시 매우 중요하다. 빼어난 퍼포먼스로 스타덤에 오른 가수는 적지 않다. 대부분의 가수가 고정된 위치에서 노래하던 1960년대 〈키다리 미스터 김〉을 부르며 열정적으로 춤을 춘 이금희와 방송과 공연 무대를 휘젓는 파격적 액션으로 신선한 충격을 준 패티김은 퍼포먼스로 주목받은 가수다. 1970년대 신중현이 작곡한 〈월남에서 돌아온 김 상사〉 〈거짓말이야〉를 부르며 섹시한 춤을 선보인 김추자는 댄스 가수로 강렬한 인상을 심으며 스타덤에 올랐다. 1980년대 김완선은 현란하고 역동적인 섹시 댄스를 전면에 내세워 퍼포먼스 톱스타로 주목받았고 섹시 아이콘으로 등극했다. 김완선의 뒤를 이어 엄정화 이효리 보아 화사 등이 역동적인 섹시 댄스 퍼포머의 계보를 이었다. 1996년 H.O.T를 시작으로 S.E.S 핑클 동방신기 빅뱅 원더걸스 소녀시대 엑소 방탄소년단 트와이스 블랙핑크 에스파 뉴진스 등 대중음악계를 장악한 아이돌 그룹의 퍼포먼스는 국내 인기뿐만 아니라 글로벌 한류를 일으킨 가장 중요한 원동력이었다.

　　김완선은 단순한 댄스 가수가 아니다. 열일곱의 나이에 혜성처럼 대중음악계에 나타나 댄스 음악을 주류 음악으로 진입시켰고 퍼포먼스의 가치를 발현시켜 한국 가수들의 공연 완성도를 높인 스타다. 그리고 대중음악 시장에 10대를 끌어들여 한국 대중음악의 비약적인 발전을 가져온 가수다.

노 래

노래

1986	〈지난 이야기〉〈오늘 밤〉〈왜 아니 오나〉
1987	〈나 홀로 뜰 앞에서〉〈그대여 다시 오세요〉〈슬픈 얼굴 보이긴 싫어〉〈리듬 속의 그 춤을〉
1988	〈나 홀로 춤을 추긴 너무 외로워〉〈사랑의 골목길〉
1989	〈기분 좋은 날〉〈이 세상 슬픔 가운데〉
1990	〈가장무도회〉〈나만의 것〉〈삐에로는 우릴 보고 웃지〉
1992	〈애수〉〈슬픈 체념〉
1996	〈탤런트〉〈운명의 장난〉
2002	〈S〉〈Shall We Dance〉
2005	〈서른의 노래〉〈모짜르트 듣는 여자〉
2017	〈오늘〉〈강아지〉
2018	〈Tonight〉〈심장이 기억해〉
2020	〈YELLOW〉〈High Heels〉
2022	〈Feeling〉〈사과꽃〉

(21) 유재하

柳在夏 │ 1962~1987

팝 발라드 발전 이끈 천재 뮤지션

유재하가 생전에 남긴 유일한 앨범 〈사랑하기 때문에〉의 대중음악적 위력은 대단하다. 시간이 흐를수록 영향력과 가치는 더 커지고 그의 음악을 찾는 사람은 더 많아진다. 유재하 앨범 〈사랑하기 때문에〉는 1998년 잡지 《서브》가 대중음악 평론가, 기자, PD, 음악 산업 관계자 21명과 함께 선정한 100대 음반 중 7위를 차지했고 2007년 《경향신문》과 음악전문 웹진 《가슴네트워크》가 대학교수, 음악 평론가, 음악 담당 PD와 기자, 음반사 종사자 52명과 함께 한국 100대 음반을 선별한 결과 2위를 기록했다. 2018년 《한겨레신문》, 음원사이트 멜론, 출판사 스코어가 47명의 전문가 위원 투표를 통해 뽑은 100대 음반 가운데 1위에 올랐다. 가수 겸 프로듀서 박진영은 "유재하의 앨범이 가수가 되는 데 큰 영향을 줬다. 한국 대중음악은 유재하 이전과 이후로 나뉜다고 생각한다"라고 단언했다. 가수 한동준은 "클래식을 바탕으로 한 음의 배열이 기존 가요와 완전히 달라서 정말 놀랐다. 가사도 서정성의 절정이었고 〈우리들의 사랑〉이나 〈텅 빈 오늘 밤〉의 리듬도 새로운 시도였다"라며 유재하의 음악을 높게 평가했다. 가수 김동률은 "유재하의 죽음으로 한국 발라드 음악은 10년 퇴보했다"고까지 했다. 유재하는 앨범 〈사랑하기 때문에〉에 담은 연주곡 〈Minuet〉을 포함한 수록곡 아홉 곡과 다른 가수가 부른 〈그대와 영원히〉〈비애〉 같은 노래로 이 같은 엄청난 평가와 찬사를 끌어냈다. 세월이 흐르면서 뮤지션과 전문가, 대중에게 높은 평가를 받는 유재하의 앨범은 발표 당시 미디어와 대중의 반응은 차가웠다. 유재하의 앨범과 함께 전문가의 호평이 쏟아지는 들국화 1집 앨범이 발매 당시에도 60만 장이라는 엄청난 음반 판매량을 기록하며 들국화 신드롬을 일으킨 것과 너무 대조적이다.

1962년 경북 안동에서 출생한 유재하는 어려서부터 음악에 관심이 많아 중고등학교 시절 브레드Bread, 퀸Queen, 비틀스The Beatles, 피터 프램프톤Peter Frampton의 음악을 많이 들었고 엘튼 존Elton John의 노래를 즐겨 불렀다. 이때부터 피아노, 첼로, 바이올린, 기타를 비롯한 다양한 악기를 다루기 시작했다. 한양대학교 음대에 진학해 작곡을 전공했다. 대학생이던 유재하는 1984년 김광민과 정원영의 주선으로 '조용필과 위대한 탄생' 세컨드 건반 연주자가 되었다. 활동은 길지 않았지만, 유재하는 베이시스트 송홍섭을 통해 조용필에게 두 곡의 노래, 〈사랑하기 때문에〉와 〈우리들의 사랑〉을 전달했다. 조용필은 기존 음악과 패턴이 다르고 장조와 단조가 조화를 이룬 〈사랑하기 때문에〉를 1985년 발표한 7집 앨범에 수록했다. 대학 졸업 후 군 복무를 마치고 1986년 김현식과 함께 밴드 '봄여름가을겨울' 멤버로 활동했지만 얼마 안 돼 밴드를 나왔다. 김현식이 전태관 김종진 장기호 유재하, 네 명의 멤버에게 곡을 만들어오면 그 곡을 부르겠다고 밝혔고 유재하는 다섯 곡을 만들어갔지만, 〈가리워진 길〉만 앨범에 수록했다. 이에 실망한 유재하는 밴드를 나왔다.

유재하가 1987년 어렵게 출시한 음반이 〈사랑하기 때문에〉다. 이 앨범에는 조용필이 부른 〈사랑하기 때문에〉와 김현식이 노래한 〈가리워진 길〉뿐만 아니라 〈우리들의 사랑〉〈그대 내 품에〉〈텅 빈 오늘 밤〉〈내 마음에 비친 내 모습〉〈지난날〉〈우울한 편지〉〈Minuet〉이 담겼다. 유재하는 방송사의 가수 방송 출연 여부를 결정하기 위한 심의에서 떨어져 음반의 수록곡들이 방송되지 못한 데다 일본 야마다 가요제에 출품한 〈지난날〉이 예선에서 탈락해 작지 않은 충격을 받았다. 그는 음반을 발표하고 KBS 〈젊음의 행진〉에 한번 나선 것이 텔레비전 출연의 전부다.

앨범 발표 당시 방송사와 대중은 클래식과 재즈를 가요에 접목시킨 음악 스타일, 통속적이지 않은 멜로디, 말하듯이 편하게 부르는 담백한 창법, 서정적인 노랫말에 낯설어했고 심지어 이상하다는 반응마저 보였다.[303] 이 때문에 음반과 가수의 성공을 좌우하는 미디어와 대중의 외면을 받았다.

천재 뮤지션 유재하는 1987년 11월 1일 불의의 교통사고로 스물다섯 젊은 나이에 세상을 떴다. 그가 죽은 뒤 전문가와 동료 뮤지션, 대중은 그의 음악을 재발견하며 뛰어난 음악성과 독창적인 실험을 평가하기 시작했다. 싱어송라이터들은 유재하 음악을 전범으로 삼았고 가수들과 가수 지망생들은 각종 무대에서 유재하의 노래를 불렀다. 대중도 유재하 노래를 다시 찾아 듣기 시작했다. 유재하가 세상을 뜬 지 3년 만인 1990년 11월 1일 〈미소 속에 비친 그대〉를 발표하며 데뷔한 신승훈은 "유재하 선배님은 내가 가수가 될 수 있었던 이유이자 싱어송라이터로 성장할 수 있다는 자신감을 심어준 분입니다. 유재하 선배님은 위대한 뮤지션입니다"라고 말하기도 했다.

유재하의 유작 앨범이 돼버린 앨범 〈사랑하기 때문에〉의 수록곡은 모두 유재하가 작사, 작곡은 물론 편곡 작업까지 했다. 당시 작사, 작곡하며 노래하는 싱어송라이터는 있었지만, 편곡까지 한 뮤지션은 유재하 이전에는 없었다. 악보에 생명을 불어넣는 편곡을 한다는 것은 창작자 의도를 100% 살린다는 것을 의미한다. 이렇기 때문에 앨범 〈사랑하기 때문에〉는 유재하의 의도와 창작성이 고스란히 드러나 있다.

클래식의 다양하고 어려운 화성을 대중음악에 녹이고 관현악 스타일로 편곡해 완성도를 높인 앨범 수록곡들은 갖가지 실험적 장치들과 독창적 기제들로 인해 시간과 시대를 넘어 대중의 사랑을 받는 음악이 됐다. 장조와 단조가 어우러진 〈사랑하기 때문에〉, 기타 연주가 배제된 〈가리워진 길〉, 말하듯이 읊조리지만 처연함이 드러나는 〈텅 빈 오늘 밤〉, 새로운 리듬이 시도된 〈우리들의 사랑〉, 재즈적 감성이 도드라지는 〈우울한 편지〉, 클래식 연주자의 면모를 보여준 연주곡 〈Minuet〉 등은 팝 발라드를 한 단계 도약시킨 음악들이다. 이 때문에 유재하 앨범 〈사랑하기 때문에〉가 한국 팝 발라드 진화의 시작이라는 평가가 나온다. 서정성이 짙게 밴 아름다운 노랫말과 기교가 거의 없는 말 하듯이 편하게 읊조리는 창법, 맑으면서 처연한 음색이 더해진 앨범 〈사랑하기 때문에〉의 수록곡들은 시대를 가로지르며 명곡으로서의 위상을 차지했다.

유재하의 앨범 〈사랑하기 때문에〉는 기본적으로 훌륭한 노래들의 집합체다. 팝송 라이팅의 새로운 위형이라기에 무자람이 없다. 클래식으로 훈련된 이성과 팝으로 경사된 감성을 아우른 작곡가로서 유재하는 뛰어난 만큼 달랐다.[304]

유재하가 세상을 떠난 이후 1989년부터 '유재하 음악 경연대회'가 열려 1회 대상 수상자 조규찬, 4회 대상 수상자 유희열을 비롯해 이한철, 심현보, 루시드 폴, 정지찬, 고찬용, 김연우, 스윗 소로우, 방시혁, 옥상 달빛 같은 실력 있는 뮤지션을 배출했다. 1997년 유영석 신해철 여행스케치 이적 이소라 조규찬이 발표한 헌정 앨범 〈다시 돌아온 그댈 위해〉와 앨범 수록곡이 작품 전편에 깔린 영화 〈사랑하기 때문에〉 등에 의해 유재하의 음악이 새로운 생명력을 얻었다. 이문세, FT아일랜드, 박진영, 왁스, 이기찬, 나얼, 백지영, 김조한, 박정현을 비롯한 수많은 가수와 대중에 의해 다시 불리면서 유재하 음악은 유행가의 한계를 벗어났다.

〈사랑하기 때문에〉의 수록곡은 한국 대중음악의 작사, 작곡, 편곡, 창법에 큰 영향을 미치고 있다. 유재하 음악은 '한국 팝 발라드의 원조' '싱어송라이터의 전범' 같은 박제된 수식어가 아닌 오늘의 한국 대중음악에 살아있는 교본 역할을 한다. 유재하 음악에 대한 평가와 찬사는 흐르는 시간과 세월에 비례해 쌓여가고 있다. 무엇보다 시간이라는 가장 무서운 비평을 이겨내며 우리 곁에 유재하의 음악이 함께 한다.

노 래

노래

1987	〈우리들의 사랑〉 〈그대 내 품에〉 〈텅 빈 오늘 밤〉 〈내 마음에 비친 내 모습〉 〈가리워진 길〉 〈지난날〉 〈우울한 편지〉 〈사랑하기 때문에〉 〈Minuet〉

(22) 김광석

金光石 | 1964~1996

삶과 시대 노래한 가객

뮤지컬 〈바람이 불어오는 곳〉〈디셈버〉〈그날들〉, 영화 〈공동경비구역 JSA〉〈클래식〉, 아이유부터 미국 유명 밴드 위저Weezer까지 많은 가수의 리메이크 노래, KBS의 〈불후의 명곡-전설을 노래하다〉〈감성과학프로젝트-환생〉과 SBS의 〈세기의 대결! AI vs 인간〉을 비롯한 방송 프로그램, 그리고 SK 광고 등에서 여전히 현재 진행형의 가수다. 무엇보다 사업 실패, 실연, 입대 같은 인생의 고비를 맞을 때나 생활과 노동으로 고달플 때, 세월의 흔적이 나이에 쌓일 때, 그의 노래를 소환하는 사람들 가슴에 뜨겁게 살아 있는 가수다. 1996년 1월 6일 서른둘 나이에 황망히 대중 곁을 떠났지만 말이다. 가수 김광석이다.

김광석은 그가 살았을 때 소극장 콘서트, 라디오와 TV, 음반, 거리의 스피커를 통해 그의 노래로 위안을 받았던 사람부터 죽은 뒤 가수 존재조차 모르면서 그의 노래로 인생과 삶의 의미를 깨달은 사람까지 수많은 대중에게 여전히 다양한 감정의 울림을 주는 가수다.

1964년 대구에서 태어나 초등학교 입학 전 서울로 올라온 김광석은 중학교 때 현악부 활동을 한 데 이어 고등학생 시절 합창부를 하면서 음악에 대한 감성을 키웠다. 1982년 명지대에 입학하면서 대학 연합 노래 서클에 가입해 민중가요를 부르고 공연 무대에 섰다. 김광석은 서울대 '메아리', 고려대 '노래얼', 이화여대 '한소리' 등 노래 운동 서클 출신 졸업생과 재학생이 함께 결성한 노래 운동 단체 '새벽'에서 활동하면서 공연 무대에 오르는 한편 1984년 출시한 앨범 〈노래를 찾는 사람들〉에도 참여했다. 1987년까지 노래를 찾는 사람들에서 활동하다 탈퇴한 뒤 김창기 박경찬 등과 1988년 결성한 '동물원'에서 보컬로 활약했다. 1988년 발표한 동물원 1집 앨범에서 김창기가 작사, 작곡한 〈거리에서〉를 불렀고 2집에서도 김창기가 작사, 작곡한 〈흐린 가을에 편지를 써〉의 보컬을 담당했다. 초창기 동물원 멤버들은 다른 직업을 갖고 있으면서 음악 활동을 병행했다. 김광석은 사정이 달랐다. 음악으로 생계를 꾸리는 전업 음악인을 지향했기에 동물원을 나와 솔로 가수로 활동하기 시작했다.

1989년 팝, 록, 포크, 발라드 노래가 수록된 1집 앨범부터 〈그대 웃음소리〉 〈슬픈 우연〉 〈내 꿈〉 같은 직접 작사, 작곡한 노래를 발표하며 김광석이 추구한 음악 세계를 드러냈다. 1991년 발표한 2집 앨범도 김형석의 〈사랑이라는 이유로〉, 김창기의 〈그날들〉처럼 다른 작곡가의 곡도 있지만 〈슬픈 노래〉를 비롯한 김광석이 작곡한 노래를 수록했다. 김광석의 솔로 가수로서의 성공은 〈사랑했지만〉 〈꽃〉 〈사랑이라는 이유로〉 〈그날들〉로 대중성을 얻으며 많은 사람의 공감대를 형성한 2집 앨범부터다. 〈잊어야 한다는 마음으로〉 〈외사랑〉 〈기대어 앉은 오후에는〉이 담긴 3집 앨범과 〈일어나〉 〈바람이 불어오는 곳〉 〈너무 아픈 사랑은 사랑이 아니었음을〉 〈서른 즈음에〉가 수록된 4집 앨범을 발표하면서 스타덤에 올랐다. 특히 4집 앨범은 특유의 성량과 음색이 잘 발현돼 가수 김광석의 존재감과 정체성을 대중에게 강렬하게 각인시켰다. 사랑의 아픔을 달래주는 〈너무 아픈 사람은 사랑이 아니었음을〉, 삶의 외로움을 위로하는 〈혼자 남은 밤〉, 삶에 대한 의지와 소망이 담겨 있는 〈일어나〉, 세월의 흐름과 나이의 무게를 일깨운 〈서른 즈음에〉, 건강한 포크와 포크록의 미덕을 계승한 〈바람이 불어오는 곳〉〈자유롭게〉는 사람들이 사랑하고 이별하고 좌절하고 아파했던 흔적들을 김광석의 목소리로 길어 올리고 어루만져[305] 세월과 상관없이 많은 사람에게 사랑받았다.

김광석은 1993년과 1995년 발표한 리메이크 앨범 〈다시 부르기 1, 2〉에 〈광야에서〉〈거리에서〉 같은 그가 활동했던 노래를 찾는 사람들과 동물원의 노래와 〈바람과 나〉〈두 바퀴로 가는 자동차〉〈어느 60대 노부부 이야기〉를 비롯한 1970년대 포크 명곡과 1980년대 노래를 담았다. 김광석은 리메이크 앨범을 통해 댄스 음악이 장악한 1990년대 변방으로 밀려나 있던 포크 음악을 대중음악 중심부로 소환했다. 단순히 소환한 것이 아닌 원곡의 재해석과 세련된 편곡 작업을 통해 1990년대의 시대적 감성을 입혀 새롭게 생명력을 가진 노래로 환생시켰다.

김광석은 단순히 음반을 발표하며 노래를 부른 가수가 아니다. 그는 1990년대 들어서 1,000회에 달하는 소극장 공연과 대학 축제는 물론이고 읍과 면의 시골 마을까지 찾아가 크고 작은 공연을 통해 관객과 이야기를 나누고 노래를 하며 살아있는 소통을 했다. 공연에서 들려주는 김광석의 노래와 이야기는 가슴 아픈 사람에게 위로가 됐고 좌절한 사람에게 용기를 줬으며 외로운 사람에게 함께 있다는 연대감을 전해줬다. 이 때문에 김광석을 마음을 노래하는 가객이라고 했다.

살아있을 때도 죽은 후에도 김광석의 음악은 시간과 세월을 뛰어넘고 랩과 댄스, 팝 발라드, 힙합 등 폭발적인 트렌드에 초연하며 끊임없이 대중의 가슴과 귀에 안착하고 입으로 소환된다. 단순한 안착과 소환이 아니다. 위로와 용기, 감동 같은 다양한 감정을 수반한 안착이고 소환이다.

"제 노래는 이야기입니다. 사랑하는 이야기, 아파하는 이야기, 그리워하는 이야기, 평범한 사람들이 겪고 느끼는 이런저런 일상의 이야기들을 노래에 담았습니다"라는 김광석의 말은 그의 노래가 왜 오랜 시간 수많은 사람에게 자신의 이야기로 치환되며 공감되는지를 알려준다. 인간이면 누구나 삶의 과정에서 한 번쯤 겪을 만한 일과 사건, 경험을 형상화한 김광석의 노래는 보편성과 일상성의 힘을 갖고 있어 대중의 공감을 끌어낸다.

김광석은 가벼우면서도 무겁고 피상적이면서도 깊은 삶의 다양한 주제를 노래의 씨줄과 날줄로 엮은 인생 텍스트를 세상에 내놓곤 했다. 그래서 누구라도 그 텍스트의 매듭 속에서 '자기 이야기'를 발견하곤 동감하며 삶을 성찰하는 화두를 얻게 된다.[306]

김광석의 음악이 오랜 시간 공감과 감동의 원천이 된 것은 그의 소리에서도 찾을 수 있다. 아픔과 슬픔, 기쁨과 행복을 기교 없이 드러내는 날것 그대로의 음색과 거기에 실린 진정성 있는 감정, 아픈 것을 더 아프게, 슬픈 것을 더 슬프게 들리게 하는 목소리는 사람의 귀를 움직이는 것이 아니라 가슴을 움직인다. 강약 조절의 섬세함, 피치의 정확함, 바이브레이션의 조절, 정교한 끝맺음 같은 테크닉이 아닌 몸으로 체감한 희로애락을 때로는 담백한 때로는 절절한 소리로 풀어낸다. 완벽한 기교와 뛰어난 테크닉 구사의 결과물이 아닌 진솔한 목소리로 전달된 그의 노래에서 사람 냄새를 맡을 수 있다. 1,000회가 넘는 소극장 공연을 통해 체득한 대중의 감정과 체온을 담아 공명감 있는 소리로 노래를 소화했다. 김광석은 통기타와 하모니카만으로도 화려한 오케스트라 반주에 노래하는 가수나 역동적인 퍼포먼스를 펼치는 아이돌 그룹이 전달할 수 없는 노래의 감동을 관객에게 전해줬다.

김광석은 1996년 1월 6일 스스로 세상과 단절했다. 하지만 대중과의 절연은 불가능했다. 인생과 함께 끊임없이 가슴에 파고드는 김광석의 노래가 있기 때문이다.

노래

(23) 신승훈

申昇勳 | 1966~

음반 산업 주도한 발라드 황제

연예인을 꿈꾸는 지망생과 스타가 되기를 열망하는 가수나 배우, 예능인은 고단한 현실을 견딘다. 연예인이 되지 못하거나 무명 생활이 오래되면 생계 위협을 비롯한 많은 문제가 생긴다. 연예계 데뷔가 무산되거나 무명 생활의 고통이 임계점에 이르면 연예인 꿈을 포기하거나 연예계를 떠난다. 심지어 극단적 선택을 하기도 한다. "아빠가 가수 되는 것을 계속 반대하셔서 만났을 때 별로 좋은 얘기는 안 하신다. 조금 지친다. 빨리 데뷔해서 아빠에게 이쪽 일이 정말 멋있는 일이라는 것을 보여드리고 싶다." 가수 데뷔만을 기다리며 연예기획사 연습생으로 4년여를 보낸 가수 지망생 안소진은 2015년 2월 연예계 데뷔가 무산된 뒤 스스로 목숨을 끊었다. 그의 나이 스물세 살이었다. 나날이 연예인 지망생은 급증해 수십만 명에 달한다. 데뷔하기도 힘들고 연예계에 진출해서 스타로 성공하기는 더더욱 어렵다.

1990년 한 가수의 데뷔 앨범이 110만 장이라는 엄청난 판매량을 기록했다. 연예계에 입문하자마자 전 국민이 알아보는 스타가 됐다. 135만 장이 팔린 2집 앨범을 포함한 일곱 개의 밀리언셀러 앨범으로 음반 판매량이 1,000만 장을 돌파하면서 톱스타 자리에 올랐다. 신승훈이다. 수많은 연예인 지망생과 가수가 신승훈처럼 되고 싶어 한다.

1966년 대전에서 나고 자란 신승훈은 음악과 무관한 충남대 경영학과에 진학했으나 음악이 좋아 통기타 창작곡 동아리 활동을 하고 카페, 음악감상실, 호프집에서 노래를 부르는 아르바이트를 하며 가수 꿈을 키웠다. 대전 지역에서 명성을 얻어 지방 방송에 출연하면서 곡을 만들기 시작했다. 서울 중앙무대에 서고 싶기도 하고 무엇보다 자신의 이름으로 음반을 내고 자신의 노래를 부르며 가수 활동을 하고 싶었다. 1989년 상경해 아르바이트하면서 음반 발매에 대해 알아봤지만, 현실은 녹록지 않았다. 라면으로 끼니를 때우다 영양실조까지 걸려 건강마저 위협받았다. 어쩔 수 없이 대전으로 다시 내려갔다. 낙향한 뒤 한동안 침울한 기분이었지만, 마음을 다잡고 곡을 만들기 시작했다. 이때 만든 노래가 〈미소 속에 비친 그대〉다. 이 노래를 부르는 데 지인들이 좋다는 반응을 보여 자신감을 얻고 데모 테이프를 만들어 서울의 기획사에 돌렸다. 작사가 신재각이 신승훈의 데모 테이프를 듣고 모아기획(라인기획 전신) 대표 김창환에게 소개해서 기회를 잡았다.

　　신승훈은 1990년 김창환의 지휘 아래 발라드 〈미소 속에 비친 그대〉를 비롯한 아홉 곡이 수록된 데뷔 앨범을 발표했다. 아홉 곡 중 〈미소 속의 비친 그대〉〈그댈 사랑해〉 등 여섯 곡이 신승훈이 작사, 작곡한 노래였다. 싱어송라이터 신승훈의 본격적인 등장이었다. 포크 감성이 깃든 발라드 〈미소 속에 비친 그대〉를 비롯한 수록곡들은 반응이 대단했다. 스타 가수도 달성하기 힘든 110만 장이라는 엄청난 음반 판매량을 기록했다. 연예계에 진입하자마자 스타가 된 것이다. 1980년대 중후반 이문세 변진섭으로 이어지는 팝 발라드 열풍을 신승훈이 이어받아 이들을 능가하는 인기를 얻었다. 무엇보다 이문세와 변진섭은 작곡가의 곡을 받아 노래를 불렀고 신승훈은 작사, 작곡을 직접 하며 자신이 지향하는 애절한 발라드의 음악 세계를 추구해 출발점이 달랐다. 〈보이지 않는 사랑〉〈영원히 사랑할 거야〉〈거울 속의 나〉가 담긴 2집 앨범을 발표하면서 신승훈은 인기가 상승하며 발라드 황태자로 등극했다.

팝 발라드 열풍이 고조되면서 1980년대 중후반 많은 가수가 발라드를 들고 나왔다. 문제는 데뷔 앨범 성공으로 인기를 얻은 다음 방송과 행사 출연 등 과도한 활동으로 재능을 너무 쉽게 소진해 버렸다. 소속사는 가수에 대한 체계적이고 지속적인 관리를 해주지 못하고 1집 앨범 성공을 바탕으로 한 수입 창출에만 몰두했다. 이로 인해 두 번째 앨범을 발표할 때 1집 앨범의 음악적 수준을 유지하지 못하고 실패해 대중의 시선에서 사라지는 단명 가수가 비일비재했다.

하지만 모아기획 김창환 대표는 신승훈 2집을 좀 더 체계적인 기획 하에 심혈을 기울였고 기타 함춘호 김광석, 드럼 배수연, 피아노와 신시사이저 김명곤 김형석 같은 최고 세션맨을 투입해 성공을 이끌었다. 타이틀곡 〈보이지 않는 사랑〉이 장기간 열광적 반응을 이끌었고 〈영원히 사랑할 거야〉 〈거울 속의 나〉 등 다른 곡들도 큰 인기를 얻었다. 1집을 뛰어넘는 135만 장의 앨범 판매량을 기록했다.

서태지와 아이들의 랩과 댄스 리듬으로 무장한 〈난 알아요〉가 대한민국을 강타하고 김건모의 흑인 음악 감성이 짙은 〈잠 못 드는 밤 비는 내리고〉가 돌풍을 일으킨 1992년에 접어들면서 신승훈 신드롬은 꺾일 것이라고 대중음악계는 예상했다. 하지만 예상은 보기 좋게 빗나갔다. 신승훈은 〈소녀에게〉 〈로미오&줄리엣〉 〈처음 그 느낌처럼〉 〈그 후로도 오랫동안〉 〈나보다 조금 더 높은 곳에 니가 있을 뿐〉 같은 수많은 히트곡을 내며 신드롬 열기를 더욱 고조시켰다.

"제 음악의 정서적 기반은 애이불비哀而不悲입니다. 속으로는 슬프지만, 겉으로는 울지 않는다는 거죠. 특히 근래처럼 사랑이 인스턴트화되는 시점에 그런 전통적 사고가 소중하다고 생각합니다. 사랑과 이별을 다룬 발라드를 계속 부를 겁니다. 저는 적지 않게 실험을 해왔어요. 힘이 들지만, 틀을 지키면서 지속해서 새로운 발라드를 만들어낼 계획입니다."[307] 신승훈의 음악 지향점이다. 신승훈은 발라드 음악에 클래식 삽입을 비롯한 색다른 시도를 해 발라드 음악의 고급화를 꾀하는 한편 쉬운 화성 진행과 형식으로 누구나 한번 들으면 따라 부를 수 있는 선율을 사용해 대중성을 높였다. 선이 강렬한 미성으로 감정의 과잉을 철저히 제어해 절제된 분위기로 노래를 불러 사람들이 발라드 감성을 더 깊게 느끼게 했다. 신승훈의 음악이 대중음악의 주요한 소비층인 10대를 넘어 여러 세대의 반응을 이끌며 사랑받는 이유다.

2000년대 들어 음반 중심에서 음원 중심으로 대중음악 시장이 재편되고 아이돌 그룹의 댄스 음악이 대중음악계를 장악하면서 신승훈의 음반 판매량이 상위 차트에서 멀어졌다. 그는 공연 쪽으로 활동의 중심을 이동시켰다. 2004년부터 'The 신승훈 Show'를 선보여 매회 매진을 기록하며 성공적인 공연 브랜드로 안착시켰다. 오케스트라와 합주를 해도 묻히지 않고 자신의 주파수로 악기의 힘을 감싸는 보컬과 어떠한 상황에서도 흔들리지 않은 음의 안정성, 능수능란한 감정 표현력은 객석 관객의 감성을 폭발시키기에 충분했다. 신승훈은 게스트나 다른 가수의 출연 없이 혼자서 대형무대를 이끌어가는 경우가 대부분이다. 데뷔 이후 1,000회에 달하는 공연으로 다져진 라이브 실력과 수많은 히트곡이 있기에 가능한 일이다. 이 때문에 '공연의 황제'라는 수식어까지 더해졌다.

신승훈은 발라드 가수로는 이례적으로 해외로 활동 무대를 넓혔다. 그는 2005년 일본에 진출해 앨범 〈미소 속에 비친 그대〉를 시작으로 싱글 앨범, 미니 앨범, 정규 앨범을 발표하고 콘서트도 진행했다. 아이돌 그룹의 댄스 음악이 K팝 한류를 주도하는 상황에서 신승훈이 일본의 성공적인 활동을 통해 K팝 한류의 외연을 확장했다.

1990년대 초반부터 발라드 신드롬을 일으킨 신승훈에 이어 조성모가 1990년대 후반부터 그 열기를 이어 나갔고 2000년대에는 이수영 백지영 김범수 성시경이 발라드 열풍을 고조시켰다. 신승훈은 발라드 장르의 최고 아티스트 자리를 넘어 그 자신이 장르가 되어 한국 대중음악과 발라드의 진화를 이끌었다.

노 래

노래	
1990	〈미소 속에 비친 그대〉〈두 번째의 사랑〉〈돌아봐줘〉
1991	〈보이지 않는 사랑〉〈영원히 사랑할 거야〉〈거울 속의 나〉
1993	〈소녀에게〉〈로미오 & 줄리엣〉〈널 사랑하니까〉〈처음 그 느낌처럼〉
1994	〈그 후로도 오랫동안〉〈너를 보내며〉〈사랑 느낌〉〈슬픈 사랑〉
1996	〈나보다 조금 더 높은 곳에 니가 있을 뿐〉〈운명〉〈내 방식대로의 사랑〉
1998	〈지킬 수 없는 약속〉〈세상에서 가장 아름다운 사랑〉〈오래된 사랑의 끝〉〈인연〉
2000	〈전설 속의 누군가처럼〉〈엄마야〉〈이별 그 후〉〈Forever〉
2002	〈사랑해도 헤어질 수 있다면〉〈哀而不悲〉〈널 위한 이별〉〈I believe〉
2004	〈哀心歌〉〈두 번 헤어지는 일〉〈그게 바로 사랑이죠〉〈그녀와 마지막 춤을〉
2006	〈Dream Of My Life〉〈送緣悲歌〉〈Lady〉〈지금 만나러 갑니다〉〈그래도 사랑이다〉
2008	〈Different Wave〉〈라디오를 켜봐요〉
2009	〈그랬으면 좋겠어〉〈사랑치〉
2013	〈Sorry〉〈내가 많이 변했어〉
2015	〈이게 나예요〉〈해, 달, 별 그리고 우리〉〈AMIGO〉〈Love Again〉〈마요〉
2018	〈불꽃처럼 아름답게〉
2020	〈여전히 헤어짐은 처음처럼 아파서〉〈그러자 우리〉

(24) 서태지와 아이들

서태지 양현석 이주노

대중음악 혁명 일으킨 전위주의 그룹

'난 알아요/ 이 밤이 흐르고 흐르면/ 누군가가 나를 떠나버려야 한다는/ 그 사실을 그 이유를/ 이제는 나도 알 수가 있어요…' 〈난 알아요〉는 단순한 노래 하나가 아니다. 대중음악 더 나아가 대중문화 혁명이고 사회에 세대적 충격을 가한 일대 사건이기 때문이다. 아무도 몰랐다. 서태지와 아이들이 1992년 3월 23일 발표한 1집 데뷔 앨범 〈Seotaiji and Boys〉가 몰고 올 파장과 충격을.

1992년 3~4월 MBC의 〈토요일 토요일은 즐거워〉 〈특종! TV연예〉와 KBS의 〈젊음의 행진〉을 통해 모습을 드러낸 서태지와 아이들의 〈난 알아요〉 노래부터 회오리 춤, 이색적인 패션까지 모든 것이 생경했다. 기성세대와 주류 음악계는 주목하지 않았고 평가조차 하지 않았다. 그러다 〈난 알아요〉 〈환상 속의 그대〉에 열광하며 파격적인 의상과 회오리 춤을 따라 하는 10대 열풍을 보면서 폄하와 비난으로 일관했다. 우려 섞인 반감마저 표출했다. 언론과 기성세대는 1992년 2월 뉴 키즈 온 더 블록New Kids On The Block 내한 공연 때 열광한 팬 때문에 사고가 발생해 한 명이 숨지고 수십 명이 다치는 사건에 대해 과열된 10대의 철없는 짓이라고 단정했던 부정의 낙인을 서태지와 아이들의 신드롬에도 새기려 했다. 하지만 이러한 시선은 얼마 안

돼 급변했다. 파격적인 랩과 헤비메탈, 테크노 뮤직의 요소가 혼합된 댄스 곡 〈난 알아요〉와 역동적인 회오리 춤, 반바지와 돌려 쓴 모자 같은 파격적 패션 스타일의 서태지와 아이들에 의해 대중음악계가 일시에 장악됐기 때문이다. 대중음악계가 순식간에 서태지와 아이들 중심으로 재편됐다. 서태지와 아이들은 하위문화로 주류 대중음악계를 평정했다.[308] 서태지와 아이들은 1970년대 태어나 산업화 혜택을 받고 성장하며 사회와 집단보다 개인과 자신에 주목하고 지금 이 순간의 욕망에 충실한 신세대, X세대의 출현을 강력하게 그리고 구체적으로 목격하게 했다.

공고를 중퇴하고 열일곱 살 때 헤비메탈 밴드 시나위의 베이시스트로 활동했던 서태지(본명 정현철 1972~)와 최고 댄서로 명성을 얻은 양현석(1969~), '박남정과 프렌즈' 멤버로 활약한 이주노(본명 이상우 1967~)는 1991년 9월 서태지와 아이들을 결성했다. 1992년 3월 랩을 사용하고 헤비메탈과 테크노 뮤직 요소도 가미한 강한 비트 댄스곡 〈난 알아요〉〈환상 속의 그대〉와 발라드 〈너와 함께한 시간 속에서〉〈이 밤이 깊어가지만〉 등이 수록된 1집 앨범을 발표해 170만 장이라는 엄청난 앨범 판매량을 기록했다. 생경한 랩과 파격적인 댄스 · 패션을 비롯한 시각적 요소로 단숨에 10대를 사로잡았다. 신해철이 1990년 발표한 〈안녕〉에서 랩을 시도했지만, 그것은 느린 템포의 영어 랩이었다. 이와는 근본적으로 다른 것으로 지껄이듯 빠르게 토해내는 서태지와 아이들의 우리말 랩은 충격 그 자체였다. 이후 랩은 한국 대중음악의 중요한 장르이자 요소로 부각되며 10대의 언어가 됐다. 서태지와 아이들의 파워풀한 회오리춤과 기존 가수들의 패션과 차별화한 반바지와 한 사이즈 큰 옷, 돌려 쓴 모자, 상표를 떼지 않은 의상은 10대의 정체성을 드러내는 기표가 됐다.

서태지와 아이들은 음악 산업과 가수 활동의 패턴마저 변화시켰다. 활동 시기와 음반을 제작하는 시기를 엄격히 구분하기 시작했다. 1집 활동을 한 뒤 서태지와 아이들은 다음 음반을 준비한다며 6개월간 잠적하며 방송 등 대중매체에 모습을 일절 드러내지 않았다. 이후 이러한 관행을 대부분의 연예기획사와 가수가 도입했다.

잠적 6개월 만에 1993년 〈하여가〉〈우리들만의 추억〉〈너에게〉〈수시아〉〈마지막 축제〉가 담긴 2집 앨범을 들고 나왔다. 서태지와 아이들의 동의어가 돼버린 파격과 실험은 2집에서도 확연하게 드러났다. 강렬한 기타 사운드와 태평소 연주 같은 국악적 요소를 가미한 〈하여가〉와 자아의 문제에 천착한 〈수시아〉〈죽음의 늪〉은 형식적 실험과 내용적 혁신이 눈에 띄었다. 2집 역시 220만 장의 판매량을 기록했다.

1994년 발표한 획기적인 3집 앨범은 절대적 지지층인 10대의 환호는 물론이고 대학생과 일부 기성세대까지 팬층으로 유입시켰다. 얼터너티브록과 메탈로 채색한 3집 앨범은 사회비판과 저항적 메시지를 담아 사회적 화제를 불러일으켰다. 〈교실 이데아〉는 공부만을 강요하는 어른들에게 "됐어"라고 당당하게 되받아치며 교육 현실을 질타해 10대를 대변했고 〈발해를 꿈꾸며〉에선 대중가요에서 좀처럼 볼 수 없었던 분단과 통일을 주제로 내세우며 시대정신까지 담보했다. 물론 3집 앨범의 사회적 주제는 매니지먼트 감각의 소산이고 사회 비판적 노래를 바라는 대중의 변화를 서태지가 명민한 감각으로 포착해낸 상술이지만, 언더그라운드에 국한되어 있던 경향을 텔레비전 주류 가요로 올려놓은 것은 획기적이었다는 평가도 제기됐다.[309]

1995년 발표한 4집에는 청소년 가출을 소재로 한 〈컴백홈〉과 돈이 지배하는 세상을 비판한 〈1996 그들이 지구를 지배했을 때〉가 수록돼 신세대의 변함없는 지지를 받았다. 4집 앨범 수록곡 〈시대 유감〉 가사가 공연윤리위원회 심의에 걸려 가사를 담지 않고 연주곡으로 발표하며 사전심의 문제를 이슈화했다. 정태춘이 줄기차게 벌였던 사전심의 철폐 운동에 서태지와 아이들 팬들이 가세했다. 1996년 사전심의 제도는 위헌 판정이 나면서 폐지됐다.

1996년은 충격으로 시작됐다. 바로 1996년 1월 31일 서태지와 아이들이 전격적으로 은퇴를 선언했기 때문이다. "살이 내리고 뼈를 깎는 창작의 고통과 부담감이 컸다. 아름다울 때 물러나겠다"라며 은퇴를 선언했다. 서태지와 아이들의 은퇴로 사회적 충격 여파는 엄청났고 집단적 히스테리 현상마저 일어났다. 자신의 우상을 졸지에 잃은 10대들의 은퇴를 부정하는 아우성이 넘쳐났다.

서태지와 아이들의 해체 이후 2년 만인 1998년 서태지는 미국에 체류하면서 실험적인 메탈 음악 스타일의 〈Take Two〉를 비롯한 여섯 곡의 노래와 세 개의 연주곡으로 구성된 솔로 1집 앨범 〈Seo Tai Ji〉를 발표했다. 국내 활동은 하지 않았지만, 판매량이 130만 장에 달했을 정도로 대중의 반응은 뜨거웠다. 서태지는 2000년 록 음악으로 꾸민 솔로 2집 〈울트라맨이야〉를 발표한 것을 비롯해 솔로 활동을 중심으로 음악 작업을 이어갔다.

사생활을 대중매체로부터 철저히 차단하며 신비주의 철옹성을 쌓았던 서태지는 미국에서 배우 이지아와 1997년 결혼해 10년 동안 생활을 한 뒤 이혼한 사실이 알려지지 않았다가 2011년 국내 법정에서 진행된 이혼에 따른 재산분할 청구 소송이 언론에 보도되면서 수만 건의 기사가 쏟아져 대중에게 엄청난 충격을 주기도 했다.

서태지와 아이들은 랩부터 테크노까지 다양한 장르적 실험과 사랑에서 자아 탐구, 사회비판에 이르기까지 내용적 쇄신을 통해 한국 대중음악의 혁명적인 변화를 이끌었다. 가수의 활동 패턴 변모를 통한 음악 산업의 혁신도 주도했다. 서태지와 아이들의 팬클럽 '요요' 결성을 시작으로 조직적인 팬덤이 본격화하며 팬과 팬클럽 문화의 질적 진화도 선도했다. 음반 판매촉진을 위한 수단인 뮤직비디오가 하나의 산업이자 예술로 인정받는 데 결정적 역할을 한 것도 서태지와 아이들이다.

이 때문에 서태지와 아이들은 1990년대 달라진 문화 환경이 낳은 역사적 존재인 동시에 주류 대중문화의 형식과 내용을 주도적으로 생산하는 문화 주체였고 새로운 문화 형식을 받아들이되, 그 형식을 사회적 모순에 대응하는 의미 있는 체계로 급진화하는 전위주의의 대표 주자라는 평가를 받기도 했다.[310] 서태지와 아이들은 음악과 위상에 대한 논란이 있지만, 아티스트의 실험과 도전이야말로 대중예술 아니 사회 전체를 새로운 세상으로 안내해주는 동력이라는 사실을 일깨워줬다. 서태지와 아이들의 문화적 세례를 받은 사람들이 대중음악계와 대중문화계 주역으로 활약한 것이 서태지와 아이들이 남긴 가장 큰 유산이다.

노 래

노래

1992	〈난 알아요〉〈환상 속의 그대〉〈너와 함께 한 시간 속에서〉〈이 밤이 깊어가지만〉〈내 모든 것〉〈이제는〉〈Missing〉
1993	〈하여가〉〈우리들만의 추억〉〈죽음의 늪〉〈너에게〉〈수시아〉〈마지막 축제〉
1994	〈발해를 꿈꾸며〉〈아이들의 눈으로〉〈교실 이데아〉〈내 맘이야〉〈제킬박사와 하이드〉〈영원〉〈널 지우려 해〉
1995	〈슬픈 아픔〉〈필승〉〈컴백홈〉〈시대 유감〉〈1996, 그들이 지구를 지배했을 때〉

(25) 김건모

金健模 ｜ 1968~

§

월드뮤직 열풍 조성한 스타

　대중음악 산업화가 본격화한 1990년대 들어 음반 산업은 초호황이었다. 1990년대 초중반 대중음악계를 장악한 세 명의 스타에 의해 음반 산업은 고속 성장을 거듭했다. 1990년 11월 1일 발매한 데뷔 앨범 〈미소 속에 비친 그대〉를 밀리언셀러로 등극시키며 발라드 열풍을 고조시킨 신승훈과 1992년 3월 23일 출시한 〈난 알아요〉가 수록된 1집 앨범으로 100만 장 음반 판매량을 돌파하며 한국 대중음악계에 혁명을 일으킨 댄스 음악의 서태지와 아이들, 그리고 1992년 10월 29일 발표한 데뷔 앨범 〈잠 못 드는 밤 비는 내리고〉를 100만 장 판매 음반으로 등재시키며 흑인 감성의 음악과 월드 뮤직 선풍을 촉발한 김건모다. 이들은 발표하는 앨범마다 100만~300만 장 음반 판매량을 기록하며 한국 음악 산업의 성장을 주도적으로 이끌며 톱스타로서의 명성을 쌓았다.

　세 스타는 대중과의 거리나 이미지에서 상이한 면모를 보였다. 서태지와 아이들은 음악 활동 외에는 대중매체와 거리를 두고 사생활을 철저히 은폐한 채 카리스마 강한 신비주의 이미지를 조형한 반면 김건모는 대중매체 특히 방송 예능 프로그램 출연과 대중과의 지속적인 만남을 통해 털털하고 친근한 이미지로 사람들에게 다가갔다. 신승훈은 대중매체와 거리 두기를 적절히 하며 카리스마와 친근함, 두 가지 이미지를 동시에 조형했다.

서태지와 아이들이 선도한 댄스 음악과 신승훈이 주도한 발라드가 1990년대 초중반 대중음악의 주류가 된 상황에서 김건모는 소울, 레게, R&B, 블루스, 재즈 등 흑인 음악과 월드뮤직 계열의 음악으로 대중과 만나면서 스타덤에 올랐다.

1968년 부산에서 태어나 서울에서 성장한 김건모는 어려서부터 피아노 연주를 시작했고 서울예술대학에서 국악을 전공했다. 카페에서 피아노 연주와 노래를 하며 아르바이트를 했고 1991년 록밴드 평균율의 키보디스트로 잠시 활동했다. 서울예술대학 선배인 가수 박미경의 소개로 라인기획 프로듀서 겸 대표인 김창환을 만나면서 본격적으로 가수의 길을 걷게 됐다.

하이톤의 까랑까랑한 목소리, 슬픈 숨결이 배어있는 음색과 끈끈한 그루브 넘치는 창법에 주목한 김창환은 김건모에게 하루 10시간씩 6개월이 넘는 기간의 혹독한 훈련을 통해 3옥타브를 흔들림 없이 라이브로 소화할 정도의 넓은 음역과 다양한 가창 테크닉을 익히게 했다. 사람의 영혼을 흔드는 음색과 창법에 가창력과 테크닉이 더해지면서 장르와 상관없이 모든 음악을 소화할 수 있는 가수로서의 준비를 끝내자 김창환은 흑인 음악을 기반으로 한 팝 스타일 음악으로 김건모를 대중에게 선보였다.

김건모는 1992년 10월 소울 감성이 짙은 창법과 흑인 리듬의 래핑이 돋보인 〈잠 못 드는 밤 비는 내리고〉로 데뷔해 열광적인 반응을 얻었다. 이후 2집 앨범에 수록된 레게리듬의 하우스 댄스곡 〈핑계〉는 한국 대중음악계에 레게 열풍을 몰고 왔고 180만 장의 음반 판매를 이끌었다. 1990년대 한국 대중음악계는 월드뮤직의 영향권에 들어갔는데 그중의 하나가 자메이카의 레게음악이다. 레게는 1970~1980년대 팝 음악계에서 크게 인기를 얻었지만, 한국에서는 관심을 끌지 못했다. 김건모의 〈핑계〉가 폭발적 인기를 끌면서 투투의 〈1과 1/2〉, 룰라의 〈날개 잃은 천사〉〈비밀은 없어〉, 마로니에의 〈칵테일 사랑〉, 모노의 〈넌 언제나〉, 임종환의 〈그냥 걸었어〉 등 많은 레게 곡이 쏟아졌다.

1995년 〈잘못된 만남〉이 수록된 김건모의 3집 앨범은 한국 대중음악사의 대기록을 수립했다. 빠른 유로 댄스 리듬의 역동적인 사운드, 빠른 비트로 쏟아내는 랩과 숨 쉴 틈 없이 이어지는 고음이 두드러진 〈잘못된 만남〉은 전국을 강타하며 온종일 커피숍, 술집, 놀이공원, 나이트클럽 그리고 노점상에 울려 퍼졌다. 감미로운 멜로디 후렴이 인상적인 컨템포러리 R&B 〈이 밤이 가면〉, 스티비 원더Stevie Wonder를 떠올리게 하는 뉴 잭스윙 스타일의 〈넌 친구? 난 연인!〉, 레게풍의 〈드라마〉 〈너에게〉 같은 당대의 팝 트렌드를 드러낸 수록곡들도[311] 큰 인기를 끌어 앨범은 무려 330만 장이 팔려 대기록을 세웠다. 밀리언셀러 제조기라는 신승훈과 서태지와 아이들도 이 기록은 넘어서지 못했다. 김건모의 330만 장 한국 음반 최고 판매 기록은 2019년 371만 장이 판매된 방탄소년단의 앨범 〈MAP OF THE SOUL : PERSONA〉에 의해 경신되기까지 24년 동안 유지됐다.

김건모는 자신을 톱스타로 키운 김창환과 결별하고 독립하면서 자신이 직접 음반을 프로듀싱하며 추구하는 음악 세계를 드러냈다. 자신이 직접 작곡한 노래와 스타 작곡가 최준영, 윤일상과 함께 작업한 음악으로 대중을 만났다. 4집에 수록된 〈스피드〉는 경쾌한 브라스 편곡과 김건모 특유의 흑인 펑크 창법이 돋보여 큰 반향을 일으켰고 〈뻐꾸기 둥지 위로 날아간 새〉 〈사랑이 떠나가네〉 〈미안해요〉 〈짱가〉 〈청첩장〉 〈서울의 달〉 같은 대중성과 완성도를 갖춘 노래로 히트를 연속하며 자신의 음악 세계를 형성했다. 펑크 리듬을 주조로 한 〈뻐꾸기 둥지 위로 날아간 새〉와 블루스와 재즈를 적절하게 조화시킨 〈서울의 달〉은 인기뿐만 아니라 평단의 좋은 평가도 받았다. 6집 앨범 수록곡 〈괜찮아요〉 〈기분 좋은 날〉 〈Say Good Bye〉 〈하룻밤의 꿈〉 〈부메랑〉은 인기는 얻지 못했지만, 김건모의 변신과 새로운 시도가 돋보였다. 물론 앨범의 일부 음악은 대중성을 지나치게 의식해 김건모의 지향하는 음악 색깔이 무뎌지는 동시에 음악적 퇴행을 초래하기도 했다.

5만 5,000장이 판매된 9집 앨범부터 대중의 외면을 받자 김건모는 2008년 자신을 스타덤에 올린 김창환과 다시 손잡고 〈KISS〉 〈사랑해〉 〈언제쯤〉이 수록된 12집 앨범과 〈어제보다 슬픈 오늘〉 〈자서전〉 〈You Are My Lady〉가 담긴 13집 앨범을 발표했지만, 대중의 반응은 예전 같지 않았다. 12집은 3만 4,000장, 13집은 1만 장 판매에 그쳤다. 2016년 〈다 당신 덕분이라오〉가 담긴 미니앨범을 세상에 내놓았지만, 역시 대중의 외면을 받았다.

김건모는 2000년대 이후 조용필 이문세 이선희 신승훈처럼 공연을 통해 대중과 만났고 〈미운 우리 새끼〉 같은 예능 프로그램 출연을 통해 대중과 소통하며 친근한 스타 이미지를 강화했다.

김건모가 일군 음악적 성취와 산업적 성과는 엄청났다. 330만 장 판매량을 기록한 〈잘못된 만남〉이 담긴 3집 앨범을 포함해 1집 〈잠 못 드는 밤 비는 내리고〉, 2집 〈핑계〉, 4집 〈스피드〉 등이 밀리언셀러를 기록하며 한국 음반 산업의 성장을 이끌었다. 무엇보다 레게, R&B, 유로 댄스, 블루스, 스윙을 비롯한 다양한 흑인 음악과 월드뮤직 장르의 음악 붐을 일으켜 한국 대중음악의 장르적 다양성과 풍부함을 가져왔다.

놀라운 산업적 성취와 음악적 성과는 천부적인 자질과 실력이 있었기에 가능했다. "우리나라에서 노래를 제일 잘하는 가수는 김건모다. 김건모의 목소리는 타고났다"라는 신승훈의 발언과 "김건모는 천재이다 보니 자기가 얼마나 노래를 잘하는지 잘 모른다"라는 김창환의 평가는 김건모의 자질과 실력이 얼마나 뛰어난가를 단적으로 보여준다.

김건모는 천부적 자질과 실력, 타고난 목소리, 여기에 혹독한 훈련으로 체득한 현란한 가창 테크닉으로 소화한 노래로 대중의 영혼을 사로잡으며

1990년대를 대표한 스타로 우뚝 섰다.

노 래

노래

1992 〈잠 못 드는 밤 비는 내리고〉 〈첫 인상〉 〈너의 이유〉 〈이별 뒤에 그린 그림〉

1993 〈핑계〉 〈혼자만의 사랑〉 〈언제나 기다리고 있어〉 〈서랍 속의 추억〉

1995 〈아름다운 이별〉 〈드라마〉 〈넌 친구? 난 연인!〉 〈너에게〉 〈잘못된 만남〉 〈겨울이 오면〉

1996 〈빨간 우산〉 〈테마 게임〉 〈악몽〉 〈스피드〉 〈미련〉 〈My Life〉

1997 〈뻐꾸기 둥지 위로 날아간 새〉 〈당신만이-Baby I Love You〉 〈사랑이 떠나가네〉

1999 〈괜찮아요〉 〈기분 좋은 날〉 〈Say Good Bye〉 〈하룻밤의 꿈〉 〈부메랑〉

2001 〈미안해요〉 〈Y〉 〈짱가〉 〈빗속의 여인〉

2003 〈제비〉 〈청첩장〉 〈고개 숙인 남자〉 〈My Son〉

2004 〈잔소리〉 〈여자들이란〉 〈사랑이 날 슬프게 할 때〉

2005 〈서울의 달〉 〈남이야〉 〈습관〉

2007 〈허수아비〉 〈장난감〉 〈아무 남자나 만나지 마〉

2008 〈KISS〉 〈사랑해〉 〈언제쯤〉

2011 〈어제보다 슬픈 오늘〉 〈자서전〉 〈You Are My Lady〉

2016 〈다 당신 덕분이라오〉

(26) 크라잉 넛

CRYING NUT | 1995~
박윤식 이상혁 이상면 한경록 김인수

§

인디 음악 밴드의 대표주자

"살이 내리고 뼈를 깎는 창작의 고통과 부담감이 컸다. 아름다울 때 물러나겠다." 한국 대중음악계에 혁명적 변화를 몰고 온 서태지와 아이들이 전격 은퇴 선언을 해 충격파는 엄청났다. 1996년 1월 31일이다. SM엔터테인먼트가 데뷔시킨 문희준을 비롯한 5명의 고교생 멤버로 구성된 아이돌 그룹 H.O.T가 〈전사의 후예〉를 부르며 대중 앞에 나타나 10대 팬덤을 동반한 신드롬을 일으켰다. 1996년 9월 7일이다. 한국 대중음악계의 지각 변동을 가져온 서태지와 아이들의 퇴장과 연예기획사의 아이돌 그룹 중심으로 음악 산업을 재편한 H.O.T의 등장이다.

1996년 10월 또 하나의 의미 있는 음악적 사건이 발생했다. 홍대 클럽 드럭이 인디 음반 〈OUR NATION〉을 출시했다. 상업적인 거대 자본과 유통 시스템으로부터 독립한 한국 최초의 인디 음반이다. 이 음반에는 한국 인디 밴드의 상징이 된 크라잉 넛의 〈말 달리자〉〈펑크 걸〉과 옐로우 키친의 〈Fuzzy Sorrows〉〈Grin〉 등이 수록됐다.

클럽 드럭 무대에 서며 인디 밴드 음악을 개척한 이가 크라잉 넛이다. 크라잉 넛은 인디 음악의 실체를 대중에게 알렸고 많은 젊은이를 서울 홍대와 신촌의 언더그라운드로 이끌었다. 크라잉 넛을 시작으로 한국 인디 음악의 도도한 흐름이 형성됐다. 홍대 인근의 라이브 클럽을 중심으로 태동한 인디 음악은 대학생을 비롯한 10~20대 젊은 층의 취향에 부합하며 그 자체로 한국 대중음악의 중요한 흐름으로 부상해 주류 음악의 대안 역할을 했다. 1990년대 들어 대형 연예기획사의 아이돌 가수들이 TV를 비롯한 매스미디어를 통해 대중과 소통하며 음악 시장을 장악한 상황에서 자율성을 가지고 아티스트의 개성과 독창성을 담보하는 음악을 창작해 활동하는 인디 밴드들이 속속 모습을 드러냈다. 지향하는 음악을 추구하기 위해 주류 음악을 이끄는 연예기획사에 소속하지 않고 독립적으로 활동하는 크라잉 넛, 노브레인을 비롯한 인디 밴드들이 대중과 만났다.

1995년 7월 네 명의 대학 신입생이 오디션을 보겠다며 클럽 드럭을 찾았다. 박윤식(보컬 1976~), 이상면(기타 1976~) 한경록(베이스 1977~) 이상혁(드럼 1976~)으로 구성된 크라잉 넛이다. "오디션 보기 두 달 전 다른 밴드가 공연할 때 관객으로 날뛰며 난장판을 보여준 전적 때문에 '희한한 놈들이다'라고 기억하고 있었다. 자신들이 오디션을 보고 있는지, 기타 잭이 뽑혔는지, 마이크가 넘어갔는지 아랑곳하지 않았다. 무대에 섰다는 사실만으로도 즐거워하는 어린이들 같았다." 드럭 이석문 대표의 전언이다.[312]

크라잉 넛은 1995년 한국 펑크의 시원으로 인식된 〈말달리자〉를 드럭 무대에서 불렀고 클럽을 찾는 손님들이 가장 좋아하는 곡으로 소문났다. 크라잉 넛은 1996년 드럭에서 활동하는 밴드들과 함께 서울 명동에서 펼친 '스트리트 펑크 쇼' 무대에 서며 펑크가 무엇인지를 강렬하게 보여줬다.

크라잉 넛은 국내 음악계에 생소한 펑크록을 들고나와 눈길을 끌었다. 펑크는 폭발하는 사운드에 있어서 메탈과 다를 바 없지만, 지반과 기초가 아예 달랐고 대중이 받아들이기가 무척 망설여지고 버거운 록이었다. 1970년대 미국과 영국에서 동시에 발아했지만, 펑크록은 기교나 보컬의 미학이 상대적으로 홀대 되어 극소수 마니아를 빼고는 수입은커녕 '펑크는 쓰레기 같은 음악'이라는 악의에 찬 거부를 당해왔다. 커트 코베인Kurt Cobain의 너바나Nirvana가 퍼뜨린 얼터너티브록이 펑크를 계승한 것임이 알려지면서 펑크에 관한 관심이 고조됐고 크라잉 넛에 의해 펑크록이 국내에서 본격적으로 개화했다. 1970년대 펑크의 원조, 섹스 피스톨즈Sex Pistols와 클래시The Clash를 부활시키면서 말이다. 노브레인, 옐로우 키친, 불타는 화양리 쇼바를 올려라 등 홍대 클럽에서 활동하던 인디 밴드들에 의해 펑크는 대중성을 얻기 시작했다. 1990년대 중후반 수많은 인디 밴드가 몰린 홍대 클럽은 인디 음악의 메카로 떠올랐다. 그 중심에 크라잉 넛이 있었다.

청춘의 폭발과 음악의 자유를 펑크로 마음껏 분출한 크라잉 넛은 1998년 〈말달리자〉〈묘비명〉〈갈매기〉〈펑크 걸〉이 수록된 1집 앨범을 발표했다. 시작은 펑크 밴드였지만 펑크뿐만 아니라 레게, 스카, 폴카, 헤비메탈을 섞는 '조선 펑크'를 표방했다. 펑크이 단순한 이식이 아니라 한국화한 펑크였다. 이로 인해 펑크록을 가까이 하지 않던 일반 대중까지 "닥쳐 닥쳐"를 외치며 〈말달리자〉를 불러 제겼지만, 펑크 애호가들은 "성공에 안달이 나 주류 음악 패턴에 수절 든 크라잉 넛은 펑크 로커가 아닌 엔터테이너"라는 비난을 쏟아냈다. 〈말달리자〉 앨범으로 인디 밴드 최초로 10만 장이라는 앨범 판매량을 기록했다. 독자적인 음악 세계를 추구하며 DIYDo It Yourself 제작 방식을 취하는 인디 음악이 생존 가능하다는 의미를 남겼다.

크라잉 넛은 펑크 광들의 비난에 아랑곳하지 않고 표방하는 조선 펑크를 계속 추구했다. 키보드를 담당하는 김인수(키보드 1974~)가 멤버로 가세한 1999년 2집 앨범에선 〈서커스 매직 유랑단〉〈신기한 노래〉〈다 죽자〉를 통해 펑크와 다양한 장르와의 결합과 절충을 시도하며 크라잉 넛만의 색깔을 뚜렷하게 드러냈다. 크라잉 넛은 3집 〈밤이 깊었네〉와 5집 〈룩셈부르크〉로 원초적인 조선 펑크의 전형을 보여주었고 6집 〈착한 아이〉에서는 학연, 지연, 혈연으로 낙하산 타는 엘리트 인생을 꼬집는 등 음악적 깊이도 더했다.

"펑크는 자유"라는 크라잉 넛을 펑크라는 울타리로 한정할 수 없을 만큼 음악의 외연은 확대됐다. 〈웃기지도 않는 이야기〉에서는 컨트리의 흥취를 섞었고 〈만취천국〉에서는 남미 포크 댄스의 격정을, 〈My world〉에서는 아일랜드 포크의 흥겨움까지 담아냈다.[313] 풍자와 해학이 넘치는 〈하수구〉는 신나는 댄스곡으로 꾸몄고 〈이소룡을 찾아랏!〉은 스카 분위기를 강조했으며 윤락녀에 대한 연민을 노래한 〈붉은 방〉은 아코디언 연주가 등장했고 〈금환식〉은 사물놀이 장단과 전자악기의 조화가 돋보였다. 온갖 음악을 끌어들여 완성한 조선 펑크는 누가 들어도 이들 음악의 주인이 크라잉 넛임을 알 수 있을 정도로 강한 정체성을 드러냈다.

이뿐만이 아니다. CF 출연, 디지털 영화 〈이소룡을 찾아랏!〉 주연 등 인디 밴드에서 좀처럼 볼 수 없는 파격적인 행보를 계속하며 인디 밴드는 언더그라운드라는 등식을 깨나갔다. 일관된 록 스피릿을 가지고 라이브 클럽 공연과 주류 음악 무대를 오가며 주류와 인디의 경계까지 허물었다. 크라잉 넛은 '크라잉 넛 쇼'를 매년 열어 신인 밴드를 지원하며 인디 음악 기반을 튼실히 하는 작업에도 열을 올렸다.

크라잉 넛으로 촉발된 한국의 인디 음악은 10대 아이돌 스타 위주로 획일화한 주류 대중음악 시장의 대안을 넘어 실험성과 독창성 그리고 완성도를 갖춘 새로운 음악을 수혈하며 대중음악의 한 축을 담당했다. 인디 음악으로 인해 아이돌 그룹이 장악한 한국 대중음악이 일정 정도의 다양성을 확보했다. 크라잉 넛과 함께 노브레인, 자우림, 롤러코스터, 체리필터, 국카스텐, 장기하와 얼굴들, 몽니 같은 인디 밴드들이 TV 방송에 출연해 대중성까지 얻으며 주류와 차별화한 음악으로 대중음악계의 발전을 이끌었다. 물론 이들에 대해 주류 음악에 투항한 엔터테이너에 불과하다는 비난도 제기됐다. 하지만 이들은 연예기획사에 의해 상품 찍어내듯 만들어내는 획일화한 음악이 아닌 내용과 형식에 자신들이 추구하는 음악 세계를 담는 주체적 작업을 고수하며 독자적인 인디 밴드 흐름을 주도했다.

　"'그런 음악(인디 음악) 하면 가난해진다'라는 소리 더는 듣지 않고, 대형 기획사 눈치 보지 않고 원하는 음악, 좋아하는 음악 하면서 돈도 벌 수 있어서 행복하다. 음악만 해도 먹고 살 수 있다는 걸 보여주고 싶다"[314]라는 크라잉 넛은 인디 음악과 뮤지션의 상징을 넘어 희망이 되었다.

노래

노래			
1998	〈말 달리자〉〈묘비명〉〈갈매기〉〈펑크 걸〉〈허리케인〉〈안 웃겨〉		일 밤〉〈망상〉〈길고양이〉〈잘생겨서 죄송합니다〉
1999	〈서커스 매직 유랑단〉〈신기한 노래〉〈다 죽자〉〈더러운 도시〉〈군바리 230〉	2019	〈다음에 잘하자〉
2001	〈밤이 깊었네〉〈이소룡을 찾아랏!〉〈지독한 노래〉〈하수구〉〈붉은방〉	2022	〈인생낙원〉
2002	〈고물 라디오〉〈필살 Offside〉〈퀵서비스 맨〉〈사망가〉		
2006	〈OK 목장의 젖소〉〈룩셈부르크〉〈부딪쳐〉〈명동 콜링〉〈마시자〉〈감옥으로부터의 사색〉		
2009	〈불편한 파티〉〈비둘기〉〈귀신은 뭐 하나〉〈만취천국〉〈착한 아이〉		
2013	〈해적의 항로〉〈Give me the money〉〈레고〉〈5분 세탁〉〈미지의 세계〉〈취생몽사〉		
2018	〈구닥다리 멜로디〉〈리모델링〉〈내 인생 마지막 토요일〉〈토요		

(27) H.O.T

1996~2001

문희준 강타 장우혁 토니안 이재원

아이돌 그룹 중심의 대중음악계 만든 주역

1996년 데뷔한 아이돌 그룹 H.O.T는 한국 대중음악과 음악 산업의
큰 변화를 초래했다. 한국 음악 산업과 대중음악은 H.O.T 이전과 이후로
확연히 구분된다. H.O.T를 기점으로 한국 대중음악의 산업화가 본격화하
고 아이돌 그룹이 주도하는 대중음악 판도가 강력하게 형성됐기 때문이다.
H.O.T를 시작으로 SM엔터테인먼트, 대성기획(현 DSP미디어), JYP엔터테인먼
트, YG엔터테인먼트 같은 연예기획사가 기획해 육성한 아이돌 가수가 대중
음악의 주요한 흐름을 견인했을 뿐만 아니라 막대한 이윤을 창출하며 음악
산업의 성장을 선도했다. 동시에 연예기획사는 연예인 예비자원 발굴, 가창
과 댄스 트레이닝, 음반 기획 및 제작, 홍보 마케팅, 팬과 팬덤 관리, 스타
마케팅, 에이전시와 매니지먼트를 총체적으로 진행하며 아이돌 가수를 적
극적으로 배출했다. 연예기획사를 거치지 않고는 스타뿐만 아니라 가수조
차 되기 힘들 정도로 연예기획사는 스타 시스템의 핵심 주체로 자리했다.

가수와 방송 진행자로 활동하다 미국 유학을 다녀온 이수만은 1989년
SM기획을 설립해 현진영 한동준 유영진을 인기 가수로 키운 뒤 1995년 사
업을 확장하며 SM엔터테인먼트로 회사명을 바꾸면서 본격적으로 스타 만
들기에 돌입했다. 1960년대 미국 팝 음악을 주도하던 모타운Motown과 유

사하게 SM엔터테인먼트는 트레이닝 체계와 프로듀서, 작곡팀을 갖춰 전문적인 가수 육성 시스템을 구축했다. SM엔터테인먼트는 대중의 소비 패턴과 생활양식의 변화를 분석하고 시장을 조사하면서 10대가 대중음악계의 주 소비자가 될 수밖에 없다고 판단했다. 이에 따라 10대 소비자를 겨냥한 10대 아이돌 그룹을 만든다는 계획을 세우고 본격적인 가수 육성에 나섰다.

SM엔터테인먼트는 1년여에 걸쳐 다양한 방식으로 10대 고교생 멤버를 발탁했다. 신문, 잡지에 가수 지망생 모집 공고를 낸 뒤 오디션을 통해 문희준(1978~)과 이재원(1980~)을 선발하고 길거리 캐스팅을 통해 강타(본명 안칠현 1979~)를 발굴했다. 댄스 콘테스트에서 1위를 한 장우혁(1978~)을 영입했고 영어 랩을 구사할 수 있는 멤버를 구하고자 미국 LA 교포 신문에 가수 지망생 모집 공고를 낸 뒤 서류와 면접을 통해 토니 안(본명 안승호 1978~)을 뽑았다.

SM엔터테인먼트는 6개월 동안 이들 5명의 고교생을 대상으로 춤과 노래를 집중적으로 훈련했다. 호텔 무용수 출신의 박재준이 춤을 지도하고 가수이자 작곡가인 유영진이 가창 훈련을 담당했다. 유영진은 이들이 부를 음악 기획을 비롯해 음반 전 과정에 참여하는 프로듀서로 나섰다. 멤버마다 콘셉트와 이미지를 특정해 마케팅 포인트를 정했다. 이수만의 구상에 맞게 훈련하고 콘셉트와 음악을 정한 뒤 이들은 '10대의 승리'라는 의미의 'High-five Of Teenagers', H.O.T라는 이름으로 1996년 데뷔 앨범 〈We Hate All Kinds of Violence〉를 발표하며 대중음악계에 등장했다.

1996년 9월 7일 방송된 MBC 〈토요일 토요일은 즐거워〉에서 1집 타이틀곡인 학교 폭력을 주제로 한 갱스터 랩 〈전사의 후예〉로 선을 보인 뒤 주목을 받았다. 〈전사의 후예〉와 함께 후속곡 〈캔디〉가 단숨에 10대 청소년들을 휘어잡았다. 10대 반응은 상상을 초월했다.

H.O.T는 댄스 음악을 주조로 했지만, 발라드, R&B, 록, 힙합 등 다양한 장르의 음악을 음반에 수록했다. 〈늑대와 양〉 〈행복〉이 담긴 2집 앨범은

160만 장이 판매되고 KBS, MBC, SBS 음악 순위 프로그램 1위와 가요대상의 대상과 본상을 모조리 휩쓸며 화려하게 H.O.T 시대를 열었다. 10대 청소년들은 H.O.T의 의상과 댄스를 따라 하며 열광했다.

〈열 맞춰〉〈투혼〉〈우리들의 맹세〉〈빛〉이 수록된 3집 앨범과 〈투지〉〈아이야!〉〈나의 너〉〈축복〉이 담긴 4집 앨범 역시 탄탄한 팬덤으로 100만 장을 넘기며 밀리언셀러를 기록했다. 3집부터 강타가 〈빛〉을 작사, 작곡하고 문희준이 〈투혼〉을 작사, 작곡한 것을 비롯해 멤버들이 직접 음악 작업에 참여했다. 댄스를 비롯한 퍼포먼스도 멤버들이 직접 구성했다. 〈Outside Castle〉〈신비〉〈그래! 그렇게!〉〈꿈의 기도〉〈For 姸歌〉를 발표한 이후 2001년 5월 13일 그룹을 해체했다. 강타와 문희준은 SM엔터테인먼트와 재계약한 뒤 솔로로 활동했고 토니안 이재원 장우혁은 그룹 JTL을 결성해 앨범을 발표하며 무대에 섰다.

1997년 중국 CCTV에서 드라마 〈사랑이 뭐길래〉를 방송하면서 한류 열풍이 일기 시작한 후 H.O.T와 클론 같은 가수들의 인기까지 고조됐다. H.O.T는 중국과 대만 공연을 하며 중화권 청소년의 뜨거운 반향을 일으켰다. H.O.T로 인해 K팝 한류가 촉발됐다고 해도 과언이 아니다.

H.O.T의 등장과 성공은 한국 대중음악 판도를 연예기획사가 육성한 아이돌 가수 중심으로 완전히 변모시켰다. 대성기획은 H.O.T가 활동을 시작한 1년 뒤인 1997년 6명의 멤버로 구성된 젝스키스를 데뷔시켰다. 젝스키스는 H.O.T와 경쟁 구도를 형성하며 스타덤에 올랐고 NRG, 태사자, 신화, 클릭비, god가 1990년대 후반에 등장해 아이돌 그룹 시대를 이끌었다. 1997년 S.E.S를 시작으로 핑클, 베이비복스, 티티마, 클레오 같은 걸그룹도 본격적으로 데뷔해 아이돌 그룹 중심의 대중음악 판도를 더욱 강화했다. 아이돌 그룹은 2000년대 이후에도 국내뿐만 아니라 미국, 일본, 남미, 중동 등 전 세계에서 맹활약하며 K팝 한류를 선도했다.

H.O.T는 팬클럽과 팬덤 문화에도 변화의 바람을 몰고 왔다. 1997년 9월 팬클럽 'Club H.O.T'가 창단된 것을 비롯해 수많은 공식, 비공식 팬클럽이 생겨났다. 10만 명이 넘는 사람이 공식 팬클럽에 가입해 활동했고 비공식 팬클럽에서도 수많은 H.O.T 팬이 활약했다. 팬클럽 회원들은 여중·고생이 대부분을 차지했고 이들의 팬덤은 강력했다. 무엇보다 SM엔터테인먼트가 공식 팬클럽 'Club H.O.T'를 전문적으로 관리한 것을 시작으로 연예기획사가 팬클럽을 직간접적으로 관리하는 문화가 조성됐다.

H.O.T는 스타마케팅을 본격화하는 시발점이기도 하다. H.O.T는 스타로서 뿐만 아니라 다양한 상품의 소비를 창출하는 브랜드로서도 위력을 발휘했다. SM엔터테인먼트는 음료수, 스티커, 책, 향수, 인형, 팬티, DNA 목걸이 등 H.O.T의 캐릭터와 이미지를 활용한 수많은 상품을 개발해 막대한 수입을 올렸다.

H.O.T는 스타 시스템 발전에도 결정적인 영향을 미쳤다. SM엔터테인먼트가 H.O.T를 만들 때 적용했던 '오디션·길거리 캐스팅을 통한 가수 자원 선발-훈련·교육과 이미지 메이킹-음반 제작-공식 데뷔와 방송 활동-팬클럽 창단-대형 콘서트 개최'라는 스타화 메커니즘을[315] 다른 연예기획사도 앞다퉈 도입했다. 2000년대 이후에도 계속 진화한 스타화 시스템을 통해 많은 스타 가수가 배출됐다.

H.O.T의 등장과 퇴장은 연예기획사의 문제와 병폐도 함께 노출했다. H.O.T 멤버가 언급한 "노예 계약"이라는 단어에서 알 수 있듯 불공정한 전속 계약과 불합리한 수익 배분, 사생활과 인권 침해, 학습권 무시 등 스타 시스템의 주체로 떠오른 연예기획사의 병폐와 문제로 스타 생명이 단축되는 것을 비롯해 많은 부작용이 노출됐다. H.O.T를 포함한 아이돌 그룹들이 음악 완성도와 가창력보다는 퍼포먼스나 패션 같은 시각적인 부분에 역점을 두는 분위기가 조성돼 가창력 부족의 가수가 양산됐고 다양한 장르의

음악이나 완성도 높은 음악의 등장을 가로막아 대중음악 발전에 부정적 영향을 미치기도 했다.

H.O.T는 적지 않은 문제에도 불구하고 아이돌 그룹의 댄스 음악이라는 대중음악의 주류를 선도하며 음악 산업, 스타 시스템, K팝 한류, 스타마케팅의 비약적인 발전을 이끈 스타다.

노 래

노래

1996	〈캔디〉〈전사의 후예〉〈널 사랑한 만큼〉〈노을 속에 비친 그대 모습〉〈개성시대〉
1997	〈늑대와 양〉〈자유롭게 날 수 있도록〉〈행복〉〈열등감〉〈We Are The Future〉〈Go! H.O.T!〉
1998	〈열 맞춰〉〈투혼〉〈우리들의 맹세〉〈빛〉
1999	〈투지〉〈아이야!〉〈나의 너〉〈축복〉〈환희〉
2000	〈Outside Castle〉〈신비〉〈그래! 그렇게!〉〈꿈의 기도〉〈For 姸歌〉

(28) 이효리

李孝利 │ 1979~

대중문화 트렌드 선도한 멀티테이너

이효리가 부르는 노래를 많은 사람이 따라 부른다. 이효리의 헤어 스타일과 패션은 유행이 된다. 이효리가 스포츠 신문 1면에 보도되는 날과 그렇지 않은 날 판매 부수가 달라진다. 이효리가 유기견에 관한 관심을 기울이자 많은 사람이 유기견 보호에 동참한다. 선거 투표 독려에 대한 이효리의 리트윗이 열띤 반향을 일으킨다. 이효리가 제주 4·3 사건 추념식 사회를 보자 4·3 사건에 관한 관심이 고조된다. 이효리가 프로젝트 그룹 '싹쓰리' '환불원정대' 멤버로 출연한 예능 프로그램 〈놀면 뭐하니?〉는 시청률 고공비행을 한다. 이효리가 스타이기 때문에 가능한 일이다. 이효리는 시대의 아이콘이자 스타다.

이효리는 충북 청원에서 1979년 태어나자마자 이사한 서울에서 자랐다. 중고교 시절 여러 연예기획사로부터 길거리 캐스팅 제의를 받을 정도로 외모가 눈길을 끌었다. 고교 시절 월드뮤직에 발탁돼 걸그룹을 준비하는 도중 대성기획 이호연 대표에게 길거리 캐스팅되면서 핑클로 연예 활동을 시작했다.

1997년 〈I'm Your Girl〉로 데뷔해 인기를 끌던 슈 유진 바다, 3인으로 구성된 걸그룹 S.E.S보다 한해 늦은 1998년 선을 보인 핑클은 1집 앨범에 수록된 〈Blue Rain〉〈내 남자 친구에게〉〈루비〉가 큰 인기를 얻어 S.E.S 와 라이벌 관계를 형성하며 치열한 인기 경쟁을 펼쳤다. 요정 이미지를 보여준 S.E.S와 달리 친근한 옆집 소녀 이미지를 내세운 핑클의 성유리와 이진은 귀여움과 풋풋함으로, 옥주현은 시원한 가창력으로 그리고 이효리는 청순함으로 대중에게 다가갔다. 이효리는 긴 생머리와 매력적인 눈웃음으로 청순함을 배가시키며 많은 남성 팬의 시선을 붙잡았다.

핑클은 이후 귀여운 콘셉트를 극대화한 〈영원한 사랑〉으로 큰 반응을 얻으면서 스타덤에 올랐다. 3집 앨범부터 이미지 전환을 꾀했다. 타이틀곡 〈Now〉에선 기존의 청순하고 귀여운 이미지 대신 섹시한 이미지를 부각했다. 이성을 유혹하는 가사에 강한 비트 사운드, 섹시한 댄스의 〈Now〉는 핑클의 또 다른 면모를 보이며 팬층을 확대했다. 핑클은 걸그룹 대표주자로 나섰다. 2002년 〈영원〉이 수록된 4집 앨범을 발표한 이후 사실상 해체 상태에 돌입하며 성유리와 이진은 연기자로, 옥주현은 솔로 가수와 뮤지컬 배우로, 이효리는 예능 프로그램 MC와 솔로 가수로 나섰다.

이효리는 2003년 8월 앨범을 발표하며 본격적인 솔로 활동에 돌입했는데 〈10 Minutes〉으로 이효리 신드롬을 일으켰다. 'Just One 10 MINUTES/ 내 것이 되는 시간/ 순진한 내숭에 속아 우는 남자들/ Baby 다른 매력에 흔들리고 있잖아/ 용기 내봐 다가와 날 가질 수도 있잖아…' 이효리는 10분 안에 모든 남자를 내 남자로 만든다는 도발적인 가사와 노출 의상, 강렬한 댄스로 섹시함을 극대화하면서 청순 아이콘에서 섹시 아이콘으로 돌변해 톱스타로 우뚝 섰다. 이효리는 단순히 남성을 유혹하는 육체와 성적 매력을 부각한 것이 아닌 주체적이고 건강한 섹시함을 현시해 남성뿐만 아니라 여성에게도 큰 인기를 얻었다. 이효리의 춤과 노래는 물론 패션, 헤어스타일이 대중의 유행이 됐고 그의 일거수일투족은 대중매체의 관심 대상이 됐다. 이효리에 의한, 이효리를 위한, 이효리의 대중문화 시대를 열었다.

이효리는 〈Get Ya〉〈Dark Angel〉〈Shall We Dance?〉〈U-GO-GIRL〉 등 연이은 히트곡과 역동적이면서도 섹시한 퍼포먼스로 성적 취향부터 일상에 이르기까지 주체적인 여성상을 부각하며 시대의 아이콘으로 떠올랐다. 청순한 이미지로 조형됐던 핑클 시절에 보여주지 못한 거침없는 당당함과 강렬한 섹시함, 무엇보다 여성의 주체성을 발현하며 새로운 시대의 여성상을 제시했다. 이효리는 몸을 자본화하고 섹슈얼리티를 적절하게 관리 통제하는 가부장제 규범의 연장선에 있다는 비판도 제기됐지만,[316] 이효리에 의해 표출된 여성상과 여성성은 여성에 대한 차별과 억압에 대한 거부 선언이었다.

이효리가 프로듀서로 나선 4집 앨범 〈H-Logic〉에 수록된 〈I'm Back〉 〈Bring It Back〉〈Feel The Same〉〈How Did We Get〉〈Memory〉〈그네〉 등 작곡가 바누스 바큠의 6곡이 표절로 밝혀져 명성과 인기에 심대한 타격을 받았다. 한동안 활동을 중단하다가 2013년 이효리는 자신이 직접 작사, 작곡한 타이틀곡 〈미스코리아〉를 비롯해 〈Bad girls〉〈쇼쇼쇼〉가 수록된 5집 앨범을 발표하며 뮤지션으로서 새로운 면모를 보였다. 2017년 〈Seoul〉 〈Black〉처럼 의미가 깊어진 노래로 대중과 만났다.

이효리가 건강한 섹시함과 주체적 여성의 아이콘으로 떠오르면서 렉시, 채연, 유니, 길건, 아이비, 손담비 같은 성적인 매력을 전면에 내세우는 섹시한 여자 가수들이 줄을 이었다. 하지만 이효리의 스타성과 아우라, 카리스마를 넘어설 수 없었다.

이효리는 솔로로 나서면서 동시에 예능 프로그램 MC로 맹활약하며 예능 스타로서의 명성도 쌓았다. 〈해피투게더〉〈상상플러스〉〈일요일이 좋다-패밀리가 떴다〉〈효리네 민박〉〈캠핑 클럽〉〈놀면 뭐 하니?〉〈서울 체크인〉〈캐나다 체크인〉〈댄스가수 유랑단〉 등 예능 프로그램의 MC나 출연자로 나서면서 가식 없는 털털함과 거침없는 언행으로 다양한 세대의 사랑을 받았을 뿐만 아니라 대중이 여러 면에서 좋아할 수 있는 복합적인 이미지를 조형했다. 다른 스타와 차별화한 이효리만의 경쟁력이다. 이효리는 가장 성공한 멀티테이너 중 한 사람이다.

이효리는 스타덤에 오른 스타들과 또 다른 차원의 스타다. 2010년 발생한 표절사건 때문에 이효리는 연예인으로서 살아온 자기의 삶을 전면적으로 돌아보면서 의미 있는 변화의 행보로 이전과 다른 가치 있는 삶과 성공을 일궜기 때문이다. 자신이 원하는 것과 가치 있는 것이 뭔지를 알았다는 이효리는 유기견과 환경 보호, 해고 노동자를 비롯한 사회적 약자에 대한 사랑 나눔, 위안부 할머니와 역사에 관한 관심 촉구를 전방위로 펼쳤다. 이효리의 실천과 발언은 어린이, 노인을 비롯한 사회적 약자부터 잔인하게 버려지는 동물에 이르기까지 사회적 문제에 관심을 불러일으켰고 문제 해결에 큰 힘이 됐다. 인스타그램을 비롯한 SNS 미디어를 활용해 대중과 소통하고 〈캐나다 체크인〉을 비롯한 방송 프로그램과 매스미디어를 통해 의미 있는 영향력을 행사하는 스타가 된 것이다. "공인이기에 앞서 나도 국민의 일원이고 국민이 자기의 목소리를 내는 건 당연한 일이라 생각한다. 특히 약자의 입장에서 그들의 입이 되어 주는 것이야말로 공인의 역할이다"라고 말하는 이효리는 대중성과 팬덤을 의미 있는 영향력으로 활용하는 연예인 스타의 대표주자다.

"제인 버킨Jane Birkin이 내 롤모델이다. 단순히 전설적인 뮤지션이자 배우, 패션 아이콘이라서가 아니라 자신이 가진 영향력을 가지고 가치 있는 삶을 실천하고 있는 사람이기 때문이다. 나도 그렇게 살고 싶다"[317]라는 이효리의 바람은 그의 삶의 방향이 어디로 향하는지를 보여준다.

이효리는 가수로서 대중을 압도하거나 다양한 장르를 넘나들며 여러 가지 음악을 소화할 수 있는 뛰어난 가창력을 가졌다고는 평가할 수 없다.

라이브 무대도 적지 않게 약점을 드러낸다. 하지만 뛰어난 퍼포먼스와 댄스 실력 그리고 대중이 선호하는 이미지와 트렌드를 창출하는 것으로 대중의 환호를 끌어냈다. 콘셉트부터 이미지, 음악까지 모든 것을 연예기획사가 정해준 대로 행했던 1세대 아이돌 그룹 핑클 멤버로 시작해 솔로로 나서면서 음악부터 스타일, 그리고 삶의 방향에 이르기까지 자기 주도적인 성향을 드러내며 스타덤에 오른 이효리는 가장 이상적인 스타다.

이효리는 그 자체가 트렌드 세터이고 대중문화의 키워드이자 아이콘이며 대중매체의 관심을 증폭시키는 핵심 기제다. 관심의 강도와 방향은 변화했지만, 이효리는 대중의 관심을 촉발한 톱스타다.

노래 · 출연작

노래

1998	〈Blue Rain〉 〈내 남자 친구에게〉 〈루비〉
1999	〈영원한 사랑〉 〈자존심〉 〈Waiting for you〉 〈나의 왕자님께〉 〈White〉 〈가면의 시간〉
2000	〈Now〉 〈Feel your Love〉
2001	〈당신은 모르실 거야〉 〈늘 지금처럼〉
2002	〈영원〉 〈Don't go away〉
2003	〈10 minutes〉 〈Hey Girl〉 〈미안해요〉
2006	〈Get Ya〉 〈Dark Angel〉 〈Shall We Dance?〉 〈Dear Boy〉
2008	〈U-GO-GIRL〉 〈Hey Mr. Big〉 〈천하무적 이효리〉
2010	〈Chitty Chitty Bang Bang〉 〈Scandal〉
2013	〈미스코리아〉 〈Bad girls〉 〈쇼쇼쇼〉
2017	〈Seoul〉 〈Black〉
2021	〈Do the dance〉
2022	〈오늘부터 행복한 나〉

TV 프로그램

2002	〈해피투게더〉
2003	〈타임머신〉
2006	〈해피투게더 2〉
2008	〈상상플러스 2〉
2010	〈일요일이 좋다-패밀리가 떴다〉
2012	〈유&아이〉
2014	〈매직아이〉
2017	〈효리네 민박〉
2018	〈효리네 민박 2〉
2019	〈캠핑클럽〉
2020	〈놀면 뭐하니?〉
2022	〈서울 체크인〉 〈캐나다 체크인〉
2023	〈댄스가수 유랑단〉

드라마

2005	〈세잎 클로버〉
2007	〈사랑한다면 이들처럼〉

(29) 드렁큰 타이거

Drunken Tiger | 1999~2018

타이거 JK, DJ 샤인

한국 힙합 정립한 뮤지션

'음악 같지 않은 음악들 이젠/ 모두 다 집어치워 버려야 해/ 우리가 너희들 모두의 귀를/ 확실하게 바꿔 줄께 기다려…' H.O.T의 〈투지〉〈아이야!〉가 울려 퍼지고 핑클의 〈영원한 사랑〉이 10대 팬덤의 반향을 일으키고 신승훈의 〈세상에서 가장 아름다운 사랑〉과 조성모의 〈To Heaven〉, 김건모의 〈괜찮아요〉가 음반 시장을 장악한 1999년, 힙합곡 〈너희가 힙합을 아느냐〉를 호기롭게 내놓은 듀오가 있었다. 타이거 JK(본명 서정권 1974~)와 DJ 샤인(본명 임병욱 1974~)으로 구성된 드렁큰 타이거다.

H.O.T, 젝스키스, S.E.S, 핑클, god 등 아이돌 그룹의 댄스 음악과 신승훈 조성모의 발라드, 그리고 김건모의 레게를 비롯한 월드뮤직이 대중음악계를 장악했던 1990년대 후반 드렁큰 타이거는 대중에게 생경한 힙합으로 대중의 귀를 확실하게 바꿔 주겠다고 자신있게 선언했다.

1970~1980년대 미국의 빈민가 흑인 젊은이들이 자신들을 표현하기 위해 만든 거리의 음악, 힙합은 비트가 빠른 리듬에 맞춰 일상의 삶이나 욕망과 분노, 백인 중심 사회에 대한 인종적·계급적 저항을 드러내는 랩에 레코드 스크래치와 믹스, 브레이크 댄스 등이 가미되면서 대중의 관심을 모았다. 힙합은 미국에서 시작되어 주류 음악 장르로 부상하면서 전 세계 젊은

이의 폭발적 인기를 얻었다. 한국에서 힙합은 기형적인 행태로 대중과 만났다. 1990년대 초중반 서태지와 아이들의 〈난 알아요〉〈컴백홈〉, H.O.T의 〈전사의 후예〉 같은 댄스 음악에 랩이 사용된 랩 댄스가 등장하면서 힙합이 태동하기 시작했다. 랩 댄스 출현으로 랩은 친숙해졌지만, 랩의 발전은 이뤄지지 않았다. 랩이 대중의 눈길을 끌기 위한 댄스 음악의 장식품처럼 8마디 이상을 벗어나지 못한 것은 오히려 힙합 음악을 대중에게 잘못 인식하게 하는 원인으로 작용했다. 1990년대 중후반부터 클럽 무대와 온라인 커뮤니티를 기반으로 한 블렉스, SNP, MC 메타, 주석 같은 동호회와 언더그라운드 뮤지션들이 정통 힙합으로 활동을 시작한 가운데 1999년 모습을 드러낸 드렁큰 타이거는 한국 힙합의 정립과 대중화, 발전에 중요한 역할을 했다.

LA 폭동 직후였던 1992년 미국에서 공부하던 고등학생 타이거 JK는 수많은 MC, DJ들이 참가한 힙합 페스티벌 무대에 올라 한인 비하를 반박하며 한국인을 우습게 보지 말라는 내용의 〈Call me Tiger〉를 선보여 눈길을 끌었다. 타이거 JK는 고교 시절부터 방송이나 공연무대에서 랩 실력을 드러냈다. 타이거 JK는 힙합 페스티벌에서 뉴욕 클럽의 DJ로서 실력을 인정받은 DJ 샤인을 만나 친해졌다.

귀국 이후 타이거 JK는 힙합의 불모지였던 한국에서 좌절과 함께 분노를 느꼈다. 1995년 타이거 JK가 〈Enter The Tiger〉 앨범을 들고 나왔을 때 방송사 PD들은 "노래가 있어야 한다"라는 말을 했고 음반 제작자들은 댄스 그룹 음반을 들려주며 "이게 정통 힙합"이라고 강변했다.

이러한 충격과 분노가 표출된 것이 바로 1999년 발표한 〈너희가 힙합을 아느냐〉와 〈난 널 원해〉가 수록된 데뷔 앨범 〈Return of the Tiger〉이다. 정교한 라임과 비트를 타고 넘는 천부적인 플로우로 무장한 DJ 샤인과 타이거 JK는 데뷔 앨범을 통해 랩 하면 댄스 음악의 양념으로 들어간 것이 전부라고 알고 있는 대중에게 4분여를 랩으로 채운 〈너희가 힙합을 아느냐

〉로 신선한 충격을 줬다.

이때만 해도 한국은 힙합 음악의 불모지였다. 한국 힙합의 본격적인 시작은 1990년대 중후반 모습을 드러낸 컴필레이션 앨범이다. 10만 장이 팔려나가며 돌풍을 일으킨 〈1999 대한민국〉을 비롯한 힙합 컴필레이션 앨범이 출시되기 시작했고 주석 같은 인기 힙합 뮤지션도 배출됐다. 1997년 오픈한 홍대 클럽 마스터플랜에선 힙합 공연이 펼쳐져 CB MASS, 가리온, DJ WRECKX, FUNNY POWDER, DOPE BOYZ, 버벌진트 같은 힙합 뮤지션과 그룹이 주목받았다.

드렁큰 타이거는 1999년 데뷔 앨범을 발표하고 클럽 마스터플랜을 비롯한 다양한 무대에 서며 정통 힙합을 선보였다. 미국에서 영어로 랩을 했기 때문에 1집 앨범에선 한국어 구사에 어려움을 느껴 김진표와 CB MASS가 한국어 가사에 도움을 주었다. 2집 앨범 〈위대한 탄생〉부터 직접 가사를 쓰며 라임이 돋보인 랩을 본격적으로 선보였다. 이와 함께 힙합 크루 무브먼트를 조직해 객원 멤버 MQ 등을 앨범 작업에 참여시켜 힙합의 완성도를 높였다. 2001년 발표한 〈Good Life〉는 아이돌 그룹의 댄스 음악과 조성모의 발라드가 강세를 보이는 상황에서 음악 순위 프로그램에서 1위를 차지했다. 젊은이들은 힙합에 환호하기 시작했고 드렁큰 타이거는 〈남자이기 때문에〉〈편의점〉〈Liquor Shots〉를 연속 히트시키며 힙합 대표 뮤지션으로 확고하게 입지를 다졌다.

드렁큰 타이거 활약으로 힙합이 대중 속에 뿌리 내리기 시작하면서 이효리나 이민우 같은 가수들도 힙합 성향의 노래를 부르기 시작했고 소울 컴퍼니를 비롯한 힙합 레이블 등장과 함께 윤미래, 버벌진트, 에픽하이, 리쌍, 다이나믹 듀오 같은 힙합 뮤지션이 인기를 얻으며 스타 대열에 합류했다.

5집 앨범을 끝으로 드렁큰 타이거의 한 축을 담당했던 DJ 샤인이 탈퇴하면서 우려의 목소리가 터져 나왔지만, 타이거 JK는 드렁큰 타이거를 솔로 체제로 운영하면서도 무브먼트 멤버들과 미국 유명 래퍼 Rakim, 일본 랩퍼 Zeebra 등이 참여하는 앨범을 발표하며 〈8:45 Heaven〉〈Feel Good Music〉 같은 완성도 높은 힙합곡으로 대중의 사랑을 받았다.

타이거 JK는 몸을 마비시키는 척수염, 소속사의 수억 원대 사기, 삶과 인생의 버팀목이었던 아버지(서병후 음악 평론가)의 죽음으로 힘들어하며 9집 앨범 〈살자〉를 마지막으로 드렁큰 타이거뿐만 아니라 음악을 그만두려 했다. 하지만 그는 음악에 대한 열정으로 다시 일어서 2018년 20년의 힙합 뮤지션 생활을 망라하는 〈끄덕이는 노래〉〈이름만 대면〉〈Yet〉〈내 인생의 반〉〈Timeless〉〈뽕짝 이야기 2〉〈I Love You too〉〈Beautiful〉 등 30곡을 두 개의 CD에 담은 10집 앨범 〈Drunken Tiger X : Rebirth Of Tiger JK〉를 발표했다. 10집 앨범에 방탄소년단 리더 RM(《타임리스》)과 스타 래퍼 도끼(《이름만 대면》) 등과의 협업 결과물도 담았다. 타이거 JK는 10집 앨범을 마지막으로 드렁큰 타이거 시대를 마감했다. 항상 증명해야 했고 모든 앨범을 마지막이라고 생각하며 미쳐서 작업했다는 타이거 JK는 대중에게 필요했던 이야기를 들려줬던 래퍼로 남았으면 한다는 바람을 피력하면서 힙합 불모지에 힙합의 씨를 뿌리고 만개시킨 드렁큰 타이거를 마무리했다.

힙합 열정 하나만으로 파란만장한 역경을 헤쳐 온 드렁큰 타이거는 힙합을 주류 음악의 당당한 한 축으로 자리 잡게 한 주역이다. 그래서 '한국 힙합 신의 뿌리'이자 '모든 랩 마니아의 교주'라는 칭호가 결코 과장이 아니다. 드렁큰 타이거는 탄탄한 음악성과 스타일 있는 랩, 열정적인 무대 퍼포먼스, 뛰어난 프로듀싱 능력을 통한 후배 아티스트 발굴, 그리고 이전까지 한국 힙합 음악계에서는 찾아보기 힘들었던 거대 크루 조직으로 한국 힙합 시장 형성에 결정적인 역할을 하면서 힙합 음악의 질적·양적 성장에 크게 기여했다.[318]

힙합의 1세대 드렁큰 타이거가 있었기에 대중의 일상 대화에 다이나믹 듀오, 지코, 도끼, 매드 크라운, 비와이, 헤이즈, 창모, 비비, 이영지 같은 힙합 뮤지션 이름이 오르내리고 힙합곡이 멜론을 비롯한 각종 음원 차트 상위에 포진하고 힙합 TV 프로그램 〈쇼미더머니〉 〈언프리티 랩스타〉 〈고등 래퍼〉가 인기를 끌 수 있었다. 드렁큰 타이거는 방탄소년단, 블랙핑크, 에스파 같은 아이돌 그룹이 힙합을 주조로 한 음악과 랩을 비롯한 힙합 요소를 강화한 K팝으로 세계적 열풍을 일으키는데도 적지 않은 영향을 미쳤다. 드렁큰 타이거는 무엇보다 젊은이들 사이에 힙합 열풍을 폭발시켰고 힙합 뮤지션 되기를 바라는 수많은 젊은이를 양산한 주역이다.

노래

노래	
1999	〈난 널 원해〉 〈너희가 힙합을 아느냐〉 〈Return of the Tiger〉
2000	〈위대한 탄생〉 〈The Movement〉 〈난 널 원해 2〉
2001	〈W.O.R.D〉 〈Good Life〉 〈까불지 마〉 〈Is ack hezay?〉 〈뽕짝 이야기〉
2003	〈남자기 때문에〉 〈뿌리〉 〈엄지손가락〉
2004	〈긴급 상황〉 〈편의점〉 〈Liquor Shots〉 〈가수 지망생 1, 2, 3〉
2005	〈음주 Rapping〉 〈소외된 모두, 왼발을 한 보 앞으로!〉 〈심의에 안 걸리는 사랑 노래〉 〈오! 1945〉
2007	〈주정〉 〈내가 싫다〉 〈8:45 Heaven〉 〈Sky Is The Limit〉
2009	〈Feel Good Music〉 〈True Romance〉 〈힙합 간지남〉 〈Monster〉
2018	〈끄덕이는 노래〉 〈이름만 대면〉 〈Yet〉 〈내 인생의 반〉 〈Timeless〉 〈뽕짝 이야기 2〉 〈I Love You too〉 〈Beautiful〉

(30) 보아

寶雅 | 1986~

일본 대중음악계 강타한 아시아의 별

"경제 전문가들이 잠재적 경제가치가 1조 원이라고 추산할 정도로 보아의 부가가치는 엄청나다. 2001년 3월 진출한 일본에서 발매한 1, 2집 앨범 판매량은 260만 장, 앨범 판매액만 단순 계산해도 750여억 원에 이른다… 여기에 혼다자동차, 롯데제과, 칼피스 등 CF 모델료, 노래방에서 노래가 불릴 때마다 차곡차곡 쌓이는 저작권료를 합치면 '걸어 다니는 1인 기업'이라는 평가가 조금도 과장이 아니다."《한국일보》 2003년 4월 15일 기사) "보아가 일본을 먹었다. 태극 소녀 보아가 일본을 점령했다는 얘기다. 지금 일본인들은 보아의 노래를 흥얼거리고 그 리듬에 맞춰 춤을 추며 그녀에게 팬레터를 보내기 위해 한글을 배우고 있다. 열일곱 살짜리 소녀가 2년 만에 음악이라는 '문화 무기'로 일본을 점령한 것이다."《주간조선》 2003년 6월 1일 기사)… 수많은 국내 언론이 약속이라도 한 듯 보아의 일본 활동 성공을 일제히 보도했다. 국내 언론뿐만 아니라 영국의 《파이낸셜타임스》는 2002년 2월 일본에서 맹활약한 보아를 대서특필했고 프랑스의 《르몽드》는 2002년 6월 '한국의 팝스타, 일본의 아이돌 보아'라는 제목의 기사를 내보냈다.

1990년대 중후반 중국, 대만에서 한국 드라마가 인기를 얻는 것을 시작으로 중국과 동남아시아에서 한류가 촉발됐다. 하지만 대중문화 시장 규모가 미국에 이어 세계 2위인 일본에서의 한류는 잠잠했다. 1960년대 초반 패티김이 일본에 진출해 활동한 데 이어 1970년대 초반 펄시스터즈가 일본에서 음반을 출시한 것을 시작으로 이성애 계은숙 나훈아 김연자 조용필이 일본에 진출해 인기를 얻었으나 음반 차트 1위는 차지하지 못했다. 보아는 2001년 데뷔 싱글 앨범 〈ID: Peace B〉로 일본 오리콘 차트 20위권에 진입한 데 이어 일본 진출 1년 만인 2002년 1집 정규 앨범 〈Listen To My Heart〉로 오리콘 차트 1위에 올랐다. 한국 가수로는 처음이었다. 보아의 일본 활동 성공은 SM엔터테인먼트의 철저한 기획과 현지화 전략에 의한 것이어서 국내외 언론의 주목을 받았다.

1986년 경기도 남양주에서 태어난 보아(본명 권보아)는 어려서부터 가수가 꿈이었다. 초등학교 시절 그의 춤 실력은 연예기획사에 소문날 정도로 뛰어났다. SM엔터테인먼트는 백화점에서 주최한 댄스대회에 참가한 보아를 보고 오디션 참가를 제의했다. 1998년 초등학교 6년생 보아는 오디션을 통해 SM엔터테인먼트 연습생으로 발탁됐다. SM엔터테인먼트 수장 이수만은 일본을 비롯한 세계 시장에 진출할 가수 육성 계획을 세우고 있었고 보아를 적임자로 선발했다. 체계적인 훈련과 전문적인 일본 진출 전략이 전개됐다. 보아를 대상으로 춤과 노래 강훈련이 진행됐다. 일본 NHK 전 아나운서 집에 보내 일본어를 습득하게 하는 한편 일본 프로듀서에게 일본 음악을 배우도록 했다. SM엔터테인먼트는 일본 유명 연예 프로덕션 AVEX에 보아를 소속시켜 보아 음반의 기획, 제작, 홍보를 맡겼다. 일본뿐만 아니다. 미국 진출을 염두에 두고 국제학교에 진학시켜 영어를 숙지시키기도 했다. 해외 진출을 위한 보아 프로젝트에 투입된 자금만 30억 원에 달했다.

2년 6개월간의 준비를 마친 열네 살의 보아는 2000년 8월 25일 데뷔 앨범 〈ID: Peace B〉를 발표한 뒤 2000년 8월 27일 SBS 〈인기가요〉를 통해 가수로서 첫선을 보였다. 역동적인 춤과 함께 노래를 소화하는 어린 보아는 대중의 눈길을 끌었으나 〈ID: Peace B〉〈SARA〉처럼 소녀적 감성이 묻어나는 경쾌한 댄스곡과 발라드로 채워진 데뷔 앨범은 기대만큼의 성과는 거두지 못했다. 한국에서 데뷔한 뒤 2001년 일본 진출 선언과 함께 도쿄에서 쇼케이스를 갖고 본격적인 일본 활동에 돌입했다. 보아는 2001년 5월 〈ID: Peace B〉로 일본에서 공식적인 데뷔를 하며 오리콘 주간 싱글 차트 20위권에 진입해 보아의 존재를 알렸다. 〈Amazing Kiss〉〈The Meaning of Peace〉 등 일본에서 꾸준히 싱글 앨범을 발표해 오리콘 차트 10위권에 포진했다. 보아는 2002년 3월 첫 일본 정규 앨범 〈Listen To My Heart〉를 발표해 100만 장이 넘는 앨범 판매량을 기록하며 한국 가수 최초로 오리콘 일간, 주간 앨범 차트 1위를 차지했다. 2002년 〈VALENTI〉〈奇蹟/NO. 1〉 같은 싱글 앨범을 발표하며 보아 열풍을 이어갔고 톱스타만 출연하는 일본 NHK 〈홍백가합전〉에 선을 보였다. 2003년 일본 정규 2집 앨범 〈VALENTI〉가 또다시 오리콘 차트 1위를 차지했고 오사카, 나고야, 도쿄를 순회하는 콘서트를 통해 일본 팬들의 열광적인 반응을 끌어내며 일본에서 톱스타로 확실하게 입지를 굳혔다.

이후 〈LOVE & HONESTY〉〈OUTGROW〉〈MADE IN TWENTY〉 등 2007년까지 매년 발표한 앨범이 오리콘 차트 1위를 석권하며 톱가수로서 면모를 보였다. 앨범 판매량도 엄청났다. 〈VALENTI〉 앨범은 발매 당일에만 100만 장이 판매됐고 〈Listen To My Heart〉〈Best Of Soul〉도 밀리언셀러로 기록됐다.

일본에서의 성공이 알려지면서 한국에서도 인기가 급상승했다. 일본의 성공적인 활동이 2002년 4월 한국에서 발표한 2집 앨범 〈No. 1〉 판매에 긍정적인 영향을 미치며 50만 장이 넘는 앨범 판매량을 보였다. 일본에서 인기를 얻었던 곡들을 한국어로 발표해 연이어 성공을 거뒀다. 보아의 성공으로 '선 해외 진출, 후 국내 활동'이라는 가수의 새로운 활동 패턴이 출현하기 시작했다.

보아는 일본뿐만 아니라 홍콩, 중국, 대만에서도 관심을 끌며 '아시아의 별'로 빛났다. 보아가 일본에서 5~6년간 정상을 차지하고 한국에서 톱스타로 등극하며 아시아 최고 스타가 될 수 있었던 원동력은 SM엔터테인먼트의 치밀한 해외 진출 전략, 보아의 걸출한 춤 실력과 빼어난 가창력이다. 격렬하게 춤을 추면서도 호흡과 보컬이 흔들리지 않는 가창력을 보여 한국, 일본, 중국에서 폭넓은 인지도를 확보했다. 특히 역동적이면서도 환상적이기까지 한 퍼포먼스는 관객에게 무한 감동을 안기며 보아만의 아우라를 구축했다. 보아의 귀여우면서도 섹시하고 파워풀한 다면적 이미지로 인해 단선적인 이미지를 가진 일본, 중국 가수들과 비교되면서 10대뿐만 아니라 20~30대에게도 인기가 많은 가수가 되었다.

보아의 해외 도전은 계속됐다. 2009년 미국에 진출해 데뷔 앨범 〈BOA〉를 발매하며 미국 활동에 돌입했다. 보아는 데뷔 앨범으로 빌보드 메인차트 '빌보드 200'에서 127위를 차지하기도 했다. 2010년대 들어서도 보아는 자신이 직접, 작사하고 프로듀싱까지 한 앨범 〈Kiss My Lips〉를 발표하며 가수로서 활발한 행보를 보였고 영화 〈빅매치〉〈가을 우체국〉, 드라마 〈이번 주, 아내가 바람을 핍니다〉에 출연한 것을 비롯해 활동 영역을 연기까지 확대했다.

2000년대 초중반 보아처럼 연예기획사에서 배출돼 스타로 떠오른 솔로 가수는 2002년 데뷔한 JYP엔터테인먼트의 비와 2003년 입문한 YG엔터테인먼트의 세븐이다. 비는 〈나쁜 남자〉〈태양을 피하는 방법〉〈It's Raining〉 같은 히트곡과 함께 근육질에서 뿜어져 나오는 남성미와 카리스마를 느낄 수 있는 압도적인 퍼포먼스로 독보적인 존재감을 드러내며 스타덤에 올랐다. 비는 중국, 일본 등 아시아 각국에서 인기를 얻으며 활동 영역을 확대했고 미국까지 진출했다. 비 역시 드라마 〈풀하우스〉, 영화 〈싸이보

그지만 괜찮아〉에 출연하며 연기까지 병행했고 〈스피드 레이서〉를 비롯한 할리우드 영화의 주연으로도 나섰다. 세븐은 데뷔곡 〈와줘〉로 큰 인기를 얻으며 단번에 인기 가수 대열에 합류한 뒤 〈열정〉〈문신〉〈라라라〉를 히트곡으로 만들며 스타 가수가 됐다. 2년간의 준비를 거쳐 미국으로 건너가 2009년 싱글 앨범 〈Girls〉를 발표하며 미국 활동을 했다. 세븐도 드라마 〈궁S〉로 연기에 도전하기도 했다. 2000년대 초중반 아이돌 그룹의 득세 속에 보아, 비, 세븐은 국내외에서 맹활약하며 솔로 가수의 힘을 보여줬다.

"지난 20년간 보아는 아시아에서 가장 사랑받는 디바였고 한국인으로는 처음 세계 2위의 대중음악 시장인 일본 음악계를 뒤흔들었다. 그로 인해 전 세계에서 한국 가수들의 영향력이 커지기 시작했다." 데뷔 20주년을 맞은 보아에 대한 미국 《포브스》의 2020년 8월 24일자 기사 중 일부다. 기사처럼 보아는 해외 진출을 위한 체계적인 훈련과 전문적인 전략으로 일본에서 성공을 거둔 스타로 해외 진출 교과서 역할을 하며 한국 가수의 외국 진출을 선도했고 K팝 한류를 상승시켰다. 보아는 열네 살에 가수로 데뷔해 한일 양국에서 톱스타가 된 10대 성공 신화의 주역이다. 보아의 성공 신화는 10대의 연예계 진출 붐을 조성해 10대 스타들을 양산하는 결정적 계기가 됐다. 보아는 한국을 넘어 명실상부한 아시아 최고의 별로 활약하며 한국 스타사를 새로 쓴 스타다.

노래 · 출연작

노래

2000	〈ID: Peace B〉 〈Come To Me〉 〈Sara〉 〈비밀일기〉
2002	〈No. 1〉 〈My Sweetie〉 〈Listen To My Heart〉
2003	〈아틀란티스 소녀〉 〈Milky Way〉 〈나무〉 〈선물〉
2004	〈My Name〉 〈Spark〉 〈My Prayer〉
2005	〈Girls On Top〉 〈MOTO〉 〈오늘 그댈 본다면〉
2010	〈GAME〉 〈옆 사람〉 〈Hurricane Venus〉
2012	〈Only one〉 〈The Shadow〉 〈The Top〉
2015	〈Kiss My Lips〉 〈Who Are You〉
2018	〈Woman〉 〈Like It!〉 〈너와 나〉
2019	〈Starry Night〉 〈I Don't Mind〉
2020	〈Temptations〉 〈Better〉 〈L.O.V.E〉
2021	〈My Dear〉
2022	〈The Greatest〉 〈Forgive Me〉 〈Sketch〉

영화 · 드라마

2014	〈빅매치〉
2016	〈이번 주, 아내가 바람을 핍니다〉
2017	〈가을 우체국〉

(31) 싸이

PSY | 1977~

${}$

〈강남 스타일〉 세계적 신드롬 창출한 스타

2012년 7월 15일 새로운 음반이 발매되고 뮤직비디오 하나가 유튜브
에 공개됐다. 이날 공개된 뮤직비디오가 한국 대중음악사와 세계 대중음악
사를 새로 쓸 것이라고 그 누구도 상상조차 못 했다. 한국 대중음악사에 가
장 큰 사건으로 기록된 싸이의 〈강남 스타일〉의 세계적 신드롬이 일어났다.

"〈Gangnam Style〉 just became the most watched video." 2012
년 11월 24일 오후 6시, 유튜브에 하나의 고지가 떴다. 한국 대중음악사와
세계 음악사의 대기록이고 뉴미디어의 위력을 입증한 대사건이었다. 싸이
의 〈강남 스타일〉 뮤직비디오가 유튜브 조회 수 8억 369만 회(2023년 6월 기
준 48억 회)를 기록하며 8억 365만 회의 저스틴 비버Justin Bieber의 〈Baby〉를
누르고 유튜브 조회 수 1위에 등극한 것이다. 2012년 7월 15일 유튜브를
통해 전 세계인에게 공개된 〈강남 스타일〉 뮤직비디오는 8월 2일 조회 수
1,000만 회를 시작으로 9월 4일 1억 회를 돌파한 이후 조회 수가 급증하면
서 11월 24일 오전 8억 회를 넘어서고 이날 오후 6시 유튜브 조회 수 1위
에 오른 것이다. 싸이는 저스틴 비버가 33개월 걸쳐 달성한 기록을 133일
만에 갈아치우는 충격적 이변을 연출했다. 미국, 중동, 남미, 유럽 등 세계
각국 사람들이 〈강남 스타일〉의 말춤을 추었다. 전 세계에서 〈강남 스타일〉

패러디와 댄스 커버 영상이 쏟아졌고 심지어 2012년 미국 대선에서 '오바마 스타일' '롬니 스타일' 같은 용어까지 유행하는 것을 비롯해 〈강남 스타일〉 신드롬은 지구촌 현상이 됐다. 〈강남 스타일〉은 미국 빌보드 싱글 차트 '핫 100' 2위에 오르고 영국 UK 차트에서 1위를 석권한 것을 비롯해 세계 각국 음악 차트를 휩쓸었다. 한국에서만 활동했던 싸이는 순식간에 월드 스타가 되어 강제적으로 해외 진출을 하게 됐다.

싸이(본명 박재상)는 1977년 서울에서 태어났고 미국 버클리 음악대학에서 공부하다 가수의 꿈을 실현하기 위해 중도에 학업을 중단하고 귀국했다. 2001년 1월 타이틀부터 눈길 끄는 〈PSY From The Psycho World!〉 앨범을 발표하며 가수로서 첫발을 디뎠다. 수록곡 〈새〉로 단숨에 인기 가수 대열에 합류했다. 싸이는 이전에 없었던 B급 취향 이미지, 독특한 외모, 엽기적 안무, 사람의 속내를 시원하게 풀어주는 직설적인 랩과 가사, 중독성 있는 멜로디로 순식간에 인기를 얻었다. 그리고 '엽기 가수'라는 별칭이 그의 대표 이미지가 됐다.

하지만 정상의 순간은 너무 짧았다. 2001년 11월 대마초 흡연 혐의로 구속돼 2집 앨범 활동조차 못 하고 대중의 비난을 받으며 바닥으로 곤두박질쳤다. 2002년 한일 월드컵이 열리며 응원하는 모습이 뉴스로 보도되며 자연스럽게 복귀해 3집 앨범의 외국곡을 샘플링한 〈챔피언〉으로 재기에 성공하고 4집 앨범 〈연예인〉으로 많은 인기를 얻었다. 콘서트나 대학 축제 무대에서 우스꽝스럽고 촌스럽지만, 에너지 넘치는 퍼포먼스로 관객을 휘어잡아 '공연의 제왕'으로 스타의 길을 걸었다.

또 한 번 바닥으로 추락하며 가수 생명마저 위협받는 최대 위기에 봉착했다. 언론이 병역특례요원 부실 복무 의혹을 제기하며 2007년 현역으로 재입대하는 연예계 초유의 일이 벌어진 것이다. 대중은 싸이에 대해 분노와 비판을 쏟아냈고 연예계 주변 사람들은 싸이의 연예인 생명은 끝났다고 말했다.

　제대 후 좌절과 위기, 비난에 굴복하는 대신 싸이는 언제 힘든 일이 있었냐는 듯 특유의 B급 이미지로 대중 속으로 파고들었다. 데뷔 때부터 대중에게 각인된 싸이의 싸구려, 일탈, 불량기 등 그의 표현을 빌리면 '쌈마이' 이미지가 대중에게 군 복무 후 복귀를 자연스럽게 받아들이게 하는 힘으로 작용했다. 특유의 코믹한 분위기와 강렬한 비트 사운드가 돋보인 댄스곡 〈Right Now〉를 발표하며 다시 한번 성공적으로 재기해 대중의 관심을 고조시킨 뒤 2012년 〈강남 스타일〉을 발표해 국내를 넘어 월드 스타로 우뚝 섰다.

　〈강남 스타일〉은 싸이가 데뷔 때부터 견지해왔던 쉽게 접근할 수 있는 엽기적인 이미지와 B급 정서를 최대한 발현하고 누구나 따라 할 수 있는 쉬운 멜로디와 재밌는 가사, 코믹한 댄스 안무를 전면에 내세워 세계 각국 사람들을 사로잡았다. 기존의 K팝 스타들이 우월한 비주얼과 화려한 퍼포먼스, 세련된 음악으로 세계 시장에 진출했다면 싸이는 우스꽝스러운 B급 정서의 음악과 촌스러운 비주얼, 코믹한 퍼포먼스로 승부를 걸었다. 물론 〈강남 스타일〉은 단순히 B급 정서와 코믹 이미지만 있는 것이 아니고 시대의 트렌드와 유행 코드가 담겨 있는 개성 있는 콘텐츠다. 여기에 전 세계인이 언제 어디서나 편리하게 이용할 수 있는 콘텐츠 유통 플랫폼으로 등장한 동영상 사이트 유튜브와 페이스북을 비롯한 SNS를 통해 뮤직비디오를 유통해 세계적인 성공을 거뒀다. 〈강남 스타일〉은 OTT와 SNS를 통한 새로운 마케팅 방향을 제시했다.[319] 싸이를 시작으로 방탄소년단, 트와이스, 블랙핑크 등 K팝 스타들이 OTT와 SNS를 적극적으로 활용하며 월드 스타 대열에 속속 합류했고 K팝을 미국이 주도하는 팝 음악의 중심부로 진입시키기 시작했다.

　"저도 사실 잘 모르겠다. 제가 의도한 바도 없었고 노림수도 없었다. 우리가 유튜브에서 희한한 외국 영상이 있으면 돌려보는 마음인 것 같다. 모든 코드가 웃겨서 시작된 것 같다. 음악 하는 사람인데 웃겨서 성공했다는 것이 좀 이상하지만 웃겨서 성공한 것 같다. 전 세계 어느 곳에서나 좋아하는 감정은 웃음이다." 〈강남 스타일〉의 성공 원인에 대한 싸이의 설명이다. 이 말은 누구도 넘볼 수 없는 개성적인 콘텐츠가 싸이 성공의 가장 큰 원동력이라는 것을 단적으로 보여준다.

싸이는 〈강남 스타일〉 성공 이후 2013년 〈젠틀맨〉을 발표해 빌보드 '핫 100' 5위까지 오르며 세계적 인기를 다시 한 번 입증했고 싸이 스타일이 돋보이는 〈나팔바지〉 〈New Face〉 〈I LUV IT〉 〈That That〉 같은 히트곡을 연속 내며 왕성한 활동을 이어갔다.

싸이는 다른 가수와 차별화하는 개성적인 콘텐츠로 승부하고 새로운 콘텐츠 유통 창구로 떠오른 유튜브와 SNS 같은 뉴미디어를 잘 활용해 한국 대중음악을 세계에 알리고 신드롬을 일으켜 K팝의 위상을 높였다. 싸이는 아시아 시장에 머물던 K팝 한류를 미국을 비롯한 세계 시장으로 확장하며 K팝의 팝 음악 주류 진입의 교두보를 마련했다. 아이돌 그룹의 음악과 차별화한 한국 대중음악을 알려 K팝에 대한 외국인의 인식도 확대했다. 한국 가수 해외 진출의 새로운 유형도 개척하고 정립했다.

싸이는 험로로 점철된 가수 생활에서 두 번의 위기와 좌절에도 굴하지 않고 도전해 값진 성공을 일궈낸 스타다. "실패하거나 좌절도 합니다. 하지만 전 실패와 좌절에 지기보다는 도전을 합니다. 도전하다가 실패할 수 있지만, 좌절의 덫에 갇혀 아무것도 하지 못하는 인생은 정말 아니잖아요"라고 말하는 싸이의 도전이 있었기에 그에게 '월드 스타'라는 영광이 주어진 것이다.

치열한 경쟁이 전개되고 돌발 상황이 일상화한 연예계에서는 작품 실패와 스캔들, 문제 있는 사생활로 인기 최정상의 스타라 할지라도 순식간에 바닥으로 추락한다. 추락한 스타들은 대부분 위기관리 능력 부족이나 재도전 의지 결여, 비판 여론의 득세, 문화 콘텐츠 실패 등으로 재기를 못 하고 사라지는 경우가 대부분이다. 하지만 싸이는 추락한 바닥에서 경쟁력 있는 콘텐츠를 무기 삼아 월드 스타 자리에 오른 진정한 스타 챔피언이다.

노래

노래

2000	〈새〉 〈끝〉 〈LADY〉 〈성냥팔이 소녀〉
2002	〈신고식〉 〈얼씨구〉 〈딜레마〉 〈1등〉 〈나쁜 년〉 〈챔피언〉 〈빤빠라〉 〈불장난〉
2006	〈연예인〉 〈We Are The One〉 〈양아치〉
2010	〈Right Now〉 〈싸군〉 〈오늘 밤 새〉 〈솔직히 까고 말해〉
2012	〈강남스타일〉 〈청개구리〉 〈뜨거운 안녕〉
2013	〈젠틀맨〉
2015	〈나팔바지〉 〈DADDY〉 〈댄스쟈키〉
2017	〈New Face〉 〈I LUV IT〉 〈마지막 장면〉
2022	〈That That〉 〈이제는〉

(32) 동방신기

東方神起 ｜ 2004~

유노윤호 최강창민 시아준수 믹키유천 영웅재중

아시아 석권한 2세대 아이돌 그룹

1996년 H.O.T를 기점으로 활짝 열린 1세대 아이돌 그룹 시대가 2000년대 초중반 젝스키스, H.O.T, S.E.S 등이 해체하거나 핑클처럼 활동을 중단하면서 막을 내렸다. 2000년대 중반부터 1세대 아이돌 그룹과 음악 스타일, 활동 패턴, 그룹 구성 멤버 등에서 큰 차이를 보이는 2세대 아이돌 그룹이 모습을 드러냈다.

아이돌 그룹의 성공으로 연예기획사의 위상이 높아지고 규모가 확대되면서 아이돌 육성 시스템이 체계화되고 음반 기획과 제작, 홍보, 마케팅, 팬 관리가 전문화했다. 3~5명으로 구성된 아이돌 그룹이 6명 이상으로 인원이 확대됐고 댄스 음악 일변도에서 벗어나 다양한 장르의 음악과 글로벌 팝을 지향하며 가창력을 갖추는 음악적 변화가 2세대 아이돌 그룹에서 나타났다. 2세대 아이돌 그룹은 그룹 활동과 함께 멤버 일부로 구성된 유닛이나 솔로 활동을 병행했다. 팬덤도 변화해 10대 여성 위주에서 벗어나 20~30대 더 나아가 중년층 팬이 등장하고 남성 팬클럽 회원도 늘어났다. 무엇보다 2세대 아이돌 그룹은 국내뿐만 아니라 일본, 중국, 미국 등 해외 활동까지 염두에 두고 외국인 멤버를 포함한 아이돌 그룹 멤버 선발, 음반 기획, 퍼포먼스 구성을 진행했다. 그룹 활동을 일정 기간 하거나 해체를 한 뒤 드라마와 영화, 예능 프로그램에 출연한 1세대 아이돌 그룹과 달리 2세대 아이돌 그룹은 데뷔와 동시에 그룹 활동과 멤버 개인의 예능 프로그램, 드라마, 영화 활동을 병행하는 형태가 일반화했다.

2세대 아이돌 그룹의 역사를 연 것은 2004년 데뷔한 유노윤호(본명 정윤호 1986~), 최강창민(본명 심창민 1988~), 시아준수(본명 김준수 1986~), 믹키유천(본명 박유천 1986~), 영웅재중(본명 김재중 1986~) 5명으로 구성된 동방신기다. 동방신기 이후 2005년 슈퍼주니어 SS501, 2006년 빅뱅 브라운아이드걸스, 2007년 원더걸스 소녀시대 카라 FT아일랜드, 2008년 2PM 2AM 샤이니, 2009년 시크릿 2NE1 애프터스쿨 포미닛 비스트 에프엑스 티아라 미쓰에이 등 2000년대 중후반 2세대 아이돌 그룹이 속속 등장했다.

2세대 아이돌 그룹의 포문을 연 동방신기東方神起는 '동방의 신이 일어나다'라는 뜻으로 아시아와 세계 시장을 석권하겠다는 분명한 의도를 갖고 출범했다. 동방신기는 오디션으로 선발된 5명의 멤버가 이전보다 더 체계적인 시스템에서 받은 노래와 댄스 훈련을 통해 갖춘 탄탄한 실력과 멤버별로 특화한 이미지와 개성을 드러내며 아카펠라 댄스 보이그룹이라는 콘셉트를 내걸고 대중 앞에 섰다. 영웅재중의 감미로운 미성, 믹키유천의 훈남 스타일 외모, 유노윤호의 남성미와 뛰어난 춤 실력, 시아준수의 빼어난 가창력, 최강창민의 조각 같은 얼굴 등 멤버별로 장점을 전면에 내세웠다. 동방신기는 라이브 무대에서도 흔들리지 않는 출중한 가창력과 퍼포먼스 능력, 빼어난 비주얼까지 삼박자를 갖추며 K팝 아이돌의 새로운 전형을 만들었다.[320]

2003년 12월 26일 방송된 SBS 〈보아 & 브리트니 스피어스 스페셜〉 무대를 통해 첫선을 보였고 2004년 2월 7일 시청자와 만난 MBC 〈음악캠프〉를 통해 공식 데뷔했다. 아이돌 그룹의 댄스 음악이 식상해지면서 인기가 떨어지는 상황에서 동방신기는 부드러운 아카펠라 〈Hug〉로 대중을 파고들었고 곧바로 두 번째 싱글 앨범의 유로 댄스곡 〈The Way U Are〉와 현란한 퍼포먼스로 대중의 이목을 집중시킨 다음 1집 정규 앨범 〈Tri-Angle〉을 발매했다.

실물 음반 시장에서 디지털 음원 시장 중심으로 음악 산업이 재편되면서 2세대 아이돌 그룹은 1세대 아이돌의 '데뷔 앨범 발매-활동-휴지기-두 번째 앨범 발표-활동-휴지기'라는 활동 패턴과 달리 '싱글/EP 앨범 발매-활동-두 번째 싱글/EP 앨범 발매-활동-세 번째 싱글/EP 앨범 발매-활동-정규 앨범 발매-활동' 순서로 휴지기 없이 활동을 이어가는 방식을 택했다.[321] 동방신기가 이 변화된 방식으로 활동을 본격화했다.

2집 정규 앨범 〈Rising Sun〉, 3집 정규 앨범 〈"O"-正.反.合.〉의 대성공으로 열광적인 팬덤을 형성하며 스타덤에 올랐다. 특히 3집 앨범은 음원 중심의 음악 시장에서 실물 음반이 외면받는 상황에서도 50만 장이 판매됐다. 2008년 발표한 4집 앨범 타이틀곡 〈주문-MIROTIC〉은 섹시함과 강렬한 남성미를 내세우며 수많은 팬을 열광시켜 60만 장의 앨범이 팔렸다. 동방신기는 무엇보다 탄탄한 가창력과 완성도 높은 퍼포먼스로 1세대 아이돌 그룹에 쏟아졌던 비주얼적인 부분만 신경 쓰고 가창력과 음악성은 부족하다는 비판에서 벗어났다.

동방신기는 한국 팬클럽 역사도 새로 썼다. 동방신기의 팬클럽 '카시오페아' 회원 수가 80만 명에 달한 것을 비롯해 엄청난 팬덤을 확보했다. 2006년 결성된 일본 팬클럽 'Bigeast'도 회원 수가 50만 명에 육박할 정도로 해외 팬덤도 강력했다. 가수와 배우가 인기를 얻어 팬클럽이 생기는 것이 아닌 연예기획사가 데뷔전 팬클럽을 결성한 뒤 체계적으로 관리해 데뷔하는 연예인에 대한 입체적인 지원 활동을 할 수 있도록 하는 행태가 동방신기를 시작으로 본격화했다.

동방신기는 2004년 AVEX와 계약하고 일본에서 〈Hug〉를 발표했지만, 큰 성과를 내지 못했다. 2005년 싱글 앨범 〈Stay with Me Tonight〉

〈Hi Ya Ya 여름날〉을 발표하며 본격적인 일본 활동에 돌입했다. 국내에서는 스타 반열에 올랐던 동방신기는 일본에선 무명 신인 가수로 밑바닥부터 활동했다. 신인 가수라 일본 방송 출연 기회가 없어 일본 전국 투어를 하며 얼굴을 직접 알렸다. 2007년 6월 일본 부도칸 공연을 계기로 인기를 끌기 시작해 2007년 8월 발표한 〈SUMMER〉가 오리콘 일간 차트 1위에 올랐고 2008년 1월 발매한 〈Purple Line〉으로 오리콘 주간 차트 정상에 등극했다. 싱글 앨범을 계속 발표하며 좋은 반응을 얻으면서 외모뿐만 아니라 실력도 출중한 아이돌 그룹으로 인식됐다. 〈어째서 너를 좋아하게 돼버린 걸까?〉〈주문-MIROTIC〉 등 발표하는 앨범마다 오리콘 차트 1위를 차지하며 일본에서도 톱스타 반열에 올라 일본 스타보다 더 많은 인기를 얻었다. 동방신기의 노력과 실력 그리고 일본 연예 프로덕션과의 협업으로 일본에서 성공적인 활동을 이어갔다.

한일 양국에서 성공 가도를 달리던 동방신기는 영웅재중 믹키유천 시아준수, 세 명의 멤버가 2009년 7월 31일 SM엔터테인먼트를 상대로 전속계약 효력정지 가처분 신청 소송을 제기하면서 최대 위기에 봉착했다. 세 명의 멤버는 2010년 일본 활동을 마무리 짓고 동방신기를 탈퇴한 뒤 그룹 JYJ를 결성해 독자적인 활동을 전개했고 동방신기는 유노윤호와 최강창민 2인 체제로 전환됐다.

동방신기의 멤버 탈퇴는 계약 기간과 수익 배분 문제, 활동과 사생활 규제를 둘러싼 연예기획사와 멤버 간의 갈등이 초래한 결과였다. 체계적이고 합리적인 계약 관행이 수립되지 않아 연예기획사와 소속 연예인 간의 분쟁이 증가하고 이로 인해 많은 아이돌 그룹이 해체되고 적지 않은 스타가 추락해 국내외 팬덤이 약화하는 부정적인 문제가 노출됐다. 동방신기 사태는 이러한 문제를 단적으로 보여줬다.

유노윤호와 최강창민, 2인 체제로 전환해 해체 위기를 넘긴 동방신기는 2011년 5집 앨범 〈왜 (Keep Your Head Down)〉를 발표하며 활동을 재개했다. 일본에선 앨범 〈Time〉으로 오리콘 차트 1위를 차지하고 한국 가수로는 처음으로 일본 5대 돔 투어를 하며 70만 명의 관객을 모으는 성공을 거두며 건재를 과시했다. 동방신기는 2세대 아이돌 그룹 시대를 열며 한국 대중음악과 한류의 질적, 양적 발전을 가져온 대중음악사에 빼놓을 수 없는 스타 아이돌 그룹이다.

노래

노래				
2004	〈TRI-ANGLE〉〈믿어요〉〈Hug〉〈지금처럼〉	2019	〈Guilty〉〈Hello〉
2005	〈Rising Sun〉〈Tonight〉〈One〉〈바보〉	2020	〈Small Talk〉
2006	〈"O"-正.反.合.〉〈세상에 단 하나뿐인 마음〉〈Hey! Girl〉〈풍선〉		
2008	〈주문-MIROTIC〉〈Wrong Number〉〈사랑아 울지마〉〈소원〉		
2011	〈왜(Keep Your Head Down)〉〈MAXIMUM〉〈믿기 싫은 이야기〉〈Crazy〉		
2012	〈Catch Me〉〈인생은 빛났다〉〈비누처럼〉〈Destiny〉		
2014	〈Something〉〈Ten〉〈너의 남자〉〈그 대신 내가〉		
2015	〈현기증〉〈샴페인〉		
2016	〈Reboot〉		
2018	〈Jungle〉〈Truth〉		

(33) 빅뱅

BIGBANG | 2006~

지드래곤 태양 탑 대성 승리

K팝 세계화 주도한 아이돌 그룹

동방신기와 함께 2세대 아이돌 그룹 대표주자가 빅뱅이다. 빅뱅은 음악성, 대중성, 영향력 면에서 독보적 존재감을 드러내는 아이돌 그룹이다. 아이돌 그룹은 연예기획사의 기획 상품이다. H.O.T를 시작으로 본격적으로 쏟아져 나온 아이돌 그룹은 이미지부터 패션, 퍼포먼스, 음악까지 모든 것을 연예기획사에서 결정하기 때문에 '창의성과 예술성이 거세된 꼭두각시'라는 부정적 인식이 팽배했다. 아이돌 그룹에 대한 이러한 부정적 이미지를 불식시킨 것이 빅뱅이다. 빅뱅은 멤버들이 주체적으로 창의성을 발휘해 음악을 만드는 '음악 하는 아이돌'이라는 인식을 심었다. "혹자는 빅뱅이 기획사에 의해 만들어진 아이돌이라고 했다. 맞는 말이다. 빅뱅은 '만들어진' 아이돌이다. 어느 것 하나 공짜로 주어진 것이 없이, 멤버 각자가 자신의 재능을 꽃피워내고 또 자신이 가진 한계를 뛰어넘으면서, 땀과 눈물로 만들어진 아이돌이다. 빅뱅은 곡 하나를 만들어도 우리의 느낌, 우리의 색깔을 살리기 위해 다섯 멤버 모두 죽자 살자 매달린다. 빅뱅은 누군가에 의해 만들어진 아이돌이라기보다는 본인들에 의해 만들어지고 발전하는 '자가 발전형 아이돌'이라고 할 수 있다." 지드래곤의 말은[322] 빅뱅의 정체성과 다른 아이돌 그룹과의 차별화한 변별점을 드러낸다.

빅뱅은 멤버 선발 방식부터 달랐다. YG엔터테인먼트 양현석 대표는 2006년 노래와 춤은 물론 작사, 작곡, 패션 스타일링까지 다양한 재능을 가진 10대들을 모아 힙합 음악을 하는 아이돌 그룹을 만들겠다는 계획을 밝혔다. 연습생 생활을 7년 한 지드래곤(본명 권지용 1988~)을 비롯해 태양(본명 동영배 1988~), 탑(본명 최승현 1987~), 대성(본명 강대성 1989~), 승리(본명 이승현 1990~), 장현승(1989~) 6명을 빅뱅 멤버 후보로 결정한 뒤 곰TV·MTV 코리아에서 2006년 7월 방송한 〈리얼 다큐 빅뱅〉을 통해 최종 멤버를 선발했다. 장현승이 탈락하고 5명이 빅뱅 멤버로 결정됐다. 멤버 선정 때부터 대중의 관심을 불러일으켰다. 빅뱅을 시작으로 방송을 통해 멤버들을 선발하는 방식은 트렌드로 각광받았고 트와이스를 비롯한 일부 아이돌 그룹이 이 방식으로 멤버를 결정해 데뷔했다.

지드래곤 태양 탑 대성 승리, 5명으로 구성된 빅뱅은 2006년 8월 서울 올림픽공원 체조경기장에서 열린 YG패밀리 10주년 콘서트 무대에 서면서 첫선을 보였고 2006년 8월 싱글 앨범 〈BIGBANG〉을 발표한 뒤 2006년 9월 MBC 〈쇼! 음악 중심〉을 통해 〈La La La〉로 공식 데뷔했다. 연이어 싱글 앨범을 발표하며 휴지기 없이 활동했고 2006년 12월 정규 1집 앨범 〈BIGBANG Vol. 1〉을 발매하고 단독 콘서트 무대에 섰다. 지드래곤이 작사, 작곡한 〈거짓말〉이 히트하면서 빅뱅의 존재감을 대중에게 확실하게 각인시켰다. 〈마지막 인사〉 〈하루 하루〉, 이문세의 원곡을 리메이크한 〈붉은 노을〉 등이 인기를 얻으면서 스타덤에 올랐다. 힙합 음악을 주조로 여러 장르의 노래를 소화하고 트렌디한 감각이 살아 있는 음악을 하면서 10대뿐만 아니라 다양한 세대를 팬층으로 흡수했다. 빅뱅은 여성 위주의 남자 아이돌 그룹의 팬층에 남성까지 끌어들이며 팬덤의 스펙트럼을 확장했다.

멤버들의 개성이 확연히 드러난 빅뱅은 유닛, 솔로 활동을 그룹 활동과 병행했다. 1세대 아이돌 그룹들이 개인 활동을 자제하면서 그룹 활동에 치중했다면 빅뱅을 시작으로 2세대 아이돌 그룹은 일부 멤버로 구성한 유닛과 솔로 활동을 활발하게 전개했다. 멤버 각자 지향하는 음악과 퍼포먼스 스타일이 달라 지드래곤과 탑은 'GD & TOP'이란 이름의 유닛으로 그룹과 차별화한 음악을 선보였고 〈거짓말〉을 비롯한 많은 곡을 작사, 작곡한 지드래곤은 〈Heart breaker〉 〈삐딱하게〉 〈Black〉 〈무제〉를 발표하며 솔로 뮤지션으로서의 입지도 굳혔다. 태양은 〈눈, 코, 입〉을 비롯한 솔로 곡을 히트시키고 R&B 장르의 음악을 선보이며 그룹과 다른 면모를 보였다. 대성은 트로트 앨범을 발표하며 독특한 개성을 드러냈다. 빅뱅의 멤버들은 지속해서 솔로 앨범이나 유닛 앨범을 발표하고 솔로 콘서트를 열기도 했다. 이 때문에 빅뱅에 대한 팬덤뿐만 아니라 멤버별 팬덤도 굳건하게 형성됐다.

빅뱅 역시 해외 진출을 꾀했다. YG엔터테인먼트는 빅뱅의 일본 진출 계획을 발표하고 유니버설뮤직 재팬과 계약을 마친 뒤 2008년 1월 EP 앨범 〈For the World〉를 발표하고 일본 도쿄 돔 시티의 JTB 홀에서 콘서트를 하며 일본 활동을 본격화했다. 빅뱅은 일본뿐만 아니라 중국, 유럽, 남미에서 폭발적인 인기를 얻으면서 2012~2013년 16개국 25개 도시를 순회한 월드투어 〈BIGBANG ALIVE GALAXY TOUR 20〉을 성공적으로 마무리했다. H.O.T를 비롯한 1세대 아이돌 그룹이 중국 등 한정된 아시아 국가에서 인기를 얻었다면 글로벌 팝 트렌드를 음악에 적극 도입한 2세대 아이돌 그룹은 일본을 비롯한 아시아 국가뿐만 아니라 유럽, 남미, 중동 등 세계 각국에서 인기를 얻으며 K팝 한류를 세계로 확산시켰다. 그 선두에 빅뱅이 있었다.

빅뱅은 폭넓은 팬덤을 기반으로 앨범과 공연, 굿즈 판매를 통해 막대한 수입도 올렸다. 미국 경제 전문지 《포브스》는 2015년 6월부터 2016년 5월까지 1년 동안 '세계에서 가장 많은 수입을 올린 유명 인사 100인'을 선정 발표했는데 빅뱅은 4,400만 달러의 수입을 기록해 3,350만 달러의 미국 유명그룹 마룬5를 제치고 54위에 랭크됐다.

　빅뱅은 대중성, 스타성, 영향력에서 독보적인 위치를 점하며 톱스타가 됐지만, 적지 않은 문제도 노출했다. 스타의 역할과 영향력이 커지고 연예인에 대한 사회적 인식이 긍정적 방향으로 전환되면서 스타와 연예인의 사회적, 경제적, 정치적 위상도 올라갔다. 스타는 대중의 롤모델과 인격 형성자로 활약하고 사회 구성원으로서 필요한 규범을 교육하는 사회화의 대리자 역할까지 하고 있다. 특히 아이돌 그룹은 10대 청소년의 가치관과 라이프스타일에 막대한 영향을 미친다. 하지만 빅뱅 멤버들은 끊임없이 불법과 범죄를 저지르면서 사회와 청소년에게 악영향을 끼쳤다. 지드래곤과 탑은 대마초 흡연을 했고 군 복무 중 적지 않은 논란까지 일으켰다. 대성은 사람이 숨지는 교통사고를 일으켰고 유흥업소 불법 영업 방조 의혹까지 야기했다. 승리는 성 매수와 성 접대, 불법도박 혐의 등으로 수사받고 사회적 지탄이 쏟아져 2019년 빅뱅을 탈퇴한 뒤 9개 범죄 혐의가 유죄로 인정돼 징역형을 선고받고 1년 6개월 동안 수감생활을 했다. 스타로서 사회적 책임이 결여된 행태를 보이며 빅뱅은 대중의 비판을 받았다.

　아이돌 그룹을 양성하는 스타 시스템의 주체, 연예기획사가 오디션을 거쳐 발탁한 연습생을 대상으로 2~10년 오랜 시간 연기, 댄스, 보컬, 외국어 등 연예인이 되는 데 필요한 테크닉 훈련을 시키면서 연습생의 육체적·정신적 건강과 학습권·인격권을 비롯한 기본적인 권리는 보장하지 않았다. 연예기획사는 이윤 창출을 위한 스타 만들기에만 혈안이 될 뿐 연습생이 건강한 인간으로 성장할 수 있는 인성 교육과 사회화 교육을 무시해 사회 부적응과 일탈, 범죄 연예인을 양산했다. FT아일랜드의 최종훈, 슈퍼주니어의 강인, JYJ의 박유천 같은 범법 아이돌이 대표적인 경우다.

　빅뱅은 뛰어난 음악적 자질과 실력으로 연예기획사에서 만든 기획 상품이라는 이미지를 벗고 멤버들이 지향하는 음악 세계를 주도적으로 추구하며 대중에게 큰 인기를 얻었다. 빅뱅은 멤버들의 불법 행위와 문제 있는 행동으로 사회와 대중에게 악영향을 끼친 아이돌 그룹이기도 하고 빼어난 음악적 성취로 K팝의 세계화를 이끌고 아이돌 그룹에 대한 인식을 개선하며 대중음악계에 긍정적인 영향을 미친 스타이기도 하다.

노 래

노래	
2006	〈La La La〉〈Dirty Cash〉〈흔들어〉
2007	〈Oh Ma Baby〉〈거짓말〉〈바보〉〈Hot Issue〉〈마지막 인사〉
2008	〈Stand Up〉〈모두 다 소리쳐〉〈붉은 노을〉〈멍청한 사랑〉
2011	〈HANDS UP〉〈TONIGHT〉〈Love Song〉
2012	〈판타스틱 베이비〉〈Blue〉〈사랑먼지〉〈Bad Boy〉〈Monster〉
2015	〈뱅뱅뱅〉〈If You〉〈맨정신〉〈우리 사랑하지 말아요〉〈Loser〉
2016	〈에라 모르겠다〉〈Last Dance〉
2018	〈꽃길〉
2022	〈봄여름가을겨울(Still Life)〉

(34) 소녀시대

少女時代 | 2007~

윤아 수영 티파니 효연 유리 태연 서현 써니 제시카

국내외 K팝 열풍 고조시킨 걸그룹

2000년대 들어 데뷔한 2세대 아이돌 그룹 중 걸그룹 돌풍이 거셌다. S.E.S, 핑클을 비롯한 1세대 걸그룹도 인기가 높았지만, 2000년대 들어 데 뷔한 2세대 걸그룹은 대중음악계에 다양한 충격을 주며 국내 대중음악 판 도를 장악했을 뿐만 아니라 K팝 한류 확대를 주도적으로 이끌었다. 그 주역 은 바로 원더걸스와 소녀시대, 카라, 2NE1 등이다.

선예 현아(유빈으로 교체) 소희 선미 예은, 5명의 멤버로 2007년 2월 13일 싱글 앨범 〈The Wonder Begins〉를 발표하며 데뷔한 원더걸스는 복고풍 댄스곡 〈Tell Me〉 열풍을 일으키고 〈So Hot〉 〈Nobody〉를 연이어 히트시 키며 걸그룹 선풍의 선두 주자로 나섰다. 원더걸스는 2009년 미국에서 싱 글 앨범 〈Nobody〉를 발매하며 전미투어를 다니는 등 미국 활동에 본격적 으로 돌입했다. 원더걸스의 〈Nobody〉는 빌보드 싱글 차트 '핫 100' 76위 를 기록해 한국 가요 최초로 100위권에 진입했다. 원더걸스는 팝의 본고장 미국에서 활동하며 K팝 존재를 알렸을 뿐만 아니라 K팝 한류의 세계화를 이끌었다는 점에서 의미 있는 평가를 받았다.

원더걸스와 함께 걸그룹 돌풍의 또 다른 주역이 바로 소녀시대다. SM 엔터테인먼트는 5년여에 걸쳐 노래, 춤, 연기, 외국어를 훈련받은 고교 재학 중인 연습생 9명을 소녀시대 멤버로 발탁했다. 2007년 7월 UCC를 통해 소녀시대 멤버, 윤아(본명 임윤아 1990~), 수영(본명 최수영 1990~), 티파니(본명 스테파니 황 1989~), 효연(본명 김효연 1989~), 유리(본명 권유리 1989~), 태연(본명 김태연 1989~), 서현(본명 서주현 1991~), 써니(본명 이순규 1989~), 제시카(본명 정수연 1989~)를 순차적으로 소개했다. 엠넷 리얼리티 프로그램 〈소녀 학교에 가다〉를 통해 소녀시대 데뷔 과정을 공개해 대중의 관심을 고조시켰다. 공식 데뷔 전부터 방송을 통해 아이돌 그룹 존재를 알리는 마케팅을 본격화했다. 2007년 8월 싱글 앨범 〈다시 만난 세계〉를 발매하고 SBS 〈인기가요〉를 통해 데뷔했다. 2007년 11월 〈Kissing You〉〈Baby Baby〉가 수록된 1집 정규 앨범을 발표했다. 오랫동안 연습생 시절 호흡을 맞췄던 소녀시대는 칼군무로 대표되는 현란한 퍼포먼스와 뛰어난 라이브 실력으로 단번에 눈길을 끌었다.

소녀시대는 데뷔하자마자 멤버들은 개별 활동을 병행했다. 티파니는 엠넷 〈소년소녀 가요백서〉 진행자로 나섰고 유리와 수영은 TV 드라마 〈못 말리는 결혼〉 등에 출연해 연기자로 활동했다. 태연은 드라마 〈쾌도 홍길동〉 OST 〈만약에〉를 불러 각종 음악 차트를 석권했고 윤아는 드라마 〈너는 내 운명〉 주연으로 배우로서 선을 보였다. 써니, 서현은 라디오 프로그램 고정 게스트로 활약했다.

핑클과 S.E.S를 비롯한 1세대 아이돌 그룹은 그룹을 해체하거나 일정 기간 활동을 한 뒤 드라마 출연을 비롯한 개별 활동을 했으나 2세대 아이돌 그룹은 데뷔와 동시에 드라마, 영화, 예능 프로그램 출연과 유닛, 솔로 활동을 병행하며 인기와 수입을 극대화하는 마케팅 전략을 구사했다.

따라 부르기 쉽고 중독성 강한 후렴구와 화려한 춤으로 눈길을 끈 〈Gee〉, 남성 팬을 설레게 한 〈Oh!〉 그리고 유럽의 작곡그룹 드자인 뮤직에서 구입한 유로 댄스에 기반을 둔 일렉트로니카 〈소원을 말해봐〉가 연이어 히트하면서 소녀시대는 남녀 팬층이 확대됐다. 특히 소녀시대는 '삼촌 팬'으로 명명된 20~40대 남성 팬이 음반과 공연을 적극적으로 소비하고 이미지 제고와 홍보 활동에 능동적으로 참여하는 남성 팬덤을 출현시켰다.

최고 인기 걸그룹으로 떠오른 소녀시대는 아시아 활동에 돌입했다. 소녀시대는 2010년 8월 쇼케이스를 시작으로 일본 진출을 공식 선언하고 일본 활동을 본격화했다. 한국에서 활동했던 뮤직비디오를 아우른 DVD 〈New Beginning of Girls' Generation〉을 발매해 오리콘 차트 DVD 부문 1위에 올랐고 데뷔 싱글 〈Genie〉는 발표하자마자 오리콘 일간 싱글 차트 2위에 오르며 큰 인기를 얻었다.

일본에서의 한류는 2001년 진출한 보아가 대중적 인기를 끌면서 촉발됐고 2003년 드라마 〈겨울연가〉가 일본 NHK를 통해 방송돼 중장년층이 열광하면서 본격화했다. 이후 〈천국의 계단〉 〈아름다운 날들〉 같은 한국 드라마가 일본 시청자의 호응을 끌어내며 드라마 중심의 한류가 고조됐다. 드라마 한류의 수용층은 중장년 여성이 압도적으로 많았다.

소녀시대가 일본에 진출해 큰 반향을 일으키며 한류 판도에도 큰 변화를 일으켰다. 바로 드라마 중심에서 K팝 중심의 한류로 전환시켰다. 동시에 일본 한류 팬층을 10~20대 젊은 층으로 확대했다. 대중문화의 가장 큰 소비층인 10~20대를 한류 팬층으로 흡수하면서 일본 한류의 질적 진화를 꾀했다.

소녀시대와 함께 일본 K팝 한류를 선도한 걸그룹은 카라다. 2007년 박규리 한승연 김성희 니콜 4인조 걸그룹으로 데뷔한 뒤 2008년 김성희가 탈퇴하고 구하라 강지영이 투입돼 5명으로 활동을 본격화한 카라는 〈Pretty Girl〉 〈Honey〉 〈미스터〉 〈Lupin〉을 히트시키며 인기 걸그룹으로 주목받았다. 카라는 2010년 일본에 진출해 〈미스터〉 〈Lupin〉으로 큰 인기를 얻었고 섹시하고 도발적인 댄스 퍼포먼스로 일본 팬의 시선을 단번에 사로잡았다.

소녀시대와 카라가 일본에서 10~20대 젊은 층을 K팝 한류 팬으로 흡수하면서 성공을 할 수 있었던 원동력은 바로 일본 걸그룹에서 볼 수 없었던 역동적이며 화려한 퍼포먼스와 함께 섹시한 이미지, 뛰어난 가창력, 그리고 아시아뿐만 아니라 세계적으로 통용될 수 있는 글로벌 팝 스타일의 음악이었다.

소녀시대는 2011년 미국 유명 프로듀서 테디 라일리(Teddy Riley)가 대부분의 곡을 작곡하고 프로듀싱을 맡은 앨범 〈The Boys〉를 발표했다. 〈The Boys〉는 한국어 버전과 영어 버전으로 동시에 출시됐고 미국에선 싱글앨범으로 발매됐다. 소녀시대는 미국 CBS 토크쇼 〈데이비드 레터맨 쇼〉에 출연하며 미국에서 존재감을 드러냈다. 유럽에서도 스페셜 앨범 〈The Boys〉를 발표하고 프랑스 지상파 France 2 〈르 그랑 주르날〉에 출연해 얼굴을 알렸다. 소녀시대는 중국, 일본, 미국, 유럽 등 세계 각국에서 인기가 상승해 세계적인 걸그룹으로 도약했다.

태연, 티파니, 서현이 유닛 '태티서'를 결성해 앨범을 출시하고 태연이 솔로 앨범을 발표하는 등 일부 멤버로 결성된 유닛과 솔로 활동을 병행하며 소녀시대 그룹 음악과 다른 멤버들의 개성이 드러난 음악을 선보여 다양한 팬층을 확보했다. 그리고 윤아는 드라마 〈사랑비〉〈허쉬〉〈빅마우스〉, 영화 〈엑시트〉〈공조 1, 2〉〈기적〉, 중국 드라마 〈무신 조자룡〉 주연으로 나서 스타 반열 올랐고 수영 서현 유리도 드라마, 뮤지컬, 영화에 지속해서 출연하며 인기 배우 대열에 합류했다.

2014년 제시카가 탈퇴해 8인 체제로 소녀시대는 활동했고 2017년 8월 데뷔 10주년 기념 6집 앨범 〈Holiday Night〉를 발표한 뒤 티파니 수영 서현이 SM엔터테인먼트와 재계약을 하지 않고 솔로 활동과 연기 활동에 나섰다. SM엔터테인먼트와 재계약한 태연 윤아 효연 써니 유리, 다섯 멤버는 2018년 유닛 '소녀시대-Oh! GG'를 결성해 싱글 앨범 〈몰랐니〉를 발표했고 2022년 8월 데뷔 15주년을 맞아 8명의 멤버가 모여 7집 앨범 〈FOREVER 1〉을 발매하며 5년 만에 완전체로 복귀해 컴백 활동을 펼쳤다. 1세대 아이돌 그룹은 멤버가 탈퇴하는 등 변동이 있으면 곧바로 활동을 중단하거나 그룹을 해체했지만, 2000년대 들어 결성된 2세대 아이돌 그룹부터는 동방신기, 빅뱅, 슈퍼주니어, 원더걸스, 소녀시대, 카라처럼 일부 멤버가 탈퇴해도 그룹을 해체하지 않고 유지해 활동을 계속했다.

소녀시대를 뒤이어 2010년대 들어 활동을 개시한 3세대 걸그룹, 트와이스, 마마무, 여자친구, 블랙핑크, 레드벨벳과 2010년대 후반과 2020년대 초반 데뷔한 4세대 걸그룹 있지, 에스파, 아이브, 르세라핌, 뉴진스 등도 국내뿐만 아니라 해외에서도 왕성한 활동을 하며 인기를 얻었다.

소녀시대는 10년 넘게 활동하면서 국내외에서 가장 인기가 많은 대표적인 스타 걸그룹으로 위상을 굳혔다. 소녀시대는 일본 한류를 K팝 중심으로 전환시키는 동시에 10~20대를 한류 팬으로 끌어들이며 한류의 질적 도약을 이뤘고 미국, 유럽에서도 팬덤을 고조시켜 존재감을 드러낸 세계적인 걸그룹이다.

노 래

(35) 아이유

IU | 1993~

독보적 음악성과 낸 솔로 가수

2011년 5위, 2012년 4위, 2013년 6위, 2014년 1위, 2015년 2위, 2016년 13위, 2017년 1위, 2018년 3위, 2019년 4위, 2020년 2위, 2021년 2위, 2022년 2위… 여론조사 기관 한국 갤럽이 매년 발표한 '올해를 빛낸 가수'에서 아이유가 차지한 순위다. 2010~2020년대 아이돌 그룹의 거센 돌풍에도 솔로 가수 중에서 독보적 위치를 점한 가수가 아이유다. '독보적'이라는 수식어는 인기와 대중성만을 포함하지 않은 다양한 의미를 내포한다. 아이유는 2008년 데뷔한 이후 보여 온 음악의 진화, 산업적 성과, 팬덤의 스펙트럼, 그리고 가수와 병행하는 연기자로서의 행보에서 '독보적'이라는 수식어에 걸맞은 결과물을 내놓았다.

연예기획사가 음악 산업의 중요한 주체로 떠오르고 가수를 양성, 관리하는 스타 시스템의 핵심 주역으로 나선 1990년대 이후 연예기획사에 의해 수많은 스타 가수가 배출됐다. H.O.T, 젝스키스, S.E.S, 핑클, god, 신화, 동방신기, 빅뱅, 원더걸스, 소녀시대, 카라, 2NE1, 2PM, 엑소, 방탄소년단, 트와이스, 블랙핑크, 스트레이 키즈, 에스파, 뉴진스 등 한국 대중음악사를 수놓은 아이돌 그룹이 SM엔터테인먼트, JYP엔터테인먼트, YG엔터테인먼트, HYBE 같은 연예기획사에 의해 대중과 만났다. 아이돌 그룹뿐만 아니다. 2000년대 주류 음악으로 사랑받은 댄스 음악으로 국내외에서 맹활약하며 스타덤에 오른 보아, 비, 세븐과 발라드의 조성모 이수영 같은 스타 솔로 가수도 연예기획사에 의해 배출됐다. 아이유 역시 이들처럼 연예기획사에 의해 가수로 데뷔했지만, 독자적인 음악 세계를 펼쳐 보이며 다양한 세대의 팬덤으로 스타가 됐다.

1993년 서울에서 태어난 아이유(본명 이지은)는 어려서부터 가수와 연기자가 되고 싶었다. 중학교 재학시절부터 본격적으로 연예기획사의 오디션에 지원했지만 계속 불합격했다. "가수가 되고 싶어요. 노래만 준비했습니다. 여기서 떨어져도 포기하지 않고 열심히 하겠습니다." 어린 중학생 이지은은 이렇게 말하며 버블시스터즈의 〈그렇게 사랑하고 그렇게 웃었습니다〉를 불렀다. 중학생답지 않은 뛰어난 가창력을 선보였지만, 불합격이었다. 2007년 8월 개최된 JYP엔터테인먼트 오디션에 참가한 이지은이다. 2007년 10월 열린 로엔엔터테인먼트 오디션에서 선보인 매력적인 음색과 뛰어난 가창력에 주목한 프로듀서 최갑원이 이지은을 발탁했다.

이지은은 예명 아이유로 활동에 나섰다. 2008년 일렉트로닉 사운드에 힙합 리듬이 섞인 하이브리드 팝 발라드 계열의 〈미아〉로 엠넷 〈엠 카운트 다운〉을 통해 데뷔했다. 열다섯 살 소녀의 이미지와 〈미아〉는 조화를 이루지 못해 대중의 이목을 집중시키는 데 실패했다. 다만 탄탄한 가창력과 매력적인 음색의 가수라는 사실은 인지시켰다. 2009년 댄스곡 〈Boo〉와 〈마쉬멜로우〉를 부르며 아이돌 가수로 활동했다. 아이유는 〈유희열의 스케치북〉을 비롯한 많은 TV 프로그램에 출연해 이문세의 〈옛사랑〉, 김현식의 〈내 사랑 내 곁에〉, 최백호의 〈낭만에 대하여〉 같은 옛 노래를 매력적인 음색으로 재해석해 불러 중장년층의 눈길을 끌었다.

2010년 임슬옹과 콜라보한 〈잔소리〉가 큰 인기를 얻어 방송사 음악 프로그램에서 1위를 차지하며 아이유의 인지도가 높아졌다. 2010년 12월 발표한 〈좋은 날〉의 뜨거운 반응으로 스타덤에 올랐다. 특히 아이유는 대중과 언론에 의해 '3단 고음'이라 명명되는 〈좋은 날〉의 고음 부분을 완벽하게 소화해 '아이유는 가창력 뛰어난 가수'라는 긍정적인 인식과 '국민 여동생'이라는 이미지를 강하게 각인시켰다.

2011년 방송된 드라마 〈드림하이〉를 통해 어렸을 때부터 꿈인 연기자로서의 모습도 보였고 음악 프로그램 SBS 〈인기가요〉 MC로도 나섰다. 2000년대 들어 가수로 데뷔하면서 동시에 배우, 예능인으로 활동 영역을 넓혀 다양한 활동을 병행하는 아이돌이 급증했는데 아이유 역시 가수, 배우, MC를 병행하며 활동 영역을 확장했다. 2011년 3월 일본 데뷔 싱글 앨범 〈Good day〉를 발표하며 일본 활동도 본격화했다.

아이유는 유명한 작곡가와 작사가가 만든 음악을 프로듀서가 원하는 방향으로 부르는 아이돌 가수였다. 하지만 단순히 아이돌 가수로만 한정할 수 없다. 아이유는 여러 장르를 넘나들며 다양한 세대를 아우르는 자신만의 감성으로 음악을 소화하는 뛰어난 가수이자 자신의 음악 세계를 추구하는 뮤지션이기 때문이다. 2012년 발표한 싱글 앨범 〈스무 살의 봄〉에서 자작곡 〈복숭아〉를 수록하며 단순히 노래만 부르는 가수가 아닌 창작을 병행하는 뮤지션으로서의 모습을 보였다. '음악적 성장을 통한 성숙'이라는 콘셉트로 2013년 발표한 앨범 〈Modern Times〉에서는 〈싫은 날〉 〈Voice Mail〉, 두 곡을 작곡하고 네 곡을 작사하는 작업을 통해 추구하는 음악적 정체성을 드러내기 시작했고 라틴, 스윙, 재즈, 펑크 등 다양한 음악적 시도도 했다.

2014년 〈꽃갈피〉와 2017년 〈꽃갈피 둘〉, 두 장의 리메이크 앨범에선 김창완의 〈너의 의미〉, 조덕배의 〈나의 옛날이야기〉, 이문세의 〈사랑이 지나가면〉, 양희은의 〈가을 아침〉, 정미조의 〈개여울〉 등 1970~1990년대 노래가 아이유의 감성과 창법으로 재탄생됐다. 두 장의 리메이크 앨범은 신세대에게는 과거 노래의 의미와 감성을, 중장년에게는 트렌드가 담보된 추억을 선물하며 아이유의 팬층을 대폭 확대했다. 아이유의 뛰어난 곡 해석이 리메이크 앨범에서도 잘 발현됐다.

2015년 발표한 미니 앨범 〈CHAT-SHIRE〉의 〈ZeZe〉〈스물셋〉을 비롯한 수록곡 9곡 모두 작사하고 〈무릎〉을 작곡했으며 프로듀싱까지 맡아 자신의 음악적 방향을 설정하고 창작하는 아티스트로서 성격을 완연히 드러냈다. 2017년 〈팔레트〉〈밤 편지〉〈사랑이 잘〉이 담긴 정규 4집 앨범에는 가수 아이유뿐만 아니라 창작자, 프로듀서 아이유의 특성과 능력이 잘 표출됐다. 이 앨범은 음악적 완성도뿐만 아니라 대중성에서도 큰 성공을 거두며 아티스트 아이유의 명성을 대중에게 확실하게 보여줬다. 2019년 내놓은 미니앨범 〈Love poem〉의 수록곡 〈블루밍〉〈시간의 바깥〉〈그 사람〉이 멜론, 지니의 음원 차트에서 상위권을 독식하며 아이유의 흥행파워를 다시 한 번 입증했다. 아이유는 2020년 방탄소년단의 슈가가 피처링한 〈Eight〉으로 국내외 반향을 일으키고 2021년 발표한 〈Celebrity〉〈Strawberry moon〉〈겨울잠〉을 비롯한 음악들이 인기를 얻으며 톱스타 위상을 더욱 굳건히 했다.

아이유는 음악을 통해 진화와 성장을 거듭하며 다양한 세대에게 여러 문양의 감정을 불러일으키는 청아하면서도 감성이 짙게 밴 매력적인 음색, 뛰어난 곡 해석과 창작 능력, 그리고 여러 장르의 음악을 소화하는 가창력으로 스타 가수가 됐다. 음악의 산업화가 진척되고 연예기획사가 대중음악 주류를 이끌면서 세대 간 음악의 단절은 더욱 심화했다. 10~20대에게 주로 소구되는 아이돌 그룹의 댄스와 힙합 음악은 중장년층이 외면하고 중장년층이 선호하는 트로트에 10~20대는 시선을 좀처럼 주지 않았다. 주류 음악의 한 자리를 차지하는 발라드 역시 특정 세대에게만 소비됐다. 2000년대 들어 연예기획사에 의해 육성된 스타 솔로 가수 보아, 비, 세븐 역시 10~20

대에게 소구되는 가수였다. 아이유는 10대부터 중장년층까지 팬덤이 가장 넓은 예외적인 가수로 여러 세대의 열광을 이끌었다.

2011년 드라마 〈드림하이〉를 통해 연기자로 데뷔한 아이유는 드라마 〈최고다 이순신〉〈프로듀사〉〈달의 여인-보보경심 려〉를 거치며 연기자로서 존재감도 드러냈다. 한동안 표정과 대사가 따로 노는 연기로 비판받았지만, 여러 작품을 거치면서 연기력과 캐릭터 창출력이 향상돼 눈길을 끌었다. 세계적 소설가 파울로 코엘료Paulo Coelho가 "인간의 상태를 완벽하게 묘사했다. 엄청난 극본, 환상적 연출, 최고의 출연진에 찬사를 보낸다"라고 극찬한 2018년 방송된 드라마 〈나의 아저씨〉에선 사람들에게 감정의 울림을 주는 깊이 있는 연기를 선보여 배우로서도 인정받았다. 2019년 방송된 드라마 〈호텔 델루나〉가 중국을 비롯한 동남아시아에서 큰 인기를 얻으며 가수로서 뿐만 아니라 연기자로서도 한류스타 대열에 진입했다. 넷플릭스를 통해 2019년 공개된 〈페르소나〉로 영화배우로도 선을 보인 뒤 2022년 칸국제영화제 경쟁부문에 진출한 〈브로커〉 주연으로 활약해 스크린 스타로도 주목받았다.

아이유는 아이돌 가수로 출발했지만, 세대를 아우르고 장르를 넘나들며 자신만의 음악 세계를 만들어 대중성과 음악적 영향력을 담보한 스타 아티스트의 위상을 차지했다. 그것도 연기자를 병행하면서 말이다.

노래 · 출연작

노래

2008	〈미아〉
2009	〈마쉬멜로우〉 〈Boo〉 〈있잖아〉 〈바라보기〉
2010	〈잔소리〉 〈좋은 날〉 〈이게 아닌데〉
2011	〈너랑 나〉 〈비밀〉 〈사랑니〉 〈나만 몰랐던 이야기〉
2012	〈하루 끝〉
2013	〈분홍신〉 〈을의 연애〉 〈싫은 날〉 〈금요일에 만나요〉
2015	〈ZeZe〉 〈스물셋〉
2017	〈팔레트〉 〈이름에게〉 〈밤 편지〉 〈사랑이 잘〉
2018	〈삐삐〉
2019	〈블루밍〉 〈시간의 바깥〉 〈그 사람〉 〈Love poem〉
2020	〈Eight〉
2021	〈Celebrity〉 〈라일락〉 〈Coin〉 〈Strawberry moon〉 〈겨울잠〉
2022	〈브로커〉
2023	〈드림〉

드라마 · 영화

2011	〈드림하이〉
2013	〈최고다 이순신〉
2014	〈예쁜 남자〉
2015	〈프로듀사〉
2016	〈달의 여인-보보경심 려〉
2018	〈나의 아저씨〉
2019	〈호텔 델루나〉 〈페르소나〉
2021	〈아무도 없는 곳〉

(36) 방탄소년단

防彈少年團 · BTS | 2013~

RM 슈가 진 제이홉 지민 뷔 정국

§

팝의 미래 개척한 세계 최정상 K팝 그룹

"방탄소년단은 단순히 음악 차트에서 가장 큰 활약을 보인 K팝 그룹이 아니라, 세계에서 가장 위대한 밴드가 됐다. 여러 앨범을 내며 모든 종류의 기록을 깼고, 가감 없는 라이브 스트리밍 콘서트를 진행하며 방탄소년단은 팝스타 반열의 정점에 올랐다." 미국 시사주간지 《타임》이 2020년 방탄소년단을 '올해의 엔터테이너'로 선정한 이유다. "영어가 아닌 외국어(한국어)로 노래를 부르는 방탄소년단은 글로벌 팝 센세이션이 되기 위한 모든 규칙을 파기했다. 언어와 음악 장르 한계를 넘어선 팝의 국경 없는 미래를 구현하고 있다." 2019년 6월 1, 2일 12만 명이 열광한 방탄소년단의 영국 웸블리 스타디움 공연에 대한 영국 《데일리 텔레그래프》의 보도다. '방탄소년단이 미국을 공식적으로 점령했다' 2018년 5월 출시한 방탄소년단 앨범 〈LOVE YOURSELF 轉 Tear〉의 '빌보드 200' 1위 석권에 관한 미국 대중음악 잡지 《롤링스톤》의 기사 제목이다. "방탄소년단이 2019년 미국 로스앤젤레스 로즈볼 스타디움 등에서 진행한 월드투어 'LOVE YOURSELF: SPEAK YOURSELF'로 97만 6,283장의 티켓을 팔아 공연당 4만 8,814명을 동원했다." 미국 빌보드 발표다. "방탄소년단처럼 팬들에게 끊임없이 메시지를 주는 이들은 없었다. 방탄소년단의 노래로 우울증과 불안장애라는 마음의 병을 고칠 수 있었다." "방탄소년단이 나를 구해줬다. 삶의 힘든 시기에 그들의 음악이 힘이 됐다. 이제는 내가 어려운 이들을 찾아갈 것이다." "(방탄소년단은) 성 정체성은 아무런 문제가 되지 않는다고 말해준다. 지금까지 우리에게 이런 이야기를 해준 가수는 없었다."…방탄소년단 외국 팬들의 고백이다.[323]

방탄소년단의 위대함을 보여준 증표들이다. 방탄소년단은 앨범과 음원, 콘서트와 온라인 공연, 뮤직비디오, 팬덤 등을 통해 다양한 유형의 팝 기록을 깨며 K팝을 새로운 차원으로 도약시켰다. H.O.T, 핑클을 비롯한 1990년대 중후반 데뷔한 1세대 아이돌 그룹과 동방신기 빅뱅 소녀시대 원더걸스 같은 2000년대 등장한 2세대 아이돌 그룹에 이어 엑소 트와이스 블랙핑크 NCT 세븐틴 등과 함께 2010년대 초중반 활동을 시작한 3세대 아이돌 그룹의 대표주자로 나선 방탄소년단은 새로운 음악과 완성도 높은 퍼포먼스로 전인미답의 세계 대중음악사를 새로 썼다.

하이브(구 빅히트엔터테인먼트) 방시혁 대표가 언더그라운드 힙합 신에서 뛰어난 실력을 보인 고교생 래퍼 RM(본명 김남준 1994~)을 발탁하고 2010년 실시한 힙합 그룹 오디션과 길거리 캐스팅 등을 통해 슈가(본명 민윤기 1993~), 진(본명 김석진 1992~), 제이홉(본명 정호석 1994~), 지민(본명 박지민 1995~), 뷔(본명 김태형 1995~), 정국(본명 전정국 1997~) 등 랩과 보컬, 댄스 실력이 출중한 10대 중후반의 6명을 선발했다. 이들은 3년여의 훈련을 거쳐 2013년 6월 13일 엠넷 〈엠카운트다운〉에 출연해 싱글 앨범 〈2 COOL 4 SKOOL〉 타이틀곡 〈No More Dream〉을 부르며 대중음악계에 첫발을 디뎠다. 힙합 아이돌 그룹을 표방한 방탄소년단의 등장이다. "방탄소년단 7명의 멤버는 재능과 실력을 갖추고 있었다. 이를 기반으로 정말 멋있는 거 만들어보자는 게 시작이었다. 세계적 가수로 키워내겠다는 목표를 세운 적은 없었다. 우리 회사는 주류가 아니었다. 방탄소년단이 팬들과 인간 대 인간으로 소통하면서 선한 영향력을 주고받는 수평적 리더십을 가진 아티스트가 됐으면 했다." 방시혁 대표가 밝힌 방탄소년단의 탄생 배경과 지향점이다.

주입식 학교 교육으로 청소년들의 꿈이 획일화하는 현실을 질타한 〈No More Dream〉을 부르며 대중 앞에 선 방탄소년단은 2014년 2월 미니 앨범 〈Skool Luv Affair〉를 발매하며 신인 아이돌 그룹으로서 존재감을 드러낸 뒤 〈화양연화 pt. 1〉 〈화양연화 pt. 2〉 〈화양연화 YOUNG FOREVER〉 〈WINGS〉 〈LOVE YOURSELF 承 Her〉 〈LOVE YOURSELF 轉 Tear〉 〈LOVE YOURSELF 結 Answer〉 〈MAP OF THE SOUL: PERSONA〉 〈MAP OF THE SOUL : 7〉 〈BE〉 〈Proof〉 등 앨범을 지속해서 발표하며 팝 음악의 새로운 기록을 수립하는 세계적인 팝스타로 주목받았다. 2019년 4월 발표한 〈MAP OF THE SOUL: PERSONA〉는 발매 당일 137만 장이 팔려나가는 등 371만 장이 판매돼 한국 역대 최다 음반 판매량 기록을 수립한 데 이어 2020년 2월 출시한 〈MAP OF THE SOUL : 7〉은 437만 장 넘게 판매되며 한국 최다 음반 판매량 기록을 경신했다. 음원 중심의 대중음악 시장에서 이런 앨범 판매량은 경이적인 성과다. 방탄소년단은 2018년 5월 발매한〈LOVE YOURSELF 轉 Tear〉를 시작으로 〈LOVE YOURSELF 結 Answer〉 〈MAP OF THE SOUL : PERSONA〉 〈MAP OF THE SOUL : 7〉 〈BE〉, 2022년 6월 출시한 〈Proof〉까지 6개의 음반을 미국 빌보드 메인 앨범차트 '빌보드 200' 1위에 올려놨다. 1960년대 미국 팝 음악계를 강타한 전설적인 록밴드 비틀스에 비견될만한 성적이다. 〈I NEED U〉 〈불타오르네〉 〈봄날〉 〈피 땀 눈물〉 〈DNA〉 〈MIC Drop〉 〈Fake Love〉 〈작은 것들을 위한 시〉 〈FAKE LOVE〉 〈IDOL〉 〈ON〉 〈Dynamite〉 등 전 세계인이 열광하는 수많은 히트곡도 양산했다. 2020년 8월 발표한 영어 가사의 〈Dynamite〉와 2020년 10월 피처링한 〈Savage Love〉 리믹스 버전, 2020년 11월 출시한 한국어로 된 〈Life goes on〉, 2021년 5월과 7월 선보인 〈Butter〉와 〈Permission to Dance〉, 2021년 9월 출시한 콜드플레이Coldplay와의 협업곡 〈My Universe〉가 빌보드 싱글 차트 '핫 100' 1위를 차지했다. 방탄소년단의 음반과 노래는 일본 오리콘 차트와 영국 오피셜 차트를 비롯한 세계 각국 음악 차트 정상도 휩쓸었다. 방탄소년단 멤버들의 솔로 앨범과 음악 역시 국내외에서 열광적인 반향을 일으켰다. 지민이 발표한 솔로 앨범 〈FACE〉의 타이틀곡 〈Like Crazy〉가 2023년 4월 빌보드 싱글 차트 '핫 100' 1위에 오른 것을 비롯해 제이홉, RM, 진, 슈가 등 멤버들의 솔로 앨범과 음악도 세계 각국에서 엄청난 인기를 얻었다.

2021년 5월 21일 발표한 〈Butter〉 뮤직비디오가 유튜브 세계 최단 시간(20시간 50분) 1억 회 조회 돌파 기록을 수립하고 17억 회의 〈Dynamite〉, 16억 회의 〈작은 것들을 위한 시〉, 15억 회의 〈DNA〉, 13억 회의 〈MIC Drop〉, 12억 회의 〈IDOL〉, 11억 회의 〈FAKE LOVE〉를 비롯해 2023년 6월 기준으로 조회 수 1억 회가 넘는 뮤직비디오만 39개에 달했다. 미국 최고 권위의 빌보드 뮤직 어워드를 2017년부터 6년 연속 수상했고 아메리칸 뮤직 어워드를 2018년부터 5년간 연이어 받았으며 아시아 가수 최초로 2021, 2022, 2023년 그래미 어워드 후보에도 올랐다.

2014년 일본에서 싱글 앨범 〈No More Dream〉을 발표한 것을 기점으로 필리핀, 싱가포르, 태국 등 아시아 투어를 성공적으로 진행하면서 글로벌 팬들과 만났다. 방탄소년단은 데뷔 이후 국내 활동 못지않게 해외 콘서트를 왕성하게 전개해 외국에서 먼저 인기가 오르고 굳건한 팬덤이 형성됐다. 완성도 높은 음악과 타의 추종을 불허하는 화려한 퍼포먼스, 첨단 장비로 무장한 독창적인 무대, 세계적인 팬덤을 바탕으로 공연 최강자로 우뚝 섰다. 방탄소년단은 2019년 영국 웸블리 스타디움, 일본 오사카 얀마 스타디움 나가이 등 세계 8개 도시에서 펼친 16회 공연을 모두 매진시키며 97만 명을 동원해 1,362억 원의 매출을 기록했다. 코로나19 팬데믹으로 팝 스타들이 공연하지 못하고 세계 대중음악계가 끝 모를 침체의 늪에 빠진 상황에서 2020년 6월 14일 펼친 방탄소년단의 유료 온라인 공연 '방방콘 The Live' 이용자는 미국, 영국 등 107개국 75만 명에 달해 257억 원의 수입을 창출했다. 온라인 공연 최다 이용자 세계 신기록이다. 2020년 10월 10일과 11일 개최한 온라인 콘서트 'BTS MAP OF THE SOUL ON:E'은 191개 국가에서 99만 명이 시청했다.

팬덤 역시 세계적인 팝스타를 압도하고 있다. 전 세계에 회원이 산재한 팬클럽 아미뿐만 아니라 2023년 6월 기준으로 7,352만 명의 인스타그램 팔로워, 4,844만 명의 트위터 팔로워, 2,125만 명의 페이스북 팔로워, 7,510만 명의 유튜브 구독자 등 세계 각국에 광범위한 팬덤이 형성됐다. 이뿐만 아니다. 《타임》의 '2019 세계에서 가장 영향력 있는 인물 100인' 선정과 2021년 유엔 총회 연설 등에서 알 수 있듯 정치, 사회, 경제에 막강한 영향력을 행사하는 소프트 파워로서의 위상도 갖췄다.

방탄소년단은 이런 놀라운 성과와 성취를 바탕으로 팝 음악계의 정상에 서며 세계 대중음악의 트렌드를 이끌었다. 방탄소년단은 K팝의 문화적 강점을 유지하면서 독창성과 의미를 담보한 음악과 퍼포먼스로 세계 음악 팬을 사로잡았다. 방탄소년단은 팝 음악계를 주도하는 미국과 서구 대중에게 익숙할 뿐만 아니라 주류 음악으로 많은 인기를 얻은 힙합과 일렉트로닉 댄스 뮤직EDM을 주조로 멤버들이 외치고 싶은 내면의 목소리를 담은 완성도와 대중성을 높인 음악으로 국내외 성공을 이끌었다. 특히 전 세계 10~20대가 공감할 수 있는 꿈, 사랑, 청춘, 자유, 인생에 대한 목표뿐만 아니라 사회적 편견·억압으로부터 젊은이들의 방어와 문제 있는 사회와 시스템에 대한 저항 같은 시대정신을 가사에 담아 세계 젊은이들의 공감을 얻었다. 여기에 한국어 가사로 드러나는 K팝 정서와 칼군무로 대표되는 뛰어난 퍼포먼스가 더해졌다. 팝스타 할시Halsey를 포함한 뮤지션과 전문가들은 전 세계에 통용되는 언어로 등장한 방탄소년단의 노래에는 자신감에 대한 긍정적인 메시지와 복합적인 철학이 내포됐고 정교한 안무에는 진정한 시너지와 형제애, 많은 노력이 담겨있다고 평가했다.

"나는 큰 방향만 제시할 뿐 길은 방탄소년단 멤버들이 만들었다. 멤버들이 스스로 고민하고 창작의 고통을 겪으며 자신들의 이야기를 멜로디, 가사와 춤으로 풀어내며 방탄소년단만의 스타일을 구축했다"라는 방시혁 대표의 말과 "우리가 할 수 있는 우리의 이야기를 하자. 우리 맘속의 이야기를 하자고 생각했다"라는 RM의 언급에서 알 수 있듯 방탄소년단은 연예기획사가 음반 기획부터 음악 창작, 가수 이미지, 퍼포먼스 구성까지 모든 것을 주도하는 기존 아이돌 그룹과 달리 멤버들이 음악 창작부터 퍼포먼스 구성까지 적극적으로 참여했다. 이 때문에 방탄소년단은 K팝과 아이돌 그룹의 지속 가능한 발전에 가장 큰 장애 요인으로 작용한 "한국 아이돌 그룹과 K팝은 공장에서 찍어낸 것처럼 획일적이다"라는 국내외 전문가와 언론의 비판에서 벗어나며 성장과 성공을 거듭할 수 있었다. 방탄소년단 음악은 한국어를 기반으로 하고 있지만, 공감과 감동을 유발하는 청춘의 서사와 사운드, 비주얼의 미학, 완성도 높은 퍼포먼스가 내장됐고 다양한 문화가 투영된 초국가성도 내재됐다. 여기에 방탄소년단은 니키 미나즈Nicki Minaj, 시아Sia, 할시, 콜드플레이 등 유명 팝스타들과 협업을 통해 완성도와 대중성을 높였다.

가장 영향력 있는 미디어로 자리한 인터넷과 SNS, OTT 등 21세기 지구촌 문화의 핵심적 환경과 뉴미디어를 적극적으로 활용하며 다양한 미디어를 넘나드는 트랜스 미디어 전략을 구사한 것도 방탄소년단이 세계적인 팝 스타가 된 원동력이다. 완성도 높은 음악과 퍼포먼스를 뛰어난 시각적 영상으로 담아낸 뮤직비디오 같은 음악 콘텐츠를 유튜브를 비롯한 OTT나 페이스북 같은 SNS를 통해 유통해 세계 각국 팬들이 언제 어디서든 편리하게 소비하게 했다. 또한, 음악과 뮤직비디오를 만들고 춤을 연습하는 과정,

식사부터 여가까지 소소한 일상생활, 멤버들의 솔직한 감정과 경험, 특정 이슈에 대한 견해를 팬 커뮤니티 '위버스'와 트위터, 페이스북 등 SNS를 통해 상세하고 친절하게 알리며 팬들과 수평적으로 소통하면서 유대감과 음악에 대한 공감도를 높였다. 방탄소년단의 유튜브를 통한 음악 유통과 SNS, 팬 커뮤니티를 통한 팬과의 교류는 인터넷에 익숙한 전 세계 밀레니얼 세대의 관심을 기하급수적으로 증가시켰다. 음반과 콘서트, 뮤직비디오, SNS, OTT, TV와 라디오, 영화 등 다양한 미디어를 넘나들며 방탄소년단과 멤버 개인, 음악에 관한 성공적인 스토리텔링을 구사함으로써 더 많은 팬의 유입을 유도하고 팬의 유실을 막아 팬과 관심을 확대 재생산했다.[324]

국내뿐만 아니라 일본, 중국, 미국 등 세계 각국에서 수많은 회원이 왕성하게 활동하는 팬클럽 '아미ARMY · Adorable Representative MC for Youth'로 대변되는 인종과 종교, 지역, 세대를 아우르는 국내외 팬덤은 음반가 음원, 콘서트 소비부터 가사 번역, 문제에 대한 공동 대응, 홍보 마케팅까지 다양한 활동을 조직적이고 체계적으로 펼쳐 방탄소년단의 음악과 인기의 가장 중요한 버팀목이 되었다. 100만~400만 장의 음반 판매량, '빌보드 200' '핫 100' 1위, 빌보드 뮤직 어워드와 아메리칸 뮤직 어워드 수상, 월드투어 성공은 세계적인 팬덤 아미의 존재가 있었기에 가능했다. 아미는 BTS를 끊임없이 응원하고 그들의 행보에 선한 영향력을 끼치며, 남다른 기획과 이벤트로 BTS와 함께 하고 있다.[325]

방탄소년단이 인종 차별 반대 선언, 성소수자에 대한 혐오 중단 촉구, 기후변화에 대한 대처 요구, 소외계층에 대한 사랑 나눔 등 음악과 사회적 활동을 통해 전 세계 젊은이들의 삶과 문화에 선한 영향력을 미치는 소프트파워 역할을 하고 새로운 남성상을 제시한 것도 세계적인 스타로 성장하는데 한몫했다.

방탄소년단은 팝 음악 주류의 견고한 장벽을 무너뜨리며 팝 음악계의 정상에 올랐을 뿐만 아니라 K팝을 연예기획사라는 공장에서 찍어내는 팝 음악 짝퉁 제품으로 취급하고 한국 아이돌 그룹을 맹목적인 팬덤에만 기생하는 예술성이 거세된 상품으로 인식하는 서구 주류 언론과 대중의 편협한 시선도 무력화했다. 방탄소년단은 K팝을 팝 음악의 주류 문화로 진입시키고 언어와 장르의 한계를 넘어서며 팝의 국경 없는 미래를 개척한 선구자적인 월드 스타다.

노 래

노래

2013	〈No More Dream〉〈Skit: Circle Room Talk〉〈좋아요〉〈We On〉〈N. O〉
2014	〈Danger〉〈Rain〉〈이불킥〉〈상남자〉〈등골브레이커〉〈호르몬 전쟁〉〈Miss Right〉
2015	〈RUN〉〈쩔어〉〈I Need U〉
2016	〈Save ME〉〈불타오르네〉〈피 땀 눈물〉
2017	〈봄날〉〈DNA〉〈MIC Drop〉〈Not Today〉
2018	〈Fake Love〉〈전하지 못한 진심〉〈IDOL〉
2019	〈작은 것들을 위한 시〉〈Make It Right〉〈소우주〉
2020	〈ON〉〈Black Swan〉〈Filter〉〈시차〉〈Louder than bombs〉〈UGH!〉〈Dynamite〉〈Life goes on〉
2021	〈Butter〉〈Permission to Dance〉〈My Universe〉
2022	〈Yet To Come〉〈For Youth〉

1 배 우

이월화 나운규 문예봉 김승호
최은희 이순재 김지미 신성일
김혜자 최불암 윤정희 윤여정
안성기 고두심 이덕화 정윤희
이미숙 강수연 최민수 김혜수
최수종 최진실 한석규 고현정
이영애 전도연 송강호 이병헌
장동건 배용준 송혜교 전지현
하정우 이민호

2 가 수

채규엽 이난영 왕수복 남인수
현인 패티김 이미자 신중현
남진 나훈아 송창식 조용필
김민기 산울림 정태춘 이문세
들국화 이선희 노래를 찾는 사람들
김완선 유재하 김광석 신승훈
서태지와 아이들 김건모 크라잉 넛
H.O.T 이효리 드렁큰 타이거
보아 싸이 동방신기 빅뱅
소녀시대 아이유 방탄소년단

**3 코미디언
· 예능인**

신불출 구봉서 배삼룡 백금녀
서영춘 송해 이주일 전유성
주병진 김형곤 이경규 심형래
김미화 박미선 김국진 이영자
신동엽 유재석 강호동 김준호
김병만 김제동

(1) 신불출

申不出 | 1907~1969

코미디 토대 구축한 만담 일인자

"종로 거리 어떤 축음기 상회에서 흘러나오는 〈익살맞은 대머리〉 타령에 흥이 겨워 어떤 60가량 된 노인이 발을 멈추고 그 노래를 정신없이 듣다가 대사 중에 히히거리고 웃는 데가 있자 그 노인도 소리를 높이고 따라 웃어서 지나가는 사람들이 십여 명이 모여들고 옆에서 같이 듣고 서 있던 사람들조차 박장대소한 사건이 수일 전에 있었다. 그 〈익살맞은 대머리〉 타령을 취입한 사람은 만담계에 이름이 높은 신불출 군이니 그만하면 신 군의 만담이 어느 정도까지 인기가 있는 것을 누구나 짐작할 수 있을 것이다."[326] 《매일신보》가 1935년 1월 3일 만담 일인자 신불출을 다룬 신년 특집 기사의 일부다. 일제 강점기 우울과 오뇌로 즐거움을 모르고 사는 사람들로 하여금 입을 열어 웃게 하니 그 공이 적지 않다는 평가를 받은 신불출은 '세기의 만담가' '동방의 웃음보' '만담의 천재'로 불리며 만담 하나로 조선 팔도 사람을 웃기고 가는 곳마다 화제를 몰고 다니며 인산인해를 이루게 한 스타 만담가다. 만담의 초창기 역사를 신불출이 썼다고 할 만큼 신불출은 만담의 도입과 발전에 결정적 역할을 했다. 박춘재가 1910~1920년대 전통 연희의 한 형태인 재담을 무대에서 펼쳐 웃음을 준 재담의 명인이고 이원규가 1910~1930년대 희극 무대와 1926년 개봉한 코미디 영화 〈멍텅구리〉를 통해 코믹 연기로 관객을 웃긴 희극배우의 대가라면 신불출은 일제 강점기 코미디 영역에 만담을 끌어 들여와 웃음을 주조한 만담의 일인자였다.

1907년(1905년생 주장도 있음) 경기도 개성에서 출생한 신불출(본명이 남한 자료에는 신영일 신홍식, 북한 자료에는 신상학으로 명기)은 1925년 취성좌의 신파극 공연을 보고 전율을 느끼며 매료돼 연극에 자신의 인생을 걸겠다는 결심을 했다. 송도고등보통학교를 다니던 신영일은 취성좌에 입단해 무대에 올랐지만, 연기에 문제가 있어 배우로서 주목받지 못했다. 신영일은 연기가 어렵게 여겨지고 실수가 잦아 스스로 이름을 '난다難多'로 고쳐 불렀다가 사람들이 '신난다'로 놀리자 '신불출'로 바꿨다. 연극을 하면 할수록 힘들어 당분간 무대에 서지 않고 아무 데도 나가지 않겠다는 마음을 먹으며 '불출不出'이라는 예명을 지었다는 설과[327] 억압받는 일제 강점기를 살면서 차라리 이런 세상에 태어나지 말았어야 했다는 의미로 '불출不出'로 개명했다는 주장이 있다.

극작가와 작사가로도 활동한 신불출은 배우로서 인정받지 못하다가 취성좌가 막간극을 시도하면서 빛을 보기 시작했다. 관객의 외면을 받아 신파극단이 거의 고사 상태가 되어 취성좌, 신무대를 비롯한 몇 개의 극단만이 겨우 명맥을 유지했다. 이때 자구책으로 등장한 것이 막간 활용이었다. 가정 비극이나 순진한 여성의 고난을 주로 그린 신파극의 막과 막 사이, 막간을 지루하지 않게 하려고 가수들이 노래를 부르거나 희극에 능한 배우가 나와 짧은 우스갯소리를 했는데 큰 인기를 얻었다. 막간 무대에 나와 관객을 지루하지 않게 한 것이 먹히기 시작했고 주로 그 일을 한 사람이 신불출이었다. "대머리를 중국말로는 투더우, 일본말로는 하게아다마, 우리말로는 공산명월이라고 하는데…" 하는 식으로 뛰어난 유머 감각을 발휘하는 즉흥적인 입담으로 수많은 관객을 웃겼다. 신불출이 재담과 일본 만담, 서양의 코미디를 연구하면서 조선 사람 체질에 맞는 만담을 개발했다.

신불출은 "(만담은) 어느 무엇보다도 해학성의 종횡무진함과 풍자성의 자유분방한 점을 특징으로 삼는 그야말로 불같고 칼 같은 말의 예술입니다"[328] 라고 강조하며 조선에 만담을 처음 도입한 사람이 바로 자신으로 일본 것을 모방한 것이 아닌 스스로 개발한 것이라고 주장했다. 신불출이 주도적으로 이끈 만담은 해방될 때까지 10여 년간 새로운 공연 장르로 각광받았고 말로 하는 연기에 능한 연극배우들이 대거 만담 공연에 참여했다.

신불출은 초기에는 〈말씀 아닌 말씀〉 〈엉터리 연설〉 〈관대한 남편〉을 비롯한 혼자 하는 독만담을 주로 했고 나중에는 두 사람 이상이 하는 대화 만담으로 성공했다. 신불출은 배우 신일선, 차홍녀 그리고 가수로 활동하다가 만담가로 전향한 김윤심과 함께 〈백만풍〉 〈소문만복래〉 〈선술집 처녀〉 같은 대화만담을 했다. 신불출의 만담 연기가 독특하다는 경지를 넘어 귀재소리를 들을 만큼 인기가 높아지자 전국을 돌아다니며 만담 순회공연을 펼쳤다. 신불출은 여성처럼 가냘픈 외모였으며 목소리도 높은 편이었다. 발음은 매우 정확했고 고저장단이 자연스러운 데다 감정 표현이 능란해 만담을 누구나 쉽고 재미있게 들을 수 있게 했다.

〈익살맞은 대머리〉 〈곰보타령〉 〈엿줘라 타령〉 〈백만풍〉 〈소문만복래〉 〈관대한 남편〉 〈망둥이 세 마리〉 등 신불출이 한 수많은 만담의 주제는 일상생활부터 시사에 이르기까지 매우 폭넓었고 그의 예리한 언어 감각과 통찰력으로 촌철살인의 웃음을 폭발시켰다. 그뿐만 아니라 신불출의 만담이 사회적, 정치적 근거를 가진 것이었기에 당대의 중요한 문화 코드가 될 수 있었다. 신불출에 대해 말재주의 천재라고 평가하지만, 단순한 말재주보다 말의 사회적 가능성에 관심을 기울인 만담가여서 많은 사람의 사랑을 받았다.[329]

신불출을 조선 팔도를 뒤흔든 만담 스타로 만든 것은 바로 〈익살맞은 대머리〉 〈월급날〉 〈인간세탁〉 같은 만담의 음반 취입과 라디오 방송이었다. 레코드가 대중오락 매체로 각광받으면서 신불출의 만담 음반은 큰 인기

를 얻었다. "영감님 대가리는 문어 대가리. 어부 있는 해수욕장 못 간다누나
~ 영감님 대가리는 후도뽈(축구공) 대가리. 모자 벗고 운동장엔 못 간다누나"
라는 우스꽝스러운 내용이 담긴 신불출의 만담 〈익살맞은 대머리〉는 오케
레코드에서 출시돼 보름 만에 2만 장이 팔리는 뜨거운 반응을 일으켰다. 경
성방송국에서도 신불출을 출연시켜 만담을 방송했다. 만담은 라디오 방송
의 최적화된 장르로 신불출은 많은 청취자에게 사랑받는 인기 방송인으로
도 주목받았다. 신불출은 극작, 만담뿐만 아니라 많지는 않지만 노래도 작
사했는데 1934년 오케 레코드 창립 1주년 기념으로 제작한 신민요 〈노들
강변〉(문호월 작곡)이 대표적인 작품이다.

신불출은 공연하는 만담이 사회·정치 상황과 밀접한 관련이 있는 데
다 현실과 타협하지 않는 태도 때문에 많은 고초를 겪기도 했다. 1931년 12
월 연극 공연 〈동방이 밝아오다〉에서 "새벽을 맞아 우리 모두 잠에서 깨어
납시다. 여러분, 삼천리강산에 우리들이 연극을 할 무대는 전부 일본 사람
것이고 조선인 극장은 한두 곳밖에 없습니다. 우리는 이대로 있으면 안 됩
니다. 우리 동포들은 두 주먹을 불끈 쥐고 일어나야 합니다"라는 대사를 해
독립을 고무했다는 이유로 종로경찰서에 연행되어 조사받았다. 1946년 6
월 11일 '6·10 만세운동 기념 연예대회'에서 공연한 〈실소사전〉에서 태극
기 문양에 빗대 신탁통치를 지지하는 정치적 견해를 밝혀 우익단체 청년들
에게 폭행당하고 미군정청에 구속됐다가 벌금형을 받고 풀려나기도 했다.
신불출의 만담은 근대적인 사회와 문화의 토대 위에서 언어를 통해 삶의 현
실과 진실을 담아내고자 했던 공연이었다.[330]

1947년 월북한 뒤 6·25 전쟁 때 문화선전대 책임자로 서울에서 선무
방송을 했고 1957년 만담가로는 이례적으로 조선문학예술총동맹 중앙위
원으로 선임되고 공훈 배우로 활동했다. 1961년 조선문학예술총동맹 직속
'신불출 만담연구소'를 설립하고 소장으로 취임한 뒤 북한의 조직적 문예 정

책과 통제 사회의 실상을 풍자해 1962년 한설야와 함께 종파주의자, 반동 분자 혐의로 숙청되었다. 2003년 탈북한 무용가 김영순은 신불출이 1970 년대 초반 요덕수용소에 있다가 1976년 사망했다고 전했다. 북한 당국은 신불출이 1967년 뇌출혈로 쓰러진 뒤 〈조선 희극사〉를 집필하다가 1969 년 7월 12일 숨졌다고 밝혔다.

신불출의 만담은 장소팔 고춘자 김영운 서영춘 백금녀 등에 의해 계승 돼 한국 코미디의 한 축을 담당했고 또 한편으로 원맨쇼로 발전, 윤부길 곽 규석 남보원 백남봉 쓰리보이 이주일 등으로 이어지며 진화를 거듭했다. 신 불출은 일제 강점기 만담을 하나의 코미디 장르로 만들어 대중에게 사랑받 게 하면서 한국 코미디의 토대를 다진 스타다.

출 연 작

만담

〈익살맞은 대머리〉〈견우직녀〉〈허튼수작〉 〈오전 두시 반〉〈백만풍〉〈요절 춘향전〉〈사공 과 대학생〉〈소문만복래〉〈선술집과 인생〉〈곰 보타령-만물상 할아버지〉〈국수 한 사발〉〈만 사 오케〉〈망둥이 세 마리〉〈엿줘라 타령〉〈오 케 삼중 방송〉〈홍백타령〉〈결말 열쇠통〉〈전 장의 백합화〉〈여 천하〉〈벽창호〉〈여권 시 대〉〈경성 광상곡〉〈계란 강짜〉〈털보〉〈궤사 불여귀〉〈개똥 할머니〉〈신 가정생활〉〈모던 춘향전〉〈태자대회〉〈서울 구경〉〈말씀 아닌 말씀〉〈엉터리 연설〉〈혼선방송〉〈추풍감별 곡〉〈일편단심〉〈감정 산맥〉〈쾌남아〉〈인간 수업〉〈이춘보(李春甫)와 대원군〉〈인간 세

탁〉〈도깨비와 독립〉〈실소 사전〉

(2) 구봉서

具鳳書 │ 1926~2016

코미디 형성과 전성 이끈 위대한 스타

한 학생이 1945년 광복 직후 아코디언을 메고 길을 걸어가고 있었다. 한 남자가 다가와 악극단 악사가 될 생각이 없냐고 물었다. 두 사람의 우연한 만남은 한국 코미디사에 큰 족적을 남긴 한 명의 위대한 코미디언을 탄생시켰다. 악극단에서 악사로 출발한 뒤 코미디 연기를 시작해 라디오, 영화, TV에 출연하면서 한국 코미디의 형성과 전성에 지대한 역할을 한 구봉서다. 구봉서는 한국 코미디 역사라고 해도 과언이 아닐 만큼 50여 년 악극과 버라이어티쇼, 영화, 라디오와 TV 등 다양한 매체에서 코미디를 했고 수많은 대중에게 즐거운 웃음을 선사한 최고의 코미디언이었다.

"난 운이 좋았다. 해방되던 해 우연히 악극 악사로 무대 인생을 시작했고 도망간 배우 대신 잠깐 선 악극 무대가 날 스타로 만들었고 악극이 기우니까 영화판과 라디오가 날 불렀고 코미디 영화가 시들해지자 텔레비전 붐이 일어 TV 코미디까지 했으니 기막히게 운 좋은 사람이다"라고 말한 구봉서는 1926년 평안남도 평양에서 치과 의료기기상을 하는 유복한 가정에서 태어났다. 세 살 때 양친을 따라 서울로 왔다. 대동상업학교 재학 중이던 1945년 아코디언을 메고 길을 걷다가 태평양가극단 김용환 단장을 만나 악사 제의를 받았다. 김용환 단장은 집에 찾아와 구봉서 아버지에게 사정해 사흘만 하라는 허락을 받았다. 아버지는 구봉서가 의사되기를 바랐기 때문에 악극무대에 서는 것을 반대했다. 무대에 선 날이 사흘이 지나고 점점 길어지던 차에 출연 배우가 나오지 않아 김용환 단장이 갑자기 무대에 오르라고 해 구봉서는 얼떨결에 무대에 올라 머리에 떠오르는 대로 대사를 지어내 했는데, 관객들이 박장대소했다. 그날로 코미디언이 됐다.

1950년대까지 큰 인기를 얻었던 악극단에서 춤과 노래, 신파극, 코미디가 어우러지는 악극 공연을 하면서 관객을 웃기는 기법부터 연기력, 순발력, 위기 대처 능력까지 익혀 나가며 희극 배우로서 실력과 경험을 쌓았다. 악극단의 열악한 상황 때문에 의상, 분장을 직접 했을 뿐만 아니라 상당수의 악극 대본까지 썼다. 이러한 환경과 상황은 훗날 라디오와 영화, TV 코미디에서 무궁무진한 소재와 다양한 연기 스타일로 관객과 청취자, 시청자를 웃길 수 있는 토대가 되었다. 구봉서는 코미디언으로 데뷔한 태평양가극단과 백조가극단 무대 등에 서며 10여 년 악극단 생활을 했다.

구봉서가 코미디언으로 데뷔하고 활동한 악극은 한국 코미디 발전에 결정적 역할을 했다. 악극은 재담, 만담, 촌극 등 한국 코미디를 개발하고 정립시킨 무대였을 뿐만 아니라 이종철 이복본 복원규 김윤심 윤부길 양훈 양석천 윤왕국 이방 이영일 박옥초 고춘자 백금녀 박응수 백대민 김대봉 배삼룡 서영춘 송해 김희갑 박시명 남철 남성남 같은 수많은 스타 코미디언을 배출한 창구였다.

6·25 전쟁으로 타격을 입은 악극은 영화와 라디오가 큰 인기를 얻으면서 사양길로 접어들었고 대신 버라이어티쇼 공연이 성행해 신신쇼, 국제쇼, 다이아몬드쇼, 아시아쇼를 비롯한 쇼 단체가 대거 생겨났다. 구봉서는 쇼 단체에서 양훈 양석천 김희갑 배삼룡 서영춘 송해 박시명 백금녀와 함께 활동했다.

구봉서는 1950년대부터 대중의 인기를 얻으며 대표적인 오락 매체로 등장한 영화와 라디오에 진출해 악극 무대와 또 다른 코미디 연기를 선보이며 한국 코미디의 지평을 확장했다. 1956년 한형모 감독의 〈청춘 쌍곡선〉을 시작으로 코미디 영화 붐이 조성됐다. 구봉서도 1956년 문화성 감독의 〈애정 파도〉를 통해 영화계에 발을 들여놓았다. 양훈 양석천 김희갑과 함께 출연한 〈오부자〉가 흥행 돌풍을 일으키면서 구봉서는 코미디 영화 스타로 등극했다. 이 영화로 인해 극 중 애칭인 '막둥이'라는 별명도 얻게 됐다. "코미디 영화 붐이 일면서 몸이 열 개라도 모자랄 만큼 바빴어요. 네다섯 개 영화는 기본으로 겹치기 출연을 했으니까요." 구봉서는 1950년대 중반부터 1960년대 후반까지 코미디 영화 열풍의 중심에 서 있었고 〈백만장자가 되면〉 〈구봉서의 벼락부자〉 〈이거 됩니까? 이거 안 됩니다〉 〈단벌 신사〉 〈남자 식모〉 〈남자 미용사〉 등 400여 편의 영화에 출연해 다양한 코믹 캐릭터를 소화하며 웃음을 주조했다. 바보 캐릭터와 슬랩스틱 코미디를 내세워 웃음을 줬던 배삼룡, 서영춘과 달리 출중한 외모의 구봉서는 코미디 영화에서 정상적 화법을 구사하고 대중매체를 통해 조형된 '자상하지만 엄격한 가부장' '아내를 존경하는 공처가' 같은 이미지와 '건전한 서민' '상식적인 생활인'으로서의 페르소나를 활용해 좌충우돌 끝에 구직과 연애에서 목적을 이루는 주인공 역할을 하며 웃음을 유발했다.[331]

　　1950~1960년대 영화와 함께 구봉서가 활발한 활동을 한 매체가 바로 라디오다. 동아방송의 〈안녕하십니까? 구봉서입니다〉를 7년 넘게 진행한 것을 비롯해 〈노래 실은 희망 열차〉 〈막둥이 가요만보〉 〈노래하는 유람선〉을 비롯한 80여 개 라디오 프로그램의 진행자와 출연자로 나서 해학과 풍자가 깃든 촌철살인의 입담과 유머, 위트가 돋보인 진행으로 청취자의 사랑을 받았고 "이거 됩니까? 이거 안 됩니다" "골라잡아 한 곡조 꽝!" 같은 유행어를 탄생시키기도 했다.

　　구봉서는 1956년 한국 텔레비전 시대를 열었던 HLKZ-TV에 출연해

TV 매체를 통한 코미디를 선보였고 1961년 KBS 개국으로 본격적으로 막이 오른 TV 코미디 시대를 주도적으로 이끌었다. KBS가 1962년 〈유머 클럽〉을 시작으로 〈코미디쇼〉 같은 TV 코미디 프로그램을 방송했지만, 큰 반향을 일으키지 못했다. 이런 상황에서 구봉서가 전면에 나선 〈사직골 구서방〉과 〈웃으면 천국〉, 서영춘이 주역으로 활약한 〈만보춘추〉처럼 특정 코미디언을 중심으로 전개되는 TV 코미디가 눈길을 끌었다.[332] 구봉서는 TBC 〈쇼쇼쇼〉 같은 인기 버라이어티쇼 프로그램에도 출연해 코미디를 선보였다. TV 코미디가 비약적으로 발전하게 된 계기는 MBC가 1969년 11월부터 1985년 4월까지 방송한 〈웃으면 복이 와요〉다. 〈웃음이 복이 와요〉의 핵심은 다름 아닌 구봉서였다. 점잖은 이미지와 훤칠한 외모의 구봉서가 시청자의 기대를 부풀리며 긴장감을 높여가다가 예상치 못한 반전과 의외성을 드러내는 코믹 연기를 펼쳐 전 국민이 사랑하는 TV 코미디 신드롬을 일으켰다. 구봉서는 기대와 어긋나는 결과나 낯선 것을 인식할 때 초래되는 인지 혼란을 활용해 웃음을 유발하는 TV 코미디로 인기를 배가했다.

서영춘 배삼룡 등과 1960~1970년대 TV 코미디의 전성기를 이끌었던 구봉서는 1980년대에도 〈주말 코미디극장〉 〈코미디 세상만사〉에 출연해 스타 코미디언의 열정을 보여줬다.

구봉서는 코미디언들이 대중에게 웃음과 즐거움, 재미를 주는 연예인이라는 값진 의미를 평가받지 못한 채 가혹한 편견과 근거 없는 비난에 시달리는 상황에서 한국 코미디를 성장시켰다. '코미디는 저질'이라는 왜곡된 시선과 평생 싸우며 한국 코미디를 발전시켜왔다. 수많은 코미디 프로그램과 코미디언이 선정성과 폭력성, 저질을 이유로 징계를 받았다. 심지어 박정희 정권은 1970년대 중후반 건전 사회 조성이라는 미명 하에 코미디 프로그램 방송을 전면 중단하려는 움직임까지 보였다. 구봉서는 50여 년 동안 코미디를 저질로 치부하는 사람들과 정권에 온몸으로 맞서며 새로운 코미디 장르를 개척하고 다양한 웃음 기법과 소재를 개발하면서 한국 코미디를 이끌어왔다.

구봉서는 2016년 8월 27일 숨을 거두며 웃음의 무대를 지상에서 하늘로 옮겼다. 구봉서는 50여 년 동안 대한민국 국민의 웃음을 위해 무수한 고통을 견딘 위대한 광대였다. 그가 걸어온 길은 한국 코미디의 토대와 역사가 됐다. "코미디가 뭔 줄 알아. 코미디는 인생살이를 조명하면서 웃음을 끌어내는 연기야. 단순히 웃기는 게 아니라 메시지가 있는 거지. 코미디는 웃음만 있는 것이 아니라 눈물도 있고 감동도 있는 거야"라고 언명한 구봉서는 "배고프고 어려운 시절 수많은 국민에게 웃음을 줄 수 있었으니 난참 행복한 사람이야. 코미디언이 내 운명인 게 얼마나 좋은지 몰라"라고 했다. 구봉서는 한국 코미디를 개척하고 만개시킨 위대한 스타 코미디언이다.

출연작

영화

1956	〈애정 파도〉
1958	〈오부자〉〈공처가〉
1960	〈5형제〉
1961	〈구봉서의 벼락부자〉
1962	〈굳세여라 금순아〉〈맹진사댁 경사〉
1963	〈남자는 안 팔려〉〈사위소동〉〈남편은 바람둥이〉
1964	〈죽자니 청춘 살자니 고생〉
1965	〈쥐구멍에도 볕들 날 있다〉
1966	〈세상은 요지경〉
1967	〈미녀만세〉
1968	〈번지수가 틀렸네요〉〈남자 식모〉〈남자 미용사〉
1969	〈팔푼 부부〉〈신세 좀 지자구요〉〈억울하면 출세해라〉
1970	〈구봉서의 구혼 작전〉〈남자는 괴로워〉
1971	〈우리강산 차차차〉
1975	〈운수대통〉
1980	〈남자 가정부〉〈형님 먼저 아우 먼저〉
1976	〈내 강산 우리 노래〉
1981	〈일요일 밤의 대행진〉

TV 프로그램

1964	〈웃으면 천국〉
1967	〈사직골 구서방〉
'69~'85	〈웃으면 복이 와요〉
1970	〈부부 만세〉
1972	〈명랑극장〉

(3) 배삼룡

裵三龍 | 1926~2010

슬랩스틱 코미디 만개시킨 희극배우

"코미디 주인공들은 명백히 엉덩이를 차기보다는 차이고 몽둥이로 때리기보다는 얻어맞으며, 크림 파이를 던지기보다는 얻어맞는 자들이다. 즉 그들은 박해받는 자들이다…우리는 진정한 코미디 배우들이 있어 웃을 수 있고 카타르시스를 할 수 있다. 코미디 배우들은 정화의 신이다."[333] 에드가 모랭Edgar Morin의 코미디 배우에 대한 언명이다. 이 내용에 적확하게 부합하는 코미디언이 배삼룡이다. 배삼룡은 고통을 받으면서 수많은 사람에게 웃음과 카타르시스를 선물한 스타 코미디언이다. 배삼룡은 악극과 쇼 무대 그리고 TV에서 펼친 슬랩스틱 코미디에서 천재적 재능을 발휘했다. 구봉서와 주고받은 만담 코미디 역시 일가를 이뤘다. 배삼룡의 전매특허가 된 바보 캐릭터 연기는 많은 코미디언과 개그맨에 의해 답습되고 있다. 배삼룡이 춘개다리 춤은 개그맨과 연예인 심지어 일반인에 의해 웃음을 주기 위한 필살기와 개인기로 활용되고 있다.

1926년 강원도 양구에서 태어난 배삼룡(본명 배창순)은 이사 한 춘천에서 초등학교를 졸업한 후 일본 도쿄 건설회사에 근무하던 형의 주선으로 일본으로 건너가 중학교를 마치고 트럭 조수로 일했다. 해방되자 춘천으로 돌아와 악극을 보러 다니면서 관객을 웃고 울리며 박수 받는 배우를 선망하게 됐다. 배우가 되고 싶은 마음에 1946년 4월 춘천의 한 여관에 묵고 있던 민협 악극단을 찾았다. 악극단 단장이 배우가 되고 싶다는 배삼룡에게 장기를 해 보라고 했다. 〈낙화유수〉를 자신 있게 불렀지만 돌아가라는 말을 듣고 낙담 하고 있는데 단장이 이름이 뭐냐고 물어 배창순이라고 답했다. 단장이 "차 라리 삼룡이라고 하지"라고 말해 예명을 지어줘서 고맙다는 인사를 하고 돌 아섰다. 여관 문을 나서는데 단원 한 사람이 입단비를 내면 연구생으로 받 아줄 수 있다고 말해 어머니 돈을 훔쳐 갖다주고 연구생이 됐다.[334] 하지만 연구생이 곧바로 무대에 오르는 것이 아니었다. 선배들의 심부름과 청소만 했다. 악극 구경은 원 없이 하면서 무대에 오른 작품은 처음부터 끝까지 대 사를 외울 정도가 돼 가끔 단역으로 출연하기도 했다. 극단이 망해 고향으 로 돌아갈 수밖에 없었다.

춘천에서 얼마간 지내다 서울로 향했다. 아세아악극단 천연수 단장을 만난 것을 계기로 〈노방초〉라는 악극의 단역을 맡아 악극 배우로 입문했다. 이후 장미악극단에서 공연한 희극 〈그림자〉의 좀 모자라는 청년 역을 연기 해 시선을 끌었다. 6·25 전쟁 기간 입대해 복무하다 제대 후 가협악극단 으로 복귀해 서울 중앙무대에서 활동하기 시작했지만, 1960년대 악극의 인 기가 없어지면서 설 무대가 사라졌다. 성행하는 극장 쇼의 사회자로 무대 에 올랐다.

하지만 힘든 생활은 나아지지 않고 상황이 악화해 재기 불능의 슬럼프 에 빠진 1969년 MBC 김경태, 차재영 PD를 만나 TV 프로그램 〈쇼 반세기〉 〈웃으면 복이 와요〉〈부부 만세〉에 출연하며 대중에게 존재감을 드러내기 시작했다. 1969년부터 1985년까지 방송된 〈웃으면 복이 와요〉는 국민의 웃음보를 자극하며 열광적인 반응을 얻었다. 〈웃으면 복이 와요〉의 구봉서 서영춘 이기동 김희자 이순주 송해 박시명 권귀옥 남철 남성남 이대성 등 많 은 코미디언이 인기를 얻어 스타덤에 올랐다. 구봉서와 함께 단연 돋보이는 스타는 배삼룡이었다. 배삼룡은 〈웃으면 복이 와요〉에서 비실거리는 몸짓과 어눌한 말솜씨로 익살을 부려 시청자에게 큰 웃음을 주면서 스타가 되었다. 배삼룡은 작은 키와 웃기게 생긴 외모, 어리숙한 옷매무새, 비실대는 동작 등 외형만으로도 시청자를 폭소케 했다. 7부 이상 걷어 올린 바지 차림으로 비실대며 추는 개다리 춤과 슬랩스틱 연기는 압권이었다. 배삼룡은 〈웃으면 복이 와요〉에서 행동을 과장해서 표현하는 슬랩스틱 코미디를 자주 구사했는데 전혀 예상치 못한 곳에서 기묘하게 넘어지는 것을 비롯해 상상을 초월한 명연기를 펼쳤다. 또한, 배삼룡이 표출한 바보 캐릭터는 한국 코미디의 이정표로 남을 정도로 웃음을 유발하는 기제로 높은 완성도를 보였다. 배삼룡이 연기하는 어리숙하고 엉뚱한 모습의 바보 캐릭터를 보면서 시청자들은 스스로 우월감을 느끼며 마음껏 웃었다. 배삼룡은 사람들이 다른 사람의 결함, 실수, 기형, 약점을 보면서 자신이 우월하다고 착각하며 웃음 짓는 심리를 잘 활용했다. 배삼룡의 바보 연기는 마냥 웃을 수만은 없다. 배삼룡의 바보 연기는 연민을 유발하고 삶의 진한 의미를 드러냈기 때문이다.

배삼룡의 슬랩스틱 연기는 이주일 이수근 김병만 박나래 등 많은 코미디언과 개그맨에게 전승됐고 바보 캐릭터는 심형래 이창훈 심현섭 정준하 김준호 등 후배 개그맨에 의해 계승되며 한국 코미디의 진화에 일조했다.

〈웃으면 복이 와요〉와 함께 1970년 한국 최초의 시추에이션 코미디 〈부부 만세〉를 통해 구봉서와 호흡을 맞추며 배삼룡의 전성시대를 열었다. 어리벙벙하지만 따뜻한 배 계장 역을 연기한 배삼룡은 산업화 시대의 고달픈 삶을 살아가는 서민을 대변해 시청자의 반응은 뜨거웠다.

〈웃으면 복이 와요〉와 〈부부 만세〉 출연으로 스타가 된 배삼룡은 영화로 활동 영역을 넓혔다. 구봉서 양훈 양석천 같은 코미디언 스타들이 악극단의 활약을 바탕으로 1950년대 중반부터 1970년대까지 수많은 코미디 영화에 출연하며 인기를 구가한 것과 달리 1950~1960년대 무명 연예인이었던 배삼룡은 영화에 모습을 드러내기 힘들었다. 그러다 〈웃으면 복이 와요〉의 인기를 바탕으로 1970년대 초중반 심우섭 감독의 영화 〈배삼룡의 나는 울었네〉를 비롯해 〈형사 배삼룡〉 〈출세 작전〉 〈의처소동〉 〈운수대통〉 〈여자는 괴로워〉 〈애처 일기〉 〈마음 약해서〉 〈부부 교대〉 〈맹물로 가는 자동차〉에 출연해 코믹 연기를 선보였다.

"힘들고 서글픈 이들에게 웃음거리를 줄 수만 있다면 천대받는 광대여도 좋다"라는 코미디언으로서의 확고한 신념과 "가난한 서민 역할을 한다면 누가 보지 않더라도 구멍 뚫린 양말을 신발 속에 신을 정도의 정성을 기울여야 한다"는 코미디언으로서의 철저한 자세가 배삼룡을 코미디 연기의 대가로 우뚝 서게 했다. 산업화, 도시화가 진행된 1960~1970년대 시대에 낙오한 어리숙한 캐릭터를 연기한 배삼룡은 가난과 생활에 지친 서민들에게 위안과 웃음을 준 진정한 코미디언이었다.

인기가 치솟아 스타덤에 오른 배삼룡을 영입하기 위한 방송사 간의 전쟁이 불을 뿜었다. 고수하려는 MBC를 대상으로 TBC와 KBS의 배삼룡 영입 노력은 상상을 초월했다. 1973년 〈웃으면 복이 와요〉의 김경태 PD가 TBC로 옮겨가면서 배삼룡의 스카우트 움직임이 본격화했다. 방송사 직원들이 배삼룡을 납치해 난투극까지 벌이는 사건까지 발생했다. 결국 배삼룡이 MBC에 잔류하면서 말도 많고 탈도 많은 스카우트 전쟁은 막을 내렸다.

1970년대 중후반 코미디가 저질 논란에 휘말리면서 박정희 정권은 건전 사회를 조성한다며 배삼룡 서영춘을 비롯한 일부 코미디언의 방송 출연 정지 조치를 내렸고 심지어 코미디 프로그램을 폐지하려는 정책을 시행하려 했다. 한국 코미디언들은 부당한 편견과 차별에 시달리며 코미디를 했다. 1980년 정권을 장악한 신군부는 배삼룡을 미풍양속을 해치는 저질 연예인으로 규정해 방송 활동을 할 수 없게 했다. 하는 수 없이 미국으로 건너가 그럭저럭 지냈지만, 코미디를 하고 싶다는 열망 때문에 3년여의 미국 생활을 청산하고 1983년 귀국했다. 하지만 새로운 개그 코미디가 주류가 된 한국에서 그의 설 자리는 없었다. 간혹 방송에 출연했지만, 과거 인기는 회복할 수 없었다. 이후 부활한 악극 공연에 출연하며 마지막 코미디 열정을 불사르다 쓰러져 병원에서 오랜 기간 투병 생활을 하다 2010년 여든넷에 세상을 떠났다.

근대화와 산업화가 진행되던 시절 시대의 아픔과 가난으로 응어리진 서민의 마음을 웃음으로 따뜻하게 위로한 배삼룡은 "나는 미진아다. 어느 것에도 날렵하게 적응할 줄 모른다. 매일 얻어맞고 눈물 흘리고 구박받고 천대받는 광대이다. 나는 도시화되어가는 한국의 촌뜨기요. 공업화되어가는 세상의 농사꾼이며 서구화되어가는 서울의 바지저고리다. 나는 고속도로에 진입한 전라도 마부요, 종로 네거리의 요란한 자동차 경적소리에 당황하는 리어카꾼이며 명동의 부츠 신은 아가씨들 틈에 낀 짚신의 지게꾼이다"[335]라며 죽는 순간까지 코미디언으로 살았다. 천재 코미디언 배삼룡으로 인해 한국 코미디의 캐릭터와 코미디언 연기 스타일이 진일보했다.

출연작

TV 프로그램

'69~'85	〈웃으면 복이 와요〉
1970	〈쇼 반세기〉 〈부부 만세〉
1975	〈그리운 노래 대전〉

영화

1971	〈애교로 봐주세요〉
1973	〈부부 교대〉
1974	〈출세 작전〉 〈의처소동〉
1975	〈운수대통〉 〈형사 배삼룡〉 〈애처 일기〉
1979	〈아리송해〉
1980	〈마음 약해서〉 〈형님 먼저 아우 먼저〉
1985	〈철부지〉

(4) 백금녀

白金女 | 1931~1995

여자 코미디언 영역 개척한 선구자

여장한 비쩍 마른 남자가 폴짝 뛰면서 남장한 뚱뚱한 여자에게 안기며 교태를 부린다. 수많은 사람이 폭소를 터트린다. 1960년대 극장 쇼와 방송에서 폭발적인 인기를 얻은 코미디 〈거꾸로 부부〉의 서영춘과 백금녀. 복싱경기장에 100㎏이 넘는 백금녀와 50㎏ 체중의 서영춘이 서 있는 모습을 보자마자 관객들이 박장대소한다. 백금녀는 남자 코미디언들이 악극과 라디오, 텔레비전, 그리고 영화에서 맹활약하며 인기를 독식하는 상황에서 만담과 만요, 남장 캐릭터, 슬랩스틱 코미디로 두각을 나타내며 대중에게 여자 코미디언으로서 압도적인 존재감을 드러냈다.

1931년 부산에서 출생한 백금녀(본명 김정분)는 1946년 부산 지방극단에서 배우로 첫발을 디딘 후 연극 〈청춘 극장〉에 출연하며 연기를 시작했다. 윤일봉 최무룡 구민 이혜경과 함께 1948년 서울중앙방송국 성우로도 활약하며 방송 활동을 병행했다. 1950~1960년대 악극단과 쇼단의 무대에서 만담을 비롯한 다양한 코미디를 하며 여자 코미디언으로 입지를 다졌다. 1958년 김수용 감독의 영화 〈공처가〉를 시작으로 코미디 영화에도 진출하는 동시에 텔레비전 코미디 프로그램에 출연하며 활동 영역을 확장했다. 남자 코미디언들이 주도하는 코미디 영화와 TV 코미디에서 여성 육체와 섹슈얼리티 문제를 현시하며 한국 코미디의 의미 있는 확장을 꾀했다.

1920년대 초반까지만 해도 연극에서 여자 배우 보기가 힘들었다. 여자들이 무대에 서는 것 자체가 금기였기 때문이다. 이 때문에 남자 배우들이 여장하고 여자 캐릭터를 연기하는 여형女形 배우로 활동했다. 그만큼 여자의 연예 활동에 대한 편견과 규제가 심했다. 신파극 배우도 구하기 힘든 상황에서 연극 막간이나 연극이 끝나고 진행되는 촌극에 나서 관객들에게 웃음을 주는 여자 배우는 더더욱 없었다. 여성이 코미디를 하는 것은 바람직한 규범에 어긋나는 것으로 인식하는 사회적 분위기가 팽배했다.

막간에 나서 재담과 만담으로 그리고 촌극과 희극의 코믹 연기로 관객을 웃기는 사람들은 모두 남자였다. 1910~1940년대 재담의 박춘재와 만담의 신불출, 희극 무대에 오른 이원규가 대표적인 남자 희극인이다.

연극 무대에 여배우들이 출연하기 시작하자 신불출은 〈모던 춘향전〉 〈국수 한 사발〉 같은 대화만담을 차홍녀를 비롯한 인기 여배우들과 함께했다. 그리고 유일한 여제자 김윤심과 만담으로 전국 순회공연을 다녔다. 만담 전문 여성 연예인의 출현이었다.

김윤심(본명 김윤옥 1914~1997)은 노래와 연극에 관심이 많아 숭애여학교 시절 가수의 꿈을 키웠으나 부모 반대가 거세자 가출해 악극단을 찾아 가수가 되었다. 가수 활동을 하다 1930년대 막간 무대에서 만담을 하던 신불출을 본 뒤 우연히 무대에서 그의 만담을 따라 하면서 발탁돼 만담가의 길로 들어섰다. 김윤심은 1930년대부터 〈화류팔면상〉을 비롯한 다양한 만담을 악극단 무대에서 선보였고 신불출과 함께 만담 공연을 펼쳤다. 김윤심은 재치와 유머가 돋보이는 만담을 하고 구수한 멋과 개성이 드러난 팔도 사투리를 잘 구사했다.

박옥초(1920~1984)는 다양한 분야에서 코미디를 한 여성 코미디언이다. 일제 강점기 소녀가극단에서 데뷔한 이래 남장하고 남성 캐릭터를 도맡아 연기해 관객의 인기를 얻은 박옥초는 1950~1960년대에는 악극과 쇼 무대, 라디오, TV를 넘나들며 다채로운 코미디 연기를 선보였다. 그는 1948년 〈수우〉를 시작으로 70여 편의 영화에서 조연으로 활약하며 코믹 릴리프로서 명성을 얻었다.

고춘자(본명 고임득 1922~1995)는 경성음악전문학원에서 가수가 되기 위해 노래를 배우다 1944년 조선총독부 연예위문단에 발탁돼 동만주와 함경북도 지방을 다니며 광산, 공장, 농촌의 노무자들 사기를 진작하는 공연 무대에 올랐다. 고춘자는 해방 이후 장소팔, 김영운과 함께 백민악극단, 태평양가극단, 백조가극단의 무대에 올라 다양한 만담을 선보였다. 1950~1960년대 장소팔과 콤비로 나선 고춘자는 특유의 허스키한 목소리로 하는 속사포 만담으로 악극과 라디오에서 두드러진 활약을 펼쳤다.

김윤심과 박옥초, 고춘자 뒤를 이은 여자 코미디언이 바로 백금녀다. 김윤심과 고춘자가 만담에 주력했다면 백금녀는 만담부터 슬랩스틱 코미디까지 다양한 코미디 연기를 펼쳤다. 백금녀는 악극과 쇼 무대, 라디오에서 크고 뚱뚱한 체격을 활용한 '뚱순이' 캐릭터를 전면에 내세우며 웃음의 무기로 이용했다. 특히 백금녀는 1950년대 후반부터 빼빼한 서영춘과 콤비를 이뤄 '뚱순이' 캐릭터로 웃음을 주조했다. 백금녀는 쇼 무대와 라디오에서 연기한 〈부부 흥보기〉〈직업도 가지가지〉〈상감마마와 뚱순이〉〈요절 맞선 소동〉〈우리는 명랑 부부〉〈집 지키는 내 신세〉를 통해 만담 코미디의 진화를 이끌었다. 백금녀는 서영춘과 콤비를 이룬 대화만담이 인기가 높아 서울 시민회관에서 만담 리사이틀을 펼치기도 했고 〈살살이와 뚱뚱이 문안드리오〉라는 타이틀로 버라이어티쇼 무대를 진행하기도 했다. 라디오와 쇼 무대에서 한 만담을 레코드로 취입해 백금녀의 인기는 한층 상승했다.

백금녀는 탁하고 걸걸한 목소리의 임팩트가 강했고 무엇보다 연극배우와 성우를 하면서 쌓은 대사 연기력이 뛰어나 코미디의 내용과 상대방의 연기 스타일에 따라 자유자재로 감정선을 조절하며 능수능란하게 연기했다. 돌발적 상황에서 구사하는 재치와 유머는 발군이었다. 백금녀는 가부장적 분위기가 팽배했던 1950~1970년대 악극과 라디오 코미디를 통해 큰 육체를 무기 삼아 남성들을 쥐락펴락하는 코믹 캐릭터 연기를 펼쳐 여성들에게 대리만족을 주며 인기를 얻었다.

백금녀는 라디오와 쇼 무대의 인기를 바탕으로 〈공처가〉〈출세해서 남주나〉〈쥐구멍에도 볕들 날 있다〉〈남자 미용사〉를 비롯한 코미디 영화에 출연해 코믹 연기를 선보였다. 코미디 영화 전성기에 구봉서 서영춘 같은 남자 코미디언들이 주인공 자리를 독식하는 동안, 여성 코미디언들은 조연이나 단역 이상의 역할을 맡지 못했다. 이런 상황에서 백금녀는 자신을 공격의 대상 즉 희생양 삼아 웃음을 주거나 자신의 스타 페르소나를 활용하여 적극적으로 웃음을 유발하며 당당히 코미디 영화의 주연으로 활약했다. 백금녀는 영화에서 코믹한 춤을 비롯한 풍부한 볼거리를 제공하고 남녀 역할 전도의 코미디를 선보이며 대체 불가 여성 코미디언 입지를 다졌다.[336]

1961년 KBS 개국으로 TV 시대가 열리고 악극이 쇠퇴하면서 코미디언들이 대거 TV 코미디 프로그램으로 이동했다. 백금녀 역시 TBC 〈만보춘추〉 등에 출연하며 TV 코미디 연기를 선보였다. TV에서도 큰 체격을 웃음의 소재나 기제로 활용했다. 백금녀는 TV 코미디에서 큰 체형을 활용한 '뚱녀 캐릭터'의 원조 역할을 했는데 1970~1980년대 오천평 최용순, 1990년대 이영자, 2000년대 김현숙, 2010~2020년대 이국주 김민경이 뚱녀 캐릭터를 웃음의 무기로 활용했다. 뚱녀 캐릭터는 남성 중심적 시선에 의해 비정상적 신체로 규정되는 한계를 노정했지만, 여성 시청자들에게 상대적 우월감을 안겨주면서 웃음을 자연스럽게 유발했다. 사람들이 다른 사람의 못난 모습을 보면 안도감과 자신감을 느껴 경계심을 해제하고 쉽게 감정을 노출하는 원리를 활용한 것이다.

백금녀는 악조건과 편견을 극복하며 연극, 악극, 라디오, 영화, 텔레비전 프로그램을 통해 새로운 여자 캐릭터와 연기 스타일을 선보이며 여자 코미디언의 길을 개척했다. 백금녀의 뒤를 이어 1960~1970년대 김희자 이순주 김영하 권귀옥 배연정 등 여자 코미디언들이 기량을 펼치며 스타 코미디언 대열에 합류했다. 개그 코미디 중심으로 재편된 1980~1990년대 이성미 김미화 이경실 박미선 조혜련이 맹활약하며 개그우먼의 위상을 높였다. 2000년대 이후 이경규 유재석 강호동 신동엽 김구라 김병만 이수근 김준호 양세형을 비롯한 남자 스타들이 코미디와 예능 프로그램을 장악한 상황에서도 이영자 송은이 김숙 박나래 김신영 안영미 이국주 장도연이 선전하며 개그우먼의 입지를 확보했다. 오늘날의 개그우먼과 여자 예능인의 활약은 백금녀 같은 선구자적인 여자 코미디언들의 땀과 눈물이 있었기에 가능했다.

출 연 작

영화

1958	〈공처가〉
1965	〈쥐구멍에 볕들 날 있다〉
1967	〈남자는 싫어〉 〈사격장의 아이들〉
1968	〈번지수가 틀렸네요〉 〈남자 미용사〉
1969	〈요절복통 일망타진〉 〈요절검객 팔도검풍〉 〈신세 좀 지자구요〉
1971	〈우리 강산 차차차〉
1972	〈정 따라 웃음 따라〉

TV 프로그램

1966	〈만보춘추〉

만담 · 만요

1964	〈부부 흉보기〉 〈직업도 가지가지〉 〈상감마마와 똥순이〉 〈요절 맞선 소동〉
1965	〈우리는 명랑 부부〉 〈집 지키는 내 신세〉
1970	〈흘러가는 가요 코메디 1, 2〉

(5) 서영춘

徐永春 | 1928~1986

다양한 코미디 진화시킨 천재 코미디언

《월간조선》이 2000년 7월 구봉서 배삼룡 배일집 전유성 임하룡 서경석 이휘재 등 코미디언과 개그맨 100명을 대상으로 설문조사를 벌였다. 한국 최고 코미디언이 누구냐를 묻는 조사였다. 조사 결과 쟁쟁한 코미디언 스타를 제치고 1위를 차지한 사람은 서영춘이다. 서영춘이 타계한 지 14년(1986년 작고)이 지났음에도 37명이 한국 최고 코미디언으로 서영춘을 꼽아 1위에 올랐다. 코미디언 이상해는 "서영춘 씨는 일상생활도 코미디일 정도로 남을 웃기는 것이 몸에 밴 분이다. 1세기에 한 번 날까 말까 한 최고의 희극인이다"라고 강조했다. 2000년 12월 19일 전북 임실의 예원예술대 교정에 한국 코미디언 동상이 최초로 세워졌다. 서영춘 동상이다. 송해 전유성을 비롯한 코미디언과 개그맨으로 활동하는 서영춘의 두 자녀 서동균 서현선, 팬과 학생 120여 명이 참석한 가운데 열린 동상 제막식에서 원로 코미디언 임희춘은 "서영춘 선생은 한국적인 웃음을 개발한 천재였다. 감정 표현도 철저히 유보됐던 독재 시대에 우리 국민에게 따뜻한 웃음으로 위안을 안겨줬던 분이다"라고 회고했다.

개그맨과 코미디언들에게 최고 코미디언으로 평가되고 한국 코미디언 최초로 동상이 건립된 서영춘은 1928년 전라북도 임실에서 태어나 1946

년부터 극장 황금좌의 간판 그리는 일을 하며 틈틈이 무대 위 배우들을 보고 연기자의 꿈을 키웠다. 인기 가수 문일화의 소개로 1952년 악극단 배우의 꿈을 이뤘다. 서울악극단의 악극 〈춘야 팔경〉에 출연하며 코미디언으로 선을 보였다.

서영춘은 악극 무대에서 슬랩스틱 코미디, 만담, 만요, 유명 인사 흉내 내기와 성대모사 등 다양한 코미디를 시도했다. 빼어난 연기력과 뛰어난 순발력, 거침없는 언변이 뒷받침된 코믹 연기로 수많은 관객의 웃음보를 터트렸다. 서영춘은 유명 인사 성대모사를 한국 코미디의 한 장르로 도입해 발전시켰다. 특히 스타 코미디언 구봉서 흉내를 잘 내 눈길을 끌었다. 또한, 일제 강점기부터 내려오는 만담과 만요의 소재와 형식에 변화를 주며 새롭게 선을 보였다. 강홍식이 1936년 부른 〈유쾌한 시골 영감〉을 코믹적 요소를 강화한 〈서울 구경〉으로 리메이크한 것을 비롯해 만요를 활성화했다. 혼자하는 독만담보다 둘이서 주고받는 대화만담을 선호한 서영춘은 만담 상대역으로 여성 코미디언을 택했는데 주로 백금녀 이순주 김희자와 만담 호흡을 맞췄다. 대사를 속사포 식으로 쏘아대는 스타일의 이순주, 의외의 반전을 잘 연출하는 김희자와의 호흡도 잘 맞았지만, 체격부터 대조를 이룬 백금녀는 환상의 만담 파트너였다. 홀쭉한 서영춘과 100㎏이 넘는 거구의 백금녀가 무대에 오르기만 해도 대조되는 모습에 관객들은 웃기 시작했다. 서영춘은 때리고 넘어지며 소란스럽고 과장된 몸짓의 슬랩스틱 코미디도 기막히게 구사해 '한국의 찰리 채플린'이라는 별명을 얻었을 정도였으며 악극 무대에서 완성도 높은 슬랩스틱 코미디로 관객의 눈길을 사로잡았다.

1950년대 후반부터 악극이 대중의 외면을 받기 시작하고 인기가 하락하면서 악극단이 감소해 코미디언들의 설 무대가 사라지는 듯했다. 서영춘은 웃음의 무대로 새롭게 떠오른 버라이어티쇼와 함께 라디오와 영화로 활동 무대를 넓혀 서영춘 특유의 웃음 스타일을 살렸다. 서영춘은 산업화로 농촌에서 도시로 이주한 사람들과 가난에 허덕이는 서민의 고된 일상을 대변하는 코미디로 신산한 삶을 사는 이들이 잠시나마 시름을 잊고 환하게 웃음 짓게 했다. 1960년대부터 인기를 끈 극장 버라이어티쇼 형식으로 꾸민 〈서영춘 쇼〉에서 만담을 비롯한 다양한 코미디를 구사했고 〈살살이 서영춘〉 〈꽁생원 상경기〉 같은 라디오 프로그램을 통해 익살과 재치를 드러내고 해학이 두드러진 사회 풍자를 기막히게 소화해 장안의 화제가 됐다.

1961년 KBS를 시작으로 1964년 TBC, 1969년 MBC TV가 개국해 본격적인 TV 코미디 프로그램을 방송하면서 서영춘은 TBC의 〈만보춘추〉 〈살살이 삼형제〉, MBC의 〈웃으면 복이 와요〉에 출연해 악극과 쇼 무대 그리고 라디오 프로그램에서 쌓은 코믹 연기의 진수를 보여주며 코미디 스타로 전 국민의 사랑을 받았다. 서영춘은 1970년대 TBC 〈좋았군 좋았어〉 〈살짜기 웃어예〉에 출연하며 천재적인 애드리브 구사로 폭소를 유발했고 변화무쌍한 표정 연기와 기막힌 슬랩스틱 코미디로 시청자의 웃음보를 끝없이 자극했다. 특히 뛰어난 순발력과 연기력이 돋보이는 애드리브는 타의 추종을 불허했다. 김웅래 PD는 "서영춘은 대본에 쓰인 대로 하지 않고 애드리브로 처리하며 진행하는 경우가 다반사였다. 하지만 생방송이 끝난 후 연출자는 차마 서영춘에게 아쉬운 소리를 할 수가 없었다. 대본의 원래 내용보다 서영춘의 애드리브가 결과적으로 더 재미있었기 때문이다"라고 회고했다.[337]

코미디언의 존재감을 강렬하게 심어주고 인기를 상승시켜주는 유행어도 숱하게 만들었다. '요건 몰랐지?' '배워서 남 주나' '피가 되고 살이 되는 찌개백반' 같은 시대의 메시지가 담긴 유행어와 '가갈갈갈 갈갈이' '인천 앞바다에 사이다가 떠도 고뿌 없이는 못 마십니다'처럼 웃음을 유발하는 유행어를 수많은 사람의 입에 오르내리게 했다.

TV 코미디 프로그램과 함께 서영춘은 1960~1970년대 홍수를 이룬 코미디 영화 주연으로 나섰다. 1961년 〈인생 갑을병〉 출연을 시작으로 〈출세해서 남 주나〉 〈단벌 신사〉 〈오부자〉 〈남자 미용사〉 〈번지수가 틀렸네요〉 〈여자가 더 좋아〉 등 코미디 영화를 통해 서영춘 스타 시대를 화려하게 구축했다. 서영춘은 코미디 영화에서 파격적인 여장과 욕설과 비속어가 난무하는 거침없는 애드리브, 기괴하고 과장된 슬랩스틱 연기를 선보이며 도시 변두리 하층 노동자 계급의 정체성을 그려냄과 동시에 정서의 규율로서의 건전을 벗어나는 그로데스크한 웃음과 위반의 즐거움을 선사했다. 코미디 영화를 통해 구봉서가 위안과 동일시의 즐거움을 줬다면 서영춘은 가학과 위반의 쾌락을 준 코미디 배우였다.[338]

대중을 시도 때도 없이 웃겼던 서영춘의 천재적인 애드리브와 슬랩스틱 연기, 순발력 뛰어난 만담, 상황과 대사에 따라 팔색조처럼 변하는 오만 가지의 표정 연기는 철저한 연습과 노력의 결과물이었다. 코미디언 최병서는 "서영춘 선생님은 넘어지는 장면 하나를 위해 리허설 때 여러 차례 직접 넘어져야 직성이 풀리는 연습벌레였다"라고 전했고 김웅래 PD는 "평소 엄청난 독서를 통해 얻은 소재와 아이디어를 코미디 세트, 의상, 대사에 적용해 다양한 웃음 기법과 코드를 개발했다"라고 밝혔다.

"코미디언들은 죽으면 꼭 천당으로 갈 겁니다. 왜냐하면, 살아서 남들을 즐겁게 해주었으니까요"라고 말하며 1986년 쉰여덟이라는 나이에 세상을 떠난 시대의 코미디언 서영춘은 후배 코미디언과 개그맨의 웃음 교과서 역할을 하며 여전히 한국 코미디에 많은 영향을 미치고 있다.

출연작

TV 프로그램

1964 〈아베크의 노래자랑〉

1966 〈만보춘추〉

1967 〈살살이 삼형제〉

'69~'85 〈웃으면 복이 와요〉

1974 〈좋았군 좋았어〉

1975 〈살짜기 웃어예〉

1976 〈고전 유모어 극장〉

1981 〈싱글네 벙글네〉〈일요일 밤의
대행진〉

영화

1965 〈출세해서 남 주나〉〈민며느리〉
〈여자가 더 좋아〉

1965 〈꿩먹고 알먹고〉〈살살이 몰랐지〉
〈만져만 봅시다〉

1968 〈단벌 신사〉〈남자 미용사〉〈번
지수가 틀렸네요〉

1969 〈뜨거워서 좋아요〉〈억울하면 출
세하라〉

1970 〈울기는 왜 울어〉

1971 〈꼬마 암행어사〉

1972 〈방자와 향단이〉

1973 〈부부 교대〉

1974 〈팔도유람〉

1980 〈형님 먼저 아우 먼저〉〈마음 약
해서〉

1981 〈오늘 밤은 참으세요〉

1982 〈바보들의 청춘 '82〉

(6) 송해

宋海 | 1927~2022

〈전국노래자랑〉 신화 만든 국민 예능인

　"죽는 순간까지 〈전국노래자랑〉을 지키고 싶다. 무대에서 쓰러지는 날이 〈전국노래자랑〉을 끝내는 날이다." 송해가 평상시 되뇐 각오다. 그의 각오처럼 죽어서야 KBS 〈전국노래자랑〉을 영원히 떠났다. '빰빰빰 빰빰 빠빠~' 시그널 뮤직과 함께 "전국~노래자랑!"을 외치며 34년 동안 〈전국노래자랑〉을 지키던 송해가 2022년 6월 8일 진행 무대를 하늘로 옮겼다. 코로나 19 팬데믹으로 2020년 3월부터 2년 2개월 동안 〈전국노래자랑〉 현장 녹화가 중단되다 2022년 6월 재개를 앞두고 터져 나온 언론의 송해 하차설 보도에 "송해 없는 〈전국노래자랑〉은 상상할 수 없다" "송해의 〈전국노래자랑〉 하차는 있을 수 없는 일이다" "송해가 진행하지 않는 〈전국노래자랑〉은 더 이상 〈전국노래자랑〉이 아니다"라는 하차를 결사 반대하는 의견을 쏟아내던 수많은 대중과 시청자는 청천벽력 같은 그의 별세 소식에 큰 충격과 함께 깊은 슬픔에 빠졌다.

　송해의 죽음으로 〈전국노래자랑〉이 방송될 때마다 수립되던 한국 방송사와 스타사의 두 개의 위대한 기록 행진도 멈췄다. TV 프로그램 최장기 진행 기록과 최고령 진행 방송인 기록이다. 〈전국노래자랑〉을 34년 동안 이끈 95세의 송해는 2022년 4월 12일 '최고령 TV 음악 경연 프로그램 진행자The Oldest TV music talent show host'로 인정돼 기네스 세계 기록에 등재됐다.

1927년 황해도 재령에서 출생한 송해(본명 송복희)는 1951년 1·4 후퇴 때 월남한 뒤 군 복무를 마치고 연예계 첫발을 디뎠다. 황해도 해주음악전문학교에서 성악을 전공한 송해는 가수가 되려고 찾아간 창공 악극단의 오디션을 거쳐 입단했다. 1955년부터 창공 악극단 무대에 서면서 가수로 활동했는데 악극단 특성상 진행을 하면서 입담을 살려 분위기를 띄우는 역할도 하다 보니 자연스럽게 MC 경험을 쌓게 되었다. 송해는 악극단의 요청에 따라 가수에서 연기자로, 연기자에서 MC로 수시로 넘나들며 이 모든 것을 소화해내며 1960년대 이후 전개된 라디오·TV 방송 시대를 자신도 모르게 준비하고 있었다.[339]

1950~1960년대 악극단과 쇼단에서 친근한 외모와 다정다감한 분위기의 송해는 가수로서 또한 배우로서 관객을 사로잡았고 MC로서도 능수능란한 진행 실력을 선보였다. 인기 매체로 자리 잡은 라디오의 〈스무고개〉〈재치문답〉을 비롯한 여러 프로그램에 출연해 재치 있는 진행자의 면모도 보였다.

송해의 코미디언 인생에 일대 전환점이 찾아온다. 바로 TV 시대의 개막이다. 1961년 KBS를 시작으로 TBC, MBC가 차례로 개국하면서 코미디 프로그램과 예능 프로그램을 방송해 송해 역시 구봉서 서영춘 배삼룡 등과 함께 텔레비전 프로그램에 진출했다. 송해는 1969년 8월 14일부터 1985년 4월 17일까지 방송된 MBC 〈웃으면 복이 와요〉[340]에서 구봉서 배삼룡과 함께 꾸민 '양반 인사법'을 비롯한 다양한 코너에 출연해 인기 코미디언으로 떠올랐다. 송해는 바보 역할을 하는 배삼룡과 얍삽하고 영악한 캐릭터를 연기한 서영춘과 달리 지식인을 비롯한 점잖은 캐릭터를 주로 맡았다. 송해는 "바보이거나 사고를 치는 캐릭터는 웃음 포인트 잡기가 쉬운데 일상적인 인물을 연기하면서 웃음을 주기란 참 힘들다. 의외의 상황과 반전을 통해 웃음을 주려고 노력했다"라고 말했다.

송해는 양훈 양석천 구봉서처럼 코미디 영화에도 출연했다. 1963년 영화 〈YMS 504의 수병〉 단역 출연을 시작으로 〈요절복통 007〉 〈남자 미용사〉 〈내 팔자 상팔자〉 〈신세 좀 지자구요〉 〈특등 비서〉 〈할아버지는 멋쟁이〉 〈구혼 작전〉 〈운수대통 일보 직전〉의 주·조연으로 활약했다.

송해는 라디오와 TV 코미디 프로그램뿐만 아니라 예능 프로그램 진행자로서 나서 스타 MC로서 면모를 보이기 시작했다. MC로 나서며 다른 코미디언과 비교할 수 없는 경쟁력을 확보했다. 방송 코미디의 웃음 코드와 트렌드의 변화 속도가 빨라지면서 코미디언과 개그맨의 생명력도 짧아졌다. 웃음의 트렌드를 따라가지 못하면 곧바로 대중의 외면을 받았다. 무엇보다 정부의 코미디 규제가 심해 코미디언의 부침이 심했다. 송해는 이런 상황을 MC로서 실력을 발휘하며 극복했다.

악극단과 쇼단에서 다진 진행 실력을 〈5분 무대〉 〈그리운 노래 대전〉 같은 라디오 프로그램을 이끌면서 유감없이 발휘해 MC로서도 큰 인기를 얻었다. 특히 운전자에게 다양한 교통 정보를 제공한 라디오 프로그램 〈가로수를 누비며〉를 1974년부터 1988년까지 14년 동안 진행하며 스타 MC로 청취자의 사랑을 받았다. 라디오 프로그램 진행자로 최고 인기를 구가하던 송해에게 인생 최대 위기가 찾아왔다. 대학생 외아들이 오토바이 사고로 병원에서 치료받다 숨진 것이다. 전 국민의 사랑을 받는 〈가로수를 누비며〉 진행을 더는 할 수가 없었다. 아들을 지키지 못했다는 자책감에 MC를 그만뒀다. 송해는 "병원에서 아들이 '아버지, 살려줘'라고 말했다. 그런데 죽었다. 방송에서 '안전 운전하세요'라는 말을 할 수가 없었다. 자살을 생각할 만큼 너무 힘들었다"라고 회고했다.

스타는 위기와 슬럼프에 굴복하지 않을 때 비로소 경쟁력과 생명력을 얻게 된다. 수많은 스타가 한순간의 위기나 슬럼프를 극복하지 못해 대중의 시선에서 사라진다. 아들을 잃은 절망의 순간에 KBS〈전국노래자랑〉진행 제의가 들어왔다. 안인기 PD가 전국을 돌며 바람이나 쐬면서 아들 잃은 슬픔을 달래보라며 출연을 설득했다. 송해가〈전국노래자랑〉진행자로 나섰다. 1988년 5월 8일이다. 한국 방송사와 스타사의 한 페이지를 장식하는 역사의 시작이었다. 30년 넘게〈전국노래자랑〉을 남녀노소 모두 좋아하고 누구나 편하게 시청할 수 있는 프로그램으로 만든 진정한 주역은 프로그램의 성격과 정체성을 구축하고 높은 인기를 견인한 무대 위의 연출자이자 최일선의 방송인, MC 송해였다.

〈전국노래자랑〉을 서민의 일상적 취향을 발산, 확인하는 공간으로 그리고 고만고만한 생활인들의 인생을 때로는 박장대소로, 때로는 가슴 찡한 감동으로 풀어가는 장소로 만들고 노래 경연을 넘어 당대를 살아가는 서민의 동시대적 감수성을 깊이 있게 이해하는 소통의 장[341]으로 자리 잡게 한 것도 송해다. 서민의 정서와 언어로 무장한 송해가 진행자의 권위를 내세우지 않고 자기 자신을 무한히 낮추고 망가뜨려 출연자와 관객들이 자발성을 극대화하고 체면과 가식에서 벗어나도록 해〈전국노래자랑〉을 대중의 축제 한마당으로 만들었기 때문이다. 이 지점이 송해를 전 국민의 사랑을 받는 대체 불가 MC로 부상시켰다.

"〈전국노래자랑〉 녹화 전날 방송이 진행되는 지역에 내려가 시장도 가 보고 목욕탕, 해장국집에 들러 사람들과 이야기를 나눈다. 그 지방 특성을 파악하면 출연자가 어떠한 행동을 해도 즐겁게 받아 줄 수 있기 때문이다. 출연자들과 방송 전 함께 도시락을 나눠 먹으며 부담감을 덜어주기도 했다." 송해가 한 회도 거르지 않고 행한 의식 같은 일들이었다. 그의 이러한 노력은 녹화장에서만 이뤄진 것이 아니다. 일상에서도 마찬가지였다. 자가용 대신 지하철, 버스, 택시를 이용하며 평범한 이웃들과 함께 대화했다. "〈전국노래자랑〉은 전형적인 서민 프로그램이다. 지하철이나 버스에선 서민들의 꾸밈없는 모습을 볼 수 있는 데다 많은 이야기를 나눌 수 있다. 이것이 프로그램 진행에 큰 힘이 됐다."

초인적인 성실성과 자기관리, 프로그램에 대한 사랑과 열정, 서민 출연자와 시청자의 마음을 사로잡는 트렌드를 뛰어넘는 진행자로서의 대체 불가 경쟁력이 있었기 때문에 〈전국노래자랑〉을 30년 넘게 진행한 송해는 세대와 지역, 빈부, 학력, 성별과 관계없이 전 국민의 사랑을 받는 레전드 MC로 자리 잡았다. 그리고 이경규 강호동 유재석 신동엽 이영자 김구라 이수근을 비롯한 우리 시대 최고 예능 스타들이 가장 닮고 싶어 하는 롤모델이 되었다.

〈전국노래자랑〉의 불멸의 신화를 쓴 송해는 한국 방송사와 대중문화사에 의미 있는 발자취를 남긴 위대한 '국민 딴따라'였다.

출 연 작

TV · 라디오 프로그램

'69~'85	〈웃으면 복이 와요〉
1972	〈명랑극장〉
1974	〈5분 무대〉
1975	〈그리운 노래 대전〉
'74~'88	〈가로수를 누비며〉
1976	〈고전 유모극장〉
1981	〈싱글네 벙글네〉
1985	〈코미디 웃는 날 좋은 날〉
1987	〈코미디 하이웨이〉
'88~'22	〈전국노래자랑〉
2015	〈나를 돌아봐〉
2020	〈어바웃 타임〉
2021	〈부캐 전성시대〉
2022	〈여러분 고맙습니다 송해〉

영화

1963	〈YMS 504의 수병〉
1966	〈요절복통 007〉
1968	〈남자 미용사〉〈어머니는 강하다〉
1969	〈남편〉〈내 팔자 상팔자〉〈신세 좀 지자구요〉〈특등 비서〉
1970	〈할아버지는 멋쟁이〉〈구혼 작전〉〈운수대통 일보 직전〉
1986	〈방황하는 별들〉
2003	〈동해물과 백두산이〉
2013	〈전국노래자랑〉
2021	〈송해 1927〉

(7) 이주일

李周逸 | 1940~2002

무명 광대와 코미디 황제

영화사 제작부장들이 현금을 싸 들고 집을 뻔질나게 찾았다. MBC와 KBS 코미디 담당자들은 프로그램에 출연시키기 위해 육탄전을 벌였다. 서울 충무로 '초원의 집'을 비롯한 유흥업소에서는 무대에 세우기 위해 거액의 선금을 줬다. 서울구락부에 나갔는데 출연 첫날 서울과 지방에서 온 손님들로 장사진을 이뤘다. 전국의 초중고생들은 〈수지큐〉 음악에 맞춰 엉덩이를 씰룩거리는 춤을 췄다. "뭔가 보여드리겠습니다"라는 유행어는 영화 타이틀이 됐고 "못생겨서 죄송합니다"라는 유행어는 노래 제목이 됐다. 1980년 한 코미디언의 인기를 보여주는 풍경이다. 코미디 황제 이주일이다.

MBC 〈웃으면 복이 와요〉를 비롯한 1960년대 중후반부터 1970년대 초중반까지 방송된 코미디 프로그램은 가난과 고단한 일상에 허덕이는 서민들에게 큰 웃음을 주며 선풍적인 인기를 끌어 구봉서 배삼룡 서영춘 등이 톱스타로 각광받았다. 하지만 1970년대 중후반 박정희 정권은 코미디가 저질이라며 집중적인 규제에 나섰다. 이에 따라 방송사는 대다수 코미디 프로그램을 폐지하고 일부 코미디언에 대해 방송 출연 정지 조치를 취했다. 또한, 코미디의 위기를 돌파하기 위해 방송사 공채를 통해 젊은 개그맨을 기용해 세대교체를 급속하게 단행했다. 구봉서 배삼룡을 비롯한 1세대 TV 코미디 스타들이 대중의 시선에서 멀어졌다. 대신 고영수 전유성 이용식 이홍렬 주병진 서세원 같은 젊은 개그맨들이 코미디와 예능 프로그램의 전면에 나서 유머와 재치 있는 개그로 경쾌한 웃음을 주며 스타 대열에 합류했다. 이런 상황에서 구봉서 배삼룡 서영춘이 구사했던 슬랩스틱 코미디를 비롯한 정통 코미디로 대중을 웃기는 코미디언이 혜성처럼 나타나 순식간에 스타덤에 올랐다. 이주일이다.

스타 탄생은 성공한 영화, 드라마, 음악, 코미디, 공연 등 대중문화 상품의 결과물인 경우가 많다. 대중문화 상품이 흥행 돌풍과 신드롬을 일으키면 상품의 주역인 배우나 가수, 코미디언·예능인이 스타가 될 가능성이 크다. 이 때문에 단 하나의 드라마나 영화, 노래로 순식간에 스타가 되기도 하지만, 좋은 작품을 만나지 못해 수십 년 동안 무명 연예인으로 전전하기도 한다. 대중에게 인정받아야 생존할 수 있는 연예인이 대중의 관심을 받지 못하면 많은 고통이 뒤따르고 이 때문에 연예계를 떠나는 경우도 많고 심지어 목숨을 끊는 극단적 선택을 하기도 한다. TV와 대중 앞에 혜성처럼 나타났지만, 이주일은 20년 가까이 무명의 설움과 고통을 견디며 쇼단의 보조 MC를 전전해온 코미디언이었다. 스타화의 과정이 그 어떤 스타보다 파란만장하다.

이주일(본명 정주일)은 1940년 강원도 고성에서 태어나 일곱 살 때 이사한 주문진에서 성장했다. 춘천고에서 박종환 전 축구 국가대표 감독과 함께 축구 선수로 활동했다. 대학 등록금을 도박으로 날린 뒤 자진 입대해 군 생활을 했다. 군 문선대에 들어가려고 했으나 못생기고 경험도 없다는 이유로 퇴짜를 맞았다. 하지만 줄기차게 지원해 문선대 무대에 올랐다. 문선대 대본을 쓰는 상병 도움으로 〈서영춘 쇼〉 녹음테이프를 구해 모두 외운 뒤 그대로 무대에서 연기해 군인들에게 웃음을 주며 인기를 얻었다.

제대하고 사회에 나온 이주일은 할 일이 없었다. 코미디를 하려고 매일 서울 충무로를 기웃거렸다. 혹여 구봉서 서영춘 같은 거물을 만날 수 있을까 해서다. 하지만 가짜 약을 파는 삼류 쇼단의 밴드 연주자를 만나 쇼단 사회자로 무대에 섰다. 이를 본 아버지는 집안과 문중의 수치라며 이름을 바꾸라고 해 이주일을 예명으로 사용했다.[342]

쇼단 무대에 선 유명 연예인 소개로 배삼룡 양훈 양석천이 소속된 오향 쇼단에 들어갔으나 이내 쇼단이 해체돼 무대에 서보지도 못하고 나와야 했다. 최고 스타 남진 쇼의 보조 진행자로 내정됐다. 이제 성공했다고 설레며 눈보라 치던 새벽 4시 쇼단 버스를 올라타려던 순간, 단장이 못생긴 이주일을 보고 내쫓았다. 돈 받지 않고 일하겠다는 말도 아무 소용이 없었다. 눈물을 삼키고 들어선 해장국집에선 재수 없다며 소금을 뿌리는 주인에 의해 쫓겨나는 설움까지 당했다. 유랑 쇼단을 전전하며 1960년대를 보냈다. 무명 시절의 혹독함은 계속 이어졌다. 1970년대 초반 파월 장병 공연단을 따라 두 달 동안 월남에서 위문 공연을 하고 귀국했다. 하춘화 쇼단의 사회자와 연기자로 활동할 기회를 잡았다. 여장하고 향단 역을 연기한 〈탈선 춘향전〉으로 관객의 눈길도 끌었다. 이주일은 1977년 이리역 폭파사고가 발생하면서 공연하던 극장이 무너지는 상황에서 큰 상처를 입고도 하춘화를 업고 나와 화제가 되기도 했지만, 1979년 하춘화가 은퇴를 선언해 일자리를 잃고 말았다.

실의에 빠져 서울 명동의 한 유흥업소에서 보조 MC로 일하던 1979년 여름, 쇼프로그램 연출로 유명한 MBC 전호중 PD가 술 마시러 왔다가 최고 인기 코미디 프로그램 〈웃으면 복이 와요〉에 출연 제의를 했다. 난생처음 받아본 TV 출연 제의였다. 20년 동안 기다렸던 순간이었다. 악덕 사장 역을 맡아 출연했는데 시청자 항의가 빗발쳤다. 어디서 그따위 못생긴 놈을 출연시키느냐는 비난이 쏟아진 것이다. TV 첫 출연에 큰 좌절을 겪은 이주일이 KBS 〈여의도 청백전〉에 출연할 기회를 잡았으나 문제가 생겨 지속해서 출연하지 못했다. 송해는 이주일에게 TBC에 와서 청소도 하고 커피 심부름도 하며 출연 기회를 엿보라고 했다. 송해는 〈웃으면 복이 와요〉를 연출하다 TBC로 이적한 스타 연출자 김경태 PD에게 이주일을 지속해서 칭찬하며 출연시켜볼 것을 권했다.

〈토요일이다! 전원출발〉에 대사 한마디 없는 단역으로 출연했다. 1980년 2월이다. 이주일은 〈토요일이다! 전원출발〉의 한 코너 '윤수일 타잔'에 출연해 얼굴에 시커먼 분장을 하고 그냥 서 있기만 하면 됐는데 조연출이 손짓을 하길래 자신을 부르는 줄 알고 앞으로 걸어 나가다 윤수일과 부딪혀 물에 빠졌고 잘못됐구나 싶어 황급히 빠져나오며 "뭔가 보여드리겠습니다"라고 말했는데 방청석에서 폭소가 터져 나왔다. 시청자는 박장대소했다. 이 NG 사건 후 2주일 만에 유명 연예인이 됐다.

"콩나물 팍팍 무쳤냐" "못생겨서 죄송합니다" "뭔가 보여드리겠다니깐요" "일단 한번 와보시라니깐요"를 비롯한 유행어와 못생긴 외모로 큰 웃음을 주는 이주일을 보기 위해 TV 앞에 시청자들이 몰려들었고 그를 출연시키기 위해 방송사, 영화사, 쇼단이 아우성쳤다. 구봉서 서영춘 배삼룡 등 1세대 TV 코미디 스타들이 무대 뒤로 퇴장하고 고영수 전유성 이홍렬 서세원 같은 젊은 개그맨들이 주목받는 시기에 이주일은 코미디 황제로 우뚝 섰다. 갖은 설움과 푸대접 속에서 쇼단을 전전하며 20년간 쌓았던 코미디 연기 실력과 웃음의 무기들을 거침없이 펼쳐 보였다. 하지만 이주일의 시련은 멈추지 않았다. 권력을 장악한 신군부는 1980년 8월 나훈아 허진 배삼룡 등과 함께 이주일을 풍속을 저해하는 저질 연예인으로 낙인찍어 방송에서 퇴출시켰다. 이주일의 전성시대가 6개월 만에 끝나는 듯했다. 그는 방송 출연을 할 수 없자 극장 무대에서 리사이틀을 하며 대중을 직접 만나 웃음을 전달했다. 1981년 MBC 〈웃으면 복이 와요〉와 KBS 〈백분 쇼〉를 통해 복귀해 이주일만의 코미디를 선보이며 길고 긴 무명 생활과 불운을 털어내며 최고 코미디언으로 화려하게 비상했다. "낮에는 전두환이 웃기고 밤에는 이주일이 웃긴다"는 말까지 유행할 정도였다.

1980년대 이주일의 급부상에 대해 특유의 못생긴 얼굴과 우스꽝스러운 몸짓이 '80년의 봄'이라는 시대 상황과 맞물려 그 누구도 잘나지 못한 우리 대중의 모습을 대신 비추어주는 듯한 친근감을 드러냈기 때문이라는 분석[343]도 있지만, 이주일의 웃음의 무기들이 경쟁력이 있었기 때문에 큰 인기를 얻었다. 이주일은 언제 어디서든 웃음을 유발할 수 있는 연기력과 민첩한 상황 대처, 반전과 의외성을 자유자재로 연출할 수 있는 무궁무진한 소재, 남녀노소 누구라도 웃길 수 있는 멘트 구사력, 슬랩스틱 코미디부터 스탠드업 코미디까지 다양한 장르의 코미디 소화 능력, 외모 등 자신의 단점을 웃음의 소재로 기막히게 전환하는 독보적인 웃음 전략을 갖춰 코미디 스타로서 경쟁력을 제고하며 1980~1990년대를 자신의 시대로 만들었다. 무엇보다 스크립터를 개인적으로 고용해 다양한 웃음 소재를 발굴하는 것을 비롯해 어떤 코미디언, 개그맨도 시도하지 않았던 선진적인 시스템을 만들어 늘 새로운 소재로 대중과 시청자를 웃겼다.[344]

후배 개그맨 김병조는 이주일에 대해 "배삼룡의 바보스러움과 서영춘의 순발력을 모두 갖춘 뛰어난 코미디언이다. 재치와 해학, 풍자 실력도 뛰어나 시사 풍자에도 남다른 재능을 보였다"라고 평가했다.

이주일 앞에 또 한 번 참담한 운명이 기다리고 있었다. 1991년 11월 애지중지하던 6대 독자 외아들이 교통사고로 숨진 것이다. 아들의 장례를 치르고 사흘 뒤 그는 약속된 무대에 올랐다. SBS 개국 특집 녹화였다. 그는 자식을 가슴에 묻고 방송에 나와 웃음을 선사했다. "웃음은 슬픔의 껍질일 뿐이며 유머의 원천도 기쁨이 아니라 슬픔이다"라고 말하는 이주일은 대중의 우상, 위대한 코미디 스타였다.

정주영 현대 회장 권유로 1992년 14대 총선에 나서 당선돼 국회의원으로 4년 활동하고 연예계로 돌아왔다. 이주일처럼 인기 스타를 정치권에서 영입해 정당 인지도를 높이려는 전략이 횡행하면서 정치에 입문하는 스타가 적지 않았다. 인기 탤런트 홍성우가 1978년 10대 국회에 진출한 이후 배우 이낙훈 이대엽 최무룡 신영균 이순재 최불암 강부자 신성일 정한용 최종원 김을동, 가수 최희준이 국회의원으로 활동했으나 국민의 평가는 부정적이었다. "국회에서 4년 동안 코미디 잘 배우고 왔다"라며 1996년 방송에 복귀한 이주일은 젊은 감각으로 무장한 후배들의 개그에 밀려 그의 코미디가 빛을 잃은 듯했지만, 여전히 그를 좋아하는 대중의 힘으로 명성과 인기를 회복했다. 방송뿐만 아니라 공연을 통해 대중을 직접 만났다.

이주일 역시 코미디언은 저질이라는 사회적 편견과 왜곡된 시선을 피할 수 없었다. "세종문화회관의 격이 떨어진다"라며 몇 차례 대관 신청을 거절당하기도 했다. 코미디언으로는 최초로 1999년 세종문화회관에서 '고미디 황제, 이주일 울고 웃긴 30년' 공연을 펼쳐 관객들의 환호를 받았다. 폐암 발병으로 투병 생활을 하면서도 병실에 찾아오는 사람들에게 웃음을 줬던 코미디 황제 이주일은 2002년 8월 27일 대중의 곁을 영원히 떠났다. 그는 떠났지만, 여전히 후배 개그맨과 예능인들은 이주일의 제스처나 유행어를 흉내 내며 웃음을 주고 있다. 수많은 예능인과 대중의 가슴 속에 이주일이라는 코미디언의 존재와 그가 선물했던 웃음이 강렬하게 남아있다.

출 연 작

TV 프로그램

1979 〈웃으면 복이 와요〉
1980 〈토요일이다! 전원출발〉
1981 〈코미디 출동〉
1983 〈쇼 일요특급〉〈유머 1번지〉
1984 〈일요일 밤의 대행진〉〈청춘행진
곡〉
1987 〈웃으며 삽시다〉
1996 〈이주일의 투나잇쇼〉
1997 〈이주일의 코미디쇼〉

영화

1980 〈이주일의 리빠똥 사장〉〈뭔가 보
여드리겠습니다〉〈별명 붙은 사나
이〉〈조용히 살고 싶다〉〈열 번 찍
어도 안 넘어진 사나이〉〈평양맨
발〉
1981 〈별명 붙은 사나이〉
1983 〈얼굴이 아니고 마음입니다〉

(8) 전유성

全裕成 | 1949~

§

개그 코미디 도입한 개그맨 대부

"50년이 됐다는 것을 인지한 것도 후배들 덕분이다. 공연하자고 선뜻 말할 수 없었지만, 후배들이 이끌어줬다. 공연의 부제인 '사실은 떨려요'라는 제목은 내가 지은 말이다. 실제로 많이 떨린다"라고 말하는 개그맨 전유성을 향해 후배 개그맨 엄영수는 "전유성 형님은 이상하고 어설픈 매력으로 50년을 견딘 대단한 사람이다. 그의 코미디는 예측불허다. 이번 공연도 그 누구도 예측할 수 없는 것들이 많이 쏟아져 나올 것이다. 기존 질서를 깨뜨리고 남들이 가지 않는 길을 걸으며 보였던 창조와 파격을 이번 공연에서도 유감없이 발휘할 것이다"라고 대꾸했다. 2019년 4월 3일 열린 전유성 데뷔 50주년 기념 공연 '전유성의 쑈쑈쑈: 사실은 떨려요' 제작발표회장이다. 두 사람의 말에서 인간 전유성과 개그맨 전유성의 일면을 엿볼 수 있다.

전유성은 한국 예능계의 독특한 위치를 점하고 있다. 코미디나 개그 프로그램에 출연해 대중을 폭발적으로 웃겨 스타덤에 오른 적이 없다. 하지만 한국 코미디사에서 그를 빼놓을 수 없다. '개그맨'이라는 용어 창안부터 그의 아이디어에서 출발한 〈개그 콘서트〉의 코너 '앵콜 개그'를 비롯한 수많은 코미디 프로그램과 코너 포맷 개발, 예원예술대 코미디연기학과 신설까지 한국 예능계에 그 누구도 하지 못한 유의미한 성과를 냈다. 그리고 코미디언의 길거리 공연, 코미디 극장 신설 등 개그 공연문화 발전을 주도했고 뛰어난 자질과 실력을 갖춘 많은 개그맨을 발굴하고 배출해 코미디 인적 인프라 조성에 크게 기여했다.

카페 주인, 연극 연출자, 방송 작가, 영화감독, 영화배우, 볼링장 주인, 공연 기획자, CF 모델, 대학교수, 회사 임원, 카피라이터, 인터넷 전문가, 작가…전유성의 직업은 몇 개가 되는지 알 수 없을 정도로 많다. 하지만 그가 가장 애착을 가진 직업이자 사람들이 전유성 하면 떠올리는 것이 개그맨이다.

'전유성의 쑈쑈쑈: 사실은 떨려요' 공연 제목에서 전유성의 개그맨 행보의 시작을 엿볼 수 있다. 1949년 서울에서 나고 자란 전유성은 대학에서 연극을 전공했고 배우를 지망했다. 탤런트 시험을 네 번이나 낙방했지만, 방송에 출연하고 싶었다. 친구들이 어렸을 때 그에게 붙인 별명이 '후라이보이 2세'였을 정도로 웃기는 재주가 있어 일면식도 없는 후라이보이 곽규석을 무작정 찾아갔다. 방송국에 몰래 들어가 화장실 가는 곽규석을 부여잡고 대본을 써주겠다고 막무가내로 우겼다. 곽규석은 TBC 최고 인기 예능 프로그램 〈쇼쇼쇼〉 진행을 비롯해 코미디와 예능 프로그램, 영화, 공연 등에서 맹활약한 스타 코미디언이었다.

1968년 곽규석의 공연과 방송 대본을 쓰면서[345] 연예계 생활을 시작한 전유성은 1970년대 들어 〈살짝기 웃어예〉 〈고전 유머극장〉 같은 코미디 프로그램에 얼굴을 내밀기 시작했다. 특유의 무뚝뚝한 표정, 얼이 나간 듯한 인상, 얼굴색 하나 변하지 않는 모습으로 있다가 한두 마디 대사를 툭 던지는 식의 개그를 하거나 감정의 표정 변화 없이 단선적으로 대사를 나열하는 식의 개그를 했다. 1980~1990년대 〈쇼! 비디오자키〉 〈청춘행진곡〉 〈유머 1번지〉 〈일요일 일요일 밤에〉 〈좋은 친구들〉 〈개그콘서트〉에서 함께 활동했던 개그맨 중 주병진 서세원 이홍렬은 타고난 재담가형 개그맨으로 이름을 날렸고 김형곤은 시사 풍자와 성인 코미디의 일인자로 우뚝 섰고 이경규는 다양한 장르의 코미디와 예능 프로그램을 넘나들며 여러 캐릭터를 선보여 인기를 얻었다. 심형래는 배삼룡 계보의 바보 캐릭터로 일가를 이루며 대중의 사랑을 받았다. 전유성은 코믹 연기를 잘하는 것도 아니고 그렇다고 순발력을 발휘하는 재담가형도, 바보 캐릭터처럼 특정한 캐릭터로 사랑받은 것도 아니었다.

전유성의 개그 연기 스타일과 특징을 가장 잘 보여준 것이 1994년부터 2003년까지 방송한 SBS 〈좋은 친구들〉의 한 코너 '전유성을 웃겨라'다. 개그맨 지망생과 일반 시민이 참가해 개인기나 개그를 선보이며 전유성을 웃기는 데 성공하면 상품을 받는 코너로 웃음을 참으며 특유의 무표정한 얼굴을 하고 앉아 있는 것이 전유성 연기의 전부였다. 웃음은 출연자들이 유발했다. 전유성이 개그 프로그램에서 강렬한 존재감을 드러내지 못한 것은 개그 연기 스타일 탓도 있지만, 자신이 나서 웃기기보다 다른 개그맨이나 출연자들이 웃음을 유발할 수 있도록 받쳐주는 역할에 치중한 것도 한 원인이다. 전유성은 언제나 개그 프로그램에서 주연을 받쳐주는 조연을 자처했다. 물론 전유성의 개그 연기에 대해 다른 시선도 존재한다. 개그의 미학적 수준은 전유성을 따를 사람이 없을 정도이지만, 전유성의 개그는 일상을 배경으로 펼쳐지는 퍼포먼스에 가깝기 때문에 텔레비전의 극형식의 코미디에는 어울리지 않아 폭발적인 웃음을 유발할 수 없었다는 분석도 있다.[346]

개그맨으로서 생존하고 성공하는 데 필요한 세 가지 요소는 용모, 연기력, 아이디어다. 전유성은 자신도 알고 있듯이 연기력은 부족한 개그맨이다. 더더욱 얼굴과 몸도 평범해 외모로 웃기기도 힘들다. 그가 50년 세월을 개그계에서 생존할 수 있었던 힘은 바로 타의 추종을 불허하는 독창적 아이디어다. 주철환 전 MBC PD가 전유성을 일컬어 '괴짜의 천재성을 지닌 사람'이라고 언명한 것은 바로 그 누구도 상상조차 하지 못한 아이디어로 한국 코미디를 주도하고 다양한 웃음 기법을 개발했기 때문이다. 최양락은 "난 지금까지 전유성만큼 기발하고 독창적인 아이디어를 내는 사람을 본 적이 없다. 연기하면서 호흡을 어떻게 해야 하는지, 리액션을 어떻게 하는지 등등 모든 것을 전유성에게 배웠다"[347]라고 했다.

그의 참신한 아이디어는 개그 프로그램 포맷부터 코미디의 소재와 내용까지 전방위로 위력을 발휘하며 대중의 웃음을 유발했다. 그의 아이디어는 더 나아가 공연, 일상생활에 이르기까지 광범위하게 영향력을 행사했다. 자신의 코미디로 다시 웃기는 〈개그 콘서트〉의 코너 '앵콜 개그'부터 서울대학로 극장에서 영상과 개그의 만남을 시도한 '스크린 & 개그 잼 콘서트', 개그맨의 길거리 공연, 심형래의 유행어 "달릴까 말까", 김미화를 스타덤에 올린 '쓰리랑 부부' 코너 제목까지 수많은 개그 프로그램과 코너, 개그 공연, 유행어, 캐릭터가 전유성의 아이디어에서 출발했다.

그의 삶과 생활방식 또한 상상을 초월하는 아이디어로 점철돼 있다. 작은 꼬마 자동차를 타고 입장한 결혼식, 옛날 추억을 되살리는 학교 물건들을 가져다 인테리어 소재로 활용한 카페 '학교 종이 땡땡땡' 운영, "나도 때론 포르노그라피의 주인공이고 싶다"[348]라며 부인과 함께 찍은 누드 광고 모델 화보처럼 도저히 방향과 갈피를 잡을 수 없는 독창성과 엉뚱함이 묻어나는 아이디어를 실천하며 살았다.

1999년 출간한 저서 『하지 말라는 것은 다 재미있다』에서 제시해 당시 파격적이고 엉뚱한 아이디어로 손가락질 받았던 '신선한 공기 캔에 담아 팔기' '생일 신문' '읽던 책 산골 아이들에게 기증하기' '요리 시설과 재료를 제공하는 가게'는 얼마 안 돼 일상에서 흔히 볼 수 있게 됐다. 전유성은 "고속도로는 고속으로 가기 때문에 돈을 받는 건데, 명절에는 차가 막힌다. 그래서 명절만이라도 통행료를 무료로 하면 좋겠다"라고 주장해 명절 통행료 면제 제도를 도입하는 계기를 제공했다.

전유성의 아이디어는 한국 개그계의 발전에 큰 역할을 했다. '개그맨'이라는 용어는 전유성이 만든 단어다. 그가 코미디언으로 출발하던 1960년대 후반부터 코미디 하면 저질이라는 편견이 뿌리 깊게 박혀있어 코미디언이 제대로 된 평가를 받지 못했다. 그래서 인식 전환을 위해 '개그맨'이라는 단어를 통용시켰다. 그의 의도는 적중됐다. 개그맨 하면 저질이라는 생각은 최소한 하지 않는다. 개그맨의 위상을 높이기 위해 만들었지만, 개그는 뜻하지 않게 이전 세대의 정통 코미디와 구별되는 하나의 새로운 트렌드를 부각했다. 개그맨들이 구사하는 개그 코미디는 상황을 반전시키는 언어 구사에서 오는 재미와 언어 비틀기의 즐거움을 보여주며 한국 코미디의 주요한 흐름을 형성했다.

그는 전북 임실의 예원예술대에 대학 최초로 코미디연기학과를 신설해 후학을 양성했다. 학과장으로 재직하면서 학생들에게 개그맨으로 자부심을 느끼도록 서영춘 동상 건립을 추진해 학교 교정에 세우기도 했다. 임하룡 이영자 신동엽 표인봉 전창걸 등을 발굴해 방송에 데뷔하게 했고 '코미디 시장'이라는 코미디 극단을 통해 박휘순 황현희 신봉선 안상태 김대범 김민경을 대중과 만나게 했다. 경북 청도에 코미디 철가방 극장을 설립해 후배 개그맨들이 설 수 있는 무대를 제공하기도 했다.

전유성이 보여준 기상천외한 독창적 아이디어로 한국 개그 프로그램은 한 차원 발전했고 개그맨의 위상이 올라갔고 무엇보다 대중이 웃을 기회가 많아졌다. 그는 그래서 진정한 개그맨 스타이자 개그맨의 대부다.

출 연 작

TV 프로그램

1974	〈살짜기 웃어예〉
1976	〈고전 유머극장〉
1987	〈쇼! 비디오자키〉
1988	〈청춘 행진곡〉〈유머 1번지〉
1994	〈좋은 친구들〉
1999	〈개그 콘서트〉
2013	〈맛집 사장은 어디서 외식하지?〉

영화

1988	〈어른들은 몰라요〉
1989	〈미스 코뿔소 미스터 코란도〉
1990	〈가보면 알거야 영구와 땡분이〉
1991	〈짬뽕 차차차〉〈따봉 수사대 밥 풀떼기 형사와 전봇대 형사〉
1998	〈까〉
2006	〈굿럭〉

(9) 주병진

朱炳進 │ 1959~

개그맨 예능 MC 시대 연 스타

"김흥국 씨 결혼한 지 몇 개월 지났지요?"주병진 "7개월째 돼갑니다."김흥국 "무슨 좋은 일 없나요?"주병진 "아내가 임신했어요. 3개월째입니다."김흥국 "제가 상상하기에는 아이들이 태어나 '응애 응애'라고 울 때 김흥국 씨 귀여운 자제분은 다르게 울 것 같아요"주병진 "어떻게요?"김흥국 "'아 응애에요' '거의 응애에요' '이건 나의 응애에요'라고 할 것 같아요."주병진. 주병진이 MBC 〈일요일 일요일 밤에〉 게스트로 나온 김흥국과 대화하면서 재치 있는 멘트로 구사한 "아 응애에요"가 단번에 유행어가 됐다. 주병진은 이처럼 물 흐르듯 자연스러운 대화를 하면서 순식간에 재치를 동원해 의표를 찌르며 웃음을 주는 능력이 탁월했다.

1988년부터 2011년까지 방송된 MBC 예능 프로그램 〈일요일 일요일 밤에〉는 많은 스타 진행자가 거쳐 갔다. 이수만 이경규 김국진 신동엽 이홍렬 이문세 이훈 강호동 최수종 남희석이 대표적이다. 그런데 시청자에게 〈일요일 일요일 밤에〉 진행자로 가장 먼저 떠오르는 인물은 바로 주병진이다. 주병진이 프로그램을 이끌면서 보조 MC나 패널, 출연자와 기가 막힌 호흡을 보이며 웃음을 많이 그리고 강렬하게 선사했기 때문이다.

신선한 감각을 장착한 개그 트렌드를 이끈 인기 개그맨으로, 예능 프

로그램 전성시대를 연 스타 MC로 그리고 새로운 포맷의 토크쇼 붐을 일으
킨 진행자로 1980~1990년대를 찬란하게 수놓은 예능 스타가 주병진이다.

　　1959년 서울에서 태어난 주병진은 1970년대 후반 서울 명동의 음악
살롱 '쉘부르'를 찾았다가 얼떨결에 사회를 보던 가수 권태수 말에 유머 감
각을 구사하며 받아친 것이 연예인의 길로 들어서는 계기가 됐다. 쉘부르를
운영한 유명 방송인 이종환은 재미있다며 계속 나올 것을 제의했고 이후 주
병진을 MC로 기용했다. 많은 신인 가수를 발탁해 스타로 만든 인기 DJ 이
종환이 포크 가수들에게 노래할 무대를 마련해주기 위해 쉘부르를 운영하
고 있었다. 당시 TBC 김웅래 PD가 개그 코너에 출연시킬 참신한 출연자
를 섭외하는 과정에서 주병진의 소문을 듣고 쉘부르를 찾았다. PD를 따라
간 주병진은 1977년 TBC 라디오 〈노래하는 곳에〉를 통해 개그맨으로 데
뷔했다.

　　주병진은 1980년 신군부의 언론 통폐합으로 TBC가 KBS에 통합된 뒤
왕영은 송승환이 진행한 KBS 〈젊음의 행진〉에 출연하며 인기 개그맨이 되었
다. MBC로 자리를 옮긴 후 김병조 이홍렬 서세원이 출연한 〈청춘 만만세〉에
얼굴을 내밀며 코미디 연기를 선보였다. 주병진은 개그 프로그램에서 배삼
룡 심형래 등으로 이어지는 바보 캐릭터를 통한 웃음이나 서영춘 이기동 이
주일의 치고받고 넘어지는 과장의 슬랩스틱 코미디, 그리고 고춘자 장소팔
의 대사를 주거니 받거니 하는 만담식 코미디를 하지 않았다.

　　주병진은 극형식의 코미디나 몸을 주로 사용하는 슬랩스틱 코미디 등
정통 코미디 장르에선 두각을 나타내지 못했다. 그는 재치 있는 멘트나 위
트, 유머, 말장난을 능수능란하게 구사하는 재담 스타일의 개그와 스탠드업
코미디에 강점을 보였다. 그래서 그는 토크 개그를 할 때나 버라이어티 예
능 프로그램과 토크쇼를 진행할 때 빛을 발했다.

　　주병진은 늘 깔끔한 정장을 입고 나와서 개그를 했다. 몸으로 웃기기보

다는 말로 웃기는 사람이다. '개그계의 신사'로 불리며 테이블 앞에서 점잖게 개그를 하지만 듣는 사람은 배를 잡고 데굴데굴 구를 정도로 재미있어했다. 대부분 개그맨은 몸으로 웃기는 상황에서 주병진의 개그는 남달랐다. 입으로 웃기는 데도 수다스럽지 않은 그만의 개성이 있었다. 화려한 언변과 탁월한 유머 감각으로 승부수를 던지며 깔끔한 개그의 정석을 보여주었다.[349]

1988년부터 "여러분의 시선을 모아, 모아, 모아서 출발하도록 하겠습니다"라는 오프닝 멘트로 유명한 MBC 〈일요일 일요일 밤에〉 MC로 나서면서 주병진의 진가가 유감없이 발휘됐다. 당시만 해도 이러한 포맷의 예능 프로그램은 낯설었지만, 주병진은 전혀 예상치 못한 반전 연출, 독창적인 아이디어, 출연자의 특성과 눈높이에 맞는 멘트 구사, 분위기에 따라 멘트의 강약을 조절하는 테크닉을 갖춰 자연스럽고 세련되게 프로그램을 이끌었다. 주병진은 구성된 대본을 일상의 대화처럼 잘 풀어냈고 미리 준비한 멘트도 뛰어난 연기력으로 자연스러운 애드리브처럼 처리했다.

〈일요일 일요일 밤에〉의 한 코너 '배워봅시다'는 예능 MC 주병진의 스타일과 장기가 가장 잘 드러난 코너였다. 차력사, 레슬링 선수, 수상 구조원 같은 일반인이 나와 주병진과 노사연에게 기능과 기술을 가르쳐주는 포맷으로 진행됐는데 일반인 출연자의 예상치 못한 발언과 행동에도 재치 있게 대응하고 더 나아가 그것을 웃음으로 전환하는 멘트와 연기를 구사해 큰 웃음을 유발했다.

개그맨 김현철은 "주병진은 슬랩스틱 코미디 같은 몸짓 연기를 거의 하지 않으면서 뛰어난 언어 감각으로 토크 개그의 새로운 장을 연 개그계의 신사"라고 했고 김수용은 "웃기려다 보면 자기도 모르게 과장된 언행을 하고 시청자의 반응에 지나치게 민감해지는 경우가 많은데 주병진은 자기의 유머가 불발로 끝나도 끄떡 안 했다. 대신 시청자가 반응할 때까지 자기의 유머를 뚝심으로 밀어붙였다. 그 넘치는 자신감이야말로 주병진 개그의 밑바탕이라고 생각한다"³⁵⁰라며 주병진의 개그 스타일에 관해 설명했다.

주병진이 〈일요일 일요일 밤에〉 MC로 개그맨 예능 MC 시대를 열며 스타로 비상했다면 토크쇼를 통해 톱스타로 도약했다. 진행자가 출연하는 사람과 함께 다양한 주제와 화제로 이야기를 나누는 토크쇼는 역사가 오래된 예능 프로그램 장르다. 1964년 KBS가 방송한 〈스크린 야설〉이 최초의 TV 토크쇼 프로그램이고 1965년 TBC 〈스타와 한때〉가 인기를 끈 토크쇼다. 진행자의 이름을 내건 퍼스낼리티 토크쇼는 1969년 MBC 〈임택근 모닝 쇼〉가 효시다. KBS가 1989년 자니윤을 내세워 미국 방송의 유명 토크쇼와 유사한 포맷으로 진행한 〈자니윤 쇼〉가 논란과 화제를 일으키면서 1990년대 토크쇼가 홍수를 이뤘다. 주병진은 1993년 SBS 〈주병진 쇼〉를 시작으로 〈주병진 나이트 쇼〉〈주병진 데이트 라인〉을 비롯한 다양한 성격의 토크쇼 진행자로 나섰다. 토크쇼 그것도 퍼스낼리티 토크쇼는 진행자의 실력과 개성에 따라 승패가 좌우된다. 토크쇼 진행자는 프로그램의 인기와 반응에 직접적인 영향을 줄 뿐만 아니라 프로그램의 정체성과 성격을 드러내는 핵심 주체다. 이 때문에 진행자는 외모, 인간적 매력, 개성, 순발력과 방송 감각, 애드리브와 위기 대처 능력, 언어 구사력, 유머 감각과 재치, 풍부한 상상력과 감성 등 다양한 자질을 갖춰 토크쇼를 재미있고 매끄럽게 진행해야 한다. MC로서의 평가는 진행자로서 자질과 MC로서의 역할수행, 그리고 프로그램의 성격을 매력적으로 강화해주는 개성의 발현 등 다양한 측면이 고려된다. 주병진은 토크쇼 진행자로서 다양한 자질을 갖췄을 뿐만 아니라 토크쇼 MC 역할도 잘 수행한 대표적인 진행자다. 시청자와 대중이 게스트에 대해 알고 싶어 하는 내용을 적확하고 예리한 질문과 대응 방식으로 끌어내고, 선정적이거나 민감한 주제와 소재도 유머로 포장한 멘트로 처리해 시청자에게 찬사를 받았다. 이 때문에 주병진에게 '토크쇼 황제'라는 수식어가 붙었다.

2000년대 들어 사업과 사회적으로 큰 논란이 됐던 스캔들로 인해 방송계를 떠났다. 그리고 2011년 MBC〈주병진 토크 콘서트〉로 복귀하고〈주병진의 방자전〉등을 진행했지만, 과거처럼 주목받지는 못했다. 주병진은 1980~1990년대 개그맨 출신 예능 MC 시대를 개척하고 토크쇼를 만개시킨 개그맨 스타다. 이경규 유재석 신동엽 이영자 강호동 김구라 김제동 박나래 등 예능 스타 MC 시대가 본격화하고 진화한 토크쇼가 예능의 주요한 트렌드로 등장한 데에는 주병진이라는 스타의 존재가 큰 역할을 했다.

출 연 작

TV 프로그램

1981	〈젊음의 행진〉
1982	〈쇼 12시에 만납시다〉
1983	〈즐거운 토요일〉〈유머 1번지〉
1984	〈쇼 2000〉〈청춘 행진곡〉
1986	〈달려라 팔도강산〉〈유쾌한 스튜디오〉
1987	〈청춘 만만세〉
1988	〈일요일 일요일 밤에〉
1993	〈주병진 쇼〉
1995	〈주병진 나이트쇼〉
1998	〈주병진 데이트 라인〉
2011	〈주병진 토크 콘서트〉
2014	〈주병진의 방자전〉
2015	〈개밥 주는 남자〉

(10) 김형곤

金亨坤 | 1960~2006

§

시사 풍자와 성인 코미디 대가

"밤 10시 넘어서는 정치인들 얼굴이 절대 방송에 안 나오게 해야 한
다. 한밤에 TV에 나온 정치인들 때문에 잠을 설치고 가위눌리는 그런 국민
이 많기 때문이다. 밤 10시에는 코미디를 편성해 국민의 편안한 잠자리를
보장해야 한다."[351]

이 말을 거침없이 한 사람은 개그맨 김형곤이다. 김형곤 하면 육체적
특징을 드러낸 '공포의 삼겹살'이라는 닉네임과 함께 '시사 풍자 코미디의
달인'이라는 수식어가 따라다닌다. 또한, 그는 방송과 무대를 통해 한국 코
미디의 미개척 분야였던 성을 소재로 한 성인 코미디의 개척자이기도 하다.

가혹한 비판과 편견 속에서 수많은 사람에게 웃음을 줬음에도 저질의
대명사는 코미디의 몫이었고 걸핏하면 코미디언에게 방송 출연 금지 같은
징계와 규제가 남발되는 상황에서 시사 풍자와 성인 코미디를 한다는 것 자
체가 힘들었다. 김형곤은 척박한 토양에서 시사 풍자를 부활시키고 성인 코
미디를 개발해 한국 코미디를 한 단계 도약시킨 선구자적인 개그맨이다.

1960년 경북 영천에서 출생한 김형곤은 동국대 재학 중이던 1980년
TBC 개그 콘테스트 입상을 통해 연예계에 데뷔했다. 김형곤은 KBS〈젊음
의 행진〉에 출연해 개그나 콩트를 선보이고 "워낙 간편해요" "얄미운 것 같

아" 같은 유행어를 만들며 인기를 얻었다. 김형곤은 1980년대 초중반 MBC
의 서세원, 주병진과 재치 있는 입담으로 인기 경쟁을 펼쳤다.

김형곤은 1986년 박봉성 만화 『신의 아들』에서 다룬 기업 비리와 회
장에게 절대복종하는 조직문화를 보고 아이디어를 얻어 작가들과 협의해
만든 코너가 〈유머 1번지〉의 '회장님 회장님 우리 회장님'이다. 비룡 그룹
이라는 이사 회의실을 배경으로 정치, 경제, 사회 현안들을 신랄하게 풍자
했고 부패한 관료, 무능한 정치인, 탐욕의 재벌 등 권력층을 예리하게 희화
화했다.

전두환, 노태우 권위주의 시대 언론조차 진실을 외면하고 권력층 문제
에 눈감는 상황에 답답해하던 시청자와 국민은 '회장님 회장님 우리 회장
님'을 보면서 카타르시스를 느끼며 실컷 웃었다. 비리와 탐욕의 권력층을
조롱하며 냉소를 보냈다. 김 회장 역을 연기한 김형곤은 부조리한 세태와
권력층의 잘못을 공격적인 풍자로 드러내 스타덤에 올랐다. 개그맨의 인기
를 고조시키는 유행어도 끊임없이 양산했다. "잘 돼야 될 텐데" "저거 처남
만 아니면" "잘될 턱이 있나"가 김형곤이 '회장님 회장님 우리 회장님'을 통
해 유행어로 만든 것이다. 김형곤의 입을 거쳐 나오는 풍자적인 대사는 잘
못된 현실과 세태 그리고 권력층 문제를 적확하게 찔렀다. 풍자의 대상이
된 재벌과 정치인의 반발과 탄압, 규제로 많은 어려움을 겪었지만, 1986년
11월부터 1988년 12월까지 방송된 '회장님 회장님 우리 회장님'은 시청자
의 절대적인 지지로 높은 인기를 얻었을 뿐만 아니라 영화화되고 연극으로
만들어지기도 했다.

김형곤은 외압 속에서도 신랄하고 재밌는 시사 풍자를 이어갔다. 김형
곤은 1989년 3월부터 1990년 10월까지 방송된 〈유머 1번지〉의 '탱자 가라
사대'에서 공자를 패러디한 무식한 탱자로 분해 상류층 자녀들의 대학 부정
입학 문제를 비롯한 잘못된 세태에 대해 예리하게 비틀어대며 풍자했다. 김

형곤은 "적어라, 적어!" "꼭 공부 안 하는 것들이~" "그래 니 잘났다, 니 팔뚝 굵다" "일생에 도움이 안 돼요" 같은 시대와 세태를 반영하는 숱한 유행어로 시사 풍자의 격을 높이며 대중의 인기를 구가했다. 김형곤은 TV 프로그램에서뿐만 아니라 연극 〈회장님 좋습니다〉〈신대왕은 죽기를 거부했다〉〈용이 나리샤〉를 통해 시사 풍자를 지속하며 한국 코미디를 진화시켰다. 이 때문에 김형곤을 '시사 풍자의 대가'라고 칭한다.

부자만을 위한 정부 정책과 힘 있는 자들의 갑질을 비롯한 세태 문제, 정치인과 재벌 등 권력층의 부패와 비리, 탐욕이 시사 풍자의 주요한 아이템이다. 반사회적, 반권위적 성격을 갖는 시사 풍자는 코미디의 주요한 장르로 오랫동안 대중의 사랑을 받아왔지만, 풍자의 대상들에 의해 탄압을 받으며 어렵게 이어져 왔다. 풍자는 대상에 대해서는 우행의 폭로, 사악의 징벌이 되는 첨예한 비평이고, 보고 듣는 사람에게는 조소와 냉소가 되는 웃음의 현상이다. 신불출은 1930~1940년대 만담 형식으로 일본 제국주의와 친일파 정치인을 신랄하게 풍자했다가 구속되기도 했다. 구봉서는 1960년대 라디오 프로그램 〈안녕하십니까? 구봉서입니다〉를 통해 문제 있는 지도층 인사의 행태나 잘못된 세태를 희화화하며 풍자했다가 징계를 받기도 했다. 김형곤이 '회장님 회장님 우리 회장님' '탱자 가라사대'를 통해 한 단계 도약시킨 시사 풍자는 2000년대 들어 〈개그 콘서트〉와 〈SNL 코리아〉에서 이어졌으나 수준 미달이 많고 외압이 거세 오히려 퇴행했다.

한국 코미디 중 가장 미진한 것이 성(SEX)과 관련한 성인 코미디다. '선정성'이라는 전가의 보도를 휘두르며 전방위적으로 규제하는 상황에서 방송에는 성인 코미디의 설 자리가 없었다. 더욱이 사회, 문화적으로 성적인 소재나 담론들이 억압되는 분위기여서 더욱더 그랬고 겨우 모습을 드러낸 성인 코미디도 술자리에서 주고받는 음담패설 수준을 벗어나지 못했다.

김형곤은 방송에서 설 자리가 없었던 성인 코미디를 〈김형곤 쇼〉를 비롯한 방송 프로그램을 통해 본격적으로 시도하며 섹스 코드와 성적인 소재를 표출해 대중의 눈길을 끌었다. 하지만 선정적이라는 비판이 쏟아지고 방송 중단이라는 중징계가 내려졌다. 섹스 코드를 활용한 성인 코미디를 기대했던 일부 성인 시청자는 아쉬워했다. 그는 규제와 탄압으로 방송에서 하지 못한 성인 코미디를 무대에서 이어갔다. 1990년대 후반부터 김형곤은 국내 최초로 성인 코미디 클럽을 운영하고 〈병사와 수녀〉〈아담과 이브〉〈여부가 있겠습니까?〉〈애들은 가〉 같은 성인 코미디의 기획부터 대본, 출연까지 도맡아 한국 성인 코미디를 개척하며 발전시켜왔다.

미국에서는 1930~1940년대 로맨틱 코미디를 중심으로 성과 관련된 소재와 내용을 발전시켰고 더 나아가 젠더 문제까지 다루며 성인 코미디를 진화시킨 것과 정반대로 한국에선 성인 코미디에 대해 억압과 규제로 일관했다. 이런 상황에서 방송과 공연을 통해 성인 코미디의 형식과 소재를 개발하며 진화시킨 이가 바로 김형곤이다.

성인 코미디의 본질은 선정적이고 자극적인 그리고 원초적인 것들의 단순한 전시가 아니다. 성적인 것을 억압하며 왜곡시키는 사회와 사람에 대한 풍자와 희화화를 통해 성을 건강하게 표출하는 사회를 만드는 것이 성인 코미디의 존재 의미다. 김형곤은 성인 코미디의 의미를 살리기 위해 노력했다. 신동엽 안영미 박나래 등이 방송에서 간간이 시도하며 대중에게 선을 보이는 성인 코미디는 김형곤이 어려운 상황 속에서 일군 것들이 토대가 됐다.

김형곤은 스탠드업 코미디 발전에도 기여했다. 관객과 마주하며 진행되는 스탠드업 코미디는 관객의 반응이 즉각적이라 뛰어난 민첩성과 위기 대처 능력, 그리고 고도의 연기력이 필요하다. 탁월한 연기력과 순발력을 가진 김형곤은 소극장 무대에서 한국식 스탠드업 코미디를 정착시켰다. 김형곤 뒤를 이어 박미선 컬투 김제동 김준호 박나래 유병재 등이 꾸준히 스탠드업 코미디를 발전시켰다.

1990년대 후반 정치로 외도했지만, 다시 코미디로 돌아와 왕성하게 활동하며 시사 풍자와 성인 코미디를 이끌었던 김형곤은 2006년 땀 흘리며 준비하던 미국 카네기홀 코미디 공연을 한 달 앞두고 심근경색으로 쓰러져 숨졌다. 그의 나이 마흔여섯이었다. 코미디 천재의 안타까운 때 이른 퇴장이었다. 김형곤은 웃음의 무대를 하늘로 옮겼지만, 그가 지상에서 시도하고 발전시켰던 시사 풍자와 성인 코미디는 후배들에 의해 진화를 거듭하고 있다.

출 연 작

TV 프로그램

1981	〈젊음의 행진〉
1986	〈유머 1번지- '회장님 회장님 우리 회장님'〉
1987	〈웃으며 삽시다〉
1989	〈유머 1번지-'탱자 가라사대'〉
1991	〈코미디 청백전〉 〈유머 1번지-'진중일기' '꽃피는 봄이 오면'〉 〈전원 집합 토요 대행진〉
1992	〈한바탕 웃음으로- '돈꿀레옹'〉
1993	〈폭소 아카데미〉
1997	〈코미디 세상만사〉
1998	〈김형곤 쇼〉 〈시사 터치 코미디 파일〉
2004	〈폭소클럽〉

영화

1981	〈여자는 괴로워〉
1983	〈신입 사원 알개〉
1988	〈회장님 우리 회장님〉
1991	〈이맹구의 봉숭아 학당〉
1992	〈알라뷰 영자〉

(11) 이경규

李敬揆 | 1960~

§

40여 년 예능계 정상 지킨 스타

"팬들이 30년 행복했다고 30년 더 해달라고 한다. 나는 20년만 더 하고 싶다." 이경규가 2010년 KBS 연예대상 시상식에서 대상 트로피를 안으며 밝힌 수상소감이다. 20년을 더 하고 싶다는 말에 사람들은 20년도 매우 잘할 것이라고 믿었다. 이경규이기 때문이다. 이후 이경규는 2014년 SBS 연예대상에서 대상을 차지하는 등 예능계에서 맹활약했다.

대중의 취향과 기호가 급변함에 따라 예능 트렌드와 웃음의 코드도 금세 바뀐다. 이런 상황에서 개그맨과 예능인의 인기 수명도 점점 짧아지고 있다. 이경규는 구봉서 배삼룡 등 TV 코미디언 1세대가 젊은 개그맨으로 세대 교체된 코미디 격변기였던 1980년대 초반 활동을 시작해 개그 프로그램이 큰 인기를 얻었던 1980년대와 버라이어티 예능 프로그램과 토크쇼 프로그램이 대세가 된 1990년대를 지나 리얼 버라이어티가 TV 예능 프로그램을 장악하던 2000년대, 관찰 예능, 오디션 예능, 먹방·쿡방 예능, 음악 예능, 스포츠 예능, 연애 예능을 비롯한 다양한 예능 트렌드가 혼재한 2010~2020년대를 관통하며 건재를 과시했다. 이경규와 함께 활동을 시작했던 개그맨들은 2000년대 들어 코미디 프로그램이나 예능 프로그램에서 모습을 찾을 수가 없었다. 이경규가 40년 넘게 예능인으로 활동하면서 30

여 년 정상의 예능 스타로 군림하는 것 자체가 한국 예능사에 남을 의미 있는 성취다.

1960년 부산에서 나고 자란 이경규는 고교 시절 배우 추송웅이 출연한 연극을 보고 연극배우의 꿈을 키웠다. 동국대 연극영화과 재학 중이던 1981년 MBC 개그 콘테스트에서 입상해 개그맨의 길을 걸었다. 힘들었던 5년간의 무명 생활, 대사 한마디 하는 행인 등 단역을 맡았지만 포기하지 않았다.

1980년대 중반 MBC 〈청춘 만만세〉에 출연해 "띠용~" "쿵쿵따리~" "자연스럽게" 같은 유행어를 양산하며 인지도를 얻어 활동 폭을 넓혔다. 1989년 〈일요일 일요일 밤에〉 진행자 주병진의 보조 MC를 맡아 도약하기 시작했다. 이경규는 점잖은 재담 스타일 개그로 눈길을 끄는 주병진과 대조적인 이미지와 분위기로 게스트에게 악역을 자처하고 망가지면서 시청자에게 강렬한 존재감을 드러냈다. 이와 함께 콩트 연기, 패러디 활용, 슬랩스틱 코미디, 바보 캐릭터 등 여러 면모를 보여 다양한 장르의 코미디를 소화할 수 있는 개그맨으로 각인됐다.

주병진이 1990년대 초반 〈일요일 일요일 밤에〉를 떠나고 이경규가 메인 MC로 나서 '몰래카메라'로 큰 인기를 얻었다. 고현정 최진실을 비롯한 스타 연예인에게 방송 내용을 일절 알려주지 않고 특정한 상황을 만들어 날것 그대로의 반응을 보여줘 시청자의 폭소를 유발했다. '몰래카메라'는 진행자 이경규를 스타덤에 올려놨다. 가학적이라는 비판도 제기됐지만, '몰래카메라'는 연출에 의한 인위적인 것이 아닌 리얼리티를 최대한 드러내 또 다른 재미를 부여했다. 이경규는 출중한 연기력과 탁월한 민첩성을 바탕으로 출연 스타의 꾸밈없는 속내를 들추어내며 인간의 본성과 본능을 보여주는 뛰어난 능력을 과시했다. '몰래카메라'는 예능 프로그램 사상 70%라는 최고 시청률을 기록했을 정도로 열광적 반응이 뒤따랐다.

이경규는 '몰래카메라'로 인기를 얻었지만, 새로운 예능 트렌드의 적응 실패와 변신 부족으로 추락했다. 여기에 제작과 감독, 주연까지 한 영화 〈복수 혈전〉도 흥행에 실패해 총체적인 어려움에 직면했다. 트렌드에 뒤처진 스타를 시청자는 냉정하게 외면했다. 이때부터 새로운 웃음 코드와 예능 트렌드에 최적화하려는 치열한 몸부림을 시작했다. 그 결과물이 바로 1996년 〈일요일 일요일 밤에〉의 한 코너 '이경규가 간다'다. 공익적인 소재를 예능 포맷으로 소화한 공익 예능 트렌드를 창출하며 화려하게 부활했다. 정지선 지키기를 잘한 사람에게 칭찬과 함께 양심 냉장고를 전달하는 포맷이었다. 첫 회 방송에서 한밤중 정지선을 준수하는 차량을 세 시간 기다려도 나타나지 않아 철수하려던 순간 장애인 부부가 정지선을 지켜 감동을 주면서 큰 화제를 불러일으켰다. 4년간의 침체를 털어내는 순간이었다. 이경규는 2001년 선보인 〈! 느낌표〉에서도 오락성을 가미한 환경 보호 소재의 '이경규가 간다'로 공익 예능의 스펙트럼을 확장하며 한국 예능 프로그램을 한 차원 발전시켰다.

천부적인 예능 감각과 예능 프로그램 출연을 통해 익힌 노하우를 발판 삼아 탄탄한 성공 가도를 달리는 예능 스타라고 할지라도 급변하는 대중의 취향과 트렌드에 매번 부합하는 예능감을 드러내기는 힘들다. 그래서 대중의 시선에 벗어나며 침체하기도 한다. 이경규는 침체 즉 실패의 원인을 알고 있기에 실패를 딛고 일어섰다. 이경규는 "3년에 한 번씩 슬럼프가 온다. 침체의 원인을 알기 때문에 다시 자리를 잡는다고 생각한다"라고 했다. 반면 많은 스타 개그맨과 예능인이 트렌드에 뒤처져 대중의 외면을 받은 뒤에도 새로운 웃음 코드와 기법을 체득하지 못해 예능계에서 설 자리를 잃었다.

1990~2000년대 들어 개그 프로그램이 사양길에 접어들고 버라이어티 예능 프로그램이 대세를 이룬 가운데 예능 스타가 되기 위해서는 예능 프로그램 진행자로서 자질과 능력이 요구됐다. 순발력과 빠른 두뇌 회전, 빼

어난 언어구사력, 위기 상황에 대한 신속한 해석과 대처, 게스트와 출연자의 능력을 최대한 발현 시켜 웃음을 극대화하는 능력, 다른 MC와의 조화, 진행자로서 개성적인 캐릭터 조형 같은 다양한 자질을 갖춰야만 스타 MC가 될 수 있었다. 이경규는 〈전파 견문록〉〈명랑 히어로〉〈스타 주니어 쇼 붕어빵〉을 진행하면서 연륜에서 나오는 카리스마와 특유의 버럭 개그로 창출된 캐릭터, 그리고 웃기지 않는 상황도 금세 웃음을 유발할 수 있게 전환하는 비범한 능력으로 버라이어티 예능 시대에도 스타 MC로서 위상을 지켰다. 〈일요일 일요일 밤에〉부터 〈!느낌표〉에 이르기까지 오랫동안 작업을 함께 해온 김영희 PD는 "이경규는 천부적인 재능과 끼를 가진 천재적 예능인이다. 수많은 아이디어를 끊임없이 제안해 스스로 프로그램에 반영하는 적극성도 있다. 연출자보다 더 넓은 시야로 알고 있는 많은 것을 웃음의 소재와 방식으로 활용한다"라고 했다.

예능 고수라는 이경규에게도 취약한 예능 장르가 있다. 2000년대 중반부터 〈무한도전〉〈1박 2일〉로 대변되는 리얼 버라이어티 열풍이 불면서 이경규는 고전을 면치 못했다. 유재석 강호동을 비롯한 예능 스타들이 리얼 버라이어티에서 날 것 그대로의 리얼리티를 잘 드러내며 시청자의 환호를 끌어냈다. 하지만 이경규는 본인 스스로 꾸미지 않는 리얼리티를 드러내는 데 적지 않은 어려움을 겪었다. 〈이경규 김용만의 라인업〉〈일요일 일요일 밤에-'간다 투어'〉 등 출연한 리얼 버라이어티 프로그램이 외면을 받아 조기 종영당하는 굴욕을 맛봤다. 방송계 안팎에선 "1980년대 초반 데뷔한 개그맨 스타의 마지막 퇴장"이라는 말이 나오기 시작했다. 대세로 떠오른 리얼 버라이어티의 부적응 결과다. 이경규 역시 그 사실을 너무 잘 알고 리얼 버라이어티를 부활의 무대로 삼았다. 바로 〈남자의 자격〉이다. 〈남자의 자격〉에선 실수를 반복하지 않고 캐릭터 확장, 현장에서의 의외성과 날것의 극대화, 김국진을 비롯한 다른 멤버와의 흥미로운 관계 형성, 진정성 배가 같은 리얼 버라이어티에서 성공할 수 있는 것들을 총동원해 부활할 수 있었다.

새로운 미디어 등장에 적극적으로 대처하며 새로운 포맷의 예능 프로그램에 선제적으로 대응한 것도 이경규가 예능 스타로서 장수하는 원동력 중 하나다. 지상파 TV가 예능 프로그램의 인기와 트렌드를 지배하는 상황에서 예능 스타들이 외면하는 케이블 TV에 신속하게 진출해 〈화성인 바이러스〉 같은 프로그램 MC로 나서 논란과 화제를 일으키며 새로운 예능 포맷과 트렌드를 창출했다. 2011년 출범한 종합편성채널에도 발 빠르게 출연하며 〈한끼줍쇼〉 〈나만 믿고 따라와, 도시어부〉 같은 종편 예능을 성공적으로 이끌어 이경규의 예능 스타로서 경쟁력을 배가시켰다. 2010년대 중후반부터 본격화한 온라인을 통해 동영상을 서비스하는 OTT에도 적극 참여해 〈찐경규〉 같은 OTT 예능 프로그램을 통해 뉴미디어를 선호하는 청소년과 젊은 층의 시선을 끌었다.

평범을 비범으로 전환하고 일상을 예능 소재로 만드는 예능인으로서 천부적인 재능과 오랜 방송 경력과 연륜에서 터득한 노하우, 대중의 기호와 취향을 정확히 읽어내 새로운 예능 트렌드를 만들어내는 능력, 뉴미디어에 대한 적극적인 대응, 실패해도 실패를 반복하지 않으려는 노력과 대처, 그리고 "뛰어난 자질이 없으면 몸으로라도 때워서 웃겨야 한다"라는 프로 의식이 '예능 스타 수명은 3개월'이라는 말이 나올 정도로 예능 스타의 순환이 빠른 상황에서 이경규를 40년 넘게 인기 전쟁터인 예능 프로그램의 최전선에서 트렌드를 이끌며 대중의 환호를 받는 예능 스타로 군림하게 했다.

출 연 작

TV 프로그램

1985	〈청춘 만만세〉
1989	〈일요일 일요일 밤에-'배워봅시다' '명작극장-남과 여' '시네마 천국' '몰래카메라' '이경규가 간다'〉
1991	〈달려라 지구촌〉
1999	〈전파견문록〉
2001	〈! 느낌표〉
2006	〈웃는 Day〉
2007	〈도전! 예의지왕〉 〈이경규 김용만의 라인업〉 〈퀴즈 육감 대결〉
2008	〈간다 투어〉 〈명랑 히어로〉
2009	〈스타 주니어쇼 붕어빵〉 〈절친 노트〉 〈해피선데이-남자의 자격〉 〈이경규의 복불복 쇼〉
2010	〈러브 스위치〉 〈화성인 바이러스〉
2011	〈힐링 캠프〉
2013	〈가족의 품격-풀하우스〉
2015	〈마이 리틀 텔레비전〉 〈아빠를 부탁해〉 〈나를 돌아봐〉 〈능력자들〉
2016	〈예림이네 만물 트럭〉 〈PD 이경규가 간다〉 〈한끼줍쇼〉
2017	〈나만 믿고 따라와, 도시어부〉 〈내 집이 나타났다〉 〈냄비 받침〉 〈세모방〉 〈발칙한 동거〉
2018	〈달팽이 호텔〉 〈더 꼰대 라이브〉
2019	〈다시 쓰는 차트 쇼, 지금 1위는?〉 〈신상출시 편스토랑〉 〈개는 훌륭하다〉
2020	〈찐경규〉
2021	〈펀 먹고 공치리〉
2022	〈호적메이트〉 〈요즘 것들이 수상해〉 〈천하제일장사〉
2023	〈나만 믿고 먹어봐, 도시횟집〉 〈지구탐구생활〉

(12) 심형래

沈炯來 | 1958~

바보 캐릭터로 코미디 평정한 개그맨

취재진의 높은 관심 속에 우스꽝스러운 바보 '영구' 분장을 한 개그맨이 등장했다. 2021년 12월 14일 열린 TV조선의 〈부캐 전성시대〉 제작발표회장의 심형래다. 개그맨 스타 심형래가 30여 년 만에 자신을 스타덤에 올려놓은 캐릭터 바보 영구로 시청자 앞에 다시 섰다. 심형래는 〈부캐 전성시대〉를 통해 한국 코미디사의 한 페이지를 화려하게 장식한 바보 캐릭터와 슬랩스틱 코미디를 다시 선보였다.

1958년 서울에서 태어난 심형래는 고등학교를 졸업한 뒤 연극무대에 올랐다. 1982년 KBS 개그 콘테스트에서 입상하며 개그맨으로 데뷔했다. 1980년대 초중반 코미디는 거대한 변화의 바람이 불었다. 구봉서 서영춘 배삼룡 이기동 같은 1세대 TV 코미디 스타들이 콩트, 슬랩스틱 코미디, 만담 등으로 웃기던 시대가 막을 내리고 재치 있는 입담과 경쾌한 토크 개그로 웃음을 주는 개그맨 시대가 열렸다. '코미디언'이라는 용어는 '개그맨'이라는 새로운 용어로 대체됐다. '개그맨'이라는 용어를 만든 전유성을 비롯해 김병조 주병진 서세원 이경규 이홍렬 장두석 김형곤이 임기응변의 익살, 의표를 찌르는 재치, 상큼함과 짜릿함을 주는 개그 코미디로 웃음을 주조하며 대중의 관심을 모았다. 개그 코미디가 대세를 이루는 상황에서 심형래는 서영춘 배삼룡이 대중을 웃겼던 슬랩스틱 코미디와 바보 캐릭터로 승부를 걸어 스타덤에 올랐다. 1983년 4월부터 1991년 5월까지 방송된 〈유머 1번 지〉의 '영구야 영구야', '변방의 북소리', '내일은 챔피언', '동궁마마는 아무 도 못 말려' 같은 다양한 코너를 통해 슬랩스틱 코미디와 바보 캐릭터를 전 면에 내세워 호응을 끌어내며 스타가 됐다.

심형래는 '영구야 영구야'에서 1972년 4월부터 12월까지 방송돼 국 민적 사랑을 받은 KBS 드라마 〈여로〉의 남자 주인공 영구를 패러디한 바 보 캐릭터를 슬랩스틱 코미디로 표출해 큰 인기를 얻었다. 혀 짧은 소리로 한 대사 "영구 없다" "소쩍궁 소쩍궁" "띠리리리리리~"는 초등학생부터 어 른까지 많은 사람이 따라 하는 국민 유행어로 떠올랐고 '영구'는 한국 코미 디의 바보 캐릭터 대표주자가 되었다. 조선 시대 변방을 지키는 포졸 부대 를 배경으로 한 '변방의 북소리' 역시 심형래의 바보 캐릭터와 슬랩스틱 연 기가 주조를 이뤘다.

슬랩스틱은 본래 판토마임이나 서커스 그리고 조잡한 광대극에서 자 주 등장하는 격렬한 희극적 동작을 지칭하는 것으로[352] 배우의 연기가 과장 되거나 우스꽝스러울 뿐만 아니라 소란스러운 것이 특징이다. 우스꽝스러 움 속에 사회 풍자와 저항 정신을 담은 슬랩스틱 코미디는 1910년대 미국 희극 배우 맥 세넷Mack Sennett에 의해 시작됐고 찰리 채플린Charlie Chaplin, 버스터 키턴Buster Keaton, 해럴드 로이드Harold Lloyd에 의해 만개해 전 세계 로 퍼졌다.

슬랩스틱 코미디는 서영춘 배삼룡을 비롯한 TV 코미디언 1세대에 의 해 본격적으로 도입돼 대중에게 웃음을 선사했지만, 동시에 저질이라는 비 판을 불러왔다. 심형래는 더욱 정교하고 치밀하게 계산해 의외성과 반전을 배가시켜 배삼룡 서영춘이 구사했던 슬랩스틱 연기와 차별화하며 눈길을 끌었다. 심형래의 슬랩스틱 코미디는 찰리 채플린 등이 드러냈던 사회 풍자나 저항 정신은 거세된 단순히 웃음을 유발하는 기교적 성격이 강했다.

코미디에 주로 등장하는 캐릭터는 추하고, 겁 많고, 우스꽝스럽다. 영웅과 정반대의 얼간이, 백치, 바보가 코미디의 주인공들이다.[353] 심형래는 이중 바보 캐릭터를 전면에 내세워 웃음의 무기로 삼았다. 때리기보다는 얻어맞고 빼앗기보다는 빼앗기고 이용하기보다는 이용당하는 바보다. 사람들은 다른 사람의 실수나 결점을 발견하거나 뭔가 모자라는 행동을 보게 되면 웃음 짓는다. 시청자나 대중은 바보 캐릭터를 보고 상대적 우월감을 느끼며 편하게 웃는다. 또한, 순진무구함을 내장한 바보 캐릭터는 사회적 관행과 상식, 터부, 금기를 아무렇지 않게 무시하거나 짓밟으며 큰 웃음을 유발한다. 심형래는 바보의 이러한 특성을 최대한 발현해 심형래표 바보 캐릭터를 표출했다.

심형래가 슬랩스틱 코미디로 소화한 〈쇼! 비디오자키〉의 '벌레들의 합창'의 똥파리 캐릭터, '동물의 왕국'의 펭귄 캐릭터, '병사 심틀러'의 독일 나치 병사 캐릭터는 외양은 다르지만, 관통하는 것은 바로 순진한 바보 캐릭터다. 바보 캐릭터는 어른부터 어린이까지 대중의 사랑을 받으며 심형래를 최고 개그맨의 자리에 올려놨다.

심형래는 자기가 했던 바보 캐릭터 레퍼토리를 계속 복제해서 웃음을 유발했다. 옷만 바꿔 입었다 뿐이지 포졸이든 복서든 펭귄이든 다 같은 맥락에서 코미디를 했다. 아예 패를 보여주고 시작하는 것이니 질릴 만한데 인기는 늘 보통을 넘었다. 이건 그만의 매력이자 저력이었다.[354]

슬랩스틱 코미디로 드러낸 바보 캐릭터는 외형적 특성상 한두 번은 웃기기 쉽다. 하지만 바보 캐릭터가 반복되면 진부해지기 쉽다. 바보 캐릭터가 굳어지면 대중의 뇌리에 강렬한 임팩트와 잔상을 남기기 때문에 다른 캐릭터를 연기하기가 쉽지 않다. 대다수 개그맨은 하나의 캐릭터로 인기를 얻으면 식상함이 커지기 전 다른 이미지의 캐릭터를 개발해 시청자와 관객을 만난다. 하지만 심형래는 다른 개그맨과 전혀 다른 전략으로 경쟁력과 스타성을 배가시켰다. 바보 캐릭터와 슬랩스틱 코미디에서 벗어나지 않고 오히려 계속 고수하며 영화 등 매체를 달리하며 진화를 꾀한 것이다. 영화 〈영구와 땡칠이〉〈영구와 흡혈귀 드라큐라〉〈영구와 부시맨〉〈머저리와 도둑놈〉〈라스트 갓파더〉 등을 통해 바보 캐릭터의 다양한 버전을 슬랩스틱 코미디로 보여주며 대중의 관심을 끌었다. 슬랩스틱 코미디와 바보 캐릭터를 통해 스타로 떠오른 심형래는 1991년 국세청이 발표한 신고소득 연예인 부문에서 조용필에 이어 2위를 차지할 정도로 인기가 엄청났다.

심형래가 내세운 바보 캐릭터는 후배 개그맨들에 의해 다양한 모습으로 발전하며 웃음을 주고 있다. 〈한바탕 웃음으로-봉숭아 학당〉에서 바보 맹구를 연기하며 "하늘에서 눈이 내려와요"라는 유행어를 만든 이창훈이 큰 인기를 얻은 것을 비롯해 심현섭 정준하 김준호 등 많은 개그맨이 바보 캐릭터를 만들어 연기했다. 심형래가 구사한 슬랩스틱 코미디 역시 김병만 이수근 박나래 등에 의해 계승돼 외양을 달리하며 한국 코미디의 한 축을 담당하고 있다.

심형래는 30여 년 넘게 개그맨으로 활동하며 대부분을 슬랩스틱 코미디로 살려낸 바보 캐릭터로 대중을 만났고 그것으로 인기를 얻으며 스타가 됐다. 그래서 대중은 코미디에서 바보 캐릭터 하면 심형래를 떠 올린다.

출 연 작

TV 프로그램

1984	〈유머 1번지-'영구야 영구야' '변방의 북소리' '내일은 챔피언' '동궁마마는 아무도 못 말려'〉
1988	〈쇼! 비디오자키-'벌레들의 합창' '동물의 왕국' '병사 심틀러' '벤허의 후보들'〉
1999	〈코미디 세상만사〉
2002	〈쇼 행운 열차〉
2019	〈스마일킹〉
2021	〈부캐 전성시대〉

영화

1984	〈각설이 품바타령〉
1985	〈철부지〉
1986	〈여로〉
1987	〈서울은 여자를 좋아해〉
1988	〈슈퍼 홍길동〉〈스파크맨〉
1989	〈영구와 땡칠이〉
1990	〈별난 두 영웅〉〈심형래와 괴도 루팡〉〈쫄병 군단〉
1992	〈영구와 황금박쥐〉
1993	〈영구와 공룡 쮸쮸〉〈무적의 파이터 우뢰매〉
1994	〈할매캅〉
2010	〈라스트 갓파더〉

(13) 김미화

金美花 │ 1964~

여성 중심 코미디 · 예능 이끈 주역

"음메, 기 살어!"를 외치는 일자 눈썹 순악질 여사의 〈쇼! 비디오자키-쓰리랑 부부〉, 화장실에서 사람들을 포복절도하게 하는 청소부 아줌마의 〈웃으면 좋아요-삼순이 블루스〉, 스타 배우 류시원, 천하장사 이만기, 최고령 MC 송해 등 매주 유명 스타와 부부 연기를 펼친 〈코미디 세상만사-이 밤의 끝을 잡고〉…모두 개그우먼 김미화가 주도한 코미디다. 〈고향에 간다〉〈김미화의 U〉〈행복 채널〉〈김미화의 세계는 그리고 우리는〉은 김미화가 메인 진행자로 나선 프로그램이다.

코미디나 예능 · 교양 프로그램에서 개그우먼이나 여성 진행자는 개그맨이나 남자 MC의 보조적 역할에 머무는 경우가 대부분이다. 일제 강점기부터 2020년대까지 오랫동안 남자 연예인 주도의 코미디와 예능 프로그램 판도는 견고하게 유지됐다. 이러한 상황에서 김미화는 여성 위주의 코미디와 예능 프로그램을 개척하며 이끌어왔고 시사 · 교양 프로그램 진행자로 나서 여성 예능인의 활동 영역을 확장했다.

1964년 경기 용인에서 출생한 김미화는 어렸을 때부터 코미디언이 되는 것 외에 다른 꿈을 가져본 적이 없다. 아버지가 아파 누워있고 어머니가 행상 나간 어린 시절 공터에서 이미자를 흉내 내며 동네 어른들에게 즐거움을 선물했다. 그 대가로 박수를 받거나 1원, 5원 돈을 받는 것이 너무 좋았다. 그때만은 병상의 아버지에 대한 간호의 어려움도, 장사 나간 어머니의 부재로 인한 외로움도 모두 잊을 수가 있었다. 가난의 굴레 속에서도 웃고 싶었고 웃기고 싶었다.

회사 경리를 하면서 개그맨 공채를 준비했다. 1983년 KBS 개그 콘테스트 입상을 통해 개그우먼으로 첫발을 디뎠다. 유일한 꿈을 이룬 김미화는 하루 전부를 코미디를 위해 살았다. TV를 보다 코미디로 활용할 게 있으면 녹화해 연구하고 책과 외국 자료를 검색하면서 코미디 아이디어를 얻고 많은 사람을 만나 웃음의 소재를 구했다. 코미디에 미쳐 생활하면서 데뷔하자마자 다양한 코미디 프로그램에 출연해 김미화의 존재를 알렸다.

1986년 학생 시절 봤던 길창덕의 만화 『순악질 여사』가 너무 재미있어서 코미디 캐릭터로 활용하고 싶다는 생각을 실천으로 옮겼다. 부부간의 사소한 오해 때문에 말다툼하면서 먼저 아내인 김미화가 야구방망이를 들고 실력 행사에 나서고 이에 맞서 남편 김한국이 반격하는 상황에서 집주인이 방 빼라고 하면 이에 부부는 못 뺀다고 대응하며 끝을 맺는 포맷의 〈쇼! 비디오자키-쓰리랑 부부〉에서 일자 눈썹을 부치고 "음메, 기 살어"를 외치는 김미화를 보며 대리만족한 여성들은 열광했다. 어린이들은 약속이라도 한 듯 검은색 테이프로 일자 눈썹을 만들어 붙이고 동네를 휘젓고 다녔고 시청자들은 코미디 내용에 공감하며 박수를 보냈다.

어머니가 중소기업의 화장실 청소부를 하던 걸 지켜보면서 떠오른 아이디어를 코미디로 만든 〈웃으면 좋아요-삼순이 블루스〉는 지위고하를 막론하고 사람들이 화장실을 찾는 점에 착안해 대중의 호기심을 풀어주며 큰 재미를 줬다. 김미화가 청소부로 출연해 화장실을 찾는 사람들의 행태에 일침을 가하는 멘트나 유머 구사로 웃음과 함께 카타르시스를 선사했다. 〈코미디 세상만사-별꼴 부부〉에선 서세원과 호흡을 맞춰 우스꽝스러운 분장을 한 아내 캐릭터로 나와 "하니" "꿀물"을 속삭이는 모습을 보여 시청자들에게 상대적 우월감을 안겨주며 큰 웃음을 유발했다. 〈고향에 간다〉에선 진행자로 나서 난생처음 방송에 출연해 긴장한 일반인 출연자들을 서글서글한 인상으로 푸근하게 이끌며 편하게 프로그램에 임하게 해 자연스러운 웃음을 유도했다.

아리스토텔레스는 비극과 대조를 이루는 코미디가 지배계급이나 권력층의 삶이 아닌 중간 혹은 하층계급의 삶을 표상하는데 가장 적합한 장르라고 강조했다. 김미화의 코미디 역시 평범한 사람들의 일상생활에 초점을 맞췄고 그의 성격과 생활이 잘 녹아있는 서민형 캐릭터를 전면에 내세웠다. 달동네 셋방살이 새댁, 청소부 아줌마, 소녀 가장 등 서민 생활을 그대로 개그에 녹여냈다. "직접 아이디어를 내는데 그러다 보니 자기에 맞는 소재들을 하게 된다. 내가 잘할 수 있는 거는 내가 경험했던 것들이다. 나 자신이 살아온 터전을 개그에 수용하니까 실감 나게 연기할 수 있다."

김미화는 인기를 얻으려고 많은 개그맨이 자주 구사하는 억지 애드리브를 좋아하지 않는다. 개그맨의 인기 원천이라는 유행어 만들기에도 열 올리지 않았다. 김미화의 코미디에는 웃음만 있는 것이 아니고 삶의 애환도 있고 인생의 아픔도 있다. 그래서 김미화의 코미디를 보는 대중은 웃음 뒤에 눈물을 흘리기도 하고 공감하며 감동을 하기도 한다. 김미화의 코미디는 눈물과 똑같이 아니 그 이상으로 사람을 해방시키는 웃음을 불러일으킨다.

김미화는 2000년대 들어 만개한 예능 프로그램 전성시대에도 독자적인 영역을 개척하며 여성 예능인의 활동 분야를 확대했다. 2000년대 이후 코미디 프로그램이 사라지고 토크쇼, 버라이어티 예능, 리얼 버라이어티, 먹방과 쿡방 예능, 오디션 예능, 음악 예능, 관찰 예능, 스포츠 예능 같은 다양한 예능 프로그램이 득세하면서 개그우먼들도 생존을 위해 예능 프로그램에 나섰다. 하지만 남자 MC 주도의 예능 프로그램 판도가 굳건하게 유지돼 MC로 나서더라도 남성 MC의 보조적 역할이나 장식적인 성격에 머무는 경우가 대부분이었다. 여자 주도의 예능 프로그램은 대중의 외면을 받으면서 남자 출연자 위주의 예능 판도가 더 견고해졌다. 이런 상황에서 김미화는 TV와 라디오 프로그램에 나서면서 단독 MC로 활동하거나 남녀 공동 MC 체제에서도 장식적인 역할을 거부하고 주도적으로 프로그램을 이끌며 여성 MC 시대를 열었다. 김미화 이후 박미선 이영자 송은이 김숙 박나래 장도연 등 여자 예능 스타들이 예능 프로그램 MC로 나서 남자 MC와 차별화한 모습을 보이며 남성 위주의 예능 판도에 변화를 끌어냈다.

김미화는 〈김미화의 세계는 그리고 우리는〉 〈김미화의 여러분〉 〈TV, 책을 말하다〉를 비롯한 시사·교양 프로그램 진행자로 나서 전문가 진행자와 다른 시청자와 청취자의 눈높이에서 시사·교양에 접근하는 새로운 진행 스타일을 선보이며 여성 예능인의 활동 영역을 시사·교양 프로그램까지 확대했다. 김미화가 시사·교양 프로그램 MC 영역을 개척한 뒤 박미선, 송은이 같은 후배 여성 예능인이 시사·교양 프로그램 진행자로서 모습을 보였다.

김미화는 방송 밖에서도 한국 코미디 발전을 위해 혼신의 노력을 기울였다. 1990년대 들어 토크쇼를 비롯한 예능 프로그램이 대세를 이루는 상황에서 코미디 프로그램이 사라지자 수많은 코미디언과 개그맨이 설 자리를 잃었다. 여기에 웃음 코드의 순환 주기가 너무 빨라 스타가 된 개그맨도 3개월 뒤면 사라지기 일쑤였다. 김미화는 좀 더 많은 신인 개그맨과 코미디언이 프로그램에 나설 수 있도록 해주고 싶었다. 김미화는 유행하는 트렌드를 담보하고 대중의 변화된 취향과 기호를 반영하는 새로운 코미디를 구상하며 동분서주했다. 서울 대학로 코미디 공연을 관람하고 출연하는 배우들의 이야기를 듣고 선배 개그맨 전유성과 의논하며 아이디어를 구체화해 KBS 제작본부장을 찾아 새로운 코미디 프로그램 신설을 간청했다. 그렇게 탄생한 프로그램이 한국 코미디 흐름을 20년 넘게 주도하며 한국 코미디사에 한 획을 그은 공개 코미디 방식의 KBS 〈개그 콘서트〉다.[355]

김미화는 TV를 벗어난 일상에서는 노인, 소년소녀가장, 장애인 등 사회 소외계층을 위한 다양한 활동을 펼치고 수많은 시민단체, 구호단체, 봉사단체의 홍보대사로 나서 많은 도움을 줬다. 하지만 어려운 이들에게 따뜻한 손길을 내민 김미화를 이명박, 박근혜 정권과 일부 보수 언론은 '좌파 소셜테이너' '폴리테이너'로 몰아 블랙리스트에 올려 방송에서 퇴출했다. 정권의 부당한 권력 사용으로 스타의 경쟁력과 스타성을 크게 훼손시키는 부작용을 낳았다. 한국 스타사에 정권이 남긴 큰 오점이다.

김미화는 단순히 웃기는 개그우먼이 아니다. 그는 삶의 질을 높이는 방법을 쉼 없이 연구하고 새로운 웃음을 창조하기 위해 부단히 아이디어를 모색해 프로그램과 무대에 올리는 코미디 아티스트다. "코미디는 시대를 알아차리고 나아가 시대를 순한 방향으로 이끌며 사람들의 삶을 좀 더 좋게 만드는 것이다"라고 말하는[356] 김미화는 수많은 여성 예능인의 방향타 역할을 한 스타다.

출 연 작

TV 프로그램

1984	〈유머 1번지〉
1986	〈쇼! 비디오자키-'쓰리랑 부부'〉
1991	〈한바탕 웃음으로〉
1993	〈토요일 7시 웃으면 좋아요-'삼순이블루스'〉
1995	〈코미디 세상만사-이 밤의 끝을 잡고〉
1997	〈쇼 파워 비디오〉
1998	〈행복채널〉
1999	〈개그콘서트〉
2000	〈체험 삶의 현장〉 〈TV는 사랑을 싣고〉
2001	〈TV, 책을 말하다〉
2005	〈개그 사냥〉 〈김미화의 U〉
2017	〈아줌마 고민 상담소-수상한 철학관〉

라디오

1992	〈FM 대행진〉
2003	〈김미화의 세계는 그리고 우리는〉
2011	〈김미화의 여러분〉

(14) 박미선

朴美善 | 1967~

〜

30년 넘게 사랑받은 예능 여제

"아저씨 (권투)폼 좀 조금만 보여주세요"^{박미선} "쑥스럽게"^{액션배우 조춘} "아저씨 이렇게 하시는 게 록키 같아요. 록키!"^{박미선} "고마워요"^{조춘} "고맙긴요. 록키는 우리 집 개 이름인데. 완전히 개폼이라는 건데요"^{박미선}. 방청객과 시청자가 박장대소한다. 1988년 10월 30일 방송된 〈일요일 밤의 대행진〉의 한 코너 '별난 여자'다.

그리고 35년이 흐른 2023년에도 박미선은 종횡무진이다. TV 프로그램 〈고딩엄빠〉〈진격의 언니들〉〈한블리〉〈펀먹고 공치리: 승부사들〉를 진행하고 〈놀면 뭐하니?〉〈아는 형님〉을 비롯한 각종 예능 프로그램에 게스트로 출연한다. 여기에 유튜브 개인 채널 〈미선 임파서블〉〈나는 박미선〉까지 운영한다.

예능 트렌드와 웃음 코드는 급변한다. 예능 프로그램은 개그맨뿐만 아니라 배우, 가수, 아나운서와 방송인, 스포츠 스타, 전문직 종사자, 외국인과 일반인이 출연해 치열한 생존 경쟁을 벌이는 전쟁터다. 10~20대를 대상으로 한 개그·예능 프로그램이 주를 이룬다. 이 때문에 예능 스타로 부상했다고 하더라도 금세 대중의 시선에서 사라지는 일이 다반사다. 더욱이 남자 예능 스타가 오랫동안 장악하고 있는 한국 예능계에서 여자 예능인의 수명은 매우 짧다. 이런 상황에 반기를 들고 자신의 존재를 웃음 브랜드와 예능 트렌드로 내세우며 30년 넘게 꾸준히 대중의 사랑을 받은 예능 여제가 박미선이다. 한국 예능사에 30년 넘게 장기간 인기를 누리며 예능계에서 맹활약하는 연예인은 극소수다. 여자 예능 스타는 박미선이 유일하다고 해도 과언이 아니다.

박미선은 1967년 서울에서 나고 자랐으며 한양대 연극영화과 재학 중이던 1988년 MBC 개그 콘테스트에서 금상을 수상하며 연예계에 첫발을 디뎠다. 데뷔작인 〈일요일 밤의 대행진〉의 코너 '별난 여자'로 단번에 스타덤에 올랐다. 표정 하나 변하지 않으면서 천연덕스럽게 구사한 대담한 개그로 웃음을 선사한 박미선은 강렬한 존재감을 드러내며 순식간에 스타로 부상했다. 데뷔작을 통해 스타덤에 오른 예능 신인은 손에 꼽힐 정도로 예능계에선 드물다. 특히 박미선은 여성 코미디언들이 주로 남자 개그맨 옆에서 딴죽을 걸거나 기괴한 분장, 뚱뚱한 몸매, 과장된 슬랩스틱 코미디로 웃기던 상황에서 홀로 나서 입담으로만 관객과 시청자를 들었다 놨다 하며 큰 웃음을 준 스탠드업 코미디를 본격적으로 펼쳐 개그 프로그램의 스펙트럼을 확장하는 의미 있는 성과도 거뒀다. 박미선이 재담과 만담 구사력, 뛰어난 멘트 전달력, 그리고 돌발 상황에 대처하는 순발력을 갖췄기 때문에 가능했다.

데뷔작으로 예능 스타가 된 박미선은 〈청춘 행진곡〉 〈코미디 세상만사〉 〈코미디 전망대〉 같은 개그 프로그램에 출연하며 특유의 재담 스타일의 개그를 선보이고 1990년대 들어서는 〈빙글빙글 퀴즈〉 〈기인열전〉 〈사랑의 스튜디오〉 같은 예능 프로그램 진행자로, 그리고 시트콤 〈순풍산부인과〉의 연기자로 나서며 활동 영역을 확장했다.

2000~2010년대에는 〈명랑 히어로〉 〈일요일 일요일 밤에〉 〈세바퀴〉 〈해피투게더〉 〈놀라운 대회 스타킹〉 〈우리 결혼했어요〉 〈둥지탈출〉 같은 예능 프로그램을 능수능란하게 진행하며 스타 예능인의 입지를 확고하게

다지는 동시에 〈러브 인 아시아〉 〈까칠남녀〉 〈거리의 만찬〉 같은 시사·교양 프로그램을 편안하면서도 품격 있게 이끌어 최고 MC로도 인정받았다. 여기서 더 나아가 〈태희 혜교 지현이〉 〈엄마가 뭐길래〉 같은 시트콤과 〈위기의 남자〉 〈최고의 사랑〉 같은 정극 드라마에 출연해 자연스러운 캐릭터 소화력과 출중한 연기력을 펼치며 극의 상황이나 분위기를 전환하거나 긴장을 이완하는 캐릭터를 연기하는 코믹 릴리프 수준을 넘어서는 비중 있는 연기자로서의 모습도 보였다.

데뷔 이후 개그 프로그램과 예능 프로그램, 시사·교양 프로그램, 시트콤, 드라마, 개인방송을 넘나들며 꾸준히 활동 영역을 확장하고 웃음의 무기를 배가시킨 박미선은 2020년대 들어서도 KBS 〈주접이 풍년〉, JTBC 〈1호가 될 수 없어〉를 비롯한 다양한 프로그램에서 활약했다.

박미선은 40년 넘게 활동한 예능 스타 이경규와 어깨를 나란히 하며 30년 넘게 예능계의 중심부에서 대중을 만났다. 1993년 동료 개그맨 이봉원과의 결혼을 비롯한 사생활도, 그리고 급변하는 예능 트렌드도 박미선의 활동을 가로막지 못했다. 나이 들고 예능 트렌드가 변하면서 뒷전으로 밀려나는 것이 예능인의 숙명이지만, 박미선은 이 상황에 굴하지 않고 끈질긴 노력으로 30여 년 대중의 시선 중앙에 자리했다.

박미선이 오랜 기간 높은 인기를 누리는 예능 여제로 군림할 수 있었던 원동력은 무엇일까. "전 방송 일을 직장인처럼 했어요. 직장인들은 힘들 때도 일을 꾸준히 성실하게 하잖아요. 방송 일을 쉬어 본 게 아이들 출산 뒤 한 달 정도가 전부에요. 젖은 낙엽 정신으로 어디서든 버티며 일을 열심히 하고 잘할 수 있는 것을 선택해 집중한 것이 오랫동안 활동한 비결이라고 생각해요." 박미선이 밝힌 장수 비결이다.

하지만 열심히 하는 것만으로 치열한 생존 경쟁이 펼쳐지는 예능계에서 살아남을 수 없다. 박미선의 가장 큰 무기는 메인 MC, 보조 MC, 고정

패널, 게스트 등 다양한 역할을 잘 소화하는 전천후 예능인이라는 것이다. 〈세바퀴〉〈1호가 될 순 없어〉를 비롯한 다양한 프로그램에서 보여주듯 박미선은 위기 대처와 순발력, 다양한 멘트 구사력, 출연자의 언행에 대한 리액션, 공감과 정리 능력이 출중해 메인 MC로서 프로그램을 안정적으로 진행했다. 또한, 〈해피투게더〉 같은 프로그램에서 드러나듯 보조 MC와 고정 멤버로 나설 때는 메인 MC와 게스트의 가교 역할을 잘할 뿐 아니라 메인 MC와 차별화한 모습을 보여 흥미와 긴장감을 고조시키며 프로그램을 유기적으로 이끌었다.

박미선은 남자 예능 스타나 신세대 예능 스타와 차별화한 웃음 코드와 트렌드를 지속해서 창출해 단명 예능인이 넘쳐나는 예능계에서 장기간 생존할 수 있었다. 박미선은 남자 예능 스타들이 드러낼 수 없는 여성 특성을 발현한 소재와 내용을 발굴해 웃음의 코드로 활용했고 나이가 들어감에 따라 신세대 예능 스타와 확연히 다른 아줌마 토크 스타일을 전면에 내세우며 '줌마테이너' 선풍을 일으키며 박미선표 웃음 코드와 스타일, 트렌드를 표출해 예능 프로그램의 지평을 확장하는 동시에 자신의 역량을 제고했다.

독설과 막말 트렌드로 점철된 선정적인 예능 프로그램이 득세하고 소리 지르고 상처 주는 자극적인 예능인이 대중의 관심을 받는 상황에서도 박미선이 세상의 고정관념과 사람들의 상투적 인식에 허를 찌르는 산뜻한 웃음을 주조한 것도 롱런의 비결이다. 무엇보다 남성 예능인이 장악한 예능계에서 여성 예능인이 생존하기 위해 선택하는 '꽃' 아니면 '센 여자'라는 유형에 갇히지 않고 주체적인 여성 캐릭터를 표출한 박미선은 여성 예능인에 대한 편견과 왜곡된 시선을 창조적으로 해체하며 장수하는 예능 스타의 입지를 굳혔다. 이 밖에 캐릭터의 진정성을 기막히게 드러내는 배역 소화력과 극중 인물을 우리 주변의 사람으로 느끼게 만드는 자연스러운 연기력을 갖춘 것도 박미선이 개그와 예능 프로그램뿐만 아니라 시트콤과 드라마에서 오랫동안 활동할 수 있게 만든 경쟁력이다.

후배 예능인에게 "자리가 중요한 게 아닙니다. 내가 뭔가를 할 수 있다는 게 중요합니다"라며 끝까지 버티라고 당부하는 박미선은 전천후 예능인으로서의 면모, 대체 불가의 독창성을 가진 웃음의 무기, 주체적인 여성 캐릭터, 예능 트렌드와 스타일 메이커의 모습을 보이면서 여성 예능인의 역사를 새로 쓰고 있다. 30년 넘게 대중으로부터 사랑받은 예능 여제, 박미선으로 인해 여성 예능인의 경쟁력과 이미지가 제고되고 활동 영역도 확장됐다. 젊은 신세대 스타와 남성 스타가 독식하고 있는 예능계에서 자신의 영역과 캐릭터를 확고하게 구축하며 맹활약한 박미선은 후배 여성 예능인들이 지향하는 미래다. 이것이 예능 스타 박미선의 가치 있는 존재 의미다.

출 연 작

TV 프로그램

1988	〈일요일 밤의 대행진〉〈청춘 행진곡〉
1990	〈코미디 세상만사〉
1991	〈토요일 7시 웃으면 좋아요〉〈코미디 전망대〉
1992	〈쇼 빙글빙글 퀴즈〉
1995	〈TV 파크〉
1997	〈기인열전〉
1999	〈사랑의 스튜디오〉
2001	〈행복채널〉
2002	〈순간포착 세상에 이런 일이〉〈개그 콘서트〉
2005	〈부부일기〉
2007	〈러브 인 아시아〉
2008	〈명랑 히어로〉〈해피투게더〉〈세바퀴〉〈일요일 일요일 밤에〉
2012	〈놀라운 대회 스타킹〉
2013	〈스타 패밀리 맘마미아〉
2017	〈까칠 남녀〉〈둥지탈출〉
2018	〈거리의 만찬〉
2020	〈1호가 될 순 없어〉
2021	〈조선판 스타〉
2022	〈주접이 풍년〉〈고딩 엄빠〉〈아바타 싱어〉〈여행의 맛〉〈편먹고 공치리〉
2023	〈한블리〉〈진격의 언니들〉

드라마 · 시트콤

1998	〈순풍산부인과〉
2002	〈위기의 남자〉
2006	〈돌아와요 순애씨〉
2009	〈태희 혜교 지현이〉
2011	〈최고의 사랑〉
2012	〈엄마가 뭐길래〉

(15) 김국진

金國鎭 │ 1965~

건강한 웃음 준 프로 개그맨

MBC〈쇼 토요특급〉이 정부 수립 50주년을 맞이한 1998년 한국갤럽에 의뢰해 한국 연예인 선호도 조사를 실시했다. 전국 11~59세 국민을 대상으로 한 조사에서 1위를 차지한 스타는 1960~1970년대〈맨발의 청춘〉을 비롯한 청춘 영화를 통해 수많은 여성 팬을 설레게 했던 은막의 스타 신성일도,〈전원일기〉〈수사반장〉을 통해 인기 최고 탤런트로 각광받으며 '국민 아버지'라는 수식어까지 붙은 최불암도, 1980년대 대중음악계를 장악하며 전 세대에서 사랑받은 슈퍼스타 조용필도 아니었다. 빼어난 외모로 수많은 남성 팬심을 사로잡은 스타 배우, 1960년대의 윤정희, 1970년대의 정윤희, 1990년대의 심은하도 아니었다. 트로트로 국민 가수 반열에 오른 이미자나 1970년대 대중음악계를 양분하며 숱한 히트곡을 냈던 남진과 나훈아, 1990년대 대중음악계의 혁명적인 변화를 초래한 서태지와 아이들도 아니었다. 바로 개그맨 김국진이었다. 김국진 뒤를 이어 2위가 최불암, 3위가 조용필이었다. 2, 3위를 보면 김국진의 인기가 얼마나 많았는지를 역설적으로 알 수 있다. 김국진은 생의 약동이 느껴지는 밝은 웃음을 시청자에게 선사하며 1990~2000년대 코미디 프로그램과 예능 프로그램을 주도한 시대의 개그맨이다.

김국진은 1965년 강원도 인제에서 태어나 초등학교 졸업 후 이사 온 서울에서 자랐다. 김국진은 대학 때부터 뮤지컬, 공연에 관심이 많았고 군 복무 중 문선대에 차출돼 행사 MC로 활동했다. 제대하고 복학했을 때 한양대 재학 중이던 조혜련이 찾아와 1991년 KBS 1회 대학 개그제에 참가하자고 제안했다. '다시 보는 한국 현대사-격동 30년'을 개그 소재로 해 동상을 받으며 개그맨으로 데뷔했다. 유재석 남희석 김용만 박수홍이 1회 대학 개그제 출신이다.

김국진은 김수용 박수홍 김용만과 함께 개그팀 '감자골'을 구성해 다양한 프로그램에서 맹활약했다. '감자골 4인방'으로 불린 이들은 당시 김미화 최양락을 비롯한 많은 스타 개그맨이 개국한 SBS로 옮겨가 KBS에서 활동할 프로그램이 많았다. 김국진은 코미디 프로그램뿐만 아니라 예능 프로그램에 출연해 두드러진 활약을 펼쳐 1992년 KBS 코미디 대상 시상식에서 신인상을 받았다. 하지만 감자골 4인방은 10여 개 프로그램에 출연하는 무리한 스케줄로 건강에 이상이 생기고 개그맨 출연을 둘러싼 PD들의 불합리한 행태와 개그맨 세계의 강압적인 위계 문화에 문제를 느끼며 1993년 1월 모든 프로그램 하차를 선언해 충격을 줬다. 자의 반 타의 반 미국 유학을 선택하고 고별인사를 위해 MBC〈일요일 일요일 밤에〉에 출연하자 "MBC로 부당하게 이적하려 한다"라며 KBS 개그맨들이 몰려들어 녹화를 방해했다. 감자골 멤버들은 연예협회에서 제명당하고 김국진과 김용만은 미국으로 향했다. 감자골 4인방 사태는 개그맨의 불합리한 출연 관행과 코미디·예능 PD들의 권위적 행태, 개그맨 세계의 위계 문화에 대한 문제를 공론화해 TV 코미디의 병폐를 개선하는 계기가 됐다.

1년간의 미국 생활을 마친 김국진은 MBC 프로그램으로 복귀했다. 김국진은 1995~1999년 방송된〈테마 게임〉에 출연해 개그맨 인생의 전환점을 맞으며 스타덤에 올랐다.〈테마 게임〉은 드라마와 코미디를 혼합한 장르로 큰 인기를 얻었다. 사람들은 김국진이 연기한 캐릭터에 웃음 짓고 연민을 가지면서 김국진에게 빠져들었다. 김국진은 〈테마 게임〉을 통해 연기력을 갖추며 다양한 분야의 활동 기반을 다졌다. 김국진은 "〈테마 게임〉은 연기를 모르는 나에게 연기가 무엇인지를 알게 해줬고 또 나를 시청자에게 널리 알려준 프로그램이다. 이 프로그램을 통해 남이 되어 세상을 바라보는 법을 배우며 시선을 넓혔다"라고 했다.[357]

김국진은 〈테마 게임〉뿐만 아니라 〈21세기 위원회〉 〈칭찬합시다〉 〈전파견문록〉 같은 예능 프로그램 진행자로 나서면서 출연자나 동료 MC의 약점이나 실수를 공격하지 않고 오히려 자신의 약점을 고백하거나 자신을 낮추어 출연자가 편하게 100% 능력을 발휘하게 해 밝은 웃음을 유발했다. 김국진은 코미디나 예능 프로그램에서 폭력적이고 자극적인 웃음이나 작위적인 억지웃음이 아닌 분위기와 상황에 맞는 자연스러운 개그나 멘트를 구사하며 개운하고 산뜻한 웃음을 끌어냈다.

그의 인기에 큰 몫을 한 유행어 역시 자극적이거나 폭력적이지 않고 시대나 상황에 맞는 것이어서 많은 사람의 공감을 얻었다. 혼탁한 말이 판치는 타락한 세상에서 조심스럽게 상큼한 교신을 꿈꾸는 "여보세요", 소시민과 사회적 약자에게 위로를 건네는 "사랑해요", 절체절명의 위기에서 추락하거나 좌절하는 것을 오히려 즐기려는 "오! 마이 갓"을 비롯한 그의 유행어는 단순한 유행어가 아닌 시대정신과 메시지가 담겨 있었다.[358]

김국진은 이경규의 능수능란한 코믹 연기, 심현섭의 현란한 개인기, 신동엽의 강렬한 성인 개그, 남희석의 놀라운 애드리브 능력을 갖추지 못했다. 그렇다고 이휘재처럼 출중한 외모를 가진 것도 아니다. 하지만 김국진은 웃음을 유발하는 포인트와 타이밍을 포착하는데 동물적인 감각과 재능을 드러냈다.

김국진은 톱스타이면서도 강렬한 카리스마나 아우라와 거리가 멀었다.

개그 프로그램과 예능 프로그램을 통해 우리 이웃, 친구로서의 친근감을 발산하며 어딘가 조금은 부족한 듯한 모양, 일상의 삶과 아픔을 잘 이해할 것 같은 모습, 그리고 어려운 상황에서도 웃음을 잃지 않고 건강하게 살아가는 이미지를 드러내 대중의 열렬한 사랑을 받았다.[359] 대중은 연민을 느끼거나 동일시할 만한 평범한 외모와 일상의 아픔을 소란스럽지 않게 웃음으로 전환하는 코믹 연기의 김국진에게 열광했다. 강한 남성성, 카리스마 같은 영웅적 요소를 전혀 갖추지 못한 어쩌면 정반대인 유약함, 평범함 그리고 순수함으로 무장한 김국진을 오히려 시대의 영웅으로 생각했다. MBC 이흥우 PD는 "김국진은 한국의 찰리 채플린Charlie Chaplin이다. 왜소한 체구, 선량한 이미지로 소시민의 전형을 대변했다. 김국진은 공룡 같은 정보화 사회에 매몰된 소시민의 위축된 마음을 달래줬다"라고 분석했다.

김국진은 자신의 약점을 강점으로 전환하며 스타 자리에 오른 진정한 성공의 의미도 보여주었다. 마른 얼굴과 왜소한 체격은 웃음을 유발하는 데 한계 요인으로 작용했는데 이러한 신체의 약점을 순수한 캐릭터를 형성하는 기제로 활용했고 개그맨에게 치명적일 수 있는 짧은 혀와 부정확한 발음을 특유한 어투를 활용해 "어라~?" "밤 새지 마란 말이야!" "나 소화 다 됐어요~" 등 한번 들으면 잊을 수 없는 독특한 유행어를 만들고 재밌는 캐릭터를 창출하는 데 십분 활용했다.

김국진은 코미디와 예능 프로그램의 영역에서 벗어나 시트콤과 드라마에 출연해 연기 스펙트럼을 확장하고 새로운 캐릭터를 표출하며 자신을 부단히 진화시킨 스타이기도 하다. 〈연인들〉〈코끼리〉〈태희 혜교 지현이〉 같은 시트콤뿐만 아니라 〈반달곰 내 사랑〉〈진짜 진짜 좋아해〉 같은 정극 드라마에 주·조연으로 나서 코미디나 예능 프로그램에서 보이지 못한 면모를 보였다.

"'한국 코미디와 코미디언은 저질이다'라는 말을 들을 때 가장 슬프다"

라고 말하는 김국진은 그런 말을 듣지 않기 위해 지속적인 노력을 하며 코미디와 예능 프로그램의 발전을 이끌었고 사생활 관리를 철저히 하며 코미디언의 이미지를 제고했다.

코미디와 예능 프로그램을 통해 재미를 넘어 의미를, 의미를 넘어 감동을 주려는 김국진은 늘 강조했다. "때와 상황과 무관하게 자신의 실력을 최대한 발휘해야 진정한 프로라고 말할 수 있다. 프로는 프로답게 자기가 한 일을 변명해서는 안 된다. 강한 자가 이기는 것이 아니고 이기는 자가 강한 자다"라고. 그는 트렌드와 인기 판도가 급변하는 예능계에서 오랫동안 정상에 선 그것도 건강한 웃음을 준 강한 스타이자 진정한 프로였다.

출 연 작

TV 프로그램

1991	〈한바탕 웃음으로〉
1994	〈전원 집합 토요 대행진〉
1995	〈코미디 대행진〉〈테마 게임〉
1996	〈우리들의 일밤-'김국진의 한판 승부'〉
1998	〈21세기 위원회〉
1999	〈칭찬합시다〉〈전파견문록〉
2000	〈김국진의 여보세요〉
2001	〈김국진의 힘내라 코리아〉
2002	〈꿈꾸는 TV 33.3%〉
2003	〈일요일은 101%〉
2005	〈웃는 Day〉
2008	〈사이다〉〈절친 노트〉
2009	〈명랑 히어로〉〈해피선데이-남자의 자격〉〈스타 주니어쇼 붕어빵〉
2011	〈라디오 스타〉
2012	〈김국진의 현장 박치기〉〈섹션 TV 연예통신〉
2015	〈불타는 청춘〉
2017	〈시골 빵집〉
2018	〈따로 또 같이〉
2019	〈스윙키즈〉
2020	〈자연스럽게〉〈킹스맨〉〈한번 더 체크타임〉
2021	〈골프왕〉
2022	〈세계관 충돌 먹방-먹자 GO〉

드라마 · 시트콤

2001	〈연인들〉〈반달곰 내 사랑〉
2004	〈달래네 집〉
2006	〈진짜 진짜 좋아해〉
2008	〈코끼리〉
2009	〈태희 혜교 지현이〉

(16) 이영자

李英子 │ 1968~

{

남성 주도 예능계 전복한 개그우먼

2018년 KBS 연예대상 시상식에서 사상 최초로 여성이 대상을 받았다. 2018년 MBC 연예대상도 여성이 수상했다. 2001년 박경림이 MBC 연예대상을 받은 이래 MBC에서 여성 예능인 대상 수상은 17년 만이다. 이영자다. 한해 연예 대상 2관왕을 차지한 것은 유재석과 강호동뿐이다. 2000년대 들어 이경규 유재석 강호동 신동엽 김구라 김병만 김준호 김제동 전현무 등 남자 예능 스타들이 KBS, MBC, SBS 방송 3사 연예 대상을 독식해왔다. 그만큼 남성 주도의 예능 프로그램이 시청자와 대중의 인기를 얻었다는 의미다. 이런 상황에서 이영자는 다양한 예능 프로그램 진행자로 나서 압도적인 존재감을 드러내며 대상을 거머쥐었을 뿐만 아니라 여성 주도 예능 프로그램 부활의 선봉장 역할을 했다.

1967년 충남 아산에서 출생한 이영자(본명 이유미)는 서울예술대학 연극학과에 진학해 배우의 꿈을 키웠다. 방송 데뷔전 1980년대 후반 유흥업소 무대에서 MC로 이름을 날렸다. 술주정하는 손님을 비롯해 유흥업소의 매우 열악한 무대 상황에서도 카리스마와 뛰어난 개그 실력으로 시선을 집중시키며 웃음을 유발했다. 대단한 이영자였다.

이영자의 방송계 진입은 전유성 역할이 결정적이었다. 전유성은 "이영자가 업소 무대에서 하는 것을 봤는데 잘했다. 그래서 방송할 생각 없느냐고 물었고 이영자가 밤업소를 정리하고 방송으로 왔다. 4개월 정도 방송에 필요한 것을 익혀 데뷔했는데 3~4주 만에 스타가 됐다"라고 말했다.

이영자는 1991년 MBC 코미디 프로그램 〈청춘 행진곡〉을 통해 개그우먼으로 입문한 뒤 예능 프로그램, 시트콤, 개그 프로그램을 넘나들며 뛰어난 연기력과 진행 실력, 특유의 카리스마로 시청자 눈길을 단번에 사로잡았다.

이영자의 가장 큰 무기는 능수능란한 연기력과 압도적인 진행 실력이다. 개그맨 중에서 재치 있는 입담이나 유머 감각은 뛰어나지만, 연기력이 처지는 사람이 적지 않다. 과장 연기, 애드리브만으로 작위적인 웃음을 유발하려는 개그맨이 많다. 캐릭터를 정교한 연기력으로 잘 살려내 자연스러운 웃음을 주는 개그맨 찾기가 힘들다. 이영자는 대학에서 연극을 전공하고 다양한 무대에서 연기력을 쌓았다. 이영자는 〈출발 토요 대행진〉〈토요일 전원출발〉〈아이 러브 코미디〉〈슈퍼 TV 일요일은 즐거워〉 같은 코미디와 예능 프로그램에서 탄탄한 연기력과 함께 개성적인 연기 스타일로 캐릭터를 잘 살려 큰 웃음을 줬다. 시골 사람들의 일상생활과 훈훈한 정을 그린 시트콤 형식의 〈슈퍼선데이-금촌댁네 사람들〉에서 이영자는 금촌댁 역을 맡아 구수한 사투리 연기로 웃음을 폭발시키며 '코미디 여왕'의 면모를 유감없이 보여줬다.

예능 프로그램에선 빼어난 진행 실력과 강력한 카리스마로 분위기를 장악하고 출연자들을 주도적으로 이끌며 시청자의 시선을 집중시켰다. 역동적인 액션과 커다란 목소리, 육중한 육체를 현시하며 좌중을 압도하는 이영자의 예능 프로그램 진행 스타일은 강호동을 연상시킨다. "살아, 살아, 내 살들아~"를 외치고 뚱뚱한 몸을 기꺼이 웃음의 소재로 만들며 캐릭터화해 웃음을 이끄는 과감한 시도 역시 이영자를 단시간에 예능 스타로 만드는 원동력으로 작용했다.

　방송에 데뷔해 단숨에 스타덤에 오르며 예능 스타로 승승장구하던 이영자는 하나의 사건으로 바닥으로 추락했다. 바로 다이어트 관련 거짓말로 인해 연예계에서 퇴출당했다. 2001년 3월 운동으로만 살을 뺐다고 기자간담회에서 밝혔던 말이 거짓이었다. 다이어트 과정에서 지방흡입 수술을 받지 않았다는 이영자의 말과 달리 실제 지방흡입 수술을 했다는 사실이 한 의사에 의해 폭로된 것이다. 비난이 쏟아졌고 방송 활동을 중단할 수밖에 없었다. 여성 연예인이었기에 그가 한 잘못보다 훨씬 더 가혹하게 비난받고 놀림감이 되었다. 일반적으로 이런 극단적인 상황이면 연예인 생명이 끝난다. 하지만 이영자는 위기에 굴복하지 않았다. 5년여의 활동 중단 끝에 2006년 방송에 복귀했으나 시청자의 비난이 계속 쏟아졌다. 이영자는 뮤지컬과 연극을 통해 연기력과 개인기를 진화시키는 한편 대중과의 소통도 시도했다. 최선을 다하는 모습으로 대중에게 사죄했다. 뛰어난 위기관리 능력을 보였다.

　방송에 복귀해 부정적인 여론이 거세고 변화된 예능 트렌드를 따라잡지 못해 한동안 고전했으나 2010년대 들어 다양한 장르의 예능 프로그램에 적응하며 새로운 이영자의 모습을 보이며 재기에 성공했다. 〈대국민 토크쇼 안녕하세요〉〈해피선데이-스타 패밀리쇼 맘마미아〉〈전지적 참견 시점〉〈랜선 라이프〉〈볼 빨간 당신〉〈신상출시 편스토랑〉에서 카리스마와 함께 출연자를 아우르는 포용력도 드러내고 다른 MC나 출연자의 특성을 잘 살려주며 프로그램을 이끌었다. 무엇보다 다른 예능인과 차별화하며 경쟁력을 가진 음식과 요리를 소재로 한 먹방과 쿡방 예능 프로그램에서 타의 추종을 불허하는 맛 표현력을 비롯한 강점을 극대화하며 두각을 나타냈다. 또한, 과거 뚱뚱한 육체를 단순한 전시나 희화화로 웃기는 것에서 벗어나 편견에 맞서며 육체와 욕망을 당당하게 드러내는 주체로서의 모습을 보이는 것으로 전환해 많은 격려와 박수를 받았다.

이영자는 2010년대 유재석 강호동 이경규 김구라 전현무 김병만 김준호 같은 남자 예능 스타가 예능계를 장악하고 여자 MC들은 남자 MC들의 보조적 위치에 머무는 상황을 개선하는 데도 앞장섰다. 이영자는 빼어난 비유를 주조로 한 언어 구사와 구체성이 잘 드러나는 멘트 스타일로 프로그램을 주도적으로 이끄는 MC 모습을 보이며 여자 MC를 남자 MC의 보조적 위치에서 대등한 위치로 격상시켰다. 그뿐만 아니라 〈밥블레스유〉 〈언니한텐 말해도 돼〉 같은 여성 예능 프로그램을 주도해 남성 위주의 예능 프로그램과 차별화한 모습을 보이며 여성 예능 프로그램 부활을 이끌었다. 특히 이영자가 이끄는 여성 예능 프로그램은 남자들의 시선이나 평가, 맨스플레인 대신 여성의 주체적 관점과 시선을 거침없이 드러내 젠더 감수성을 고양하는 긍정적인 영향력을 행사했다.

방송과 대중은 젊고 마르고 아름다운 여성에게는 관대하지만 나이 들거나 뚱뚱하거나 혹은 예쁘지 않은 여성에게 무례한 폭력적 시선을 보낸다. 사회적 물의를 일으키거나 불법을 저지르는 여성 연예인은 남성 연예인보다 더 가혹한 비난과 비판, 규제를 받는다. 이영자는 편견과 왜곡으로 점철된 폭력적인 시선과 과도한 비난과 규제를 극복하며 최고의 예능 스타 자리를 차지했다.

물론 일제 강점기 악극단 무대에서 만담을 하며 관객에게 웃음을 선사했던 김윤심부터 1950~1960년대 악극, 라디오, 영화를 넘나들며 왕성한 활동을 한 박옥초 백금녀, 1960~1970년대 TV 코미디 프로그램에서 열정을 보였던 이순주 김희자 김영하 권귀옥 배연정, 1980~1990년대 개그 코미디 중심으로 재편된 상황에서 존재감을 드러낸 이성미 김미화 이경실 박미선까지 열악한 조건과 남성 중심의 제작환경에서 고군분투했던 수많은 선배 여성 코미디언과 예능인이 있었기에 이영자가 스타 예능인으로 자리 잡을 수 있었다.

이영자는 송은이 김숙 박나래 이국주 김신영 장도연 이은지를 비롯한 수많은 후배 여성 예능인의 이정표가 되고 롤모델이 됐다. 이영자가 걸어가는 예능인의 길을 후배 여성 예능인들이 따라 걸으며 새로운 길을 개척하고 있다.

출 연 작

TV 프로그램

1991	〈청춘 행진곡〉
1992	〈일요일 일요일 밤에〉 〈웃으면 복이 와요〉 〈즐거운 인생〉
1993	〈오늘은 좋은 날〉
1994	〈기쁜 우리 토요일〉 〈스타와 이 밤을〉
1995	〈빅스타 인생극장〉 〈슈퍼선데이〉 〈출발 토요 대행진〉
1996	〈토요일 전원출발〉
1997	〈아이 러브 코미디〉 〈밤의 이야 기쇼〉
1998	〈슈퍼 TV 일요일은 즐거워〉
1999	〈생방송 임성훈 이영자입니다〉 〈기분 좋은 밤〉
2007	〈현장 토크쇼 택시〉 〈지피지기〉
2010	〈대국민 토크쇼 안녕하세요〉
2011	〈청춘 불패 2〉
2012	〈춤추는 100인의 황금 마이크〉
2013	〈해피선데이-스타 패밀리쇼 맘마미아〉
2014	〈잘 먹고 잘사는 법, 식사하셨어요?〉
2018	〈전지적 참견 시점〉 〈랜선 라이프〉 〈볼 빨간 당신〉 〈밥블레스유〉
2019	〈신상출시 편스토랑〉
2020	〈언니한텐 말해도 돼〉
2021	〈돈쭐내러 왔습니다〉 〈칼의 전쟁〉
2022	〈신박한 정리〉

(17) 신동엽

申東燁 | 1971~

§

독보적 진행 스타일의 MC 제왕

SBS의 〈TV 동물농장〉〈미운 우리 새끼〉, KBS의 〈불후의 명곡-전설을 노래하다〉, MBC의 〈실화탐사대〉, tvN의 〈놀라운 토요일〉, JTBC의 〈손 없는 날〉, 채널S의 〈신과 함께 3〉, 쿠팡플레이의 〈SNL 코리아 3〉, MBN의 〈오피스 빌런〉, ENA의 〈오은영 게임〉, 넷플릭스의 〈성+인물: 일본편〉…2023년 신동엽이 MC로 나선 프로그램이다. 20년 넘게 진행하는 〈TV 동물농장〉을 포함해 무려 10여 개의 예능 프로그램을 동시에 진행했다. 상상을 초월하는 활동량이다. 예능 스타 유재석 강호동 이경규 김구라의 진행 프로그램과 비교해도 압도적이다. 신동엽은 자신만의 예능 코드와 진행 스타일로 다양한 장르의 예능 프로그램을 넘나들며 'MC의 제왕'으로 맹활약했다.

1971년 충북 제천에서 태어나 서울에서 성장한 신동엽은 중고등학교 시절부터 학생들을 웃기기로 유명했다. 그가 나서서 웃기는 것이 아니라 그의 주변으로 학생들이 재미있는 이야기를 듣기 위해 몰려들었다. 연극배우가 되고 싶어 서울예술대학 연극과에 진학한 뒤에도 그의 기행은 전설로 남을 정도로 학생들 사이에 명성이 자자했다. 신동엽의 상상을 초월한 언행은 수많은 학생에게 큰 웃음을 줬다.

대학 축제에서 사회 보는 모습을 본 방송 제작진과 전유성, 이성미 같은 선배 개그맨의 권유로 1991년 신생 방송사 SBS 특채 개그맨으로 연예계 첫 발을 디뎠다. 그는 〈토요일 7시 웃으면 좋아요〉에서 "안녕하시렵니까?" "제가 여기 앉아도 되시렵니까?" "하늘땅 별 땅 각개 별땅!"처럼 황당무계한 횡설수설형 개그를 능청스럽게 구사하고 비문법적인 것으로 문법적인 언어를 능멸하며 폭소를 유발했다. 세상을 비트는 비어법적인 개그로 단번에 시청자의 시선을 붙잡았다. 정상적으로 나가다 순간의 파격과 반전을 통해 사람들의 예상과 관습적인 인식의 허점을 찌르며 웃음을 주는 사람이 있는가 하면 처음부터 파격으로 시작해 파격으로 끝내며 웃음을 주는 사람이 있다. 신동엽은 후자다.[360] 그에게는 유재석처럼 무명의 고통을 딛고 성공한 스토리텔링은 존재하지 않는다. 신동엽 개그의 파격이 주는 강렬함으로 인해 데뷔하자마자 인기 개그맨으로 그리고 예능 스타로 급부상했기 때문이다.

신동엽은 1990년대 KBS, MBC, SBS 방송 3사의 코미디, 버라이어티 쇼, 토크쇼, 시트콤을 넘나들며 진행자로 그리고 연기자로 맹활약해 굳건한 신동엽의 스타 제국을 만들었다. '웃음의 제조사' '최고 예능 스타' '웃음 천재' 같은 극찬의 수식어는 그의 전유물이었고 그의 등장만으로 시청자는 웃음을 터트렸다.

신동엽은 능청스러움과 의외성을 내장한 말재주와 대상과 상황에 따라 능수능란하게 대처하며 구사하는 기막힌 애드리브, 파격과 과장의 액션을 주조로 하는 개그 연기로 견고한 경쟁력을 쌓았다. 개그맨의 파격과 과장은 시청자에게 부담을 주지만, 신동엽이 전매특허로 구사하는 파격과 과장은 오히려 사람들의 경계심을 무장해제 시키며 편안하게 웃음 짓게 하는 힘을 가지고 있다. 〈일요일 일요일 밤에-러브하우스〉의 힘든 사연을 안고 살아가는 사람들의 일상과 출연하는 건축가들의 수수함에 대비되는 그의 과장된 대사와 액션은 시청자에게 편안하게 눈물과 웃음을 교차시키는 위력을 발휘했다.

1999년 대마초 흡연으로 1년 동안 활동 하지 못하고 2000년대 들어 리얼 버라이어티가 득세하면서 신동엽은 침체의 늪에 빠졌다. 그는 토크쇼, 버라이어티 프로그램, 코미디에는 강세를 나타냈지만, 스튜디오가 아닌 야외에서 진행되는 리얼 버라이어티에는 약점을 드러내며 좀처럼 침체를 벗어나지 못했다. '시청률 미다스'는 어느 사이 '흥행 부도 수표'의 아이콘으로 전락해 그가 맡은 프로그램이 연이어 폐지되는 최악의 상황이 속출됐다.

이런 상황에서 그는 자신이 잘하는 토크쇼, 버라이어티 프로그램을 진행하며 기존의 강점은 살리면서도 프로그램의 호흡과 여백을 잘 관리하고 방송 수위 조절을 능수능란하게 하며 군더더기 없는 깔끔한 진행 스타일을 더욱 발전시켰다. 유재석 강호동이 출연하지 않았던 케이블 TV의 수많은 예능 프로그램에 적극적으로 출연하며 새로운 장르의 예능 프로그램 진행 노하우도 터득했다. 신동엽은 2011년 개국한 JTBC를 비롯한 종편 채널의 예능 프로그램과 티빙, 쿠팡플레이, 웨이브 같은 OTT 예능 프로그램에도 신속하게 진출해 활동 영역을 대폭 확대했다.

그는 김형곤 이후 맥이 끊긴 섹스, 부부 생활, 연애를 소재로 한 성인 개그를 부활시키며 신동엽의 트레이드 마크로 만들었다. 〈신동엽 김원희의 헤이 헤이 헤이〉〈토킹 19금〉〈SNL 코리아〉를 통해 구사한 성인 개그는 '19금 개그' 신드롬을 일으키며 신동엽 인기에 한몫했다. 신동엽은 성인과 연애 관련 예능 프로그램의 독보적 진행자로 입지를 굳혔다.

2010~2020년대 들어 리얼 버라이어티 중심에서 벗어나 음악 예능, 먹방과 쿡방, 관찰 예능, 오디션 예능, 스포츠 예능, 연애·데이트 예능, 다양한 포맷의 토크쇼 등 여러 예능 장르가 눈길을 끌면서 신동엽의 진가가 다시 발휘됐다. 관찰 예능 〈미운 우리 새끼〉를 최고 시청률의 프로그램으로 추동시켰고 〈나는 가수다〉의 아류라는 비아냥을 듣던 〈불후의 명곡-전

설을 노래하다〉를 음악 예능 대표주자로 만들었으며 일반인이 참여하는 토크쇼 〈대국민 토크쇼-안녕하세요〉를 장수 인기 프로그램으로 등극시켰다. 다양한 쿡방과 먹방 예능 프로그램을 진행하면서 쌓은 노하우와 음식에 대한 전문 지식을 드러내며 〈수요 미식회〉를 먹방의 지존 프로그램으로 자리하게 했다.

대중의 취향과 기호가 급변하고 대중문화 트렌드와 웃음 코드의 순환주기가 점점 더 짧아지면서 장기간 인기를 누리며 정상의 자리를 유지하는 예능 스타가 사라지고 있다. 대중의 사랑을 받아 스타덤에 오른 스타라 하더라도 주류 트렌드나 대중의 기호 변화에 대응하지 못하면 금세 대중의 시선 밖으로 밀려나 추락하게 된다. 신동엽은 급변하는 예능 트렌드와 웃음 코드 그리고 대중의 취향과 기호에 따라가기보다는 자신만의 강점과 경쟁력을 살려 새로운 예능 트렌드를 만들어 프로그램의 인기를 견인했다.

신동엽은 "시청자는 유재석 강호동 같은 모습도 좋아하지만, 저에게선 저만의 색깔을 보고 싶을 거라고 생각합니다. 인기 트렌드를 따라 하고 최고의 예능 스타를 모방하면 당장에 눈길을 끌 수 있지만, 대중은 쉽게 식상해하지요. 대중이 저에게 바라는 것은 신동엽에게서만 볼 수 있는 것일 겁니다. 저는 저만의 색깔을 보여드리는 예능인으로 살고 싶어요"라고 말했다.

인기 하락이나 대중의 반응에 일희일비하지 않고 자신이 제대로 소화할 수 없는 예능의 주류 트렌드에 무작정 합류하기보다는 자신만의 색깔과 스타일을 견지하고 진화시키며 대중의 웃음보를 터트린 신동엽은 상상을 초월하는 수많은 예능 프로그램의 진행으로 한국 예능사에 큰 족적을 남긴 예능 스타다.

출연작

TV 프로그램

1992	〈코미디 전망대〉〈꾸러기 대행진〉
1993	〈토요일 7시 웃으면 좋아요〉
1994	〈신세대 전원 집합〉〈기쁜 우리 토요일〉〈열려라 웃음천국〉
1996	〈토요일 전원출발〉
1999	〈일요일 일요일 밤에-'신장개업' '러브하우스'〉〈기분 좋은 밤〉
2000	〈두 남자 쇼〉
2001	〈해피투게더〉〈! 느낌표-'하자 하자'〉〈TV 동물농장〉
2002	〈신동엽 남희석의 맨투맨〉
2003	〈신동엽 김원희의 헤이 헤이 헤이〉
2004	〈김용만 신동엽의 즐겨 찾기〉〈일요일이 좋다〉
2005	〈있다! 없다?〉〈일밤-'천사들의 합창' '오빠 밴드' '우리 아버지'〉
2006	〈우리 아이가 달라졌어요〉〈토킹 19금〉〈경제 비타민〉
2007	〈인체탐험대〉
2008	〈신동엽 김구라의 세바퀴〉
2009	〈신동엽의 300〉
2010	〈달콤한 밤〉〈러브 스위치〉〈밤샘 버라이어티 야행성〉〈대국민 토크쇼 안녕하세요〉
2011	〈신동엽 김병만의 개구쟁이〉〈불후의 명곡-전설을 노래하다〉
2012	〈SNL 코리아〉
2013	〈용감한 기자들〉〈화신-마음을 지배하는 자〉〈마녀사냥〉〈비틀즈 코드3D〉
2014	〈밥상의 신〉〈신동엽 성시경은 오늘 뭐 먹지〉
2015	〈수요 미식회〉〈나는 대한민국〉
2016	〈힙합의 민족〉〈씬 스틸러-드라마 전쟁〉〈인생 술집〉〈미운 우리 새끼〉
2017	〈남원상사〉〈신동엽의 고수외전〉〈너에게 나를 보낸다〉
2018	〈천만 홀릭, 커밍쑨〉〈내 연애의 기억〉〈도레미 마켓〉〈실화 탐사대〉
2019	〈밝히는 연애코치〉〈문제적 보스〉〈작업실〉〈악플의 밤〉〈신선한 남편〉〈우리가 다시 사랑할 수 있을까〉〈공부가 머니?〉
2020	〈77억의 사랑〉〈찐 어른의 미팅: 사랑의 재개발〉〈우리 이혼했어요〉
2021	〈업글인간〉〈신과 함께〉〈조선판스타〉〈골신강림〉〈랄라랜드〉〈워맨스가 필요해〉〈미친. 사랑. X〉
2022	〈마녀사냥 2022〉〈동엽 농장〉〈우리들의 차차차〉〈메리퀴어〉〈손 없는 날〉
2023	〈오피스 빌런〉〈성+인물: 일본편〉

시트콤

1996   〈남자 셋 여자 셋〉
2004   〈혼자가 아니야〉
2007   〈사랑한다면 이들처럼〉
2011   〈뱀파이어 아이돌〉
2018   〈빅 포레스트〉

(18) 유재석

劉在錫 | 1972~

21세기 한국 예능의 가장 위대한 스타

여론조사기관 리스피아르가 2004년부터 2012년까지 매년 상·하반기 두 차례 실시한 18회 연예인 인기도 조사의 개그맨 부문에선 2004년 하반기 김용만이 1위에 오른 것을 제외하고 유재석이 17회 1위를 차지했다. 여론조사기관 한국갤럽이 매년 한 차례 시행하는 '올해를 빛낸 예능방송인/코미디언'의 2007년부터 2022년까지 16회 조사에선 2010년 강호동, 2011년 김병만, 두 번을 제외하고 유재석이 14회 1위를 석권했다. 탤런트, 영화배우, 가수의 인기도 순위는 급변해 장기간 1위를 차지하는 스타가 전무한데 '예능방송인/코미디언' 부문에선 유재석이 2000~2020년대 인기 정상을 굳건하게 지켰다. 유재석의 대단한 인기다. 2005년 KBS 연예대상을 시작으로 2022년 SBS 연예대상까지 KBS, MBC, SBS 방송 3사 연예대상 시상식에서 대상을 17차례 수상하는 대기록을 수립했고 백상예술대상 TV부문 대상을 예능인 최초로 2013, 2021년 2차례나 차지했다. 2000년대 이후 인기와 활약, 성과, 영향력에서 유재석을 넘볼 수 있는 예능 스타는 존재하지 않았다.

1972년 서울에서 나고 자란 유재석은 고교 시절부터 개그맨이 되기 위해 다양한 노력을 기울였다. 〈비바! 청춘〉이라는 프로그램을 통해 예능감

한국 대중문화 주도한 스타들　　717

을 뽐내 개그맨이 되려는 사람들 사이에서 유명했다. 1991년 KBS 1회 대학 개그제 입상을 통해 개그맨이 됐다. 김국진 남희석 김용만 박수홍 김수용 양원경 최승경 전효실 윤기원이 동기다. 동기 중 열아홉 가장 어린 나이에 개그맨이 된 유재석은 카메라 울렁증과 연기력 부족으로 코미디 프로그램과 예능 프로그램의 출연 기회를 잡고도 잘 살리지 못해 주목받지 못하고 단역과 보조 출연만 전전했다. 반면 동기인 김국진 남희석 김용만 박수홍 양원경은 코미디 프로그램과 예능 프로그램을 왕성하게 넘나들며 인기 예능 스타 대열에 진입했다.

개그맨 최양락은 "유재석과 〈코미디 세상만사-순댓국 형제〉에 함께 출연했다. 당시 유재석이 연기 못한다고 매일 혼났다. PD들이 유재석에게 출연 기회를 많이 줬다. 그런데도 잘 안되는 유재석을 보면서 안타까웠다"라고 했다.

대중의 인기를 얻은 것은 KBS의 유재석 동기만이 아니다. 1991년 함께 출발한 MBC 이영자와 SBS 신동엽은 무명 기간 없이 프로그램에 출연하자마자 금세 스타가 됐다. 대중이 알아줘야 존재할 수 있는 연예인에게 무명 생활은 엄청난 고통이다. 유재석은 "방송이 너무 안 되고 하는 일마다 자꾸 어긋났다. 그때 간절하게 기도했다. 한 번만 기회를 주시면, 단 한 번만 개그맨으로서 기회를 주시면 정말 최선을 다하겠다고 다짐하고 다짐했다"라고 했다.

9년여의 무명 생활 끝에 유재석에게 기회가 찾아왔다. 1999년 KBS 〈서세원 쇼-토크 박스〉 게스트로 출연해 해변에 놀러 갔다가 깡패에게 걸려 라면을 끓여준 이야기, 주유소에서 1,000원어치 기름을 넣으면서 당했던 굴욕, 나이트클럽에서 부킹을 시도하다가 "나가세요"라는 말만 들은 에피소드 등 무명 시절의 어려움을 재밌는 이야기로 풀어내 시청자를 포복절도하게 하며 눈길을 끌었다. 〈자유선언 오늘은 토요일- 잠을 잊은 그대에게〉를 진행하면서 MC로서 잠재력과 가능성도 드러냈다. 개그 프로그램에서 적응조차 못 하던 유재석이 토크쇼 게스트로 출연하고 예능 프로그램을 진행하면서 새로운 면모를 보이며 인기를 얻기 시작했다.

유재석이 2000년 처음으로 프로그램 메인 MC로 나섰다. MBC 〈목표달성! 토요일-스타 서바이벌 동거동락〉이다. 유재석은 그간의 진행자들과 달랐다. 방송을 쥐락펴락해온 다른 메인 MC들과도 차별화했다. 기존 프로그램보다 출연자도 많고 매끄러운 대본이 주어진 것도 아니어서 우왕좌왕할 수밖에 없었음에도 출연자 한명 한명에 대한 애정을 보여줬다. 진행자가 출연자에게 쏟는 최고의 애정은 자신을 죽이고 출연자의 특징과 장기를 끄집어내어 시청자가 주목할 수 있게 하는 것이다. 유재석은 MC로서 그걸 해냈다. 〈목표달성! 토요일-스타 서바이벌 동거동락〉에서 성공적인 메인 MC로서 모습을 보였다. 이후 〈해피투게더〉 〈실제상황 토요일-X맨〉 〈진실게임〉 〈놀러와〉 〈일요일이 좋다〉 같은 토크쇼와 버라이어티 프로그램 진행자로 나서면서 예능 스타로 화려하게 비상했다.

유재석은 2000년대 리얼 버라이어티 선풍을 일으키며 한국 예능 프로그램 판도를 바꿔놓은 〈무한도전〉과 〈패밀리가 떴다〉에서 멤버와 출연자를 유기적으로 이끄는 최고 진행자로서의 모습, 미션을 재미있게 수행하는 능력 있는 멤버로서의 모습, 그리고 멤버들이 재능과 실력을 마음껏 발휘할 수 있도록 격려하는 열정적인 관객으로서의 모습을 모두 보이며 그 누구도 넘볼 수 없는 스타의 위치에 올라섰다.

유재석은 게스트나 출연 멤버들과의 호흡, 말솜씨[361]와 멘트 구사력, 위기 대처 능력, 애드리브와 몸개그 등 예능 프로그램 MC로서 필요한 자질과 실력을 갖추고 무엇보다 스태프, 동료 연예인 멤버, 게스트를 배려하며 이들이 잠재력을 프로그램에서 최대한 발휘할 수 있도록 예능 프로그램의 방향 제시자, 조정자, 그리고 동료 연예인의 조력자로서 역할을 충실히 하는 서번트 리더십servant leadership 진행 스타일을 견지해 최고 예능 스타로 부상했다.[362] 입 한번 열지 못하는 게스트가 있으면 어떻게 해서든 이야기 속으로 끌어들이고 누군가 난처해지면 스스로 더 망가져 난처함을 느끼지 않도록 했다. 유재석은 출연자나 멤버들이 자신의 능력과 끼를 마음껏 발산할 수 있도록 유도했다. 주류 예능 프로그램 포맷이 버라이어티쇼와 같은 형식으로 바뀌면서 자기 혼자서 웃기는 예능인의 재능보다 프로그램에 출연한 다른 멤버들로 하여금 웃기게 만드는 진행자의 능력과 프로그램을 경영하는 노력과 헌신이 중요해졌는데[363] 이 부분에서 유재석은 탁월한 실력을 보여줘 독보적 스타가 됐다.

자신보다 남을 돋보이게 하면 결국 프로그램 전체에 도움이 된다고 생각하는 유재석으로 인해 스타가 된 사람도 여럿이다. 〈무한도전〉의 박명수 정형돈 정준하 하하 노홍철, 〈패밀리가 떴다〉의 윤종신 이효리, 〈해피투게더〉의 신봉선 전현무가 유재석의 절대적인 도움으로 인기 예능인이 됐다.[364] 〈런닝맨〉의 이광수 김종국 송지효 전소민, 〈유 퀴즈 온 더 블럭〉의 조세호, 〈식스센스〉의 제시, 〈놀면 뭐하니?〉의 이미주 이이경 박진주도 유재석의 적극적인 지원으로 시청자의 사랑을 받았다.

변화하는 대중의 취향과 기호를 담보하는 예능 트렌드와 웃음 코드를 끊임없이 개발해 예능 프로그램과 예능 한류를 진화시킨 것도 다른 예능 스타가 넘볼 수 없는 유재석의 경쟁력이다. 2006년부터 2018년까지 12년 동안 리얼 버라이어티 돌풍을 일으킨 〈무한도전〉, 대중문화계의 뉴트로 열풍을 주도한 〈투유 프로젝트-슈가맨〉, 트로트 가수, 드럼 연주자, 요리사, 연예제작자 등 다양한 캐릭터로 출연해 부캐 신드롬을 선도한 〈놀면 뭐하니?〉를 비롯한 많은 예능 프로그램에서 유재석은 새로운 예능 트렌드와 웃음의 코드를 창출했다. 유재석은 〈무한도전〉〈런닝맨〉을 통해 예능 한류를 촉발시켰고 넷플릭스를 비롯한 OTT가 제작해 서비스한 〈범인은 바로 너!〉

〈더 존: 버텨야 산다〉〈코리아 넘버원〉 등을 통해 예능 한류를 세계 각국으로 확산시켰다.

상상을 초월하는 철저한 사생활 관리와 사적 영역에서의 긍정적 활동으로 대중이 환호하는 이미지의 표상이 된 것도 한국 예능사에 우뚝 선 유재석을 만드는 데 한몫했다. 유재석은 무명 개그맨에서 최고 예능 스타로 비상하는 과정이나 국민 MC로 우뚝 선 이후 단 한 번도 스캔들이나 구설에 휘말린 적이 없을 정도로 초심을 잃지 않고 자신을 철저히 관리해왔다. 소외된 계층이나 사회적 약자에 대한 사랑 나눔과 무명 생활로 힘들어하는 개그맨들에 대한 지원을 지속해서 해왔다.

유재석 삶 자체가 감동적인 스토리인 점도 대중의 사랑을 받는 원인 중 하나다. 오랜 무명 생활을 견디면서 좌절과 절망에 굴하지 않고 오롯이 실력과 노력으로 스타가 된 것 자체가 감동적인 성공 신화다. 이러한 유재석을 보면서 힘든 사람들은 용기를 얻고 좌절에 빠진 사람들은 희망과 위로를 얻었다.

대중매체와의 일정 거리를 유지하며 미디어를 잘 관리한 것도 유재석 스타화의 힘이다. 유재석은 모든 미디어에 공평하게 공개된 자리가 아닌 특정 매체나 기자와 인터뷰를 하지 않기로 유명한 연예인이다. 대신 방송 프로그램을 통한 모습으로 승부를 건다. 이는 대중매체를 적으로 만들지 않을 뿐만 아니라 대중매체의 잘못된 보도로 인한 편견과 왜곡을 막을 수 있는 이점이 있다. 예능인 유재석으로만 평가받는 분위기를 조성한다. "오늘날 스타는 미디어가 선별한 생산물"이라는 미디어 이론가 노르베르트 볼츠 Norbert Bolz의 주장처럼 미디어는 스타의 생명을 좌우하는 힘을 가지고 있다. 그런 미디어를 잘 운용하고 관리한 것도 유재석을 시대의 최고 예능인으로 부상시킨 원동력이다.

독창적인 예능 코드 개발, 예능 프로그램의 포맷과 소재 확장, 진행자와 출연자의 새로운 역할 창출 등을 통해 예능 프로그램과 예능 한류의 발전을 주도하고 일상에선 선한 영향력을 발휘하며 예능인의 인식과 위상을 제고한 유재석은 누구도 넘볼 수 없는 21세기 예능계의 가장 위대한 스타다.

출 연 작

TV 프로그램

1991	〈유머 1번지〉〈쇼 비디오자키〉	2014	〈나는 남자다〉
1992	〈웃음 한마당〉	2015	〈동상이몽, 괜찮아 괜찮아〉〈투유 프로젝트-슈가맨〉
1993	〈폭소 대행진〉		
1996	〈코미디 세상만사〉	2018	〈슈가맨 리턴즈〉〈미추리8-1000〉
1998	〈슈퍼TV 일요일은 즐거워〉		〈요즘 애들〉〈유 퀴즈 온 더 블럭〉
1999	〈서세원쇼〉	2019	〈범인은 바로 너〉〈놀면 뭐 하니?〉
2000	〈멋진 친구들〉〈목표달성! 토요일-'스타 서바이벌 동거동락'〉〈일요일 일요일 밤에〉		〈일로 만난 사이〉
		2020	〈식스 센스〉
		2021	〈컴백홈〉
2001	〈뮤직 플러스〉〈이유 있는 밤〉〈초특급 일요일 만세〉	2022	〈플레이유 레벨업: 빌런이 사는 세상〉〈더 존: 버텨야 산다〉〈코리아 넘버원〉〈핑계고〉〈스킵〉
2002	〈토요일이 온다〉〈코미디 타운〉	2023	〈더존: 버텨야 산다2〉
2003	〈해피투게더〉〈실제상황 토요일-X맨〉〈유재석의 진실게임〉		
2004	〈유재석 김원희의 놀러와〉〈일요일이 좋다〉		
2005	〈강력추천 토요일-'무한도전'〉		
'06~'18	〈무한도전〉		
2007	〈기적의 승부사〉		
2008	〈패밀리가 떴다〉		
2010	〈런닝맨〉		

(19) 강호동

姜鎬童 | 1970~

$\wr$
$\wr$

대체 불가의 씨름선수 출신 예능 스타

마산상고를 졸업하던 1989년 프로로 입문해 절대강자 이만기 선수를 제압하며 백두장사를 차지하고 1990년 천하장사에 오르며 씨름계를 정복했다. 그리고 1993년 MBC 특채 개그맨으로 연예계에 데뷔한 뒤 2007년 SBS 연예대상 대상과 2009년 KBS 연예대상 대상을 받는 등 예능계 정상도 밟았다. 한 분야의 최고가 되는 것도 힘든데 씨름과 예능, 두 분야의 정상을 정복한 이가 바로 강호동이다.

1970년 경상남도 진주에서 태어난 강호동은 마산중학교부터 씨름을 시작해 고등학교 선수 시절 전국대회를 휩쓸며 두각을 나타냈다. 고교를 졸업한 뒤 1989년 프로 씨름단에 입단해 중고교 7년 선배이자 우상이던 이만기 선수를 2-0으로 제압하며 백두장사를 차지하고 1990년 천하장사 타이틀까지 거머쥐며 강호동 시대를 화려하게 열었다. 3년 6개월 프로 씨름선수 생활을 하면서 5번의 천하장사, 7번의 백두장사 타이틀을 차지하는 전설적인 기록을 남기고 은퇴를 선언했다. 대학 입학이 좌절되고 우울하게 지내며 지도자 연수에 대해 고민하던 1993년 4월 개그맨 이경규의 전화를 받았다. 이경규는 강호동에게 자신이 진행하는 〈코미디 동서남북〉에 게스트로 출연해달라는 부탁을 했다. 라디오 프로그램에 나와 대본도 없이 웃음을 자아내던 그의 재주를 기억한 것이다. 이경규는 강호동을 만나 방송 출연을 통한 연예계 입문을 권유했지만, 그는 프로 씨름 선수로 정상까지 올랐는데 개그맨 한다고 하다가 망신당하면 씨름계를 먹칠할 수 있다며 단호히 거절했다. 이경규는 강호동을 집요하게 설득해 코미디 프로그램에 출연시켰다. 시청률이 대단했다. 강호동의 첫 예능 데뷔는 성공적이었다.

강호동은 〈오늘은 좋은 날〉의 코너 '소나기'에서 예쁜 소녀를 좋아하는 순박한 시골 소년 호동 역을 연기하며 경상도 사투리 대사와 귀여운 오버액션으로 눈길을 끌며 개그맨으로서 성공적으로 안착했다. 〈일요일 일요일 밤에〉를 비롯한 다양한 코미디와 예능 프로그램에 출연하며 웃음을 유발하는 예능 테크닉을 익혀갔다. 1998년 〈슈퍼 TV 일요일은 즐거워-캠퍼스 영상 가요〉의 진행자로 나서며 강력한 카리스마로 무대를 장악하며 일반인 출연자의 진솔함과 의외성을 배가시켜 시청률 40%대까지 이끌며 진행자로서도 스타성을 인정받았다.

2002년 〈강호동의 천생연분〉의 진행자로 나서 온몸을 던져 결정적인 순간에 승부를 거는 승부사적 기질과 고도의 집중력, 압도적인 존재감을 드러내며 그 누구도 따를 수 없는 대체 불가 예능 스타로서의 입지를 굳혔다. 토크쇼 〈무릎팍 도사〉〈강심장〉〈야심만만〉, 리얼 버라이어티 〈1박 2일〉, 일반인과 연예인이 함께 출연하는 〈스타킹〉에서 강력한 에너지를 발산하며 수많은 출연자와 패널, 멤버들을 일사불란하게 이끌어 프로그램의 완성도와 시청률을 높이며 KBS, MBC, SBS 방송 3사의 연예대상을 모두 휩쓸었다.

강호동은 방송에 적합한 용모와 말투를 지녔다고는 볼 수 없다. 덩치가 커 위압감이 느껴지는 것은 물론 얼굴도 엄청나게 크다. 게다가 말투도 독특하다. 강한 경상도 억양은 방송물을 먹은 지 한참이 지났는데도 전혀 고쳐지지 않았다. 발음도 정확하지 않다. 종합해보면 명백히 비방송용 인물인 셈이다. 그런데 이러한 단점이 오히려 에너지와 카리스마를 발산시키며 강호동을 강호동답게 만든다. 강호동은 자신을 희생하여 웃겨보자는 마인드가 굉장히 강한 사람이다. 표정을 우스꽝스럽게 하거나 오버하는 행동을 즐긴다. 덩치가 큰 덕에 우스꽝스러운 행동은 다른 이들보다 임팩트가 강하다. 사실 이렇게 크게 망가지면서 웃음을 유도하는 것은 시청자 입장에서는 굉장히 불편할 수 있다. 그러나 강호동의 강점은 강호동 자신을 불편하게 느끼는 사람들까지 쥐고 흔든다는 점이다. 그의 독특한 카리스마 덕분이다. 지켜보는 입장에서 호감, 비호감을 따지기에 앞서 그의 놀라운 에너지에 몰입될 수밖에 없다.[365]

강호동은 강한 카리스마만 있는 것은 아니다. 섬세함까지 갖춰 자연스러운 감정의 줄타기에도 능하고 무엇보다 리액션을 크게 해 출연자의 심리적 부담감을 감소시켜 하고 싶은 말이나 액션을 마음껏 할 수 있도록 해준다. 출연자가 재미없는 말을 하더라도 과도한 리액션으로 대응해 더 잘할 수 있는 분위기를 조성한다.

〈1박 2일〉〈신서유기〉〈강식당〉을 강호동과 함께했던 나영석 PD는 "강호동의 강점은 지칠 줄 모르는 체력과 노력, 강한 리더십, 그리고 위기의 순간에 빛나는 대처 능력이다. 연예인 중 어제나 오늘이나 매한가지인 사람이 많은데 강호동은 한발씩 진화하는 연예인이다"이라고 했고 〈강심장〉〈모두의 주방〉〈섬총사〉의 진행자로 강호동을 내세웠던 박상혁 PD는 "강호동의 경쟁력은 출연자나 공동 진행자에 공감하는 능력과 언제 어디서나 웃음을 연출할 수 있는 천부적인 예능감 그리고 웃음 포인트를 기가 막히게 포착하는 능력이다"라고 분석했다.

강호동은 2011년 9월 세금 탈루 의혹이 제기되면서 1년 가까이 방송 활동을 중단했다. 이전까지 세금 문제로 활동을 중단한 연예인은 단 한 명도 없었다. 그런데도 강호동은 "저에게 수많은 사람이 사랑을 줘 인기와 명성, 엄청난 출연료를 누릴 수 있게 한 데에는 대중의 기대 즉 바람직한 역할을 하라는 의미가 담겨 있다고 생각합니다"라며 조금의 실수에도 철저히 책임지는 자세를 보였다.

강호동은 방송에 복귀한 뒤 한동안 침체에 빠졌지만, 재빠르게 새로운 예능 트렌드에 적응하며 인기를 회복했다. 특히 복귀하면서 KBS, MBC, SBS 지상파 TV 예능에서 벗어나 〈강식당〉〈신서유기〉〈섬총사〉〈아는 형님〉〈한끼줍쇼〉 같은 tvN을 비롯한 케이블 TV와 JTBC를 비롯한 종편 예능 프로그램에 적극적으로 나서며 다양한 포맷의 예능 프로그램을 접했다. 새로운 포맷의 예능 프로그램에 출연하며 이전과 다른 웃음 코드나 테크닉도 익혀 웃음을 유발하는 기교의 스펙트럼을 대폭 확장했다.

강호동은 씨름계를 정복한 뒤 가장 치열한 삶의 정글이라는 연예계에 입성해 정상에 올랐다. 실력만 있으면 성공할 수 있는 스포츠계와 달리 연예계는 노력과 실력뿐만 아니라 이미지 메이킹, 홍보 마케팅, 운까지 더해져야 성공할 수 있다. 연예계에 진입해 치열한 노력과 공부 그리고 끼와 실력으로 최정상의 톱스타로 우뚝 선 자체만으로 강호동은 인간 승리를 한 셈이다.

2000년대 접어들면서 강호동 같은 스포츠 스타의 예능계 진입이 두드러졌다. 선수로 활동하면서 얻은 대중의 인기를 활용해 시청자의 관심을 끌 수 있고 대중과 대중매체를 상대로 한 선수 생활을 했기에 대중과 팬을 사로잡는 방법을 잘 알고 있는 데다 연예인과 차별화한 색다른 모습을 보여줄 수 있어 스포츠 스타의 예능계 진출이 급증했다. 하지만 심권호 최홍만 이천수 이봉주 이만기 양준혁 허재 현주엽 박찬호 등 수많은 스포츠 스타가 예능 프로그램에 출연했지만, 예능감 부재와 방송 실력 부족으로 크게 성공하지 못했다. 안정환 서장훈 같은 극소수만이 대중의 인기를 얻어 연예계에 안착했을 뿐이다.

강호동은 말했다. "전 단 한 번도 제가 최고라고 생각을 해본 적이 없습니다. 이경규 선배님이나 유재석, 신동엽 씨는 웃음을 만들 줄 아는 능력을 갖췄지만, 저는 그렇지 못하기 때문에 열심히 해야 합니다. 열심히 하지 않으면 저는 불안합니다. 불안감을 극복하기 위해 최선을 다해 프로그램 진행에 임하지요"라고.

　그는 인정하지 않지만, 대중과 동료 연예인은 강호동이 최고 스타라고 확신한다. 강호동은 단순한 예능 스타가 아니고 그 존재 자체가 대체 불가능한 예능의 브랜드이자 포맷이며 트렌드인 예능 톱스타다.

출 연 작

TV 프로그램

1993	〈코미디 동서남북〉
1994	〈오늘은 좋은 날-'소나기' '돈돈 반점'〉
1995	〈일요일 일요일 밤에〉
1996	〈기쁜 우리 토요일〉〈폭소 하이 스쿨〉
1997	〈열려라 코미디〉
1998	〈슈퍼 TV 일요일은 즐거워-'캠 퍼스 영상가요'〉
1999	〈자유선언! 오늘은 토요일〉〈감 성채널 21〉
2001	〈테마쇼 인체여행〉
2002	〈강호동의 천생연분〉〈뷰티풀 선 데이〉
2003	〈소원성취 토요일〉〈실제상황 토 요일〉〈야심만만〉
2004	〈실험쇼, 진짜? 진짜!〉〈일요일 이 좋다-X맨〉
2007	〈놀라운 대회 스타킹〉〈황금어장- 무릎팍 도사〉〈해피 선데이-1박 2일〉
2009	〈야심만만-만 명에게 물었습니 다〉〈강심장〉
2013	〈달빛 프린스〉〈우리 동네 예체 능〉〈일요일이 좋다-맨발의 친 구들〉
2014	〈별바라기〉
2015	〈아는 형님〉〈투명인간〉
2016	〈신서유기〉〈마리와 나〉〈한끼줍

	쇼〉
2017	〈수상한 가수〉〈섬총사〉〈강식당〉
2018	〈토크몬〉〈하나의 목소리 300〉 〈대탈출〉
2019	〈가로 채널〉〈외식하는 날〉〈모 두의 주방〉〈보이스 퀸〉〈아이 콘택트〉
2020	〈호동과 바다〉〈어바웃 타임〉 〈밥은 먹고 다니냐〉〈위플레이〉 〈더 먹고 가〉
2021	〈보이스 킹〉〈호동's 캠핑존-골 라자봐〉〈머선 129〉〈골신강림〉 〈위대한 집쿡 연구소〉〈맘마미안〉
2022	〈슈퍼 DNA 피는 못 속여〉〈올 탁구나!〉〈딸도둑들〉〈지혜를 빼 앗는 도깨비〉〈국과대표〉〈강호 동네방네〉
2023	〈이상한 나라의 지옥법정〉〈강 심장 리그〉〈형제라면〉

(20) 김준호

金俊昊 ｜ 1975~

§

코미디 발전에 헌신한 개그맨

2019년 5월 19일 한국 코미디 프로그램의 패러다임을 바꿔 놓은 KBS 〈개그 콘서트〉가 방송 1,000회를 맞았다. 1999년 9월 4일 젊은 층에서 외면받는 코미디 프로그램을 부활시키기 위해 공개 코미디 방식의 〈개그 콘서트〉가 첫선을 보였다. 〈개그 콘서트〉는 폭발적인 인기를 끌며 한때 20%대 시청률을 기록한 것을 비롯해 1,000회 평균 시청률이 16.6%에 달하며 공개 코미디 붐을 이끌었다. 〈개그 콘서트〉 주역 중의 한 사람이 김준호다. 〈개그 콘서트〉가 1,000회 방송되는 동안 가장 많이 출연한 사람이 김준호다. 1999년 9월 4일 1회 방송부터 무려 797회 출연했다. 김준호 다음으로 720회의 김대희, 628회의 정명훈, 621회의 유민상, 598회의 송준근이 뒤를 이었다. 김준호는 '감수성'을 비롯한 수많은 코너를 통해 〈개그 콘서트〉의 초석을 다지고 인기를 견인하며 한국 코미디의 발전을 이끈 예능 스타다.

1975년 충남 대전에서 출생한 김준호는 어렸을 때부터 배우와 개그맨이 꿈이었다. 중학생 때 개그맨 심형래를 보려고 서울까지 올라와 KBS를 찾을 정도로 코미디를 좋아했다. 고교 시절에는 연극반 활동을 하고 학교 축제 MC를 하며 끼를 발산해 대전 지역에서 명성이 자자했다. 배우의 꿈을 실현하기 위해 백제예술대 연극학과에 진학했다가 중퇴하고 단국대 연극영화학과에 다시 진학했다. 1996년 SBS 개그맨 공채로 연예계에 데뷔했고 군 복무 뒤 1999년 KBS로 이적해 본격적인 활동에 돌입했다. 그야말로 개그맨 입문까지 엘리트 코스를 밟았다.[366]

1996년 SBS 공채 개그맨으로 입문해 활동하다 1999년 KBS로 옮겨 〈개그 콘서트〉에 출연하며 김준호의 개그맨 인생에 전환점을 맞이했다. SBS에서 함께 활동했던 김미화의 권유로 KBS로 옮기게 된 김준호는 〈개그 콘서트〉에 출연하며 '사바나의 아침' '하류 인생' '집으로' '바보 삼대' '씁쓸한 인생' '꺾기도' '감수성' '같기도' '미끼' '준호 삼촌' '9시 언저리 뉴스' '비상대책위원회' 등 수많은 코너에 참여해 신세대에게는 새로운 웃음 코드로, 기성세대에게는 익숙한 웃음의 테크닉으로 시청자의 웃음보를 자극하며 인기 개그맨이 됐다.

'집으로' '씁쓸한 인생' '선생 김봉투' '미끼' '욜로 민박'과 같은 코너에서는 기승전결의 선형적으로 이야기를 전개하면서 기대감을 최고조로 올린 뒤 기막힌 타이밍에 관객이나 시청자가 전혀 예상하지 못한 반전을 꾀하며 웃음을 줘 중장년층도 쉽게 웃음 짓게 했다. 기막힌 타이밍에 의외의 반전을 연출해 웃음을 주는 데에는 탁월한 연기력이 필요하다. 연기력이 부족하면 타이밍을 잡지 못하고 반전의 강도도 약해진다. 김준호는 고등학교 때부터 연극무대에 오르며 연기력을 쌓았고 드라마에 출연하며 다양한 연기 스타일을 체화해 적절한 타이밍에 반전의 강도를 극대화하며 큰 웃음을 줬다.

'아무 말 대잔치' '꺾기도' '같기도' '이야기쇼 더 드림' '9시 언저리 뉴스' '뿜엔터테인먼트' 같은 코너에서는 애드리브나 제스처, 분장 등 매 순간 웃음의 포인트를 잡아 시도 때도 없이 웃음을 줘 신세대 시청자를 붙잡았다. 3초 안에 웃기지 않으면 채널을 돌리는 신세대는 서사의 전개 끝에 찾아오는 반전까지 기다리지 않기에 순간순간 웃겨야 한다. 이렇다 할 반전의 모멘트 없이 매 순간 웃음의 포인트를 만들어야 하고 이미지의 전복, 뉘앙스의 일탈, 의미의 전환 등으로 웃음을 유발해야 한다.[367] 순간순간 웃음의 포인트를 잡아 관객과 시청자들에게 웃음을 주려면 무엇보다 애드리브와 순발력이 뛰어나야 한다. 김준호는 관객의 반응이나 상대 출연자의 예상치 못한 돌발적 행동에 즉흥적으로 대응하며 애드리브와 몸개그를 순간적으로 구사해 웃음을 주며 신세대에게 인기가 많은 개그맨이 됐다.

〈개그 콘서트〉는 동료 개그맨과 팀을 이뤄 코너를 진행하기 때문에 웃음을 주도적으로 유발하는 캐릭터와 이를 뒷받침해주는 캐릭터로 나누어진다. 웃음을 주도적으로 이끌기 위해서는 연기력과 순발력이 필요하고 웃음의 주역을 받쳐주는 조역은 자신을 죽이면서도 주역을 돋보이게 하는 테크닉과 희생정신이 요구된다. 웃음의 주역이 연기력과 순발력이 없거나 웃음의 주역을 보좌하는 조역 캐릭터가 돋보이려고 전면에 나서면 웃음을 유발할 수가 없다. 김준호는 주역 캐릭터나 조역 캐릭터를 자유자재로 오가며 캐릭터에 필요한 능력을 잘 발휘했다.

〈개그 콘서트〉 활동을 바탕으로 그 역시 다른 개그맨처럼 〈남자의 자격〉 〈1박 2일〉 〈미운 우리 새끼〉 〈신발 벗고 돌싱포맨〉 같은 예능 프로그램에 진출했다. 김준호는 예능 프로그램에서도 남이 하기 싫어하는 망가지고 모자란 캐릭터, 지저분하고 저질 캐릭터, 이기적이고 약삭빠른 캐릭터 등 부정적인 캐릭터로 나서며 다른 멤버들을 돋보이게 했고 리얼 버라이어티 같은 프로그램에서도 끊임없이 콩트나 상황극을 연출해 웃음을 줬다.

그는 탄탄한 연기력을 바탕으로 〈잘난 걸 어떡해〉 〈달콤한 스파이〉 〈에어시티〉 〈뉴 하트〉를 비롯한 정극 드라마에 출연해 긴장을 이완하며 웃음을 선사하는 코믹 릴리프로도 맹활약했다.

김준호는 다른 예능 스타와 큰 차이가 있다. 김준호는 다양하고 새로운 예능 프로그램들이 방송계를 장악하면서 설 자리를 잃고 있는 코미디의 발전에 온몸을 던졌다. 개그 프로그램의 코너와 개그맨의 인기 순환 주기가 빨라진 데다 출연 경쟁이 치열해 〈개그 콘서트〉를 수놓았던 수많은 개그맨이 이내 사라졌다. 〈개그 콘서트〉에서 높은 인기를 얻어 예능 프로그램으로 진출해 성공한 예능 스타들은 일주일 내내 아이디어 회의하고 엄청난 연습까지 하지만 출연료는 다른 프로그램에 비해 적기 때문에 〈개그 콘서트〉 무대에 서지 않았다. 이 때문에 인기 없는 개그맨은 경쟁에서 밀려 〈개그 콘서트〉에서 모습을 볼 수 없게 되고 인기 많은 예능 스타는 수입 좋고 인기를 더 얻을 수 있는 예능 프로그램에 안주해 〈개그 콘서트〉에 돌아오지 않았다. 김준호는 〈개그 콘서트〉로 인기를 얻고 예능 프로그램 진출한 뒤에도 〈개그 콘서트〉에 꾸준하게 출연하며 코미디 발전을 이끌었다. 2020년 〈개그 콘서트〉가 막을 내린 뒤에도 JTBC 개그 프로그램 〈장르만 코미디〉에 출연하며 꺼져가는 TV 코미디의 불씨를 살렸고 유튜브를 통해 코미디의 존재 의미를 알렸으며 2021년 KBS가 신설한 〈개승자〉에서 혼신을 다해 개그 프로그램의 부활을 꾀했다.

코미디 발전을 위한 김준호의 노력은 여기서 그치지 않았다. 개그맨을 위한 연예기획사를 설립해 박나래 김지민 유민상 김대희 등 소속 연예인의 활동 무대를 확장하기도 했고 2013년부터 세계 각국 코미디언들이 참여하는 '국제 코미디 페스티벌'을 주최해 한국 코미디의 진화를 도모하고 코미디언의 위상도 높였다. 김준호는 코미디 전용 극장을 운영하고 개그맨 육성 시스템을 만들어 신인 개그맨을 발굴·육성하면서 한국 코미디의 계승과 도약에 중요한 역할을 했다. 오디션을 통해 선발한 연습생들에게 코미디 연기를 가르치고 무대까지 오르게 해 개그맨으로 데뷔할 기회를 제공했다.

다양한 개그 프로그램을 통해 코미디 진화를 이끌었을 뿐만 아니라 개그맨 육성 시스템을 만들고 국제 코미디 페스티벌을 개최해 코미디의 발전을 선도한 김준호는 한국 코미디사에 의미 있는 성과를 남긴 개그맨 스타다.

출 연 작

TV 프로그램

1996	〈웃으며 삽시다〉
'99~'20	〈개그콘서트〉
2006	〈웃음 충전소〉
2007	〈기막힌 외출〉〈해피투게더〉
2009	〈남자의 자격〉〈개그스타〉
2011	〈개그스타 GCC 어워드〉〈퀴즈쇼 사총사〉
2012	〈여심 탐구 마초들의 전성시대〉〈안아줘〉〈얼짱 시대〉
2013	〈인간의 조건〉〈1박 2일〉
2014	〈두 남자의 특급 찬양〉
2016	〈아이돌 잔치〉
2017	〈서울 메이트〉
2018	〈무확행〉
2019	〈사장님 귀는 당나귀 귀〉〈돈키호테〉
2020	〈친한 예능〉〈장르만 코미디〉〈미운 우리새끼〉
2021	〈소문난 님과 함께〉〈신발 벗고 돌싱포맨〉〈골프전야〉〈개승자〉
2022	〈대쪽 상담소〉〈콜라붐신〉
2023	〈니돈내산 독박투어〉

2021	〈국가의 탄생〉

드라마 · 시트콤

2002	〈잘난 걸 어떡해〉
2005	〈달콤한 스파이〉
2006	〈얼마나 좋길래〉
2007	〈에어시티〉〈뉴하트〉
2008	〈밤이면 밤마다〉

(21) 김병만

金炳萬 | 1975~

다큐 예능 개척한 독창적 개그맨

한 개그맨 지망생이 있었다. 개그맨이라는 청운의 꿈을 안고 상경했다. 그의 손에 들려 있는 것은 연기학원 전화번호와 어머니께 받은 3만 원이 전부였다. 백제대 방송연예과 3번, 서울예술대 연극과 6번, 전주 우석대, 서일대, 명지대 모두 낙방했다. MBC 개그맨 공채 4번, KBS 개그맨 공채 3번 떨어졌다. 칠전팔기 끝에 2002년 KBS 개그맨 공채에 합격했다. 무명 개그맨이었지만, 죽을 각오로 무대에 선지 11년이 흘렀다. 그의 눈에 눈물이 흘렀다. 상경할 때 3만 원이 쥐어진 손에는 SBS 연예대상 트로피가 들려 있었다. 대체 불가의 코미디 · 예능 영역을 개척하며 스타덤에 오른 김병만이다.

1975년 전북 완주의 빗더미에 올라선 어려운 가정에서 태어난 김병만은 가진 것 없어 주린 배를 움켜쥐었고 159㎝의 단신이라는 신체적 약점에 기죽어 살며 자신감을 상실했다. 어느 날 우연히 던진 말에 사람들이 웃는 것을 보고 너무 행복했다. 사람들을 웃기는 것이 너무 좋아 개그맨으로 꿈을 정했다. 그는 찰리 채플린처럼 코미디를 통해 가난도 극복하며 꿈을 이루고 싶었지만, 개그맨이 되는 것은 녹록지 않았다. 개그맨이 되기 위해 무작정 상경해 건물 철거, 신문 배달, 보조 출연 등 닥치는 대로 일을 하며 개그맨 시험에 올인했다. 하지만 떨어지고 또 떨어졌다. 2002년 8번의 도전

끝에 꿈에 그리던 KBS 개그맨 공채에 합격해 개그맨이 됐지만, 출연 기회가 많지 않았다. 연출자가 알아주지 않아도, 방송 출연 기회가 주어지지 않아도 늘 웃길 만반의 준비를 했다. 동료 개그맨들이 방송에 나가 웃음을 주며 대중의 사랑을 받을 때도 좌절과 실의 대신 무대 뒤에서 자신만이 행할 수 있는 경쟁력 있는 웃음의 무기들을 차곡차곡 만들어갔다.

〈쇼 행운열차〉의 코너 '고수를 찾아서'에 출연해 묘기에 가까운 기예를 선보이면서 웃음을 줬다. 〈개그 콘서트〉에 출연하면서 본격적으로 개그맨으로서의 면모를 보였다. 진지하게 전개하다가 한순간에 망가지며 웃음을 주는 캐릭터를 특화해 무기로 삼았다. '명인' 코너에서 와인 명인으로 나와 와인의 이름을 정확히 맞추다 점점 취해 "대리를 불러 줄 수 있냐"라는 반전이 돋보인 대사로 웃음을 유발한 것처럼 '김병만의 역사 스페셜' '예술의 전당' '발명왕'을 통해 한순간에 전혀 예상치 못한 이포를 찌르는 반전을 주며 시청자의 웃음을 유발했다.

김병만은 남이 하지 않은 그것도 한물간 트렌드라며 많은 개그맨이 외면했던 슬랩스틱 코미디로 자신만의 경쟁력을 쌓았다. 김병만은 다른 개그맨이 도저히 할 수 없는 코미디 영역을 개척하기 시작했다. 어려서부터 다양한 운동을 하며 다져진 몸과 천부적인 운동감각을 살리는 코미디였다. 그는 무술과 텀블링 같은 아크로바틱 퍼포먼스를 개그에 접목한 슬랩스틱 코미디를 본격적으로 선보이기 시작했다. 〈개그 콘서트〉의 코너 '대결' '식신 김도마' '무림 남녀' '무사' '대결 3인' '주먹이 운다'를 통해 묘기, 무술, 스턴트와 재밌는 재담이 어우러진 슬랩스틱 코미디를 구사하며 웃음을 줬다.

다양한 묘기를 슬랩스틱 코미디에 접목하고 한순간에 반전을 꾀하는 재담까지 더해 진화시킨 김병만표 개그가 빛을 발한 코너가 바로 〈개그콘서트〉의 '달인'이다. 2007년 12월 9일 시작해 2011년 11월 13일까지 방송한 '달인'은 3년 11개월 동안 197회 시청자와 만나 최장수 코너 기록을 세웠다. '달인'을 통해 몇 개월 연습한 줄타기나 외발자전거 타기를 선보이는 등 매주 서커스에서나 볼 수 있는 각종 묘기를 소화하며 보여주는 김병만의 슬랩스틱 코미디는 웃음뿐만 아니라 경탄과 감동마저 자아냈다. KBS 방송문화연구소가 2019년 5월 〈개그콘서트〉 1,000회 방송을 기념해 시청자 1,037명으로 대상으로 실시한 〈개그 콘서트〉에 방송된 1,545개 코너 중 '최고의 코너', '최고의 캐릭터' 조사에서 '달인'이 모두 1위를 차지했다. 《한겨레신문》이 2019년 5월 〈개그콘서트〉에 출연한 60명의 개그맨을 대상으로 실시한 조사에서도 최고의 캐릭터로 '달인'이 1위에 올랐다. 김병만이 흘린 땀과 눈물의 결과였다. 김병만은 '달인'을 통해 자신만의 독자적인 개그 영역을 개척하며 스타가 됐다.

"'달인'은 김병만밖에 할 수 없는 코너다. 김병만은 자신의 장점과 개성을 극대화해 다른 사람이 절대 따라 할 수 없는 슬랩스틱 코미디를 개발해 한국 코미디의 외연을 확장하며 발전시켰다." 〈개그 콘서트〉를 연출했던 서수민 PD 설명이다.

김병만의 슬랩스틱 코미디는 찰리 채플린의 정교한 리듬과 타이밍의 절묘한 조화가 돋보이는 슬랩스틱과 〈미스터 빈〉의 로완 앳킨슨Rowan Atkinson의 좌충우돌 사고뭉치 슬랩스틱, 배삼룡의 만담 형태의 슬랩스틱, 심형래의 즉흥적이고 감각적인 바보 슬랩스틱을 모두 떠올리게 한다는 극찬을 받기도 했다.[368]

김병만은 개그 프로그램을 벗어나 예능 프로그램에 진출해서도 김병만만 할 수 있는 것으로 웃음과 감동을 유발했다. 뛰어난 몸개그와 개인기, 피겨스케이팅 묘기, 감동적인 스토리텔링이 조화를 이룬 〈김연아의 키스 & 크라이〉와 날것 그대로의 리얼리티의 진수를 보이면서도 세계 오지에서 생존하기 위한 놀라운 기술의 예능화와 자연과의 공존을 비롯한 의미 있는 스토리텔링을 드러내는 〈정글의 법칙〉을 통해 '김병만을 위한, 김병만에 의

한, 김병만의 다큐 예능'을 만들어냈다.

　　김병만은 〈주먹 쥐고 소림사〉 〈주먹 쥐고 뱃고동〉 〈갈릴레오-깨어난 우주〉 〈오지 GO〉 〈땅만 빌리지〉 〈공생의 법칙〉을 통해 묘기 슬랩스틱과 번 득이는 재담, 그리고 리얼리티를 적절히 혼합해 재미와 의미, 감동의 세 마 리 토끼를 잡았다. 김병만은 예능 분야에서도 아무도 넘볼 수 없는 자신만 의 영역을 개발해 스타성을 제고했다.

　　가난과 작은 키를 비롯한 어려운 환경과 조건 속에서도 꿈을 잊지 않 고 도전해 예능계의 정상에 오른 김병만 자체가 많은 대중에게 감동과 용 기, 그리고 도전의 진정한 가치를 일깨워주는 성공 신화다. "저는 거북이입 니다. 언제 도착할지는 모를지언정 쉬거나 포기하지는 않습니다. 뱁새가 황 새 따라갈 수 있습니다. 그만큼 더 빨리 움직이면 됩니다. 많은 분이 걱정 합니다. 제가 예능인으로 걷는 길이 모 아니면 도가 될 수 있다고 합니다. 힘들겠지만 피하고 싶은 마음은 전혀 없습니다. 많은 사람이 즐거운 생각 을 하고 웃음 짓게 하는 그런 예능인이 되기 위해 계속 도전하고 노력하겠 습니다." 김병만이 한국 예능계에 참 의미 있는 스타라는 것을 단적으로 보 여주는 언표다.

　　김병만은 묘기 슬랩스틱 코미디나 다큐 예능으로 한국 코미디와 예능 프로그램의 폭을 확장하며 그 자신이 독창적인 예능 장르가 된 예능 스타다.

출 연 작

TV 프로그램

2002	〈쇼 행운 열차〉
2003	〈개그콘서트〉
2006	〈웃음충전소〉
2008	〈날아라 슛돌이〉〈조혜련 김병만의 투캅스〉
2009	〈코미디쇼 희희락락〉〈김병만의 별난 세상〉〈개그 스타〉
2010	〈식신로드〉
2011	〈김연아의 키스&크라이〉〈정글의 법칙〉〈자유선언 토요일-가족의 탄생〉〈이수근 김병만의 상류사회〉〈신동엽 김병만의 개구쟁이〉
2013	〈우리동네 예체능〉
2015	〈주먹 쥐고 소림사〉〈부르면 갑니다 머슴아들〉
2017	〈주먹 쥐고 뱃고동〉
2018	〈갈릴레오-깨어난 우주〉
2019	〈오지 GO〉
2020	〈땅만 빌리지〉
2022	〈공생의 법칙〉〈플레이 골프 달인과 친구들〉

드라마 · 영화

2002	〈매직키드 마수리〉
2005	〈바리바리 짱〉
2007	〈김관장 대 김관장 대 김관장〉
2008	〈종합병원 2〉
2009	〈다함께 차차차〉

2011	〈서유기 리턴즈〉

(22) 김제동

金濟東 │ 1974~

활동 영역·지향점 다른 예외적 예능인

#1. 2015년 11월 20일. 서울 목동 SBS 사옥 앞에서 극우단체 '엄마부대' '탈북 엄마회' 회원들은 김제동이 역사 교과서의 국정화 반대 입장을 공개적으로 밝혔다며 연예계 퇴출과 SBS〈힐링 캠프〉폐지를 요구하는 시위를 벌였다. 이들은 '사회주의 옹호하는 김제동'이라는 피켓을 들고 구호를 외쳤다.

#2. 2017년 11월 11일. 서울 광화문 광장에선 '국민주권 만민공동회'가 시민 300여 명이 참석한 가운데 열렸다. "법은 늘 힘 있는 사람의 칼이었지, 힘없는 사람들의 지팡이였던 적은 없습니다. 법은 힘 있는 사람들의 것이 아니라 우리가 힘들 때 가지고 있으라고 존재하는 것입니다." 행사 사회를 맡은 김제동의 말에 참석자들은 열렬한 박수로 호응했다.

#3. 2022년 11월 1일. 전남 목포시 목포마리아회고등학교 학생들이 자신들의 미래와 진로에 관련한 고민에 대해 따뜻한 조언을 아끼지 않고 용기를 북돋아준 김제동에게 환호했다. 김제동이 고등학교를 돌아다니며 진행한 재능기부 강연 행사 중 하나였다.

김제동을 엿볼 수 있는 세 가지 풍경이다. 김제동은 연예인 데뷔 경로부터 활동 영역까지 기존 연예인과 사뭇 다른 한국 연예계의 독특한 예능 스타다.

1974년 경북 영천에서 출생한 김제동은 국어 교사가 꿈이었으나 여러 사정으로 포기했다. 군 복무 시절 문선대 소속으로 군 행사 MC로 활동하면서 인생 항로가 바뀌었다. 제대 후 대구 지역에서 레크리에이션 강사, 행사 MC, 장내 아나운서로 활동하며 명성을 얻었다. 대구 우방타워랜드 방송 진행자, 경북대학교 축제 사회자, 대구야구장 장내 아나운서로 활약했다. 지방 공연을 하던 윤도현이 우연히 행사 MC를 하는 김제동을 보고 윤도현 밴드 공연 진행을 맡겼다. 윤도현은 2002년 스타를 조명하는 프로그램 〈스타 스페셜〉에 출연해 "김제동은 대구 야구장에서 장내 아나운서도 하고 저희 콘서트에서도 사회 보는 친구인데 아주 웃겨요"라고 김제동을 TV에 처음 등장시켰다. 김제동은 2002년 KBS 〈윤도현의 러브레터〉의 코너 '김제동의 리플해주세요'를 통해 연예계에 공식적으로 데뷔했다. 김제동은 대다수 개그맨과 예능인이 데뷔 채널로 활용하는 개그맨 공채 경로를 밟지 않았다. 그렇다고 연예기획사에 발탁돼 교육받고 연예계에 입문한 경우도 아니다.

"상경할 때 최대 목표가 서울 대학가에서 사투리로 축제 사회를 보는 것"369이라고 했던 김제동은 〈윤도현의 러브레터〉를 시작으로 〈폭소클럽〉 〈야심만만〉 〈해피투게더〉 〈스타 골든벨〉 〈해피선데이-품행 제로〉 〈연예가 중계〉의 진행자로 나서 승승장구했다.

김제동은 군대 MC, 레크리에이션 강사, 야구장 장내 아나운서 같은 비방송권에서 찬바람 맞아가며 쌓은 탄탄한 진행 실력, 폭넓은 독서와 수많은 사람을 만난 경험을 통해 터득한 현상과 대상, 인물에 대한 뛰어난 분석과 정리 능력, 풍부한 은유와 비유를 동원한 감성적 어법으로 감동을 주는 토크 스타일, 남녀노소 누구나 편하게 해주는 소탈한 인상의 외모로 단번에 일인 자 MC로 떠올랐다. 예능인들이 웃음의 기제로 자주 활용하는 은어와 비어, 막말, 독설, 외래어가 아닌 바른 말과 고운 말을 사용해 출연자나 시청자에게 따뜻한 웃음과 깊은 감동을 전해주거나 되새김질을 할 수 있는 의미를 전달해 예능 프로그램의 품격을 한 단계 높였다.

"누구나 인생에는 굴곡이 있게 마련입니다. 굽은 강이 큰 산을 품습니다." "나침반은 떨리면서 끊임없이 옳은 방향을 잡습니다. 지금 당신이 옳습니다." "스토킹은 날 위해 그 사람의 앞을 잡아두는 것이고 사랑은 그 사람을 위해 그 사람의 뒷모습을 바라봐 주는 것이다." "하늘의 별만을 바라보는 사람은 자기 발아래의 아름다운 꽃을 느끼지 못한다."…일명 '김제동 어록'으로 명명된 멘트 스타일은 김제동 인기의 원동력이고 정체성을 드러내는 특징이다. 김제동은 이질적인 것을 혼합해 기막힌 조화를 드러내고 비유와 묘사가 돋보이는 최적의 어법을 구사하며 공감과 감동을 유발했다. 함께 진행하는 진행자나 출연자의 성격에 따라 각기 다른 진행 스타일도 선보였다. 연예인 MC와 할 때는 분위기를 가벼우면서도 경쾌하게 그리고 아나운서 MC와 할 때는 교양적 분위기가 배어나게 진행하는 순발력을 발휘했다. 일반인 출연자가 나오면 카메라 의식하지 않고 편하게 방송할 수 있도록 일반인의 눈높이에 맞춘 멘트를 구사하는 진행 스타일을 견지했다.

김제동의 이러한 강점과 경쟁력으로 다른 예능 프로그램 진행자와 차별화하며 프로그램을 이끌어 방송계 데뷔 4년 만인 2006년 KBS 연예대상 시상식에서 최고의 영예인 대상을 수상했다. 물론 김제동의 예능 스타로서 약점도 존재한다. 김제동은 몸개그나 연기력, 리액션, 개인기가 부족해 버라이어티 예능 프로그램에선 흐름이 끊기고 다른 멤버와 부조화가 드러난다. 이 때문에 승승장구하던 김제동이 연예대상을 받은 뒤 한동안 침체하기도 했다.

무엇보다 김제동의 방송과 활동의 입지를 좁히고 설 자리를 박탈한 것은 정권과 권력의 눈치를 본 방송사 경영진이었다. 2009년 5월 29일 서울 광장에서 열린 노무현 전 대통령 노제 사회를 본 뒤 녹화까지 마친 엠넷의

〈김제동 쇼〉 편성이 갑자기 취소되고 높은 시청률을 유지하던 KBS 〈스타 골든벨〉과 MBC 〈환상의 짝꿍〉 MC에서도 물러나야 했다. 여기에 청와대, 총리실, 국정원, 경찰 같은 권력 기관의 김제동에 대한 불법 사찰 의혹까지 제기됐다. 이명박, 박근혜 정권은 미국 쇠고기 수입, 4대강 사업, 세월호 참사, 국사 교과서의 국정화에 비판적 견해를 피력한 김제동 윤도현 김규리를 비롯한 수많은 연예인을 블랙리스트에 올려 방송 출연 제한 같은 탄압을 가했다. 심지어 극우단체를 동원해 항의 시위를 하고 댓글을 통해 여론 조작까지 서슴지 않았다.

정권의 스타 연예인에 대한 탄압의 역사는 오래됐다. 이승만 정권은 김희갑을 비롯한 당대 최고 인기 연예인들을 선거 및 정치 행사에 동원하며 정권과 집권 여당의 선전 도구로 유린했다. 박정희 정권은 대통령 찬가 만들것을 거부한 신중현을 활동 중단시키고 그의 노래를 금지곡으로 묶는 탄압을 가했는가 하면 심수봉을 비롯한 여자 스타들을 술자리에 참석시키는 야만적인 권력 남용 행태까지 보였다.

김제동은 "저에게 자꾸 '정치하냐' '정치적 얘기 그만하라'는 사람들이 있는데요. 저는 사실 그분들이 가장 정치적이라고 생각합니다. 정치의 주체인 시민에게 정치 얘기를 하지 말라는 것은 자기들 마음대로 하겠다는 뜻이잖아요. 시민을 무시하는 거죠"[370]라며 쌍용 자동차 해고노동자에 대한 따뜻한 위로, 용산참사 해결 촉구, 반값 등록금을 요구한 대학생들에 대한 격려를 거침없이 했다. 이 때문에 보수 정당과 언론, 단체에선 김제동을 '좌파 소셜테이너'로 낙인찍으며 비난을 가했다.

정권과 방송 경영진의 압력으로 방송에서 설 자리를 잃은 김제동이 택한 것은 토크 콘서트였다. 〈김제동의 토크콘서트-노브레이크〉를 2009년 시작해 매년 이어오면서 특유의 촌철살인 멘트와 감동과 의미를 담보하는 어록, 따뜻한 웃음을 유발하는 유머 구사, 관객과 수평적 소통을 통해 대중을 웃고 울리며 토크 콘서트 선풍을 일으켰다. 2015~2017년 방송된 JTBC의 〈김제동의 톡투유-걱정 말아요! 그대〉는 김제동의 장기들이 펼쳐진 토크 콘서트의 포맷을 유지해 시청자의 호평을 받았다.

김제동은 방송과 무대뿐만 아니라 시위 현장에서 그리고 지자체와 학교에서 강연과 강의 형태로 대중과 꾸준히 만났다. 2017년 정권이 바뀐 이후 김제동은 예능 프로그램뿐만 아니라 〈오늘 밤 김제동〉 같은 시사 프로그램 진행자로 나서 활동 영역을 확장했다.

김제동은 일반적인 스타 시스템을 통해 연예인이 된 것도 아니고 활동 영역 역시 예능 프로그램에만 국한되는 것이 아닌 길거리부터 시사 프로그램까지 다양하다. 사회와 정치 현안에 거침없이 자신의 입장을 밝히는 한국 연예계의 예외적 예능 스타다. 연예인에 대한 대중의 인식을 전환시킨 스타이기도 하다.

출연작

TV 프로그램

2002	〈윤도현의 러브레터〉
2003	〈폭소클럽〉〈야심만만〉
2004	〈스타 골든벨〉〈! 느낌표-눈을 떠요〉
2006	〈말달리자〉〈해피선데이-품행제로〉〈연예가 중계〉
2007	〈환상의 짝꿍-사랑의 교실〉〈일밤-'불가능은 없다'〉
2008	〈일밤-'간다 투어'〉〈야심만만 2〉〈고수가 왔다〉
2009	〈황금 나침반〉〈일밤-'노다지'〉
2010	〈7일간의 기적〉
2011	〈밤이면 밤마다〉〈나는 가수다〉〈힐링캠프〉
2015	〈김제동의 톡투유-걱정 말아요! 그대〉
2018	〈오늘 밤 김제동〉
2019	〈편애중계〉

공연

2009	〈김제동 토크콘서트-노브레이크〉
2010	〈콘서트350〉
'10-'19	〈토크 콘서트 시즌2~10〉
2022	〈김제동 토크콘서트-동심〉

주

1   배국남(2016.5.18), 〈양할머니, 왜 송혜교에 감사 눈물〉, 《이투데이》.

2   이지영(2018), 『BTS 예술혁명』, 파레시사, 81쪽.

3   미국 연예 잡지 《Hollywood Reporter》는 스타의 인기와 흥행 성적을 근거로 스타의 등급을 구분해 정기적으로 발표하고 있다. 특A급 스타-원작이나 감독, 다른 출연 배우의 명성에 상관없이 자신의 명성 하나로 국내외 흥행을 보장하는 스타. A급 스타-자신의 명성만으로 외국 시장의 흥행을 보장하지 않지만, 연출자나 공동 출연 연기자의 지명도가 바탕이 되면 최소한의 수익을 보장하는 스타. B급 스타-감독, 시나리오 등의 내용에 따라 간혹 흥행 성공을 유발하는 스타. C급 스타-미국 이외의 해외 시장에서 상업적 가치가 없는 스타.

4   민중서림 편집국 엮음(2004), 『국어사전』, 민중서림, 1,528쪽.

5   네이버 지식 백과.

6   로이 서기(Roy Shuker) 지음, 장호연 이정엽 옮김(2012), 『대중음악 사전』, 한나래 출판사, 195쪽.

7   루이스 자네티(Louis Giannetti) 지음, 김진해 옮김(1999), 『영화의 이해』, 현암사, 241~242쪽.

8   Paul McDonald(2001), 『The Star System: Hollywood's Production of Popular Identities(Short Cuts)』, Wallflower Press, 9쪽.

9   하윤금(2006), 〈한류의 안정적 기반 구축과 방송 연예 매니지먼트 산업의 개선을 위한 해외 사례연구〉, 방송위원회, 41쪽.

10   허행량(2002), 『스타 마케팅』, 매일경제신문사, 151쪽.

11   Long, P. & Wall, T.(2009), 『Media Studies』, Longman, 98쪽.

12   Sherwin Rosen(1981.12), 〈The Economics of Superstars〉, The American Economic Review 71-5, 845쪽.

13   방송문화진흥회 엮음(1990), 『방송대사전』, 나남, 475~477쪽.

14   이승구 이용관 엮음(1993), 『영화용어 해설집』, 영화진흥공사, 227쪽.

15   배국남(2016), 『스타란 무엇인가』, 논형, 35쪽.

16   John Ellis(1992), 『Visible fictions, Cinema: Television: Video』, Routledge,

91~97쪽.

17   막스 호르크하이머, 테오도어 아도르노(Max Horkheimer Und Theodor W. Adorno)
     지음, 김유동 옮김(1995), 『계몽의 변증법』, 문예출판사, 321쪽.

18   Walker, A.(1970), 『Stardom, the Hollywood Phenomenon』, Penguin Books, 5쪽.

19   배국남(2016), 『스타란 무엇인가』, 논형, 44쪽.

20   장용호(1993.3), 〈비디오 산업의 경제적 메커니즘에 관한 연구〉, 한국언론학보, 221~268쪽.

21   김호석(1998), 『스타시스템』, 삼인, 61~63쪽 재인용.

22   이동연(2012.3), 〈우리 시대 연예인의 권력을 보는 두 가지 관점〉, 문화과학 69호, 155쪽.

23   Leo Lowenthal(1961), 〈The Triumph of Mass Idols〉, Literature, Popular and
     Society, Prentice Hall, 110~140쪽.

24   에드가 모랭(Edgar Morin) 지음, 이상률 옮김 (1997), 『스타』, 문예출판사, 189쪽.

25   아더 아사버거(Arther Asa Berger) 지음, 한국사회언론연구회 매체비평과 옮김(1993),
     『대중매체 비평의 기초』, 이론과 실천, 62쪽.

26   강준만(2013), 『대중문화의 겉과 속』, 인물과 사상사, 66쪽 재인용.

27   에드가 모랭 지음, 이상률 옮김 (1997), 『스타』, 문예출판사, 139쪽.

28   김호석(1998), 『스타 시스템』, 삼인, 135쪽.

29   장규수(2011), 『한류와 스타 시스템』, 스토리하우스, 26쪽.

30   박기성(1993.12), 〈언제부터 대중이 매스의 속성을 띠었는가〉, 저널리즘 비평, 69쪽.

31   강준만은 경제개발의 구호 아래 농촌이 해체되고 도시가 커지면서 교통, 통신, 교육, 대중
     매체가 발달하기 시작한 1960년대부터 진정한 의미에서의 대중문화가 나타났다고 주장한
     다. (강준만 (2013), 『대중문화의 겉과 속』, 인물과 사상사, 17쪽) 강현두 역시 한국 사회
     에서 현대의 대중문화 현상은 1960년대 후반에 출현했다고 주장하며 그 이유는 이때 대
     중문화의 주종을 이룬 대중적 주간지들이 본격적으로 창간되었고 상업 방송사가 전국망을
     갖췄기 때문이라고 했다. (강현두(2000), 『현대 사회와 대중문화』, 나남출판, 21~22쪽)
     이상희는 현대 한국 대중문화 현상이 해방과 더불어 한국 사회에 미국 대중문화가 들어오
     면서 발전하기 시작했다고 봤다. (이상희(1980), 『한국의 사회와 문화』, 한국정신문화연
     구원, 5~39쪽).

32   박성봉(1994), 『대중예술의 이론들』, 동연, 33쪽.

33   이성욱(2004), 『쇼쇼쇼 김추자, 선데이서울 게다가 긴급조치』, 생각의 나무, 125~128쪽.

34   정종화(1997), 『자료로 본 한국영화사 1』, 열화당, 30~38쪽.

35   김종원 정중헌(2001), 『우리 영화 100년』, 현암사, 145~146쪽.

36   호현찬(2000), 『한국 영화 100년』, 문학사상사, 53~55쪽.

37   이상길(2001), 〈유성기의 활용과 사적 영역의 형성〉, 언론과 사회 9-4호, 59~60쪽.

38   유선영 박용규 외 지음(2007), 『한국의 미디어 사회문화사』, 한국언론재단, 384쪽.

39   이영미(2001), 『한국 대중가요사』, 시공사, 37~38쪽.

40   연구공간 수유+너머 근대 매체 연구팀(2005), 『신여성: 매체로 본 여성 풍속사』, 한겨레
      신문사, 113~115쪽.

41   김창남(2003), 『대중문화의 이해』, 한울아카데미, 84쪽.

42   장유정(2011.8), 〈본격화된 한국 대중음악사-전기녹음에서 악극까지〉, SOUND 3호,
      28~36쪽.

43   김광해(1998), 〈일제 강점기의 대중가요에 대한 계량언어학적 연구: 유성기 음반 채록본
      을 중심으로〉, 한국어 의미학 3호, 197~215쪽.

44   강준만(2007), 『한국 대중매체사』, 인물과 사상사, 207~210쪽.

45   박선영(2018), 『코미디언 전성시대』, 소명출판, 85쪽.

46   차배근 외 지음(2001), 『우리 신문 100년』, 현암사, 19~20쪽.

47   최창호 홍강성(1999), 『라운규와 수난기 영화』, 평양출판사, 12쪽.

48   장유정 서병기(2015), 『한국 대중음악사 개론』, 성안당, 126~127쪽.

49   김광수 외 지음(1997), 『스타를 만드는 사람들』, 문예마당, 250~279쪽.

50   장유정 서병기(2015), 『한국 대중음악사 개론』, 성안당, 126쪽.

51   황문평(1994), 『돈도 명예도 사랑도』, 무수막, 12~16쪽.

52   김정섭(2018), 『한국 대중문화예술사』, 한울아카데미, 47쪽.

53   조용만(1988), 『30년대 문화예술인들』, 범양사, 250~251쪽.

54   박찬호 지음, 안동림 옮김(2009), 『한국가요사 1』, 미지북스, 262~265쪽.

55   김미현 외 지음(2006), 『한국영화사』, 커뮤니케이션북스, 31~34쪽.

56   김진송(1999), 『현대성의 형성: 서울에 딴스홀을 허하라』, 현실문화연구, 163쪽.

57   이영미(2002), 『흥남 부두의 금순이는 어디로 갔을까』, 황금가지, 28쪽.

58   장유정(2010), 〈이 땅에서 별로 산다는 것-대중가수의 탄생에서 귀환까지〉, 역사비평
      90호, 191~198쪽.

59   호현찬(2000), 『한국 영화 100년』, 문학사상사, 54~55쪽.

60   엠넷 레전드 100 아티스트 제작팀(2013), 『레전드 100 아티스트』, 한권의 책, 399~400

쪽.

61   서대석 외 지음(2006), 『전통 구비문학과 근대 공연예술 1』, 서울대출판부, 91쪽.

62   김은신(2008), 『여러분이시여 기쁜 소식이 왔습니다』, 김영사, 320~322쪽.

63   박재식(2004), 『한국 웃음사』, 백중당, 295~296쪽.

64   강현두 (2000), 『현대 사회와 대중문화』, 나남출판, 21~27쪽.

65   황동미(2001), 〈한국 영화산업 구조분석〉, 영화진흥위원회, 8~16쪽.

66   김미현 외 지음(2006), 『한국 영화사』, 커뮤니케이션북스, 130~131쪽.

67   김미현 외 지음(2006), 『한국 영화사』, 커뮤니케이션북스, 173~174쪽.

68   황동미(2001), 〈한국 영화산업 구조분석〉, 영화진흥위원회, 15쪽.

69   김종원 정중헌(2001), 『우리 영화 100년』, 현암사, 244~246쪽.

70   한국 영화 100년 기념사업추진위원회 엮음(2019), 『한국 영화 100년 100경』, 돌베개,
      95쪽.

71   김미현 외 지음(2006), 『한국 영화사』, 커뮤니케이션북스, 195~199쪽.

72   김화(2003), 『새로 쓴 한국 영화사』, 다인미디어, 244~247쪽.

73   최창봉 강현두(2001), 『우리 방송 100년』, 현암사, 52~55쪽.

74   오명환(1994), 『텔레비전 드라마 예술론』, 나남출판, 121~122쪽.

75   강준만(2001), 『대중매체 이론과 사상』, 개마고원, 53쪽.

76   한국방송학회 엮음(2011), 『한국방송의 사회문화사』, 한울아카데미, 15~16쪽.

77   오명환(1994), 『텔레비전 드라마 예술론』, 나남출판, 147~149쪽.

78   강태영 윤태진(2002), 『한국 TV 예능오락 프로그램의 변천과 발전』, 한울아카데미,
      38~40쪽.

79   이영미(2001), 『한국 대중가요사』, 시공사, 99~100쪽.

80   이준희(2011.8), 〈6 · 25 전쟁과 한국 대중음악의 변화〉, SOUND 3호, 41~42쪽.

81   김화(2001), 『이야기 한국 영화사』, 하서, 324~325쪽.

82   최규성(2011.8), 〈제도와 음악 환경의 변화로 한국 대중음악의 새로운 흐름이 형성된 대
      전환의 시대〉, SOUND 3호, 48~50쪽.

83   최창봉 강현두(2011), 『우리 방송 100년』, 현암사, 52~55쪽.

84   신상일 외 지음(2014), 『한국 TV 드라마 50년사』, 한국방송실연자협회, 68~70쪽.

85   오명환(1994), 『텔레비전 드라마 예술론』, 나남출판, 283~284쪽.

86   김환표(2012), 『드라마, 한국을 말하다』, 인물과 사상사, 46~47쪽.

87   반재식(2004), 『한국 웃음사』, 백중당, 264~265쪽.

88   김화(2003), 『새로 쓴 한국 영화전사』, 다인미디어, 125~127쪽.

89   장유정 서병기(2015), 『한국 대중음악사 개론』, 성안당, 209~210쪽.

90   김광수 외 지음(1997), 『스타를 만드는 사람들』, 문예마당, 250~253쪽.

91   정혜경(1996), 〈한국 대중문화 영역의 스타 시스템 변화 과정에 관한 연구〉, 서울대학교 대학원 석사논문, 37~39쪽.

92   오연천 엮음(2010), 『이순재 나는 왜 아직도 연기하는가』, 서울대학교 출판문화원, 36쪽.

93   원용진(2010), 『새로 쓴 대중문화 패러다임』, 한나래, 192쪽.

94   호현찬(2000), 『한국 영화 100년』, 문학사상사, 102쪽.

95   강헌(2016), 『강헌의 대중문화』, 이봄, 218쪽.

96   김화(2003), 『새로 쓴 한국 영화전사』, 다인미디어, 178~180쪽.

97   엠넷 레전드 100 아티스트 제작팀(2013), 『레전드 100 아티스트』, 한권의 책, 117~118쪽.

98   장유정 서병기(2015), 『한국 대중음악사 개론』, 성안당, 74쪽.

99   노정팔(1995), 『한국 방송과 50년』, 나남, 320쪽.

100   김창남(2003), 『대중문화의 이해』, 한울아카데미, 150~152쪽.

101   신상일 외 지음(2014), 『한국 TV 드라마 50년사』, 한국방송실연자협회, 113~115쪽.

102   최창봉 강현두(2001), 『우리 방송 100년』, 현암사, 200~201쪽.

103   강태영 윤태진(2002), 『한국 TV 예능오락 프로그램의 변천과 발전』, 한울아카데미, 47~48쪽.

104   김환표(2012), 『드라마, 한국을 말하다』, 인물과 사상사, 140쪽.

105   최창봉 강현두(2001), 『우리 방송 100년』, 현암사, 206~207쪽.

106   김화(2003), 『새로 쓴 한국 영화전사』, 다인미디어, 277~278쪽.

107   김미현 외 지음(2006), 『한국 영화사』, 커뮤니케이션북스, 124~125쪽.

108   김종원 정중헌(2001), 『우리 영화 100년』, 현암사, 306~312쪽.

109   한국 영화 100년 기념사업추진위원회 엮음(2019), 『한국 영화 100년 100경』, 돌베개, 147~149쪽.

110   고제규(1997), 〈국가의 영화정책에 따른 한국 영화산업의 변화에 관한 연구〉, 고려대학교 대학원 석사논문, 27쪽.

111   김미현 외 지음(2006), 『한국 영화사』, 커뮤니케이션북스, 265~268쪽.

112 　김휴종(1997), 〈한국 음반 산업 연구〉, 삼성경제연구소, 15~17쪽.

113 　이영미(2001), 『한국 대중가요사』, 시공사, 187쪽.

114 　배국남(2016), 『스타란 무엇인가』, 논형, 115쪽.

115 　〈주연도 가지가지〉, 《국제영화》 1973년 6월호, 38~40쪽.

116 　〈배우협회 일부 배우 회원자격 박탈〉, 《국제영화》 1976년 7월호, 44~45쪽.

117 　신현준(2002), 『글로벌, 로컬 한국의 음악산업』, 한나래, 108~109쪽.

118 　신중현(2003.3.4), 〈나의 이력서〉, 《한국일보》.

119 　정혜경(1996), 〈한국 대중문화 영역의 스타 시스템 변화 과정에 관한 연구〉, 서울대학교
　　　대학원 석사논문, 51쪽.

120 　오명환(1994), 『텔레비전 드라마 사회학』, 나남출판, 81~82쪽.

121 　하윤금 김영덕(2003), 『방송과 연예 매니지먼트 산업』, 커뮤니케이션북스, 40~42쪽.

122 　김광수 외 지음(1997), 『스타를 만드는 사람들』, 문예마당, 250~252쪽.

123 　정혜경(1996), 〈한국 대중문화 영역의 스타 시스템 변화 과정에 관한 연구〉, 서울대학교
　　　대학원 석사논문, 37~38쪽.

124 　하윤금 김영덕(2003), 『방송과 매니지먼트 산업』, 커뮤니케이션북스, 42~45쪽.

125 　김광수 외 지음(1997), 『스타를 만드는 사람들』, 문예마당, 258~259쪽.

126 　이호걸(2000), 〈70년대 여배우 스타덤 연구〉, 중앙대학교 첨단영상대학원 석사논문,
　　　17~18쪽.

127 　김종원 정중헌(2001), 『우리 영화 100년』, 현암사, 362~363쪽.

128 　황정(2011.8), 〈한국 대중음악의 판도를 바꾼 주요 사건 15개–한대수 귀국〉, SOUND 3
　　　호, 150~151쪽.

129 　김창남(2011.8), 〈청년문화의 대두와 좌절(1970~1979)〉, SOUND 3호, 64쪽.

130 　이혜숙 손우석(2003), 『한국 대중음악사』, 리즈앤북, 64~65쪽.

131 　김창남(2003), 『대중문화의 이해』, 한울아카데미, 176~177쪽.

132 　최창봉 강현두(2001), 『우리 방송 100년』, 현암사, 342~343쪽.

133 　한국콘텐츠진흥원(2023), 〈2022 방송영상 산업백서〉, 한국콘텐츠진흥원, 2~6쪽.

134 　황동미(2001), 〈한국 영화산업분석〉, 영화진흥위원회, 15쪽.

135 　임혜원(1997), 〈대기업 영화제작 사례연구〉, 중앙대학교 대학원 석사논문, 20~22쪽.

136 　반현정(2009), 〈2000년 이후 한국 영화산업 구조 변화 연구〉, 중앙대학교 첨단영상대학
　　　원 석사논문, 42~43쪽.

137 김미현 외 지음(2006), 『한국 영화사』, 커뮤니케이션북스, 330~331쪽.

138 이현진 (2014), 〈문화에서 산업으로, IMF 이후 한국 영화의 위상 변화와 인식의 전환〉, 현대영화연구 19호, 179~180쪽.

139 최수영 외 지음(2008.7), 〈한국 영화산업 내 기획개발 현황 및 문제점〉, 한국 영화 동향과 전망, 6쪽.

140 한국영화진흥위원회(2020), 〈2019년 한국 영화산업 결산〉, KOFIC 리포트, 41쪽.

141 한국콘텐츠진흥원(2023), 〈2021 기준 콘텐츠 산업조사〉, 한국콘텐츠진흥원, 3쪽.

142 김미현(2014), 『한국 영화의 역사』, 커뮤니케이션북스, 94~95쪽.

143 권석정(2011.8), 〈비주얼보다 음악성이 환영받았던 마지막 호시절〉, SOUND 3호, 92~93쪽.

144 배국남(2016.9), 〈오늘도 우리는 열창한다〉, 《예향》, 33쪽.

145 한국콘텐츠진흥원(2018), 〈2017 음악산업 백서〉, 한국콘텐츠진흥원, 57~58쪽.

146 한국콘텐츠진흥원(2023), 〈2021 기준 콘텐츠 산업조사〉, 한국콘텐츠진흥원, 3쪽.

147 한국콘텐츠진흥원(2021), 〈2019 기준 콘텐츠 산업조사〉, 한국콘텐츠진흥원, 152쪽.

148 배국남(2022.4), 〈배국남의 대중문화 X파일−아이돌 주도 K팝 진화 거듭하며 세계 정복 중!〉, 《예향》, 45쪽.

149 한국언론진흥재단 조사분석팀(2021), 〈2021 신문 산업 실태조사〉, 한국언론진흥재단, 14~15쪽.

150 배국남(2016), 『스타란 무엇인가』, 논형, 123~124쪽.

151 이씬정석(2016), 〈음악 생태계 선순환을 위한 과제〉, 대중음악 18호, 148~149쪽.

152 배국남(2019.3), 〈배국남의 대중문화 X파일−하이에나가 된 연예 저널리즘〉, 《예향》, 51~52쪽.

153 김광수 외 지음(1997), 『스타를 만드는 사람들』, 문예마당, 264쪽.

154 하윤금 김영덕(2003), 『방송과 연예매니지먼트 산업』, 커뮤니케이션북스, 46~49쪽.

155 배국남(2016), 『스타란 무엇인가』, 논형, 126~129쪽.

156 김태희(1994.2.18), 〈매니저의 세계〉, 《TV 저널》.

157 한국콘텐츠진흥원(2022), 〈2021 대중문화예술산업 실태조사〉, 한국콘텐츠진흥원, 56~87쪽.

158 한국콘텐츠진흥원(2018), 〈2017 음악산업 백서〉, 한국콘텐츠진흥원, 77~78쪽.

159 배국남(2022), 『연예인의 겉과 속』, 신사우동호랑이, 224~226쪽.

160 배국남(2022), 『연예인의 겉과 속』, 신사우동호랑이, 240~246쪽.

161 한국국제교류재단(2022), 『2021 지구촌 한류 현황 분석』, 한국국제교류재단, 4쪽.

162 김형석(2003.5), 〈최근 10년간 관객 수로 본 영화배우 파워〉, 《스크린》.

163 류설리 유승호(2009), 〈한국 영화 주요 배우·감독 네트워크의 관객 동원 안정성에 관한 연구: 1998-2007 영화를 중심으로〉, 한국콘텐츠학회지 9-6호, 65~66쪽.

164 정유미 박혜은(2020.1.2), 〈2009-2019 한국 영화배우 흥행파워〉, 《더 스크린》.

165 김종원 정중헌(2001), 『우리 영화 100년』, 현암사, 487~488쪽.

166 이동연 엮음(2011), 『아이돌』, 이매진, 343쪽.

167 김종원 정중헌(2001), 『우리 영화 100년』, 현암사, 55~56쪽.

168 안종화(1962), 『한국 영화 측면 비사』, 춘추각, 84쪽.

169 김남석(2006), 『조선의 여배우들』, 국학자료원, 19~20쪽.

170 나운규(2018), 『조선 영화의 길, 나의 삶 나의 영화』, 가갸날, 97쪽.

171 이경손(1964.12), 〈무성영화 시대의 자전〉, 《신동아》, 346쪽.

172 최승일(1926.12), 〈라디오·스폿트·키네마〉, 《별건곤》, 107~109쪽.

173 이두현(1965), 『한국의 인간상』, 신구문화사, 489~491쪽.

174 최창호(1999), 『라운규와 수난기 영화』, 평양출판사, 64쪽.

175 강옥희 외 지음(2006), 『식민지 시대 대중 예술인 사전』, 소도, 86~93쪽.

176 문예봉(1936.4), 〈내가 걸어온 길〉, 《여성》, 18쪽.

177 이주현(2017.4.10), 〈[스페셜] 한국 영화 속 인상적인 여성 캐릭터 공동 16위〉, 《씨네21》.

178 박상미(2015.3.30), 〈[박상미의 공감 스토리텔링]-'조선 영화의 샛별' 문예봉을 아십니까?〉, 《주간경향》.

179 조영복(2002), 『월북예술가, 오래 잊혀진 그들』, 돌베개, 199~200쪽.

180 이기봉(1986), 『북한 문학과 예술인』, 사사연, 306쪽.

181 강유정(2019.7.20), 〈시대의 보편적 서민 아버지 김승호〉, 《국민일보》.

182 김정형(2018.7.5), 〈김정형의 100년의 기록 100년의 교훈-영화배우 김승호 탄생 100주년〉, 《뉴스메이커》.

183 최은희(2007), 『최은희의 고백』, 랜덤하우스, 123쪽.

184 박유희(2011), 〈영화배우 최은희를 통해 본 모성 표상과 분단체제〉, 한국극예술연구 33호, 157~158쪽.

185 배국남(2012.12.21), 〈배국남의 스타 성공학-이순재〉, 《이투데이》.

186 한국 영화 100년 기념사업추진위원회 엮음(2019), 『한국 영화 100년 100경』, 돌베개, 87쪽.

187 김화(2003), 『새로 쓴 한국 영화 전사』, 다인미디어, 180~181쪽.

188 오승욱(2012.6), 〈최초의 팜파탈 김지미〉, 《신동아》.

189 임도경(2012.3), 〈한국의 여배우를 만나다 ② 동양의 리즈 테일러 김지미〉, 《월간조선》.

190 신성일(2011), 『청춘은 맨발이다』, 문학세계사, 19~23쪽.

191 조재휘(2019.8.10.), 〈플래시백 한국 영화 100년-영원한 청춘의 심벌 신성일〉, 《한국일보》.

192 신성일(2011), 『청춘은 맨발이다』, 문학세계사, 87~90쪽.

193 신성일 지승호(2009), 『배우 신성일, 시대를 위로하다』, 알마, 291쪽.

194 김혜자(2015), 『꽃으로도 때리지 마라』, 오래된 미래, 253쪽.

195 김혜자(2022), 『생에 감사해』, 수오서재, 212쪽.

196 박완서가 김혜자의 에세이집 『꽃으로도 때리지 마라』 추천사에서 언급.

197 김지수(2019.3.23.), 〈김지수의 인터스텔라-김혜자 단독 인터뷰〉, 《조선일보》.

198 배국남(2002), 『여의도에는 낮에도 별이 뜬다』, 백년글사랑, 155쪽.

199 최불암(2007), 『인생은 연극이고 인간은 배우라는 오래된 대사에 관하여』, 샘터, 191~192쪽.

200 김화(2003), 『새로 쓴 한국 영화 전사』, 다인미디어, 233쪽.

201 신성일(2011), 『청춘은 맨발이다』, 문학세계사, 214쪽.

202 무라야마 도시오(村山俊夫) 지음, 권남희 옮김(2011), 『청춘이 아니라도 좋다-안성기의 길 안성기의 영화』, 사월의 책, 150쪽.

203 이지윤(2017.4.12), 〈진짜 배우 안성기〉, 《씨네21》.

204 에드가 모랭(Edgar Morin) 지음, 이상률 옮김 (1997), 『스타』, 문예출판사, 74~75쪽.

205 Emmanuel Levy(1990), 〈Social Attributes of American Movie Stars〉, Media, Culture and Society 12, 247~250쪽.

206 오광수(2013), 『낭만 광대 전성시대』, 세상의 아침, 309~310쪽.

207 리처드 다이어(Richard Dyer) 지음, 주은우 옮김(1995), 『스타-이미지와 기호』, 한나래, 98~99쪽.

208 김혜리(2008), 『그녀에게 말하다-김혜리가 만난 사람』, 씨네21, 218쪽.

209 오명환(1994), 『텔레비전 드라마 예술론』, 나남출판, 319쪽.

210 배국남(2002), 『여의도에는 낮에도 별이 뜬다』, 백년글사랑, 196쪽.

211 이병훈(2009), 『꿈의 왕국을 세워라』, 해피타임, 61~62쪽.

212 마정미(1992), 『최신실 신드롬』, 청하, 21쪽.

213 심우일 외 지음(2015), 『신데렐라 최진실, 신화의 탄생과 비극』, 문화다북스, 25~26쪽.

214 이동연(2010.12), 〈감정의 양가성 : 연예인에 대하여〉, 문화과학 64호, 86~87쪽.

215 강성률(2018), 〈한석규 배우론〉, 씨네포럼 29호, 58~59쪽.

216 이용철 외 지음(2018), 『보통 배우 한석규, 추억을 선물하다』, 문화다북스, 21~22쪽.

217 김제동(2011), 『김제동이 만나러 갑니다』, 위즈덤경향, 103~104쪽.

218 고현정(2015), 『현정의 결』, 꿈의 지도, 27쪽.

219 리처드 다이어 지음, 주은우 옮김(1995), 『스타-이미지와 기호』, 한나래, 122쪽.

220 이영애(2001), 『아주 특별한 사랑』, 문학사상사, 59쪽.

221 정희진(2005.9.27), 〈사랑한다면 배용준처럼〉, 《한겨레21》.

222 정혁 외 지음(2000), 『스타비평 3』, 인물과 사상사, 172~173쪽.

223 한국 영화 100년 기념사업추진위원회 엮음(2019), 『한국 영화 100년 100경』, 돌베개, 251쪽.

224 김혜리(2008), 『그녀에게 말하다』, 씨네21, 98쪽.

225 서인숙(2018), 〈배우 송강호의 페르소나 연구-남성성을 중심으로〉, 드라마 56호, 181쪽.

226 박혜은(2020.1.2.), 〈2009-2019 한국 영화배우 흥행파워〉, 《더 스크린》.

227 주유신(2017.7), 〈한국 영화사에서 가장 매혹인 팜탈〉, 《영화천국》 56호, 23쪽.

228 리처드 다이어 지음, 주은우 옮김(1995), 『스타-이미지와 기호』, 한나래, 238~239쪽.

229 배국남(2002), 『여의도에는 낮에도 별이 뜬다』, 백년글사랑, 223~225쪽.

230 박성혜(2010), 『별은 스스로 빛나지 않는다』, 씨네21 북스, 316~317쪽.

231 한국국제문화교류진흥원(2022), 〈2022 해외한류 실태조사〉, 한국국제문화교류진흥원, 26쪽.

232 스크린 편집부(2004), 『한국 영화배우 사전』, 스크린, 287쪽.

233 송혜교(2013), 『혜교의 시간』, 낭만북스, 82쪽.

234 강준만(2007), 『대한민국을 움직이는 쿨 에너지』, 인물과 사상사, 51~52쪽.

235 정유미 박혜은(2020.1.2), 〈2009-2019 한국 영화배우 흥행파워〉, 《더 스크린》.

236 하정우(2011), 『하정우 느낌 있다』, 문학동네, 88~90쪽.

237 하정우(2018), 『걷는 사람 하정우』, 문학동네, 229~231쪽.

238   김제동(2012), 『김제동이 어깨동무합니다』, 위즈덤경향, 210쪽.

239   한국국제문화교류진흥원(2022), 〈2022 해외 한류 실태조사〉, 한국국제문화교류진흥원, 26쪽.

240   한국국제문화교류진흥원(2022), 〈2022 해외 한류 실태조사〉, 한국국제문화교류진흥원, 46쪽.

241   박찬호 지음, 안동림 옮김(2009), 『한국가요사 1』, 미지북스, 233~235쪽.

242   전통 현악기인 샤미센 반주에 맞춰 서사적인 이야기를 노래와 말로 전달하는 일본의 전통 음악.

243   강옥희 외 지음(2006), 『식민지 시대 대중 예술인 사전』, 소도, 330~332쪽.

244   김희주(2016), 〈번안 가요에서 나타난 한국 보컬 가창 스타일 분석: 일제 강점기 대중음악을 중심으로〉, 경희대학교 대학원 석사논문, 49~50쪽.

245   최창호(2000), 『민족 수난기의 가요들을 더듬어』, 한국문화사, 76~79쪽.

246   이영미(2011), 『세시봉, 서태지와 트로트를 부르다』, 두리미디어, 68~70쪽.

247   엠넷 레전드 100 아티스트 제작팀(2013), 『레전드 100 아티스트』, 한권의 책, 441~442쪽.

248   박찬호 지음, 안동림 옮김(2009), 『한국가요사 1』, 미지북스, 262~265쪽.

249   장영철(1998), 『조선 음악 명인전(1) 왕수복』, 윤이상음악연구소, 342~343쪽.

250   김은영(2018), 〈1930년대 대중잡지에 투영된 여성 대중가수의 이미지〉, 음악과 민족 55호, 219쪽.

251   이정표(2012), 〈일제강점기 대중가수들의 가창법 비교연구: 여가수들 중심으로〉, 성균관대학교 대학원 석사논문, 40쪽.

252   신현규(2006), 『평양기생 왕수복: 10대 가수 여왕 되다』, 경덕출판사, 55쪽.

253   박찬호 지음, 안동림 옮김(2009), 『한국가요사 1』, 미지북스, 381~382쪽.

254   정두수(2012.5.16), 〈작사가 정두수의 가요 따라 삼천리─실패한 첫 앨범 '눈물의 해협'과 다르게 애틋한 사랑 노래 인기〉, 《문화일보.》

255   이영미(2011), 『세시봉, 서태지와 트로트를 부르다』, 두리미디어, 61~63쪽.

256   박찬호 지음, 안동림 옮김(2009), 『한국가요사 1』, 미지북스, 393쪽.

257   강헌(2018.6.20), 〈명곡은 시대다─새 시대 '해방 정국'에 등장한 이국적 스타〉, 《국민일보》.

258   정충신(2011.1.28), 〈오랜만입니다─한국 방송작가 1호 유호 전 방송작가협회 이사장〉,

《문화일보》.

259 엠넷 레전드 아티스트 100 제작팀(2013), 『레전드 100 아티스트』, 한권의 책, 117~118 쪽.

260 조영남(2012), 『그녀, 패티김』, 돌베개, 24쪽.

261 기록에 따라 〈동백 아가씨〉 음반 판매량이 10만 장, 25만 장, 100만 장으로 다르다. 이미 자는 100만 장이 판매됐다고 주장한다.

262 이영미(2001), 『한국 대중가요사』, 시공사, 176~177쪽.

263 장유정(2008), 〈한국 트로트 논쟁의 일고찰〉, 대중서사 연구 20호, 48쪽.

264 이미자(1999), 『인생 나의 40년』, 황금가지, 42~44쪽.

265 신중현(2006), 『내 기타는 잠들지 않는다』, 해토, 43쪽.

266 신현준 외 지음(2005), 『한국 팝의 고고학』, 한길아트, 131쪽.

267 임진모(2012), 『가수를 말하다』, 빅하우스, 28쪽.

268 박호정(2018), 〈1970년대 한국 록 음악에 관한 고찰: 신중현을 중심으로〉, 경희대학교 아트퓨전디자인대학원 석사논문, 52쪽.

269 최경호(2018.12.28.), 〈'영원한 오빠' 남진의 반백년 가수 인생〉, 《중앙일보》.

270 엠넷 레전드 100 아티스트 제작팀(2013), 『레전드 100 아티스트』, 한권의 책, 403~404 쪽.

271 박찬호(2009), 『한국가요사 2』, 미지북스, 490쪽.

272 권재현 엮음(2008), 『스타가 말하는 스타』, 물레, 39쪽.

273 엠넷 레전드 100 아티스트 제작팀(2013), 『레전드 100 아티스트』, 한권의 책, 395~396 쪽.

274 이영미(1998), 『한국 대중가요사』, 시공사, 189~190쪽.

275 이영미(2011), 『세시봉, 서태지와 트로트를 부르다』, 두리미디어, 180쪽.

276 오흥선(2013), 〈송창식 가요작품 연구: 1970~80년대 발표곡을 중심으로〉, 경희대학교 아트퓨전디자인대학원 석사논문, 10~13쪽.

277 김영순(2018.6), 〈그 무엇보다도 영원한 가수 송창식의 삶의 법칙〉, 《브라보 마이 라이프》.

278 오광수(2013), 『낭만 광대 전성시대』, 세상의 아침, 23~24쪽.

279 임진모(2012), 『가수를 말하다』, 빅하우스, 67쪽.

280 이해문(2017), 〈가수 조용필의 발라드 장르에서 나타난 가창 기법 연구〉, 경희대학교 아트퓨전디자인대학원 석사논문, 72쪽.

281   이영미(1998), 『한국 대중가요사』, 시공사, 253~255쪽.

282   권재현 엮음(2008), 『스타가 말하는 스타』, 물레, 26쪽.

283   구자형(2018), 『음악과 자유가 선택한 조용필』, 빛기둥, 241쪽.

284   김창남(2011.8), 〈청년문화의 대두와 좌절〉, SOUND 3호, 64~65쪽.

285   강헌(1997.10.22), 〈테마신문 culture21〉, 《조선일보》.

286   김창남 엮음(2004), 『김민기』, 한울, 18쪽.

287   임진모(2004), 『우리 대중음악의 큰 별들』, 민미디어, 155쪽.

288   엠넷 레전드 100 아티스트 제작팀(2013), 『레전드 100 아티스트』, 한권의 책, 265~268
       쪽.

289   장미정(2019), 〈록 밴드 산울림의 음악 연구−동시대 한국 가요사를 중심으로〉, 대구가톨
       릭대학교 대학원 석사논문, 74쪽.

290   김병순(2013), 〈한국 민중가요의 전개와 대중성〉, 부산대학교 대학원 석사논문, 56쪽.

291   임진모(2012), 『가수를 말하다』, 빅하우스, 101쪽.

292   이영미(2011.8), 〈최고의 작사가 10〉, SOUND 3호, 237쪽,

293   주철환(2002), 『스타의 향기』, 까치, 146~147쪽.

294   강일권 외 지음(2018), 『한국 대중음악 명반 100 앨범 리뷰』, SCORE, 75쪽.

295   송세영(2015), 〈대중음악 콘서트의 브랜드화에 관한 연구: 이문세의 브랜드 콘서트를 중
       심으로〉, 단국대학교 대중문화예술대학원 석사논문, 84~85쪽.

296   임진모(2012), 『가수를 말하다』, 빅하우스, 190쪽.

297   강일권 외 지음(2018), 『한국 대중음악 명반 100』, SCORE, 31쪽.

298   엠넷 레전드 100 아티스트 제작팀(2013), 『레전드 100 아티스트』, 한권의 책, 243쪽.

299   김병순(2013), 〈한국 민중가요의 전개와 대중성〉, 부산대학교 대학원 석사논문, 47쪽.

300   이영미(1998), 『한국 대중가요사』, 시공사, 287쪽.

301   임진모(2012), 『가수를 말하다』, 빅하우스, 205쪽.

302   이호연(2019.1.1), 〈'동시대 살아가는 가수' 김완선, 34년 차에도 트렌디한 이유〉, 《한국
       일보》.

303   신지은(2008), 〈유재하의 앨범 '사랑하기 때문에'의 분석 연구〉, 동덕여자대학교 공연예술
       대학원 석사논문, 2쪽.

304   강일권 외 지음(2018), 『한국 대중음악 명반 100』, SCORE, 27쪽.

305   강일권 외 지음(2018), 『한국 대중음악 명반 100』, SCORE, 371쪽.

306 김용석(2016), 『김광석 우리 삶의 노래』, 천년의 상상, 20쪽.

307 임진모(2004), 『우리 대중음악의 큰 별들』, 민미디어, 348쪽.

308 김현섭(2001), 『서태지 담론』, 책이 있는 마을, 194쪽.

309 이영미(2011), 『세시봉, 서태지와 트로트를 부르다』, 두리미디어, 240~242쪽.

310 이동연(1999), 『서태지는 우리에게 무엇이었나』, 문화과학사, 248~249쪽.

311 강일권 외 지음(2018), 『한국 대중음악 명반 100』, SCORE, 374~375쪽.

312 지승호 외 지음(2002), 『크라잉 넛 그들이 대신 울부짖다』, 아웃사이더, 126~127쪽.

313 엠넷 레전드 100 아티스트 제작팀(2013), 『레전드 100 아티스트』, 한권의 책, 309~310
쪽.

314 크라잉 넛(2010), 『어떻게 살 것인가』, 동아일보사, 132쪽.

315 이동연 엮음(2011), 『아이돌』, 이매진, 120쪽.

316 정혜원(2018), 〈이효리를 통해 본 한국의 셀러브리티 문화와 여성성〉, 서울대학교 대학원
석사논문, 95~97쪽.

317 이효리(2012), 『가까이』, 북하우스, 261쪽.

318 김태한(2008), 〈한국 힙합 음악의 성장 과정에 관한 연구〉, 동아대학교 예술대학원 석사논
문, 26쪽.

319 배국남(2012.10.4), 〈배국남의 스타 성공학–한국 스타사 새롭게 쓴 싸이의 성공 비결
은?〉, 《이투데이》.

320 양성희(2014), 『파워 콘텐츠 공식』, 커뮤니케이션북스, 50쪽.

321 이동연 엮음(2011), 『아이돌』, 이매진, 144쪽.

322 빅뱅 지음, 김세아 정리(2009), 『세상에 너를 소리쳐!』, 쌤앤파커스, 41쪽.

323 하경헌(2018.10.9), 〈아미가 말한다 "방탄소년단은 나를 구했고, 나는 아미가 됐다"〉,
《스포츠경향》.

324 박소은(2019), 〈K-POP 스토리텔링 연구–방탄소년단을 중심으로〉, 전남대학교 문화전문
대학원 석사논문, 84쪽.

325 안드리안 베슬리(Adrian Besley) 지음, 김지연 옮김(2019), 『BTS: ICONS OF
K-POP』, A9Press, 175쪽.

326 〈중성(衆星)이 싸고 도는 각계의 일인자〉, 《매일신보》 1935년 1월 3일.

327 고설봉(2000), 『이야기 근대 연극사』, 창작마을, 225쪽.

328 신불출(1935.6), 〈웅변과 만담〉, 《삼천리》.

329 박선영(2018), 『코미디언 전성시대』, 소명출판, 81~84쪽.

330 우수진(2017), 〈재담과 만담, '비-의미'와 '진실'의 형식-박춘재와 신불출을 중심으로〉, 한국연극학 64호, 37쪽.

331 박선영(2018), 『코미디언 전성시대』, 소명출판, 217쪽.

332 강태영 윤태진(2002), 『한국 TV 예능오락 프로그램의 변천과 발전』, 한울아카데미, 106~107쪽.

333 에드가 모랭 지음, 이상률 옮김(1997), 『스타』, 문예출판사, 247쪽.

334 차준철(1998.9.1), 〈원로 코미디언 배삼룡: 나의 젊음, 나의 사랑〉, 《경향신문》.

335 배삼룡(1999), 『한 어릿광대의 눈물 젖은 웃음』, 다른 우리, 318쪽.

336 박선영(2017), 〈1960년대 후반 코미디 영화의 여성 재현과 젠더 정치학〉, 대중서사연구 44호, 200~201쪽.

337 김웅래(2000.9), 〈코미디 PD가 말하는 코미디언 徐永春〉, 《월간조선》.

338 한국 영화 100년 기념사업 추진위원회 엮음(2019), 『한국 영화 100년 100경』, 돌베개, 119쪽.

339 오민석(2015), 『나는 딴따라다-송해평전』, 스튜디오 본프리, 122~123쪽.

340 〈웃으면 복이 와요〉는 1985년 4월 17일 폐지됐다가 1992년 11월 22일 부활돼 1994년 10월 17일까지 방송됐지만, 이때는 배삼룡 구봉서 송해 등 초창기 출연자들이 대거 빠지고 이경실 서경석 등 새로운 개그맨들이 출연했다.

341 한국방송학회 엮음(2011), 『한국 방송의 사회문화사』, 한울아카데미, 467~469쪽.

342 이주일(1991.12.14), 〈웃는 자여 인생의 고뇌를 아는가〉, 《동아일보》.

343 이영수 박성태(1987), 『삐딱한 광대-이주일론』, 고려가, 32쪽.

344 이주일(2002), 『인생은 코미디가 아닙니다』, 한국일보사, 231~232쪽.

345 주철환(1999), 『사랑이 없으면 희망도 없다』, 새로운 사람들, 239쪽.

346 정재승 진중권(2010), 『크로스』, 웅진지식하우스, 234~235쪽.

347 최양락(2010), 『두말할 필요 없이 인생은 유머러스』, 대림북스, 216쪽.

348 배우 서갑숙이 쓴 에세이집 『나도 때론 포르노그라피의 주인공이고 싶다』가 1999년 출간되자마자 사회적 이슈와 논란을 야기했다.

349 최양락(2010), 『두말할 필요 없이 인생은 유머러스』, 대림북스, 218~219쪽.

350 강일홍(2000.9), 〈코미디언이 꼽은 한국 최고의 코미디언 서영춘〉, 《월간조선》.

351 김형곤(2005), 『김형곤의 엔돌핀 코드』, 한스미디어, 57쪽.

352   스티브 닐, 프랭크 크루닉(Steve Neale & Frank Krutnik) 지음, 강현두 옮김(1996), 『영화 속의 코미디, TV 속의 코미디』, 한국방송개발원, 40쪽.

353   에드가 모랭 지음, 이상률 옮김(1997), 『스타』, 문예출판사, 246~247쪽.

354   최양락(2010), 『두말할 필요 없이, 인생은 유머러스』, 대림북스, 227쪽.

355   김미화(2012), 『웃기고 자빠졌네』, 메디치, 18~20쪽.

356   주철환(2002), 『스타의 향기』, 까치, 20~21쪽.

357   김국진(1998), 『프로는 용서받지 못한다』, 인화, 202~203쪽.

358   주철환(1999), 『사랑이 없으면 희망도 없다』, 새로운 사람들, 181~182쪽.

359   정혁 조영한(2000), 『스타 비평 3』, 인물과 사상사, 304~305쪽.

360   배국남(2002), 『여의도에는 낮에도 별이 뜬다』, 백년글사랑, 310쪽.

361   KBS 아나운서 66명을 대상으로 실시한 '쇼/오락 프로그램에서 말 잘한다고 생각하는 방송인' 조사에서 유재석이 27%(17명)의 지지를 얻어 1위를 차지했고 다음은 김제동, 신동엽 순이었다. 김은성(2006), 〈방송 진행자의 스피치 구성요인과 공신력 평가〉, 경희대학교 대학원 박사논문, 66쪽.

362   배국남(2011.12.31), 〈유재석이라고 쓰고 '전설'로 읽는 진심〉, 《엔터미디어》.

363   정재승 진중권(2010), 『크로스』, 웅진지식하우스, 234~237쪽.

364   김영주(2012), 『일인자 유재석』, 이지북, 181쪽.

365   최양락(2010), 『두말할 필요 없이, 인생은 유머러스』, 대림북스, 204~206쪽.

366   김준호 외 지음(2013), 『웃음만이 우리를 구원하리라』, 예담, 78쪽.

367   정재승 진중권(2010), 『크로스』, 웅진지식하우스, 228쪽.

368   김병만(2011), 『꿈이 있는 거북이는 지치지 않습니다』, 실크로드, 245~246쪽.

369   김혜리(2010.1.18), 〈김혜리가 만난 사람-MC 김제동〉, 《씨네21》.

370   김제동(2016), 『그럴 때 있으시죠?』, 나무의 마음, 136쪽.

한국 대중문화 연대기

| 대중문화 초창기 1876~1945년

	1880		1890		1900		1910
1876 강화도 조약			1894 갑오개혁	1897 대한제국 수립			1910 – 한일병합조약 – 조선총독부 설치

대중문화

					1911 신파극 〈불효천벌〉
					1912 희극 〈병자삼인〉
	1883 《한성순보》 창간		1897 유성기 도입	1906 동대문 활동사진소 등장	
				1907 최초 음반 〈경기소리〉	
				1908 창가 〈경부철도가〉	

스타 시스템

				1911 혁신단 창단
			1907 콜롬비아 레코드 발매	

스타

		1910~1920 재담 스타 박춘재

1920	1930	1940

1919
- 3·1운동
- 대한민국 임시정부 수립

1937
중일전쟁

1940
민족말살정책

1919
연쇄극 〈의리적 구토〉

1925
유행창가
〈이 풍진 세월〉 레코드

1929
삼천리가극단 악극

1920
- 《조선일보》《동아일보》 발간
- 잡지 《개벽》 창간

1926
- 〈아리랑〉 단성사 개봉
- 최초 코미디 영화 〈멍텅구리〉
- 윤심덕 〈사의 찬미〉 음반 발표

1931
신민요 〈방아 찧는 색시의 노래〉

1932
트로트 〈황성의 적〉

1923
최초 무성 극영화
〈월하의 맹서〉

1927
- 경성방송국 라디오 방송 개시
- 최초 대중가요 〈낙화유수〉
- 취성좌 막간극

1935
- 최초 발성영화 〈춘향전〉
- 신파극 〈사랑에 속고 돈에 울고〉

1930
재즈송 〈종로 행진곡〉

1924
최초 영화사 조선키네마주식회사 설립

1933
오케 레코드
이철 대표 취임

1925
윤백남 프로덕션

1920~1945
레코드 사장과 문예부장
연예인 매니저 역할

1927
콜롬비아 포리돌 빅타 오케 시에론 태평
본격 레코드 발매

1935
《조선일보》 영화제 개최

1930~1945 영화 스타
문예봉 김신재 김소영 전옥 김연실 노재신 김선영(여), 강홍식 김일해 전택이 이원용(남)

1920년대 영화 스타
이월화 마호정 복혜숙 이채전 신일선 김정숙(여)
나운규 윤봉춘 이경손 안종화 김조성 이금룡 심훈 이경선(남)

1923~1935 변사 스타
우정식 서상호 김덕경 최종대 김영환

1930~1945 가수 스타
이애리수 이난영 남인수 황금심 백난아 고복수 진방남 김정구 김해송 김용환(트로트),
왕수복 김복희 선우일선 최향화 최남용(신민요), 박향림 강홍식(만요), 복혜숙(재즈)

1930
최초 직업 유행가수 채규엽 데뷔

1930~1945 코미디 스타
신불출 김윤심(만담), 이원규(희극), 이복본 손일평 윤부길(악극)

| 대중문화 발전기 1945~1960년대

1945	1950	1955

1945 **1948** **1950** **1953**
광복 – 대한민국 정부 수립 한국전쟁 휴전 협정
– 북한 공산 정권 수립

대중문화

1945
– 서울중앙방송국
– 오케 레코드 SP앨범 제작

1950년대
– 멜로물 · 코미디 영화 붐
– 트로트 신민요 강세, 댄스 음악 도입

1955
미8군쇼 개시

1949
최초 컬러 영화 〈여성일기〉

1954
기독교방송 개국

1957
– HLKZ 최초 드라마 〈천국의 문
– DBC TV 출범
– AFKN-TV 방송

1947
라디오 연속극 〈화랑 관창〉

1956
– LP레코드 등장
– HLKZ-TV 개국

스타 시스템

1953
서라벌예술대학 연극과 신설

1947
서울중앙방송국 전속 가수제 실시

스타

1945~1950년대 영화 스타
김승호 김동원 이향 주선태 최남현 황해 윤일봉 황정순 한은진 최은희 조미령 주증녀 이민자

1950년대 코미디 스타
이복본 이종철 윤부길 장소팔 고춘자 양훈 양석천 박옥초

1945~1950년대 가수 스타
이난영 남인수 장세정 현인 김용만 금사향 나애심 남인수 도미 명국환 박경원 박재란 박재홍 방운아 백설희 손인호 송민도 심연옥 안다성 윤일로 이미자
이해연 차은희 황금심 황정자

1960   1965

1960   1961   1963
- 4 · 19 혁명   5 · 16 군사 쿠데타   박정희 정부 출범
- 이승만 대통령 하야
- 장면 내각 수립

1961
KBS-TV 방송 개시

1964
- TBC-TV 출범
- 최초 일일극 〈눈이 내리는데〉
- 대한레코드협회 창립
- 〈동백 아가씨〉 10만장 판매
- 《주간한국》 창간

1962
- KBS TV 드라마 〈나도 인간이 되련다〉
- 최초 연속극 〈서울 뒷골목〉
- 최초 코미디 〈유머 클럽〉

1960년대
- 한국영화 전성기 멜로 영화 강세, 스릴러 액션, 코미디 영화, 청춘 영화 득세
- 트로트 · 스탠더드 팝 강세, 록 · 포크 등장

1960년대
- 신필름 등 20개사 영화 제작
- 영화사 신인공모
- 미8군쇼 가수 · 연주자 · 코미디언 배출
- 가수 개인 매니저 등장

1968
지구, 오아시스 레코드
음반사 작곡가 · 가수 전속제

1959
중앙대 연극영화과 신설

1962
KBS 탤런트 공채 · 전속제 시행

1965
TBC 탤런트 공채 · 전속제 시행

1960년대 영화 스타
최무룡 김진규 박노식 김지미 엄앵란 도금봉 허장강 이예춘 김희갑 장동휘 이대엽 김석훈 남궁원 박암 문정숙 윤인자 이경희 이빈화 최지희 김혜정 신성일 신영균 문희 남정임 윤정희 고은아

1960년대 탤런트 스타
이낙훈 이순재 나옥주 김순철 여운계 장민호 김동훈 조희자 백성희 오현경 태현실 정혜선 강부자 김민자 박주아 최정훈

1960년대 코미디 스타
구봉서 배삼룡 서영춘 송해 백금녀 곽규석 박시명 김희자 남철 남성남 이대성 이기동 이순주

1960년대 가수 스타
이미자 남진 나훈아 배호 진송남 하춘화 문주란(트로트), 한명숙 이금희 최희준 패티김 위키리 유주용 박형준 현미 신중현 윤복희 정훈희 차중락 김상희(팝)

1960년대 성우 스타
구민 오승룡 김소원 고은정 나문희 김영옥 김용림 남일우

1960년대 아나운서 스타
임택근 장기범

1970

1975

1972
- 10월 유신
- 제4공화국 수립

대중문화

1970년대 초중반
- 포크 · 록 주류 부상
- 뮤직카세트 등장

1970년대 중후반
트로트 고고 인기

1973
중앙방송국, 한국방송공사 공영방송 전환

1970년대
- 〈아씨〉〈여로〉 일일극 강세
- 코미디 프로그램 붐
- 영화 침체기 하이틴물 · 호스티스물 강세

1975
동인 '영상시대' 출범

1977
MBC 〈대학 가요제〉

1969
- MBC-TV 개국
- 코미디 〈웃으면 복이 와요〉
- 《일간스포츠》 발간

1976
최초 주말극 〈결혼 행진곡〉

스타 시스템

1970년대
가수 개인 매니저 활동, 연기자 매니저 등장

1970~1980년대
- KBS MBC TBC 탤런트 공채 · 전속제 · 등급제 유지
- 영화사 주연 · 신인 공모
- 레코드사 지구 오아시스 성음 서울음반 가수 양성

1975~1980년대
MBC TBC KBS 코미디언 · 개그맨 공채

1969
MBC 탤런트
공채 · 전속제 시행

1975
《한국일보》 'TV 조평' 방송 · 연예 기사 게재

스타

1970년대 탤런트 스타
최불암 김세윤 이정길 노주현 한진희 이순재 박근형 백일섭 주현 김무생(남)
김혜자 태현실 김민자 김창숙 한혜숙 김자옥 강부자 이효춘 김영애 정영숙 정혜선 박주아 박원숙 홍세미 정윤희 장미희 유지인(여)

1970년대 초중반 코미디 · 예능 스타
구봉서 서영춘 배삼룡 송해 곽규석 이기동 권귀옥 남철
남성남 이대성 신소걸 백남봉 남보원 배연정 배일집

1970년대 중후반 코미디 · 예능 스타
이용식 이규혁 전유성 고영수

1970년대 영화 스타
유지인 정윤희 장미희 나오미 박지영 안인숙 오수미 우연정 진도희 이영옥 윤미라 정소녀 김자옥 염복순 임예진 강주희(여)
신성일 하명중 김희라 신일룡 신영일 김추련 하재영 이영하 이덕화 전영록 이승현(남)

1970년대 가수 스타
남진 나훈아 이미자 조미미 문주란 하춘화 송대관(트로트), 조용필 최헌 최병걸 윤수일 김훈 조경수(트로트 고고), 패티김 윤복희 정훈희 정미조 이수미 방주연
이용복 혜은이 윤시내 이은하 김추자 펄시스터즈(팝), 김민기 한대수 송창식 윤형주 김세환 이장희 김정호 양희은 박인희 어니언스 서유석 조영남 조동진 정태춘
(포크), 신중현 히식스 산울림 사랑과 평화 송골매(록)

/79   1980   1981   1987   1988
0 · 26사태   5 · 18광주   전두환 정권 출범   6 · 10   노태우 정부 출범
최규하 대통령 취임 민주화운동   민주항쟁

1980년대

- 주말극 득세
- 예능 프로그램 대형화, 개그 코미디 인기
- 사회현실 반영 리얼리즘 영화 인기, 에로 영화 급증, 민중영화 등장
- CD 대중화
- 발라드 · 댄스 · 트로트 · 록, 대중음악 주류 형성

1987

- 〈씨받이〉 강수연 베니스영화제 여우주연상 수상
- 미니시리즈 〈불새〉
- 노래를 찾는 사람들 결성

1980

- 언론 통폐합
- 컬러 방송 개시
- 조용필 〈창밖의 여자〉 음반 100만장 돌파

1985

《스포츠서울》 창간

1980년대

개인회사 형태 연예기획사 등장

1980년대 탤런트 스타

노주현 한진희 서인석 정동환 이정길 유인촌 이덕화 강석우 김영철(남), 한혜숙 이경진 원미경 차화연 김영란 이미숙 김보연 김영애 고두심 김자옥 정애리(여)

1980년대 탤런트 신예 스타

김혜수 황신혜 전인화 김희애 이미연 채시라 최진실 최수종 최재성

1980년대 코미디 · 예능 스타

이주일 전유성 김병조 이홍렬 서세원 최병서 주병진 이경규 김보화 이성미 김혜영 김정렬 김형곤 김학래 임하룡 엄영수 심형래 최양락 이봉원 김미화 이경실 박미선

1980년대 영화 스타

원미경 이미숙 이보희 안소영 나영희 김보연 강수연(여)
안성기 김명곤 이대근 임성민(남)

1980년대 영화 신예 스타

김혜수 최명길 황신혜 조용원 박중훈 최민수 이경영

1980년대 가수 스타

- 조용필 대중음악계 장악
전영록 김범룡 민해경 김완선 소방차 나미 박남정(팝 · 댄스), 이용 최성수 이문세 이광조 이선희 유재하 변진섭 이상우(발라드), 김연자 심수봉 주현미 김수희 최진희 현철 태진아 설운도(트로트), 들국화 백두산 부활 조동진 정태춘 김현식 한영애(록 · 포크 · 블루스), 노래를 찾는 사람들, 안치환, 김광석, 권진원(민중가요), 노사연 심수봉 이상은 이선희 유열 활주로 마그마 무한궤도(대학생 가요제 출신)

대중문화 폭발기 1990~2020년대

1993
김영삼 정부 출범

1997
IMF
관리체제

1998
김대중 대통령 취임

2003
노무현 대통령 취임

2008
이명박 정부 출

대중문화

1995
김건모 〈잘못된 만남〉 음반 330만장 판매량 기록

1991
최초 노래방, 부산와이비치 노래 연습장 등장

1992
- 최초 트렌디 드라마 MBC 〈질투〉
- 기획영화 1호 〈결혼이야기〉 흥행 성공

1996
- 영화 사전 심의 위헌 판결
- 부산국제영화제 개최

1994
홍대 클럽 '드럭'과 인디 밴드 부상

1998
- 영화진흥위원회 신설
- 'CGV 강변 11' 멀티플렉스 등장

1993
- 최초 공개 시트콤 SBS 〈오박사네 사람들〉
- 〈서편제〉 100만 관객 돌파

1999
- 〈쉬리〉 500만 관객 기록
- 벅스뮤직 설립

2006
스크린 쿼터
146일에서 73일로 축소

2000년대
트렌디 드라마 · 사극 · 홈드라마 · 막장 드라마 시청률 강세, 트렌디 드라마 한류 고조

2002
- 〈취화선〉의 임권택 감독 칸영화제 감독상 수상
- 〈오아시스〉의 이창동 감독 베니스영화제 감독상 수상

2007
〈밀양〉 전도연 칸영화제
여우주연상 수상

2004
〈실미도〉 1,000만 관객 돌파

스타 시스템

1990년대
- 연기자 매니지먼트−친지 가족 매니저, 개인회사 형태의 연예기획사, 대기업 연예기획사
- 가수 매니지먼트−다수 개인 회사형 연예기획사와 소수 대형 연예기획사

1991
- SBS 개국
- KBS MBC 탤런트 전속제 폐지

1995
케이블 TV 개국

2000~2020년대
- KBS MBC SBS 탤런트 · 개그맨 공채 폐지
- 스타 중심 영화 제작 봇물과 오디션 통한 영화 신인배우 발굴
- 인터넷 매체 통한 연예인 정보와 뉴스 유통
- 음원 중심 대중음악계 형성과 DIY방식 음원 제작 통해 가수 데뷔 유형 등장
- 광고 통한 연예인 데뷔와 스타 배출
- 가수 배우 예능 스타 관리하는 소수 대형 엔터테인먼트사 주도와 다수의 중소형 연예
  기획사 난립

스타

1990년대 탤런트 스타
고두심 김영애 김혜자 최불암 이순재 윤여정 차인표 장동건 이병헌 심은하 김정은 오연수 최수종
최민수 김혜수 하희라 최자우 이정재 박신양 고소영 전지현 원빈 김하늘 송혜교 송승헌 조인성
하지원 배두나 소지섭 손예진 고현정 김성령 김희애 채시라 이영애 최진실 등

1990년대 코미디 · 예능 스타
주병진 이홍렬 서세원 임하룡 이성미 이경규 심형래 김형곤 최양락 김미화 이경실 박미선 김국진
김용만 남희석 이휘재 신동엽 이영자 서경석 조혜련 박수홍 등

1990년대 영화 스타
안성기 박중훈 문성근 한석규 최민식 최민수 장동건 박신양 이경영 신현준 설경구 이정재 정우성
송강호 이병헌(남), 심혜진 김혜수 최진실 심은하 이미연 전도연 고소영 신은경 오정해 강수연
원미경 최명길 이미숙 황신혜(여)

1990년대 가수 스타
서태지와 아이들 듀스 현진영 쿨 박미경 룰라 H.O.T 터보 클론 젝스키스 god 신화 SES 핑클
박진영 이정현 신승훈 이승철 이승환 윤종신 김창정 조성모 김건모 솔리드 넥스트 강산에
윤도현밴드 김경호 김종서 크라잉 넛 노브레인 자우림 양희은 김광석 드렁큰 타이거 설운도
송대관 태진아 등

2000년대 탤런트 스타
고현정 배용준 최지우 이영애 송윤아 김명민 권상우 장혁 원빈 송승헌 조인성 지성 소지
송혜교 수애 하지원 손예진 김하늘 장나라 김태희 한가인 이나영 문근영 등

2000~2020년대 개그맨 스타
김준호 심현섭 김영철 김병만 이수근 김숙 박준형 정종철 김대희 유민상 김준현 박성
유세윤 장동민 신봉선 김신영 안영미 강유미 박나래 이국주 허경환 양세형 양세찬 문세
홍현희

2000~2020년대 영화 스타
송강호 하정우 황정민 이병헌 강동원 이정재 설경구 최민식 정우성 류승룡 차승원 김윤
유해진 장동건 조승우 조인성 원빈 권상우 유아인 마동석 조진웅 박해일 주지훈 공유 유지
소지섭(남), 김혜수 전도연 손예진 전지현 배두나 하지원 김민희(여)

2000~2020년대 K팝 스타
이효리 싸이 보아 비 세븐 동방신기 빅뱅 원더걸스 소녀시대 카라 2NE1 아이유 션
포미닛 미쓰에이 씨스타 엑소 방탄소년단 블랙핑크 트와이스 마마무 여자친구 세븐
NCT 투모로우바이투게더 스트레이키즈 있지 에스파 르세라핌 뉴진스

2013
박근혜 정부 출범

2017
– 박근혜 대통령 탄핵 파면
– 문재인 대통령 취임

2022
윤석열 정부 출범

10~2020년대
지상파 케이블 종편 OTT 드라마 경쟁 치열
세계 각국 드라마 한류 폭발

2017
– 〈밤의 해변에서 혼자〉 김민희
　베를린영화제 여우주연상 수상
– BTS 빌보드 뮤직 어워드 수상

2020
– 봉준호 감독 〈기생충〉 아카데미영화제
　작품상 감독상 각본상 국제장편영화상 수상
– 〈도망친 여자〉 홍상수 감독 베를린영화제 감독상 수상
– BTS 〈Dynamite〉 빌보드 '핫100' 1위

00~2020년대
음반에서 음원 중심으로 음악 산업 재편, 연예기획사 육성 아이돌 그룹과
가수 대중음악계 장악, K팝 한류 세계화, SNS, OTT, 팬커뮤니티 활용
대중음악 마케팅 성행, 아이돌의 K팝 초강세, 힙합 주류화, 트로트 재부상,
발라드 · 록 인기 유지
인터넷 매체 급증, SNS · OTT 대중화

2021
〈미나리〉 윤여정 아카데미영화제 여우조연상 수상

2018
– BTS 아메리칸 뮤직 어워드 수상
– BTS의 〈LOVE YOURSELF 轉 TEAR〉
　'빌보드 200' 1위

2023
BTS 지민의 〈Like Crazy〉
빌보드 '핫100' 1위

2022
– 〈오징어 게임〉 골든 글로브 남우조연상,
　에미상의 감독상 남우주연상 등 6개 부문 수상
– 〈연모〉 국제에미상 수상
– 〈헤어질 결심〉 박찬욱 감독 칸영화제 감독상
– 〈브로커〉 송강호 칸영화제 남우주연상 수상

2019
– 봉준호 감독 〈기생충〉
　칸영화제 황금종려상 수상

2012
– 김기덕 감독의 〈피에타〉 베니스영화제 황금사자장 수상
– 싸이 〈강남스타일〉 세계적 신드롬

2011
종편 방송 개시

2016
넷플릭스 한국 서비스

010~2020년대 탤런트 스타

:인성 현빈 이민호 장근석 송중기 김수현 소지섭 지성 주원 이종석 김우빈 박보검 공유 박서준 김남길 남궁민 서강준 정해인 강하늘 조정석 송강 김선호 송혜교 전지현 손예진 공효진
:소연 김태희 한가인 수애 이유리 한효주 이보영 박신혜 신민아 한지민 박민영 문채원 김지원 박보영 신세경 박은빈 정호연 김고은 김태리 이제훈 천우희 유연석 장나라 비 에릭
:승기 수지 아이유 윤아 나나 도경수 서인국 정은지 임시완 설현 혜리 로운 김세정

000~2020년대 개그맨 출신 예능 스타

:경규 박미선 신동엽 유재석 김구라 남희석 이영자 송은이 이휘재 김숙 박명수 정형돈 이수근
:제동 유세윤 박경림 박수홍 조세호 박나래 장도연

2000~2020년대 예능 스타

노홍철 전현무 김성주 장성규(방송인), 강호동 안정환 서장훈 박세리(스포츠 스타), 윤여정
차승원 이서진 성동일 이광수 송지효 전소미(배우), 이효리 김종국 이승기 탁재훈 이상민
김종민 은지원 하하 김희철(가수), 백종원 이연복 오은영(전문가), 샘 해밍턴(외국인)

000~2020년대 신예 영화 스타

:박정민 조정석 류준열 이제훈 유연석 최우식 정해인 강하늘 박서준 김우빈(남), 정유미 심은경
:박신혜 김태리 김고은 이유영 박소담 천우희 김다미 전종서 김향기(여)

2000~2020년대 가수 겸 영화 스타

비 수지 윤아 설현 임시완 도경수 아이유

2000~2020년대 중견 영화 스타

안성기 윤여정 나문희 이순재 고두심

000~2020년대 힙합 · 트로트 · 발라드 · 록 스타

:크링크 타이거, 윤미래, 에픽하이, 다이나믹 듀오, 박재범, 도끼, 지코, 비와이, 사이먼 도미닉,
:크러쉬, 코드 쿤스트, 제시, 헤이즈, 치타, 비비, 이영지(힙합), 장윤정 홍진영 박현빈 김연자 남진
:후나 주현미 진성 송가인 임영웅 영탁 이찬원(트로트), 이수영 백지영 김범수 성시경(발라
:), 윤도현 밴드, 국카스텐, 몽니, 자우림, 장기하와 얼굴(록 · 인디) 등

2000~2020년대 오디션 프로그램 출신 스타

서인국 존박 장범준 로이킴 강승윤 이하이 악동뮤지션 정승환 백아연 에릭남 강다니엘
김세정 청하 전소연 옹성우 손승연 로꼬 스윙스 행주 넉살 우원재 송민호 비와이 치타 제시
헤이즈 김하온 이영지 송가인 홍자 양지은 임영웅 영탁 이찬원 이무진 이승윤

스타들의 출생지

직업	이름 (그룹)	출생지	비고
배우	이월화	서울	
	나운규	함경북도 회령	
	문예봉	함경남도 함흥	
	김승호	강원도 철원	
	최은희	경기도 광주	
	이순재	함경북도 회령	
	김지미	충청남도 대덕	현재는 대전 대덕구
	신성일	대구	
	김혜자	서울	
	최불암	인천	
	윤정희	부산	어린 시절부터 광주에서 자람
	윤여정	경기도 개성	
	안성기	대구	대구 출생 직후 서울로 올라와 성장
	고두심	제주	
	이덕화	서울	
	정윤희	경상남도 통영	어린 시절부터 부산에서 성장
	이미숙	충청북도 단양	
	강수연	서울	
	최민수	서울	
	김혜수	부산	어린 시절부터 서울에서 성장
	최수종	서울	
	최진실	서울	
	한석규	서울	
	고현정	전라남도 화순	어린 시절부터 서울에서 자람
	이영애	서울	
	전도연	서울	
	송강호	경상남도 김해	부산 극단에서 활동하다 상경
	이병헌	경기도 성남	
	장동건	서울	
	배용준	서울	

직업	이름 (그룹)	출생지	비고
배우	송혜교	대구	어린 시절부터 서울에서 성장
	전지현	서울	
	하정우	서울	
	이민호	서울	
가수	채규엽	함경남도 함흥	
	이난영	전라남도 목포	
	왕수복	평안남도 강동	
	남인수	경상남도 진주	
	현인	부산	
	패티김	서울	
	이미자	서울	
	신중현	서울	
	남진	전라남도 목포	
	나훈아	부산	
	송창식	인천	
	조용필	경기도 화성	
	김민기	전라북도 이리	현재는 익산
	김창환 (산울림)	서울	
	김창훈 (산울림)	서울	
	김창익 (산울림)	서울	
	정태춘	경기도 평택	
	이문세	서울	
	전인권 (들국화)	서울	
	최성원 (들국화)	경기도 부천	
	허성욱 (들국화)	서울	
	이선희	충청남도 보령	
	문진오 (노래를 찾는 사람들)	전라남도 보성	
	신지아 (노래를 찾는 사람들)	대전	
	조성태 (노래를 찾는 사람들)	대전	
	송숙환 (노래를 찾는 사람들)	서울	

직업	이름 (그룹)	출생지	비고
가수	한동헌 (노래를 찾는 사람들)	서울	
	김창남 (노래를 찾는 사람들)	강원도 춘천	
	조경옥 (노래를 찾는 사람들)	서울	
	윤선애 (노래를 찾는 사람들)	서울	
	임정현 (노래를 찾는 사람들)	부산	
	유연이 (노래를 찾는 사람들)	강원도 홍천	
	안치환 (노래를 찾는 사람들)	경기도 화성	
	김광석 (노래를 찾는 사람들)	대구	
	권진원 (노래를 찾는 사람들)	서울	
	문승현 (노래를 찾는 사람들)	서울	
	김완선	서울	
	유재하	경상북도 안동	
	김광석	대구	
	신승훈	대전	
	서태지 (서태지와 아이들)	서울	
	양현석 (서태지와 아이들)	서울	
	이주노 (서태지와 아이들)	경기도 시흥군	현재는 경기도 안양
	김건모	부산	서울에서 성장
	박윤식 (크라잉 넛)	서울	
	이상혁 (크라잉 넛)	서울	
	이상면 (크라잉 넛)	서울	
	한경록 (크라잉 넛)	서울	
	김인수 (크라잉 넛)	서울	
	이재원 (H.O.T)	서울	
	문희준 (H.O.T)	서울	
	강타 (H.O.T)	서울	
	장우혁 (H.O.T)	경상북도 구미	
	토니안 (H.O.T)	서울	
	이효리	충청북도 청원	어린 시절부터 서울에서 자람
	타이거 JK (드렁큰 타이거)	서울	

직업	이름 (그룹)	출생지	비고
가수	DJ 샤인 (드렁큰 타이거)	미국 뉴욕	
	보아	경기도 남양주	
	싸이	서울	
	유노윤호 (동방신기)	전라남도 광산	현재는 광주 광산구
	최강창민 (동방신기)	서울	
	시아준수 (동방신기)	경기도 고양	
	믹키유천 (동방신기)	서울	
	영웅재중 (동방신기)	충청남도 공주	
	지드래곤 (빅뱅)	서울	
	태양 (빅뱅)	경기도 의정부	
	탑 (빅뱅)	서울	
	대성 (빅뱅)	서울	
	승리 (빅뱅)	광주	
	윤아 (소녀시대)	서울	
	수영 (소녀시대)	서울	
	티파니 (소녀시대)	미국 캘리포니아	
	효연 (소녀시대)	인천	
	유리 (소녀시대)	경기도 고양	
	태연 (소녀시대)	전라북도 전주	
	서현 (소녀시대)	서울	
	써니 (소녀시대)	미국 캘리포니아	
	제시카 (소녀시대)	미국 캘리포니아	
	아이유	서울	
	RM (방탄소년단)	서울	
	슈가 (방탄소년단)	대구	
	진 (방탄소년단)	경기도 안양	
	제이홉 (방탄소년단)	광주	
	지민 (방탄소년단)	부산	
	뷔 (방탄소년단)	대구	
	정국 (방탄소년단)	부산	

직업	이름 (그룹)	출생지	비고
코미디언	신불출	경기도 개성	
예능인	구봉서	평안남도 평양	
	배삼룡	강원도 양구	어린 시절부터 춘천에서 보냄
	백금녀	부산	
	서영춘	전라북도 임실	
	송해	황해도 재령	
	이주일	강원도 고성	주문진과 춘천에서 성장
	전유성	서울	
	주병진	서울	
	김형곤	경상북도 영천	
	이경규	부산	
	심형래	서울	
	김미화	경기도 용인	초등학교부터 서울에서 성장
	박미선	서울	
	김국진	강원도 인제	초등학교 이후 서울에서 성장
	이영자	충청남도 아산	
	신동엽	충청북도 제천	서울에서 성장
	유재석	서울	
	강호동	경상남도 진주	
	김준호	대전	
	김병만	전라북도 완주	
	김제동	경상북도 영천	

『연예인의 겉과 속』

미화되고 부풀려지고
잘 못 알려진
연예인 민낯!

■ 배국남 지음
■ 2022년 8월 25일
■ 400쪽
■ 18,000원

많은 돈과 이미지의 권력을 부여잡는 스타는 전체 연예인의 0.01%도 되지 않는다. 연예인 중에서도 극소수만이 엄청난 부와 명예를 누리며 승승장구한다.

그러나 대중매체는 스타에 포커스를 맞춰 수많은 기사를 쏟아내고 미화한다. 모든 연예인의 삶이 화려해 보인다. 아름답고 신비롭고 존경스럽기까지 하다. 그 덕에 수많은 사람이 스타를 꿈꾸며 오디션장으로 돌진한다.

어린 나이에 연예계에 발을 들인 지망생은 제대로 된 학교 교육은 물론이고 경제활동도 하지 못한다. 오직 스타가 되겠다는 일념으로 많은 것을 포기해버린다. 그런 과정에서 숱한 사회적 문제를 양산하고 있다. 한류로 전 세계를 매료시킨 대한민국 연예계의 민낯은 씁쓸하고 서글프다.

이 책은 엄청난 부와 명예를 부여잡은 스타뿐만 아니라 이름조차 제대로 알려지지 않은 연예인과 지망생들의 현실과 실제를 가감 없이 담아냈다. 우리가 모르는, 아니 연예인도 잘 모르는 연예인에 대해 생각하고 고민해볼 수 있는 책이다.

저자 배국남 특유의 논리적이고 직설적인 화법은 그대로 유지하면서 연예인과 연예산업에 대해 깊이 알지 못하는 독자라도 쉽게 빠져들고 몰입할 수 있도록 이야기하듯 풀어냈다.

연예인과 지망생 · 가족은 물론이고 연예기획사 관계자, 연예인 관련 홍보 · 마케팅 담당자, 그리고 대중문화에 관심이 있는 사람에게 권하고 싶다.